空间的生产

〔法〕亨利·列斐伏尔 著

刘怀玉 等译

孟锴 校

商务印书馆
创于1897
The Commercial Press

Henri Lefebvre

LA PRODUCTION DE L'ESPACE

© Editions Economica 2000

Current Chinese translation rights arranged

through Davis International, Paris

巴黎迪法国际版权代理（www.davis-books.fr）

汉译世界学术名著丛书
出 版 说 明

我馆历来重视移译世界各国学术名著。从 20 世纪 50 年代起,更致力于翻译出版马克思主义诞生以前的古典学术著作,同时适当介绍当代具有定评的各派代表作品。我们确信只有用人类创造的全部知识财富来丰富自己的头脑,才能够建成现代化的社会主义社会。这些书籍所蕴藏的思想财富和学术价值,为学人所熟悉,毋需赘述。这些译本过去以单行本印行,难见系统,汇编为丛书,才能相得益彰,蔚为大观,既便于研读查考,又利于文化积累。为此,我们从 1981 年着手分辑刊行,至 2020 年已先后分十八辑印行名著 800 种。现继续编印第十九辑,到 2021 年出版至 850 种。今后在积累单本著作的基础上仍将陆续以名著版印行。希望海内外读书界、著译界给我们批评、建议,帮助我们把这套丛书出得更好。

商务印书馆编辑部

2020 年 7 月

中译本代序言

一、一部风格独特、思路谲异的哲学天书

四十多年前(1974),列斐伏尔(Henri Lefebvre, 1901—1991)出版了他退休前的最后一部著作,也将是他一生中产生最大影响的著作:《空间的生产》[1]。这本书是年逾古稀的列斐伏尔以"口授体"的方式写作而成的(据他的学生讲"他有意坚持这样做"[2]):"他的写作实践被固定在(他的声音和他的打字员的活动的)二重性上。他'活生生地'口述他所有重要的书和文章,由他的女同伴打字。这样一来,对话就暗含在他的作品的不连贯之中。如果觉得他的作品难以阅读或分析,这是由于它们被理论问题所切割,而且由于它们是由很多口述的材料和讨论(这些讨论是打字员们未被公认的贡献)所组成,这些讨论填充在(列斐伏尔提前写好的)一个很长的提纲之中……"[3] "列斐伏尔的写作风格——带着大量理论论证,有很多含蓄的指涉,组织结构难懂,以及经常离题——确实是非常有挑战性的,有时完全让人沮丧,即使是对他的法语读者来说。"[4] 这在一定程度上增加了此书理解的难度。毫不夸张地说,《空间的生产》一书,就其阅读难度及其思想复杂性、原创性而言,

堪称可与本雅明的《拱廊街计划》、葛兰西的《狱中札记》、阿多诺和霍克海姆的《启蒙辩证法》与《否定辩证法》等相提并论的，西方马克思主义的五大"天书"之一。

关于本书写作风格的独特与理解的困难，他的另外一位著名学生爱德华·索亚（Edward Soya）这样写道：《空间的生产》一书不能被理解为一个"传统文本"，列斐伏尔的思想并非是按照简单的序列或线性方式展开的。出于对狂想音乐的热爱，他是"采用赋格曲的形式来写作《空间的生产》的。这是一种复调手法，它有几个各自独立的主题，对照法使这些主题和谐一体，而各种对位手段又让它们以不同的方式反复显示。用这种方式去阅读《空间的生产》的7个章节，我们会发现，每一章都既是对其他章节的重复，又是截然不同的阐释。似乎是为了强调对照法，这支赋格曲以'结论'收场，同时它又是'开头'或'开场'"[5]。而另外一位德语评论者则类似地写道：列斐伏尔发展了一种游戏似的、繁复的和碎片化的写作风格，这种写作风格并不唤起一种感情，而是包含了"带有诗的中介、手段的感情"。他的文本充满了论战，突发奇想，表面上毫无根据地离题，出现突然的、意外的问题。[6]

二、一部曲折而复杂的接受史

正是由于这种"糟糕的"文体风格以及近乎百科全书的性质，《空间的生产》一书的传播与理解经历了一个复杂而曲折的过程——先是遭遇在自己的祖国不被接受与理解的孤独命运，后来经受在英语国家被片面地接受、运用与理解的历史。[7]正如一位来自法国的列斐伏尔研究专家特里比什(Michel Trebitsch)所说：20世纪80年代列斐伏尔在法国的影响降至低点，当时理论界盛行阿尔都塞主义，直到1991年他逝世那年，《空间的生产》一书的英译本出版才成为一个拐点[8]，旋即在西方英语世界引起了社会理论的后现代地理学转向，或称空间化转向，即"列斐伏尔转向"。这一法国理论外销大获成功的现象，促使法国本土开始重新重视列斐伏尔及其作品，也就是说，列斐伏尔重新进入法国经典理论大师的行列。"一个典型的'法国理论'现象是，法国仿效英美世界的'空间化转向'，出现了一幕将列斐伏尔主义再进口回法国和再本土化(reacclimatization)的景象"[9]。(实际上，正是由于《空间的生产》一书英译本出版的空前影响与成功，导致法国学术界对这部著作迅速的本土化研究热潮，其集中表现之一就是列斐伏尔生前创办与主编的著名的《空间与社会》杂志在1994年(总第76辑)以专辑的形式、以"列斐伏尔的现实性"为题发表了一组纪念研究重稿(参看 *Espaces et Sociétés, sommaire du n.78, Actualités de Henri Lefebvre, l'Harmanttan*, 1994)。自从《空间的生产》发表以来，西方英语学术语境中出现了三次研读列斐伏尔的星群(constellations)[10]：第一次是20世纪70年代起由哈维发起的城市政治经济学批判[11]；第二次是20世纪80年代以来由索亚发起的后现代地理学研究，将列斐伏尔的思想引入空间文化以及社会科学与人文科学的语言学转向领域[12]；而第三次阅读，也就是新世纪以来对列斐伏尔的阅读，则更加经验化且涉及各个领域，包括全球化、城市化、国家空间、差异与节奏理论、建筑学，乃至于女性主义问题，等等[13]。

　　来自德语世界的评论者[14]施米德(Christian Schmid)将该书

的接受史类似地概括为如下三个阶段：

（1）早期的批判性城市研究的形成阶段，或简单运用空间生产理论方法阶段，如哈维的激进地理学、卡斯特尔以集体消费为核心的新都市社会学。这一阶段从结构主义与经济学的角度吸收了列斐伏尔关于城市、空间的成果；但又是充满矛盾的：一方面，它塑造了研究逻辑的起点与新生的批判城市研究的理论基础；另一方面，这种吸收又是不深入的，未能形成对他的作品的重建或全面的勾勒。引人瞩目的是，列斐伏尔早就为后现代做出了根本上的认识论转变——语言学转向、文化转向和空间转向——尽管是以批判的眼光。

（2）全面而深入的文本研究阶段。与第一个阶段仅仅对城市问题的概念感兴趣不同，这一阶段研究者们所关注的空间生产理论，对于揭示社会实际进程有重要意义。与之相应，对列斐伏尔的其他城市文本的兴趣减少，而对《空间的生产》一书的兴趣越来越浓。但这种接受只是通过一些选择性的阅读，同样缺乏对列斐伏尔理论的全面分析。对列斐伏尔的后现代式接受导致了一种悖论：一方面，列斐伏尔提出了空间生产理论——奉献给了后现代地理学；另一方面，这种接受是通过花费大功夫解释和分析他的作品而实现的。这样一来，列斐伏尔对社会科学的可能的意义至今并没有被严肃地探索，其理论潜力——既表现在理论层面，又表现在经验层面——还有待更深入的挖掘。

（3）克服纯粹文本研究而回归《空间的生产》真实的语境，超越后现代主义解释模式阶段。"新的一代从后现代转型所留下的真空中寻找出路，力图制定出对基本的理论范畴和概念的新的理解。"[15] 施米德认为，《空间的生产》一书产生的背景不是孤立的，这就涉及列斐伏尔生活于其中的巴黎城市的特殊社会背景及其社会变迁史；以及列斐伏尔融德国辩证法传统（黑格尔—马克思—尼采）与法国现象学（梅洛-庞蒂与巴什拉）于一炉的知识理论背景，也即突破传统形而上学的、流动不居的、逼近现实的独特辩证法，以及个人的独一无二的语言写作风格。[16]相应地，本书的思想主题也不是单一的，而是综合的。这就是包括日常生活批判、城市危机问题、国家主义生产方式与空间理论四位一体的广义社会批判理论[17]。

三、对《空间的生产》一书形成的
具体语境的重新回顾

在城市社会学中有一个流传很广的误解，即认为列斐伏尔只是一个富有想象力与感召力的诗性哲学家，他对城市科学的作用只是提供了一种辩证法的哲学想象，也就是说，它只是一种天才的猜测，而缺少实证的和有说服力的实际研究。作为战后法国城市社会学最重要代表人物之一，保罗-亨利·雄巴德劳维（Paul-Henry Chombart de Lauwe）便认为，列斐伏尔无疑缺少田野工作经验、关于区域社会学的直接知识，以及同建筑师们充分而深层的交流。而西班牙裔的著名社会学家曼纽·卡斯特尔（Manuel Castells）则公开地批判自己的老师说：列斐伏尔《空间的生产》一书的弱点就在于，它缺少经验研究："我并不相信一位没有综合的经济学知识、有关城市化进程的直接技术数据以及相应的城市社会政治管理知识的人，能够仅仅以一种严格的哲学知识基础而提出什么空间生产的理论。"[18]

　　针对以上误解与挑战，曼彻斯特大学的一位建筑学家、列斐伏尔研究者卢卡兹·斯坦尼克（Lukasz Stanek）辩护说：列斐伏尔的空间生产理论，如同法国著名文学评论家布朗肖（Maurice Blanchot）所说的"马克思的三种声音"[19]（科学话语、哲学逻各斯的言词与政治言说）一样，也有"三种声音"，即作为科学话语的城市建筑研究，作为哲学逻辑的词语的空间批判，以及作为政治言说的城市建设规划。斯坦尼克认为，列斐伏尔的三种声音体现在20世纪六七十年代法国思想界的各个角落，包括哲学、城市社会学、建筑学与城市化，同时也反映了当时国际社会流行的各种先锋思潮，包括英语世界的社会学与规划设计理论、德国哲学、意大利建筑理论，以及在中西欧之间出现的各种修正主义的马克思主义观点。他的《空间的生产》头30页提出了"三元空间辩证法"思想，这个"三元空间辩证法"绝不是通过30页文献就可以得出的结论，而是列斐伏尔用了30年的实践才得出的结论[20]：包括他的从20世纪40年代到60年代初任职于国家社会学研究中心期间所从事的乡村-城市社会学研究；1961年至1965年任职斯特拉斯堡大学期间，以及1965年至1973年任职楠泰尔大学期间所从事的跨学科的研究计划；最后还有1962年至1973年由城市社会学研究院所发起的居住实践研究。

　　关于《空间的生产》一书产生的背景，列斐伏尔的学生、巴黎第八大学教授雷米·埃斯（Remi Hess）做过最权威的介绍和说明。他曾于1988年出版过《列斐伏尔和世纪的历险》[21]一书，他还是列斐伏尔的《空间与政治》与《空间的生产》新法文版序言的作者。埃斯在这两本书的序言中比较详细地介绍了列斐伏尔研究城市、空间与社会的复杂而富有创造性的思想的演变过程。他说：我们此处所感兴趣的空间和城市思想这一问题域，在列斐伏尔的著作中出现得相对较晚，然而分量却不轻。列斐伏尔 20 世纪 50 年代还是一位农村社会学家，他曾经根据自己在"二战"中德国对法国占领期间所做的笔记，写过一篇有关比利牛斯山区康庞河谷的论文，直到 20 世纪 70 年代才成为一位空间与都市专家。大致说来，这些理论思考是他在巴黎第十大学度过的那几年中（1966—1973 年）进行的。在这频繁旅行的七年间，列斐伏尔就我们感兴趣的这个主题出版了数本书。在这之前和之后作者均没有关于城市的著作出版。这个系列从《进入城市的权利》（1968）开始，之后是《从乡村到都市》（1970）、《都市革命》（1970）、《马克思主义思想与城市》（1972）、《空间与政治》即《进入城市的权利》的第二卷（1973），最后的集大成者是《空间的生产》（1974）这样一部综合性的大部头著作。新主题的突然出现生根于列斐伏尔对乡村颓堕现象的考察，这一点当列斐伏尔于 20 世纪 50 年代在穆朗（Mourenx）时就已注意到。然而，抛开一两篇文章不论，列斐伏尔在 20 世纪 60 年代初期对这一主题却写得非常少。相反，1966—1967 年之后，他参与了一个由他自己和雷蒙（H. Raymond）、奥蒙（N. Haumont）以及库纳厄特（M. Coornaert）共同创办的城市社会学小组。1966 年，小组出版了一项关于别墅区居住状况的研究[22]。

埃斯认为，具体来说，《空间的生产》的产生经历了如下孕育阶段或准备过程：首先是 1968 年 3 月《进入城市的权利》一书的出版。这部类似于"宣言"的著作点明了列斐伏尔在都市领域的研究纲要。第二个阶段是《空间和社会》杂志的创立。1968 年 5 月的运

动使得有关《进入城市的权利》的论题迅速传向了全世界。列斐伏
尔将所有思考这一运动并在 1968 年的示威中保持清醒的社会学家、
建筑学家、政治学家聚集到了自己身边。和他们一道，列斐伏尔创
办了《空间和社会》这份主宰了整个 20 世纪七八十年代对空间生产
进行反思的杂志[23]。

在这些前期著作中，列斐伏尔指出：我们看到了现代西方资本
主义社会最大的意识形态——建筑意识形态。这种意识形态披着
纯洁、中性的迷人外衣，打着科学的旗号，却无法摆脱权力的控制。
更具恐怖色彩的是，建筑意识形态依靠城市的构成性中心，将群体、
阶级、个人从城市中排出，从文明、社会中排出，这是一种无声的
暴力。作为一个矢志不渝的马克思主义思想家，列斐伏尔提出要争
取"进入城市的权利"，这种权利属于每一个城市居民，他们拒绝被
驱逐，这种权利也是一种知识，是"一种关于生产的知识，也就是
关于'空间的生产'的知识"[24]。

四、对"三元空间辩证法"的不同理解

《空间的生产》一书最具原创性也最具争议的问题，是本书所
提出的三元辩证法（trialectics）。在英语世界首部研究列斐伏尔思
想的专著中，谢尔兹（R. Shields）将列斐伏尔的空间实践概念界定
为，或者说对应于，常识意义上的感知空间；把空间的表象界定或
者理解为关于空间的话语或者推论性的分析机制，以及作为空间构
想的那些规划设计的专业知识。最后，表征性空间则是空间的话
语，作为可能的空间以及体验的空间。表征性空间形成了社会的想

象[25]。英语世界的另一位重要的列斐伏尔研究者埃尔登（S. Elden）则断言，对列斐伏尔的观点应做如下理解：感知的空间是一种物理的空间；构思的空间是一种精神构造和想象的空间；体验的空间则是一种在日常生活中被加工过的空间。这种区分是空间实践、空间表象与表征性空间概念三元辩证法的基础[26]。法语版列斐伏尔传记的作者麦瑞菲尔德的观点，以一种类似的分析展开：在空间实践掩盖了社会空间、感知的空间封闭了这种亲和性的同时，空间表象被描绘成一种概念化的或者构想的空间，表征性空间则是体验日常生活的空间[27]。来自瑞士的德语学者施米德所作《城市、空间与社会：列斐伏尔与空间生产理论》（*Stadt, Raum und Gesellschaft: Henri Lefebvre und die Theorie der Produktion des Raumes*）一书，首先将列斐伏尔所区别的三元要素识别为这样三个领域：一是自然的与物质性的物理领域，以一种实践与感觉的方式描绘出来；二是逻辑的与形式化的抽象精神领域，通过数学与哲学的方式来规定；三是社会领域，这是一个规划设计与展望的领域，一个象征的与乌托邦的领域，一个想象与欲望的领域。它们交融于空间生产的过程中，其中物质生产或者说空间的实践，生产出空间的可感知的方面；而知识生产从而是空间表象与构想或虚构的空间。意义的生产则与表征性空间紧密相联，并生产出体验性的或者活生生的直观的空间。从广义上说，社会空间包含了感知的、构想的与亲历的空间；而在狭义上，则是与被批判地理解的精神空间和自然物质空间相对立的空间[28]。

五、对"作为具体的抽象"的
空间概念的深入理解

　　"具体的抽象"（abstractions concretes）一词是列斐伏尔从黑格尔和马克思思想中精心提炼而"独创"的一个极其重要的概念，初见于列斐伏尔的成名作《辩证唯物主义》（1940）一书："在任何产品中，无论它们多么微不足道，其客观方面与主观方面、活动与事物，是内在地联系在一起的。这是一些已经脱离了自然的孤立的客体，然而，这些产品依旧保持着自然的客体性的一面。因此，每一种产品，也就是每一种客体，一方面属于自然另一方面属于人。它们既是具体的又是抽象的。谓其具体，是因为它具有现成的实体，正在变成我们活动的一部分，无论是顺从的还是抗拒的，都仍然是具体的。而就其被规定、按照形状轮廓被测量，因而成为社会存在的一部分来讲，它又是抽象的，是一种在彼此相似的事物中的客体，也因此成为一系列强加其上的新关系的载体。"[29]列斐伏尔在《空间的生产》中常以此概念隐喻与指称空间的"既抽象又具体"的特征。他首先指出："**生产**（production）的种种概念和**生产活动**（*produire*）的种种概念，的确都有具体的普遍性的意义"。"**生产概念**依然是马克思根据黑格尔的思想所表述的那个'具体的普遍性'（*l'universel concret*）的同义词。"[30]其次，如同马克思所说的交换价值一样，空间既是物质实体（具体的），即人类劳动的物质化、外在化现实，又是生产的社会关系的压缩集束（抽象的）。这种具体的抽象性既是社会活动的媒介（抽象的），因为它构成它们，也是这些活动的一个成果（具体的）。简言之，它既是社会活动的结果/具体化/产物，又是社会活动的手段/预设/生产者。

　　显然，列斐伏尔所说的"具体的普遍性"与黑格尔的观点密切相关但又有所不同。于后者而言，"单就其本身而言，概念并非一种抽象的统一——与实在中的各种差异相对立——而是其本身已经包含了各种差异的统一，因此它是一种具体的整体。比如'人'与'绿'这样一些观念，原本并不是概念，只是抽象的、普泛的观念，只有这些观念被证明已经把各种差异都包含在一个统一体中，它们才变成概念。""按照它的本性，概念具有三种较确切的定性，即普遍的、特殊的与单一的。三种定性中的每一种如果拆开来孤立地看，都是一种片面的、抽象的东西。如果还是片面的，它们就还没有出现在概念里，因为正是它们的观念性的统一才组成了概念。因此，概念在这个意义上才是普遍的"。换言之，概念作为真正的单一体，"就是在它的特殊存在之中，自己仅与自己结合在一起的那种普遍性"[31]。受黑格尔观点的启发，列斐伏尔把空间作为个别的、特殊的与普遍的统一体来理解，也就是**特殊性**（社会空间）、**普遍性**（逻辑数学意义上的，即精神空间）以及**个别性**（自然的或感知的现实"场所"）的统一[32]。

　　荷兰裔英国学者斯坦尼克（Lukasz Stanek）近年来集中深入地探讨了这个概念的深刻内涵，他认为：列斐伏尔是通过三次挪用马克思的相关思想而形成了"作为具体的抽象物"（Space as concrete abstraction）的空间概念的。首先，列斐伏尔在马克思关于"在实践中变成真实（*praktischwahr*）的抽象"[33]的"具体的抽象"的定义基础上，指出资本主义空间是一个在社会的、经济的、政治的和文化的实践中变成的"真实"（*praktischwahr*）抽象物。正如抽象劳动绝不是精神的抽象，也不是认识论意义上的科学抽象，它拥有一个**社会的**存在；同理，抽象空间虽然只能通过一种思想来**抽象地**把握，但它是这样一种空间，在其中，均质化的趋势以不由分说的方式实施着压制与压迫——这个空间包含着歪曲它并掩盖它的矛盾的一种"逻辑"，"其结果成为一个威权主义的、冷酷无情的空间实践"。"它按照多维透视（*polyscopic*）和多元化的模式，强行把分散的碎片或要素统合起来，并形成一个整体"[34]。其次，列斐伏尔借鉴马克思的作为"可感觉而又超感觉之物"（*sinnlich-übersinnliches Ding/sensual-suprasensual thing*）[35]的"具体的抽象"思想，把当代空间的既是同质化又是碎片化的悖谬特征加以理论化："做如此理解的空间，就其本性而言，既是**抽象的**又是**具体的**：谓其'抽象'，是因为若不依赖它所有的组成部分的可交换性，它就无法存在；谓其'具体'，是由于它在社会意义上是真实的，并被真实地定位。所以它是这样一个空间，即一个**同质的然而同时被割裂成碎片的**空间"[36]。第三，列斐伏尔通过改造马克思的作为"一般价值形式"（*allgemeine Wertform*）的"具体的抽象"的分析方法，而形成了自己关于空间辩证"形式"的理论。列斐伏尔一方面把商品形式描述为与所交换之物无关的交换的"可能性"，另一方面则把空间形式定义为作为邂逅、汇合与同时聚集的"可能性"，而根本不在乎是"什么"或者"谁"在聚集。就像一个具有价值的以普遍形式存在的商品一样，对于列斐伏尔而言，空间只能被规定为一种抽象形式。但与抽象的商品交换价值对商品使用价值的漠不关心不同，空间作为一种抽象的统治形式，却牢牢地控制着具体的地方，并最大限度地把互不相关、千差万别的地方赋予整体的功能。所以，"社会空间在某一个孤立点上，或者围绕着这个点，表现出实际上的或潜在的聚合性"[37]。这种中心化就是社会空间的根本特征之一。例如，一说到"城市空间"就是指"聚集"与"中心化"。**"中心化的形式**作为一个形式，是空的，需要内容，并吸引、集中特殊的对象。通过变成活动的焦点，也通过变成一系列操作的焦点，这个形式获得了一个**功能性的现实**"[38]。对于马克思而言，商品价值形式的抽象性导致了商品使用价值与交换价值的矛盾；而在列斐伏尔看来，空间的抽象形式则引发了一系列的空间矛盾与空间辩证法：中心—外围、增长—消散、聚集—辐射、增殖—饱和、集中—爆发、内聚—扩张……[39]与黑格尔和马克思的只关注时间和历史中的矛盾的经典辩证法不同，它是一种**总体性的**（*totalité*）历史辩证法，列斐伏尔认为，现在需要的是一种**中心化的**（*centralité*）空间辩证法。"必须接受一个辩证的中心性或者中心性的辩证观点"，"一种中心化的逻辑"。作为一种形式，中心化包含了同时性，这同时性是其结果："每件事情"同时发生[40]。

六、对"空间的生产"与"空间生产的
辩证法"概念的深入理解

何谓"空间"？何谓"生产"？何谓与如何进行"空间的生产"？这是《空间的生产》一书最核心也最难理解的基本概念。列斐伏尔认为，对于马克思、恩格斯而言，生产概念具有双重意义，一方面是宽泛的，另一方面则是狭义而精确的。就其广义而言，人类作为社会存在物，被认为自我生产出了他们自己的生活、意识、世界。但马克思和恩格斯没有让生产概念停留在这样一种含糊其辞的状态，他们进一步将它狭义化：由于事关谁在生产、如何生产以及生产什么的问题，生产这个概念的含义变得越来越狭窄，越来越和它所固有的创造性、创造力以及想象力无关，不如说它仅仅就是指劳动了。事实上，生产首先是由一系列看得见、具有一定"客观性"的活动所构成，表现为某种在相互作用基础上的时间性的与空间性的秩序，其结果乃是一种共存性。所有的生产活动，与其被确认为一种不可更改的或永久性的要素，不如被看作在**时间性**（连续与连接）与**空间性**（同时性与共时性）之间不断来来往往的过程[41]。

而对于列斐伏尔而言，（社会）空间既不是许多事物之中的一种物，也不是许多产品之中的一种产品，倒不如说，它容纳了各种被生产出来的事物，并包括这些事物之间的相互联系，即它们之间的共存性与同时性关系——它们的（相对的）秩序以及／或者（相对的）无序。空间本身是一连串和一系列动作过程的结果，因而不能将其归结为某个简单的物的秩次[42]。

列斐伏尔认为，对于社会空间生产的理解可以概括为六个要点：①扮演着生产力的角色。②作为单一特征的产品而出现。③将自己展现为政治的工具。④巩固了生产关系和财产关系的再生产。⑤社会空间相当于一整套制度方面的和意识形态的上层建筑。⑥"包含了——作品（works）的和再取用（reappropriation）的潜能。开辟一个差异性空间的规划（是反文化的空间或者反空间的空间——在最初的乌托邦意义上，是对实际存在的"真实"空间的替代）"[43]。

依笔者之浅见，迄今为止，对列斐伏尔空间生产概念的哲学内涵以及空间生产的三元辩证法——即空间实践(*La pratique spatiale*)、空间表象(*Les représentations de l'espace*)与表征性空间(*Les espaces de représentation*)[44]——的内涵做出最为精准而深刻解释的学者，当数瑞士学者施米德。他认为，直到今天，列斐伏尔的"空间的生产"一词仍然具有非同寻常的、震撼人心的影响，但人们对这个词的理解仍然停留于一种空洞的概念形式上，并不通晓其深刻的内在道理[45]。他解释说，我们首先必须割舍掉那些广为流行的关于空间的错误理解，即把空间想象为一种独立存在的、自在的物理现实；与这种习见相对立，列斐伏尔使用"空间的生产"这个词汇，提出了一种将空间与社会生产联系在一起的空间生产理论。按照这种假设，决不能像康德那样将空间作为先验的感性认知的一个起点或前提来理解，空间本身并不存在，空间是被生产出来的。空间代表着社会现实的同时性与共时性秩序，时间则表征着社会的历时性秩序和社会生产的历史过程。列斐伏尔的唯物主义空间观的核心主张是，人类以其身体性与感觉性、感知与想象，思维与意识形态，通过他们的活动与实践，进入彼此的相互联系之中[46]。但社会空间是如何被生产出来的？空间是如何被生产出来的？列斐伏尔理论的核心观点是：空间的生产可分为三个辩证地联系着的维度，这个三重的辩证关系又是被双重地规定着从而被双重地设计出来的。一方面，它们指社会实践、空间的表象与表征性空间的三位一体；另一方面，则表现为感知的、构想的和直观的空间。[47]这两个平行系列以双重的方法指向了空间。一方面是现象学的，另一方面则是语言学或者符号学的。列斐伏尔分别从德国辩证法(黑格

尔—马克思—尼采的三位一体)、法国现象学(梅洛-庞蒂)与语言
学(尼采—雅格布斯)三个角度加以分析[48]。

　　按照传统的对黑格尔辩证法的三段论解释,辩证法开始于自我
同一性,而这种自我同一性只有通过它的对立性才能得到确证,提
出某个命题/建议意味着它的对立面的存在,也就是说,一个命题,
只有通过历史地转换为它的对立面,它的存在才能完成与实现。因
此,第三项的出现显得顺理成章。因为它既是前两项的否定,也是
对它们的体现。于是,著名的三段论出现了:"肯定—否定—否定
之否定"。在此公式中,第三项是对第二项的否定和对第一项的更
高层次的回归。列斐伏尔首先认为,这种黑格尔辩证法是一种唯心
主义的解释,只存在于思想活动之中,不能运用到现实中来。必须
将黑格尔"用头立地"的、颠倒的辩证法再颠倒过来,使其立足于现
实的社会物质生产活动过程。其次,列斐伏尔批判了黑格尔辩证法
体系,认为它是一个封闭的体系,取而代之的是尼采的隐喻性诗学。
他用马克思的实践和尼采的艺术把黑格尔辩证法从抽象的思辨逻辑
引向了生动而矛盾着的日常生活;这是一种生成论的辩证法[49]。

　　在这种新的辩证法视野中,出发点不再是自我肯定的思想,而
是矛盾运动着的社会生产实践。第一个环节是生活实践。与之相
对的第二个环节则是抽象的思维逻辑,即知识语言和书写语言。这
第二个环节是既抽象又具体的权力,是一种压缩与强制的统一。第
三个环节则是包括诗性与欲望在内的超越形式,从而摆脱死亡的控
制。辩证法的落脚点不再是抽象的形而上学,而是活生生的实践与
现实。根据这种方式,三维辩证法轮廓形成了。在这里,三个环节
辩证地互动着,即马克思意义上的物质的社会实践、黑格尔意义上

的语言与思想，以及尼采意义上的创造性的诗性活动。这里不再有两个对立面之间的关系，如果有也只是一种"再现"。这里只有三元性与他者。诸如形式—结构—功能，诸如节拍—合声—节奏，还有时间—空间—能量[50]。借用中国古代庄子的话比拟，这种三元性或三维空间辩证法的精髓可能会更好理解一些：

　　"天地与我并生，而万物与我为一。既已为一矣，且得有言乎？既已谓之一矣，且得无言乎？一与言为二，二与一为三；自此以往，巧历不能得，而况其凡乎？故自无适有，以至于三，而况自有适有乎？无适焉，因是已"。（《庄子·齐物论》）

　　以上是从对德国辩证法加以改造的角度来理解列斐伏尔的空间辩证法。施米德认为，我们还可以从语言学角度理解空间三元辩证法。这就是：第一，空间实践。从语言学来讲，其修辞手法即转喻（metonymy），意味着与语言活动中的横向结合（syntagmatic）或句法结构相对应与类似。也就是说，语言系统来自于语言活动各要素之间的链接与联系，具体表现为日常生活实践中的社会交往。第二，空间表象。其修辞手法即隐喻（metaphor）。意为一种空间表象可以被另外一种表面上具有相似性而实际上是差异的其他表象所替代。空间表象与语言学中语言的纵向结合或词型（paradigm）变化——也就是范式变化——相类似、相对应，它产生了一种空间画面，从而也规定了一种空间。空间表象就其本身而言可表现为诸如话语、言谈从而是词语层面上的东西，从词语形态上说，类似于描述、界定特别是科学的空间理论。列斐伏尔将地图规划信息符号纳入空间表象的思想范围之中。专门用来处理与解决空间表象问题的是建筑与规划设计，也包括地理学。第三，表征性空间或者再现性空间。从语言学上讲就是一种象征修辞手法。它关注的是空间的象征维度。按照这种规定性,表征性空间不是指空间本身而是某些其他物:神圣的权力、理性的逻辑、国家、男性或者女性的法则。这个空间生产的维度是指语言的赋义过程,从而与某种物质性的象征物联系在一起。空间的象征物可以取自自然界,例如原始的地形,或者人造的纪念碑性建筑,也可以表现为二者——即人造物与天然物——的结合,也就是风景名胜。[51]

综上所述,我们可以将社会空间的生产按照三个维度进行分析。第一,社会空间的空间实践维度,表现为各种社会活动或者互动关系的连接链条。它置身于特定的物质基础或者地形与建筑环境之上。第二,空间实践可以被语言规定与描述为空间,从而构建为一个空间的表象,这个表象起到了一种组织化的格式或者交流的参考框架,保证了一个空间的方向,从而是同一时间中共同规定的活动。第三,在此基础上所体现出来的物质性秩序本身,变成了一种表达意义的传媒工具。在此意义上,空间的象征物是对社会规范、价值与经验的表达的一种阐发和引申。

施米德认为,如果说语言学理论可视为列斐伏尔空间生产思想的来源之一,那么,现象学是其另外一个重要来源。从法国现象学(如梅洛-庞蒂与巴什拉)角度来看,空间的三元辩证法分别表现为感知的(*le perçu*/the perceived)、构想的(*le conçu*/the conceived)与亲历的 / 活生生的(*le vécu*/the lived)三位一体[52]。这个三位一体既是个体的也是社会的,它不仅是为了人的自我生产,而且是为了社会的自我生产而构成的。这三个概念表示既是个人的也是社会的活动。

感知的空间：空间的可感知方面只能通过感觉才能得到把握。这种感知构成了每个社会实践的整体部分。它包括任何可以呈现给感觉的部分，不仅是可以看见的而且是可以听到、嗅到以及触到的，空间的这种可感知的方面，直接与构成空间的物质性要素相关联。**构想的空间**：如果不通过从前的思想，空间就无法被感知。通过把各种要素结合而形成的一个"整体"即空间，只能被看作或者被指示为一种与假定的知识生产相关联的思想活动。**活生生的或亲历的**空间：空间生产的第三个维度是对空间的直接体验。从这个维度来看，世界就是对每天的日常生活实践的体验。这种空间可能会被理论分析所一网打尽，但它总保留着剩余物或剩余性、不可穷尽性，这就为艺术创作提供了无穷的能量[53]。

施米德进而总结与批判地指出，列斐伏尔的三元空间辩证法实际上被许多他的研究者与运用者们误解了。比如戴维·哈维及其门徒，就将其狭义化为一种政治经济学批判方法；而爱德华·索亚的后现代地理学，则将三元辩证法解释为自然、精神与社会三种独立的空间，并直接把社会空间定义为第三空间，这显然也是一种误解。谢尔兹又把三元辩证法往德国古典哲学辩证法三段论那里拉，并造出来第四项即"空间化"，并认为列斐伏尔的辩证法终点不再是黑格尔的扬弃（Aufhebung）意义上的合题而是尼采式"超克"（Überwinden），但施米德认为这种解释得不到列斐弗尔文本的证实[54]。施米德认为问题的关键在于，一方面，必须把空间辩证法的三项理解为同时存在、地位平等的关系；另一方面，将其理解为永远不会终止的、持续不断的生产性的空间—时间的存在—过程。研究空间生产的未来任务在于克服混淆、理清概念，挖掘其思想潜能，使其成为可用于城市发展问题、后共产主义建设、全球化等经验现实分析的理论基础，特别是超越抽象哲学、付诸现实行动[55]。

七、近年来对《空间的生产》一书 广泛的应用性研究

　　伴随着对列斐伏尔空间生产理论的研究逐渐走出片面的后现代地理学转向以及狭隘的文本研究，西方学界近年来对运用本书的方法论进行个案研究的著作呈现出明显的强劲势头，限于篇幅，这里只列举如下几部：艾莉莎·T. 贝尔图佐（Elisa T. Bertuzzo）的《破碎的达卡：用列斐伏尔的空间生产理论分析日常生活》（*Fragmented Dhaka: Analysing everyday life with Henri Lefebvre's Theory of Production of Space.* Franz Steiner Verlag 2009）；蒂姆·埃登瑟（Tim Edensor）的《节奏地理学：自然、地方、移动性与身体》（*Geographies of Rhythm: Nature, Place, Mobilities and Bodies*, Ashgate 2010）；本雅明·弗雷泽（Benjamin Fraser）的《亨利·列斐伏尔与西班牙城市经验》（*Henri Lefebvre and the Spanish Urban Experience: Reading from the Mobile City*, Bucknell University Press; Reprint edition 2013）；加尔辛·尔迪－勒朗代（Gulcin Erdi-lelandais）的《理解城市：列斐伏尔与城市研究》（*Understanding the City: Henri Lefebvre and Urban Studies*, Cambridge Scholars Publishing 2014）；纳撒尼尔·科勒曼（Nathaniel Coleman）的《列斐伏尔的建筑师读本》（*Lefebvre for Architects*, Routledge 2014）；苏·米德尔顿（Sue Middleton）的《列斐伏尔与教育：空间、历史与理论》（*Henri*

Lefebvre and Education: Space, history, theory, Routledge 2013）；卢卡兹·斯坦尼克（Lukasz Stanek）编的列斐伏尔遗稿《刍论极乐的建筑学》（Henri Lefebvre, *Toward an Architecture of Enjoyment,* Edited by Lukasz Stanek, Translated by Robert Bononno, University of Minnesota Press, Minneapolis. London, 2014）等。

　　而在汉语世界，这本名著可谓命运多舛，虽然受英译本和英语国家解释模式的影响而被广泛接受与运用（限于篇幅恕不一一列举），但更多地流于一些空洞的赞誉以及对于概念方法的简单运用，实质性的文本理解基本还处于一种期待状态。套用一位西方列斐伏尔研究学者的话来说：当20世纪70年代初列斐伏尔刚刚提出"空间的生产"这一思想时，人们很难表示理解；而今天，"空间的生产"一词虽然已被广为接受，却难免流为一个空洞的形式[56]。作为《空间的生产》的译者，笔者以为，汉语学界要消化这本天书，还需要做很多细致认真的文本研究工作。

刘怀玉

初稿于 2014 年 5 月 27 日

修订于 2021 年 6 月 27 日

注释

［1］Henri Lefebvre, *La Production de l'espace,* Paris: Anthropos, 1974.

［2］［3］［25］Rob Shields, *Lefebvre, Love and Struggle, Spatial Dialectics*, Routledge, London and New York 1999, p. 165, pp. 6-7, p. 160ff.

［4］Cf. Brenner, Neil/Elden, Stuart（2001）: *Henri Lefebvre in Context: an*

Introduction. In *Antipode*, 33/5, pp. 767.

　［5］爱德华·索雅:《第三空间——去往洛杉矶和其他真实和想象地方的旅程》,陆扬等译,上海教育出版社 2005 年版,第 74 页。

　［6］［15］［16］［17］［28］Christian Schmid, *Stadt, Raum und Gesellschaft: Henri Lefebvre und die Theorie der Produktion des Raumes*, Franz Steiner Verlag 2005, p. 16; pp. 12-13; pp. 14-17; pp. 10-12; pp. 205, 208, 209-210. 此书译文得到了我指导的硕士范雪麒同学的帮助,特别致谢。

　［7］该书目前除了有英译本(*The Production of Space,* Translated by Donald Nicholson-Smith, Blackwell Ltd, 1991)之外,还有日译本:空間の生産,斎藤日出治訳·解説;東京:青木書店, 2000 ;以及意大利译本、西班牙语译本 *LA PRODUCCIÓN DEL ESPACIO*, CAPITAN SWING 2013 及韩语译本等。

　［8］*The Production of Space,* Translated by Donald Nicholson-Smith, Blackwell Ltd, 1991; Henri Lefebvre, *La production de l'espace* (4ᵗʰ edition), Paris: Anthropos, 2000

　［9］参看 'Parcours et positions', *Annales de la recherché urbaine*, no. 64, September 1994. Cite in Michel Trebitsch, "Preface: Presenatation: Twenty Years After" , Henri Lefebvre, *Critique of Everyday Life, Volume III, From Modernity to Moderism (Towards a Metaphilosophy of Daily Life)*, Translated by Gregory Eiliott, With a preface by Michel Trebitsch, Verso, London, New York, 2005, p. XXV。

　［10］Cf. *Space, Difference, Everyday Life Reading Henri Lefevbre*, pp. 12-16, Edited by Kanishka Goonewardens, Stefan Kipfer, Richard Milgron, Christian Schmid, Rouledge, New York, 2008.

　［11］David Harvey, *Limits to Capital*, New and Updated Edition, VERSO, London New York, 2006; Mannel Castells, *The Urban Questions: A Marxist Approach*, A. Scheridane Trans, MIT Press, London: Arnold (Publishers) Ltd, 1979; Anthony Giddens, *A Contemporary Critique of Historical Materialism*, London and Basingstoke, 1981; M. Gottdiener, *the Social Production of Urban Space*, University of Texas Press, Austin, 1985; Neil Smith, *Uneven Development: Nature, Capital, and the Production of Space*, the University of Georgia

Press, Athens and London, 2008.

〔12〕Cf. E. Soja, *Thirdspace, Journey to Los Angeles and Other Real-and-Imagined Places*, Blackwell Publisher Inc. Cambridge, Massachusetts, 1996 ; Edward W. Soja, Postmodern Geographies: The Reassertion of Space in Critical Social Theory, Verso, Second Edition, 2011; 苏贾：《后现代地理学——重申批判社会理论中的空间》，商务印书馆 2004 年版 ; Derek Gregory, *Geographical Imaginations*, Blackwell Publishers, Cambridge, Massachusetts, 1994; Kristin Ross, *Fast Cars, Clean Bodies: Decolonization and the Reordering of French Culture*, The MIT Press, 4 edition, 1996; 詹姆逊：《文化转向》，中国社会科学出版社 1999 ; 詹明信：《晚期资本主义的文化逻辑》，三联书店 1996。

〔13〕其中，关于列斐伏尔全球化思想研究最重要的近作是由尼尔·博任纳（Neil Brenner）与斯图亚特·埃尔登（Stuart Elden）为列斐伏尔的国家、空间与世界理论著作英译版选集联合撰写的长篇导言“国家、空间、世界：列斐伏尔与资本主义的幸存”（Cf. Henri Lefebvre, *State, Space, World SELECTED ESSAYS*, Edited by Neil Brenner and Stuart Elden, Translated by Gerald Moore, Neil Brenner, and Stuart Elden, University of Minnesota Press, Minneapolis. London, 2009. ）而对列斐伏尔的城市理论、节奏理论问题研究则集中体现在 Henri Lefebvre, *Writings on Cities*, selected, Translated and introduced by Eleonore Kofman and Elizabeth Lebas, Blackwell Publishers Ltd, 1996 ; Henry Lefebvre, *Rhythmanalysis: Space, Time, and Everyday Life;* Translated by Stuart Elden and Gerald Moore; with an introduction by Stuart Elden. London; New York: Continuum, 2004; *Geographies of Rhythm: Nature, Place, Mobilities and Bodies*, Edited by TIM, EDENSOR, Ashgate Publishing Limited UK, 2010 以及由 Kanishka Goonewardena, Stefan Kipfer, Richard Milgrom, Christian Schmid 等集体主编的《空间、差异与日常生活》（*Space, Difference, Everyday Life: Reading Henri Lefebvre*, Routledge, New York and London, 2008）一书中。关于列斐伏尔的空间辩证法与建筑理论的研究的最新也是最重要的著作包括上述的克里斯蒂安·施米德《城市、空间与社会：昂利·列斐伏尔与空间生产理论》一书（Christian Schmid, *Stadt, Raum und Gesellschaft: Henri Lefebvre und die Theorie der Produktion des Raumes*, Franz Steiner Verlag 2005）以及斯坦尼

克（L. Stanek）所著：《亨利·列斐伏尔论空间：建筑、城市研究与理论的生产》（Lukasz Stanek, *Henri Lefebvre on Space: Architecture, Urban Research, and the Production of Theory*, University of Minnesota Press, Minneapolis/London, 2011）等著作。

[14] 需要指出的是，汉语学界长期忽略德语世界对列斐伏尔空间生产理论的长期而深入的研究，这方面的代表著作，除了下文反复引用的荷兰学者施米德的书以外，还有 Kurt Meyer, *Von Der Stadt zururbanen Gesellschaft: Jacob Burkhardt und Henri Lefebvre*. Munich: Wilhelm Fink, 2007; Ulrich Müller-Schöll, *Das System und der Rest: Kritische Theorie in der Perspektive Henri Lefebvre*. Mössingen-Talheim, Germany: Talheimer, 1999 等，兹不一一列举。

[18][20] Lukasz Stanek, *Henri Lefebvre on Space: Architecture, Urban Research, and the Production of Theory*, University of Minnesota Press, Minneapolis/London, 2011, pp. VII-VIII, p. 128.

[19] Maurice Blanchot, *Friendship*, Stanford, Calif: Stanford University Press, 1971, pp. 98-100.

[21] R. Hess, *Henri Lefebvre et l'aventure du siècle*, Paris, Métailié, 1988.

[22] Cf. Henri Raymond, Nicole Haumont, Marie-Geneviève Dezes, Antoine Haumont, *L'habitat pavillonnaire*, l'Harmattan, 2001.

[23] Cf. R. Hess, "AVANT-PROPOS à la quatrième édition française, Henricia Lefebvre et la pensée de l'espace", in Henri Lefebvre, *La production de l'espace* (4th edition), Paris: Anthropos, 2000, pp. VII-XIII.

[24] 参看亨利·勒菲弗：《空间与政治》（第二版），李春译，上海人民出版社 2008 年版，第 17-18 页。

[26] Cf. Stuart Elden, *Understanding Henri Lefebvre: Theory and possible*, London: Continuum, 2004, p. 190.

[27] Cf. Andy Merrifield, *Henri Lefebvre: A Critical Introduction*. London: Routledge, 2006, pp. 109-110.

[29] Henri Lefebvre, *Dialectical Materialism*, Preface by Stefan Kipfer, Translated by John Sturrock, University of Minnesota Press, Minneapolis /London, 2009, p. 107.

[30][32][34][36][37][38][39][40][41][42][43][52] Henri Lefebvre, *The Production of Space,* Translated by Donald Nicholson-Smith, Blackwell Ltd, 1991, pp. 15, 72; pp. 15-16; pp. 306-308; pp. 341-342; p. 101; pp. 101, 398-399; p. 399; p. 331; p. 68-72; p. 73; p. 349; p. 39.

[31]参看[德]黑格尔:《美学》第一卷,商务印书馆 1979 年版,第 138-139 页。

[33]马克思的原话是:"'劳动'、'劳动一般'、直截了当的劳动这个范畴的抽象,这个现代经济学的起点,才成为实际上真实的东西。……最简单的抽象,只有作为最现代的社会的范畴,才在这种抽象中表现为实际上真实的东西。"(《马克思恩格斯全集》第 30 卷,人民出版社 1995 年第二版,第 46 页)

[35]参看《马克思恩格斯全集》第 23 卷,人民出版社 1975 年第一版,第 88-89 页。

[38][56] Cf. Lukasz Stanek: "Space as concrete abstraction: Hegel, Marx, and modern urbanism in Henri Lefebvre", in Kanishka Goonewardena, Stefan Kipfer, Richard Milgrom, Christian Schmid, *Space, Difference, Everyday Life: Reading Henri Lefebvre*, Routledge, New York and London, 2008, pp. 62-63, 72-75; p. 62.

[44]这三个概念前两个译名争议不大,最难以把握的是第三个概念 *Les espaces de représentation* 的译法。我注意到英语学界内部的分歧。按照英语世界最为权威的列斐伏尔传记作者谢尔兹的解释, *les espaces de représentation* 一词在英语中通常应该译作 spaces of representation,但此书英译者史密斯常将其译作并不常见的 representational spaces,其用意在于显示出一段时间内列斐伏尔的思想对于隐喻与转喻的重视以及通过一个符号体系而对整个再现机制的重视。不过,列斐伏尔仍然受着尼采式总体人理念的影响而保持着对原始本真性的留恋。故此,谢尔兹对 *les espaces de représentation*/spaces of representation 一词的解释是:"再现的空间(也许最好将其看作是空间的话语),这是列斐伏尔三分式辩证法的第三项或'他者',这应该说是一个被充分体验到的空间,我倒宁愿称其为突然迸发的'在场的瞬间'。……它既来自于日常生活之中的历史积淀物,也来自于震撼人心的乌托邦因素,能够把人带到社会生活空间化的一种崭新的境界之中"。(Rob Shields, *Lefebvre, Love and Struggle,*

Spatial Dialectics, pp. 161, Routledge, London and New York 1999. ）而受此概念影响的詹姆逊则提出了"认知图绘"（cognitive mapping）理论，索亚则提出了"第三空间"概念（Edward W. Soja, *Thirdspace, Journey to Los Angeles and Other Real-and-Imagined Places*, Blackwell Publisher Inc. Cambridge, Massachusetts, 1996）。当然，我也注意到了，《空间的生产》日译本把 *les espaces de reprèsentation* 一词译作"表象之空间"。参看空間の生産，斎藤日出治訳・解説；第 75 页，東京：青木書店，2000。

〔45〕〔46〕〔47〕〔48〕〔49〕〔50〕〔51〕〔53〕〔54〕〔55〕Cf. Christian Schmid, "Henri Lefebvre's theory of the production of space: toward a three-dimensional dialectic", Translated by Bandulasena Goonewardena, in Kanishka Goonewardena, Stefan Kipfer, Richard Milgrom, Christian Schmid, *Space, Difference, Everyday Life: Reading Henri Lefebvre*, Routledge, New York and London, 2008, p. 27, pp. 28-29, p. 29, p. 28, pp. 32-33, pp. 33-34, pp. 36-37, pp. 39-40, pp. 41-42, p. 43.

本书统一体例说明

1. 本译著根据 Henri Lefebvre, *La Production de l'espace* (4e édition, Paris: Anthropos, 2000) 一书全文, 并主要参考该书英译本 *The Production of Space,* Translated by Donald Nicholson-Smith (Blackwell Ltd, Oxford UK & Cambridge USA, 1991) 一书译出。

2. 本书分别以 "F" 和 "E" 边码形式标明《空间的生产》一书法文第四版 (2000) 原书页码和英译版 (1991) 原书页码。另外, 如无特别说明, 原法文第四版页下注标为 "原注"; 所有英译者注标为 "英译者注", 所有中译本注均标为 "中译者注" 字样。

3. 在《空间的生产》法文原版中, 列斐伏尔大量使用斜体字以强调某个观点与概念的重要性, 考虑到中文习惯, 本译著悉改用黑 / 楷体字表示。

4. 本书引文涉及大量西方学者的名字, 一一注明其中每一人的生辰及身份很是费力, 也无必要。译者采取的原则是, 凡极其著名的学者 (如马克思与笛卡尔等) 皆不注明, 一般读者不熟悉的名字则尽可能加以注释。

5. 列斐伏尔写书很少注出处, 但译者还是尽最大可能地标注列斐伏尔引文的出处, 特别是尽量使用已经译成汉语的相关著作的译文, 并列出相关的中译引文出处。这样做也是对汉译学界已有成果的一种尊重。

6. 该书英译本有个别地方明显地误译与漏译法文原版文字，在译校过程中均做了纠正与补译，也做了相应的说明。

献　辞

四堵墙把俺圈在正中间

（朝北边，一面未知的水晶玻璃板

一道虚构的风景线

朝南边，往事历历可见

朝东边，镜光闪闪

朝西边，惟见墓碑寂静一片）

可怜俺鸿雁传书，却无人理咱[①]。

　　奥克塔维奥·帕斯（Octavio Paz）[②]

　　　　简-兰姆伯特（J.-Lambert）法译

[①]　诗多难译，现附列斐伏尔原书法译文原文于兹，以供方家指正：

Enferme entre quatre murs

（*au nord, le cristal du non-savoir,*

Paysage a inventer

Au sud la memoire reflexive

a l'est le miror

a l'ouest la pierre et le chant du silence）

j'ècrivais des message sans rèponse.

[②]　奥克塔维奥·帕斯（Octavio Paz, 1914—1998）墨西哥诗人、散文家。1990 年诺贝尔文学奖获得者。——中译者注

目　录

法文第四版前言(2000)

列斐伏尔与空间思想

当我于 1988 年，也即《空间的生产》的作者列斐伏尔（Henri FV Lefebvre）逝世前三年，出版我的《列斐伏尔和世纪的历险》[①]一书时，已出版的列斐伏尔的著作已达 57 种之多，其中大多数有了外文译本，有些还被译为 15 种语言。毫无疑问，列斐伏尔是 20 世纪被翻译得最多的法语作者之一，他的不朽著作涉及哲学、社会学、历史学、语言学等殊为不同的领域。这种学科间的跨越是很好理解的，因为列斐伏尔的学术生涯开始于 1914 年至 1918 年的一战时期，结束于柏林墙倒塌后的 1991 年；并且在这整个时期内，他对精密科学（les sciences exactes，即自然科学——中译者注）、社会科学和人文科学的好奇心从未中断过！列斐伏尔的学术思考就这样持续了七十多年。

● 本书分别以"F"和"E"夹注形式标明《空间的生产》一书法文第四版（2000）原书页码和 1991 年英译版原书页码，夹注处均系法文版与英译本原页码起始处，下同。——中译者注

[①] R. Hess. *Henri Lefebvre et l'aventure du siècle*, Paris, Métailié, 1988, 360 pages.

值《空间的生产》第四版(1974 年出第一版；1975 年之后意大利语版和日语版陆续面世；1986 年出第三版)在人类出版社出版[1]之际，我感觉有必要对列斐伏尔这位思想家(很多年轻人以前没能认识他，如今只能通过他的著作来了解他)以及他的这本著作说上几句。我相信，用这样一个新版本来替换原来的旧版本，对于这位无与伦比的社会学家和哲学家的都市和空间研究的事业，从整体上来说，是颇有助益的。

列斐伏尔其人

1901 年出生的列斐伏尔，在 20 世纪初黄金时代的尾巴上度过了自己的童年。他的青少年时代适逢那场大的世界战争，即当时人们相信是"最后一次"而今天被称为"第一次世界大战"的那场战争。在两次世界大战之间成年的列斐伏尔，经历了浪漫主义运动和苏维埃革命。他反对过意大利的法西斯主义和德国的民族社会主义(national-socialisme)[2]。他见证了西班牙内战。他是二战时期德国占领法国、法国抵抗运动与法国解放的见证者和参与者。作为革命斗士的列斐伏尔，在被开除出党之前，想必思考过共产党内部的斯大林主义。他见证了现代世界的激变，以及现代帝国主义在印度尼

---

① 《空间的生产》法文原版迄今为止能见到的是四个版本，分别是 *La Production de l'espace* (1ᵉ édn [Paris: Anthropos, 1974]；2ᵉ édn [Paris: Anthropos, 1981]；3ᵉ édn [Paris: Anthropos, 1986]；4ᵉ édn [Paris: Anthropos, 2000])。正文内容基本相同。——中译者注

② 民族社会主义(德文：Nationaler Sozialismus)，这里特指纳粹德国法西斯主义。——中译者注

西亚、阿尔及利亚和越南等地发动战争所带来的苦难。他经历了去
殖民地化中的矛盾，也即技术的扩张和一个全球性社会的突现之间
的矛盾；最后，他茫然不解地目睹了柏林墙的倒塌和苏维埃共产主
义的垮台。总之，列斐伏尔历史思考的一贯意图，就是影响当下历
史的演进方向。每每处于各种运动（不论是超现实主义运动、1968
年5月红色风暴，还是都市崛起运动）核心的列斐伏尔，这颗"马克
思主义之星"［乔治·古斯朵夫语①］、革命之星、社会运动之星，就
像他自己说的，"时刻准备着，却从未真正献身……"

　　虽然列斐伏尔以一位著名大学教授的身份结束了自己的职业
生涯，（我就是1967年至1968年在巴黎第十大学B号大教室聆听
他的课程的2000名学生中的一位），他的职业生涯的历史却并非一
帆风顺。我记得，比如说在1920年至1930年，他做过许多零工，
他曾在巴黎当过两年多的出租车司机。那份作为谋生手段的工作
并没有耽误他同时在索邦大学的学习、他最初论著的写作，以及丰
富的爱情和家庭生活，等等。那份经历对于这位五十年后的都市社
会学家来说，也是一个思考城市、空间以及与空间有关的事物的机
会。在意大利，尤其是在托斯卡纳②，以及在拉丁美洲的那些长时期
旅居，对于激发他的思考从乡村向都市转变，具有不可忽视的作用。

---

　　①　乔治·古斯朵夫（Georges Gusdorf, 1912—2000），系法国现象学家，列斐伏尔
在斯特拉斯堡大学执教时的同事。——中译者注
　　②　托斯卡纳（Tuscany）是意大利一个大区，拉齐奥位于其南，翁布里亚位于其东，
艾米利亚-罗马涅和利古里亚在其北，西濒勒尼安海。它常被嘉许为意大利的最美丽
的部分。其首府为佛罗伦萨。托斯卡纳以其美丽的风景和丰富的艺术遗产而著称。——
中译者注

列斐伏尔的那些传遍全世界的杰作，正是这一"世纪的历险"[①]的产物。他自始生活于其中的这一历险，使得他能够利用哲学、社会学、历史学、经济学、政治学、自然科学、语言学、逻辑学以及信息理论等，这一切20世纪可支配的工具，来思考现代世界的突现。

对城镇、都市和空间的研究

在列斐伏尔的著作中有一些"瞬间"（moment），[②]也就是说有一些主题，这些主题组织了他的思路，并在他生命的一个时期突然迸发出来。在对这些主题进行了一段时间的研究之后，列斐伏尔有了第一本，之后是第二本、第三本著作的出版……列斐伏尔在其自传[③]中对瞬间这一概念进行过理论概括。

就这样，围绕日常生活及其批判这一主题，他在1947年至

---

① 此处所谓"世纪的历险"指的是上文中作者所提到的列斐伏尔一生中所经历／见证的那些跌宕起伏的世界历史事件。——中译者注

② moment一词系列斐伏尔毕生精心制作使用的一个关键概念，是对黑格尔辩证法的时间阶段意义上的"环节"概念和马克思的历史辩证法上意义上的"总体性"范畴的"尼采化"改造。在不同语境中可分别译作"契机""时刻""瞬间""环节""关头"等。他将瞬间解释为"短促而决定性"的感觉（诸如狂欢、愉快、投降、反感、惊讶、恐惧、暴虐），它们在某种程度上似乎是对日常生活生存中潜伏着的总体性可能性的一种揭露与启示。这样一些运动是转瞬即逝的，而会被人们毫不在意地忘记。但在其转换过程中所有的可能性的方式——经常是决定性的，有时是革命性的——既尚待发掘也尚待达到。"瞬间"被列斐伏尔想象为各种破裂的交汇点：可能潜能的剧变与一种强烈的愉悦；详见 Henri Lefebvre, *La Somme et le reste*, 4ᵉ édn,［Paris: ECONOMICA, Anthropos, 2009］, pp.629-647。Klincksieck, 1989［1959］。——中译者注

③ 参看列斐伏尔的《总和与剩余》一书（Henri Lefebvre, *La somme et le reste*, 1959, Paris: Méridien Klincksieck, 1989, pour la troisième édition）。

1988 年出版了四部著作。至于马克思主义领域，他自 20 世纪 20 年代末到生命的最后时期，一直有相关的著作出版。随着每一次这样的进展，加之在其他领域所完成工作的助益，这些瞬间变得更加细致，得到了结构性的深化。比如，在列斐伏尔的著作中有一个哲学瞬间、一个文学瞬间、一个政治瞬间。至于我们此处所感兴趣的空间和都市思想这一问题域，在列斐伏尔的著作中出现得相对较晚，然而分量却不轻。

　　在 20 世纪 50 年代，列斐伏尔是一位农村社会学家［他曾经根据自己在二战中（德国对法国占领期间）所做的笔记，写过一篇有关比利牛斯山区一个名叫康庞河谷的论文］，到 20 世纪 70 年代，FⅧ 他变成了一位都市专家。在讨论列斐伏尔给城市、空间等领域研究带来的变化之前，我想首先指出的是，对于很多人，尤其是他以前在美术学院和都市化研究所教的那些学生来说，列斐伏尔这一方面的著作依然十分重要。鉴于列斐伏尔有关城市主题的作品在法语版出版之后已被译成六种外国文字，且至今这个翻译过程仍在继续（在我写作这篇序言之时，正在出版《空间的生产》译本的是韩国人），列斐伏尔这一思想主题的影响日益增大，这与他的思想的世界性影响是相应的。

　　我曾经指出过，列斐伏尔有关这些问题的理论著述是粗线条勾勒式的。相关思考大致是他在巴黎第十大学度过的那几年中（1966—1973 年）进行的。那段时期列斐伏尔旅行非常频繁。他曾经接受都市社会学家马里奥·加布里亚[①]邀请（此人曾在列斐伏尔

---

　　① 马里奥·加布利亚（Mario Gabiria, 1938—　　），西班牙社会学家，曾经去英国与法国学习过经济学与社会学，系列斐伏尔执教斯特拉斯堡时期的学生。——中译者注

的引导下求学于斯特拉斯堡），以私人身份前往西班牙潘普洛纳^①。
当然他也有很多出公差的经历。1966 年 6 月他去了雅典；1966 年
11 月去了德黑兰；1967 年 3 月至 4 月去了渥太华；1968 年 1 月至
2 月去了东京；1968 年 10 月去了纽约、渥太华和蒙特利尔；1971
年 2 月去了阿尔及尔；1971 年 3 月去了乌德勒支^②，并在那里结识
了乔姆斯基（Chomsky）和马尔库塞（Marcuse）；1971 年 4 月去了
华沙；1972 年 1 月去了纽约；1972 年 3 月初去了布鲁塞尔；1972
年 3 月去了丹麦的奥胡斯（Aarhus）；1972 年 5 月去了蒙特利尔；
1972 年 5 月去了奥兰^③；1972 年 11 月至 12 月间去了委内瑞拉、秘
鲁和巴西；1973 年去了伦敦，等等。

在这频繁旅行的 7 年间，列斐伏尔就我们感兴趣的这个主题出
版了 7 本书。而在这之前和之后，作者没有都市方面的著作出版。
让我们回忆一下这些作品：1968 年的这个系列以《进入城市的权
利》开始，之后是《从乡村到都市》(1970)、《都市革命》(1970)、
_{FIX}《马克思主义思想与城市》(1972)、《空间与政治》即《进入城市的
权利》的第二卷(1973)，最后的集大成之作是《空间的生产》(1974)
这样一部翔实而综合的大部头著作。

都市主题的突然出现根源于列斐伏尔对乡村颓堕现象的考察，
20 世纪 50 年代当列斐伏尔在穆朗（Mourenx）时就已经注意到了

---

① 潘普洛纳（Pampelune），系西班牙北部巴斯克地区一小镇，此镇以举办一年一
度的奔牛节而闻名于世。——中译者注
② 乌德勒支（Utrecht），荷兰的一个省。——中译者注
③ 奥兰（Oran），阿尔及利亚一城市。——中译者注

这些问题，其时石油联合企业正出现在朗德①。然而，抛开一两篇文章不论，列斐伏尔在20世纪60年代初期对这一主题的写作还很少。相反，1966年至1967年之后，列斐伏尔参与了一个由他自己和雷蒙（H. Raymond）、奥蒙（N. Haumont）以及库纳厄特（M. Coornaert）共同创办的都市社会学小组。1966年，社会学小组出版了一项关于别墅区居住状况的研究②。

经历了哪些重要著作的出版，一步一步地，促使列斐伏尔最终写出了《空间的生产》一书？

首先是1968年3月出版的《进入城市的权利》。这部有点像"宣言"的著作，阐明了列斐伏尔在都市领域的研究纲要。他发现，城市的堕落无处不在。尽管其时城镇和城市服从于使用价值的逻辑，工业化所带来的普遍的商品化却毁灭了依赖这种方式的城市。交换价值为栖居（l'habiter）社会生活的堕落提供了冠冕堂皇的理由。多年来，处于支配地位的意识形态就是：为"居住"而建造。人们已经不再顾及"社会化"这一城市生活的标志性特征。经济、金融理性和城市中非生产性投资之间的冲突时有发生。资本的积累和节庆中对资金的挥霍之间的矛盾，在整个19世纪和20世纪一直困扰着城市。城市已经变成了一个巨大的社会实验室。列斐伏尔重视困扰着理论思考、实践行动，甚至是想象力的城市现象的严重性。作为工业化的意义和目的的城市社会，在摸索中形

① 朗德（Landes），法国 Aquitaine 大区下属的一个省，是列斐伏尔的故乡之所在。——中译者注

② 参看 Henri Raymond, NicoleHaumont, Marie-Geneviève Dezes, Antoine Haumont, *L'habitat pavillonnaire*, l'Harmattan, 2001。——中译者注

成。城市社会迫使我们重新思考哲学、艺术与科学。为什么要把
哲学列入其中？因为都市乃哲学问题起源之所在，而一度是栖身
之境（milieu）和中介的城市，如今已经和大自然完全脱节。艺术同
样在劫难逃，它日益呈现为城市社会和这一社会中的日常生活服
务的新形象。至于各门科学，都难免会与这一新事物相遇。数学、
信息科学、政治经济学、人口学，尽管各有其特殊性，在城市领域
却都遭遇了一个总体性和综合性的诉求。城市由此催生了一种与
政治战略（stratégie politique）密不可分的知识战略（stratégie de la
connaissance）。列斐伏尔尝试评估使用这种知识战略进行思考的
潜力、可能性和前景。他的答案是：在实践中引入一项新的权利，
进入城市的权利。也即进入一种全新的人本主义的和民主的城市
生活的权利。本书中，我们会发现作者曾在《公社宣言》（1965）一
书中阐释过的有关节庆和娱乐的一些观点。

　　第二个阶段是杂志《空间和社会》的创立。1968 年 5 月的运
动，使得《进入城市的权利》这一论题迅速传向全世界。列斐伏尔
将所有对这一运动进行过思考并在 1968 年的示威中保持了清醒的
社会学家、建筑学家、政治学家聚集在了自己身边。列斐伏尔和他
们一道，创办了《空间和社会》这份主宰了整个 20 世纪七八十年代
的、对空间的生产进行反思的杂志。杂志由人类出版社发行，列斐
伏尔担任学术策划，塞尔日·约纳斯（Serge Jonas）担任技术策划，
列斐伏尔和柯博（Anatole Kopp）[①] 一起担任杂志的领导。杂志编委

---

　　① 柯博（1915—1990），法国马克思主义者，城市与建筑理论家。巴黎第八大学
教授。——中译者注

会成员有：Bernard Archer, Manuel Castells, Michel Coquery, Jean-Louis Destandau, Colette Durand, Serge Jonas, Bernard Kayser, Raymond Ledrut, Alain Medam, Jean Pronteau, Henri Provisor, Pierre Riboulet。1970 年至 1980 年，这份杂志总共出版了 35 期。期间还曾有许多新成员加入杂志的编辑组，如 Macha Auvray, André Bruston, Jean-Pierre Garnier, Michel Maffesoli, Sylvia Ostrowetsky, 以及许多临时合作者。

《空间和社会》第一期的首篇论文是《对空间的政治的反思》[①]，列斐伏尔曾经在 1970 年 1 月 13 日于巴黎都市化研究所召开的会议上宣读过它。在这篇文章中，列斐伏尔阐述了他的都市问题的研究纲要，大致算得上是对过去 10 年的一个总结或曰清算。随着时间的推移，我们开始能够评价城市化突飞猛进的 20 世纪 60 年代人们的种种观点和行为了。且随着权力高层视角的转变，这种分析变得更加重要了。我们应该密切关注这些不同程度的转变。

《对空间政治的反思》一文指出了一种占绝对支配地位的意识形态，这种意识形态由以下三个命题组成：

　　1. 存在某种统一的行动；城市规划有时借助经验，有时运用某一特定科学学科(人口学、经济学、地理学等)的概念，有时又采取跨学科的方式。

　　2. 城市规划领域形成了一种特有的认识论。

[①]　中译文参看亨利·勒菲弗：《空间与政治》(第二版)，李春译，上海人民出版社 2008 年版，第 43 页及以下内容。——中译者注

3. 城市规划应该同时在全球社会的层面和地方的层面，也即在居住的尺度上，以空间科学的形式展开。

哲学家们发现，空间相对于时间具有优先性。空间是自在自为的；空间处于政治之外，与意识形态无涉。不过，没人能保证人们的各种需要和欲求不会渗入这一"自在自为"领域当中。而列斐伏尔指出，空间是政治性的、战略性的。我们应当找回那些塑造了空间的古老战略的蛛丝马迹。空间虽看似相同，实则不然。我们可以把空间的生产与任何一种商品的生产相比较。但是在商品的生产与空间的生产之间，存在一种辩证法。作为历史产物的空间，是物质规划、财政规划和时间—空间规划相交织的地方。技术专家体制（technocratie）的实质，是一种总体性规划的幻象。民主政制（démocratie）[1] 只能在这种规划的夹缝中自辟生路。空间与自然也是我们在分析社会矛盾时应该考虑的因素。"如今，像空间一样，自然已经被政治化，因为自然已经被裹挟进各种自觉的或不自觉的战略之中。例如国家公园的规划，也已变成了一种战略，一种小的战略，或者说是一种部署。然而，我们应当看得更远[2]"。当意识到这篇文章写于 30 年前时，我们不能不被它的现实性，以及它对我们社会中空间问题在政治上的困难的分析所震惊。在某种意义上，

---

[1] 民主政制（démocratie）是相对于技术专家体制（technocratie）而言的——中译者注

[2] 参看列斐伏尔《对空间政治的反思》（Henri Lefebvre, Réflections sur la politique de l'espace, Espace et société, numero 1, 1970, p. 7.）——原注［中译文参看《空间与政治》（第二版），李春译，上海人民出版社 2008 年版，第 52 页。——中译者注］

列斐伏尔是今天蹒跚学步的政治生态学的先驱之一。

在我们刚刚重读过的《对空间政治的反思》一文中，列斐伏尔指出，空间是政治性的，要实现（权力的）"去中心化"这一目标，就必须与国家专制进行斗争。在《都市革命》一书的最后部分，作者重新探讨了都市战略这一问题。都市是一个政治要塞，列斐伏尔把都市这一关节点（enjeu）提升到了理论层面。列斐伏尔重新界定了"异化"和"日常生活批判"等概念。我们应该建构一种知识战略来不断地以经验对抗理论，以达至某种总体化实践——都市社会实践。这一有待实现的都市社会，其本质是人类对时间和空间的驭用，是自由的最高形态。的确，控制着这些过程的是政客们，他们掌握着技术的控制权。然而，抗辩的作用，就在于通过认真细致的辩证分析，说出真实者、可能者与不可能者，从而使得看似不可能者成为可能者①。

我们需要在世界范围内展开这一分析。都市问题在不同地区呈现出不同的形态：在（正在进行着游击战的）南美、（都市矛盾将市中心和黑人区置于对抗之中的）北美、亚洲和欧洲，都市问题有着各自不同的提法。列斐伏尔列出了都市策略的几项原则：

　　——通过强调其重要性，将都市问题引入政治生活；

　　——制定详细方案，其中第一条即普遍的自治。这种都市自治应与工业自治一起思考；类似于工业中的自治；

---

①　H. Lefebvre, *Espace et politique*, p. 143。——原注［中译文参看《空间与政治》（第二版），李春译，上海人民出版社 2008 年版，第 52 页。——中译者注］

　　——对进入城市的权利的承认,即对不被排除出城市中心及城市运动的权利的承认。

　　这些提议在相当程度上是由当时世界范围的现实的社会运动、城市起义所催生的。

　　《马克思主义思想与城市》是一部普及型著作,写作该著的过程中,列斐伏尔重新阅读了马克思和恩格斯这两位他极为熟悉的作者,他的都市研究因此变得更加扎实。列斐伏尔在《空间与政治》中继续了这一探索,这部著作收录了 1970 年至 1973 年列斐伏尔在东京、牛津、纽约、智利圣地亚哥、加拉加斯等地几所大学巡访时所做的演讲。从中他厘清了一些在其他著作中草涉过的要点。列斐伏尔重新定义了城镇(la ville)和城市(l'urbain)[①],重新解读了恩格斯的乌托邦思想,研究了后技术社会的机制。他从空间的角度分析了社会阶级。

　　在《空间与政治》一书的"资产阶级与空间"一章中,列斐伏尔强调了法国发展的不平衡,聚焦于巴黎及其郊区之间的矛盾:"首都吸引了一切:人口、人才与财富。这是一个权力和智力的中心。巴黎周围分布着附属性的、等级化的空间;这些空间同时为巴黎所

　　[①]　ville 和 urbain 一般均译作"城市"与"都市"。但在列斐伏尔文中确有特殊区别。ville 一词更强调的是前工业社会的商业活动中心的城镇,而 urbain 则主要指工业化社会的城市化进程。国内学者李春博士在其新译的列斐伏尔《空间与政治》一书中据中国古代汉语传统分别将其译作"城邑"与"都市"[参看《空间与政治》(第二版),李春译,上海人民出版社 2008 年版,第 63 页注]实乃一"文心雕龙"之举,可资借鉴。——中译者注

控制和剥削。作为帝国主义的法国已然丧失了它的殖民地，但在法国国内又建立了一种新殖民主义。如今的法国有一些超级发达、超级工业化、超级都市化的地区；但同时也有很多每况愈下的欠发达地区。"① 不仅如此，"今天，空间已然沦为统治阶级的工具"，主要用于：分散工人阶级，将他们分派到指定地点，通过制度性规则调控各种物资的流动，由此将空间置于权力掌控之下，在维护资本主义生产关系的同时，也控制了空间并以技术官僚的治理方式控制了整个社会②。

　　在"工人阶级与空间"一章中，列斐伏尔梳理了城市中无产阶级的历史。他强调，巴黎公社是无产阶级对豪斯曼（Haussmann）③所设计的城市控制政治的反抗④。对于新近发生的一些事件，列斐伏尔分析了其中的滨海福斯项目（le programme de Fos-sur-Mer）、对洛林的清理（la liquidation de la Loraine）、敦刻尔克工人大流放（la départation de la classeouvrière à Dunkerque）。资产阶级的这些新

FXIV

---

　　① 参看 H. Lefebvre, *Espace et politique*, p. 143。中译文参看《空间与政治》（第二版），李春译，上海人民出版社 2008 年版，第 129 页。——中译者注

　　② ibid., p. 155. 中译本参看上书第 139 页。——中译者注

　　③ 巴黎公社（la commune de Paris）是发生于 1871 年 3 月至 5 月的一场无产阶级革命。豪斯曼（Haussmann）作为波拿巴王朝治内的一任巴黎市长，他对巴黎城的改造发生在 1852 到 1870 年间。多有史家认为，豪斯曼缺乏品味和对建筑财富的尊敬，他重建巴黎主要是为了消除任何有可能在都市起义中被利用的东西（参见 *Encyclopaedia Britannica*, Micropaedia volume IV, page 952）；并参看［美］大卫·哈维：《巴黎城记——现代性之都的诞生》，黄煜文译，广西师范大学出版社 2010 年版。——中译者注

　　④ ibid., p. 168.——原注［中译文参看《空间与政治》（第二版），李春译，上海人民出版社 2008 年版，第 150 页。——中译者注］

做法，迫使列斐伏尔开始自问政治性反思之整体性的真正含义：这还算是企业行为吗？这难道不是空间的生产吗？在这个层面上，一项新的社会运动是可能的吗？列斐伏尔提出了许多至今看来依然很有现实性的问题。

我们大致描述了列斐伏尔于 1974 年写作和出版《空间的生产》一书的思想背景。在当时，大学教授的退休年龄是 70 岁。但为了弥补因历史背景和个人经历所导致的一年服务的缺失（这一点我曾在别处提到过），列斐伏尔直到 71 岁才退休。有趣的是，1972 年，列斐伏尔申请并得到了又一年的额外教职，以巴黎第十大学教授的身份专门从事《空间的生产》一书的撰写。所以，对于列斐伏尔来说，这本标志着他的大学教职生涯结束的著作是十分重要的。而列斐伏尔对于城市和空间的集中而深入的研究，并没有妨碍他在其他领域的研究及相关著作的出版。对于列斐伏尔来说，这是一个多产的时期，除了对城市和空间的专门研究之外，他还出版了如下著作：《语言与社会》《马克思的社会学》《反对技术官僚》《现代世界中的日常生活》《农特尔的崛起》《历史的终结》《异者的宣言》《超越结构主义》《论智能人，反对技术官僚》《戏剧三论》《资本主义的幸存，生产关系的再生产》，等等。此外还有十几篇论文。[1] 创造力如此旺盛，不能不让我们感到震惊。与此同时，列斐伏尔频繁旅行，在巴黎第十大学任教期间还成为最受欢迎的博导之一。他真是无处不在！退休之后，列斐伏尔撰写了四卷本的著作《论国家》（1976—1978, 10/18），并出版了十几部其他著作，从哲学上深化了

---

[1]　详细信息请参见 R. Hess, *op. cit.*, bibliographie。

他在以前的著作中曾浅涉过的一些主题。

《空间的生产》是列斐伏尔最重要的著作之一，在他的全部著作中起着承前启后的作用。这部著作虽然读起来有些艰涩，却并不枯燥。它是回溯—前进式（*regressive-progressive*）方法的产物[①]。从对现在的分析出发，为了理解当下的矛盾，他"后退"回过去：这些问题曾在过去的什么时候出现过？之后他又回到现在，刻画出将来实现的可能性，这时是"前进式"。过去，面对城市和乡村的危机，列斐伏尔提出了"城市"这一概念；而现在，他在思考"空间"这一概念。在此我不想过多地复述他说过的话，因为他的作品此刻就敞开在您的眼前，立刻踏上探索的旅途吧！

在结束这篇序言之前，我想再谈一谈新千年到来之际重新发现列斐伏尔思想的背景。列斐伏尔是一位被翻译得很多的法语作者，奇怪的是，这些作品从未在某一时期被全部移译为某一种语言。日本人对这一部分作品情有独钟，翻译较多；美国人则更喜欢另外一部分。德国和拉丁文化区的翻译显得更有逻辑性。有些国家一直在密切关注列斐伏尔的著作，另外一些国家则很晚近才发现列斐伏尔的思想（目前韩国人正在如火如荼地翻译列斐伏尔）。这些（翻 FXVI 译）运动也时常波及法国。在列斐伏尔逝世（1991年6月）后不久，由于新的政治形势（对马克思主义的"政治正确"进行批判）之故，他的思想的影响力开始衰落。在此之前好几年，这种衰落就显露端

[①]　列斐伏尔从马克思那里得来的这一方法（后来萨特又从列斐伏尔这里承继了这一方法）是列斐伏尔在其著作中的重点论述对象。这一方法试图调和历史学和社会学，调和水平和垂直视角。这一方法值得展开论述，可惜篇幅所限，恕兹不赘言。

倪。1988 年、1989 年,我对《反国族的民族主义》和《总和与剩余》①这两部我认为很重要的著作分别进行了再版,都没有取得很好的销售成绩。

今天,希罗斯出版社开始考虑重新出版列斐伏尔的某些重要作品,并附上了丰富的前言和评论。已经面世的作品有《神秘化的意识》,还有以《1968 年 5 月,这一风暴》为标题再版的《农特尔的崛起》。很快,列斐伏尔另一本久已脱销的著作《元哲学》也将再版。②

感谢人类出版社的主任简·帕伏莱甫斯基(Jean Pavlevski)先生一年前惠允笔者重新出版列斐伏尔诸多著作中的一部(即指《空间的生产》一书——中译者注),在那之后,人类出版社发生了很多事情。对于此书的再版,我要感谢凯瑟琳·列斐伏尔③的信任。人类出版社人文社科新书的推出常常以经典著作的再版为标志,这一点殊为有趣。我的愿望和建筑学与城市书店(la Librairie de l'architecture et de la ville)(这家书店体现了文化部、国家图书中心以及建筑执导局的政策)的期望恰好一致,这家书店将本书列入

---

① 此书是列斐伏尔写于 1959 年的一部自传体著作,是年他被法共除名。此书书名一语多义,既有字面上的思想汇报性质的"总结(la somme)及其他(le reste)"之义,更有隐喻自己毕生研究事业的日常生活所具有的"总体 / 总和"性(la somme)与"剩余物 / 他者性差异"(le reste)双重性辩证特点之意。——中译者注

② 对列斐伏尔思想的后续发展值得特别加以研究。在"马克思空间"(*Espaces Marx*)的倡议之下,一场有关这个问题的研讨会将在 2000 年 11 月于巴黎举行,详情请咨询:Ajzenberg@aol.com。——原注

③ 凯瑟琳·列斐伏尔(Catherine Lefebvre)系列斐伏尔晚年的秘书和第四任亦即最后一任太太。她曾帮助列斐伏尔在去世前完成了关于空间、节奏、身体等专题的研究与出版工作。详见 Henri Lefebvre: *Rhythmanalysis Space, Time and Everyday Life*, Translated by Stuadt Elden and Gerald Moore, With an Introduction by Stuart Elden, Continuum, London New York, 2004。——中译者注

了它们的重点推荐书目。很多人，尤其是建筑师和城市社会学家，都因为买不到此书而深深地遗憾。我很高兴民族社会学丛书的编辑专辟大开本来重印此书。

雷米·埃斯[①]
巴黎第八大学教授

①　雷米·埃斯（Rémi Hess, 1947—　），法国巴黎第八大学教授，列斐伏尔的学生及其思想研究专家。——中译者注

法文第三版前言（1986）[1]

　　在 12 年或 15 年前，正当我写作这本书的时候，空间概念还是一团乱麻，充斥着各种悖论而无法相互协调。伴随着火箭技术与航天技术的发展，空间毫无疑问地"流行"起来了。出现了这样或那样的空间——图像的、雕塑的，甚至是音乐的空间，等等。然而，这样一个拥有新鲜而独特内涵的（大写的［majuscule］）空间概念，在大多数人和一般公众看来，却仅仅是指宇宙天体之间的距离。在传统意义上，"空间"一词更多地让人联想到数学、（欧几里得）几何学及其定理，因而它是一个抽象物：没有内容的容器。那么在哲学中又如何？空间遭受了极大的轻视，被看作不过是众多范畴之一（如康德主义者们所说，它是一种"先验的"范畴：一种组织感性现象的方式）。有时，空间又充满形形色色的幻象与错误：偏离轨道的欲望与行动，"自我"的堂奥，进而也走向一种外在的和倦怠的、

---

[1]　《空间的生产》一书 1974 年初版和 1981 年再版时并无序言，现行的英译本所根据的就是这个没有序言的第一版译出的，现在看来是一缺憾。这里我们根据《空间的生产》1986 年第三版以及《空间的生产》2000 年第四版所载的新版序言（*La Production de l'espace*, 3ᵉ édn, Paris: Anthropos, 1986, pp. i-xii; repr. in *La Production de l'espace*, 4ᵉ édn, Paris: Anthropos, 2000, pp. xvii-xxviii），并参照埃尔登等人所编的《列斐伏尔著作精粹》之英译文（*Henri Lefebvre: Key Writings* / Edited by Stuart Elden, Elizabeth Lebas, and Eleonore Kofman, New York: Continuum, 2003, pp. 206-213）译出。——中译者注

正在分裂的和已经分裂的（通过语言和近似语言的——柏格森）心
理学意义上的生活。至于各门学科对空间的研究，这些学科总是最
大限度地分割空间，按照还原的方法论前提随意地肢解空间：地理
学、社会学、历史学等，都如此。空间充其量被混同于一个空域，
一个无所谓内容的容器；而它本身，却是由某种不明确的标准所规
定的绝对的、光学—几何学的、欧几里得—笛卡尔—牛顿的（空间）。FXVIII
我们接受了各种各样的"空间"，把它们归拢到一个模糊的概念中。
含混不清的**相对性**（*relativité/relativity*）概念就建立在传统的空间、
空间表象，尤其是日常空间边缘的（例如三维性、空间与时间的分
离、米尺和时钟，等等）概念上。

　　一个具有悖谬性的现象是，在某种（极其糟糕的）无法言喻、无
法公开、难以辨别的矛盾中，在实践中——在现存的社会及其生产
方式中——我们看到的，却是与碎片化的表象知识有所不同的实
践。**有人**（是政治家吗？不是。更多的是一些政客和技术官僚，拥
有很大的权力和权威）发明了空间规划，这当然主要是在法国，目
的是要合理地改变和打造法国的空间，我们发现（这并不缺乏论
据），由于任由事情发展，已经出现了不好的迹象和令人恼火的结
果：一些地区拥挤不堪，另一些地区则出现荒置化迹象。特别是，
从地中海经由罗纳谷地、索恩河和塞纳河到北海岸的这条"自发的"
中轴线，已经暴露出许多问题。有人开始规划在巴黎和另外一些地
区周围建设"平衡大都市"①（*métropoles d'équilibre*）。负责区域开

---

①　即为抑制巴黎的过分发展而在法国各地方建设的城市。英译文译作"regional
capitals"（"区域性资本"或"区域性首都"）明显有些生硬或走意。——中译者注

发的，是一个权力很大且高度集权的官方组织，它既不缺少资源也不缺少雄心，它要**生产**一个和谐的全国空间，从而给那些处于"狂热"中的、一心追求利润的城市发展以一种小小的秩序约束。

如今，人们都已意识到，这项新颖的规划实验（它既不符合投入-产出分析，也没考虑国家对经济运转的支持，也就是说，完全脱离了财务准则）已经搁浅，几近被新自由主义破坏殆尽，再也难以重整旗鼓了。

于是，一种明显但极少得到关注的矛盾，出现在空间理论与空间实践之间。这是被形形色色的意识形态所掩盖的矛盾——我们得压低嗓门小声说，这些意识形态搅乱了有关空间的讨论：从宇宙学跳到人类学，从宏观跳到微观，从功能跳到结构，而不去反思自己所运用的概念和方法。本来就迷雾重重的"空间性"这一意识形态，至此变形成为一整套理性知识，虽然完整且行之有效，却只是一些独断的计划和仪式、一些琐碎庸常的论调。

因此，我们要想摆脱这种混乱不堪的局面，就既不要再把（社会性的）空间与（社会性的）时间当作（只不过被不同程度地改造过）"自然的"事实来看待，也不能把它们视为"文化的"事实；而必须视其为**产品**（*produits/products*）。这就导致了"产品"一词的用法及其内涵的改变。空间（与时间）生产的产品不能被看作机器或劳动的随随便便的"对象"或者"产物"，它们拥有**第二自然**（*la nature seconde/second nature*）① 的基本特征，**是多种社会活动作用**

———————————

① 本书中多次出现的"第二自然"，在马克思那里是指人化自然、社会自然或历史自然。该词来源于黑格尔。黑格尔把存在于人之外的物质世界这个第一自然，说成是一种盲目的无概念性的东西。在黑格尔那里，当人的世界在国家、法律、社会与经

FXIX

于"第一自然"——感性材料、物质与能量——的结果。是新的产品吗？是的，是一种特殊意义上的产品，特别是具有一定的**整体性**（*globalité/global*）［而非"总体性"（*totalité/total*）］特征的产品；而那些日常意义上的普通"产品"（物体、事物与商品），则不具备这种整体性（尽管被生产出的空间和时间被"分割"后，也作为产品来交换——出售与购买——就像商品那样！）。

顺便说一句，我们应当注意到，甚至在那个时候（20世纪70年代左右），**都市**问题就已经被极其清晰地提出来了（对于很多人来说，这个问题甚至太显眼而让人目眩，他们宁愿把目光转向别处）。官方文件既没能管治也没能掩盖这种新野蛮现象。这样一种大规模的和"毫无节制的"所谓城市化建设，除了利润最大化之外没有其他战略考虑，丧尽理性与原创性，其所导致的灾难性后果当时就已经在方方面面暴露出来，虽然这一切都是以"现代性"的名义进行的。

城市、城镇和都市是中心，是首善之区，是思想与发明的摇篮。对于这样的论调（这是希腊—拉丁文明的论点，也即我们西方文明的论点），我们怎么可能不加论证地因袭和支持呢？"城—乡"关系 FXX 正在世界范围内发生变化，有一些"极端的"措辞称之为"全世界

济中形成的时候，是第二自然，是理性和客观精神的体现。"实现了的自由王国，是精神从它自身产生出来的、作为一种第二自然的那个精神的世界。"（［德］黑格尔：《法哲学原理》，邓安庆译，人民出版社2016年版第34页。）但按照A.施密特的说法，马克思的看法"与之相反：倒不如说黑格尔的'第二自然'本身具有适用于第一自然的概念，即应把它作为无概念性的领域来叙述，在这无概念性领域里，盲目的必然性和盲目的偶然性相一致；黑格尔的'第二自然'本身仍然是第一自然，人类终究不会超脱出自然历史。"（A.施密特：《马克思的自然的概念》，欧力同等译，商务印书馆1988年版，第34-35页）但在本书列斐伏尔主要是指"物质的或自然的空间已经正在消失"（参看本书英译本第30-31页、303-304页等处）。——中译者注

的乡村与全世界的城市相对立"。如果不清醒地对城市所占领的、占有的（或剥夺的）空间加以思考，我们怎么能够思考城市（到处都是扩张—内爆的现代都市）？如果不首先把现代城市和现代大都市视为产品，就不可能把它们当作**作品**（*œuvres/works*）来思考（我们在此处取用艺术作品的广义的和完整的意义，即对原材料的改造）。这种在特殊生产方式下形成的产物，在整体上失败的同时，也显示出某些极端的后果，它有时允许某些"其他事物"露面，至少作为期盼，作为要求、呼吁。当然，环境主义者们已经提高了觉悟，并鼓动起舆论：区域、环境、空气与水的污染，自然这种"原料"，城市的原料，遭到了无所顾忌的破坏。环境运动缺少一种关于空间与社会之间关系——区域、城市发展与建筑，等等——的一般理论。

把空间构想为一种社会产品并非易事，由此我们会碰到新的和出乎预料的问题。

空间作为一种产品，并不是指某种特定的"产品"———一种事物或物体——而是指一组关系，这个概念要求我们拓展对**生产**与**产品**概念及其相互关系的理解。正如黑格尔曾经说过的，一个概念，只有当它所指的东西受到威胁或者接近终结从而自我改变时，才会出现。我们再也不能把空间构想为某种消极被动的东西或空洞无物了，也不能将它看成和其他产品一样，只能被交换、消费和消失。空间作为一种互动性的或者追溯性的产物，它介入生产活动本身：对生产、运输、原料与能源流，以及产品的分配网络进行组织。就其在生产中的地位而言，同时也作为一个生产者，空间（或好或坏地被组织起来）成为生产关系与生产力之间关系的一个组成部分。因此，空间概念不能被孤立起来或置于静止状态，它是辩证的产

品—生产者、经济与社会关系的支撑物。它发挥着**再生产**的作用，FXXI
即在生产资料的再生产、扩大的再生产中发挥着作用，不是吗？它
是那些在"现场"实践中实现的社会关系的一部分，不是吗？

这个观点一经概括就非常清楚了，它能说明很多事情，不是
吗？空间已经获得如此显赫的地位，它是某种"行走在大地上"(*sur
le terrain*)的现实 ①，即某种**被生产出来**的社会空间中的现实，是社
会关系的生产和再生产，不是吗？（难道说它们仍然悬在半空，是一
种供学术研究的抽象物？）进而言之，这种理论能够让我们明白，在现
有的生产方式的框架内空间**规划**的原创性。它也能够让我们对现有
的规划理解、改进、补充和完善——根据其他的诉求和规划——但同
时不忘其本质，尤其是它和城市化的密切关系。如此，重启规划。

第二个同样难以解决的困难是，在刻板的马克思主义传统中，
社会空间被看作一种上层建筑，看作生产力、社会结构及财产关系
的一个结果。现在空间已经进入生产力和劳动分工的领域；它和财
产有了关联——这一点非常清楚——和交换、组织机构、文化、知
识都有了关联。空间可以被出售，它具有了交换价值与使用价值。
因而空间不再处于传统分类所规定的水平或层面上。（社会）空间
概念以及空间本身，因此逃脱了"经济基础—社会结构—上层建筑"
这样的分类法。它像时间吗？也许。像语言吗？还有待于观察。
在诸如此类的问题上，是否应该放弃马克思主义的分析与方向？所

---

　　① 黑格尔曾经说过："神自身在地上的行进，这就是国家……国家不是艺术品，
它立足于地上。""国家是地上的精神。""国家是神的意志，也就是当前的、开展成为世
界的现实形态和组织的地上的精神。"（参看［德］黑格尔：《法哲学原理》，范扬、张企
泰译，商务印书馆1982年版，第259、269、271页。）——中译者注

有方面都在引诱和建议我们放弃。我们能否反其道而行之——回到问题的源头，通过引入新的概念，并尝试发现一些新的和更精致的方法，来深化我们的研究？这正是本书所要做的工作。它假设空间有时是在这些层面，有时在那些层面呈现其结构与活动，有时在操作（所有权）与统治的层面，有时又在上层建筑（制度）的层面。这种活动并不均衡，但处处体现出来。空间的生产似乎并不是这个生产世界的"主导"，然而通过协调，却可以将生产活动的方方面面联系起来，统一在"实践"中。

但这还不是问题的全部，问题还远不止于此。（社会）空间虽然在生产世界中作为结果、原因与理由同时发挥作用，但它也随着生产方式的改变而改变！显而易见地，它随着"社会"的改变而改变——我们或许可以这样说。这里有一部**空间的历史**（正如还有时间的、身体的与性的历史一样），这是一部尚待书写的历史。

空间概念连接了精神与文化、社会与历史，它重构了一个复杂的过程：**发现**（新的或未知的空间、大陆或宇宙的发现）—**生产**（社会的空间化、组织化特征的生产）—**创造**（各种作品的创造：风景、具有纪念碑意义和装饰风格的城市）。这个过程是逐步的、源发性的（具有"起源"），但遵循普遍的**共时性**形式（la forme générale de la *simultanéité/simultaneity*）的逻辑；因为每种空间化机制都立足于各种智慧的并置，立足于我们同时**生产**出的要素的物质性组合（assemblage）。

不过，事情变得越来越复杂了。在（某一给定社会的）生产方式及其空间之间，是否存在一种直接的、瞬时的、能迅速被理解的，因此是透明的关系？没有。这里只有不协调和差异：意识形态与幻相。这正是本书要澄清的问题。例如，在 13 世纪和 14 世纪，托斯卡纳（*Toscane*）透视法的发明不仅表现在绘画[锡耶纳学派 [①]（*école de Sienne*）]方面，而且首先表现在实践中和生产上。乡村改变了，它经历了一个从封建制到佃农制的过程；一条条柏树成荫的道路从小农场向地主的大宅院延伸，宅院现在由管家打理，因为土地的主人生活在城市，他是一个银行家或一个大商人。城市也改变了，建筑随之变化：建筑物的外观、排列方式以及城市的地平线都变了。一种新的空间生产——透视法——是与当时的经济转型紧密相连的：生产与交换的增长，新阶级的兴起，城市重要性的提升，等等。FXXIII但实际上所发生的事情之间并没有一个显而易见、简单明了的因果关系。这种新空间的构想、成型与生产，是出于和为了王室的利益还是巨贾的利益？是出于某种妥协还是城市本身自然生长的结果？很多事情现在都说不清楚。有太多空间的历史（像社会时间的历史那样）还有待我们去书写！

　　另外一个让我们更加吃惊但在本书中很少加以分析的事例，就是鲍豪斯运动 [②]，另外还有勒·柯布西耶 [③]。我们曾经把德国 20 世

---

　　①　锡耶纳学派是 13 至 15 世纪之间意大利的一个画派，它致力于晚期哥特式宗教艺术创造活动。虽然其中的一些艺术家使用了透视法，但通常人们还是把透视法的发明与佛罗伦萨学派联系在一起。——中译者注

　　②　鲍豪斯，一译"包豪斯"（Bauhaus, 1919/4/1—1933/7），是德国魏玛市的"公立鲍豪斯学校"（Staatliches Bauhaus）的简称，后改称"设计学院"（Hochschule für Gestaltung），习惯上仍沿称"鲍豪斯"。在两德统一后位于魏玛的设计学院更名为魏玛鲍豪斯大学（Bauhaus-Universität Weimar）。她的成立标志着现代设计的诞生，对世界现代设计的发展产生了深远的影响，鲍豪斯也是世界上第一所完全为发展现代设计教育而建立的学院。"鲍豪斯"一词是格罗皮乌斯生造出来的，是德语 Bauhaus 的译音，由德语 Hausbau（房屋建筑）一词倒置而成。——中译者注

　　③　勒·柯布西耶（Le Corbusier, 1887—1965），法国的建筑艺术家，作家。——中译者注

纪二三十年代的鲍豪斯人——格罗皮乌斯①及其朋友们——视为革命者、布尔什维克主义者。但当他们遭受迫害、被迫辗转到美国之后，他们竟然以所谓现代空间——即"发达的"资本主义空间——的习艺者（建筑师与设计师），甚至是理论家的身份脱颖而出。他们通过自己的作品和教学促使这种空间被构造与创造出来，"降生到大地上"（à sa réalization «sur le terrain»）。唉，勒·柯布西耶是多么不幸与背运呀！接着，他们中又有人发现了大片混杂的、蔓延的低矮棚户区，特别是工人阶级住宅区。但他们忽略了生产方式这个概念，正是它既生产出它的空间又与之伴随始终。在现代性的光环之下，被所谓"现代性"生产出来的空间带着独有的特征：同质化—碎片化—等级化。现代性空间的区域同质化出于各种原因：要素与原料（以及相应地，它们所包含的部分要求）的制造；管理、控制、监督和沟通的方法。然而，现代性空间虽然具有同质性，这种同质性却并非出于设计或规划，它是虚假的"整体"——其中都是相互孤立、隔绝的小单元。这种同质化空间是悖谬性地被碎片化了的空间：最先是较大的地块，接着切割成一片一片，直至被消解成碎屑。它制造出贫民区、单位、密如蛛网的独栋住宅，还有那些与周围环境以及市中心都没有关系的虚假的聚居区（*pseudo-ensembles*）。于是就有了这样一种刻板的分区：住宅区、商业区、休闲区、边缘空

白区，等等。这一现代的同质化空间施行着一种奇怪的逻辑，我们

---

① 瓦尔特·格罗皮乌斯（Walter Gropius, 1883—1969），是鲍豪斯学派的创始人，德国建筑学家；20 世纪 30 年代因德国法西斯主义崛起而移民美国，后担任哈佛大学教授。——中译者注

一直错误地认为这一逻辑与信息化相关；然而，事实是，这一同质化逻辑掩盖了"真实的"关系与冲突。不仅如此，空间的这一规律或者说图式，及其（同质化—碎片化—等级化）逻辑，好像获得了更加广泛的影响，并且具有了某种普适性：我们在知识和文化领域、在社会整体的运作中，均能看见这些极为相似的影响。

所以，本书不仅试图描述我们居住其中的空间及其起源，而且试图通过被生产出来的空间，追溯今日社会的起源。这样一个雄心勃勃的计划在本书标题中似乎不太能看出来。让我们总述一下本书的内在计划：对社会空间的历史与起源的回溯式（后退式）研究——从今天后退至它的起源——然后再折回现在。如此一来，对于未来和可能的选择，就算我们得不到清晰的预见，总能得着些模糊的见解。这一研究计划意味着我们需要做各种层面上的小规模研究，并把它们纳入总体分析和理论整体中来。逻辑上的相互隐含和交叠本身不难理解，但必须懂得，这种理解并不意味着冲突、斗争和矛盾就不存在了。当然，这种理解也同样不影响（那些本来就有的）和谐、一致和联盟。当区域、地方与国际和全球层面的空间相互隐含和交叠时，这些空间中原有的或真或假的斗争不会因此消失和自行解决。如今，空间及其他领域中的隐含关系和矛盾关系与我当初写作此书之时相比，变得更加复杂了。相互隐含的关系并不能消除敌对战略：无论是在市场领域还是在军事领域——也就是说，在空间中。

区域、城市与建筑三者之间也存在类似的关系：隐含—冲突。要想明白这种关系，就必须懂得"逻辑—辩证"以及"结构—机缘"（structure-conjoncture）的关系，这些关系是本书的预设，我们在书中会略做解释。详细论述请见拙作《形式逻辑，辩证逻辑》[①]。这些既是抽象的又是具体的关系震惊了我们的哲学和政治的"文化"，

后者开始顾左右而言他，撇开这种真实的"复杂性"不谈，反而到别处去寻找复杂性。

　　社会空间研究涉及的是一种整体性（globalité/globality）。但是，让我再说一遍，这种整体性研究并不排斥精确而具体的"实地研究"（sur le terrain）。因为易于控制和测量，那种局部的实地研究很受欢迎。但是这种研究的危险之处在于，它将共生者彼此孤立起来、将相互勾连者分割开来。因此，它认可或苟同了碎片化。这导致了毫无节制的"离心化"和"去中心化"实践。由于这些实践掩盖了生产，就使得空间中的网络、节点和关系脱节错位，进而使得社会空间本身也脱节错位，从而回避了一大堆教育的、逻辑的和政治的问题。

　　在我们得出结论之前，必须重申这样一个核心观点：生产方式组织**与生产**了它的空间和时间，同时也生产了它的社会关系。生产方式是如此运作的。假如我们要问"社会主义"可曾创造过自己的空间？如果回答：没有，那是因为社会主义生产方式迄今为止尚没有自己的具体形式。生产方式将这些关系投射到现实中，现实又反作用于这些关系。不过，社会关系和空间关系之间并不存在一种具体的、既定的对应关系。今天，资本主义生产方式正在席卷全球，但这种空间布局并非是从一开始就通过灵感或者智力决定了的。

---

① Cf. Henri Lefebvre, *logique formelle, logique dialectique*, 3ᵉ éd. messidor, 1981.——原注

首先是对现存空间的使用，如水道（运河、河流、大海）；接着是公路；再随后是铁路的建设；最新近的是高速公路与舰空港。如今，这些处于空间中的交通方式没有任何一种彻底消失了，例如步行、骑马、骑自行车，等等。然而，在20世纪，一种新的空间在全球范围内开始成型，而且这尚未完成的新型空间的生产今天仍在继续。这一新型生产方式（新式社会）取用（即使用）了早已拥有自己式样的空间。那些原本有着自己式样的稳固的空间，被慢慢地改变、入侵，有时 FXXVI甚至遭遇暴烈的冲击和破坏（乡村与田园风光在20世纪中期便遭此重大变局）。

毫无疑问，铁路在工业资本主义及其国家（还有国际）的空间组织过程中发挥了根本作用。与此同时，在城市范围内，电车、地铁与公交车发挥着同样的作用。世界范围内则是航空独占鳌头。从前的组织解体了，（新的）生产方式吸收了这一结果。这样一个双重的过程，借助科学技术的进展，最近几十年来在我们的乡村和城市中清晰可见，只不过由市中心区扩展到了远郊。

集中的、放射形的空间被组织起来服务于政治权力和物质生产，以赢得最大利益。社会各阶层都在其中你争我夺、伪装矫行，跻身于被征服的空间等级之中。

通过整合与瓦解国家性的和地域性的空间，一个世界性的空间**正趋于**成型。这是一个充满矛盾的过程，涉及资本主义生产方式在全球范围内的分工和创造一个更加合理的世界秩序这二者间的冲突。这种空间的和反空间的渗透，已经在实现制度渗透、获取霸权的过程中发挥了重要的历史作用。这个渗透过程的核心（如果不是终点的话），乃是空间的军事化，这一点我们在本书不做讨论（当然出于足够合理的理由），但它代表了这一过程在全球范围内的完结。

我所提出的主张，即空间既是同质化的也是碎片化的（就像时间那样）主张，早在十至十二年之前便激起了许多反对：一个空间怎么可能一方面服从共同的法则，构成同一个社会"实体"，而与此同时，又是破碎的呢？

我们的目标，不是发现最近声称很出名的、由芒德勃罗[①]所提出的分形实体（*l'objet fractal/fractal object*）理论和我们所宣扬的

空间破碎理论之间，存在什么关联。不过，我们可以提请注意如下两个事实：一是这两个理论的准共时性；二是物理数学理论通常会让社会经济理论更容易理解和接受。物理数学空间包含着虚与实、凹与凸，虽为碎片化所困扰，却仍能统为一体。因此，这两种理论之间大抵是有相似性的。[②]

另一件尚待完成的任务是：厘清这一碎片化空间和众多反碎片化社会网络之间的关系——这些社会网络试图建立即使称不上是一种理性统一，但至少拥有某种一致性的空间。在现有的等级制中，到处不正涌动着一些反抗这一等级制的"事物"吗？它们以建筑的或城市规划的方式出现，是现存生产方式的产物，它们既产生于这些矛盾又暴露出这些矛盾，而不是像罩子一样掩盖了这些矛盾。

---

① 伯努瓦·芒德勃罗（B. Mandelbrot, 1924—2010），波兰裔美国数学家，最著名的著作是《自然的分形几何学》（1982）。他提出的分形理论的最基本特点是用分数维度的视角和数学方法描述和研究客观事物，也就是用分形分维的数学工具来描述研究客观事物。它跳出了一维的线、二维的面、三维的立体乃至四维时空的传统藩篱，更加趋近复杂系统的真实属性与状态的描述，更加符合客观事物的多样性与复杂性。——中译者注

② Cf. **La Recherche**, *no.de novembre 1985, p.1313 et suivantes. Ainsi que l'ouvrage de Paul Virilio*, **L'espaceéclaté**.——原注

一种自我批判：本书没有采用直截了当、铿锵有力地的方式（哪怕是时事评论的方式！）来描述住房设计、贫民窟、独栋住宅、虚假"聚居区"的问题。书中对寻求一种新的空间方案的推想（projet/project）依然是不确定的；草稿中也有几处如今需要做修改；建筑作为对空间的**占用**，其作用并不总是清楚可见的。

不过本书依然保留了几个亮点，所以今天我们还可以**重温**此书，并运用其中的一些方法，以期收到良好的知识教益。

第一个（方法论）时刻（moment）：要素与将它们分离开来的分析，生产的施动者、利润的创造，等等；

第二个（方法论）时刻：词型性对立明确化：公与私，交换与使用，官方与个人，台前的与自发的，空间与时间等；

第三个（方法论）时刻：对静止画面的"辩证法化"：权力关系，联盟－冲突，在此空间中并由此种空间所创造的冲突、社会节奏以及阶段 ①。

采用这样一种阅读方式，可使我们免于乌－托邦（*u-topie*）（在 FXXVIII 空洞的语词中进行的虚假臆造）和无－托邦（*a-topie*）（完全不论具体的空间，只在一种社会性的虚空中讨论问题）这两种指责。

列斐伏尔

记于 1985 年 12 月 4 日

巴黎

---

① 《空间的生产》一书有大量的要点式段落，中译文皆用楷体字版式标示，以突出其重要性。下同。——中译者注

第一章　本书计划 ①

第　一　节

空间！并未在很久以前，"空间"一词仍然局限于几何学意 _{F7}
义：它只能让人联想到一个空荡荡的区域。在学术性的使用中，它 _{E1}
通常与"欧几里得式的"、"均质的"（isotrope，或称各向同性的）、
"无限的"等称谓相伴随。人们普遍觉得空间概念归根到底是个数
学概念。因此，"社会空间"的说法听起来有些奇怪。

问题并不在于空间概念的漫长发展史已经为人们所遗忘，而
在于我们必须记住，且哲学史也证明了，存在一部各种科学（特别
是数学）如何从它们共有的根源——传统形而上学——的束缚中逐
渐解放出来的历史。笛卡尔（René Descartes）的思想通常被看作

---

① 《空间的生产》一书共分七章，除第七章外各章篇幅均很大，虽然每章均分节，
但由于每节均无标题，再加上分节也有些任意性，有些节的篇幅也很长，这都增加了阅
读的难度。故译者在每章开首作一简单的提示。第一章是全书的导言，共有二十一节，
大致可以分为三个意群：从第一节到第十一节着重论证迄今为止一直为形形色色的意
识形态所控制的空间理论，何以能成为一门真正的具批判性的科学知识；从第十二节到
第二十节集中阐述空间的生产原理，包括空间辩证法、空间的历史观理论；最后一节即
第二十一节，作为本章的总结，作者简要介绍了本书的研究方法即回溯性前进方法。——
中译者注

产生空间概念的决定性节点，也是空间概念形式成熟的关键。根据
大多数西方思想史学家的观点，正是笛卡尔终结了亚里士多德学派
的传统，后者认为空间与时间位于那些用来对感觉证据加以命名
和分类的诸**范畴**（*categories*）之列。这些范畴的地位一直都是含糊
不清的，因为它们要么被视为整理感觉材料的简便的经验工具，要
么被视为在某种意义上比身体感官所提供的证据更为优越的普遍
性概念。然而，伴随着笛卡尔逻辑的出现，空间步入了绝对物的领
域。但正如主体与客体的对立一样，出现了所谓事物的**广延性**（res
F8 extensa）与精神的**思维性**（res cogitans）的二元对立，空间容纳一切
感觉与一切身体，并借此得以主宰它们。空间是否因此拥有了神圣
的属性？或者说，它是否真的是整个现存世界所固有的秩序？这就
是那些步笛卡尔后尘的哲学家们，如斯宾诺莎（Baruch Spinoza）、
E2 莱布尼茨（Gottfried Wilhelm Lebniz）和信仰牛顿学说的人，表达
该问题的措辞方式。而康德则又复活了空间范畴说的旧观念，并对
其进行了修正。康德的空间（还有时间）范畴虽然具有相对性，虽
然是一种认识的工具，是对现象进行分类的一种手段，但仍然非常
清晰地与经验领域相脱离，它属于先验的意识领域（即"主观"的领
域），而且带有这一领域内在的、理想的（因而是先验的、人们根本
无法掌握的）结构。

　　这些旷日持久的争论标记了空间从哲学向科学的转变。而断言
争论已经过时则是错误的，因为其重要性超过了西方逻各斯演变中那
些关头或阶段的意义。争论完全没有被局限在抽象性中，而日渐式微
的逻各斯曾将抽象性赋予所谓的纯粹哲学。此外，争论还提出精确的
和具体的问题，这其中就有对称（symmetry）与不对称（dissymétries/

asymmetry）问题、对称物的问题，还有反射（reflection）与镜子的**客观效应**（d'effects objectifs/objective effects）问题。由于所有这些问题都对社会空间分析具有重要意义，我会经常返回到这里。

第 二 节

"数学家"（Mathematicians）一词，就其近代的意义而言，是以一门科学拥有者（对其科学地位的宣称）身份而出现的。这一门显然是从哲学中分离出来的科学，曾自认为必不可少且自给自足。于是，数学家们把持着空间和时间，将它们变为自己辖域的一部分。然而他们这样做时采用了一个颇为吊诡的方式，他们发明了各种空间——可以说，发明的是各种空间的"不确定性"，例如非欧氏空间、弯曲空间、X 维空间（甚至万维空间）、位形空间、抽象空间、变形空间或变换空间、拓扑空间，等等。数学语言随即更加普遍、更加专业地着手对不计其数的空间类型进行尽可能精确而细致的甄别与分类［显然，空间**集合**（l'ensemble/set）或"空间的空间"并不适于被轻易地概念化］。但数学与现实（物质现实或社会现实）的关系并不明显，实际上这两个领域之间的裂痕日益加深。随后，数学家 F9 把他们所开启的这个"问题框架"（problématique/problematic）丢给了哲学家。哲学家很高兴，甚至把它作为收复少许失地的一种手段。在此意义上，空间变成了——或者不如说再次变成了——早期哲学传统的，即柏拉图主义的东西，变成了列奥那多·达·芬奇所 E3 称谓的"**精神之物**"（chose mentale），它想要以此（空间观念）而与空间范畴说相对抗。数学理论（拓扑学）的繁荣加剧了古老的"认

识问题"（problème dit «de la connaissance»）的危机：首先是如何
实现从数学空间（从人类的心智能力，从逻辑）向自然的转变；第二
步是向实践的转变，并从此转变为社会生活（它也被假设在空间中
展开）的理论。

第 三 节

以认识论而著称的近代哲学，从刚刚描述过的思想传统，即被
数学修改与更正过的空间哲学那里，继承和采纳了这样的观念，即
认为空间是某种"精神之物"或"精神场所"（*lieu mental/mental
place*）。与此同时，集合论作为这个场所假想的逻辑，倾倒的不仅
有哲学家，还有作家和语言学家。结果导致**"集合"**理论到处泛滥，
其中有些是实践性的[①]，有些是历史性的[②]，但都免不了与他们的"逻
辑"相伴随。这些集合理论或者说它们的"逻辑"是与笛卡尔哲学
毫无共同之处的。

精神空间（*d'espace mental/mental space*）概念的产生没有受
到任何约束：它的设定向来没有明确阐释，全凭作者碰巧读到的东
西，也许隐含着逻辑的自洽性、实践的一致性，自我调节与部分-整
体的关系、在一组地方中产生相似的类型、容器-内容物的逻辑，等

---

① 参见 J.-P. Sartre, *Critique de la raison Dialectique, I: Theorie des ensembles pratiques*
（Paris: Gallimard, 1960）。——原注（中译本参见［法］J.-P.萨特尔：《辩证理性批判（第
一卷 关于实践的集合体的理论）》第一分册"方法问题"，徐懋庸译，商务印书馆 1963
年版。——中译者注）

② 参见 Michel Clouscard, *L'Être et le Code: procès de production d'un ensemble
prècapitaliste*（The Hague: Mouton, 1972）。——原注

等。我们总是听说这样和 / 或那样的空间：文学空间 ①、意识形态空 F10
间、梦的空间、精神分析的拓扑结构，诸如此类。由此可以推断，
基本的认识论研究最引人瞩目的缺席不仅包括"人"的观念的缺
席，还包括"空间"观念的缺席——尽管如此，事实上"空间"在每
页纸上都被提及 ②。于是，米歇尔·福柯（Michel Foucault）平静地
主张："**知识**（savior）也是一种空间，在这个空间里，主体可以占一 E4
席之地，可以在自己的话语中谈论它所涉及的对象。" ③ 但福柯从未
解释他所指称的知识是怎样的空间，也没有说明知识如何填补理论
（即认识论）领域与实践领域之间、精神领域与社会领域之间、哲学
家的空间与人们处理具体事务的空间之间的缝隙。科学的方法，通
常被理解为运用"认识论"思想来获取知识，它理所当然地与空间
领域有某种"结构性"关系。这种关系，从一种科学话语的观点来
看，据称是不言自明的，却从未被概念化。科学话语轻易地漠视了
对循环思维的责任，而在空间的地位与"主体"的地位之间、在我
思与所思之间，设置起了某种对立。因此，科学话语又重新回到某
些倡导者确实宣称过已经"关闭的"（clore/closed）④ 笛卡尔式（西方

---

① 参见 Maurice Blanchot, *L'espace littéraire*(Paris: Gallimard, 1955)。 ——
原注（中译本参见［法］莫里斯·布朗肖《文学空间》，顾嘉琛译，商务印书馆 2003 年
版。——中译者注）

② 至少一本题为 *Panorama des sciences humanaines*［《人文科学概论》］(Paris:
N. R. F, 1973)的论文集犯了这样的错误。——原注

③ Michel Foucault, *L'archeologie du savoir*(Paris: Gallimard, 1969), p. 238.
——原注（中译本参见［法］米歇尔·福柯：《知识考古学》，谢强、马月译，三联书店
1998 年版，第236 页。——中译者注）在同一本书的其他地方，福柯谈到了"意义的轨迹"
［*le parcours d'un sens*］(p. 196)、"冲突的空间"［*l'espace des dissensions*］(p. 200)
等。（中译本分别参见 196 页、200 页。——中译者注）

④ 参见 Jacques Derrida, *Le vivre et le phenomene*(Paris: PressUniversitaires de

的）逻各斯的立场上。认识论思想，与语言学家们的理论努力遥相呼应，得出一个古怪的结论，它取消了"集体主体"（sujet collectif/collective subject），即那些作为某种特定语言缔造者的人、作为特殊的词源学序列承担者的人。它把具体的主体撇在一边，而这个主体曾经取代了某个有名字的神。它将客体的代名词"某人"提升为广义上语言的缔造者。不过，它无法取消对某种主体的需要，因此，抽象的主体，即哲学家的"**我思**"（cogito）又一次出现了。因此，传统哲学以各种"新"（Néo-）的形式勃然复兴，诸如新-黑格尔主义、新-康德主义、新-笛卡尔主义。这种复兴在很大程度上得益于胡塞尔（Edmund Husserl），他的无与伦比的认识的主体与构想的本质（准同义反复式的）的同一性——一种内在于"流变"（flux）（内在于亲历体验）中的同一性——支撑起形式知识与实践知识的几乎"纯粹的"同一性。① 著名语言学家诺姆·乔姆斯基② 恢复了笛卡尔式的"我思"或主体，对此我们不必惊讶，③ 特别是鉴于这样

France, 1967）。德里达的原话是："我们只是认为绝对的知就是'关闭'……这样一种关闭应该发生。作为在绝对知中的在场、自我在场，作为'耶稣再临人间'的无限性中自我意识的存在历史，这种历史是关闭的。在场的历史是关闭的，因为'历史'从来要说的只是'存在的呈现'；作为知和控制的在场之中的在者的产生和聚汇……形而上学的历史是绝对的要自言自说。这种历史，在绝对无限显现为自身死亡时，它是关闭的。"（中译本参见［法］雅克·德里达：《声音与现象》，杜小真译，商务印书馆1999年版，第130-131页。）——中译者注

① 参见 Michel Clouscard 在他的 *L'ètre et code*（《存在与符码》）一书导论中所作的批判性评论。列宁对该问题的解决采取了粗暴压制的方式：在他的《唯物主义与经验批判主义》一书中，他强调空间思想是对客观空间的反映，就像复制与摄影。——原注

② 艾弗拉姆·诺姆·乔姆斯基（Noam Chomsky, 1928—2011）是美国麻省理工学院语言学的荣誉退休教授。乔姆斯基的一大贡献就是创造了生成语法，它被认为是20世纪最伟大的理论语言学研究成果。——中译者注

③ Noam Chomsky, *Cartesian Linguistics: A Chapter in the History of Rationalist Thought*（New York: Harper and Row, 1966）.——原注

的事实：他假设存在一个语言层面，在其中"实际情况并不是每个　E5
句子都可以简单地描述为由某种基本单位构成的有限序列，使用某
种简单装置就可以从左到右产生出来"；相反，乔姆斯基强调，我
们应该希望发现"一组由高到低依次排列的数目有限的层面"①。事
实上，乔姆斯基毫不犹豫地假设出一个被赋予了特定属性的精神
空间，及其方向性与对称性。他完全忽视了那种把语言的精神空
间与社会空间（在那里语言变成了实践）分隔开来的巨大裂缝。与
之相类似，雷依（J. M. Rey）这样写道："意义将自己作为合法的权
威，沿着某一水平链条，在预先计划与计算过的具有一致的体系的
区域（**空间**）中，进行意素的交换。"②这些作家，以及许多别的作家，
尽管都声称具有绝对的逻辑严谨性，实际上都是从逻辑数学的观点
来看问题，形成了某种完美的悖论（paralogisme）：他们跃过了整
个领域，忽视了对任何逻辑关系的需要；而随着需要的出现，他们
就运用诸如**鸿沟**（coupure）、破裂、断开等概念，以某种最含糊不清
的方式来证明其合理性。因此，他们也以他们的方法论禁止非连续
性为名，中断他们讨论的连续性。由此所导致的裂缝，其范围及其
影响的程度，从一个作者到另外一个作者，或从一个专业领域到另
外一个专业领域——虽然会有所变化。而我的批判对于克里斯蒂　F12
娃③的**符号学**（δμειωτικη/semiotikè）、德里达（J. Derrida）④的文字

---

　　①　Noam Chomsky, *Syntactic Structures* (The Hague: Mouton, 1957), pp. 24-25. ——原
注（中译本参见［美］乔姆斯基：《句法结构》，邢公畹等译，中国社会科学出版社 1979
年版，第 19 页。——中译者注）

　　②　J. M. Ray, *L'enjeu des signes* (Paris: Seuil, 1971), p. 13.——原注

　　③　朱丽娅·克里斯蒂娃（Julia Kristeva, 1941—　），保加利亚裔法国当代结构主
义与女性主义文化批评家。——中译者注

　　④　德里达（1930—2004），法国哲学家。——中译者注

学(grammatologie/grammatology)，以及罗兰·巴特(R. Barthes)①
的普通符号学(sémiologie généralisée/general semiology)② 也完全
适用。这个学派(即结构主义——中译者注)声誉日隆，恐怕与它日
益滋长的教条主义有关，它总是在为某种基本的诡辩推波助澜，空间
的哲学认识论概念由此被拜物教化，精神领域甚至包裹了社会和自然
领域。虽然有少数作者怀疑存在着(或需要)某种**中介物**(médiation/
mediation)③，但他们中的大多数还是毫不犹豫地直接从精神领域跳向
了社会领域。

　　这里正在发生的是，一股对于自己可能带有的科学资格十分迷
恋的、势力强大的意识形态导向，正以一种坦然的无意识姿态，表
达出必定是统治阶级的支配观念。在这一进程中，这些观念或许会
被某种程度地扭曲和异轨(détournant/diverted)，但最终的结果只
能是：一种特殊的"理论实践"生产出某个**精神空间**，表面上的(只
是表面上的)，一个超意识形态(extra-ideological)的空间④。这个

E6

---

①　罗兰·巴特(1915—1980)，法国文学评论家，社会学家。——中译者注

②　这还要扩展到其他人，无论是根据他们的著述还是通过这里所提及的材料。
巴特这样评价拉康(Lacan)："他的拓扑学谈的不是*内*与*外*的问题，也不是*上*与*下*的问
题，而是关于运动的*正*与*反*的问题；确切地说，语言无休止地在改变着作用和始终围绕
着某个不存在的东西转动。"——*Critique et verite*(Paris: Seuil, 1966), p. 27.(中译本
参见[法]罗兰·巴特：《批评与真实》，温晋仪译，上海人民出版社1999年版，第18
页。——中译者注)

③　当然这样说并不确切，克劳德·列维-施特劳斯(CL. Lévi-Strauss)他的全部
作品都包含着对来自于最早期人类社会生活心理与社会的形式的展示，它们是充分利
用了交换关系的专业术语合并而成的。与之相反，德里达则赋予"书写"优先于"声音"、
写作优先于言说的程序，或者克里斯蒂娃则把身体放在优先地位，与此同时，很显然一
些研究正致力于做这样一种切换或者链接，一方面是被作家们预先设定的处于更优先
位置的心理空间，而另一方面则是自然的/社会的空间。——原注

④　这里，列斐伏尔显然是在暗中讽刺和批判阿尔都赛著名的结构主义意识形态
理论。

精神空间会以一种不可避免的循环方式，成为与社会实践相脱离的"理论实践"的中心，并把自己打造成为知识的轴心、中枢或者最重要的参照点[①]。已经建立起来的"文化"从这个戏法中得到了成倍的收获：它首先给人这样一个印象，即真理是被"文化"默许的，甚至是被文化所推动的；其次，在这个为有用的或辩论性的目的服务的精神空间之中，发生了大量的小事件。稍后我将重新讨论，这个精 F13 神空间与那些端坐在安静的办公室里的技术专家所居用的空间之间有什么特殊关联[②]。至于那些根据认识论而定义的、或多或少地与意识形态和成长中的科学有明显区分的知识，它们难道不是直接脱胎于黑格尔的理念与庞大的笛卡尔家族的以主体性而闻名的理念二者之间结盟的后裔吗？

如果以精神空间（即哲学家与认识论家的空间）与真实空间的同一性为准逻辑前提，一道鸿沟就出现了：一边是精神领域，另一边是自然的与社会的领域。一些大无畏的走钢丝者时不时地想穿越这片空旷带，做一场伟大的表演，给观众带来一种令人愉快的战栗。不过，总的来说，所谓的哲学思想对任何**冒险之举**（*salto mortale*）稍作联想便会畏缩不前。如果职业哲学家到底还是看到了这道鸿沟，他们就会把目光转移到别处。无论两者之间怎样息息相关，知识的问题与"知识的理论"还是被抛弃了，以便还原为绝对（或假定为绝对）的知识，也即哲学史的知识与科学史的知识。这样的知识只能被构想为既脱离了意识形态，又脱离了非知识（即生活经

---

① 这种自命不凡的姿态可以在前引的 *Panorama des sciences humanaines*［《人文科学概论》］（Paris: N. R. F, 1973）一书的每一章都可以看到。——原注

② 也可以参见列斐伏尔：《论智能人》（*Vers le cybernanthrope*）（Paris: Denoel-Gonthier, 1971）。——原注

验）。虽然在事实上任何这种脱离都是不可能的，但它将唤起一种
不会威胁到（实际上反倒倾向于强化）平庸"共识"的姿态。总之，
E7　到底是谁在争论"真理"（the True）问题？通过比较我们将明白，
或者我们认为我们明白：哪里讨论真理问题，哪里就容易招致假象、
谎言以及表面与真实的对立。

第 四 节

　　认识论的-哲学的思想没能成功地为一门科学提供基础，尽管
这门科学长期以来一直力争显现出来，那些浩若烟海、堆积如山的
研究与出版物便是证明。这门科学就是（或者大体上可以说是）**空**
间的科学（*la science de l'espace/science of space*）。迄今为止，有
关这个领域的著作，要么仅仅是描述性的，从未达到分析的水平，
F14　遑论什么理论性、地位了；要么就是一些空间的碎片或剖面。我们
有充足的理由去思考这种描述和剖面；虽然它们也许就空间中的**存**
在物提供了一份很好的清单，或者甚至生成了一套关于空间的**话语**
（*discours*），但从来没能产生一种**空间的认识论**（*une connaissance*
de l'espace/knowlege of space）①。然而如果没有这样一门知识，我

---

　　①　按照列斐伏尔一贯的主张，他反对所谓的"空间的科学"，而赞成"空间的知
识"。对于他而言，前者是一个贬义词，而后者则是一个褒义词。"因此，已经形成的进
入都市的权利，意味着一种知识，并且应用了这种知识。这种知识的定义并不是'空间
的学科'（生态学、地理学、人类聚居学、管理学等等），而是定义为一种关于生产的知
识，也就是关于空间的生产的知识"。（［法］亨利·勒菲弗：《空间与政治》［第二版］，
李春译，上海人民出版社 2008 年版，第 18 页。）"这是关于空间的科学吗？并不。这
是关于空间生产的知识（理论）。二者的关系对应了逻辑和辩证法的泾渭分明。空间
的科学……使逻辑兴盛……对生产过程的认识……复兴的则是辩证的思想……"（列

们肯定就得转而依靠话语的层面，语言**本身**（per se）的层面，即精神空间的层面，而精神空间的大部分特征与属性是社会空间的。

符号学（*La sémiologie/semiology*）出现了一些困难的问题，这恰好因为它不是一种完备的知识体，在它不断的扩张中没有意识到自身的边界；它旺盛的活力引发了一种设定边界的需要，但困难要多大有多大。当把那些从文学文本中生成的符码（Code）运用到空间（例如都市空间）时，我们却依然停留在纯粹描述的层面，也许因为这样更不费力气吧。任何一种想使用那些符码作为解译社会空间的手段的企图，都必定把空间本身还原为了一种**信息 / 消息**（message），把在空间的栖居还原为了一种**阅读**（*lecture*/reading）。这就既回避了历史也回避了实践。然而，从前不是有过一段时间，即 16 世纪（文艺复兴——文艺复兴之城）至 19 世纪之间，曾经存在一种既是建筑的、都市的，又是政治的符码，正是它构成了城乡人民、统治机构、艺术家们所公用的语言吗？正是这种符码，使得空间不仅可以"阅读"，而且可以"建构"（construct）。如果说确实存在过这样一种符码，那么它是如何形成的？又是何时、如何且为何消失的？这些问题正是我底下想要回答的。

至于前面提到过的剖面与碎片，它们从"界定不清的"（indéfini/ill-defined）到"未经界定的"（indéfinissable/undefined）依次排列，直至"无法界定的"。说到那些剖面，实际上是把它们作为一种科学技巧（或"理论实践"）设计出来的，以便在混乱的现象之流中澄 E8清和区分出"要素"，但到头来只是添了乱子。让我们暂时把数学、

斐伏尔《资本主义的幸存》, *La Survie du capitalisme: La reproductiondes rapports de production*, 3ᵉ édition, préface de Jacques Guigou, postface de Remî Hess, Éditeur(s): Economica, 2002, p.13。）——中译者注

拓扑学的运用搁在一边，而去想一下鉴赏家们有多么喜欢谈论绘画
空间，那是毕加索^①的空间，如《阿维侬的少女》的空间，或《格尔
尼卡》^②的空间。我们也在别处经常听到建筑的、造型的（plastic）或
"文学的"诸空间；这个术语被用得如此之广，就像人们经常说的某
位作家或艺术家的"世界"一样。分门别类的作品（works）使得它
们的观众将各种类型的专业化空间平等地放置在一起：休闲的、工
作的、娱乐的、运输的、公共机构的——所有这些都是以空间性的
术语说出来的^③。甚至有些专家^④认为，疾病与癫狂也该拥有它们自
己特有的空间。我们因此面对着不计其数的空间，其中一个叠置在
另一个之上或者包含另一个：地理的、经济的、人口统计的、社会
学的、生态学的、政治的、商业的、国家的、大洲的与全球的。更不
用说自然的（物质的）空间、（能量）流动的空间，等等。

　　在我们做出具体而详细的努力来驳斥这样或那样的方法以及
它们所声称的科学地位之前，应当指出，正是这些描述与剖面的多
样性令它们变得可疑。事实上所有这些努力都例证了当今社会及
其生产方式中的一股强大的，甚至是支配性的趋势。在这种生产
方式之下，脑力劳动像体力劳动一样受制于永无休止的分工。此
外，空间的实践主要在于把社会实践的各个方面、要素和阶段投

F15

---

① 巴勃罗·鲁伊斯·毕加索（Pablo Picasso, 1881—1973），西班牙画家、雕塑家，法国共产党党员，是现代艺术的创始人，西方现代派绘画的主要代表。——中译者注

② 有关毕加索绘画在空间史上的划时代意义，参看本书法文版第301页（F301）。——中译者注

③ 说英语的专家们也许倾向于不使用 space 一词，该词很容易与法语中所使用的 espace 一词相对应，但他们确实找到了自己所钟爱的相应词汇，诸如 sector（区域）、sphere（领域）等空间性词汇。——英译者注

④ 这里，列斐伏尔显然是在讽刺福柯。——中译者注

射（projection）到一个（空间的）场域。在这个过程中，它们是彼此之间相互分离的，但这并不意味着全面控制会有哪怕片刻被放弃的时候：整个来看，社会一如既往地服从于政治实践，也即国家政权。这种实践必然包含并加剧了不止一种矛盾，我稍后将对其加以论述。在这个关节点上，我只需要说，假如我的分析结果是正确的，那么主张探索一门"空间的科学"① 就是可能的，表现在：

1. 空间科学的探索对**知识**的政治性（对西方来说即"新资本主义"）使用进行了表述。记住，在这种体系之下，知识以或多或少的"直接"的方式被整合进生产力之中，并通过一种"调和"的方式进入生产的社会关系之中。　　E9

2. 空间科学的探索隐含地指出一种**意识形态**，这种意识形态被设计出来是用以掩盖对知识的（政治性）使用，掩盖由于高度利益化地征用一些据称是非利益化的（公正的）知识而造成的内在矛盾。　　F16
这种意识形态不打旗号，而对那些将空间科学的探索作为实践一部分来接受的人来说，它是无法与知识区分开来的。

3. 空间科学的探索至多体现为一种**技术的乌托邦**，一种对可能的未来的计算机模拟——在一个真实的框架内，即在现存生产方式的框架之内。这里的出发点是一种与生产方式直接整合并融为一体的知识。讨论中的这种技术乌托邦不仅是许多科幻小说的共同特征，也是各种有关空间的推想（projet/project），如建筑、都市化

---

① 显然，这里列斐伏尔所说的"空间的科学"不同于他所批判反对的西方主流的有关生态学、地理学、人类聚落学、管理学等科学体系，而更倾向于他所强调的空间政治经济学与空间政治学，等等。——中译者注

或社会规划，所具有的特征。

当然，详细阐述上述主张需要得到逻辑论证的扩展和支持，以表明其真理性。但如果这些观点能够被证实，那么它们便具有头等的意义，因为这说明存在一个**空间的真理**（*la vérité de l'espace*/a truth of space），一个由分析-然后解释所生成的全面的真理；而不是因为**真理空间**（*d'un espace vrai*/true space ①）可以被构造或建造出来，无论它们是认识论专家和哲学家所信奉的一般空间，还是某一科学学科或其他空间相关领域中的专家所提出的特定空间。其次，确认上述论点，意味着反转和颠覆那一趋向碎片化、分离化与解体化的主导潮流是必要的，这一主导潮流从属于某个中心或某种集权，被一种为权力代言的知识所推动。不经过巨大的困难，这种颠覆和反转就不会实现，也无法让自己克服重重困难，以一种整体性的思考取代地方性的或依赖时间的思考。必须要设想到，它需要动员多种力量；而且在实际的执行过程中，在一个阶段一个阶段的发展中，对动力和方向会有持续不断的需要。

第 五 节

今天很少有人会反驳这样一种看法，即资本与资本主义"影响"

---

① "空间的真理"和"真理的空间"是列斐伏尔在《空间的生产》一书中生造出来的两个概念，前者是他所推崇的，有些类似于尼采的权力意志式的艺术创造空间与身体空间；后者则是他所批判性使用的概念，即下文所说的一种透明的空间和实在论的空间意识形态。有关区别还可参看本书第六章（F458-469/E397-398 等处）。——中译者注

着与空间相关的各种实践事项——从高楼大厦的建造到投资的分布
与世界范围内的劳动分工。但人们对于此处提及的"资本主义"与 E10
"影响"的确切含义并不十分清楚，一些人会联想到"货币"及其干
预能力、商品交换、商品及其普遍化，因为一切"东西"都是可以出 F17
售与购买的；另外一些人则想到戏剧中的各种角色，如国有企业、
跨国公司、银行、金融家、政府机构，等等。不管在什么情况下，资
本主义的统一性和多样性（从而是矛盾性）都被搁置起来了。它看
上去要么仅仅是各种彼此孤立的活动的聚集，要么是一个已经建立
起来的封闭的体系，这个体系从（且仅从）它的持久存在这一事实
中获得了某种一致性。而实际上，资本主义是有多副面孔的：房地
产资本、商业资本、金融资本——所有这一切都在按照它们变化的
能力和所提供的机会，在实践中发挥作用；同一类型的资本家或不
同类型的资本家之间所发生的冲突，则是这个过程不可避免的组成
部分。这些形态各异的资本类型，以及各式各样的资本家，还有一
系列重叠交织在一起的市场——商品、劳动力、知识、资本本身、土
地的市场——共同构成了所谓的资本主义。

但许多人易于忘记资本主义还有另外一个方面，这一方面肯定
与货币的功能，与各种各样的市场以及与生产的社会关系联系在一
起。但之所以资本主义与上述各方面有显著的不同，恰恰因为它是
占据支配地位的。这就是阶级**霸权**（*l'hégémonie/hegemony*）。霸权
这个概念由葛兰西① 引入，为了描述工人阶级在建设未来新社会中
的作用；但它也有助于分析资产阶级的活动，特别是与空间相关的

---

① 葛兰西（Antonio Gramsci，1891—1937），意大利著名的马克思主义者，代表
作有《狱中札记》等著作。——中译者注

活动。这个词是对先前的资产阶级（bourgeoisie）以及后来的无产
阶级"专政"（dictatorship）这个相对粗陋的概念的一种比较优雅
的表达。霸权不仅意指一种影响，甚至指一种长期施加的压制性
暴力，它被用来控制整个社会，包括文化和知识在内，一般来说是
通过人为干预，这些干预包括政府、政治领导人、政党，还有各种
知识分子与专家的工作。从而，各种制度与观念也为霸权所掌控。
统治阶级为维护自己的霸权而谋求各种适用的手段，知识即其中
之一。因此，**知识**（*savoir*）与**权力**之间的关系得到了证明；尽管这
并不能阻止批判与颠覆形式的认识（*connaissance*），恰恰相反，这
反倒强化了为权力服务的知识与拒绝承认权力的认知形式之间的
对抗[①]。

你能想象霸权的操练丝毫不触及空间吗？难道空间仅仅是社
会关系的消极性的场所，或者是各种关系在其中具体结合的场景

---

①　这是一种对抗性的、因而也是一种差异化的区别，事实上，米歇尔·福柯在
其《知识考古学》中回避了对知识（*savoir*）与认识（*connaissance*）之间作出区分，而
仅仅将其限制在"相互作用的领域"（space du jeu）（法文版同上第 241 页）（中译本同
上第 239 页。——中译者注）的语境中，以及年代学或"时间上的分配"（法文版同上第
244 页）（中译本同上第 242 页。——中译者注）的基础上。——原注（法文中的 *savoir/
connaissance* 二词之间的区别用英语表达颇不方便；但其意义将会在这里的讨论中清
楚起来，请参见《空间的生产》英文版第 367-368 页。不管看起来多么需要对此作出
清楚区别，但我还是采用在 knowledge 之后加括号的方式来标示它是指 *savoir* 或者
是指 *connaissance*。——英译者注）根据中文习惯译法，在本书中，我们大致把 *savoir*
通译作"知识"，而把 *connaissance* 通译作"认识（论）"。实际上在法语中 savoir 是
指一种被客观地与社会地建构起来的知识体系，即通常所说的科学知识（science），
而 connaissance 是指通过个人主观经验获得的知识或意见。所以也有译者主张在英
语中用 knowledge 翻译 savoir，而用 cognition 翻译 connaissance。（CF *Hegel, Marx,
Nietzsche, or, The Realm of Shadows*, with an introduction by Stuart Elden, Translated by
David Fernbach, Verso London. New York, 2020, P. 1.）——中译者注

吗？抑或空间只是在被消除的过程中被征用的程序的累加吗[①]？回答当然是否定的。稍后我将阐述空间的能动作用（即操作性与工具性的作用），作为现存生产方式中知识与行动的作用。我将展示在建立这一"体系"的过程中，空间如何服务于霸权以及霸权如何利用空间，以一种潜在的逻辑为基础，并借助于知识与技术专长。这是否意味着正在形成一个规定清楚的空间？——一个彻底消除了矛盾的资本主义的空间（世界市场）？回答仍然是否定的。否则这个"体系"就有了永久存在的合法借口。某些过度信赖体系化的思想家在左右摇摆，一方面对资本主义、资产阶级及其压迫制度表示强烈的谴责；另一方面则对其充满迷恋和不可遏止的幻想。他们要把社会打造成一个体系化的"实体"，必须完全"封闭"以便完成。于是，他们赋予社会一种极度缺乏的一致性在其总体性上；但事实上，这个总体性无疑是敞开的——如此开放，以至于实际上需要仰仗暴力来维持。这些体系化论者无论如何都是自相矛盾的——即使他们的主张具有某些效力，也会被事实贬得毫无意义，因为过去用来定义体系的术语与概念，必定只能是这个体系本身的工具而已。

第 六 节

我们所需要的理论——因为必要的批判时刻尚未来临，它们退为一种知识的碎片化状态——用一种类比的方式来说，或许可称为

[①]　此句英译改动较大。对照法文原文直译出来就是"空间仅仅是社会关系的消极场所，仅仅是使这些社会关系系统变得坚固的环境，抑或是这些社会关系的进一步发展的总和？"——中译者注

F19 一种"一体化理论"(thèorie unitaire/unitary theory)：它的目的是在被孤立地理解的各个"领域"之间，就像物理学中的分子力、电磁力与引力那样，发现或建构一种理论上的统一性。我们首先关注的领域是**物质**(physical)**领域**，即自然、宇宙；其次是**精神领域**，包括逻辑与形式的抽象；第三是**社会领域**。换言之，我们所关注的是

E12 逻辑-认识论的空间、社会实践的空间以及被可感知的现象占据的空间——包括想象的产物，如推想(project)和投射(projection)、象征和乌托邦等。

对统一性的需要也可以用另外一些方式来表达，这是一些用以强调其重要性的方式。对于在社会实践中建立的各种不同"层次"的反思，有时候融合了、有时候又区分了它们之间的差别，在此过程中就出现了它们之间相互关系的问题。因此，栖居(l'habiter)[①]、筑居(l'habitat)——可以说人的"筑居"——是建筑学所关注的问题[②]；而城镇与城市，即都市空间，是都市主义学科的管辖范围；至于各种更大尺度的地域空间(区域的、国家的、大陆的或全球的)，这些属于经济学家与规划者的职责对象。有时候这些"专业化领域"在特权执

---

① 英译本此处误将"栖居"(l'habiter)译作"筑居"(housing)，特此更正。关于 l'habiter 一词译法颇费思量。根据列斐伏尔《都市革命》一书英译者的解释(参看 Henri Lefebvre, *The urban revolution*; Translated by Robert Bononno; Foreword by Neil Smith, Minneapolis: University of Minnesota Press, c2003, pp.189-190。)，*l'habiter* 是一个很不常用的动词不定式。列斐伏尔征引这个动词不定词/一个很不常用的动作作为一个名词来使用。这是一个明显违背正确语法的用法，甚至就在法语中也是如此。对于 l'habiter 一词的英文译法有多种(如 dwelling)，在本书的英译本中，该词的通常英译对应词是 residence。该词是取自于海德格尔的德语动词 Wohnen，来自于对该词的动词化名词构成形式 Das Wohnen。——中译者注

② 有关这个问题的进一步讨论，参看本书法文第四版第185页(F185)、第362页(F362)及英译本第159页等处(E159、E314)。——中译者注

行者(也即政治家)的支持下相互交叠;有时候它们各自的范畴根本没有交集,以至于共同的计划与理论的一致性都是不可能的。

如果一种真正统一的理论得到发展,像上述评论那样不宣称自己是一种彻底的批判性分析的状况就会被终结。

我们关于物质世界的知识,建立在由最广泛的普遍性和最伟大的科学抽象(即具有某个内容的)所规定的概念基础之上。即使这些概念与物质现实之间相互对应的关系尚未清楚地建立起来,我们也确实知道这些关系是存在的,且它们所隐含的概念或理论(如能量、空间与时间)既不相互融合也不相互分离。因此,通常所说的"物质"、"自然"或"物理现实"——甚至最粗略的分析也必定能在其中辨识和分离出不同的要素——显而易见已经实现了某种统一。这个宇宙或"世界"的"实体"(substance)(借用古老的哲学 F20 词语来说),也即拥有意识的人类的归属地,它的本质特征可以用上述三个术语充分概括。当我们提到"能量"时,必定马上注意到能量必须在一个空间中分布。当我们提起"空间"时,必定马上表明是什么占据空间,以及它是如何运行的:能量的分布与"点"相关且在时间的框架内进行。当我们头脑中闪现"时间"时,我们必定立即说出运动与变化的究竟是什么。孤立地思考的空间是一种空洞的抽象;这一点同样适用于能量与时间。尽管在某种意义上这种"实体"很难想象,尤其是在宇宙的层面上,但又可以千真万确地说,它存在的证据就活生生地在我们面前闪动:除此之外,别无他物能为我们的感觉和我们的思想所理解。

借用物理学模型来建立我们关于社会实践的知识和关于所谓 E13 人类现实的一般科学,是不是可能的? 很遗憾,答案是不可能。首先,这种方法在过去总是屡遭失败①。其次,遵循物理模式将会妨碍社会理论使用一系列有用的程序,特别是将各种层面、领域与区域相区分的程序。追求统一性的物理理论强调把迥然不同的各种要素兜拢在一起,因此它可能起到护栏的作用但绝不会是一种范式。

追求统一的理论并不意味着知识自身内部的冲突消除了,争议与辩论是不可避免的。就此而言,这一点适用于物理学,也同样适用于数学。被哲学家们视为"纯粹"的科学恰恰因为排除了自身的那些辩证的要素,从而不能免于内部的冲突。

若没有能量分布其间,自然空间便没有什么"实在"可言,这一认识似乎已经成立。然而,关于能量分布的模式,以及中心点、核心或中心与边缘之间的种种物理关系,等等,仍然处于猜测阶段。一种简单的宇宙膨胀理论假设有一个物质的初始密集核心(奇点)和一个最初的大爆炸。宇宙原始统一的思想已经引起了许多反对的声音,这是由于它的准神学的或神谱学的特点所造成的。与此相对立地,弗雷德·霍伊尔②提出了一个复杂得多的理论,按照这个理论,无论是超小级别的能量还是超大级别的能量,都会沿着各种方向运行。从这个观点来看,所谓的单一的宇宙中心,无论是最初的还是最终的中心,均是无法想象的。能量/时空在数目无穷的一系列点(地方时空)上浓缩③。

在某种程度上,据称人类空间理论完全能够与物理理论联系在

F21

①　包括克劳德·列维-施特劳斯在内,他试图按照门捷列夫的经典元素分类模式和普遍的组合数学模式进行研究。——原注

②　弗雷德·霍伊尔(Sir Fred Hoyle, 1915—2001),英国著名天文学家,创立了稳恒态宇宙理论模型。——中译者注

③　参见 Fred Hoyle, *Frontier of Astronomy* (New York: Harper and Brother, 1955)。——原注

一起，也许霍伊尔的理论最符合这个要求。他把空间看作能量的产物，能量因此不能被比作填满一个空洞器皿的内容物。因果论与目的论，二者都难免形而上学的抽象性，因此也都不予考虑。宇宙被认为提供了多种多样的特殊空间，于是多样性似乎可以通过一门统一的理论，即宇宙学，获得解释。

　　然而，这种类比有其局限性。我们没有理由把各种社会能量与 E14 各种物理能量之间的关系，或者"人类"与物理力场之间的关系，假设为同构的，这是我必须明确加以拒斥的还原论的一种形式。尽管如此，人类社会，就像人类的或超人类的活生生的有机体那样，也无法被构想为脱离宇宙（或"世界"）而独立存在；而宇宙学也不可能吞并这些社会的知识，将它们完全逐出画面之外，就像对待国中之国（*un État dans l'État*）[①] 那样。

第 七 节

　　应当使用什么术语来描述那种让各种空间彼此孤立——从而物质空间、精神空间与社会空间不再重叠——的分割（séparation/division）呢？它们是变形（Distoration/distorsion）、脱离（décalage/Disjunction）或分裂（coupure/Schism）、断裂（cassure/Break）吗？事实上使用什么术语并不重要，重要的是那把"理想的"空间（精神范畴，也即逻辑数学的）与"真实的"空间（即社会实践的空间）分

---

　　① "国中之国"一词系斯宾诺莎所使用，他认为传统神学家们错误地把人当作超越自然之外的"国中之国"来看待，其实是人也是自然的一部分。参看斯宾诺莎：《伦理学》，贺麟译，商务印书馆1995年版，第96页。——中译者注

离开来的距离。其实这两种空间彼此包含、互为基础、互为前提。

F22　　应当把什么作为理论尝试的起点，以便说明这种情况并在这一过程中超越它？当然不会是哲学，因为哲学是活跃的且是利益相关的一方。哲学家们曾亲自帮忙引发了上述分离，也就是由于发展了抽象的（形而上学的）空间表象，而造成了我们所关注的分裂。其中笛卡尔就认为空间作为一种绝对的、无限的广延性，一种神圣的属性，可以通过单一的直观行为来把握，因为空间具有同质性的特征。更令人遗憾的事实是，哲学的开端与希腊城市的"真实的"空间有着太过密切的联系；尽管随着哲学的发展，这一联系后来被切断了。当然，这并不是说我们就不能求助于哲学，追溯它的种种概念或构想。但它确实不能作为我们的出发点。哲学不行，文学又如何？显然，文学家们已经写出了许多与之相关的东西，特别是对场所与地点的描述甚多。但我们拿什么作为标准把其中的一些文本而不是另一些文本看作是更切合主题的呢？塞利纳①竭力把日常生活语言用到极致以再现巴黎的空间，以及巴黎**郊区的**空间或者非洲的空间。柏拉图在他的著作《克利蒂亚》（*Critias*）及其他作品中，对宇宙空间以及作为宇宙空间映像的城市空间，做了十分精彩的描述。在伦敦街头追寻梦中女人踪影的充满灵感的德·昆西②，抑或《巴黎图景》（*Tableaux parisiens*）中的波德莱尔（Charles Baudelaire），

---

　　① 路易-费迪南·塞利纳（Louis-Ferdinand Celine，1894—1961），法国小说家和医生，真名路易-费迪南·德图什（Louis-Ferdinand Destouches）。其处女作《长夜行》（1932）讲述了一位医生目睹普通百姓在日渐疯狂和道德败落的社会中所经历的痛苦。——中译者注

　　② 托马斯·德·昆西（Thomas de Quincey，1785—1859），英国著名散文家和批评家，是英国浪漫主义文学的代表。——中译者注

他们展现给我们的对都市空间的描述,堪与维克多·雨果(Victor Hugo)和洛特雷阿蒙①笔下的城市空间相匹敌。问题在于,在文学 E15
文本中探寻空间会发现它随处可见、形态各异:封闭的、描述的、投射的、梦想的与思辨的。但其中又有哪些具备足够的特殊性,堪为“文本”分析的基础? 鉴于建筑以及与建筑相关的文本针对的是社会意义上的“真实的”空间,人们也许首先认为它们是比文学文本更好的选择。但遗憾的是,对建筑本身的任何定义,都要求对空间概念进行事前的分析与阐述。

还有另外一种可能性,即把具有**普遍性**的科学概念当作基础,这些概念和文本的概念一样普遍,诸如信息与传播的概念、消息与符码的概念,以及符号集的概念——所有这些仍然处于发展中的概念。这里的危险在于,空间分析可能会陷入一种封闭的单一专业领域而不能自拔,非但不能帮助我们解释上述种种分离的关系,反倒会加剧分裂。现在留下的只有那些**普遍性**概念了,它们看起 F23
来属于哲学而非任何特定的专业领域。这些概念存在吗? 黑格尔所说的**具体的普遍性**(*l'universel concret/concrete universal*)概念仍有其意义吗? 我希望证明情况确实如此。毋庸赘言的是,**生产**(*production*)的种种概念和**生产活动**(*produire/act of producing*)的种种概念的确有着具体的普遍性意义②。虽然这些概念是由哲学家

---

①　洛特雷阿蒙(Comte de Lautreamont,1846—1870),法国诗人。他用数量不多、具有罕见的复杂性和极端性的文字向人们展示了一个患了深度语言谵妄症的病态狂人,长时间默默无闻却被超现实主义作家奉为先驱的怪异神魔,作品包括《马尔多罗之歌》、断篇《诗一》《诗二》等。——中译者注

②　此处英译本将 *l'universel concret* 误译作“抽象的普遍性”,特此更正。——中译者注

们所阐发的，但它们超越了哲学的范围。不可否认，过去它们被专业化学科，特别是政治经济学所侵占；但它们现在已经摆脱被侵吞的命运而存活下来。凭借找回其在马克思的某些著作中曾有的宽泛意义，这些概念已祛除了许多过去被经济学家们所赋予的虚幻的精确性。当然，这并不是说我们可以轻而易举地恢复这些概念并让它们重新发挥作用。"生产空间"（Produre l'espace/producing space）这个说法乍听起来有些古怪，无论最终充斥其间的是什么，总是先有空无的空间，这一观点仍然拥有很强的支配力。此时，许多问题马上出现：什么空间？说"生产空间"意味着什么？摆在我们面前的问题是，如何把那些已经产生出来并形式化了的概念和新的内容相结合，而不是靠纯粹的例证——后者即臭名昭著的诡辩场景。因此，当务之急是对这些概念及其与一方面是逻辑数学空间的极端形式化抽象、另一方面是社会空间的实践感知领域之间的相互关系，进行深入的阐释。否则，另外一个可能的后果会是：导致具体普遍性的新的破碎化，形成原初的黑格尔式诸环节/诸要素：**特殊性**（这里指社会空间的种种描述或剖面）；**普遍性**（逻辑的和数学意义上的空间）；以及**个别性/单一性**（即当作自然来考虑的"地方/场所"，仅就其物质的或感知的现实而言）。

E16

第 八 节

　　当我们谈到公寓里的一个"房间"、街道上的一个"角落"，或者"市场"、商店、文化"中心"、公共"空间"等等时，谁都知道指的是什么。这些日常话语的词汇用来区分但不是孤立各种特定的空间，且一般而言，它们是对一种社会空间的描述。这些词汇与空间的特定用途相对应，从而也与它们所表述与构成的空间实践相对应。它们的相互关系是以特定的方式来安排的。因此，先开出这些词汇的清单，[①] 然后尝试确定是什么词型(*paradigme*)赋予了它们意义，什么句型(*syntaxe*)支配着它们的组织。但这样做并不是一个好的方法。

　　这里有两种可能：要么是这些词汇中的任何两种构成了一种尚未被认可的符码(code)，我们可以凭借思想来重构与解释这种符码；要么以这些词汇本身和对其进行的操作为基础，通过反思使我们构建出一种**空间符码**(*un code de l'espace/spatial code*)。无论在哪种情况下，我们思考的结果都会是建立一个"空间的体系"。现在，我们从精确的科学实验中得知，这样一种空间体系只能间接地作用于它的"对象"，的确，只能作用于有关对象的**话语**。然而我正在概述的计划，并非意在生产一种（或这种）有关空间的话语，而是想要通过把各种空间及其起源模式结合进一个独立的理论，从而揭示实际的空间生产。

　　上述简略的评论仅仅隐含了一种解决问题的方法，后面我们将对其仔细观察，以便确定它究竟是一个**真正的**(bona fide)问题，还是仅仅是对起源的简单存疑和含糊不清的表述。这个问题是：语言（逻辑的、认识论的，或者发生学［génétiquement/epistemologically］意义的）是出现在社会空间之前、伴随其同时产生，还是跟随其后？

---

　　① 　参见 Georges Matoré, *L'espace humain* (Paris: La Colombe, 1962)，包括该书的词汇索引。——原注

它是社会空间存在的前提，抑或仅仅是它的一种存在形式？语言先在论的观点当然还没有确立起来。实际上可以举出一个很好的事例，对于在地上做记号、留痕迹、安排姿势和共同完成工作等活动来说，它们在逻辑上与认识论上要早于那些高度衔接、规则严格的语言。需要揭开的或许是那些存在于空间与语言之间的至今仍然隐藏的关系：内在于高度衔接的语言中的"逻辑性"，或许从一开始就作为一种空间性在发挥作用，这个空间性可以给通过感知呈现出来的那种质性的混沌（quatilatif donné chaotiquement/qualititive chaos）（即实践—感觉领域）以秩序。

E17

F25

　　一种空间在多大程度上可以被解读或解码？当然无法对此马上做出令人满意的回答。正如我先前提到的，迄今为止，如果不能得出支持性的论点或论据，消息、符码、信息等概念就不可能帮助我们去追踪空间的起源。然而现实是：已被生产出来的空间是可以被解码和被**解读**的。这样的空间包含着一个意义化的进程。而且即使没有通用的空间符码，也可能存在着内在于一种语言或所有语言中的特定的符码，它们建立于特定的历史时期且影响不等。如果真是这样，那些利益相关的"主体"作为特定社会的成员，会通过这种方式立即指认出**他们的**空间，指认出他们作为这个空间内的行为"主体"的地位，并且理解这个空间（就空间一词最宽泛的意义而言）。

　　如果说，大致上从 16 世纪到 19 世纪，确实有一种编码语言——一种基于古典主义视角与欧几里得空间的语言——存在于城镇、乡村和政治领地之间特殊关系的实践基础上，这种编码体系又为何崩溃了？它是怎样崩溃的？我们是否应该尝试去重建这种语言？它曾是构成这个社会的各个群体——语言使用者、居民、官员、技专家（建筑师、城市设计者、制定计划的人）——所公用的语言。

一种理论只有在"超码"（*surcodage/supercode*）的层次上才能取得形式并得到表述。知识理所当然地不能被一种"精心设计"的语言所同化，因为知识是在概念的层面上运行的。因此，知识不是一种拥有特权的语言，也不是一种元语言，即使这些概念可能适用于诸如此类的"语言科学"。空间的知识不能一开始就受限于这些范畴。那么，我们是否正在寻找一种"符码的符码"（code of codes）？也许是吧，但这个理论的"元"功能本身并不能解释很多东西。如果空间的符码确实存在，它们中的每一个都描述了一个独特的空间／社会实践的特征，并且如果这些符码化（codifications）伴随着与它们相对应的空间而**被生产**出来，那么，理论的任务就是去阐明它们的兴起、它们所起的作用和它们的消亡。关于我提出的分析方向——与这个领域内专家的工作相关——的转换，现在是该 F26 说清楚的时候了：我不会把重点严格地放在符码的形式上，而是会 E18 强调其辩证的特性。符码应当被视作实践关系的一部分，作为"主体"与其空间和周围环境之间互动的一部分。我将试着去追踪编码／解码的形成和消失的情况。我的目标是强调**内容**——即那些内在于我们所思考的形式中的社会（空间）实践。

第 九 节

相比半个世纪之前，今天的超现实主义（Surrealism）① 已是另

---

① 超现实主义是一种现代西方文艺流派。两次世界大战之间盛行于欧洲，在视

一番光景。它的许多要求、主张已经黯然失色，退出了历史舞台。这其中就包括用诗歌代替政治、诗歌的政治化，以及追求至高无上的启示。尽管如此，虽然是一场文学运动，超现实主义决不能被归结为仅仅是文学水准上的东西（这是超现实主义一开始就不齿的）、仅仅拥有文学事件的地位。这场事件与对无意识（自动写作手法 [l'écriture automatique]）①的探索紧密相关，它起初具有一定的颠覆性，但后来反被各种有效的手法——注释、译注、评论、传说与公共宣传，等等——所吸纳。

超现实主义引领者们曾致力于解译内部空间，并阐明从"主体的"空间向身体及外部世界的物质领域、之后向社会生活领域过渡的本质。因此，超现实主义拥有它起初并没有认识到的理论意义。超现实主义为找到这种统一而进行的努力，开启了日后误入歧途的探索。例如，我们在安德烈·布勒东②的《疯狂的爱》(*L'amour fou*)

觉艺术领域中其影响最为深远。它致力于探索人类的潜意识心理，主张突破合乎逻辑与实际的现实观，彻底放弃以逻辑和有序经验记忆为基础的现实形象，将现实观念与本能、潜意识及梦的经验相融合展现人类深层心理中的形象世界。它认为，现实世界受理性的控制，人的许多本能和欲望受到压抑，能够真正展示人心理真实和本来面目的是现实之外那绝对而超然的彼岸世界，即超现实的世界，这就是人的深层心理或梦境。打破理性与意识的樊篱，追求原始冲动和意念的自由释放，将文艺创作视为纯个人的自发心理过程。——中译者注

① 参看布勒东于1924年在巴黎发表的"超现实主义宣言"给超现实主义的定义："超现实主义，名词。纯粹的精神自动主义，企图运用这种自动主义，以口头或文字或其他任何方式去表达真正的思想过程。它是思想的笔录，不受理性的任何控制，不依赖于任何美学或道德的偏见"。他认为，超现实主义就是要"化解向来存在于梦境与现实之间的冲突，而达于一种绝对的真实，一种超越的真实"。[林崇德《心理学大辞典》（上卷），上海教育出版社2003年版]——中译者注

② 安德烈·布勒东(André Breton, 1896—1966)，法国作家及诗人，超现实主义的创始人。——中译者注

一书中，便可以辨识出它所引入的充满想象的与魔幻的要素，虽然手法离奇了些，但绝对无损于这本著作预言性的价值：

> 比方说，我有时候渴望去拜访某个特别的女人，我发现自己打开一扇门，接着关上，然后再打开；如果这手段证明不奏效，我可能会随意地在书页之间滑动小刀片，而预先选定的左页或右页的某一行会间接地、多多少少告知我她的爱好，并告知我和她是很快就有希望，还是压根就没指望；接着嘛，我会再次将东西搬来搬去，细细端详它们彼此间相对的位置，再用非同寻常的方式重新布置它们。① E19

不过，我们也应当指出超现实主义诗化计划失败的程度。超 F27 现实主义诗作并不缺少同时为解释其方向而设计的概念工具；事实上，这场运动拥有太多的理论文本——宣言及其他——以至于人们很可能要问，如果不考虑这些，超现实主义还剩下什么？而诗歌的种种胎里毛病走得更远：它太偏爱观看行为的"视觉性"（visual），很少采用"倾听"的姿势，并且它很奇怪地忽略了音乐的表达方式以及甚至是音乐的中心"视野"（vision）。布勒东这样写道："就好似人类生存的深夜被突然刺穿，好似那自然之必然性乐意转而具有逻辑之必然性，因而让万物陷于大白于天下之状。"②

正如布勒东所承认的，这是黑格尔主义派生出来的策略③，借助于一种超级提升的象征手法，通过一种情感的、因此是主体的手段，去一味追求负荷过重的（爱的）"对象"。因此，超现实主义声称——

---

① André Breton, *L'amour fou*（Paris: Gallimard, 1937）, p. 23. 尽管很多年过去了，艾吕雅的诗歌也说了大量同样的话。——原注

② André Breton, *L'amour fou*, p. 6. ——原注

③ Ibid., p. 61.

尽管没有一点是响亮的，当然也没有任何支撑的证据——黑格尔的"历史的终结"就躺在他们的诗歌中，将通过他们的诗歌获得发展，且只有当生产出一种抒情的历史元语言、一种虚幻的主客体在超验性代谢（métabolisme transcendantal）中合而为一，才能成功地实现。超现实主义在主体（人）与事物（日常生活领域）之间关系的问题上，除了玩弄纯粹语词上的变形、变体或回指重复，从而导致意义过载之外，什么也没有改变。单纯凭借语言的力量，决不可能实现从（商品）**交换**向**使用**的飞跃。

与超现实主义的情况类似，乔治·巴塔耶[①]的著作现在也有了一些与起初不同的意义。巴塔耶也寻求（在其中）内心体验的空间、物质自然的空间（意识水平之下的世界：树木、性欲、无头软体动物）以及社会空间（沟通与言谈）之间的连接。与超现实主义一样——虽然不像他们那样，追寻一条想象的综合的路径——巴塔耶在真实、亚真实（infra-real）与超真实（supra-real）之间处处留下他的痕迹。他的方式是尼采式的，即爆发的与分裂的。他强调分离和加深鸿沟而不是填补裂隙，直到直觉的—意向的闪电从一边跃向另一边，从地球跃向太阳，从黑夜跃向白天，从生跃向死的那一刻；同样地，从逻辑的到异逻辑的（hétérologique），从正常的到异类的（hétéro-nomique）（既大大超出又远远低于正常的状态）。在巴塔耶那里，空间的整体——精神的、物质的与社会的——是被**悲剧性地**理解的。当中心与边缘有了明显的区分，中心就有了它自身悲剧性

（左侧边注：F28　E20）

[①]　乔治·巴塔耶（Georges Bataille, 1897—1962），法国评论家、思想家、小说家。——中译者注

的现实，一种牺牲的、暴力的、暴烈的现实。这一点同样适用于边缘——仿照中心的样子。

与巴塔耶和超现实主义同处一个时代却针锋相对的，是一位名叫雅克·拉菲特（Jacques Lafitte）[①]的技术理论家的思想，他也曾认识到空间理论统一的可能性。拉菲特，这位通常被人遗忘的作家，声称可以将他称之为"机械学"（mécanologie）的理论作为技术设施与系统的一般科学，并使这门科学承担起探索物质现实、知识与社会空间的责任[②]。他那时正在研究马克思的某些著作，考斯塔斯·阿克塞洛斯[③]后来对此曾做过一些评论[④]。拉菲特对于完成这项课题必备的种种要素和概念一无所知，因为他对信息科学与控制论一无所知，因而对以信息为基础的机器和需要大量能源的机器之间的区别也一无所知。但他确实为空间统一假说提供了有效的形式。

---

①　雅克·拉菲特，法国的科学技术理论家，20 世纪 30 年代曾经写过《机器科学的反思》（*Réflexions sur la science des machines*, 1932）一书。他的一些思想是接着马克思的基本观点讲的，而这些观点又被争鸣集团的重要人物希腊裔哲学家（也是列斐伏尔一度的同仁）阿克塞洛斯在《马克思的技术思想》（1961）中进一步阐述。有关拉菲特的思想，可参考译成中文的［法］戈菲所著《技术哲学》一书（商务印书馆 2000 年版）第 69—73 页。——中译者注

②　参见 Jaques Lafitte, *Reflexion sur la science des machines*（1932），1972 年重版（Paris: Vrin），J. Guillerme 作序。——原注

③　考斯塔斯·阿克塞洛斯（Kostas Axelos，一译 Costas Axelos）（Κώστας Αξελός, 1924—2010），希腊裔当代法国哲学家。代表作是其博士论文《马克思，技术的思想》（*Marx, penseur de la technique*,）（英译本译作 *Alienation, Praxis and Techne in the Thought of Karl Marx*）试图以海德格尔与马克思的思想为依据批判现代技术异化。——中译者注

④　参见考斯塔斯·阿克塞洛斯（Kostas Axelos），*Marx, penseur de la technique*（Paris: Edition de Minuit, 1961）. Eng. Tr. by Robort Bruzina: *Alienation, Praxis and Techne in the Thought of Karl Marx*（Austin: University of Taxas Press, 1976）。——原注

他将技术治理论—功能主义—结构主义(l'idéologie technocratico-fonctionnalo-structuraliste)三种意识形态的"严密性"全都带进了他的计划,足具代表性,这使他能够提出惊世骇俗的论点和值得科学假想的概念联系。简言之,拉菲特创建了一个技术乌托邦(l'utopie technocratique)。例如,他试图通过把"消极的"(因此是静态的)机器比作建筑和植物王国,把"积极的"(被视为更具活力和反应能力的)机器比作动物,以这种方式来解释历史。依据这些概念,拉菲特建构出占据着空间的演化系列,并大胆地构想了自然、知识与社会的起源——"通过这三大组成部分之间实现和谐发展、各个系列之间相互交汇又相互补充"①。

　　拉菲特的假设是其他许多相似标签的先导。这种自反性的(reflexive)技术治理思想强调明确性和被认可性——不仅是理性的,也必须是知识性的——完全回避了那些隐藏在实践中的侧面的与异质的领域;在同一个基础上,它也拒绝那种将被掩盖的东西揭露出来的思想。对它而言,似乎思想空间与社会空间中的所有事情,都可以归结为一种正面的、"面对面"的方式。

第　十　节

　　如果说一种关于物质空间、精神空间与社会空间的统一理论在几十年前就已略显端倪,它又是为何且如何被抛弃了呢?是不是因为它涉及的领域过于庞大——成为一个名副其实的思想大杂烩,其

---

　　①　参见 Jaques Lafitte 同上书第 92 页及以下内容。——原注

中一些带有诗意、主观意味或思辨性，另一些则充满技术实证的标记？抑或仅仅因为这种研究路径被证明无效？

为了准确地理解究竟发生了什么，必须回到黑格尔那里，他是一座星形广场（*place de l'Étoile*）[1]，其中的政治与哲学是作为纪念碑立于广场中央的。在黑格尔主义看来，历史时间产生了为国家所占领与统治的空间。历史不会在个体身上体现"合理存在"的原型，"合理存在"只体现在由部分制度、群体与体系（法律、道德、家庭、城市、贸易，等等）所组成的统一的集体（ensemble）中。因此，时间在空间的内在合理性中被固化和凝定了。黑格尔式的历史的终结不是指史实性产物的消失；恰恰相反，这一被认识（概念）所推动、被意识（语言、逻各斯）所引导的生产过程的产物，这一必然的产物，宣称其本身是自足的，它通过自我的力量而持续存在。消失的是历史，它从行动转变为回忆，从生产转变为沉思。至于时间，它被重复与循环所支配，被一种静止空间——这种空间是现实理性的中心与环境——的确立所压制，时间丧失了一切意义[2]。

继这种为国家服务的空间拜物教化过程之后，哲学与实践活动必然要追求时间的复兴[3]。因此，马克思强有力地恢复了作为革命时

F30

---

[1] "星形广场"现称"戴高乐广场"（Place Charles de Gaulle）（1970年后更为此名），位于巴黎十二岔路口，也是香榭丽舍大道的终点，著名的巴黎凯旋门（*l'Arc de Triomphe de l'Étoile*）便耸立在此广场正中央。——中译者注

[2] 列斐伏尔这段转述文字见于黑格尔在《精神现象学》结尾处著名的"历史终结论"之论断，一方面绝对精神外在化为自然的空间，另一面外在化为时间，即丧失了一切历史而只留下记忆的精神。看看《精神现象学》（下）中译本，商务印书馆1979年版，第273–275页。——中译者注

[3] 参见列斐伏尔《历史的终结》一书（*La fin de l'histoire*, Paris: Edirion de Minuit, 1970）；也可参见亚历山大·科耶夫（Alexander Kojèv）论黑格尔与黑格尔主义

间的历史时间。因此,柏格森(Bergson)也更加细微地(虽然因专业化而抽象又不确定)召唤精神的绵延性与意识的即时性;因此,接着是胡塞尔的现象学及其"赫拉克里特式"的现象之流与自我的主体性;因此,后来一个完整的哲学传统便形成了①。

在格奥尔格·卢卡奇②这位反黑格尔主义的黑格尔主义者看来,空间是用来规定物化和虚假意识的。在一种被提升到极其崇高的高度、能够将历史的迂回曲折尽收眼底的阶级意识指导下,被重新发现的时间打破了空间的首要地位③。

在黑格尔之后,只有尼采坚持空间的基始性,并对空间的问题框架加以关注,即他所关注的不是暂时性背景下看似变化多端的现象,而是在不同时间中所出现的重复性、循环性和同时性现象。在这个正在生成的而与时间流相抗衡的领域里,每一种被规定的形式,无论是物质的、精神的,还是社会的,都在为确立与维护自身而斗争。但是尼采式的空间并没有保留黑格尔派关于空间是历史时间的产物和残余这个观点的单一特征。尼采如是写道:"我相信

的著作。——原注(这里实际特指《黑格尔导读》一书,中译本可参见[法]科耶夫《黑格尔导读》,姜志辉译,凤凰出版传媒集团、译林出版社 2005 年版。——中译者注)

① 这是一个莫里斯·梅洛-庞蒂与吉尔斯·德勒兹共同属于的传统。参见 Gilles Deleuze and Felix Guattari, *L'anti-Odipe*(再版)(Paris: Editions de Minuit, 1973),p. 114。——原注

② 卢卡奇(Georg Lukács, 1885—1971)是匈牙利著名的哲学家和文学批评家,代表作是《历史与阶级意识》(1923)。——中译者注

③ 参见 Jean Gabel, *La fausse conscience*(Paris: Editions de Minuit, 1962), pp. 193ff。当然也要参见卢卡奇的《历史与阶级意识》[*History and Class Consciousness*, Tr. Rodney Livingstone(London: Merlin Press, 1971; Cambridge, Mass.: MIT Press, 1971)]。——原注(中译本参见卢卡奇:《历史与阶级意识》,杜章智等译,商务印书馆 1992 年版。——中译者注)

作为力的基础的绝对空间。因为我认为空间是有限的和有形的。"①
宇宙空间包含能量，包含力，并由此继续下去。陆地与社会的空间
也是如此："哪里有空间哪里就有存在。"力（能量）、时间与空间之 F31
间的种种关系是悬而未决的。例如，我们既不可能想象一种开端
（起源），也不能没有这样一种想法。一旦那些辨认与识别差异的活
动（尽管是必不可少的）被从画面中消除，"中断与连续就是一回事
了"。一种能量或者力只能依靠它在空间中的种种效应才能被辨认
或者识别，即使这些力"就其本身"而言与它的种种效应截然不同
（而任何"现实"——能量、空间或时间——怎么能靠理性分析掌握
其"本质"呢？）。正如尼采式的空间与黑格尔式的空间毫无共同之
处一样，尼采式的时间俨然是宇宙悲剧上演的剧场，作为循环往复
的生与死的空间-时间，它与马克思主义的时间概念也毫无共同之
处——马克思主义认为历史的前进过程是由生产力所推动的，理所 E23
当然地（从而是乐观地）是由工业、无产阶级和革命合理性指引前
进方向的。

要思考 20 世纪下半叶所发生的事情，现在可能是个方便的时
机，那是一个"我们"亲眼见证的时代。

1. 国家正在世界范围内得到巩固。它向社会（向一切社会群
体）施加重压；借助知识与技术，强加类似的（如果说不是一致的）
测量手段而不考虑政治意识形态和历史性的背景以及阶级起源，国
家合理化地组织起社会。国家通过把差异还原为各种重复或各种

---

① 参见被错误地命名与编选的 *Volonte de puissance* 一书（Tr. G. Bianquis, Gallimard, 1935），fragment 315, 316 及其他处。——原注（中译本参见尼采：《权力意志——重估一切价值的尝试》，张念东、凌素心译，商务印书馆 1991 年版，155 页。——中译者注）

循环(被授予"均衡""反馈""自我调节"等称号)而碾碎了时间。空间以黑格尔的形式回到了自身。现代国家(明确地)将自身推进和强加为各种(民族)社会与空间的一个稳定的中心。作为历史的终点也是历史的意义的国家——正如黑格尔曾预言的那样——把社会与"文化"领域都摧毁了,它强推了一个将各种冲突与矛盾终结的逻辑。它靠阉割或者镇压而使任何反抗它的东西都变得无效。

F32　这是社会的无序状态还是一种已经转变为常态的巨瘤?无论答案是什么,结果就摆在我们面前。

2. 不过,在同一个空间中还有另外一些沸腾的力量,因为国家的合理性及其种种技术、计划与项目激起了反对的力量。权力的暴力从颠覆的暴力那里得到了回敬。随着各种战争与革命、失败与胜利、对峙与骚乱的发生,现代世界与尼采的悲剧想象极为相符。国家所强加的常态使得永久性的僭越(transgression)变得不可避免。就时间与否定性而言,无论它们何时再现(因为它们必定再现),必将是暴烈的。这是一种新的否定性,一种将自身表现为持续不断的暴力的悲剧性的否定性。这些沸腾的力量仍然能够把国家及其空间这口大锅的锅盖顶得咯咯作响,因为种种差异从来就不会完全地平静下来。虽然被击溃了,但它们继续存在,有时它们猛烈地开启战斗,通过斗争来重申其主张和改变自身。

3. 而且工人阶级也没有说出自己最后的定论。它一如既往地走在自己的道路上,有时是在隐蔽的地下,有时在光天化日里。摆脱阶级斗争可不是一件容易的事,它有着无穷无尽的形式,单靠参考那个贫乏的先验图式是解释不了的;尽管热衷于这种图式的人声称他们是马克思主义者,但在马克思那里从来没有找到这样一种先

验图式。也许致命的势力均衡现在已经达成，这将使得工人阶级与　E24
资产阶级的对峙不再是曾经的公开的对抗，不再是社会摇摇欲坠、
国家要么腐烂下去要么以拼死挣扎的方式东山再起。也许在经过
一段潜伏期之后世界革命将会爆发。或者有可能紧随世界市场而
来的世界战争将围着地球转动。无论如何，一切都表明，目前工业
化国家的工人阶级正在选择的既不是无限期的成长与积累，也不是
导致国家消亡的暴力革命，而毋宁说选择的是劳动自身的衰弱。仅
仅思考一下可能性就会明白：马克思主义思想并没有消失，实际上
它也不会消失。

　　让黑格尔、马克思与尼采的各种命题与假设相互对峙，这才刚
刚开始，而且只能以巨大的困难为开端①。至于哲学思维以及关于空　F33
间与时间的思维，它们是相互割裂的。一方面，我们所拥有的时间
哲学、绵延哲学，其自身分裂为种种部分考虑和局部重点，如历史时
间、社会时间、精神时间，等等。另一方面，我们所拥有的认识论思
想，建构了一种抽象空间和有关抽象（逻辑的—数学的）空间的种种
思考。即使不是全部也是绝大部分的作者，把自己舒舒服服地安置
在了精神的（因此是新康德主义或新笛卡尔主义的）空间里，由此可
以证明"理论性实践"已不过是专业化的西方知识分子的自我中心
思维，实际上可能很快就成为一种完全分离的、分裂症的意识。

---

　　①　事实上，列斐伏尔在完成此书之后马上就写出了一部有关黑格尔、马克思与尼
采关系的著作：《黑格尔，马克思，尼采或者阴影的王国》(1975)(*Hegel, Marx, Nietzche
ou le royaume des ombres*, Paris: Castermann, 1975)（英译本参看 *Hegel, Marx, Nietzche,
or, The Realm of Shadows,* with an introduction by Stuart Elden, Translated by David
Fernbach, Verso London. New York, 2020)。——中译者注

本书的目标就是要引爆这种事态。更具体地说，关于空间，它旨在促进那些思想与论点之间的交锋与对峙；即使这些思想论点并不统治现代世界，它们还是照亮了它。我们不是要把它们看作种种孤立的论点或假设，或者放在显微镜下细细打量的"思想"，而是把它们看作位于现代性开端处的种种征兆。①

第 十 一 节 ②

E25   本书的目的不是精心地设计出一套针对现存空间的**批判理论**，

---

① 这里有一些我脑子能记得住的出处，我没有作进一步补充——我希望并没有太多的讽刺意味：1. Charles Dodgson/Lewis Carroll（同一个英国作家［1832—1898］的两个名字。——中译者注）的著作（但更需要强调的是作者的《符号逻辑不流泪》［*Symbollic Logic without Tear*］一书而不是关于爱丽丝之书［即卡罗尔所著的《爱丽丝漫游奇境记》一书，赵元任译，商务印书馆 1998 年版。——中译者注]）；2. 赫尔曼·黑塞（Herman Hesse，1877—1962，德国作家。——中译者注）的《玻璃球游戏》（上海译文出版社 1998 年版，张佩芬译。——中译者注）（*Das Glasperleulenspiel*，1943）一书，特别其中关于游戏及其与语言和空间的联系（游戏本身的空间和玩游戏的空间，即卡斯塔利亚圣泉［Castalia］［古希腊神话中的一个地方。——中译者注]）的那些段落；3. Hermann Weyl' *Symmetry*（Princeton, NJ: Princeton University Press, 1952）（中译本参见［德］赫尔曼·外尔《对称》，冯承天、陆继宗译，世纪出版社集团、上海科技教育出版社 2005 年版。——中译者注）；4. 特别参见尼采所著的 *Das Philosophenbuch/Livre du Philosophe*（Paris: Aubier-Flammarion, 1969）（中译本参见尼采：《哲学与真理，尼采 1872—1876 年笔记选》，田立年译，上海社会科学院出版社 1993 年版。——中译者注）一书论语言一节及"真理和谎言之非道德论"一节。
应当牢记于心的是，这里我所引用的著作，就像本书其他地方所提及的著作一样，它们命里注定是属于我们讨论的语境的——即空间实践及其各个层面（规划、"城市规划"、建筑）的语境。——原著
② 本节是本书第一章的转折点。之前各节回顾、反思与总结空间作为哲学与科学问题之形成历史、发展状况及其趋势。之后各节正面系统地阐述本书著名的空间生产的基本观点。——中译者注

以替代各种接受现存空间的描述和剖析，或者替代那些通过政治经 F34
济学、文化等方式从总体上把握社会的其他批判理论。仅凭一种否
定性的和批判的（"人"或"社会"的）空间乌托邦来替代居支配地位
的技术乌托邦，不再是充分条件了。批判理论，在它被驱逐到作为
反对派的实践阵营——甚至以最激进的形式出现，不管是"定点的"
（只攻击其痛点）还是全方位的——之后，才能迎来自己的出头之日。

　　可能有人会说，当务之急是系统地摧毁与空间有关的**符码**。然
而，实际上（除此之外）没有什么更进一步的事情可以做，因为知
识与社会实践所固有的这些符码已经分崩离析了相当长一段时间。
它们遗留的所有剩余物是：语词、图像与隐喻。这一划时代事件的
后果被人们如此普遍地忽略了，以致我们不得不在每一时刻都提醒
自己记住它。事实上是在 1910 年左右，有一类特定的空间被打碎
了，即常识的空间、知识的空间、社会实践的空间、政治权力的空间；
而直到那时，这一类空间在日常话语中仍被奉若神明，正如它们在
抽象思维中、在作为沟通的渠道的环境中被奉若神明一样；还有古
典透视法与几何学的空间，它们从文艺复兴时期起即以古希腊传统
（欧几里得几何学与逻辑）为基础发展起来，置身于西方艺术与哲学
的发展中，或隐身于城市与城镇的形式之中。这类空间遭受的敲打
与攻击是如此之大，以至于它们今天保留下来的仅仅是一个虚弱无
力的纸上谈兵的现实，而且在守旧的教学体制内需要通过极为艰难
的努力才能保留下来。欧几里得空间与透视空间作为一个参照系
已经消失，连同其他"老生常谈"的旧东西，如城镇、历史、父权、
音乐中的音调系统、传统道德，等等。这真是一个命运攸关的时刻。
当然，"常识"空间、欧氏空间与透视法的空间不可能消失得无影无

E26 踪，以至于在我们的意识、知识与教学方法中不留下蛛丝马迹；它们不过是基础代数学、算术、语法或者牛顿物理学，就那么多。事实依然是，以一种批判理论的名义摧毁这些符码已为时太晚；我们的任务毋宁说是要描述它们业已完结的毁灭，测量毁灭的影响，并（有可能）借助理论的"超码"去建构一种新的符码。

F35 　　必须强调的是，当务之急并非是替换主导性趋势，无论当初我们多么期望替换它，而是颠覆这种趋势。正如下文我将详细阐释的，即使绝对反转是不可能的，这种反转或颠覆也必须进行下去——像在马克思的时代一样，在从**产品**（不管是揭示其普遍性还是特殊性，采用描述法还是枚举法）到**生产**的运转过程中。

　　这种对趋势和意义的反转，同那些把所指要素转变为能指的"反转"毫不相干，后一种反转是在对"纯"理论进行知识化关注的旗帜下进行的：它们消除所指要素，将"表意"（l'expressif/expressive）搁置一旁，只诉诸形式的能指。它们让这些反转**优先于**从产品到生产活动逆转趋势的工作。它们只是通过把问题还原为一系列通过语言（基本上是通过文学）表达的抽象干预，而假装是一种反转。

第 十 二 节

　　（社会）空间是（社会的）产物（*L'espace*[*social*]*est un produit*[*social*]）。这个命题看上去近乎同义反复，因而近乎一目了然。但我们有充足的理由去认真考察这一命题，在认可它之前先去思考其意义与结果。许多人难以赞同如下说法，即在现有生产方式与现

存的社会中，空间所呈现出的它自身的现实，与那个在相同的全球
过程中——通过商品、货币与资本——所呈现的现实，是明显不同
的（尽管很相似）。那些发现这种说法自相矛盾的人们，需要寻找
证据（证明这一点）。尤其是考虑到还有以下进一步的说法：被生
产出来的空间也充当了思想与行动的工具；空间除了是一种生产手
段，也是一种控制手段，因此还是一种支配手段、一种权力方式；
尽管如此，它还是部分地逃离了那些想利用它的人。那些造就了这
一空间的社会的与政治的（国家）力量，现在力求把空间完全控制
住，但未能做到；那些迫使这一空间性现实走向一种无法控制的自
主状态的国家力量的专门机构，现在拼命把事情做过头，进而束缚
空间，奴役空间。这个空间是抽象的吗？是的。但它在具体抽象物 E27
（abstractions concrètes/concrete abstractions）① 的意义上也是"真实"
的，正如商品与货币是真实的一样。空间是具体的吗？是的。但不 F36

---

① 这是列斐伏尔从马克思思想中精心提炼出来而"独创"的一个极其重要的概念。
初见于他的成名作《辩证唯物主义》（1940）一书："在任何产品中，无论是其客观方面
还是主观方面而言……活动与物的方面多么微不足道，其实都是内在地联系在一起的。
这是一些已经脱离自然的孤立的客体……然而，这些产品依旧保持着自然的客体性一
面……每一种产品，也就是每一种客体因此一方面属于自然，另一方面属于人的。它
们既是具体的又是抽象的。谓其具体是因为它具有现成的实体，在变成我们的活动的
一部分，无论是顺从的还是抵抗的，都仍然是具体的。不过，就其被规定、按照其形状
轮廓被测量，因此而成为社会存在的一部分时，它又是抽象的，一种在彼此相似的事物
中的一个客体，因此而成为整个一系列的附加于其实体之上新的关系的载体。"（Henri
Lefebvre, *Dialectical Materialism*, Translated by John Sturrock, Jonathan Cape Ltd.,
London, 1968, pp. 119.）列斐伏尔在此书中常以此概念隐喻与指称空间的既抽象又具
体的特征：如同马克思所谓的交换价值那样，空间既是物质实体（具体），即人类劳动的物
质化外在化现实，又是生产的社会关系的压缩集束（抽象）。这种具体的抽象性既是社会
活动的中介（抽象），因为它构成它们，也是这些活动的一个成果（具体）。易言之，它既是
社会活动的结果／具体化／产物，又是社会活动的手段／预设／生产者。——中译者注

是物或产品意义上的具体。空间是工具性的吗？毫无疑问，是的。但像知识一样，它也超越了工具性。空间可以被还原为一种投射（projection）——一种知识的"客体化"吗？既可以又不可以：被客体化在产品中的知识，不再和处于理论状态的知识共存（同延）。如果空间包含了各种社会关系，那么它是如何做到以及为何这么做的？这些社会关系究竟是什么关系？

鉴于所有这些问题的存在，需要一种透彻的分析与全面的阐述。其中必然包括引入诸多新的观念：首先是各种空间多元化或多样性的观点，它们与那些由对**无限**空间进行分割和剖面化而形成的多样性截然不同。这些新观念必须被植入总体上以"历史"而为人所知的语境之中，这个历史将在新观念的烛照之下显现自身。

社会空间的特殊性将被揭示到如此地步，以至于一方面，它不再可能是与精神空间（由哲学家与数学家们所规定）不可分辨的；另一方面，它也不再可能是与自然空间（由实践-感觉活动和对"自然"的感知所定义的）不可分辨的。我力图阐明的是这样一种社会空间，它既不是由物的集合或（感性）数据的累积所构成，也不是由像塞满东西的袋子那样的包装物所构成；它也不能被还原为一种强加在现象、事物、物质实体之上的"形式"。如果我的论述能够成功，这里所提出的有关空间的社会特征的初步预设，将随我们一起继续得到确证。

第 十 三 节

如果（社会）空间确实是某种（社会的）产物，那么这个事实是如何被隐藏起来的呢？答案是：通过对子幻觉（double illusion），其中的每一方面都代表着另外一个方面，它们彼此强化、彼此藏匿。这种对子幻觉的一方面是透明性幻觉，另一方面是不透明性或"实在性"幻觉。

1. 透明性幻觉（The illusion of transparency）。在这里，空间看上去是明亮的、可理解的，可以放任自流的。空间中发生的事让人想到一种奇迹般的特性，借助于**设计 / 图绘**①（在这个词的一语双关的意义上），事情变得具体化了。设计 / 图绘——具有高度的真 E28 实性——在精神活动（创意）与社会活动（实现）之间发挥了中介作用，并且分布在空间之中。这种透明的幻觉与那种把空间当作纯粹 F37 的、免于陷阱或隐秘之处的观念结成了联盟。凡是隐秘的或假装的从而是危险的事物，都是与透明性相敌对的。处在透明性支配下的每一件事物，都可能被来自精神之眼（mental eye）（它照亮它所凝视的一切事物）的一瞥而照亮。因此，理解（comprehension）被认为应该在没有任何难以克服的障碍的条件下，将感知到的东西即它的对象物，从阴影导向光明；理解被认为要么借助于光线穿透对象物，要么在采取审慎的预防之后把对象从黑暗转变为明亮的状态——通过这两种途径来实现对象的置换（displacement）。因此，社会空间与精神空间——即思想与言谈的（拓扑的）空间——被认为存在初步的一致性。这种看法是通过什么途径、靠什么魔力产生的？根据推断的可能性，首先是由于言谈、其次是由于书写的介入，

---

①　design，法语分别用 dessein（设计）与 dessin（图绘）两个词来表示。——中译者注

加密的现实变得能被轻易地破解了。据说并据信，唯有通过转型（transposition）与照亮（illumination），严格的拓扑性变化才能发生，对现实的破解才能实现。

那么，声称在空间领域中已知的与透明的是同一的、是一回事，又有什么合法的证明呢？事实上，这种说法是一种流传甚广的意识形态假设，可以追溯到古典哲学那里。这种与西方"文化"紧密相关的意识形态，强调言谈、过于高估文字，对于它所刻意隐藏的社会实践造成了伤害。对口头语言的崇拜或者说对言谈的意识形态的崇拜，被对书写的崇拜与书写的意识形态所强化。对于一些人来说，言谈不管是直接的还是含蓄的，都达到了一种完全清晰的沟通；且要么通过强迫其自我暴露，要么借助诅咒的力量对其毁灭，言谈驱除了任何一种含混之物。对于另外一些人来说，仅靠言谈是远远不够的，而文字的试验与行动——既充当诅咒的媒介，又为神圣化"代言"——也必须被调动起来。书写行为据信是超出其直接影响之外的，它隐含了一种规则：可以方便书写的与言谈的"主体"去把握其"对象"。无论如何，口头的与书写的语言都代表着（社会）实践；据信荒诞（absurdity）与含混（obscurity）——它们被作为同一事物的不同方面——可以在其所对应的"客体"不消失的情况下，而被驱散。因此，沟通使非沟通之物进入沟通的领域——**不可沟通性**（incommunicable）除了在那曾被追逐的剩遗物中存在之外，在其他地方已荡然无存。这个意识形态的假设是，当把空间作为透明之物时，知识、信息与沟通就是同一的了。以这种意识形态为依据，人们在过去相当长一段时间内相信仅仅凭借沟通这种方式就可以引起一场革命性的社会转型。"任何事情都应该说出来！言谈没有时限！任何事情都应该写下来！书写改变语言，因此书写改变社会！书写是一项具有重要意义的实践！"这些事情只有当革命性与透明性融为一体时才会成功。

透明的幻觉被证明是一种先验的幻觉（在某个瞬间又回归到哲学家们古老的术语那里去了）：一种骗局，在其自身准魔力的基础上操演着，但出于同样的原因也立即指向其他骗局——那些成为它的托辞和面具的骗局。

2. 实在性幻觉（realistic illusion）这是一种自然的、简单的幻觉——一种天真态度的产物，它在很久以前被哲学家和语言理论家们以各种理由和名义矢口否认，反对的主要理由是它乞灵于自然性与实体性。按照古老的唯心论／观念论哲学流派的优秀哲学家们的看法，对常识的过分轻信会导致这样一种错误信念，即相信"客体"比"主体"——比他的思想、他的欲望——拥有更多的存在性。对于这种幻觉的批驳也隐含了对于"纯粹的"思想、精神或欲望的坚守。这样一来，放弃实在性的幻觉竟然意味着再退回去拥抱透明性的幻觉。

在语言学家、语义学家、符号学家们当中，有人遭遇了这样一种原初的（实际上是终极的）天真性，即认为"语言与其说是某种被其形式所规定的存在物，倒不如说享有一种'实体性的实在性'"。以这种观点来看，语言像是一个语词的布袋，那些恰如其分地代表每样事物与对象的词汇皆可囊括其中。在任何一个阅读过程中，那些想象的与象征的维度、横在读者进路两侧的风景与地平，都被看作"实在的"；因为文本的"真理的"特征——它表意的形式以及它的象征性内涵——对于无意识的天真性而言，是一页空白。**顺便提**

F39 一下(*en passant*),值得注意的是,知识肯定要取消一个人的幻觉
所带来的愉快的天真,并顺带取消那些幻觉本身。不过,科学虽然
会取消自然状态的天真的快乐,而代之以更加精致与世故的快乐,
但它没有智慧可以保证令人更加愉快。

E30 实在性幻觉、自然性幻觉与空间不透明性幻觉,培育了它自己
的神话。这令人想到面向空间的艺术家们,他们在直接取自自然之
母的坚硬物或致密物上创作。一位建筑师更像是一位雕塑家而不
是画家,建筑师也是比音乐家或诗人更早的艺术家,这样的艺术家
总是使用那些抵制或逃避他的努力的原料来创作。当空间不再被
几何学家监视时,它更容易呈现出一种自然的特质和大地的属性。

透明性幻觉与哲学上的唯心论有着血缘关系;而实在性幻觉则
与(自然论的与机械论的)唯物论更接近。然而这两种幻觉并不会
按照哲学体系的模式走向互相对抗,也就是说,它们不会像战舰那
样在自我防护的同时也要置对方于死地。正好相反,每种幻觉都体
现并滋养着对方。两种幻觉之间的来回转换以及由此产生的摇摆
或振荡的影响,因而也被视为与被孤立考虑的两种幻觉中的任何一
种同样重要。从自然中获得的象征手法(symbolismes)会让理性的
清晰性变得模糊,这种理性的清晰性来自于西方的历史传承,也来
自于它对自然的成功统治。那些处于衰落中的、模糊不清的历史与
那些政治力量(国家与民族主义)身上所体现出来的显而易见的透
明性,会从它们的大地或自然的起源中,以及父权或母权的起源中,
征集形象。理性于是被自然化了,而自然却把自身藏匿在那取代了
理性的乡愁(nostalgies)里。

第 十 四 节

　　对于这个论题我尝试做出的提纲我们稍后再加论述。现在我们重新回顾一下那个最初命题的一些含义与推论，即（社会）空间是（社会的）产物。

　　第一层含义是物质性自然的空间正在消失。假定自然空间曾经是——且仍然是——共同的出发点：是社会过程的起源和原初的模型，甚至也许是一切"起源性"的基础。再假定自然空间并没有全然而简单地从风景中消失——它仍然是画面的背景；作为装饰或 F40
者说不仅仅是装饰，它留存于四面八方；自然的每一个细节，每一个自然物，当它（那些最无关紧要的动物、树木、青草等）负载起象征的重量时，甚至拥有了更大的价值。作为来源与资源，自然总让我们迷恋不已，就像通过记忆的过滤，孩童时代与自发性总会使我们神魂颠倒一样。每个人都想保护与拯救自然；没有人想要阻碍恢复自然本真性的尝试。但与此同时，各种事物都在协力去伤害自 E31
然。事实是，自然空间在不久的将来将在我们的视野中消失。每一位热爱自然的人都该扭过头来，看看自然正在我们身后从地平线坠落。自然也正在被**思想**所忘却。什么是自然？当自然面对执破坏性工具的人类的入侵，我们如何塑造一幅自然的画面？甚至威力无穷的自然神话也正在变成一则虚构、一个否定性的乌托邦：从今天看上去，自然仅仅是各种社会体系的生产力用来构筑它们特有的各种空间的原材料。不错，自然在抵抗，其纵深无限，但它已经被打败了，现在唯有等待它最终的空缺与毁灭。

第 十 五 节

第二层含义是，每一个社会——因此每一种生产方式及其亚变种（即所有被普遍概念例证的社会）——都生产出一个空间，它自身的空间。我们不能把古代的城市理解为空间中的人与物的集合，也不能把它想象为仅仅基于有关空间的众多论著和文本；尽管像柏拉图的《克里蒂亚》和《蒂迈欧》，或者亚里士多德（Aristotle）的《形而上学》（A 卷）是不可替代的知识来源。因为古代城市有其自身的空间实践：它为自己铸造了**适宜的 / 取用的**（approprié/appropriated）空间。由此需要对那个空间进行研究，通过那个空间才能理解古代城市自身，理解古代城市的起源与形式，以及它自身特殊的时间或诸时间（日常生活的节奏），还有它特定的若干中心与多中心（广场、庙宇、运动场，等等）。

这里引用的希腊城市仅仅是一个例子，作为沿着这条道路向前迈出的一步。用图式的方法来说，每一个社会都贡献了一个自身特有的空间，可以说，能够作为分析和全面理论阐释的一个"对象"。

F41　我所说的"每一个社会"可以更确切地称之为每一种生产方式以及它所特有的各种生产关系；任何一种这样的生产方式也许包含着重要的变体形式，这也导致了一系列理论上的困难，其中许多困难我们稍后将会遇到，它们以不一致、裂缝和空白的形式存在于我们的总体画面之中。例如，当我们局限于西方的概念性工具时，关于亚

E32　细亚生产方式、亚洲的空间、亚洲的城镇，或亚洲所包含的城乡之间的关系，我们真正能了解多少呢——据说汉字就比喻性地或表意

性地表述着这样的关系，是这样吗？

更一般而言，正是由于社会空间的新奇性及其所隐含的实际的与形式的复杂性，所以社会空间这个观念才抵制分析。社会空间包括——并（或多或少地）分配适当的位置给——（1）**再生产的种种社会关系**，即性别群体之间与年龄群体之间的生理–心理的关系，以及家庭的特定组织；（2）**生产的种种关系**，即劳动分工及其具有等级制形式的社会功能组织。这两个系列的关系，即生产关系与再生产关系，彼此之间是无法分离的：劳动分工对家庭施加影响，并与它合为一体；相反地，家庭组织干扰妨碍劳动分工。然而，社会空间肯定要对二者加以区分——可以说并不总是成功的——为了把它们"定位化"（localiser/localize）。

把这个图式再做某些提炼，我们应当指出，在前资本主义社会中，生命的再生产与社会–经济的生产，这两种相互交织的层面一起构成了社会的再生产——这就是说，虽然有冲突、世仇、倾轧、危机、战争的存在，但社会的再生产还是世世代代地延续下来。空间在这种连续性中所起到的决定性作用，正是我下面将要阐述的问题。

资本主义的、特别是"现代"新资本主义的到来，大大加深了事态的复杂程度。这里有三个相关的层面需要加以考虑：（1）**生命的再生产**（家庭）；（2）**劳动力的再生产**（就工人阶级本身而言）；（3）**生产的社会关系的再生产**，即那些构成了资本主义的社会关系的再生产，也是那些持续不断地（和持续不断发挥影响的）被寻求与利用 ^F42 的关系的再生产。在这三重关系所构成的秩序中，空间的作用需要具体地加以考察。

为了使事态变得更加复杂，社会空间还包括了生产的社会关系与再生产的社会关系之间双重或三重互动的种种特殊表象（représentations）[①]。符号表象用以将社会关系维持在共存和内聚性的状态中。表象在展示（exhibe/display）这些社会关系的同时，也置换（transposant /displacing）了它们——因此是用象征的方式隐藏了它们——借助于自然，并加之于自然背景之上。再生产关系的表象是种种性别符号，男性与女性的符号，有时也伴随一些年龄符号——如年轻的种种符号与年迈的种种符号——有时则不。这种符号体系更多地在于藏匿而不是暴露，尤其是自从再生产的种种关系被一分为二以来，更加如此。再生产关系被分为一方面是台前的、公共的、公开的——因此是符码化的——关系；另一方面则是隐藏的、秘密的和受压抑的关系，而恰恰因为后者是被压抑的，因此它们的僭越的特征与其说与性**本身**（per se）有相关，不如说与性快感的种种前提和结果有关。

E33

因此，空间可以说包含着众多的交叉，每一个交叉都有其指定的位置。至于生产关系的诸多表象，它们包括种种权力关系，这些权力关系也在空间中发生：空间以建筑物、纪念碑（monument）[②]和

---

① Représentations 一词，是本书极其重要的一个概念，根据上下文可译作"表征"、"表象"与"再现"等意义，可以看出是对阿尔都塞著名的意识形态国家机器理论的批判性挪用，阿尔都塞的原文是："意识形态是个人与其实在生存条件的想象关系的'表述'"（représentation）。（语见阿尔都塞："意识形态和意识形态国家机器［研究笔记 1970］"，载陈越主编《哲学与政治：阿尔都塞读本》，吉林人民出版社 2003 年版，第 352 页）而阿尔都塞这个观点又是对马克思同样著名而经典的观点的过度诠释与挪用："……这些观念都是现实［实在］关系和活动、他们的生产、他们的交往、他们的社会组织和政治组织有意识的表现（représentation），而不管这种表现是现实的还是虚幻的。"见《德意志意识形态》，载《马克思恩格斯文集》第 1 卷，人民出版社 2009 年第一版，第 524 页。——中译者注

② monument 以及 monumentalité 在西文中一词多义，通常还可以翻译为"文物"与"文物性"，考虑本书是研究空间建筑的著作，故通译为"纪念碑"以及"纪念碑性"（参看本书法文第四版第 253 页［F253］及以下内容）。——中译者注

艺术作品的形式将权力关系纳入其中。对这些关系的台前的（因而也是粗鲁的）表达，并没有和盘托出它们更隐秘、潜在的种种方面；一切权力必有其同谋——还有警察部门。

现在从我们的讨论中已经出现了一个概念性的"三位一体"（triplicité/triad），一个我们将要一次又一次地回归的三位一体。

1. 空间实践（*La pratique spatiale/spatial practice*）。它包括生产与再生产，以及每一种社会形态的特殊位置与空间特征集合。空间实践确保连续性和某种程度上的内聚性。就社会空间以及每一位既定社会成员与空间的关系来说，这种内聚性意味着有保证层次上的**能力 / 资质**（*compètence*）与特殊层次上的**述行**（*performance*）[①]。

2. 空间的表象[②]（*Les représentations de l'espace/Representations* of space）。它们与生产关系以及这些关系所强加的"秩序"捆绑在一起，从而也与知识，与符号、代码，以及种种"台前的"关系捆绑在一起。 F43

3. 表征性空间[③]（*Les espaces de représentation/Representational spaces*）。它们表现为形形色色的象征手法（*symbolismes/symbolisms*），有时被编码，有时未被编码，与社会生活的隐藏的方面或秘密的方面相关联，也与艺术相关联（艺术也许最终更多地作为表征性空间的符码而不是空间的符码而被规定）。

[①] 这些术语借鉴自诺姆·乔姆斯基，但这样做决不意味着空间理论要听命于语言学家。——原注

[②] 此概念译成中文颇多歧义，根据上下文不同情况在书中也可译作"空间的表征（化）"、"空间的表象"，等等。——中译者注

[③] 此概念译成中文更多歧义，根据上下文不同情况在书中也可译作"象征性空间"、"表象性空间"以及"再现性空间"，等等。——中译者注

第 十 六 节

　　在现实中，社会空间把社会行动，那些主体的行动，联合起来了。那些主体既包括个人也包括集体，那些主体生着、死着，忍受着、行动着。从那些主体的角度来看，他们的空间行为既充满活力又充满死亡的危险：他们在其中发展，表达自身，也遭遇禁止；然后他们衰老死去，这同一个空间也包括他们的坟墓。从认识（connaissance）的观点来看，社会空间（还有它的概念）充当了分析社会的工具。要接受这一观点就得马上消除一种太过简单化的模式，即在社会行动与社会位置之间、在空间功能与空间形式之间，设想有一种一一对应的模式或"点状"对应的模式。不过也正是因为其粗糙性，这种"结构性的"图式才持续不断地盘桓在我们的意识和知识之中。

　　对一个社会来讲，要产生（或生产）一种适宜的社会空间，在其中社会能够通过自我表征和自我再表征从而取得一种形式，可不是一件能够瞬间完成的事情。这样的社会空间与社会并非完全相同，但的确既是社会的坟墓也是其摇篮。创造的行为事实上是一个过程。为了让创造发生，社会实践能力与至高无上的权力必须（这个必要性恰恰是需要解释的东西）拥有它们自己可以支配的地盘：宗教场所与政治场所。就那些前资本主义社会而论，更易于理解的是在人类学、民族学与社会学中，而不是在政治经济学中。这些场所为象征性的媾合与谋杀所需，如那些（母性）生育法则可能经受更新的地方，以及那些父亲、首领、国王、祭司，有时还有诸神，可能

被处决的地方。因此，空间是作为献祭场合而出现的——而与此同 F44
时，它也逃离了善恶力量的影响：它保留了促进社会连续性的那一
方面的力量，却没有留下危险的那一方面的痕迹。

更进一步的必要性是：空间——自然的与社会的、实践的与象
征的——应当被某一（能指与所指的）更高的"现实"所栖居。例如，
通过光（阳光、月光或星光），它们与阴影、黑夜从而还有死亡相对
峙；光被看作与真理、生命，因而与思想和知识相一致；最终凭借
那并非立竿见影的媒介的作用，光被看作与既定的权威相一致。无
论在西方还是东方，它都与神话关系密切，但只有置身于且通过（宗
教-政治的）空间，它才能得以实现。与所有的社会实践一样，空间
实践在它被概念化之前，也是亲历的和直接的现实；但是思辨的优
于构想的、构想的优于亲历的经验这种顺序，导致实践连同生活都
消失了；同样，生活经验**本身**的"无意识"的层面也很少得到公正
对待。

不过，还有一个要求，即应当拒绝把家庭（久远而庞大，但其
规模从来都不是不受限制的）作为社会实践的唯一中心或焦点，因
为这种情况可能会造成社会的消解；但与此同时，家庭又作为个人 E35
的和直接联系的"基础"而保留与维系下去，这种直接联系与自然、
大地、生育，因而与再生产都密不可分。

最后，死亡必须得到表征与排斥。死亡也有其"位置"，但这个
位置处于取用的社会空间的上面或下面；死亡被归之于无限的领域
以便解放（或净化）有限性，社会实践发生在有限性中，实践所确立
的法则在有限性中处于支配地位。社会空间因此保留了社会的以
及社会生活的空间。人不仅仅靠言词而活着；所有的"主体"都处

身一个空间,他在其中要么承认自己要么丧失自己,他们既可以享用这个空间又可以对它进行修改。为了加入这个空间,每个人(儿童、成人)都是自相矛盾的,他们已然置身其中但又不得不通过测验。这相当于在社会空间之内为种种起始之所(lieux d'initiation/places of initiation)预留了空间(espaces réservés)。所有神圣的与受诅咒的场所,那些以诸神的在场或缺席为特征的场所,与诸神之死有关或与藏匿的权力及其驱邪仪式有关的场所——所有这些都算

F45 得上是特别保留物。因此,在绝对空间中,绝对却无藏身之所,因为不然的话它就该是一个"非场所"(non-lieu/non-place);而宗教—政治空间的构成相当奇怪,它由拣选过、预留的区域构成——因而非常神秘。

至于魔法与巫术,它们也有自己的空间,与宗教-政治空间相对立(但预设了对方);它们的空间同样是被拣选和预留的,但却是受诅咒的空间而不是受祝福且天性良善的空间。相比之下,还有一些特定的顽皮的(ludic)空间,它们投身于宗教舞蹈、音乐以及类似的活动,倒总是给人以良善而不是凶恶的感觉。

肯定有人会认为,社会空间的基础归根到底是**禁止**(l'interdit/prohibition)。社会成员沟通过程中的那些不可言说之事为支持这一论点添加了一个例证。社会成员之间的隔阂,他们的身体与意识之间的隔阂,还有社会交往的种种困难;人们的最直系的关系(诸如母子关系)的错位,甚至是他们身体的完整性的错位;最后,永远也没有完全实现对这些关系的恢复,在一个由一系列区域所构成的"环境"中;这些区域由交流和禁止所定义。

沿着这一路径,有些人居然走到了如此的地步,即按照一种双

重禁止的观点来解释社会空间：一重禁止是为了禁止乱伦而把（男性）孩子与母亲分开；另一重禁止是因为建构意识的语言破坏了身体的直接统一而把孩子与其身体分开——换言之，（男）孩子遭到象征性的阉割，他的阳具作为他的外部现实的一部分而被"对象化" E36（或客体化）了。因此，母亲，她的性与鲜血，连同性快感，都被放逐到受崇拜的与被诅咒的地界去了；也被当作既让人心神荡漾、又是讳莫如深的领域来对待。

　　这一论点①的麻烦在于，它假定逻辑的、认识的与人类学的语言优先于空间。出于同样的原因，它把种种禁止——其中包括禁止乱伦——而不是把生产性的活动，放到社会起源的位置。一个客观的、中立的与空无的空间的预先存在，仅仅被看作是可读的，只有 F46言谈的（还有书写的）空间被作为必须创造出来的看待。这些假定显然不能作为解释社会／空间／实践的充分基础。它们只适合于一个想象的社会、一个理想的社会类型或模型，这种意识形态凭空梦想出一个社会，然后武断地让一切"现实的"社会与其相一致。同样地，**阳具的垂直状态**（*verticalité phallique/phallic verticality*）在空间中的存在迫切需要解释，这一存在已有相当长的历史，但它现在正变得更为流行。同样可以讲一个普遍存在的事实，即墙壁、围栏和外立面既可以用来界定一个一般的**场景**（scène，事件发生之地），也可以用来界定一个**淫秽**（obscène）②的区域，凡不能够或不应该发生在那个场景中的事都被归之于这个区域：不管它是不被允

---

　　①　一个雅克·拉康与其追随者们的方法的论点基础。——原注

　　②　此处中文翻译从字面上去失了其相反相成的西语词型截然比照的外观与意味。——中译者注

许的、邪恶的，或被禁止的，在离边界或远或近的地方都有它们自
己的隐蔽的空间。确实，用精神分析的和无意识的术语来解释一
切，只能导致一种无法容忍的还原论与教条主义；对"结构"的过高
评价也是如此。然而，结构确实存在，"无意识"确实存在。意识
的这些几乎不被人理解的方面，它们自身就为这一领域的研究提供
了足够的正当理由。例如，如果结果证明每个社会，特别是城市（出
于我们的目的），都有一种地下的、秘密的、被压抑的生活，从而都
有其自身的"无意识"，那么毫无疑问，人们对精神分析的兴趣——
目前处于衰退状态——将会获得一种新生。

第 十 七 节

　　我们甚至需要花费更大的力气来阐述初始假设的第三层含义。
如果空间是某种产物，人们势必希望有关空间的知识把这个生产
E37 过程再生产出来与阐发出来。我们注意的"目标"也势必会从**空**
间中的物（*des choses dans l'espace/things in space*）转向**空间的实**
际生产（*la production de l'espacelui-même/the actual production of*
space）上来。但是这个概括需要做进一步的解释。从此以后，**空间**
中的部分产物（即物）和**关于空间**的话语，二者所能做的不过是为
空间生产的过程提供一些线索与注脚而已。这个空间生产的过程
包括表意的过程，但不能被简化为表意的过程。问题已不再是这个
空间或那个空间，而毋宁说是总体或整体意义上的空间，不仅需要
经受分析性的审视（这个程序易于带来的仅仅是无穷的碎片和附属
于分析项目的各种剖面），而且也必须通过理论性理解且在理论性

理解中才能**生发**出来。理论**再生产**了这个生发的过程——通过一系 F47
列相互关联的概念，但我们是在一种很强的意义上使用这个词的：
从内部而不是仅仅从外部（描述），也从整体的角度，即在过去与
现在之间连续不断地移动往来。历史性及其结果，是位置的"历时
性"（diachronique）和位置的"词源学"（l'étymologie des lieux/the
'etymology' of location），从每一件事都是在某个特定的地方或场
所发生的，从而是从可以改变的意义上来说的。所有的一切都镌刻
在了空间中。过去留下了自己的踪迹，时间都有其自己的印记。然
而空间却一直是（现在是、从前也是）一种**当前的**空间，作为一种既
定的、直接的总体性——与它的那些处于其自身现实性中的或近或
远的关系一起完成。因此，生产过程及其产物将它们自身呈现为两
个不可分割的方面，而不是两个可以相互独立的概念。

　　也许会有人反对说，在某个历史时期、某个社会（如古代奴隶
制的、封建制的，等等），能动的群体并没有"生产"出任何这种意
义上的空间，即像花瓶、家具、房屋或一棵果树被"生产"出来那样。
因此，这些群体怎么能够精确地生产出来他们的空间呢？这是一个
相当中肯的问题，覆盖了我们眼下思考的所有"领域"的问题。甚
至是新资本主义或"组织化"的资本主义，甚至是技术官僚设计师
或规划者们，也无法生产出一个对于其中的因果关系、动机与含义
具有极为透彻的理解的空间。

　　某些学科的专家们或许会回答或竭力回答这些问题。例如生
态学家们很可能会把某个自然生态体系当作出发点。他们会告诉
我们人类的群体活动如何打破了生态体系的平衡，以及在许多情况
下，主要对"前技术的"或"原始技术的"社会而言，这些体系随后

得到了恢复。他们还会研究城镇与农村发展之间的关系，城镇的干扰效应，以及建立新的平衡的可能性与不可能性，等等。由此来看，他们也许已经充分地澄清了甚至是解释了现代社会空间的起源。但历史学家基于他们的立场无疑会采取不同的途径，或者说按照个人主义的方法与方向而选择不同的途径。对于那些主要关注事件的人来说，他们或许更倾向于建立一本决策——这些决策影响了城市与其周边附属地带的关系——的编年史，或者研究纪念碑性建筑的构造。其他一些人或许会致力于复原那些曾为纪念碑性建筑提供保障的机构的兴衰沉浮过程。但总是有人会面向城市与其区域之间、城镇之间、国家与城镇之间等等的交换关系，而进行经济研究。

为了进一步深入下去，我们还得回到前面阐述的三个基本概念。

第一，**空间实践**。一个社会的空间实践隐藏了那个社会的空间；以一种辩证互动的方式，前者提出（pose）并预设（suppose）了后者。前者在掌控与取用后者的时候，将其缓慢地、确然地生产出来。从分析的立场来看，一个社会的空间实践是通过对其空间进行破解才展现出来的。

什么是新资本主义条件下的空间实践？它表现为日常现实（日常惯例）与都市现实（将供工作、私人生活和休闲之用的场所联系在一起的道路与网络）在感知空间之内的紧密联系。这种联系也是一个悖论，因为其中也包括对那些由它联为一体的场所的最彻底的分隔。每个社会成员特有的空间资质（competence）与运作/述行（performance），只能经验地评价。"现代的"空间实践因此可以通过——举个极端但有重要意义的例子——一位居住在政府补贴和规划的高层住宅中的租户的日常生活,来定义。当然,这并不意味着高速公路与飞机场的政治问题可以逃脱我们的讨论视线。空间实践必须有一定的内聚性,但这并不意味着它是统一的(从思想创造或逻辑构想的意义上来说)。

第二,**空间表象**。被概念化(conçu/conceptualized)的空间,即科学家、规划师、城市学家、技术官僚式"地块细分者"(découpeurs/subdivider)与"代理商"(agenceurs)①们,以及具有特殊科学癖好的一些艺术家们——他们的空间,他们所有人都把亲历的经验与感知的空间,与构想的空间等同起来(如在神秘的数字思维中,有关黄金数字、模量与"窠臼"的说法,倾向于让这样的事物观永恒)。这是在任何一个社会(或生产方式)中都占支配地位的空间。空间的概念——有些特殊的例外我回头再讲——倾向于一种语言(因此是作为知识而创造出来的)符号的体系。

E39
F49

第三,**表征性空间**:直接经历的(或活生生的)(*vécu/directly lived*)空间——通过与它关联的形象与符号,从而也通过它的"住户"和"用户",或许还有某些艺术家、少数作家与哲学家们,他们除了对空间进行**描述**之外别无他图。这是一种被支配的——从而是消极体验的——空间,想象试图改变和取用这个空间。它藏匿了它的自然空间,象征性地使用它的对象物。因此,虽然有些特殊的例外,表征性空间还是倾向于非词语的(non-verbaux)象征与符号的或多或少是一致的体系。

作为"现实"的空间在一个漫长的过程中所获得的(相对)自主

---

① 英译本将其误译为"社会工程师"(engineer)。——中译者注

性,特别是在资本主义或新资本主义(组织化的资本主义)① 条件下发生的,也带来了新的矛盾。这种空间自身中的矛盾我将在稍后再阐述。此时此刻我只想指出存在于感知的(*le perçu*/the perceived)、构想的(*le conçu*/the conceived)与亲历的(*le vécu*/the lived)② 三位一体的空间中的辩证关系。

　　三位一体:是指三个要素而不是两个要素。当两个要素关联在一起,可归结出对立、对比与对抗;这种关系可以通过一些有意义的效应,如回响(echo)、反射(repercussion)、镜像效果等,来界定。哲学发现很难走出主体与客体两分这样的二重性——或者笛卡尔式的**我思维**与**广延性**,或者康德主义与后康德主义、新康德主义式的自我与非我——的窠臼。但这些"二重性"(Binary)无论如何与魔尼教的(Manichaean)③ 相互斗争的两种宇宙原则没有共同之处,魔尼教的二重性完全是精神性的,把生活、思想与社会(即把自然的、精神的与社会的,或者说把亲历的、感知的与构想的)中的一切事物剥离得干干净净。马克思与黑格尔已经从这种紧身衣中挣脱出来,受他们的巨大影响,据说哲学恢复了一种"恰当的"(*pertinentes*)二重性,运用专业化的科学并以**透明化**(transparency)的名义,按照对立(opposites)与对立体系来对可理解性(intelligibility)进行定义。这样一种体系既不能说已经具有了

F50

---

　　① 英译本此处漏译掉了"组织化的资本主义"一词,特此补正。——中译者注

　　② the lived 字面意思上也可译作"生活的"、"居住的"。——中译者注

　　③ 摩尼教,又称作牟尼教、明教,是一个源自古代波斯宗教袄教的宗教,为西元3世纪中叶波斯人摩尼(Mani)所创立。其教义认为,在世界本源时,存在着两种互相对立的世界,即光明与黑暗,物质世界出现前,黑暗物质与光明精神互斗,出现后,则是黑暗入侵光明,所以摩尼教反对物质,认为是黑暗。——中译者注

实质性，也不能说还完全没有成型（*ni matérialité ni résidu*）：它是一种"美妙的"体系，当将其诉诸于思想的检视，其合理性据说可以得到自证。这种范式显然具有一种魔力，仅仅通过清楚的表达便能将含混的变为清晰的，并能将阴影中的"事物"带向光明。简言之，它具有一种**解码的**（decode）威力。这样，知识在其存在中——在认识显然缺席的情况下——就心甘情愿地屈服于权力，去压制所有的反抗以及所有混沌的东西。

E40

对于社会空间这三个要素的理解，有助于我们思考**身体**问题。尤其是，它与作为群体或社会成员之一的"主体"的空间关系，也隐含了人与自己身体的关系，反之亦然。从总体上看，社会实践是以使用身体为先决条件的：手的使用、肢体器官的使用、感官的使用，以及工作的姿势——作为与工作无关的活动。这是一个**感知**的领域（用心理学术语来说，它就是对外部世界感知的实践基础）。至于**身体的表象**，它们是由积累的科学知识派生的，弥漫着意识形态的气息——从解剖学知识、心理学知识到疾病和治疗知识，以及身体与自然、与其周围环境或者说"场景"的关系。**活生生的**或其一部分，既可能是复杂的也可能是非常特殊的，因为"文化"介入其中了。这里有质朴的幻觉，夹杂着符号象征；还有历史上源远流长的犹太-基督教传统，其中存有某些未被心理学家揭开的方面。作为**活生生**的"心脏"是相当地不同于作为**思想**的与作为**感知**的"心脏"的。**更不必说**，这种情况同样适用于性器官。就活生生的身体来说，绝不应该把位置化（localisations/localization）视为理所当然的：在道德的压力下，无器官的身体甚至可以实现某种奇特的效果——对身体的惩罚可以说已经达到了阉割的地步。

　　三位一体：感知的—构想的—亲历的（或活生生的）框架（用空间化的措辞来说：空间实践、空间表象与表征性空间），如果被作为一个抽象的模型来看待，便完全失去了作用。如果不能抓住具体的东西（不同于"直接的"东西），它的重要性便有几分局限了。这也就意味着它不过是那些意识形态沉思中的一种而已。

F51　　　　活生生的、构想的与感知的领域之间应该是密切联系的，以便"主体"——也即某个特定社会群体内的个体——可以有条不紊地从一个领域转向另一个领域，这甚至具有逻辑上的必然性。但它们是否能够联结为一个统一的整体，则是另外一回事。它们也许只有在适当的环境中，例如当一种共同的语言、一种共识，或一种符码可以建立起来的时候，才可能做到。我们有理由设想西方的城镇——从意大利文艺复兴时期到 19 世纪——是足够幸运地享用到了如此有利的环境的。在这段时期，空间表象趋向于主导与支配宗

E41　教起源的表征性空间，此时表征性空间已被简化为一种象征性的形象，包括天国与地狱、魔鬼与天使的形象，等等。托斯卡纳的画家、建筑师和理论家们在社会实践的基础上，阐发了一种空间表象——透视法，正如我们将要看到的，社会实践本身即是城乡关系的历史变化的结果。与此同时，虽然共识或多或少地被简化为近于沉默，却仍然原封不动地留下了从伊特拉斯坎人[①]那里继承过来的一个形象生动的表征性空间，这个空间活过了罗马与基督教治下的所有世

---

　　① 伊特拉斯坎人（Etruscan）亦译埃特鲁斯坎人。是古代意大利西北部伊特鲁里亚地区古老的民族，其居住地处于台伯河和亚努河之间。旧译伊特鲁里亚人。——中译者注

纪。没影线与没影点，以及在"无穷远处"相交的平行线，都是表象的决定性因素，既是可知的又是可视的，它将凝视（gaze）在"视觉逻辑"中提升到了首要的地位。这种表象，曾用了许多个世纪才形成，现在作为一个线性透视的**符码**而被建筑的与城市的实践奉为圭臬。

　　为了让眼下的这项研究得出一个令人满意的结论，为了使我提出的理论尽可能地牢靠，必须将以上所做的区分运用到各个社会阶段、各种"生产方式"中去。当然，对于现在来讲这还是一个太高的要求，我将在此仅仅阐发一点初步的论点。我要强调的是，例如**空间表象**，总是被某种相对的和处于变化过程中的知识——一种认识（*connaissance*）和意识形态的混合物——所充满。这样的表象因此是客观性的，虽然也免不了被主观所修改。它们是真的还是假的？这个问题并不总是具有清晰的意义：例如，我们问透视是真的还是假的，这是什么意思？空间表象当然是抽象的，但它们在社会与政治实践中却发挥着一定的作用：在一个表象的空间中建立起来的物与人的关系迟早要被一个它们需要服从的逻辑所击破，因为这些关系缺乏连续性。另一方面，**表征性空间**，并不需要服从连续性与统一性的规则，它们充满想象的与象征的元素，并且在历史上有其起源——在人类历史上，以及在从属于人类历史的每个人的历史上。民族学家、人类学家和心理学家均是表征性空间的学生，无论他们是否意识到这一点。但他们总是忘记那些与他共存、和睦相处或者互相干扰的空间表征，他们甚至也经常忽略了社会实践；与之相反，专家们却能毫不费力就辨别出他们感兴趣的表征性空间的方方面面：孩提时代的记忆、梦、子宫的形象与象征（洞穴、走廊与迷

F52

E42 宫）。表征性空间是有生命力的，它会说话。它有一个情感的内核
或中心：自我、床、卧室、居所；或者广场、教堂、墓地。它包含了
情感的轨迹、活动的场所以及亲历的情境，因此可以直接体现时间。
所以，它可以用各种方式定性：可以是方向性的、情境性的或关系
性的，因为它从根本上是质的、流动的与充满活力的。

　　如果以上的区分可以被运用，我们就能够以一种新的目光来审
视历史本身。我们不仅应当去研究空间的历史，而且还要研究表象
的历史，以及它们之间的相互关系，还有它们与实践、与意识形态
的关系。历史不仅应当必须注意空间的起源，而且还要特别注意各
种空间的相互关系、它们的畸变、它们的替换，它们的相互作用，
以及它们与一定的社会或生产方式中的社会实践的关系，这正是我
们眼下研究的东西。

　　我们应当确信，空间表象有其实际的影响力，它们会干预和修
改那些通过有效的知识与意识形态所传达的空间**肌理**^①（*texture*）。
空间表象因此必然对空间的生产发挥巨大的作用和独特的影响。
这种影响通过建构（construction）的方式，换言之，通过建筑的方式

---

　　① 一件作品通过点、线、面、色彩、肌理等基本构成元素组合而成的某种形式及形
式关系，激起人们的审美情感。肌理指形象表面的纹理。肌理又称质感，由于物体的材
料不同，表面的组织、排列、构造各不相同，因而产生粗糙感、光滑感、软硬感。肌理是
理想的表面特征。人们对肌理的感受一般是以触觉为基础的，但由于人们触觉物体的长
期体验，以至不必触摸，便会在视觉上感到质地的不同。我们称它为视觉质感。肌理有
视觉肌理和触觉肌理之分。肌理给人以各种感觉，并能加强形象的作用与感染力。视觉
肌理是一种用眼睛感觉的肌理，如屏幕显示出的条纹、花纹凹凸等，但都是二维平面的
肌理。触觉肌理一般通过拼压、模切、雕刻等加工方式而得到，是三维立体的肌理，用
手能触摸觉到。一般在美术里我们以肌理的效果完成一项视觉传达……——中译者注

而发生作用。与其将它构想为某种具有特殊结构的建筑物、宫殿或纪念碑，倒不如说它是镶嵌于空间环境与空间肌理中的一种投射，F53 它召唤不会消失于符号的或想象领域中的表象。

与之相反，表征性空间仅有的成果是象征性作品。它们通常是卓尔不群的；有时它们赶上了某种"美学"潮流，过后又会由于招致对其想象的反对和攻击，而被逐出潮流。

这种区分必须被小心谨慎地对待。首先，区分有带来分裂的危险，并因此挫败这项研究的目标——即重新发现生产过程的统一性。进而言之，这种区分可以被合法地普遍化的**先决条件**，还一点都不清楚。东方，特别是中国，是否体验到了空间表象与表征性空间之间的差异，仍然是极端让人怀疑的。汉字很有可能以一种不可分离的方式将这两种功能结合在了一起。即：一方面，它们传达了世界（空间-时间）的秩序；而另一方面，它们控制了具体的（实践的、社会的）空间-时间。其中象征手法居支配地位，从而艺术作品得以创造，建筑、宫殿与庙宇也都筑造起来。稍后我还将回到这个问题——虽然我缺少充足的东方知识。另一方面，至于从古希腊到罗 E43 马以降的西方和西方的实践，我要努力表明这种区分的存在发展，及其重要性和意义。当然，并不是说这种区分是一成不变地保留在西方直至近代，或者说从未出现过任何角色的反转（例如，表征性空间正变得对生产活动负有责任）。

有这样一些社会——秘鲁安第斯山区的夏文遗址① 是一个恰好

---

　　① 夏文（Chavin）考古遗址的历史可以追溯到公元前 1500 年到公元前 300 年，它是在秘鲁安第斯山的高山峡谷中发展起来的一种文化。——中译者注

F54 的例子 ①——它们的空间表象可以由其庙宇和宫殿的规划证明，它们的表征性空间则体现在其艺术作品、书写体制等等之中。在某个特定时期，这两个方面（即空间表象与表征性空间——中译者注）之间是一种怎样的关系？我们面对的问题是，我们正在努力使用概念手段重建它们之间的关系，但这与把预先存在的知识运用到"现实"中去毫无相似之处。更大的困难在于，我们很容易就能想象与直观到的象征符号，却与我们的抽象知识——一种无身体、无时间的知识，精致而有效，然而从某种特定的"现实的"角度看却是"不现实的"——同样难以理解。问题是：是什么入侵并占有了空间表象与表征性空间之间的空隙？是文化吗？有可能，当然是，但文化这个词的内涵远比它看上去少得多。是艺术创造的作品吗？毫无疑问，但却留下了这样一些未被提及的问题：它是"由谁"和"如何"创造出来的？是想象吗？也许是，但为何？为谁？

如果可以证明：今天的理论家与专业人士在为两者中的要么这一方面要么那一方面而工作，一些发展中的表征性空间和剩余物生成了空间表象，那么，我们所作的这种区分就会变得更加有用。这是可以论证的，例如弗兰克·劳埃德·赖特 ② 赞同由圣经和新教传统所派生出来的共同体式表征性空间；与之相反，柯布西耶则努力创造一个技术化、科学化和知识化的空间表象。

---

① 参看 Francois Hebert-Stevens, *L'art de l'Amérique du Sud*（Paris: Arthaud, 1973），pp. 55ff。有关中世纪空间感问题——既包括空间的表象也包括表征性空间——可参看 *Le Grand et le Petit Albert*（Paris: Albin Michel, 1971），特别是其中 'Le traite des influences astrales' 一文。该书的另外一个编辑版本是：*Le Grand et le Petit Albert:les secrets de la magie*（Paris: Belfond, 1972）。——原注

② 赖特（Frank Lloyd Wright, 1867—1959），美国著名的建筑设计师。——中译者注

也许我们应当更进一步,得出这样的结论:空间的生产者们始终是按照某个表象行事的,而空间的"使用者"们则只是消极地体验所有强加给他们的东西——就好像它已经被这些"用户"们的表征性空间彻底嵌入其中并合理化了。这样的操纵是如何发生的?这正 E44 是我们的分析需要确定的问题。如果建筑师们(以及城市规划者们)确实有一个空间表象,它们又来自何方?当这种表象变成"可操纵之物"时,其利益又是在为谁服务?至于"居住者"是否拥有某种表征性空间,如果能得到一个肯定的回答,我们就离彻底驱散一个古怪的误解不远了(但不是说这个误解会在社会与政治实践中消失)。

事实是,长期以来就被废弃的**意识形态**观念现在更是大限已近了,尽管批判理论仍然坚持它是必不可缺的。这个概念在任何时候 F55 都是含糊不清的,它已经被马克思主义者、资产阶级、无产阶级、革命的或社会主义的意识形态对它的再现极其严重地混淆了;它也被普遍的意识形态与特殊的意识形态之间不一致的划分、"意识形态机器"与知识体制等之间不一致的划分严重地混淆。

如果意识形态没有它所指向的和它所描述的空间,它会是什么?它将使用谁的词汇、谁的关系,体现谁的符码?如果宗教意识形态——比如说犹太—基督教——不靠某个地方及其名字寄身(诸如教堂、忏悔室、圣坛、神殿、大礼拜堂),它还剩下什么?如果没有了教堂,宗教意识形态又将在何处安身?基督教意识形态作为被认可的传承者,如果说它对犹太教(上帝圣父等)不再重视,那是因为它已经创造出了保证它持久存在的安全的空间。说得概括一点,我们所谓的意识形态,只有通过侵入社会空间及其生产,并且从而接纳那里的身体,才能实现持久存在。意识形态**就其本身**而论,可以说主要地内在于社会空间的话语之中。

根据马克思的一个众所周知的构想，知识一旦被资本主义生产方式所采用，它就会变成直接生产力，而不再需要通过任何中介[①]。如果是这样的话，意识形态与知识之间的关系必然发生一定的变化：知识必然取代意识形态。意识形态就其还与知识保持着某种区别这一点而论，它还具有修辞的和元语言的特征，从而还带有空话连篇和冥思苦想的特点，而不再有哲学-形而上学的系统化和"文化"与"价值"的特征。意识形态与逻辑变得如此混为一谈，对内在一致性与内聚性的僵化要求甚至试图抹去来自上层的（信息与知识）或者来自下层的（日常生活空间）对抗性要素。

空间表象有时会使意识形态与知识在某种（社会—空间）实践中相结合。古典透视法就是对这种空间表象的最好的说明。今天的空间设计者们，他们给每一项活动分派点位精确的定位系统，则是另一个例证。

意识形态与知识可以清晰区分的领域，从属于更广泛的**表象**观念，这个表象观念因而取代了意识形态概念，并成为空间分析的一件可籍利用的（可操作性的）工具，也成为对那些产生了它们并在其中认识它们的各种社会进行分析的工具。

在中世纪，空间实践不仅包括与农民村社、修道院和城堡紧密

E45

F56

---

① 参看马克思的《政治经济学批判大纲》。——原注（中译本参看《马克思恩格斯全集》第 31 卷，人民出版社 1998 年第二版，第 102 页。马克思的原话是："固定资本的发展表明，一般社会知识，已经在多大程度上变成了**直接的生产力**，从而社会生活过程的条件本身在多么大的程度上受到一般智力的控制并按照这种智力得到改造。它表明，社会生产力已经在多么大的程度上，不仅以知识的形式，而且作为社会实践的直接器官，作为实际生活过程的直接器官被生产出来"。——中译者注）

相联的地方道路网络，也包括那些把城镇与伟大的朝圣和十字军东征活动连接在一起的通衢要道。至于空间表象，一些取自于亚里士多德和柏拉图的概念，被基督教加工改造为：大地、地下"世界"，还有光辉的宇宙，正义之神与天使的天堂，圣父、圣子、圣灵的栖居之所等。从有限空间中的某个固定的区域看去，地球表面被平分为正好相反的两个部分；地表之下，是烈焰滚滚的地狱；在地表之上，在那更高的一半区域，是苍天——穹顶上镶嵌着不变的群星与旋转着的星球；还有一个被神的信使和先知所十字分割的空间，其中充满光芒四射的三位一体的荣耀。我们可以从托马斯·阿奎纳（Thomas Aquinas）那里和《神曲》中发现这种空间概念。而表征性空间就其作用而言，决定着周围事物——乡村的教堂、墓地、礼堂与牧场，或者广场与钟楼——的焦点。这样的空间是对宇宙学象征物的注解，有时是精妙绝伦的注解。于是，地球表面上通向圣地亚哥-德孔波斯特拉（*Santiago de Compostela*）①之路，正好与天堂拱顶上从巨蟹座到摩羯座之路遥相对应，它不同于另外一些途径，比如银河系——这是神的精液的拖曳物，在那里灵魂诞生了，接下来他们沿着下降的轨道降临尘土；也许还可以找到一条最好的赎罪之路——朝圣者将带他们去孔波斯特拉（"星星的牧场"），身体在空间及其象征物之间也起到了传感的作用，我们不必为此感到惊讶。阿伯突斯·马吉纳（Albertus Magnus）②如是写道："金牛宫对应于脖颈，双字座对应于双肩，巨蟹座对应于手臂，狮子座对应于胸膛、 F57

---

　　①　西班牙著名宗教旅游胜地。——中译者注

　　②　马吉纳（Albertus Magnus，1193—1280），中世纪德意志经院哲学家和神学家。亚里士多德主义者。生于斯瓦俾亚，经院哲学家阿奎纳之师。——中译者注

E46 心脏和横隔膜，室女座对应于胃；天秤座对应于后背下部；天蝎座对应于身上那些贪欲部分……"

于是，我们可以顺理成章地假设，空间实践、空间表象与表征性空间按照各自的性质与属性，按照社会的或者这里所说的生产方式的要求，根据历史阶段的要求，以各自不同的方式为空间生产做出了自己的贡献。感知的、构想的与亲历的（或活生生的），这三个环节之间的关系从来都既非简单明了的，又非一成不变的，也不是与"否定性"这一术语相对立意义上的那种"肯定性"关系，也就是说，不是与不可描述、不可说、被禁止或无意识等术语相对立意义上的"肯定性"。这些要素及其相互关系在事实上是被"意识到的"吗？是的。但与此同时，它们又是被忽视或被误解的。那么它们可以被描述为"无意识的"吗？也可以，因为它们普遍不为人知，还因为分析能够——虽然不能保证永不出错——使它们摆脱混沌的状态。不过，事实上它们之间的关系总是需要说出来的，但这与被认识并不是一回事——哪怕是"无意为之"的。

第 十 八 节

如果说空间是被生产出来的，如果说该种生产有一个过程，那么我们便要面临**历史的**问题了。因此我们的假设便有了第四层含义。空间的历史 ① （*L'histoire de l'espace/The history of space*），以

---

① "空间的历史"（*L'histoire de l'espace*）是列斐伏尔在《空间的生产》一书中精心设计的一个关键词。它既是对马克思的经济社会形态历史观的"空间化"改写，也是对海德格尔晚年的"存在历史观"思想的蓄意和挑战性的模仿。在列斐伏尔看来，迄今

"现实的"面目**出现**的空间生产的历史、空间的形式与其表象的历史，是既不能同某个"历史性"（即过去了的）事件的因果链条混为一谈，也不能混同于一种时间顺序，且不论这个序列是目的论的，习惯与法律的、观念与意识形态的，还是社会经济结构或者制度（上层建筑）的。但我们应当确信，生产力（自然；劳动与劳动组织；技术与知识）以及当然起作用的生产关系（虽然我们尚不能对此加以界定）是在空间生产之中发挥作用的。

应当很清楚地看到，对于我们的理论分析目标来说，以上所提及的从一种生产方式向另一种生产方式的转变具有最重要的理论意义，因为这种转变源自社会生产关系中的矛盾，而这种矛盾不能不在空间中留下它们的印迹，并且不可能不引起空间的革命。既然 F58 **假定**每一种生产方式都有其独特的空间，所以，从一种方式转变为另外一种方式就必然要求有一种新的空间生产。一些人主张某种生产方式具有特殊重要的地位，他们将其想象成为一个已经完成的整体或封闭的体系；这种思想总是追求一种透明性或者一种实体性 E47 （substantialité/substantiality），或者两种目标都追求，它天生地偏爱这类"目标"。与此相反，对生产方式转型的考察，将揭开一种在此转变过程中派生出来的新生的空间，一种此后被计划与组织起来的

为止人类的空间历史先后经历了并存在着如下形态：1. 绝对空间（*l'espace absolu*）：自然，各式各样空间的滥觞与原型；2. 神圣空间（*espace sacre*）：城邦、暴君与神圣国王，古埃及王朝；3. 历史性空间（*espace historique*）：政治国家、希腊城邦、罗马帝国、可透视空间；4. 抽象空间（*espace abstrait*）：资本主义、财产等的政治经济空间；5. 矛盾空间（*l'espace contradictoire*）：质与量的矛盾、使用价值与交换价值的矛盾、当代全球化资本主义与地方性意义的对立；6. 差异空间（*d'espace differentiel*）：未来的能够体现差异与新鲜体验的空间。（参看 Rob Shields *Lefebvre, Love and Struggle, Spatial Dialectics,* Routledge, London and New York 1999, pp. 170–172。）——中译者注

空间。以文艺复兴时期的城镇为例，当时正值封建体系瓦解与商业资本主义兴起。在这个时期，指向上述空间的符码已经建立；对这种符码——以及对于它的词形变化方面的强调——进行分析，稍后将在目前的讨论中颇花些篇幅。这些符码最开始形成于古代、罗马与希腊城市，还有维特鲁威①与哲学家们的著作中；后来变成了作家的语言。它与空间实践相适应，毫无疑问也与空间表象——而不是与那些仍然弥漫着宗教与魔幻气息的表征性空间——相对应。这种符码的确立意味着"人民"——居住者、建筑者与政治家——不再需要从城市信息走向符码，以便解译现实和城乡；与之相反，他们开始从符码回到信息，以便生产出某种话语以及适应这种符码要求的现实。因此，这种符码也有其历史，在西方，它是一部由城市历史所决定的历史。最终，它将允许城市组织，这个历史上被多次颠覆的东西，变成一种知识和权力，换言之，变成一种**制度**。这一发展宣告了城镇和都市自治在其历史现实中的衰落与衰亡。国家是在这些老城市的背景中建立的，那些城市的结构与符码在此过程中被打得粉碎。请注意，这种符码作为一种上层建筑，并不是城镇本身及其空间以及这个空间中的"城乡关系"的真理。符码为城镇提供了固定的字母与语言、基本符号，以及词型的与句法的联系。用不怎么抽象的话来说，即外立面（façades）要保持和谐以便产生透视；入口与出口、门与窗，都服从于外观，因此也服从于透视的需要。街道与广场也安排得与公共建筑以及政治领袖和机构

F59

---

　　① 马尔库斯·维特鲁威（Marcus Vitruvivs Pollio，公元前 80 年或公元前 70 年—约公元前 25 年）古罗马作家、建筑师和工程师。他的著作《建筑十书》是西方古代唯一一部建筑著作。——中译者注

（市政权威性仍占主导地位）所在的殿堂协调一致。在所有的层次，从家庭居所到纪念碑性的大厦，从"私人"区域到作为一个总体的疆域，空间的要素按照一种既让人熟悉又让人惊讶的方式安排与构成，这种方式甚至到20世纪晚期也没有丧失其魅力。因此，空间性符码显然绝非仅仅是阅读或解译空间的一种手段；毋宁说它是在空间中生存的一种手段，是一种理解空间、生产空间的方式。就此而言，它把词语性的符号（des signes verbaux/verbal signs）（语词和句子，以及通过表意过程所赋予的意义）和非词语性的符号（des signes non verbaux/non-verbal signs）（音乐、声音、追忆、建筑结构等）结合在一起了。　E48

对空间的历史的研究，不能局限于由给定符码的形成、确立、衰落与瓦解所构成的一个个特殊的历史环节，还必须涉及整个方面——即作为普遍性的生产方式，它涵盖了特定的社会及其特殊的历史与制度。进一步而言，空间的历史可望用于为生产发展的过程划分阶段——以一种并不与被广泛接受的阶段化分完全对应的方式。

首先是**绝对空间**（L'espace absolu/Absolute space），它由一些自然的碎片所构成，位于那些因其固有的特性（例如洞穴、山顶、水泉、河流）而被拣选出来的地方，然而一旦完全剥夺了它的自然属性和独特性，其神秘性也将告终。因此，自然空间充满了政治力量。最典型的是，建筑从自然中选取一个地方，通常依靠一种象征性的媒介，把所选择的自然领域转变为政治领域。例如，我们设想一尊地方神像、古希腊神庙中的一尊女神像，或（日本）神道教的寺院，那里空空如也，或许只有一面镜子。神圣的内在性（intériorite/inwardness）将自身与性质上的外在性（extériorité/outwardness）相对立，然而与此同时，它又对那个外在性进行回应与恢复。仪式与纪念活动在其中举行的绝对空间仍然保留了一些自然的方面，尽管使用了被纪念性要求修正过的形式：年龄、性别、生殖（生育），仍然部分地发挥作用。绝对空间是世俗性的也是宗教性的，因而保存并容纳了血缘的、家庭的和直系亲属的关系，但它将这种关系转换F60 到了建立在城镇基础上的城市与政治国家之中。占据这种空间的政治社会力量，也有其自身的行政与军事广延度：经学家与军事人员在这幅画面中发挥着举足轻重的作用。生产空间的人（农民与工匠）与管理空间的人不是同一群人，也与使用这种空间来组织生产与再生产的人不是同一群人；正是巫师、武士、枢密官、国王掌控着由别人所生产出来的空间，他们取用空间从而成为其全权的所有者。

　　以宗教和政治为特征的绝对空间，是血缘、土壤与语言混合的产物，但从中却派生出一个相对的与**历史的空间**（*espace histori-que/historical space*）。不过，绝对空间并没有在这个过程中消失，而毋宁说它作为历史性空间与表征性空间（宗教、巫术的与政治象E49 征）的基础而幸存下来了。在一种既促使其走向衰落又延长其生命力的内在辩证过程的激发下，绝对空间表现出一种既充实又空洞的自相矛盾状态。仿照早期教堂"中殿"与"航船"的风格，政治空间（城邦国家的核心或城市空间）的无形的充实，在一种被征用的自然空间的空洞中，确立起自己的原则。因此，历史的力量永远地摧毁了自然性，并在自然的废墟上建立起积累的空间（所有的财富与资源的积累：知识，技术、货币、宝藏、艺术品与象征物）。对于积累理论，特别是积累的初级阶段——那个时段自然与历史各自的作用还难以区分开，我们可以求教于马克思；但鉴于马克思的理论还不完整，我在后面适当的地方还要进一步讨论这个问题。[①] 有一个主体支配了那个时期：西方历史上的城镇，以及它控制下的乡村。这一时期生产活动（劳动）不再与社会生活得以永久延续的再生产过程连在一起，而是独立于那个过程之外，劳动变成抽象的牺牲品，成为抽象社会劳动与**抽象空间**（*espace abstrait/abstract space*）。

尽管**抽象空间**从历史性空间转接而来，历史性空间仍然作为表征性空间的基底而存活下来，尽管其作用正在衰落。作为一系列事物／符号以及它们的形式关系——诸如玻璃、石头、水泥、钢铁、角度与曲线、实与空等——抽象空间"客观地"发挥着它的功能。抽象空间作为形式与数量，消除事物的差异化特性，其中既包括那些源于自然与（历史的）时间的特性，也包括源于身体（年龄、性别、种族）的特性。这个抽象空间的总体，其意义就在于指向一种摆脱了意义之网束缚的超级意义：发挥资本主义的功能，这种功能企图在明里暗里同时发挥作用。居于支配地位的空间形式，也即财富与权力的中心，竭力去塑造它所支配的空间（即边缘空间），它经常诉诸暴力去消减它所遭遇的障碍与抵抗。而各种差异性，则被强行成为一种艺术（这种艺术其本身也是抽象的）的象征形式。一种衍生自对感觉、感官与性的误认（错觉）——它内在于抽象空间中的事物／符号——的象征手法，以毫无创造性的模仿的方式，找到了一种客观性的表达：让纪念碑具有阳具崇拜的外貌，高塔充满着高傲自大；官僚与政治权威主义则具有一种无处不在的压制性空间。当然，所有这一切都需要我们进行透彻的分析。抽象空间独特的矛盾

F61

---

① 参看本书第四章特别是第十一节之后的相关内容。——中译者注

在于如下事实：虽然它绝口不提感觉与性欲，但其唯一最直接的参
E50 考依据却是生殖：家庭单元、居所（公寓、平房、村舍，等等）类型、
父母亲身世，以及生殖与满足统一的假设。社会关系的再生产因此
被粗鲁地与生物的再生产相混淆，且是以一种可想象出来的最粗鲁
与最简单的方式混淆在一起。在**空间实践**中，社会关系的再生产是
居于重要支配地位的。**空间表象**则处于知识和权力的双重束缚之
下，只给**表征性空间**留下了十分狭窄的余地，仅限于作品、图像与
记忆，其内容不管是感觉的、身体的与性的，迄今为止皆被替换，
只取得了一种象征性的力量。也许年幼的儿童可以生活在这种空
间中，因为他们对年龄与性漠不关心（甚至对时间也如此）；青少年
F62 则在痛苦地忍受，因为他们无法从中识别出他们自己的现实：这种
空间既不能提供对男性或女性的想象，也不提供任何可能令人愉悦
的想象。既然青少年无法向统治体制专横跋扈的架构或者是其符
号的部署发起挑战，他们的唯一的反抗就是用任何一种想象去复原
千姿百态的差异化世界：自然的、感觉／感官的、性的与娱乐的，等
等世界。

　　抽象空间不能被界定为树木的消失，自然的退却，也不能仅仅
界定为国家与军事行动的巨大而空旷的空间——类似于游行队伍所
走过的广场；甚至也不能将它界定为塞满了商品、货币与汽车的商
业中心。事实上，抽象空间是不能以所感知到的东西来界定的。其
抽象性与简单毫不相干：它不是透明的，也不能被简单地还原为某
种逻辑或战略。它既不同于符号式的抽象，也不与概念化的抽象相
一致，它发挥着**否定性的**（négativement/negatively）作用。抽象空
间与那些感知它并支撑它的领域，即历史性的与宗教政治的领域，

保持着一种否定性的关系。抽象空间还与那些被它自身所携带并试图从它之中呈现出来的事物——某种差异性的空间-时间——存在否定性的关系。它并没有任何一种"主体",但却像一个主体那样传送与维持着特定的社会关系,消解另一种社会关系,同时与其他社会关系相对抗。它也发挥**积极的**(*positivement/positively*)作用以呼应它的含义:如将技术、应用科学和权力绑在一起。抽象空间甚至被描述为那种"积极作用"的同时的、无法分割的核心、中介与工具。这怎么可能?这是否意味着抽象空间可以通过一种具体的异化(reifying alienation)来界定——基于一种假设,即商品的环境本身也变成了一种可供批发与零售的商品?也许如此,然而抽象空间的"否定性"作用是不能被忽略的,其抽象也不能被归结为某种"绝对之物"。一种更稳妥的假设似乎是,今后必须把这种抽象空间 E51
的状况考虑得更加复杂。它确实已经消解与统合了从前的诸如农村与城镇的"主体",且确实已经取代了它们。但它将自身建立为一种权力的空间,且最终也由于内在发生的冲突(矛盾)而不可避免地导致了自身的瓦解。因此,我们似乎拥有的是一个表面上的主 F63
体,一个非个人的伪主体,一个现代社会空间的抽象物,而藏匿在其身后并被其虚幻的透明性所遮盖的,则是那个真正的"主体",即国家(政治)权力。在这种空间中,并以这种空间的主体为基础,一切事物皆被公开宣说:一切事情皆可被说出或写下——除了事实,事实很少被说出,因为亲历经验已经被"构想之物"所碾压和征服。历史被作为一种怀旧情绪,自然被作为一种遗憾、一种在我们背后快速消失的地平线而体验着。这或许解释了为什么情感——以及感觉/感官领域,均不能够获准进入抽象空间,从而也无法传达象征——是通过一种既表意主体又表意拒绝主体的术语来指认的。这个术语依托一种荒诞的空间理性，这个术语就是"无意识"。

　　一个与抽象空间——一种作为工具而存在的空间（被各种"权威"所操纵，并作为他们的中心和环境）——相关的问题出现了，这个问题的重要性在后面才能显示出来。它与这个空间"用户们"的沉默有关。为什么那些用户们甘愿被操纵，即使他们的空间与日常生活遭受巨大伤害也不进行大规模的抗议呢？为什么抗争只能等着"被启蒙"，从而精英群体总体上是不免于被操纵的呢？这些处于政治生活边际的精英圈子常常是滔滔不绝的，但也仅仅是产出词汇，很少有所行动。所谓的左翼政党怎么能够从来不反抗呢？为什么正直的政治家哪怕表现出最小的诚恳也须付出极高的代价呢[①]？难道官僚制度已经强大到没有任何政治力量可以成功抵抗了吗？肯定有许多原因才导致了这样令人震惊的全球范围的顽固趋势。如果不是把空间"用户"的注意力与利益转向了别处，不是通过对他们的要求与建议施以小恩小惠，或者通过替代性方式满足他们的（尽管是至关重要的）目标，我们就很难想象会出现这样奇怪而冷漠的局面且这种局面居然会一直维持下来。也许我们可以道出这样一个实情：社会空间作为一个总体，其地位已经被那一部分赋予了虚幻特殊性的空间——也即有关写作与想象的、以书写文本（杂志、图书）为基础的、由媒体传播的那一部分空间——所侵夺；简言之，那一部分空间相当于与亲历经验相对立、施展着令人生畏的消解性力量的抽象

E52

F64

[①]　此刻，我想到了例如巴黎社会主义同盟（PSU）及其领导人米歇尔·罗卡德（Michel Rocard）在 1973 年法国大选中的失败，或者 1971 年美国总统选举中乔治·麦克戈文（George McGovern）的败北。——原注

空间。

　　既然抽象空间得到了非批判的（实证的）知识强有力的支持，以一种暴力的强大力量作后盾，并借助一种等级制度——它把持了上升中的资本主义的果实并反过来为自己谋福利——来维持，我们是否就只能得出抽象空间可以永久长存的结论了？倘如此，我们必定认为这就是最终的被抛弃，这是黑格尔所预见的最终的稳态，也即社会熵量（无序状态）这一最终结局。对于这样一种现状，我们唯一可能的反应或许是像乔治·巴塔耶那样，认为这是间歇性发作的畸形（les spasmes de l'Acéphale）。无论如何，荒原将会成为保全生命迹象的唯一避难所。

　　从一种不那么悲观的立场来看，抽象空间容纳了各种特殊的矛盾。这些**空间性矛盾**（*contradictions de l'espace/spatial contradiction*）部分地起源于历史时间抛下的古老矛盾。这些矛盾经历了改变，其中一些加强了，另外一些则被弱化。在它们中间，一些倾向于促使抽象空间轰然崩塌的全新的矛盾产生了。这种空间固有的生产的社会关系的再生产，不可避免地要服从于两种趋势：一方面，旧的关系崩溃；另一方面，新的关系形成。因此，尽管（或者不如说由于）它的否定性，抽象空间本身也包含着一些新型空间的种子，我将之称为"**差异性空间**"（*d'espace differentiel/differential space*）。这是因为，既然抽象空间倾向于同质化，倾向于抹杀现存的差异性与特殊性，那么一种新型空间除非强调差异性，否则是不可能诞生或产生的。这种新型空间，它要恢复被抽象空间所破坏的统一性——即社会实践的功能、要素与环节的统一，它还要终结那导致了个人的身体、社会有机体、人的需要的集合以及知识集合的完整性受到毁坏的定位化 / 地方化（*les localisations/localization*）现象。与之相对，新型空间也要对抽象空间试图同一化的东西——例如社会的再生产与生殖（génitalité/genitality）、生理满足（jouissance/gratification）与生命繁育、社会关系与家庭关系——加以区分。（尽管抽象空间继续存在着，进行区分的压力却在持续增长；例如，生理满足的空间，如果说它确实曾被生产出来，总体而言也与功能性空间没有任何关系，尤其与生殖空间——体现为家庭单元，以及它被塞入的火柴盒式的高层"现代"大楼、塔楼区、"都市综合体"，还有其他该有就有的功能性空间——无关。）

第 十 九 节

如果说每个社会确实都生产出某种空间，某种它自己的空间，那么这将导致另外一些后果，一些我们考虑之外的后果。任何一种渴望或声称自己是"真实的"，却无法生产出其自身空间的社会存在，就是一种奇怪的存在物，一种无法与意识形态和 / 或文化领域脱离的特殊类型的抽象物。它将沦落为一种传说，早晚会全部消亡，同时它的身份、它的名望以及其他的实际上很脆弱的地位，这些都会很快消失得无影无踪。这说明存在一个可能的标准，用来区分意识形态与实践，以及意识形态与知识（或者说，把一方面的**活生生的**与另一方面的**感知**和**构想**区别开来，以便识别出它们之间的相互关系、它们反对什么与它们倾向什么，以及它们隐藏什么与它们揭露什么）。

毫无疑问，中世纪社会——也即封建生产方式，以及它的诸多变体与地方特性——创造出了自身的空间。中世纪空间建立在过去时期所建成的空间的基础上，并将这些空间作为其基底和象征物保存下来。它们也以相似的风格幸存到了今天。庄园、修道院、天主教大教堂——它们作为锚点，把一条条通向被农民村社改观了风景的小径与大路的网络固定下来。对于西欧资本主义积累过程来说，这个空间是出发点，是源泉，也是城镇的摇篮。

资本主义与新资本主义生产出了抽象空间，它包括"商品世界"及其"逻辑"、全球战略、货币以及政治国家的权力。这个空间建立在一个庞大的银行、商业中心以及重要生产实体的网络的基础上，此外还有公路、飞机场以及信息网络。在这个空间，城镇——一度 F66是积累的温室、财富的源泉，以及历史性空间的中心——瓦解了。

那么，社会主义的空间，或者说如今被如此含混地指称为社会主义的，它的空间又是什么？"共产主义社会"并不存在，共产主义这个概念，由于主要用来支撑两种相反却又互补的神话——其中一种是反共产主义的神话，另一种则是共产主义革命已经在某些地方实现的神话——而变得含义模糊了。因此，对这个问题应该换个 E54问法：国家社会主义（le socialisme d'État）① 是否曾经生产出自己的空间？

这个问题绝非不重要。一场没有生产出新空间的革命，其实是没有充分实现其潜力的革命；这种革命实际上没能改变生活本身，而只是改变了意识形态的上层建筑、社会制度或政治设施。真正具有革命性的社会变革，必须证明它对日常生活、语言和空间具有创

---

　　① 这里的国家社会主义是指以苏联为代表的计划经济体制，而不是纳粹德国的那种国家/民族社会主义（national-socialisme）。——中译者注

造性的影响——虽然不一定以等比例或相同的力量在以上每个领域
发挥实际的影响。

　　以上论述说明，关于何谓"社会主义"的空间之类的问题，并
不能给出一个轻易的、快速的答案；我们需要就此做出更加细致的
思考。或许革命的年代、剧变的年代，仅能为一个新空间的建立提
供某些前提条件，而要将这个新空间变成现实，尚需经历一个相当
漫长的时期——一个平静的时期。在 20 世纪 20 年代至 30 年代，
苏联异乎寻常的创造性骚动戛然而止，相比其他领域，这个过程在
建筑与城市化领域来得更为猛烈；丰年之后，随之而来的是贫瘠的
年代。贫瘠的后果意味着什么？今天我们在哪里还能发现一件可
以称得上是"社会主义的"建筑？哪怕能看到某种与相应的资本主
义规划设计成就相匹敌的"新"建筑也行。是从前的那条东柏林的
斯大林大道(*Stalinallee*)吗？——现在已更名为卡尔·马克思大
道(*Karl-Marx-Allee*)①，是在古巴、莫斯科，还是在北京？时至今
日，在"现实"存在的或对或错地被指称的社会主义社会与马克思、
恩格斯当年设想的新社会之间，究竟有多大的差距？这样的"社
会主义"社会的总体空间是如何被构想出来的？如何被取用的？

―――――――――――――

　　① "二战"结束后，柏林被分裂为东西两半。1949 年，对建筑有浓厚的兴趣的民
主德国统一社会党总书记瓦尔特·乌布利希(Walter Ulbricht, 1893—1973)提议为纪念
斯大林 70 岁生日，修建了这条著名大街。东柏林的斯大林大街修建于 1949 年至 1961
年间，历时 12 年。它是战后重建东德的旗舰工程。大街近 2 公里长，89 米宽，由 6 位
建筑师设计，街道两边是供工人居住的宽敞豪华的公寓，以及商店、咖啡馆、宾馆、巨
大的电影院与体育馆。建筑一律 8 层高，为苏联社会主义建筑的风格。建筑师菲利
普·约翰逊(Philip Johnson, 1906—2005)称赞它为"真正意义上的大规模城市规划"，
阿尔多·罗西(Aldo Rossi)称其为"欧洲最后一条伟大的街道"。1961 年斯大林大街更
名为卡尔·马克思大街。1990 年德国统一之后又更名为法兰克福大街。——中译者注

简言之，当我们使用空间的标尺——或更确切地说，空间实践的标 F67
尺——来衡量具有"社会主义"生产方式的社会时，我们发现了什
么？让我们用更准确的语言来表述这个问题，"社会主义"生产关
系支配下的空间整体，与资本主义生产方式所产生的世界市场——
它正沉重地压迫着这个星球，在全世界范围内进行强制劳动分工，
从而控制了这个空间的以及这个空间生产力的构型（répartition/
configuration）；当然，还控制着财富来源与经济周期波动的结
构——这两者之间究竟是一种什么关系？

　　由于信息或理解的不充分，许多问题目前还难以得出令人满意
的回答。不过，我们禁不住要问，既然社会主义没有进行建筑创新，E55
也没有创造出一个独特的空间，谈论社会主义还具有合法性吗？我
们岂不是更适合在谈论一场失败的转型时谈到它？

　　正如下文将要详述的，我认为"社会主义"有两条可能的前进
道路①。其中一条道路是为了竞争、声誉或权力而不计代价地加速增
长。按照这种方案，国家社会主义的目标不过是一种完备的资本主
义增长战略，完全依赖大型企业和大城市的确定无疑的实力，而后
者（指大城市——中译者注）同时构成了庞大的生产中心与巨大的
政治权力中心。它的不可避免的后果——也即加剧了发展中的不平
等、抛弃了全部区域和全部人口的思想——在这条道路来看，只是
一个微不足道的问题。第二种道路，则是立足于小型与中型企业，
立足于与其实力相匹配的城镇。它致力于推动全部区域与全部人
口共同进步，在这个过程中不使增长与发展相脱节。社会的不可避

---

　　①　相关论述参看本书法文第四版第 483-484 页及英译本第 421 页等处。——中
译者注

免的都市化将不以牺牲全体的利益为代价，也不会在发展与增长过程中进一步加剧不平衡；它会成功地超越城乡对立，取而代之的是降低城乡差别程度，并反过来使它们融为一体。

至于阶级斗争，它在空间生产中起着最重要的作用，因为空间生产这出戏，完全是由阶级、阶级中的一部分人，以及阶级的代表F68 性群体来表演的。与以往相比，今天的阶级斗争更是镶嵌在空间之中。的确，也只有阶级斗争才能阻止抽象空间对全球实行霸权以及对一切差异进行隐藏。唯有阶级斗争才有能力区分和产生出各种差异性，这些差异并非是以战略、"逻辑"或"体制"等面目出现的经济增长的固有物。也就是说，各种差异既非由增长所引起，也无法被增长所吞并吸收。目前阶级斗争的形式远比从前多样化，它们理所当然地也包括少数族裔的政治活动。

20世纪上半叶，土地改革与农民革命重塑了我们这个星球的外表。这些变革最终在相当程度上服务于抽象空间，因为它们消除了——在某种意义上，是自发地消除了——从前存在的历史性的人民与城市的空间。在更近的时期，特别是在拉丁美洲，都市游击活E56 动，以及甚至是都市"大众"的介入，使这种运动得以扩展。1968年的法国五月事件，当学生占领与接管了自己的空间，当工人阶级随后组织起来时，这标志着一个新的起点。这种对空间再取用的中止，虽然毫无疑问是暂时的，却已经引起了一种令人绝望的态度。有人认为，只有推土机或莫洛托夫的鸡尾酒（Molotov cocktails）①

---

① "莫洛托夫的鸡尾酒"是"土制燃烧弹"的别称。由苏联的外交人民委员（外交部长）维亚切斯拉夫·米哈伊洛维奇·莫洛托夫发明。二次大战时苏联芬兰，芬兰士兵无论是人数或装备皆处于下风。面对红军的坦克，芬兰人借用了之前在西班牙内战时，这种由苏联人支持的共和派人发明的燃烧瓶武器。——中译者注

才能改变占支配地位的空间组织，毁灭必然走在重建前头。很有道理！但请问需要怎样的"重建"？这样问也是有理由的。是用同样的生产资料去生产同样的产品吗？抑或把那些生产资料也毁掉？这种立场的问题是，它大大低估了社会与空间中实际存在的矛盾；尽管没有好的理由，它却赋予了老"体制"一种不受外界影响的和完整的特质；从某种意义上说，正是在它对老体制大加诅咒的过程中，它也对老体制的权力进行了不可理喻的赞美。这种精神分裂症式的"极左言论"隐藏了它自身的"无意识的"矛盾。它寄希望于毁灭与建设存在某种绝对的自发性，这只能意味着思想、知识和所有创造力的毁灭；而它们所赖以立足的基础，也即一场直接的和总体的革命，通常来说，是一场永远也无法定义的革命。

尽管如此，有一个事实是无法回避的，即资产阶级仍然在积极 F69 地为了（且通过）它的空间而斗争。这又把我们拉回到了空间"用户"们何以会是消极与沉默的这个问题上来。

抽象空间以一种相当复杂的方式发挥作用，其中存在某些对话性质的内容，这意味着其中有一些心照不宣的合意、一些不侵犯条约，也可以说存在某些**非暴力的**约定，它推行一种互惠原则，一种用途的共同性（partagé/communality）。在大街上，每个人都被假设为不会攻击对方，任何一个违犯这种法律的人都会被谴责为犯罪行为。这种空间预先假定存在一个紧密联系的"空间经济学"，虽然它与人们常说的"经济学"并不完全一致。这种经济学为特定地点（商店、咖啡馆、电影院）带来了稳定的人际关系，因此也造就了一种关于这些地方的含蓄的话语；而这些反过来也导致了一些共同理解和惯例，据此，例如人们认为这是一个没有麻烦的、宁静的地方，在这里人们和平相处，度过一段美好时光，如此等等。至于这种语境中的指称性的（即描述性的）话语，它们起到了准法律的作用，并且调节着舆论共识：这里的空间是留给自由的，逞强好斗在这里找不到立足之地；无论在何种可能的情况下，一种"身距学"① 总是被允许的——为了维持"相互尊重"的"距离感"起见。这种态度反过来包含一种逻辑和一种空间所有权的战略："凡属于你的地方与事物即不属于我"。然而，事实上这种分享与共享的空间——人们对它们的拥有和消费不能完全被私人化——是持续存在的。咖啡馆、广场与纪念地就是例证。我刚刚简单描述的这种空间性的共同理解，构成了文明的组成部分，正像那些对儿童、妇女、老人来说是粗野的、侵犯性的行为一般来说确实会被反对和禁止一样。因此，它对阶级斗争的态度，正像它对其他类型的暴力的态度，等于是绝对排斥的。这种态度再自然不过了。

　　每一个空间，它在那里的行动者现身之前，就已经在那里了。这些行动者既作为集体的也作为个人的主体，正像个人总是某些企图取用空间的群体或阶级的成员。这种空间的先在，决定了主体的出场、它的行动与话语、它的能力与执行；但是主体的出场、行动

---

① 此处及本书多处列斐伏尔所使用的"人际距离学"或称"身距学"（proxémies/proxemics）一词，取自美国著名的人类学家、传播学家爱德华·霍尔（Edward T. Hall，1914—2009）所著的《隐蔽的维度》（1966）一书。霍尔这本书的主题就是研究社会与个人的空间及人类对它的知觉。人际距离学是关于"人利用作为特定文化产品之空间的全部观察与理论"。（Edward T. Hall, *The Hidden Dimension*, p. 1, Anchor Books A Division Of Random House, Inc. New York, 1966.）对于霍尔的人际距离学，罗兰·巴特也给予高度重视与精辟解释，参看［法］罗兰·巴尔特《如何共同生活——法兰西学院课程和研究班讲义（1976—1977）》，怀宇译，中国人民大学出版社 2010 年版，第 157-161 页。——中译者注

与话语，在它们预设了这种空间的同时，也一样否定了这种空间。主体将空间体认为一种障碍，一种抵制的"对立面"（*objectalite/objectality*），一种常常像水泥墙似的不能更改的空间。这种存在不仅极其难以用任何方式更改，而且通过严苛的法律在周围设置障碍，禁止任何更改的企图出现。因此，空间肌理（texture）不仅给那些在其中没有特殊位置、与它没有任何特殊关系的社会行为提供机会，也给那些实际上由它所决定的空间实践——也即它的集体性的和个人性的用途——提供机会。那是一系列体现为表意实践的行动，尽管不能把这些行动都归结为这样的实践。生命与死亡不仅通过这些行动被概念化、模仿或表达；更确切地说，生命与死亡是通过这些行动获得了实际的存在。在空间中，时间消磨或者吞没了众生，从而给牺牲、快乐与痛苦带来了真实性。抽象空间，资产阶级的与资本主义的空间，它们之间关系的紧密性就像它与交换（物品与商品，如同书写与口头语言，等等）之间的紧密关系一样，抽象空间依赖一种共识远甚于依赖任何以前的空间。我们似乎没必要补充说，在这种空间中，暴力并不总是保持潜伏或被隐藏的状态。其中的矛盾之一是表面上的安全可靠与实际上的持续不断的威胁，事实上偶然的突发事件与暴力时有发生。

　　资产阶级与贵族阶级之间古老的阶级斗争创造了一个空间，这种斗争的标志仍然清晰可辨。在这一过程中，无数的历史城镇被那些冲突所改变，它们的踪迹与结果还很容易看见。例如，法国在经历了那场政治的胜利之后，资产阶级摧毁了位于巴黎中心马莱区^①

---

　　①　马莱是巴黎一处拥有众多名胜古迹的地区，位于第三与第四大区。该区因为是17世纪巴黎的最为时尚的部分继凡尔赛宫建造之后而营造起来的。很快便被巴黎

E58 的贵族空间，强迫这片奢华的地区为物质生产服务，在那里建立起工厂与公寓。通过一个"世俗化"的过程，这片空间变得既丑陋不堪又一片生机，带上了鲜明的资产阶级风格。今天，马莱区正在进行第二阶段的资产阶级化，精英们再次鼓吹是为了居住的需要。这是一个资产阶级如何能够在伟大的历史城市保持其独创力的极好

F71 例证。当然，他们还在更大的范围里发挥其创造性。让我们想一下，例如污染严重的工业化模式开始向发展程度较低的国家——如南美洲的巴西，或欧洲语境中的西班牙——转出的方式。值得注意的是，这种趋势**在**一种给定的生产方式**之中**导致了差异化的结果。

　　内在于占支配地位的生产方式的差异性是存在的，我们也可以从地中海周边国家找到一些以此为基础进行空间生产的引人注目的例子，因为这些地区正在被工业化的欧洲转变为满足人们休闲需要的空间。就其本身的价值来说，甚至可以说那里是一个非工作的空间（除了度假，也供疗养、休息、放松之用），这个地区在劳动的社会分工中获得了独特的角色。从经济和社会意义上讲，以及从建筑与都市化意义上讲，该地区属于新殖民化的类型。有时这个空间甚至好像超越了统治着它的新资本主义所强加的约束：它号称具有"生态"优势，例如与阳光、大海直接接触；可以让都市中心与临时

贵族与富人们所居住。该区域变成了艺术与文化的中心。不过马雷经历的是从 18 世纪一直持续到 20 世纪中叶这一段衰退时期，受到许多居民搬迁到更为时尚的圣奥诺雷区（Faubourg Saint-Honoraire）和圣日耳曼区（Faubourg Saint-Germain）而得以复苏。这些新街区提供了明亮与开放的空间，这一度是马莱区狭窄街道与小院落所短缺的。在经历了贵族成群结队的迁徙之后，该地区主要被轻工业与手工业者所占据，并居住着大量的犹太人社团，主要沿着蔷薇街（Rue des Rosiers）依序排列。马莱在 1962 年被划为名胜古迹区。从那时起开始了复原历史的努力。而在近些年内，这个地区又一次变成巴黎中心最为时尚的街区。——中译者注

居所(如宾馆、别墅等)紧密联系。于是,它获得了一种特殊的与众不同的品质,而与那些主要工业聚集带形成了鲜明的对比——在那里,纯粹的数量文化独占鳌头。假如我们放弃批判的能力,我们就会接受这种从表面上看来"与众不同"的价值,就会得到这样一幅空间的精神图景——这个空间完全沉浸在非生产性的消费之中,沉浸在一种巨大的浪费中,成为一个巨大的、堆满剩余物、符号与能量的祭坛,极端强调体育运动、爱情与恢复,而不是休息与放松。于是,这种立足于休闲的准基督徒式的当地中心,便与北欧城市的生产中心地区形成了一个巨大的反差。与此同时,这种花费和浪费,看起来像是一个时间序列的终点——始于工厂,始于以生产为基础的空间,并把人们引向了充满阳光与大海的消费空间,引向了自发的或者诱导的短平快的色情消费,引向了"度假地的嘉年华活动"。因此,是浪费和花费,而不是起始的那些活动,作为庆典在时间序列的终点赋予它意义和正当性。这是一幅多么滑稽的画面啊,E59然而却因其透明性和假装的自然性而被人们所赞美。事实上,所有这些似乎是非生产性的消费,其实是极为精心地策划出来的:它被集中化、组织化、等级化、符号化、项目化到极端程度,以便服务于 F72旅游操作者的利益、银行家的利益,以及诸如伦敦与汉堡的企业家们的利益。用更确切的话或用前面引入的术语来说,这就是在新资本主义的空间实践中(由交通运输来完成),空间表象为表征性空间(阳光、海洋、节日、浪费、奢华)的操控提供了方便之门。

有两条理由让我们提出上述思考:其一是立即让空间生产概念尽可能地具体化;其二是显示在资产阶级霸权之下阶级斗争将如何开展。

第　二　十　节

　　"变革生活"!"变革社会"! 但如果没有对取用的空间的生产, 这些警句便毫无意义。20世纪二三十年代苏联建筑学家们的努力追求及其失败的结果, 给我们上了生动的一课, 即新的社会关系要求一种新的空间, 反之亦然。这个主张是我们初始命题的一个必然结论, 需要花一些篇幅讨论。变革生活的召唤来自诗人与哲学家, 是在一种否定性的乌托邦主义背景下提出的, 但它目前已经落入公共的即政治的领域。在此过程中, 它已经蜕变成一些政治口号:"过得更好""让生活更丰富多彩""提高生活质量""让生活变得别具风格"。但它在污染、自然保护与环境治理等方面谈论得很少; 向市场经济施压、全球变革、新的空间生产这些全都看不见踪影。给我们留下的, 非但不是构建一个差异化空间实践(不管是渐进的还是突变的)的创造力, 反倒是向一个理想国家的观念倒退——只要日常生活仍然处于抽象空间的奴役和具体束缚之下, 只要所带来的生活改善仅仅是技术细节上的改进(如交通速度的加快, 或相对舒适愉快的环境), 简言之, 只要工作空间、休闲空间与生活空间之间的关系仅仅是由政治权力机构的代理人所提供且受它们的机制的控制, 只要改变生活的想法仍然不过是某种出于一时之兴的、可为可不为的政治号召而已。

E60

F73　　这就是理论思想在前进的道路上试图克服障碍时必然会处身的环境。一方面, 它感知到了否定性的乌托邦(negative-utopias)的罪恶和批判理论的狂妄——它只在语词和观念的层面(也即意识形态层面)起作用。转到另一个相反的方面,它面临的是高度实证的技术乌托邦,一个全景透视主义(prospectivism)王国、一种社会工程化与项目化的王国。当然,必须考虑把自动化技术、电子化与信息化科学等运用于空间,从而也运用于现存的社会关系——如果仅仅是为了从这些发展中获得利益的话。

因此,我在这里将要概括的路径是与一项战略性假设,即一项长期的理论与实践推想密切相关的。我们是在讨论一种政治推想吗?既是又不是。它当然展现出一种空间的政治,但与此同时,又超出了政治领域——如果我们假设所有的政治都以空间的政治为前提的话。通过努力指出一条通往差异性的空间的道路,指向差异性的社会生活与差异性的生产方式,这个推想跨越了科学与乌托邦、现实与理想、构想的与直接经历的之间的断裂。它试图通过从主体性与客体性两个方面来探索"可能"与"不可能"之间的辩证关系,而克服这些对立。

战略性假设在知识建构中的作用是得到确认的。有一种战略假设协助知识围绕某个特定的地点、核心、一个或一组概念而展开。战略有可能成功也可能失败;但无论如何,在它最终解体与毁灭之前都要持续或长或短的一段时间。因此,不管它在知识领域和行动领域掌管战术运作的时间有多久,它必须从根本上保持临时性——以便于修正。它需要承诺但不追求永恒的真理。甚至是最成功的战略,其基础或早或迟也会瓦解。到那时,与中心的倾覆相伴随的,将是环绕它周围所建立的所有事物的轰然倒塌。

近来,一系列战略性与战术性工作已经启动,以便建立(使用这个词是妥当的!)一种牢不可破的知识堡垒。出于某种天真和狡 F74

猾的奇特混合，这些运动的有学问的推动者们总是表示他们确信他们的主张具有无可辩驳的科学性；而与此同时，却忽视了他们对科学地位的主张所带来的问题，特别是给予**认知的**（au *su/known*）和**看到的**（au *vu*/seen）优先于**亲历的**（le *vécu*/lived）的地位，这样做的合法性问题。最近的一项战略试图将知识围绕语言学和它的一些附属学科——语义学、符号学、符码学——展开（早先的努力是围绕一个比较集中的学科群体，包括政治经济学、历史学、社会学，等等）。

这些最近的假设已经产生出一大批研究成果与出版物。其中的一些工作意义重大，另外一些其价值则毫无疑问地被高估或低估了。自然，所有这些论断都不是永恒的，都会被修改；但是，既然这种假设本身建立在一个不牢靠的假定——可以建立一个确定的（且具有决定性的）中心——之上，它很有可能瓦解。事实上，它已经受到了来自内外的夹击与威胁，它引发了一些它无法回答的内部问题。其中有关"主体"的问题就是一个例证。对语言的系统化研究，以及／或者将语言作为一个系统来研究，已经消解了"主体"一词在各方面的意义。在这种情况下，反思性思维必须捡起那些已经被它打破的碎镜片。由于缺少自己的"主体"概念，它不得不重新抓起哲学家们的那些老的"主体"概念。因此，我们发现乔姆斯基重新接纳了笛卡尔的"我思"（*Cogito*）及其独一无二的特性：话语深层结构的统一性（unicity）与认识领域的普遍性。在胡塞尔那里重新出现的"自我"（Ego）也是一个例证，这是一种现代版本的"我思"，但它不再坚持它的哲学的（或形而上学的）实在性——特别是当它面对实际上是作为逃避它的方式而发明出来的"无意识"的时候。

这就把我们带回了讨论的前半部分，因为这种假设愿意做的是强行征用社会空间与自然空间，并将它们还原为一种认识论的（精神的）空间——即话语的空间和笛卡尔的"我思"的空间。它轻易地忘记了实际的"我"（je/I）——其个体性与社会性是不可分割的——是处身一个空间中的，在那里，我要么承认自我、要么丧失自我。这种未经深思地从精神向社会的跳跃和再返回，有效地改变了空间的特性，使其很恰当地跳到了话语的高度——特别是跳到了空间的话语的高度。这种方法确实想通过激活身体（声音、手势等）而在精神与社会之间提供某些调和。但我们想知道，在这个抽象的身体——它被理解为主体与客体之间的中介物——与实际的血肉之躯这一被构想为兼具空间性质（对称性、非对称性）和以能量为生的 F75
属性（排泄、节约与浪费）的总体之间，到底存在什么关系。事实上，E62
正如我下面将要表明的，当身体被展望为一种实践—感觉（practico-sensory）的总体时，一种认识的去中心化与再中心化就发生了。

让知识围绕话语作为中心这一战略，回避了知识与权力之间关系中的特别棘手的话题。它也因此无法提供一个反思性的思维，以便对其本身提出的理论问题给出令人满意的回答：非词语的符号与象征系列，无论是否被编码、是否成系统，它们是否与词语（verbaux/verbal）系列同属于一个范畴？或者相反，它们无法被归为同一个范畴？在这些非词语的表意系列中，必然包括音乐、绘画、雕刻、建筑，当然还有戏剧，除了文本或脚本之外，戏剧还包括手势、面具、服装、舞台、布景道具——简言之，即空间。非词语的系列因此具有鲜明的空间性，它们实际上是无法被归结到一个精神领域的。在某种意义上甚至可以说，风景，包括都市与乡村的风景，都可以纳入这个方面。低估、忽略与贬低空间的作用，便意味着过高地估计文本、书写物与书写系统，以及可读的与可视的，甚至赋予它们在可理解性方面以垄断地位。

简言之，这里所说的战略性假设是如此运行的：

空间相关理论与实践问题正变得越来越重要。这些问题尽管还没有形成压制力，却倾向于对某些概念和问题——这些问题和概念与生命的再生产有关，或与生产资料本身的生产以及消费品的生产有关——进行再调整。

根据马克思的观点，一定的生产方式在它释放出生产力、实现全部的潜能之前，是不会消失的①。这个论断要么被视为一个显而易见的状态，要么被视为一个惊人的悖谬。当生产力突飞猛进而资本主义生产关系保持完好时，空间的生产本身就替换（substitue/replace）了——或者说叠置在其上——空间中物的生产。在一些我们可以观察与分析的案例中，这样的空间其自身在某种程度上是被世界市场与资本主义生产关系再生产的压力所需要的。通过操控抽象空间，资产阶级的所谓开明专制和资本主义体制能够成功地实现对商品市场的部分控制。但他们已经发现，要形成对资本市场的控制是一桩更加困难的事情——他们的"金融"问题可以作证。极端强大的政治霸权、生产力的突飞猛进，以及对市场控制的不充分，这些因素混合起来所造成的一个后果是空间的混乱，我们既可以在最有限的层面上、也可以在全球范围内体验到这一点。资产阶级与资本主义体制深切地感受到它们极难控制那些一度是它们的产儿

---

① 马克思的原话是："无论哪一个社会形态，在它所能容纳的全部生产力发挥出来以前，是决不会灭亡的。"语见《政治经济学批判序言》，载《马克思恩格斯文集》第2卷，人民出版社2009年第一版，第592页。——中译者注

及其统治手段的空间。他们发现他们自身无法将实践(实践-感觉领域、身体、社会-空间实践)还原为他们的抽象空间,于是,新的空间矛盾产生了,并让他们感受到了。难道不正是资本主义一手造成了空间混乱——尽管还有国家的权力和理性——这个它自身系统的阿克硫斯之踵吗?

　　一个问题很自然地冒了出来:以上战略假设是否能够以某种方式影响或取代一种被广泛接受的政治战略——即世界革命是否可以通过某一个政党、在某一种学说指导下,并通过某一个阶级的努力,在某一个国家,简言之,从某个单一的**中心**政治性地实现? 不久之前,所有的"单一中心论"都遭遇了危机,但它将被另外一种战略假设恢复,这种新的假设立足于通过"第三世界"的社会变革来实现理想。

　　事实上,问题并不在于用另外一种战略教条地取代原有的战略,也不在于对"单一中心论"与"多中心论"之间的对峙进行简单的超越。照一般的说法,改天换地的变革,被"革命"这个术语神圣化了,它反过来又以其在全世界范围内的开展而真的震撼了全世界①,因此,必然会是多元与多样的。它既在理论的层面也在政治计划的层面向前推进,对于它来说,理论天生就是政治的。它与技术携手并进,正如它与知识和实践共同发展。在某些情况下,农民仍然存在,正像他们已经长期存在一样,他们仍然是基本的要素,不管是能动的还是消极的。另外,他们或许是来自边缘的社会要素, F77

――――――――――
　　①　这并不是说我这里所采用的"全世界"一词要归功于科斯塔斯·阿克塞洛斯(Kostas Axelos),在他的具有赫拉克里特特风格的长篇哲学沉思录中,他曾经提到了"世界的游戏"(*jeu du monde*/*game of the world*)。――原注

或工人阶级中先进的那部分，他们现在正面临着一系列史无前例的选择。在一些地方，世界性的转型具有某种暴力的、猛烈的特征；而同时在另外一些地方，它以表面上风平浪静的、隐蔽的方式进行。某个特定的统治阶级或许因为能够彻底摧毁它在别处的对手，而能成功地驾驭变迁。

这种基于空间的战略假设，既没有排除所谓"不发达"国家的作用，也没有排除工业化国家及其工人阶级的作用。与之相反，其基本原则与目标是要把那些分裂的方面联系在一起、让分散的趋势与要素获得统一。既然它企图进行一场全球性的试验，也就是说，人类致力于拿全世界的空间进行分散的、各具特色的试验；那么可以说，这种假设显然将自己定位于与国家、政治权力，以及世界市场的同质化努力——这种同质化的趋势在抽象空间中并通过抽象空间得到了现实的表达——相对立的位置上。这意味着在单一运动（包括自然起源的差异性，每一种生态都倾向于在孤立中强化）中存在着对差异性的动员：体制的、国家的、区位的、族群的、自然资源的等的差异性。

你可能认为有一点是无须争议的，即"差异的权利"（droit à la difference/right to be different），只有当它立足于一种为建立差异而进行的实际斗争时才有意义；且这种从理论与实践的斗争中产生的差异，必须要与那些天然具有异质特征的差异以及从现存的抽象空间诱导出来的差异，相互区分。但事实仍然是，只有靠着艰苦细致的分析，只有那些与我们有关的、我们未来的主导理论与活动需要依赖的差异性，才能得到有效的阐述。

从实践的观点看，空间"符码"——也即一种实践和理论共用的语言，也是居住者、建筑师与科学家们共用的语言——的再造应被看作一项刻不容缓的任务。建构这样一种空间的符码要做的第一件事，就是恢复被分隔的要素之间的统一性，打破私人领域与公共领域之间的藩篱，识别目前空间中尚不明确的融合与对立。从而将被现存空间实践以及作为其基础的意识形态所隔离的各种层面与条件集中起来：其中包括"微观的"或建筑层面上的与"宏观"层面的，它们通常被视为城市学家、政治家与规划者们的地盘；日常领域与都市领域；内部与外部；工作的与非工作的（节日的）；永久性与临时性的；等等。因此这个新建的符码也包含一些有意义的反对要素（即纵向聚合要素或词型要素[paradigmatiques]），这些要素是从同质化的政治控制的混乱空间中找回的、分散的术语和链接（横向组合要素或句型要素[syntagmatiques]）①。在此意义上，可以说符码对颠覆主导趋势做出了一份贡献，从而在总体的推想中起到了自己的作用。不过，至关重要的一点是，不能把符码本身误认为是一种实践。因此，语言研究在任何情况下都必然不允许脱离实践（即脱离世界范围内的转型过程），或者脱离由实践所策划的变革。E65

　　空间符码的取得本身会努力争取和坚守一个词型的领域：也即坚守一种本质的、隐含的、内在的、不言而喻的反对——一种对于社会实践的方向保持敏感的反对——但与那些具有明确关系的领域、操纵各种术语之间链接的领域即句法的领域，相对立。简言之，

---

　　① 以上所提到的"聚合"与"组合"关系术语来自于索绪尔的语言学理论。所谓横向组合关系（句型变化），就是组成一个句子的各成分间的关系，即语句的线性的关系。纵向聚合关系（词型变化）就是对一个语句的同一成分的"举一反三"。聚合关系，又称为选择关系，即选择一个适当的词来接替上面已经出现的一个词。——中译者注

与语言、日常话语、书写、阅读、文学等相互组合的领域相对立。

空间符码必定要与某个知识体系紧密联系。它将字母、专门词汇、语法结合进一个完整的框架之内；它将自身定位于——尽管不是以将自身排除在外的方式——面向（那些被忽略的或被误解的）非知识的位置上；换言之，就是面向**亲历的**和**感知的**领域的位置上。这样一种知识意识到了它自身只是一种近似知识：它乍看上去是确定的，但却是不确定的。它在每一步骤上都宣告了它的相对性，承担起了（或者试图承担）自我批判；但它决不会容许自己在为非知识、绝对自发性或"纯粹"暴力进行辩护时而变得放任。这种知识必须在武断（*dogmatisme*）与退缩（*meconnaissance*）之间发现一条中间道路。

第 二 十 一 节 ①

我在这里所采用的方法可以描述为一种"回溯的前进法"（régressive-progressive）。它以当前的种种现实为出发点：生产力飞速发展，新技术与科学对自然空间的改变极为剧烈，甚至已经威胁到了自然本身。我们从各个方面感受到了破坏性的与建设性的力量所造成的影响，它们通常以惊人的方式与世界市场的压迫结为一体。正像早已预料的，列宁主义的不平衡发展原理正在全球范围充分彰显出威力：一些国家仍然处于空间中物的（商品的）生产的早期阶段，只有工业化与城市化程度最高的少数国家，在由技术和知识所开辟的广阔空间中，能够最大限度地为自身获取利益。已经达到概念化

---

① 本节既是第一章的总结，也提出了本书研究的一个基本方法，即"回溯的前进法"。——中译者注

与语言化程度的空间的生产，对过去发生了回溯性的影响，打开了它的迄今尚未被理解的方面与契机。过去以别样的角度呈现出来，因此，过去如何变成现在的过程，也呈现出它的另外的一面。

这也正是马克思在其主要的"方法论"文本中所提出的**方法** E66（*modus operandi*）。马克思曾经这样写道：能够表达最发达社会，即资产阶级社会的社会关系的范畴（或概念），同样也能够用来"透视一切已经覆灭的社会形式的结构和生产关系。资产阶级社会利用这些社会的残片和因素建立起自身，其中一部分未被征服的遗留物仍旧存在着，另一部分原来只显出征兆的东西，则发展出了明确的意义"。①

尽管这个方法乍看起来荒诞不经，但仔细推敲则能发现它相当 F80地合乎情理。因为除了从现在出发，努力往回走，从而倒回我们过去的步伐，我们还**能够**怎么理解那个起源，现在的起源，连同其先决条件以及相关过程呢？的确，这一定是任何历史学家、经济学家与社会学家都采用的方法——当然，假如这些专家们期望获得某种

---

① Marx, *Grundrisse*, Tr. Martin Nicolaus (Harmondsworth, Middx: Penguin, 1973), p.105. ——英译者注（中译本参看《马克思恩格斯全集》第30卷，人民出版社1995年第二版，第46–47页。——中译者注）。这里该是指出拙著《社会科学概论》（*Panorama des sciences sociales*）一书（参看同前注本书同页注）（参看本书法文第四版第10页注2。——中译者注）所犯严重错误的最恰当时机了，这里所讨论的该书的方法当归功于让-保罗·萨特。萨特关于方法的讨论应当说还是准确地引用了拙著"远景"一文（*perspectives*），载 *Cahiers internationaux de sociologie*（1953），此文后又重刊于拙著《乡村与城市》（*Du rural a l'urbain*. Paris: Anthropos,1970/2001），并参看萨特的《辩证理性批判》（*Critique de la raison dialectique*. Paris: Gallimard, 1960），pp. 41（中译本参看［法］J.-P. 萨特尔：《辩证理性批判》［第一卷 关于实践的集合体的理论］第一分册"方法问题"，徐懋庸译，商务印书馆1963年版，第39页注19。——中译者注）；以及拙著《社会科学概论》（*Pannorama*,pp.89ff.）。因此，《概论》一书算起来犯了两次错误，因为其中包括实际上马克思主义思想本身轨迹的错误。——原注

方法论的话。

　　虽然在构想与运用方面十分清晰，马克思的方法确实有它的问题，只要马克思将它运用到**劳动**的概念及其现实中，问题便会显露出来。主要困难来自如下事实："回溯的"与"前进的"运动二者既在解释的过程中，也在研究的过程中纠缠在一起了①。经常面临一个将回溯的过程叠缩到前进的过程中去的危险，这将会打断它或者使它变得模糊不清。因此，开端或许在结尾处出现，而结尾可能出现在开端。所有这一切使得那些已被揭开的矛盾，那些推动每一个历史过程向前发展（从而也走向它的终点）的矛盾（按照马克思的观点），变得更加复杂。

　　这的确是我们在当前的语境中所面临的问题。一个新概念，一个**空间生产的概念**，出现在出发点上；它必须以这样的方式"运转"或"工作"以便照亮一些它无法将自身与之脱离的过程，因为它是这些过程的产物。因此，我们的任务是征用这个概念，让这个概念自由地展开却不必受到框制。套用黑格尔式风格来说，概念自有其自身的生命与力量，即认为它是知识中的一种独立自主的实在②（la

E67

----

　　① 列斐伏尔此处的意思大概是指马克思下面这段著名文字所引起的歧解："在形式上，叙述方法必须与研究方法不同。研究必须充分地占有材料，分析它的各种发展形式，探寻这些形式的内在联系。只有这项工作完成以后，现实的运动才能适当地叙述出来。这点一旦做到，材料的生命一旦观念地反映出来，呈现在我们面前的就好像是一个先验的结构了"，载《马克思恩格斯文集》第5卷，人民出版社2009年第一版，第21-22页。——中译者注

　　② 这里列斐伏尔明显是套用了马克思批评黑格尔的措辞："黑格尔陷入幻觉，把实在理解为自我综合、自我深化和自我运动的思维的结果，其实，从抽象上升到具体的方法，只是思维用来掌握具体、把它当作一个精神上的具体再现出来的方式。但决不是具体本身的产生过程"。载《马克思恩格斯文集》第8卷，人民出版社2009年版，第25页。——中译者注

réalité autonome du savoir）。一旦它能够阐明并因此使其自身的逐渐形成（propre formation）得到确定，空间的生产（作为牢固的结合体的理论概念与实践现实）最终会变得清晰。我们的论述也将结束：我们将达到一种"既是自在的又是自为的"、全面的然而又是相对的真理。 F81

　　从而这种回溯的前进法会变得越来越具有辩证性，而不会对逻辑和一致性原则构成威胁。但这并不是说不存在陷入含混，尤其是陷入反复的危险。马克思当然也没有完全避免这些危险，他已经清醒地意识到了这一点：可以对此做出证明的一个事实是，《资本论》的阐述并没有严格按照《大纲》[①]（*Grundrisse*）所确立的方法进行。马克思伟大的理论论断从一种形式即交换价值出发，而不是从他早期著作所提出的概念即劳动与生产出发[②]。另一方面，《大纲》所勾勒的方法，在资本积累理论中被再次适当地采用了；当马克思在英国研究资本主义最发达的形式，以便理解其他国家的体制及其实际发展的过程时，坚决地恪守了他起初确立的方法论原则。

---

　　① 《大纲》即《政治经济学批判大纲》，也就是马克思《资本论》的第一个手稿《1857—1858 年经济学手稿》。——中译者注

　　② 列斐伏尔这里的"根据"是：马克思在《资本论》第一部手稿《1857—1858 年经济学手稿》中确实指出："在这里，'劳动''劳动一般'、直截了当的劳动这个范畴的抽象，这个现代经济学的起点，才成为实际上真实的东西。所以，这个被现代经济学提到首位的，表现出一种古老而适用于一切社会形式的关系的最简单的抽象，只有作为最现代的社会的范畴，才在这种抽象中表现为实际上真实的东西。"（载《马克思恩格斯文集》第 8 卷，人民出版社 2009 年第一版，第 29 页）而马克思在后来的《资本论》第一卷序言中则又认为：分析资本主义社会细胞即商品的价值形式是科学的开端。（载《马克思恩格斯文集》第 5 卷，人民出版社 2009 年第二版，第 7-8 页）——中译者注

第二章 社会空间 [①]

第 一 节

F83
E68

本书的推想（projet/project）要求我们对相关概念与术语进行一番细致的考察，特别是用来表达"空间生产"概念的这两个术语（即生产与空间——中译者注），均是以往从未被充分地加以澄清过的 [②]。

在黑格尔主义那里，"生产"（production）具有根本的作用：首先，（绝对）观念生产出了世界；其次是自然生产出了人类；接下来临到人类，凭借斗争与劳动，既生产出了历史、知识，又生产出了自我意识——从而精神又再生产出最初的也是终极的观念。

---

① 本章是本书篇幅最长且最重要的一章，由于作者并没有在每节前加标题，且分节的长度很任意故很不均衡，读起来有些困难。为便于阅读，在此预先作一简要提示。本章共分十五节，其中第一节集中解释生产与社会空间这两个概念；第二节至第六节重点论证"社会空间理论说到底是一个社会生产的问题"；第七节至十节的重心是关于空间与历史/时间的关系问题；第十一节和十二节的焦点是空间与语言的关系问题；第十二节至第十四节围绕空间与形式-结构-功能的关系这个核心问题，作者用空间的生产理论回应了结构主义空间理论。最后第十五节作者从空间的生产历史角度概括出了两种空间类型：取用型的与支配型的空间。——中译者注

② 作者在本节中首先重新界定了生产概念，然后讨论了空间概念。——中译者注

对于马克思、恩格斯而言，生产这个概念一直没有从一种混沌的状态中彻底摆脱出来，这使得生产观念的内涵异常丰富。它具有双重含义，一方面是非常宽泛广义的，另一方面则是狭义而精确的。就其广义而言，人类作为社会存在物，被认为生产出了他们自己的生活、自己的意识、自己的世界。在历史或在社会中，没有什么不是通过努力实现与生产（才获得的）。"自然"本身，也即通过感官而在社会生活领域得到理解的自然，在某种意义上已经是被修改过，因而是被生产出来的。人类已经生产出法律的、政治的、宗教的、艺术与哲学的等意识形态。因此，生产这个术语，就其广义而言，表现为多种多样的作品和形式（forms），甚至包括那些未打上生产者或生产过程烙印的形式（例如逻辑形式，它作为抽象的形式很容易被想象为某种永恒的、因而不是被生产出来的形式——即形而上学的形式）。 F84

无论是马克思还是恩格斯，都未让**生产**概念停留在那种含糊其辞的状态。他们将其狭义化，结果是，广义上的**作品**（*d'œuvres*/works）不再是整个画面的一部分，他们所关心的只有**产品**（*de produits*/products）。生产概念狭义化的结果是导致它更加贴近日常 E69生活，因此也就具有了经济学家们所认为的单调乏味的意义。当涉及谁在生产、如何生产这样一些问题，生产这个概念就变得更加狭义，它的意义与创造性、创造力以及想象力就更加无关。不如说它仅仅就是指劳动了。"亚当·斯密大大前进了一步，他抛开了创造财富的活动的一切规定性，——干脆就是劳动……有了创造财富的活动的抽象一般性，也就有了被规定为财富的对象的一般性，这就是产品一般，或者说又是劳动一般……"[1] 生产、产品、劳动：这三个概念同时出现并构成了政治经济学的基础，它们是具有特殊地位的抽象物，是使**生产关系**成为可能的**具体**抽象物。就生产概念而言，只有当它与下列问题联系在一起时，才有可能变得充分具体或具有真实的内涵：谁在生产？（生产）什么？或如何（生产）？为什么和为谁（生产）？一旦超出了这些问题及其回答的语境，生产概念就依然是纯粹的抽象。在马克思那里，如同在恩格斯那里一样，这个概念从来没有实现其具体性。[确实，很久以后，恩格斯在他那极端的经济决定论尝试中，曾经想把这个概念进行最彻底的狭义化："历史过程中的决定因素**归根到底**是现实生活的生产和再生产。"[2] 1890 年 9 月 21 日，恩格斯在写给布洛赫[3] 的一封信中曾经如是说。这个论断既是教条的，也是含混的：生产据说可以被划分为生命的、经济的与社会的再生产，但对此并没有做进一步区分。]

  按照马克思、恩格斯的观点，**生产力**是由什么构成的？首先是F85 自然，它起到一定的作用；其次是劳动；再其次是劳动的组织化（或分工）；然后是劳动工具，包括技术；最后是知识。

  自从马克思与恩格斯的时代以来，生产的概念是被非常松散地使用的，以至于它实际上完全失去了规定性。我们可以说知识的生

---

  ① Cf. Marx, *Grundrisse*, Tr. Martin Nicolaus (Harmondsworth, Middx: Penguin, 1973), p104.——英译者注原注（中译本参看《马克思恩格斯文集》第 10 卷，人民出版社 2009 年第一版，第 591 页。——中译者注）

  ②《马克思恩格斯文集》第 10 卷，人民出版社 2009 年第一版，第 591 页。——中译者注

  ③ 约瑟夫·布洛赫（Joseph Bloch, 1871—1936），德国新闻工作者与出版商，《社会主义》月刊编辑。——中译者注

产、语言的生产、意识形态的生产，或者书写与意义的生产、想象的生产、话语的生产、符号与象征的生产；以及与之相类似的，"梦工厂"，或者"操作性"概念的生产，如此等等。这些概念外延的扩张，使得人们对它们的理解被严重地腐蚀了。更为糟糕的是，那些（生产）概念意义的扩张者们，有意滥用了马克思、恩格斯非常直率 E70 地使用过的程式，将这些宽泛的或哲学意义上的概念赋予了某种实证的意义，即属于狭义的或科学的（经济学）的意义。

因此，在这里我们就有各种理由重新处理这些概念，努力去恢复其价值，并赋予它们以辩证法的意义；与此同时，在一定严格性的程度上努力去界定"生产"与"产品"的关系，就像与之类似的"作品"与"产品"的关系，还有"自然"与"生产"的关系。我们或许立刻就可以指出，**作品**具有某些不可替代性与独一的特征；与之相反，**产品**则可以进行精确的复制或再生产，因而它其实是不断重复进行的活动与姿势的结果。自然创造但不生产；它为社会的人类从事创造性与生产性活动提供资源。但它仅仅提供**使用价值**，而每一种使用价值——这就是说，任何产品如果不被交换，就此而言——它要么回归自然，要么充当一种自然的财富。地球与自然二者当然是彼此不可分离的。

为什么我说自然**不生产**呢？自然（nature）一词的初始含义意味着相反的东西：伸出与向前，从深处产生。但是，自然并不劳作：劳动甚至是自然**所创造出来**的具有决定意义的特征之一。它所创造的，即个体"存在者"（êtres/being），仅仅是涌动与现身。自然对这些创造物一无所知——除非你假定自然中存在一个精于计算的上帝与天意。一棵树、一朵花或者一枚果子并非一件"产品"，即使

是长在一座花园里。一朵玫瑰花并没有"为何"或"因此"之类的
F86 问题，它绽放仅仅就是绽放。借用西里西乌斯（Angelus Silesius）①
的话来说，"它不在乎它是否被看见"。它并不知道它是美丽可爱、
气息芬芳的，或者具有某种层次上的对称性。确实几无可能不去进
一步追问或回归到这些问题。"自然"不会按照像人那样的目的行
事。它创造的"存在者"是作品，每一个作品都有些与众不同之处，
每一棵树都是一棵特别的树，每一朵玫瑰都是一朵特别的玫瑰，每
一匹马都是一匹独特的马——即使它确实属于某个物种或类。自
然像一个硕大无朋的诞生的领域。"事物"降生、成长与成熟，接着
衰老、死亡。这些词语背后的现实是无限。自然所显现出的力量是
狂暴、慷慨、吝啬、丰裕，但最重要的是开放。自然的空间不是"被
设计好了的"。如果要问这是为什么，严格地说这是一个毫无意义
的问题：一枝花并不知道自己是一枝花，这就和每个人都知道自己
总会死到临头差不多。而如果我们要相信"自然"一词，连同它在
古典形而上学与神学文献中的意义，那么它的本质就在深处呈现出
来了。所谓"自然的"就是指自发的。但在今天，自然已经被我们
E71 抛弃了，至少可以这样说。我们正变得无法摆脱如下一个观念，即
自然正在被"反自然"（l'anti-nature）——被抽象物、符号与图像、
话语，还有劳动及其产品——所绞杀。自然和上帝一起正在死亡。
"人类"（L'homme/humanity）将它们二者都杀死了——也许除此之
外还正在自杀。

    "人类"，就是指社会实践、创造作品与生产事物。在任何一种

---

① 西里西乌斯（Angelus Silesius, 1624—1677），德国诗人。——中译者注

情况下，劳动都是必需的，但是对作品而言，劳动在其中所起的作用（通过作为劳动者的创造者）似乎是第二位的；而在产品的制造过程中，劳动是起主导作用的。

在对**生产**的哲学性（即黑格尔式的）概念进行澄清的过程中，并在把这一意图引向经济学与政治经济学那里去的过程中，马克思努力探究了这一概念及其内容（即活动）的合理性（rationalité/rationality）本质。对理性的这种构想，使他免于激活生产概念的任何先在的（pré-existante）神圣理性或观念起源（因而是神学的与形而上学的）的需要。这也就消除了任何目的性地管制生产活动的主张，以及将这类生产活动构想为先在的或恒久的主张。马克思主义意义上的**生产**，超越了"主体"与"客体"的哲学对立，以及一系列在对立基础上由哲学家们所建构起来的关系。那么，生产的这种合理性其本质究竟是如何得到规定的呢？事实上，它首先将一系列看得见、具有一定"客体性"（即被生产之物）的活动组织起来。（其次）它向那些相互关联的操作施加一种时间性的与空间性的秩序，从而获得一种共生的结果。从一种面向目的的活动出发，空间性要素——身体、四肢、眼睛——被调动起来，既包括**原料性质的**（matériaux/materials）（石头、木材、骨头、羽毛），也包括**模具性质的**（matériel）（工具、武器、语言、程序、议程）要素。于是，物质世界所进行的各种活动，其组成要素之间的关系，按照如下秩序，即同时性（simultanéité/simultaneity）与共时性（synchronisme/synchronicity）的要求，通过智力活动的方式而被建立起来。所有的生产活动，与其说被一种不可更改的或永久性的要素所规定，不如说被在**时间**（连续与连接）与**空间**（同时性与共时性）之间不断地

F87

来来往往的过程所规定。这种形式既无法与面向某种目的的方向
相分离,无法与功能(例如活动的目的与意义、用以满足某种"需要"
的能量使用)相分离,也无法和运行中的结构(技巧、技能、手势与
工作中的合作,等等)相分离。这种将原本分散的活动构成为一个
统一整体的形式关系(relations formelles/formal),是无法摆脱个人
与集体活动的物质前提的。这个结论同样适用于各种目的性活动,
不管是搬动一块石头、去打猎,还是制造一个简单的或复杂的物体。

E72　由此分析,生产的合理性就不是一般人类活动的性质与属性的结果,
也不是作为个人或社会组织的人类劳动的结果。与之相反,它是它
自己活动合理性的起源与源泉——且不是拐弯抹角的,而是直截了
当的,是其本性所固有的。这个起源对于那些不可避免的经验主义
者来说,一方面是讳莫如深的,但同时也是心照不宣的,他们使用
自己的双手与工具,调整与协调全身的动作,以便引导自己的能量
为完成某些任务而发挥功能。

F88　　大体而言,**生产概念**依然是马克思根据黑格尔的思想所表述的
那个"具体的普遍性"的同义词,虽然它从此以后已经变得有些含混
并且被掺水。这一事实的确为批判性评价提供了合理的借口。而批
判方也只是做了非常轻微的努力来掩盖批判性策略的目的:对这个
概念进行清算,也就是对马克思主义的普遍性概念进行清算,因此
也是对**具体的普遍性**概念本身进行清算。这种包藏祸心的做法,旨
在和虚无主义打情卖俏,到头来则和抽象的普遍性沆瀣一气①。

---

　　① 参看鲍德里亚(Jean Baudrillard):《生产之镜》一书(*Le miroir de la production.*
Tournai: Casterman, 1973)。——原注(中译本参看鲍德里亚:《生产之镜》,仰海峰译,
中央编译出版社 2005 年版。——中译者注)

　　观察其右倾的一方面，可以说生产的概念几乎不可能从生产主义的（productiviste）意识形态中分离出来，即从一种粗鲁的经济主义——其目的是为了自身的打算而吞并生产这个概念——中挣脱出来。另一方面，必须对此概念做出解释以便回敬左派或"极左"观点所阐述的关于词语、梦想、文本与概念的自我劳作和自我生产的观点，因为这给我们留下了一幅奇怪的图像：没有劳动者的劳动，没有生产过程的产品或者没有产品的生产，以及没有创作者的作品（没有"主体"或者没有"客体"！）。就概念的发展而言，"知识的生产"确实在一定程度上是可以被理解的：每一个概念一定会产生，也一定会成熟。但如果没有事实、没有社会存在的或"主体"的话语，你是否可以说是谁生产了概念？存在这样一个点，当对"知识的生产"这样的程式依赖的程度超过了这个点，就将导向一个危险的境地，即认为知识或许是按照工业生产的模式构想出来的，其结果就是对现存的劳动分工和机器的使用、特别是对自动化机器的使用，采取不加批判地接受的态度。或者也就是说生产的概念和知识的概念，其特定的内容全部被掏空了。这一点从一种既是"客观的"也是"主观的"观点来看——也就是把它们悉数**委托**（*carte* E73 *blanche*）给狂热的思辨与纯粹的不合理性了。

　　（社会）空间 ① 既不是许多不同物中的一种物，也不是许多不同产品中的一种产品，倒不如说，它容纳了各种被生产出来的物以及这些物之间的相互关系，即它们之间的共存性与同时性关系——它

---

　　①　从此处开始列斐伏尔进入对空间概念的界说了。——中译者注

们的（相对的）秩序以及／或者（相对的）无序。空间是一连串和一系列运转过程的结果，不能将其归结为某个简单的物的秩次。与此同时，并不存在想象的、虚幻的或"理想的"空间能与诸如科学、表象、观念或梦想等相比较。作为自身以往活动的结果，社会空间容许一些新的活动发生，它既在支持一些活动，同时又在禁止另外一些活动。在这些活动中，有些是为生产服务的，还有一些为消费（即对生产成果的享用）服务。社会空间包含了千差万别的知识。它的确切地位是什么？它与生产的关系的本质是什么？

"生产空间"（*produire l'espace/to produce space*）：这种词汇的拼凑，当成为哲学家们玩弄词藻的伎俩时，严格地讲是毫无意义的。哲学家们的空间只能由上帝来创造，这是他的第一件作品；这一点适用于笛卡尔式的（笛卡尔、马勒伯朗士[①]、斯宾诺莎、莱布尼茨的）上帝，也适用于后康德式的（谢林、费希特与黑格尔）的绝对精神。虽然稍后一些时候，在时间的连续统一体中，空间开始体现为被贬低了的"存在物"，但这种贬义并没有造成根本的区别：虽然被相对化与贬低了，但空间继续有绝对精神作依靠，或者说以柏格森意义上的绵延性作依托。

让我们想一下城市的例子：城市，它是一定历史时期社会活动所塑造、赋形和设计出来的一种空间。如此说来，城市究竟是**作品**还是**产品**？以威尼斯为例，如果我们将作品规定为独一无二的、具

---

① 尼古拉·马勒伯朗士（Nicolas de Malebranche，1638—1715），法国哲学家。他是法国天主教奥拉多利修会的神甫，著名神学家和哲学家，17世纪笛卡尔学派的代表人物。——中译者注

有原创性和初始意义的，它占据一个空间并和特定历史时期——一个处于兴衰之间的成熟期——联系在一起，那么威尼斯可以说是一件艺术作品。它正是这样一个具有强烈的表现力和浓厚意义的空间，也是一件独特且浑然一体的绘画或雕塑品。但它所表达和意指的究竟是什么或是谁？这些问题可以引发一场永无休止的讨论，因为其中的内容与意义无穷无尽。让人高兴的是，我们没有必要去知道它的答案，或者为了体验威尼斯的节日而当一位"鉴赏的行家"。是谁构想了这个城市普通建筑与纪念碑性建筑的统一性，从一座座宫殿到整个城市？事实是无人能够做到——虽然威尼斯比其他任何 F90 一个地方更多地见证了 16 世纪以来这个城市的统一的符号或者共同语言的存在。这种统一性提供了比威尼斯所提供给游客们的景观更为深刻和高远的意义。它把城市的现实与理想熔为一炉，包含 E74 了实践的、象征性的和想象的意义。在威尼斯，**空间表象**（海洋一度居于主导，且备受赞誉）与**表征性空间**（精美的线条、讲究的娱乐、各式各样的巧取豪夺与挥霍浪费）相得益彰。同样值得一提的，是运河与街道这方空间的秀水与顽石，打造了一个相互映射的城市**肌理**。在这里，日常生活及其功能与一种既复杂又出人预料的戏剧性及其戛然落幕共同延伸，并被这种戏剧性所转变。恰到好处之余，甚至给人一种疯狂的感觉。

但是这样的创造时刻已如明日黄花，一去不返了。事实上，这样的城市的荡然无存已经是近在眼前的事情。确切地说，正是因为它仍然充满着生命，虽然受到灭绝的威胁，它这件作品仍然深刻地影响着那些把它作为快乐之源的人们；而人们这样取乐的后果，就是一点一点地把它推向死亡。这种情况同样适用于某一个乡村，或某一件美丽的花瓶。这些占用某个空间的"物体",并不是被生产出来的。现在让我们想起一朵玫瑰花,"玫瑰并不知道它是玫瑰"①。显然,一座城市不可能像一朵玫瑰那样展示自己,却全然不知道自己的美丽。这样的城市毕竟是由人们与明确规定的社会群体所组成的。尽管如此,这样的城市并没有任何"艺术品"所具有的意向性特征。对于许多人而言,将某物描述为艺术品,是对它的所能想象的最高褒奖。然而,在艺术的意向性与一件自然的作品之间,有着多大的差距呀!大教堂曾经究竟是什么?答案是它们曾是政治行为。古代雕像的功能是让死者不朽,以便他们不加害于活着的人。编织品或花瓶服务于某一个目的。事实上有人会试图说,艺术的出现(稍早于它的概念的出现)意味着作品的价值的没落:没有作品是作为艺术作品而被创造出来的,因此艺术,尤其是书写的艺术——文学——只是宣告了作品的这种没落。作为一种专业活动的艺术,是否可能已经摧毁了作品并用产品——命里注定要变成用于交换的、商业的和**无限地**复制的——取而代之,尽管是慢慢地、但

F91　又是不由分说地?最美好的城市空间,能够通过摹仿花园中植物与鲜花的样子形成吗?换言之,能够按照自然作品的模式——像它们那样地独一无二,尽管培养它们的是高度文明的人类——形成吗?

E75　　　这个问题非常重要。难道作品只是站在对产品的一种超然的

---

① 参看海德格尔在其《根据律》(*Der Satzvom Grand*, Pfullingen: Neske, 1957, pp. 68-71.)(中译本参看海德格尔《根据律》,张柯译,商务印书馆 2016 年版,第 96-101 页。)一书中对阿基留斯·塞里乌斯(Angelus Silesius)的并体诗歌所作的评论。——原注

关系中吗？乡村与城市的历史性空间仅仅参照作品的概念就能够得到妥善解决吗？在这里，是否因为我们关注的集体（collectivities）概念与自然的关系太过密切，以至于在很大程度上，生产与产品的概念，从而任何有关"空间的生产"的概念，都与我们对它们的理解无关了？把作品拜物教化难道真的没有风险，甚至在创造与生产、自然与劳动、休闲与劳作、独一与复制、差别与重复，最后还有生命与死亡之间，不正当地树起层层屏障，也没有风险吗？

这种方法所导致的另外一个后果是，它迫使历史与经济两个领域之间发生极端的分裂。我们没有必要为了得出这里的一切事物总是和其他地方的一切事物具有相似性这样的结论，而把现代城镇、其郊区以及新建筑都纳入详细的考察之中。在众所周知的"建筑"（architecture）与都市性（urbanisme/urbanism）之间多多少少变得突出的裂缝，即微观与宏观两个层面上的分裂，以及这两个领域与两个专业领域之间的分裂，并没有导致持续不断的多样性。相反，显然可以悲观地说，重复性已经无所不在地打败了别具一格，人造的与设计的东西已经将自发的与自然的东西从各个领域驱逐出去，简言之，产品已经战胜了作品。重复性的空间是（工人的）重复姿势的结果，它和那些既是可复制的、也是用来进行复制设计的工具联系在一起：机器、推土机、水泥搅拌机、起重机，等等。这些空间是因为同质化才可以互相交换的吗？或者说之所以它们是同质的，是为了便于用来交换、购买与出售——即它们之间唯一的差别也是可以用货币来衡量的（可量化的，如体积、距离，等等）吗？无论如何，重复都占据绝对优势。这种类型的空间还算得上是"作品"吗？不容争辩的铁证让我们可以说它是一种**严格意义上**的产

品：它具有可复制性，因此是重复活动的结果。这样的空间毫无疑
问是被生产出来的，即使它没有高速公路、机场或公共工程那样大
F92 的尺度。这种类型空间的一个更加重要的方面是，它们持续不断地
强调可视性即视觉上的显著特征。它们生来就关心可见性：人与物
的可见性，空间以及包含在空间中的任何东西的可见性。通过视觉
化（比"［宏大］景观化"［mise en spectacle/ spectacularization］更
加重要，后者无论如何是从属于前者的）主导来掩盖重复性。人们
E76 **看**（seeing），靠眼界，靠眼力。他们为了生活而看。我们根据图纸
与计划来建设，我们按照形象购买。观察（sight）与看（seeing），它
在西方文化传统上一度是智慧的缩影，倒头来却成了一个陷阱：通
过这种方式，在社会空间中，对多样化的模仿和对启蒙与可理解性
的各种歪曲表现，都在透明的符号伪装之下安顿下来。

让我们再回到威尼斯这个典型事例上来。威尼斯其实是一个
独一无二的空间，一个真正的奇迹。但它是一个艺术品吗？非也。
因为它不是按照预定的计划发展的。它是海洋之子，但它是慢慢地
降生出来的，不像阿佛洛狄特神①（Aphrodite）那样是瞬间出现的。
最初，存在一些挑战（对自然，对敌人）与目的（商业贸易）。这块
定居地空间坐落在一片潟湖上，周围环绕着沼泽、滩涂和出海口，
它和一个更为广大的空间须臾不可分离，这就是一个商品交换的体
系，虽说它还不具有世界规模，但却占据着整个地中海与东方的市
场。威尼斯发展的另一个先决条件就是由伟大的设计所确保的连

---

① 古希腊的司爱与美之女神。——中译者注

续性，通过一项项不断持续的推想，通过一个政治阶级的主宰，通过商业寡头的"制海权"。最开始是向潟湖的泥浆中倾倒一堆堆的土石，当然，这个城市的每一个地方都是被人们——被政治"首领们"，被那些支持他们的群体，还有那些实施建造工作的人们——所规划与付诸实现的。在对海洋的挑战做出实际反应（修建港口、航海路线）之后，接踵而至的是公众的聚会、节日以及大型的典礼（诸如总督与海神的婚礼），还有建筑投资。在这里，我们可以看到，一方面，按照集体意愿与集体思想所建立的地方；和另一方面，该时期的生产力之间的密切关系。因为这里历来是一个**劳动**的地方。掘土打桩、建设码头、铺设港口设施、筑造宫殿——所有这些任务也构成了社会劳动，一种在困难的条件下、在不论如何都注定获利的政治阶级意愿的强制下进行的劳动。因此，在威尼斯这件作品的背后，是生产做出的保证。这种社会剩余生产（social surplus production）——一种前资本主义的剩余价值形式——的出现，不是已经预示了事物的形态吗？就威尼斯的例子而言，需要在其影响中再补充一条，即剩余劳动与社会剩余生产不仅在当地实现了，而且在当地——也就是威尼斯这个城市——获得了最大程度的扩张。将剩余生产用于满足审美性需要，以便迎合那些尽管冷酷无情、却有着惊人的天资和高度文明教养的人们的趣味，这一事实决不能掩盖住剩余生产的来源。整个威尼斯的目前正在衰退的显赫，自建成伊始便依赖于它那经常不断地重复的姿势，这在木匠和石匠、水手与码头工人们身上得到了体现，当然还有经年累月地经营着他们事业的显贵们的一份功劳。同样地，威尼斯的每一个微小的部分都是这首伟大圣歌的一分子，它表现在千差万别的庆典、狂欢、奢侈的

F93

E77

典礼中的愉悦和创造力上。如果确实有一种维持作品与产品之间区别的需要，其重要性肯定无疑地是非常相对的。也许我们会发现，在作品与产品这两个术语之间存在着某种比较微妙的关系，而不是要么统一要么对立的关系。每一件艺术品都占用一个空间，它也形成与塑造这个空间。每一件产品占用一个空间，并在其中流转循环。因此，问题在于这两种样式的被占用的空间之间存在什么样的关系。

甚至在威尼斯，社会空间的生产与再生产也是与生产力（还有生产关系）紧密联系的。就生产力的发展而言，它们也不是接管了一个现成的、空无一物的或中立的空间，或者是一个仅仅由地理、气候、人类学或其他类似的值得考虑的因素所规定的空间。我们并没有充分的理由把艺术品与产品彻底地区分开来，以至于让艺术品完全超越产品。从这个结论中得到的教益是，我们从中看到了某些辩证关系的前景，即艺术品在某种意义上内在于产品；与此同时，产品也不会将所有创造性都压制成重复性的服务。

社会空间既不可能通过自然（气候、地点），也不可能通过其从前的历史而得到充分的说明。生产力的增长同样也不能以直接而随意的方式造就特定的空间或特定的时间。中介物或中介人必须被纳入考虑，包括群体的活动，存在于知识、意识形态或者表象领域的因素。社会空间囊括了千差万别、形色各异的物，既有自然的也有社会的，也包括为物质与信息交流提供方便的网络通道。这样一些"物"因此不仅是物体而且是关系。作为物体，它们包括可辨别的特性、轮廓与形式。社会劳动改造它们，通过重新安排它们在空间—时间构型（configuration）中的形态，而没有必要影响它们的肌理和它们的自然状态（例如，一个岛屿、一条河流或一座高山）。

现在让我们转向另外一个例证，又一个**意大利**的例证：托斯卡纳（Tuscany）。值得注意的是，毫无疑问，这是因为意大利的前资本主义的历史含义特别丰富，其向工业时代跨越的增长特别迅速，E78 虽然这种进步被 18 世纪和 19 世纪的衰退和相对滞后所抵消。

大约从 13 世纪开始，托斯卡纳市的商业和市民统治寡头便开始变革贵族统治或庄园制，他们通过建立**分益佃农制**（métayage）（或**佃农式农奴制**［colonat partiaire］）而在这片土地上获得了继承权：农奴被分益佃农所取代。**分益佃农**（métayer）被获准可以从他所生产的产品中分享一份成果，他拥有产品中的既得利益，从而不再像一个奴隶或农奴。这种趋势快速流行开来导致了一个新的社会现实，这种现实既非单独依赖于城镇，也非单独依赖于乡村，倒不如说是立足于两者的空间（辩证）关系基础上，这是一个以其自身的历史为基础的空间。都市资产阶级既需要供养城镇居民、投资农业，还需要把整个地区作为一个可掌控的市场来利用，因为它供给市场谷物、毛织品、皮革，等等。面对这些需求，资产阶级按照预先构想的计划和模式，对整个国土、乡村进行了变革。以**农舍**（poderi）而著称的分益佃农的房屋，是围绕着一座领主的官邸而建立起来的，领主时不时地会来这里小住一番，他的管家仆从则把这里当作常驻的基地。**农舍**与官邸之间有一行行的柏树与小径隔开。作为财产、不朽与恒久拥有的象征，这些柏树将自己镶嵌在乡村田 F95 野之中，充满着神奇与意义。这些树木与园中小径构成的纵横阡陌,让土地看起来布局整齐、错落有致。这种空间安排的效果是由透视法引起的,这一法则同时在都市建筑环境中的广场设计上得到了最大限度的实现。城镇与乡村——以及它们之间的关系——也为意大利的画师们催生出了一个广阔的空间,在他们中间首先出现了意大利锡耶纳学派,出现了同一、规范和发展。

在托斯卡纳,如同在同一时期的其他地方(包括法国,对此我们将有机会在后面有关"空间的历史"部分详加讨论),这不单单是一个物质生产问题和相应的社会形式的外观表现问题,甚至也不是物质现实的社会生产问题。新的社会形态并没有被"镌刻"在从前的空间之中。更确切地说,空间既不是乡村也不是都市所生产的,而是二者之间新发生的空间关系的一个产物。

当然,究其原因,这种转变是由生产力的增长——手工业、早期工业、农业的发展——所引起的。但这种增长只能经由城乡之间的关系,因此经由那些推动发展的社会集团,也即城市寡头与部分农民,才能发生。结果带来了财富的迅速增长,因此也是剩余生产的增长,它们反过来对最初的条件又发生了反作用。用于宫殿与纪念碑性建筑的奢华开销,给艺术家(主要是画家)提供了一个按照自己的风格表达所发生的变化的机会,展示他们所感知到的事物。这些艺术家"发现了"透视法并且发展了这种理论,因为一种可透视的空间就在他们面前,因为诸如此类的空间已经被生产出来了。得益于事后的分析,作品与产品在这里才可以区分开来。然而把二者彻底分开,在它们中间劈开一道根本的裂缝,就相当于毁掉了使二者得以创生的这场运动;甚至也可以说,既然它对于我们来说还没有改变，那就毁灭了这场运动的概念。如果没有冲突，没有阶级斗争——贵族和上升中的资产阶级之间的斗争，城镇中的**少数人**（*popolo minuto*）与**多数人**（*popolo grosso*）之间的斗争，城里人与乡下人之间的斗争，等等——我所描述的增长以及伴随而来的发展，便不可能发生。这些事件的后果在很大程度上相当于 F96 在法国部分地区以及欧洲其他地区所发生的**公社革命**（*révolution communale*），但托斯卡纳的整个变革过程的不同方面之间的关系，要比其他地区的更为人们所熟知，实际上在托斯卡纳各种痕迹更加明显，影响也更加令人惊心动魄。

　　于是，从这一过程中涌现出来一种新的空间表象：视觉透视通过画家的作品表现出来，并首先由建筑师后来由几何学家构造成型。知识来源于实践，并在实践的基础上通过将其形式化和运用逻辑秩序，而得以完善。

　　当然，这并不是说在这一时期的意大利，甚至是在佛罗伦萨与锡耶纳附近的托斯卡纳，市民与村民已不再用传统的情感与宗教方式体验空间了，也就是说，他们不再通过对遍布世界（特别是对于每个人来说具有特殊意义的地方——他的身体，他的房屋，他的土地，还有教堂与接纳他的死亡的墓地）的善恶力量之间相互影响的表征方式体验空间了，这种说法是不对的。实际上，这种**表征性空间**在画家与建筑师的许多作品中得到了一贯的描绘。问题仅仅在于，某些艺术家与学者达成了一种迥然不同的**空间表象**：一种同质化的、划界明确的、带有地平线与没影点的空间。

第 二 节 ①

E80　　当历史迈向 19 世纪中叶，在少数"发达"国家，一种新的现实开始扰动人们的心灵，因为它提出了大量暂时无法解决的问题。这种"现实"——借用一种通常的或者粗鲁的说法——没有提供一种明确与独特的方式用以对它分析和行动。在实践领域，它是通常所说的"工业"；在理论思想领域，它是"政治经济学"，二者相伴而生。工业实践带来了一系列新的概念与问题；对这些实践的反思，连同

F97 对过去历史的反思以及对新生事物的批判性评价（社会学），催生了一门不久之后即将占据统治地位的科学，即政治经济学。

　　那个时代的人们实际上是如何行事的，不管是那些声称对知识负有责任的人们（哲学家、学者，特别是"经济学家"），还是那些声称对行动负有责任的人们（当然是政治家，还有资本主义企业家）？他们当然是按照对于他们来说似乎是牢固的、无可辩驳的、"实证的"方式（参考同一时期出现的实证主义）行事。

　　一些人罗列了各种事物和产品。一些人，诸如富有灵感的查尔斯·拜比吉②，描述了机器；还有一些人则描述了机器的产品，强调这些产品被生产出来是用以满足需要；以及向这一切开放的市场。除了少数的例外，这些作者大都陷于琐碎的细节，被纯粹的事实所

---

　　① 自此节开始，列斐伏尔重点讨论社会空间的生产问题。——中译者注

　　② 查尔斯·拜比吉（也译巴贝奇）（Charles Babbage, 1792—1871），英国文学家、数学家、哲学家、机械工程师，是巴贝奇—分析仪（用于公式演算的多功能计算机）和差分机的发明者。——中译者注

淹没。虽然起初的根基的确（像原来那样）似乎是牢靠的，但他们的努力却没有达到目标。不过在一些极端情况下，将对某些机械手段或者销售技术的描述冒充为在术语上具有最高意义的知识，是没有障碍的（几乎不需要指出，这一点在最近一个世纪或更久的时间内，变化实在是太少）。

　　物与产品被折算成或者说被还原为货币这一普通的尺度，并没有道出它们的真理；相反，将它们的本质看作物或产品，恰恰掩盖了这一真理。但这并不等于它们什么也没有说：它们使用自己的语言，即物与产品的语言，去兜售它们能够提供的满足以及它们可以满足的需要；它们还使用语言来撒谎、伪装，不仅仅掩盖了它们所包含的社会劳动量、它们所体现的生产劳动，而且还藏匿了它们赖以建立其上的剥削与支配的社会关系。与所有的语言一样，物的语言 E81 的用处就在于既能说谎也能说出真理。当物变成商品时便撒谎，以便掩盖其来源即社会劳动，它们试图把自己说成绝对真理。产品及其（在空间中）所建立起来的循环运动被拜物教化了，从而变成了比现实本身更加真实的"现实"，即比生产活动本身更真实的东西，由此取代了现实本身。这种趋势在世界市场中达到了最极端的表现。物掩盖了一些非常重要的东西，它甚至能把这一点发挥得更加淋漓尽致，只要我们这些"主体"离不开它们，离不开它们带给我们的快 F98 乐，不管是真实的还是虚幻的（沉溺于快乐中又如何能分辨真假？）。但是假象与幻觉并非存在于物的功能或从它而得的欢愉之中，而是存在于物本身之中。因为物是虚假的符号与意义的基础。成功地撕开社会关系的**物**的面纱，正是马克思的伟大贡献，也是马克思主义思想中最久经考验的内容，不管那些自称马克思主义者的人们变换怎样的政治倾向。山边的一块岩石、一朵白云、一片蓝天，树上的一只鸟，你当然不能说它们中的任何一个说谎。自然如其所是地呈现自我，有时残忍有时慷慨，但并不刻意欺骗；它或许有很多方面让我们惊恐，但它从不撒谎。所谓的社会现实则是双重的、复杂的、多元的。那么，在何种程度上它提供了一个完整的现实？如果仅从物质的意义上理解现实，那么社会现实便**不具有**现实性，也不是真实的。另一方面，社会现实包含并体现了一些非常具体的抽象物（包括不能被过于频繁地强调的货币、商品以及物质产品交换），以及一些"纯粹"的形式：交换、语言、符号、等价、互惠、合同，等等。

按照马克思的观点（凡对此有过深入思考的人，都不想摧毁这个基本的分析前提），仅仅注意物的存在，无论是特殊物还是一般物，就会忽略了物同时所体现与掩盖的内容，即社会关系以及这些关系的形式。当内在于社会事实的那些关系不再被关注，知识便失去了目标；我们的理解便沦落为只是对没有确定和无法确定的多种多样的物的确认，我们便陷入对事物归类、描述与细分之中不可自拔。

为了实现对意义的颠覆与革命，从而揭露出本真的（véridique/authentic）意义，马克思不得不推倒一个时代的确然性，于是 19 世纪对物、对现实的顽固信仰必然落空。"实证的"（positif/positive）与"实在的"（réel/real）从来不缺乏来自常识与日常生活的观点的辩护或者强有力的支持，所以马克思的著作充分地鞭挞了这些主张。当然，公允而言，马克思之前，哲学家们已经做过这方面的许多工作，在相当程度上侵蚀了常识平静的自信。但只有到了马克思那里，他才摧毁了那些诉诸超验、良心、心灵、人性的哲学抽象：他还不得不在超越哲学的同时又保留真理。

在今天的读者看来，马克思的著作似乎充满啰唆而陈旧的论辩。尽管有些冗长，这些讨论并没有丧失其重要性（当然，这不是说我们要向正统马克思主义更为冗长的评论风格表示感谢）。在马克思的时代，已经有许多人准备为由经济、社会或政治理性所带来的进步大唱赞歌，他们很乐意把这种理性想象成一条通向"更美好"现实的道路。马克思回敬了这些人，他揭露所谓的"进步"其实不过是生产力的增长，它不仅不能解决所谓的"社会"与"政治"问题，并且注定会加剧问题的严重性。另一方面，对那些为失去的旧时代而痛心疾首的人们，马克思指出，生产力的不断增长向我们打开了崭新的可能性的大门。而对那些急切盼望一场立竿见影的行动的革命家们，马克思向他们提供思想；对那些事实的收集家们，马克思提供理论，告诫他们理论的"操作性"入口只有在未来才显露出来：例如生产组织理论以及计划理论。

另一方面，马克思又重回主流趋势——统治阶级的趋向，虽然不易觉察——所不惜一切代价去回避的内容。具体来说，这些内容包括生产劳动、生产力，以及生产关系与生产方式。与此同时，与将现实碎片化的趋势相反，也与将现实拆解成"事实"与统计资料的趋势相反，马克思确认了社会关系最一般的形式，即交换（交换价值）的形式。（这里需要强调的是，这不是它们专有的形式，而是最一般的形式）。

现在让我们暂时思考一下任何给定的空间，任何给定的并非是"空"的"间隙"（interval）。这样的空间中包含着物，但空间本身并不是物或物质"客体"。那么它是一种浮动的中介物、一种简单的 F100 抽象物，抑或纯粹的形式吗？确切地说，不是，因为它是有内容的。

E83　　　我们已经引出了这样一个结论：任何空间都体现、包含并掩盖了社会关系——尽管事实上空间并非物，而是一系列物（物与产品）之间的关系。我们能够说它将会或者倾向于变成绝对之物吗？回答一定是肯定的，因为每一种通过交换（即获得商品的身份）而实现了自主的物，都倾向于成为绝对物——一种倾向性，它事实上定义了马克思的拜物教概念（资本主义条件下的实践异化）。然而这种物从未完全变得绝对，也从未完全脱离活动、使用、需要和"社会存在"。这对空间意味着什么？这是问题的关键。

　　当我们放眼大片的麦田或玉米地时，应该十分清楚地意识到，这些田垄犁沟、播种的方式、地界，无论它们是由树篱围起来的还是铁丝网圈起来的，都代表着生产关系与财产关系。我们还意识到，未开垦的土地，不管是优质的还是劣质的，情况则不完全如此。空间越是不摆脱自然，就越难进入生产的社会关系。这并不让人惊奇，这一点同样适用于一块岩石或一棵树。另一方面，这种类型的空间，即自然特质占据优势的空间或者其中包含自然特质占据优势的物的空间，就像自然界本身那样，正在衰退。以国家公园或区域公园为例，我们很难说这些地方究竟是自然的还是人工的。事实上，一度曾经占优势的"自然"特质已经变成一种附属的特性；与之相反，空间的社会特质——它所体现、包含与掩盖的社会关系——开始**明显地占据**主导地位。不过，这种典型的可视的性质并不意味着对其内在的社会关系具有解译的能力；相反，对这些关系的分析正变得愈来愈艰难和矛盾重重。

　　例如，我们能够对一处农民定居点说些什么？它包含并体现了特定的社会关系；它庇护了一个家庭，一个属于某一特定国家、地

区与乡土的家庭；它也是某一特定场所与特定乡村的组成部分。不
管这个定居点是多么奢华或者简陋，它都同样既是作品又是产品，
即使它总是一成不变地对其中一种具有代表性。它或多或少地保 F101
留了自然的印迹。它是作品与产品、自然与劳动、象征领域与符号
领域之间的一种中介。它制造了一个空间吗？是的。它是一种自
然的还是文化的空间？是直接的还是通过媒介？如果是后者，由谁
或什么目的引起的？它是给定的还是人为的？对于这种问题回答 E84
只能是：两者都是。答案之所以模棱两可，是因为问题太简单了：
在"自然"与"文化"之间，如同在作品与产品之间，复杂的关系已
经建立。这一点同样适用于时间与空间中的"物"。

比较一下某个地区或国家的不同地图，就拿法国来说，我们便
会为它们之间显著的差异而感到吃惊。那些用来显示"美丽的景
点"、古迹与名胜的地图，被辅之以优美的修辞手段，相当明显地意
在制造诱惑力。这种地图标示出那些希望从历史和起源符号中获
得营养的贪婪的消费者所愿意选择的地方。如果这些地图与它的
指南是可信赖的，那么就会有大片货真价实的景点恭候你的光临。
那些方便使用的说明册，它们所使用的符号甚至比说明册本身更加
具有欺骗性，因为这些符号更加远离现实。另外，请打开一幅法兰
西公路地图或其他交通地图，但这是另一份简单的、法国式的路线
图，它所宣告的东西，不是面向那些单纯的目光，而是面向稍有经
验的分析者。这份路线图的意义既是清楚的，又是隐晦的，两条对
角线式的交叉线像一个子弹袋一样，穿过想象中完整不可分割的法
兰西共和国。从贝尔莱唐到勒阿弗尔港，经过罗纳河谷（巨大的三
角洲）、索恩河和塞纳河，这个狭长地带代表了一个狭窄的过度工业

化和过度城市化的区域，从而把我们亲爱而古老的法国的其他地区贬为不发达地区和拥有"旅游潜力"的地区。直到近些年，形势的发展仍然是一个秘密的、一项只有少数专家知晓的计划。今天（1973年夏天）它则成为一般的知识——陈词滥调。但也许并非如此陈腐不堪，如果你从旅游地图再转向一张用于在法国南部进行军事运作与部署的地图的话。由此我们很容易看到，除了那些被界定为用于旅游、国家公园的地方之外，这个巨大的地区已经被打上记号，也就是说，由于经济与社会的衰退，它的大面积土地注定了要被军事征用，这些边远地区被多种军事目标视为理想的服务之所。

F102

　　这些空间是被**生产**出来的。用来生产它们的"原料"是自然。这些空间是活动的产物，这些活动包括但不限于经济与技术领域，因为它们也是政治的产物，是战略性空间。"战略"（stratégiques/strategy）一词隐含了大量的生产与活动：它是战争与和平的混合物，是制止危机事件的军事贸易，是对**边缘**（périphériques/peripheral）空间丰富资源的利用，和对工业、城市与国家控制中心地区财富的利用。

E85

　　空间生产从来就不是生产一千克食糖或一码布意义上的生产，也不是对诸如食糖、小麦、布匹之类的产品生产地点或场所的一种总称。它是按照上层建筑的模式而产生的吗？回答同样是否定的。说得更确切一点，它既是上层建筑的先决条件又是其结果。国家与构成它的每一个制度都需要空间——但这是一种可以按照它们的特定要求而组织起来的空间；因此，空间在这里决不意味着仅仅是这些制度与支配这些制度的国家的先决条件。空间是一种社会关系吗？当然——但它内在于财产关系（特别是土地所有权）并与生产力（它们强加给土地一种形式）有着密切的联系；这里我们看到了社会空间的多元相关性，它的"现实性"既是形式上的也是实体上的。尽管作为一种被使用、被消费的**产品**，但它也是一种**生产资料**：原料、能源交换与流通的网络塑造了空间并被空间所决定。因此，这种生产资料同时作为被生产之物，是既不能脱离生产力（包括技术与知识），不能脱离塑造它的社会劳动分工，也不能脱离国家与社会的上层建筑的。

第　三　节 ①

因此，随着社会空间的发展，它的概念变得越来越宽泛。它渗透、甚至侵入生产概念，成为生产概念内涵的一部分，也许还是最根本的一部分。这确立了一种非常独特的运动过程的辩证法，即当它适用于物（财富、商品、物品的交换）时，尽管它并不消灭原有的生产—消费关系，但的确通过扩张而修改了这种关系。这里形成了一个不同层面事物的统一体，而一般的分析通常会将它们彼此分离：生产力及其构成要素（自然、劳动、技术与知识）；结构（财产关系）；上层建筑（制度与国家本身）。

F103

我们需要多少张描述性的或地理学意义的地图，才能够对某个给定空间的意义和内容进行详尽无遗的编码与解码呢？我怀疑在回答这类问题时是否能够给出有限数量的答案。我们最有可能面

---

① 从本节开始到第七节为止，列斐伏尔集中讨论科学的批判的社会空间概念与理论问题说到底是一个社会生产的问题。——中译者注

对的是一种瞬时的无限性，让人联想到蒙得里安（Mondrian）[1] 一幅

E86 画中的情形。不仅符码——地图的图例，用于制图与读图的简易符号——易于改变，而且符码所代表的对象、用以观看符码的透镜与测量的标尺，也容易改变。认为少量地图甚至一张地图就够了，这种观点只适用于特殊的研究领域，即它的自我肯定依赖于它与周围环境的脱离。

今天有太多重要的信息数据，要把它们全部绘制出来，即使不是不可能的，也是太困难了。例如，在何处、如何、由谁、为何储存和处理信息？计算机技术如何部署并且为谁服务？在这方面我们的认识足以让我们怀疑存在一个特殊的信息科学的空间，但却不足以充分地描述这个空间，更谈不上对这个空间有充分的了解。

我们所面对的不只是一种社会空间，而是很多种——的确，有无限多样、无以计数的社会空间，我们一般性地称之为"社会空间"。在增长与发展的过程中不会有空间消失，**世界性并不消灭地方性**。这并非不平衡发展规律的后果，而是它自身的规律。社会空间相互交织也是一个规律。被孤立地看待的空间只能是一种抽象物，作为一种具体的抽象物，它们获得了"真实的"存在，借助网络与路径，

F104 依靠一系列关系的纽带。例如横贯全球的通信网络、交换与信息网络。值得注意的一个重要现象是，这些新发展起来的网络并不消灭早期社会空间背景下经年累月建立的那些网络，它们一起构成了各

---

① 蒙得里安·皮特（Mondrian, 1872—1944），荷兰画家，作品以交错的三原色为基色的垂直线条和平面为特点，他的著作包括《新造型主义》（1920 年），对抽象艺术的发展曾经产生很深的影响。——中译者注

式各样的**市场**：地方的、地区的、国家的与国际的市场；这些市场包括商品市场、金融或资本市场、劳动市场，以及作品的、象征物的与符号的市场；最后还有——最近新创生的空间中的市场。每一种市场都稳固下来并通过网络的途径取得了具体的形式，这些网络包括商品交换条件下的购销点网络、资本循环条件下的银行与股票交易网络、劳动市场条件下的劳动力交换网络。而相应地，城市中的建筑则是这种演化的物质证据。因此，千姿百态般地涌现出来的社会空间，特别是都市空间，比古典（欧几里得／笛卡尔的）数学的同质性和均质性空间复杂得多，让人联想到**千层糕一般**的结构。

　　社会空间相互渗透和／或互相叠加（superposent/superimpose）。它们不是**物**，没有那种相互限制的边界、容易引起冲突的轮廓或其惯性的结果。借用"片"与"层"等词汇比喻它们是有严重缺陷的：通过隐喻的而不是概念化的方法，空间被同化为物，空间的概念因而被矮化到抽象的领域。可见的界限，如通常的高墙与围墙，为它们的空间制造了一种与周围空间的明显区分，而事实上这里本是一个区分模糊的连续体。一套住房的空间，它的卧室、室内或庭院的空间通过栅栏或围墙以及所有私人所有权的标识，与社会空间分割开来，但仍然从根本上保留着社会空间的成分。这些空间也不能被想象为空洞的"介质"、某种与其包含的内容物迥然区别的容器。它们经历时光而形成，可以相互区别但并不相互分离，既不能将它们与诸如天文学家霍伊尔（Hoyle）等人提出的地域空间相比较，也不能与地质沉积层意义上的空间相比较，虽然地质学比喻要比任何数学比喻显得更合理一些。在我看来，可以在流体力学领域找到一种更有效的类比，小型运动的叠加原理告诉我们规模、方向与节奏

E87

F105

的作用的重要性。大型运动，宏大的节奏与巨大的波浪——这些运动是相互冲突与"相互干扰"的；而较小型的运动则是相互渗透的。按照这种模型的思路，任何社会场所也只有将两种决定性力量纳入思考，才能得到适当的理解：一方面，这种场所会被动员，被主流趋势裹挟着向前，有时候又被主流所击碎，这些趋势是彼此干扰的；但另一方面，它还会被那些以网络与途径为特征的较弱的趋势所渗透与充满。

当然，这里不是要解释是什么生产出了各种运动、节奏与频率；不是解释它们是如何维持的；也不是解释在主流趋势与次要趋势之间、战略层面与战术层面之间，或者网络与地点之间，是如何维持某种不稳定的等级关系的。流体力学隐喻所提醒人们的一个进一步的问题是：一种独特的分析与解释如果用得过了头就会引起严重的错误。利用物理现象（波、波的种类，与它们相关的能量——用波长对辐射进行分类）也可以得到一种相似的分析结论。但不能用它们来指导整个理论。它们作为一种解释范式的自相矛盾之处是：波长越短，到达每个离散要素的相对能量值便越大。社会空间中有E88 什么可以与物理空间的这个规律相比较？也许有，因为任何一种实践的与社会的"基础"可以说都保持着一个具体的存在，因为任何对于既定的主要战略趋势的以暴制暴（抗衡），总有其特殊的和地方性的资源，可将之称为一种基层"元素"的能量——这种能量来自于"基层的"运动。

尽管如此，社会空间的**各种地方/场所**（lieux/places）还是非常F106 不同于自然空间的，不能将它们等量齐观：它们或许相互间夹、相互结合、相互叠置——有时甚至是相互冲突。结果是，地方的（或

"正点的"，从"被特定的点所决定"的意义上来说）不会消失，因为它从来没有被地区的、国家的甚至全世界的层面所吞没。国家与地区层面容纳了无数个"地方"；国家空间包括地区；而世界空间不仅包括国家空间，而且甚至（至少从目前情况来看）通过引人瞩目的分裂过程促进了新国家空间的形成。所有这些空间与此同时由千变万化的潮流所贯穿。社会空间的超级复杂性到现在应当说已表露出来，它包括独立的实体及其特殊性，相对固定的点，运动、流与波，等等——其中一些相互渗透，另外一些互相冲突。

社会空间的相互渗透与相互叠置原理带来一个非常有帮助的结论，因为这意味着每一个受到分析的社会空间的瞬间，不是只掩盖了一种社会关系，而是掩盖了许多社会关系，这些都有可能从分析中揭露出来。与此同理，它也让人回想起商品的经历：作为对需求的回应，它们来自于劳动分工，然后进入交换的循环之中，如此等等。

我们最初的假设现在已经被大大地扩展了，需要做如下几点评论：

1. 无论是实践方面还是理论方面，目前的情况与19世纪中叶一度广泛出现的情况具有某种相似性。一系列崭新的问题，或用哲学家们的说法——新的"问题框架"，正处在夺取旧问题的地位的过程中，新问题替代了旧问题并将自己叠加在旧问题之上，却没有完全消灭旧问题。

那些最为正统的马克思主义者，无疑是想否定目前这种状况的。他们仍然顽固地坚持只使用通常意义上的物的生产，即货物与商品的生产来研究生产问题。他们甚至不愿意承认，因为城市构成了一种生产资料（相当于是它所体现的"生产要素"总和之外的某

E89　些东西），在生产的社会性与生产地点的私人占有之间，存在着某
种冲突。他们的态度既看不起一般的思想也看不起批判思想。还
有一些人甚至走得更远，他们声称任何关于空间、城市，关于全球
F107　与都市区域问题的讨论，对于阶级斗争而言，只会模糊"阶级意识"，
从而使工人变得涣散，所以人们不必把时间浪费在这些愚蠢的问题
上。不幸的是，我们在后面章节还将不得不回到这种抱怨上来。

2. 我们关注的焦点是空间。空间的问题框架——包含了都市
领域（城市及其蔓延）和日常生活领域（被计划的消费）的问题——
取代了工业化问题框架。这对早期的问题系列并没有构成破坏：从
前得出的社会关系现在仍然被公认，说得确切一点，新问题乃是社
会关系**再生产**的问题。

3. 在马克思的时代，经济科学（毋宁说是想把政治经济学提升
到一门科学的高度）淹没在对产品（物品、事物）的计算与描述的汪
洋大海之中——运用一种簿记的方法。那时候已经有一批专家等
待着拆分这些任务，他们借助概念或伪概念实施这项工作，尽管还
未被看作具有"操作性的"概念，它们已经被作为一种有效的工具，
用以对事物进行归总、计算，并在认识上对"事物"进行粗略的分
类了。而马克思通过对生产活动本身（社会劳动，生产关系与生产
方式）的批判性分析，以一种分庭抗礼的方式取代了那种把物当作
"物自体"的研究。他复活并更新了所谓经济科学奠基者们（斯密与
李嘉图）首创的理论，并将这些融合进他对资本主义的根本性批判，
从而实现了更高水平的知识。

4. 今天我们需要一种与此类似的方法，不是对空间中的物而是
对空间本身进行分析，以便揭穿镶嵌在空间中的社会关系。主导趋

势将空间割裂和切成碎片，并且只是对空间中容纳的事物——各式各样的物——进行清点。专业化过程将空间裁截成不同的部分，并在这些部分上竖起思想的栅栏或实践-社会的界桩。于是建筑学家分到了建筑空间作为自有的家当，经济学家占据了经济空间，地理学家得到了属于他们自己的"阳光下的地盘"，如此等等。占主流 F108
地位的**意识形态**趋向于按照社会分工的要求把空间分割成支离破碎的部分。它基于空间是一个被动的容器这样的思想来理解印象 E90
中各种力量对于空间的占领。我们没去揭开空间中潜在的社会关系（包括阶级关系），没去关注空间生产及其所固有的社会关系——这种关系将一种特殊矛盾引入生产，因此在生产资料的私有制与生产力的社会化之间回响着矛盾——而是掉进了把空间仅仅当作"空间"自身（即就空间论空间）的思想陷阱。我们开始使用"空间性"来思考，这就可能把空间"拜物教"化，走回陈旧的商品拜物教的老路。其代价是中间早就设置了圈套，把人引向一种孤立地看待事物、就事论事的错误思想上去了。

5. 空间这个问题框架无疑是由生产力的增长所引起的（我们最好避免仅仅讨论"增长"这样的话题，因为这种抽象是意识形态惯用的手法）。生产力与技术现在允许介入任何一个层次的空间：地方的、地区的、国家的、全球的，空间作为一个整体——地理的或者历史的空间——因此被改变；但空间的根基并没有随之而被消灭。那些根基，就是最初的"点"，最早的中心或纽带，以及场所（地方，区域，国家），它们处在社会空间的不同层次上，在那里，自然空间被一种作为产品的空间所取代了。通过这种方式，反思性的思维从生产出来的空间，从生产的空间（空间中的物的生产）进入空间自身的生产。这归功于生产力（相对）持续不断的增长过程，但是受限于支配性的生产关系与生产方式之间（相对）不一致的框架。随之而来的问题是，在我们充分掌握空间生产这个概念之前，必须将意识形态——它竭力掩盖生产力在一般生产方式中的作用，特别是在占支配地位的生产方式中的作用——驱逐出去。我们首先要摧毁那种促进了抽象的空间性以及使空间的表征变得支离破碎的意识形态。很自然地，意识形态并不把自己的面目真实地表现出来，而是假冒已经建立起来的知识。我们的批判任务的复杂性与艰巨性在于这样一个事实，即它不仅要适用于空间的（精神）形式，也要适用于空间的实践（社会）内容。

  6.空间科学的研究已经从多个角度——哲学、认识论、生态学、地理学、系统论（决策体系、认知体系）、人类学、民族学，等等——开展好多年了，然而它却始终蹒跚在生存的边缘而没有真正地形成。这种状况令这一领域的研究者十分烦恼，然而其中的原因却并非遥不可追。有关空间的知识在描述（description）和解剖（dissection）之间摇摆不定，空间中的物或者空间的要素都被予以描述，地方空间被从社会总体的空间中割离出来以便审视。地理学的空间、民族学的空间、人口统计学的空间、信息科学的空间，等等，无穷无尽的空间摆在我们面前。在别的地方我还听说过图画的空间、音乐的空间或可塑的空间。但一直被人们所忽略的一个事实是，这种空间的碎片化不仅符合语言本身的发展趋势，符合各种专家的期望，也符合现存社会的目标。现存社会在一个被严格控制因而是同质化总体的总体框架中，分裂成形形色色的空间：居住、劳动、休闲、运动、旅游、航空，等等空间。当关注的重心要么转向空

间中的存在物（就物论物，关于它们自身、它们的过去或它们的名
称），要么转向空洞的空间本身而与它的容纳物相剥离——也即要
么关心空间中的物，要么关心没有物的空间，一个中性的空间——
其结果是所有的焦点都丧失了。事实是由于对局部表象的偏爱，这
种对于空间的知识研究被搅乱，被意外地整合进现存的社会中，被
迫在这种社会框架中运行。它不断地放弃任何整体的视野，接受一
些片断化的和鸡零狗碎的知识。一次又一次地，它基于这样那样一
些问题进行武断的"总体化"，由此造出来另外一种"专业化领域"。
当务之急是要在这种想象的或者追求的"空间科学"与空间生产的
真正知识之间进行清晰的划分。这样的空间真知，比起那些进行解　F110
剖、解释与表征的所谓空间知识，更有希望通过空间而发现空间中
的**时间**（首先是生产的时间）。

　　7. 我们希望获得的真正的知识应当既有回溯性的（rétrospec-
tive）也有展望性（prospective）的入口。例如，如果我们的假设被证
明是正确的，那么它对于历史，对于我们理解时间的意义，都将是
显而易见的。它有助于我们把握社会如何生产出它们的空间与时
间，即它们的表征性空间和空间表象。它让我们不是去预知未来，
而是重新思考对展望中的未来——换言之，另一个（可能的与不可　E92
能的）社会中的另一种空间与时间——会产生影响的相关因素。

第 四 节

　　我们出人预料地提出需要进行"空间的批判"，很容易让人觉
得不无悖谬，甚至是思想上反常。首先，人们会追问这种表述到底

意味着什么。一般来说，我们可以批判一个人或一件事，但空间却
并非二者。用哲学的术语来说，空间既非主体也非客体，我们如何
能充分地掌握它呢？所谓批判的精神（一种在掺了水的马克思主义
批判理论那里显然达到了顶点的精神）也是无法达到的。也许这种
困难能够解释为什么建筑与都市化领域的批判不能与艺术、文学、
音乐与戏剧领域的批判相媲美的原因了。这种批判似乎有一种理
所当然的需要：它的对象至少应该如日常消费的审美对象一样重要
和有趣，我们讨论的毕竟是我们生活于其中的场景（setting）。文
学、艺术或戏剧的批判与人和制度相关，比如与画家、商人、美
术馆、演艺场，博物馆，以及其他的如出版人、作家和文化市场
等有着千丝万缕的联系。相比之下，建筑的与都市的空间则似乎
逾出了这个边界。从思想的层面看，它由令人畏惧的术语所造
就：可读性（lisibilité/readability）、可视性（visibilité）、可理解性
F111 (intelligibilité)。从社会的层面看，它表现为历史、社会和文化——
据说，所有这一切均融入其中——的难以捉摸的后果。我们可以总
结说：空间批判的缺席仅仅是因为缺少适当的术语吗？或许如此，
但如果真是这样，对这种缺席的原因需要做出解释。

　　无论怎样，需要一种空间的批判。这是因为空间尚未得到充分
的解释，不管是基于它的纯粹透明的神秘形象，还是相反，基于自
然的晦涩的神话。也是因为空间隐藏了它的内容——通过意义这种
手段，通过意义的缺乏或意义的过剩。最后还因为空间有时像物那
样撒谎，尽管它本身并非物。

　　最后，作为一个例外，我们也有可能进行这样一种批判——揭
开事物那虚假的表面。例如，请想象一所房屋和一条街道。这所房

屋有六层楼，周围气氛安详。人们几乎把它视为永恒的一个缩影，
还有它那光滑、冷硬的水泥外墙轮廓（建于 20 世纪 50 年代的，还　E93
没有使用金属或平面玻璃材料）。现在，一个批判性的分析无疑能
摧毁它坚固的外表，把它拆开、显出本来面目：一些水泥楼板和薄
薄的无承重物的墙壁。从而一幅全然不同的画面暴露在眼前：它实
际上只是一面美化过的隔板。根据一种富有想象力的分析，我们的
房屋变得能够被能量流从各个方向穿过，那些能量通过各种可以想
象的通道进进出出：水、气、电、电话、收音机、电视机，等等。房
屋的不动的形象被一幅高度流动的画面所取代，被一束束进进出出
的管线和信号所取代。通过描述波和流在这里汇聚的景象，一幅比
任何绘画与摄影更加精确的画面出现了，它同时揭露了这样一个事
实，即这所"不动产"实际上是一台带有两幅面孔的机器，类似于
一个活跃的躯体：一方面，它是一台需要巨大能量供给的机器；另
一方面，它又是一台以信息为基础的能量要求很低的机器。房屋的
居住者知晓、接受和掌控这所房屋自身消耗的巨大能量（如电梯、
厨房、浴室，等等）。

　　当然，类似的观察还可以用于一整条街道，这个由输送管路所
组成的网络，它具有一个完整的形式、满足需要的功能，等等。甚
至还可以用于整个城市，它消耗着（在该词的双重意义上）令人叹
为观止的巨大能量，其中既有自然的也有人工的能量，它实际上是
一个持续不断的燃烧过程，是耀眼的篝火。因此，这个地方的极近　F112
准确的画面，将相当不同于那些在它的居住者们脑海中所留下的表
征性空间的画面，也迥然不同于在社会实践中发挥整合作用的那些
不准确的画面。

这里所发生的错误——或者幻觉——是由于如下事实：当社会空间以这种方式超出我们的想象之外时，它的实际特征便消失了，它被以某种哲学的方式转换为一种绝对的类型。面对这种拜物化了的抽象物，房屋"用户"们也会本能地把他们自己、他们的表象、他们的"亲历经验"以及身体也变成抽象物。被拜物化了的抽象空间于是带来两种实际的抽象结果：置身其中的"用户"（usager）们辨认不出自己，而思想也不能想象针对它采取批判的姿态。如果事情的这种状态能够被成功地颠倒过来，我们便会清楚地看到，对于作为直接经验的空间的批判性分析，比起任何一种局部活动——无论这些活动多么重要，包括文学、阅读、书写、艺术、音乐，及其他活动——会提出更为严肃的问题。与亲历经验相比，空间既不是一个模仿图画的框架而形成的简单"框架"，也不是某种近似中性的容器，设计出来仅用于接受任何一种填充物。空间是社会的形态学（morphology）：它对于形塑了它自身的亲历经验就像之于活的有机体一样，也同样地与功能和结构密切地联系在一起。把空间刻画为一只能用来装载比它小的填充物的"框子"或容器，并且认为它除了作为容器保存那些填充物之外没有其他用途，是一个致命的错误。但这到底是一个错误还是一种意识形态？后者的可能性更大。如果是这样，它又是由谁发展、由谁利用的呢？他们为何和如何去这样做的呢？

E94

之所以出现这种**理论性**的错误，就是因为满足于看到一个空间而不去构想它，不去通过思想行为把零碎的感知集中起来，不去把各种细枝末节归结到某个总体"现实"中去，不去从形式与内容相互关系的角度来理解问题。纠正这个错误有可能消除为数不少的

意识形态幻觉。进一步来说，以上我所列举的这些观点，即认为空 F113
间是"中性的"、"客观的"、固定不变的、透明的、清白无辜的或者
是无立场的，等等观点，它们的存在不仅暗示了容易建立起一种无
效的知识体系，也不仅暗示了并不是通过诉诸"环境"、生态、自然
与反自然、文化等手段便可以避免错误。而毋宁说，这是一个全盘
的错误，是幻觉的罗网，甚至可以让我们全然忘记还有一个完整的
主体，它的活动连续不断地维持与再生产着它自身存在的条件，即
国家（以及它的基础，即特定的社会阶级和阶级的一部分）。我们也
忘记了还有一个完整的客体，即绝对的政治空间——战略性空间，
它强行把自己作为一种现实，尽管事实上它是一种抽象物，尽管它
被赋予了巨大的权力——因为它是权力的中枢与介质。因此，一旦
遭遇一种巨大的拜物教，"用户"们以及所谓的批判性思维的抽象
物，便失去了全部批判能力。

　　有许多种方法可以通往这个真理。然而重要的是，去采用其中
的这种或者那种方法，而不是开脱责任或轻率地逃跑（即使是朝前
跑）。在通常的意义上，对"现实的"（即社会的）空间的研究，是专
家们的事，是地理学家、城市规划设计者、社会学家们的事情。至
于"真理的"（即精神的）空间的知识问题，据说是数学家与哲学家
们份内的事情。于是，我们便犯下了双重的甚至是多重的错误。首
先，"现实的"与"真理的"之间的分裂，只会让实践与理论之间、
直接经验与概念之间更难以相互面对，因此，这些二重的方面从一 E95
开始就已经被歪曲了。另外一个陷阱是求助于比"现代性"更早的
专业化。这种专业化比资本主义为了自身的目的将整个空间完全
吞并吸收还要早，也比借助于科学技术而生产空间的可能性更早。

F114 毫无疑问，这是把建筑师、城市学家、城市规划师作为空间方面的专家与最高权威的超级幻觉。"各利益相关方"无法鉴别这些，因为他们正从（下面）收缩自己的**需要**以附和（上面）的**要求**，他们的这种非强制的放弃权利，实际上要先于统治者操控意识的期望。相比之下，真正的任务则是要去揭露与激发需要，哪怕是**冒着**在专制与压迫的淫威之下摇摆不定的**危险**。但有人怀疑去寻找什么"亲历经验"和日常生活的形态学，是犯了重大的意识形态错误。

让每一个人都环顾一下四周的空间。他们会看到什么？他们看到**时间**了吗？他们毕竟过着时日，他们**在**时间**之中**。然而，所有的每个人只看到了运动。在自然中，时间是在空间中得到理解的——它处于空间的核心地带：每天的小时、季节、太阳从地平线上冉冉升起，月亮与星星在天空中的位置、天气的冷暖、每个自然存在物的寿命，等等。直到自然在低度发展中确定了方位，每个地方都显示出其年龄，就像树木的年轮标志着它生长所经历的年代。时间于是被镌刻在空间之中，而自然的空间无非是自然时间的热情奔放与神秘的脚本（让我们不要追随那些堪称糟糕典型的哲学家们的言论，他们只把这些与周期的衰退和演化的结果联系起来）。但随着现代性的来临，时间从社会空间中消失了。它仅仅被专门的测量仪器所记录，被钟表所记录，这些仪器就像时间一样被孤立化与功能专门化了。生动的时间失去了它的形式与社会意义——除了用于劳动的时间之外。经济空间让时间归属于它；政治空间把时间视为对权力的威胁与危险之物，而将它驱逐出去。经济的基石与首要的政治就是空间对于时间的至高无上的权力。因此，很有可能我们一直讨论的与空间有关的错误，实际上与时间的关系更直接、更紧密;比之空间,时间与我们更接近,关系更根本。所以,我们的时间,这个亲历经验的最本质的部分,这个善中之善,不再是可视的,也不再是可理解的了。它不能够被构建,而只能被消磨、被耗尽。它 E96不留下任何痕迹。它被隐藏在空间之中,隐藏在尽可能快地被处理掉的废墟下面;毕竟垃圾是一种污染。

对时间的明显的排挤,无疑是现代性的标志之一。它肯定比抹 F115去印记、擦除纸上的文字具有更加深远的含义。既然时间可以用金钱来衡量,既然时间可以像任何一件商品那样被出售(时间就是金钱),也就难怪它消失在物的形式之中了。此时,时间甚至不再是空间的一个维度,而仅仅是一种无法理解的涂鸦或者乱涂乱画,瞬间即可消除殆尽。有理由质问,这种对时间的驱逐与涂抹在历史时间中是否被定向过? 回答是:当然是,但仅仅是为了一种象征性目的。或者倒不如说,生活必需的时间、作为不可简单还原的商品的时间,它躲过了视觉化与空间化的逻辑(假如我们必须在这种语境中称这是一种逻辑的话)。时间也许被哲学家们提升到了存在的高度,但它依然被社会所绞杀。

如此令人厌倦、难以容忍的操作是如何毫无阻力地付诸实施的呢? 它又是如何作为一种"正常情况"顺利进行的呢? 事实上,它被作为社会规范和规范性行为的一部分而实现了。人们会纳闷,这么多错误,甚至更糟糕的是,这么多谎言,偏偏能在现代主义的可读性—可视性—可理解性的三重奏中扎下根来。

现在我们似乎应该把实践—社会领域远远地抛在一旁,而返回某些更古老的对比:表面**对**实际、真理**对**谎言、幻觉**对**真相。简言之,回到哲学那里去。当然,就我们的分析是哲学策略的扩展而言,事实确实如此。我希望这个分析已经极为清楚了。而在另一方面,批判的"对象"已经发生转移:我们关注了那些据说体现与"展现"了真理的实践与社会活动,但它们实际上只是轧碎了空间,除了由此生产出来的不可靠的碎片之外,什么也没有"展现"出来。我们主张空间通过空间自身展现出来。这个过程(也就是通常所说的"同义反复")使用和滥用了一种熟悉的技术,它的确既容易使用也容易滥用——具体来说,是从部分转移到整体,即换喻(métonymie)。试以摄影、广告、电影这些图像为例,我们真能指

F116   望用这样的图像来揭穿有关空间的种种谬误吗?很难。存在谬误或幻觉的地方,这样的图像反而更容易隐藏与强化谬误而不是去揭

E97   穿它。无论看起来多么"美丽",这些图像均属于诱致罪过的"媒介"。只要错误在于空间的碎片化,并且,只要对这种碎片化的失察在于存在幻觉,就不可能有任何可以纠正错误的图像。正好相反,图像破碎了,它们本身成了空间的碎片。对事物的剪贴、**剪裁**(*découpage*)与**拼集**(*montage*)——它们是图像构造艺术的阿尔法与欧米伽①。至于失误与幻觉,它们已经潜藏于艺术家们的眼睛与凝视中,潜藏于摄影师们的镜头中,潜藏于绘图员们的铅笔以及图纸的格子中。错误正好暗藏在艺术家们所领悟的对象之中,如同渗透到他们所选择的对象之中那样。无论哪里存在幻觉,光学与视觉的世界总会在其中扮演一个整合与融合的角色,发挥积极与消极的作用。它迷恋抽象化,强行将之作为一种规范。它使纯粹的形式脱离不纯粹的内容,即脱离生动的时间、日常的时间,脱离那混沌而有机的身体,脱离它们的体温以及它们的生生死死。按照这样一种样

---

① 即起点与终点或事情的全部。——中译者注

式，图像开始了屠杀。在这一点上，它像所有的符号一样。然而，有时艺术家们的仁慈或者残忍也会突破图像的边界。于是，一些别的东西或许就一起出现了，它们是真理和现实，它们解答了一种与准确度、清晰度、可读性、可塑性不同的另一种规则。如果它就是图像的真理，它必然可以同样适用于声音、词汇、房屋，以及实际上一般性的符号①。

我们的空间具有奇妙的效应。首先，它解开了欲望的绳索。它将欲望"一览无余"地呈现出来，让它激情澎湃，在一片看起来是透明的领域声张自己的权利。当然，（欲望的）突袭毫无结果，因为欲望遇不到任何对象，没有什么可以激发起人的欲望，也不会导致任何结果。在寻求光大徒劳无功时，欲望必得使用词藻和修辞的手法加以应对。幻想破灭之后留下了空空如也的空间——一片语言传递出来的空旷。空间被破坏，空间也在发出破坏；如此地不可思议（至少若没有长时间的反思）。在一个居住者（habitant）的词典里，"没有什么是被允许的，也没有什么是被禁止的"。空间是奇特的：F117 它是同质化、理性化的，也同样是有约束的；但与此同时，这些约束又极端没有被定位。由此，城乡之间、中心与边缘之间、郊区与市中心之间、车的领域与人的领域之间、快乐和不快乐之间的正式的边界，消失了。然而一切事物（公共设施、公寓住宅区、生活环境）又都是被分隔的，按照彼此孤立的形式被指派为互不来往的"点"与 E98 "片"；而空间本身，也像社会与技术的劳动分工那样，被专业化了。

我们可以说，这种空间预设并隐含了视觉化逻辑（*logique de la*

_____

① 参看 Henri-Bresson（布莱松）在 *Politique-Hebdo*, 29 June 1972（《政治周刊》1972 年 6 月 29 日）中所举的一个摄影例证。——原注

visualisation/logic of visualization）。一旦这种逻辑掌控了操作的程序，不管有意还是无意地，就必然会有某种策略包含其中。因此，如果这里有一个视觉化逻辑，我们就需要理解它是如何形成、如何被应用的。摩天大楼，特别是傲立楼群的公共与国家建筑，它那拔地而起、垂直耸立的气势，在视觉领域中引入了阳具崇拜，或者更确切地说，暗含阳具主宰一切的因素；这种展示的目的，这种表现的需要，向旁观者传达了权威和威慑的印象。垂直性与巨大的高度，向来是潜在暴力的一种空间表现。这种特殊类型的空间化，虽然在许多人看起来是"正常的"甚至是"自然的"，却体现了一种双重性的逻辑，对于旁观者来说的双重性的策略。一方面，它体现了存在于部分与整体之间的、连续不断的往来运动——施以胡萝卜加大棒式的强制——中的一种换喻性逻辑。例如，在一排排由窗格子构成的公寓建筑中，一位旁观者兼房客会一下子抓住部分与整体的关系；他也会进一步地在这种相互关系中看清自己。随着建筑物尺度的不断扩展，每一个格子的狭窄局促（在视觉上）也得到了弥补。它假定、预设并强化了任一细分空间的均质感；最终，它呈现出单纯逻辑的一面，因此也是同义反复的特征：空间套着空间，可见物套着可见物——格子间套着格子间。

F118　　　　这种空间表现出的第二种逻辑，是一种隐喻性"逻辑"（和策略），或者不如说是一种持续不断地隐喻化的逻辑。活生生的身体，"用户"们的身体——它们不仅被割裂的空间这个罗网所攫取，而且身陷哲学家们所说的"类像"（analogons）之中，即图像、符号与象征物的图围之中。可以这么说，这些身体通过眼睛而从其躯壳中被调出、转换与抽空：形形色色的吸引、刺激和教唆被调动起来诱惑它们，让它们加倍地表现出矫饰、欢笑与快乐的姿态；这场把身体掏空的事业如此成功，以至于它们所提倡的形象与被这些形象所塑造起来的"需要"完全相符。因此，这正如一个向中心汇聚的信息巨流，迎面遭遇了一股逆流，这股逆流正从所有生命和欲望身体的最深处撤离。甚至连汽车也发挥了类像化的功能，因为它们既是身体的延长又是流动的家。可以说，用于接纳这些流浪身体的设备一应俱全。如果不是因为眼睛与空间的主导形式的作用，仅凭词汇和话语的碎片是不可能保证身体的这种"转换"的。 E99

因此，就有了隐喻与转喻。这是一些从语言学中借用的类似概念。当然，我们所关注的并不是语词而是空间与空间的实践，因此，必须经过对空间与语言之间相互关系的详细考察，概念的借用才能得到认可。

任何一种确定的、因此是被划了界的空间，当然是容纳一些物同时排斥另一些物的；被排斥的也许可被归为一缕乡愁，也许仅仅就是被禁止。这样的空间有所支持、有所放弃、有所拒绝。它具有某些"主体"和"客体"的特征。让我们想一下（建筑物）正面的巨大力量。正面容许某些行为在光天化日之下进行，不管它们是在正面本身（例如在阳台、窗台上）发生的行为，还是从正面能够看到的行为（例如行进在大街上的）。与之相反，另外一些行为则被斥为不雅：它们只能发生在正面的**背后**。所有已发生的这一切似乎隐含了一种"空间的精神分析"（psychanalyse de l'espace）。

与城市及其延伸区（郊区、郊外）相关，我们偶尔也会听到诸如"空间的病理学"（maladie de l'espace），或者"病态的街区"之类的说法，等等。这种术语化倾向很容易使得使用它们的人——建 F119

筑师、都市主义者或规划师——认为他们是实际上的"空间医生"。这助长了某些具有迷惑效果的特殊观念的传播，尤其是认为现代城市与其说是资本主义或新资本主义制度的产物，不如说是某些所谓社会"疾病"的产物这种思想。

这种构想易于将人们的注意力从空间的批判中转移出去，以一种既不十分合理也不十分反动的图式，取代批判性分析。出于逻辑的局限，这些论调认为社会是一个天生会生病的整体，"人"是一个天生会生病的社会存在物。从严格的哲学观点来看，这种态度并非完全站不住脚：一个人有权认为"人"是一个怪物、一个错误，一个失败的星球上的失败的物种。我的观点只是想说明，这种哲学观点像许多其他观点一样，**必然地**导向虚无主义。

第 五 节

现在，不再犹豫地决定从马克思的《资本论》中寻找灵感或许是有意义的。当然，意义既不在于寻章摘句以便引用，也不在于对它进行通盘的注释；而在于遵循《资本论》的计划来处理空间问题。有几种很好的论据支持我们这样做，包括前面提到的我们关注的一系列问题与马克思时代所存在的问题之间的相似性。鉴于存在这样一种事实，即许多所谓"马克思主义者"认为对于空间问题（例如城市问题与土地管理问题）的讨论只会使真正的政治问题变得更加模糊，所以，将空间研究与马克思的著作相结合，也许有助于消除这样一些严重的误解。

《资本论》计划，正如对它的许多评论和重新解读所说的那样

E100

（有时候，那些最平庸的评论反而是最好的），其本身即构成了一种强有力的主张，支持我们以这种方式进行研究。在着手准备写作《资本论》之前，马克思发展出一个关键概念，即（社会）劳动概念。劳动存在于所有社会，它得到了表征（痛苦与惩罚，等等），但直到18世纪，劳动才作为一个概念出现。马克思揭示了其中的原因和表现。在完成了初期的准备工作之后，他进一步指出，劳动在本质上并不是一种物或"实在"，而是一种**形式**。马克思首先集中揭示了一种（近乎）纯粹的形式，即物质商品的流通，或称**交换**。这个准逻辑的形式与其他的纯粹形式——例如同一与差别、等价、连续性、相互性、循环、重复，等等的关系——相类似并且密切相关。物质商品的流通与交换既不同于、但也不脱离符号（语言、话语）的流通与交换过程。这种"纯粹的"形式有着两极性结构（使用价值对交换价值）[1]，具有《资本论》所揭示的功能。作为一种**具体抽象物**，它通过思想获得发展，正如它是在时间与空间中发展的一样，当然，它借助于货币与劳动及其决定因素（它的辩证法：个人相对于社会、分化相对于整体、特殊性相对于平均值、质相对于量），最终达到了社会实践的层面。这种概念的发展要比古典的演绎更富有成果，也比归纳与建构的方式更灵活。既然这样，它当然在剩余价值这个概念中达到了极致。不过核心依然没有改变：借助于一种辩证的悖论，交换形式这个几乎是空洞之物，这个近乎不在场之物，作为核心，主导着社会实践。

F120

---

① 马克思的原话是："一般的相对价值形式和一般等价形式是商品的同一个社会关系的对立的、互为前提而又互相排斥的两极"。参看《马克思恩格斯全集》第43卷，人民出版社2016年第二版，第61页注（23）。——中译者注

至于社会空间的形式，我们对此已经有所了解，它现在已经得到了确认。它在空间的表象与表征性空间的几个阶段（在某些哲学与主要科学理论）中表现为另外一种具体抽象性。这是非常晚近才发生的事情。和交换的形式一样，社会空间的形式与逻辑形式也有着密切关系；这种形式需要内容，不能被构想为空洞无物的形式。但也多亏了抽象，这种形式事实上，或者说得更准确一些，是独立于任何特殊内容之外而被构成的。与之类似，物质交换的形式并不决定交换什么，它只规定**一物**有用，并且是交换的对象。非物质性的沟通（communication）的形式同样如此，它并不决定什么符号可以用来交流，它只是指示必须得有特殊的符号母本、信息、通道与代号。最后，逻辑形式同样也不决定内容的一致性和思维的内容，虽然它确实规定了必要条件，思想如果要存在就必须具有形式的一致性。

社会空间的形式是偶遇性、聚集性与同时性。但是，是什么聚集或被聚集起来了？回答是：一切**在空间中**的事物，一切或被自然创造或被社会创造之物，或者通过合作或者通过冲突而形成之物。一切物：生物、物体、实体、作品、符号与象征。自然空间是相互并置的，因而是分散的：它设置了地方/场所，这些地方/场所个儿挨个儿地占有自然空间。自然空间对它们逐一呈现。相比之下，社会空间在某个点上，或者围绕这个点，表现出实际上的或潜在的聚集性。它体现出某种积聚（在特定条件下得以实现）的可能性。这个假设的一个例证是乡村空间，作为居住的空间；它几乎完全是通过都市空间而被确证出来，都市空间清晰地呈现出社会空间的许多方面，这些特征在乡村空间还难以辨认。都市空间积聚着拥挤的人流、市场上的产品、各种活动与符号，都市空间将这些集中并积累起来。说到"都市空间"就是说集中与集中化，且不管这些事物是实有的或仅仅是可能的，是饱和的还是离散的，或是受到攻击的，等等，因为我们这里谈的是一种辩证的集中。

于是，我们便很有可能对这种形式进行解释，对其结构（核心与边缘）进行说明，还有它的功能，它与劳动（各式各样的市场）因此与生产和再生产的关系，它与前资本主义和资本主义生产关系的关系，历史城市与现代都市结构的作用，等等。我们也可以进入与形式和内容之间的关系密切相关的辩证过程：爆发、饱和、由内在矛盾引起的挑战、由对边缘的挤压所导致的反击，如此等等。社会空间自身以及在社会空间中，并没有与创造性活动相对立的一切"物"的特性。社会空间**就其本身**而言，既是**作品**又是**产品**——是 E102 "社会存在"的物质化（réalisation de «l'être social»/materialization of[social being]）。当然，在特定环境条件下，社会空间可能会呈现出一幅对物的（商品的与货币的）拜物教化和物自主存在的特征。

因此，实施我们正在讨论的雄心勃勃的推想并不缺乏观点的论 F122 争，也可以合理地提出若干反对意见；当然，那些对这项推想重大方面的特殊反对除外。

首先，《资本论》计划并不是马克思唯一的构思。它关注的目标是解释而不是内容；它构建了一种严格的形式结构，但却是一个由于还原论所导致的内容缺乏的形式。在《大纲》中我们发现了一个差异化的项目，一个更富有成果的计划。《资本论》强调的是基于准-纯形式——即（交换）价值——的同质化的合理性；相比之下，《大纲》强调各种层次的差异性。这里并不是说《大纲》忽视了形式，而是说它从一个内容讲到另一个内容，在内容的基础上产生出形式。少了些严谨性，少了些对逻辑一致性的强调，因此也较少进行复杂的形式化或公理化，但所有这一切向更具体的主题敞开了大门，特别是与城乡之间、自然实在与社会现实之间具有辩证关系的主题。在《大纲》中，马克思将一切历史性媒介都纳入了思考范围，包括村级共同体、家庭，等等①。于是，"商品的世界"变得与真实的、具体的历史条件距离近了一些，但《资本论》的那个未完成的结束部分，只是把这些问题草草地提了出来。②

其次，最近一百年以来毕竟发生了一些变化与新的发展。即使我们想将马克思的概念与范畴（包括生产力概念）保留在其理论的核心位置，也仍然有必要结合一些马克思在生命最后阶段才考虑到的范畴。一个例证就是生产关系的再生产，它是以生产资料的再生产为基础的，也是以产品的扩大（即量的扩张）的再生产为基础的，但与它们又保持着区别。一旦再生产被看作是一个概念，随之而来的便是另外一些概念：重复、再生产（或复制）的能力，等等。但在马克思的著作中，这些概念并不比"都市""日常生活"或者"空间"概念出现得更多。

F123

① 参看列斐伏尔《马克思主义思想与城市》一书(Cf. H. Lefebvre: *La pensée marxiste et la ville*[Tournai: Casterman, 1972])。——原注

② 按照列斐伏尔在其《资本主义的幸存》一书(*La Survie du capitalisme: La reproductiondes rapports de production*, 3e édition, préface de Jacques Guigou, postface de Remî Hess, Éditeur(s): Economica, 2002, p.37)的介绍，此处说的"商品的世界"概念及列斐伏尔下文提到的生产关系的再生产问题，主要参看的马克思文本是《资本论》第一卷原本发表而没有发表的第六章"直接生产过程的结果"（载《马克思恩格斯全集》第 38 卷，人民出版社 2019 年版，第 26-151 页）。——中译者注

如果说**空间的生产**确实对生产力的飞跃（在技术、知识和对自然的支配中）做出了一种反应，如果这种趋势推进到了它的极限——或者更好一些，克服了它自身的局限性——那么，最终必然会引起一种**新的生产方式**，它既不是国家资本主义，也不是国家社会主义，而是对空间的联合管理、对自然的社会管理，是对自然与反自然矛盾的超越。因此，很显然，我们不可能仅仅依靠对马克思主义思想"经典"范畴的运用。

第三（虽然我想说这一点其实是对前两点的吸收和扩展），自马克思的时代以来，另外一个新的发展是以"社会"科学与"人文"科学的名义出现了林林总总的学科。它们兴衰起伏——因为各自都有其特殊的峰谷——引起了绝非少数的对于差异化发展、危机、突然的扩张以及同样突然的衰退等问题的热切研究。专家们与专业机构自然会对易于损坏它们名声的一切进行否定、争辩或保持沉默，但他（它）们在这个方向上的努力很大程度上可以说是徒劳无功的，彻底的失败与灾难性的崩溃是很寻常的事情。例如，早期经济学家曾自欺欺人地认为，他们完全可以对马克思主义教导置之不理，后者认为必须将批判性思想置于比模型建构更优先的地位，这些经济学家们甚至把政治经济学视为贫困的科学。他们后来蒙受羞辱成为著名的公共事件，尽管他们竭力阻止这种事情的发生。至于语言学，虚幻与失败是再清楚不过的了，尤其是鉴于以下事实：以历史学与政治经济学作为早期的榜样，这些专业化的学科如语言学，事实上已把自己设置为科学的典范，设置为"科学中的科学"，可以这么说。实际上，语言学可以把自己的研究目标合法地设定为对文本与信息的破解，设定为编码与解码。但毕竟"人"不能光靠词语活着。最近几十年，语言学已经变成了一种元语言，一种元语言分析；随后是一种对社会重复性的分析，它恰好让我们——不多不少地——理解了过去的写作与话语的冗长。

F124　　　虽然这些学科的发展具有不平衡性且处于兴衰交替的过程，但它们的存在却是不容否认的。而在马克思的时代，相比之下，它们那时还未存在或者仅处于构想与萌芽状态，它们专业化的程度无足轻重，它们未来扩张的态势还无法估量。

　　　这些专业化知识领域，既相互隔离又相互渗透——二者实际上是联系在一起的——它们与精神空间和社会空间有着特殊的联系。
E104　一些学者群体把它们简单地切割开来供自己享用，比如说——标出并圈定他们特殊的"领域"。另外一些学者则遵循数学公式，根据他们独特的原则、理论与实践（社会）的历史，构建起一个精神空间，以便于进行解释，以此种方式他们获得了特殊的空间表象。建筑学提供了大量这类过程的例证，它们在本质上是循环的形式。建筑学家做了一桩买卖，他们提出建筑学的"特殊性"问题，因为他们想让这桩买卖的诉求合法化。他们中的一些人于是得出结论说，存在着诸如"建筑空间"和"建筑生产"（当然是特殊的）这类事物。据此，他们结束了他们的诉求。当剪切（découpage/cutting up）与表象之间的关系指向空间的时候，就已经在我们所检视的关系的秩序（与无序）中，找到了它们自己的位置。

　　　这种剪切与解释，不应当被理解为和当作某些"空间科学"或某些总体化"空间"概念的功能，而应该从**生产**活动的立场来看待它们。已经有专家对空间中的事物做了清点，他们中有些人把事物的一部分划归为自然的，另外一部分划归被生产出来的。只有当空间的知识（空间本身作为一个产品，而不是作为被生产之物的容器）替代**在**空间**中**的物的知识时，这样的清点与描述才具有了别样的意义。构想一种"空间的政治经济学"是可能的，这将首先返回旧政治经济学，并通过向它提供一个新对象——空间的生产——而将它从往日破产的局面中挽救出来。如果政治经济学批判（在马克思看来，它与经济学领域的知识是相同的）因此而得到复兴，它无疑将　F125
证明空间的政治经济如何准确地与空间的自我表象一致，这种空间的自我表象是作为资本主义最终设立的全球媒介。类似的方法也许会被历史学、心理学、人类学，甚至是精神分析学等，所采纳。

　　该种定位要求我们对**在**空间**中**（*dans* l'espace/in space）的思想与话语（处于某个特定空间中，有时间与地点）、**关于**空间（*sur* l'espace/about space）的思想与话语（限于语词、图像、符号与象征物），以及**能够理解**空间（*de* l'espace/adequate to the understanding of space）的思想（建立在发展了的概念基础上的）之间进行严格区分。这些区分立足于一种更基本的区分：一方面是**原料的**（*materials*）（语词、图像、象征物、概念）使用；另一方面则是**模具的**（*matériel*）（收集的程序、分割的工具与重新编序，等等）使用——所有这些都是在科学的劳动分工的框架之内。　　E105

　　原料与模具之间的区别，尽管最初是在别的概念性语境中发展起来的，但实际上很值得借鉴过来用于我们的目的。原料是经久耐用的：如石头、砖头、水泥、混凝土，等等；或者如音乐领域的音节、音调等。而模具则相反，它必须很快用掉或经常替换；它是由工具及其专门用途所构成的；并且它对应的性能是有限的：当新的需要出现时，新的模具便被发明出来以满足需要。例如音乐领域的钢琴、萨克斯管或鲁特琴等。在建筑工业中，新技术与设备的出现与此类同。就其可以被用来区分何者是短暂性的、何者是耐久性的而论，这种区别带来了一种确定的"操作性"力量：它可以以一种特殊的科学原则来裁决什么是值得保存的，可以被重新安排一项新的任务；什么是应该拒绝的，可以被降低为一种辅助性的角色。被废弃的模具仅有非常次要的用途，例如在教学领域中，因此它们经常被宣判死刑。

F126　　　我们对切割和表象以及原料和模具的重新评价，不需要被框定于我们已经讨论过的专业技术领域。相反，它还应当扩展到哲学领域，毕竟它提供了空间与时间的表象。当然，哲学意识形态批判不应当被设想为我们不再需要对政治意识形态进行考察，在它们与空间有关的范围内。事实上，这类意识形态以一种非常重要的方式与空间相关，因为它们以**战略的**形式介入空间。它们在其中所发挥的影响——特别是在新发展中，在这种事实（全球战略正致力于产生一种整体空间、它们**自己的**空间，并将它构建为绝对空间）中——是另一个原因，无论如何，对于发展一种新的空间概念而言，它们决非无足轻重。

第 六 节

还原[1]（*Réduire*/reduction）是用来处理粗暴观察中出现的复杂与混沌现象的一种科学程序。首先，一种还原当然是很有必要的，

---

[1]　此词在汉语中有许多译法，本书根据上下文不同情况，分别译作"还原""约化""简化""消解""归结"等名称。——中译者注

但对于那些为了研究分析的目的而临时舍弃的东西，我们必须随后对其进行逐步的复原。否则，一种方法论上的必要就会变成一种奴役，对还原的合法操作也会变成对**还原方法**的滥用。这是一个长期 E106 存在、有待于科学地解决的危险。但没有办法可以避免这种危险，因为它潜伏在各种方法之中。虽然进行还原是不可避免的，但所有还原的程序也都是陷阱重重的。

于是，还原论打着科学的旗号而渗透到科学之中。各种还原模式被建构起来——社会模式、城市模式、制度模式、家庭模式，如此等等——而事实却被抛弃一旁。社会空间就是如此这般地通过"科学的"程序被还原为精神空间，而其所谓科学性无非是意识形态的面纱而已。还原主义者对基本的科学方法极尽赞美，但他们首先把这种方法变成了仅仅是一种姿态，接着又以"科学之科学"（认识论）的名义把它假定为绝对知识。最终，批判思想（那些没有被正统势力所禁止的）唤醒了这样的事实，即系统的还原与还原论，只是政治实践的组成部分和包装而已。国家与政治权力试图成为、实际上 F127 已经成功地成为矛盾的还原者。在此意义上，还原和还原论已经表现为服务于国家与权力的工具：并不是作为意识形态，而是作为已确立的知识；并不是服务于特殊的国家与政府，而是服务于一般意义上的国家与权力。国家与政治权力是如何借助于以科学和意识形态混合为基础的战略手段，而不是通过知识媒介来还原矛盾（指早期的和更新了的社会内部冲突）的呢？

现在人们普遍承认，不久之前，一种对现实和社会的理解持还原论态度的功能主义处于支配地位；这种功能主义的还原论是乐于听从各种批评的，而它唯独不能平等对待、事实上根本不理的，则是结构主义（structuralisme）与形式主义（formalisme）假设。这两种在某种程度上同样是还原论的程式。之所以称它们是还原论的，在于它们赋予概念以优先的地位——因为它们需要外推法（extrapolant）；反过来说，它们的还原论鼓励它们去外推。每当它们需要纠正这个错误，或者需要对其有所弥补的时候，就感到意识形态正准备带着它的冗词赘语（即它的"意识形态话语"或行话）以及其对符号的滥用——词语的与非词语的——来进行干预破坏。

实际上，还原涉及的领域很广。例如，它可以"降"到实践的层面。很多人，各种群体与阶级的成员，受到了还原论的多重影响（尽管是不平衡的），作用于他们的能力、观点、"价值观"，最后还有他们的潜能、他们的空间与他们的身体。不管是通过某一个专家还是一些专家所建构的**还原模式**，都不总是由"空洞无物"意义上的抽象所构成。事实上情况远非如此，当他们构想的时候，他们心里装着**还原论**的实践经验，凭运气强推一种秩序，试图为秩序建立起要素。城市化与建筑提供了这方面很好的例证。工人阶级受到了此类"还原模式"特别深刻的影响，受到包括空间的、消费的，以及所谓文化的还原模式的影响。

还原论强推一种排他式的分析与非批判的知识，且其后来的进一步细分与解释均服务于权力。正像任何意识形态都不会报出自己的名字一样，它成功地冒充了"科学的"东西，尽管事实上它一方面粗暴地驾驭着既定的知识体系，另一方面又矢口否认**认知**的可能性。这就是"**优秀的**"科学的意识形态，因为还原论立场只要把方法变成教条，从而变成假装是科学的同质化实践，就能够实现其目的。

正如在上文所指出的，任何一项科学事业都必然在还原中前行。专家们的不幸在于他们将一种方法论的时刻变成了永久性的利基（niche）（缝隙市场）[1]，以为他从此可以蜷缩在长久的温暖之中。任何一位对自己"领域"进行过清醒检视的专家都会相信，种瓜得瓜，种豆得豆。他选择哪块地、种什么瓜，是由他的专业状况以及这种专业在知识市场上的地位所决定的。但是确切地说，这一点是专家们所不想知道的。至于他们的程序赖以建立的还原基础，对此他们采取这样一种姿态，一种自我证明的方式：拒绝承认。

现在，我们很难想象有哪一门专业学科不直接或间接地与空间有关。

首先，正如我们已经知道的，任何一个专业化过程都会检视其特定的精神空间与社会空间，以某种有些武断的方式定义它，将它从由"自然／社会"构成的总体中切割出来；与此同时，也掩盖了包含在这个过程中的分割与再整理（例如，划出一个"领域"，收集与该领域相关的论述与还原模式，从精神领域转向社会领域）的部分内容。所有这一切必然需要吸收更多的观点以便证明——从而也是解释——这些活动的合理性。

其次，所有专家必须在限定的体系内对建立在空间中的事物进行命名与分类。对空间中的客体进行证实、描述与分类可以看作某一特定专业——如地理学、人类学或社会学，等等——的"实证"活动。不管是好是坏，一种既定的学科——以典型的政治科学或"系 E108

---

① Niche 来源于法语。法国人信奉天主教，在建造房屋时，常常在外墙上凿出一个不大的神龛，以供放圣母玛利亚。它虽然小，但边界清晰，洞里乾坤，因而后来被引来形容大市场中的缝隙市场。——中译者注

统分析"为例——都会关注**有关**空间的论述。

最后，人们或许指望专家们反对将一种还原模式的空间知识（或者仅仅基于对空间中的物的关注，或者基于与碎片化的空间有关的空间的命题）用之于任何一种总体的（社会）空间理论。对于专家们来说，使用还原模式的额外好处是可以取消时间且仅将其简化为某种"变量"。

所以，假如空间生产概念以及与之相关的理论受到了那些带着自己的方法论眼镜及其还原论模式看问题的专家们的挑战，我们对此不应当特别惊讶。鉴于（空间生产）概念与理论两个方面都构成了对学科间边界的威胁这一事实，更有可能的是：它们威胁到了，或者说改变了（如果不是消灭了）专家们精心划定的特权边界。

这里或许应该允许我想象一场虚虚（因为这是想象的对话）实实（因为异议足够真实）的对话。

A："我不相信你的论述。你谈什么'空间生产'，一个多么不可理喻的措辞啊！即使谈论与此有关的一个**概念**都要求你提供太多的东西。不，这里只有两种可能：空间要么是自然的一部分，要么就是一个概念。如果它是自然的一部分，人类——或者'社会'——活动会给它打上烙印，投资它，改变它的地理和生态特征；知识的作用，局限于对这些变化的描述。如果空间是一个概念，它本身是知识与精神活动的一部分，就像例如它在数学活动中那样，科学思想的工作就是要探索它、阐明它和发展它。上述任何一种情况都不是空间的生产。"

B："等一下。你对于自然与知识以及自然与文化之间的想当然的划分是无效的。依据不过是广为接受的'精神-物质'二分法。这种划分比起它的同样无法接受的对立面——混乱——并不高明多少。事实是，技术活动和科学方法并不满足于改变自然，它们还试图支配它，并在此过程中极力毁灭它。而在毁灭自然之前，它们已 E109 经误解了自然。这个过程始于工具的发明。"

A："那么现在你回到石器时代啦！难道不是太早了吗？"

B："绝对不是。起点是谋杀者的第一个预谋行为；第一件工具 F130 和第一件武器——它们二者手挽手地和语言的出现一起到来。"

A："你所说的好像是人类诞生于自然，因此，我们只能从自然之外来理解自然——只能通过毁灭自然来理解自然。"

B："好吧，如果是为了讨论的缘故而接受一个普遍化了的'人类'，那么，是的，人类是生于自然、长于自然，倒头来却与自然作对，这就是我们正亲眼目睹的令人遗憾的结局。"

A："你是想把对自然的蹂躏归罪于资本主义吧？"

B："在很大程度上是这样的。但我想补充的一点是，资本主义与资产阶级有一个宽大的后背，我们很容易把各种恶行归之于它，却不去追问它们是如何产生的。"

A："你确信能在人类自身，在人的本性中找到答案吗？"

B："不，（答案）也许在**西方人**的本性中"。

A："你的意思是说你要谴责整个西方的历史，它的理性主义、它的逻各斯，它的独特的语言？"

B："对自然所犯下的罪行西方要负责任。明白这一切为何与如何发生当然是一件有意思的事情，但这些问题严格来说是第二位的。一个简单的事实是，西方已经破坏了（它的）界限。'啊，一次幸运的堕落(*O felix culpa*)' ①。一个神学家会如是说。因此,西方实际上要为黑格尔所说的否定的力量,要为暴力、恐怖以及直接与生命相对抗的永久侵略而负责任。它已经把暴力普遍化与全球化了——通过暴力为自己打造出了一个全球化的平台。空间作为生产的场所,作为产品和生产,既是武器也是这场战斗的符号。如果它必须要贯彻到底的话——无论如何是没有回头路的——这一艰巨的任务现在要求我们直接地生产或创造某些不同于自然的东西:次生的、差异的或者新的自然,可以这么说。这就意味着空间的生产、城市空间的生产,既作为一个产品也作为一个作品而存在,从艺术创造作品的意义上来说。如果这项推想落空了,失败将会是全局性的,随之而来的后果也将是难以预料的。"

E110

第 七 节 ②

任何社会空间都是某种过程的结果,这些过程包括许多方面,受各种潮流的影响,——有所指的与无所指的、感知到的与经验到的、实践的与理论的,等等。简言之,任何社会空间都有其历史,一种始终以自然、以自然条件为基础的历史,这些自然条件既是原初的也是独特的,因为这些条件始终、到处都带着鲜明的特征(诸如地点与气候等)。

---

① 这句拉丁语格言语出中世纪神学家圣奥古斯丁之口,可参看其《神学大全》。——中译者注

② 从本节开始列斐伏尔进入对空间的历史的描述。——中译者注

就此而言，当某一特殊空间的历史被看作是空间与时间的相互 F131
关系所产生的时候，它就呈现出一幕与历史学家普遍接受的迥然不
同的景象。传统的历史学家认为思想可以广泛地跨越时间而起作
用，捕捉其踪迹并不十分困难。因此它的分析倾向于切割与分裂时
间性。另一方面，从空间的历史角度来看，历史性的与历时性的领
域以及过去发生的事情将它们的踪迹永远地刻在了写字板上，比如
空间这个写字板上。当然，过去事件的不确定的踪迹不是留在空间
中的仅有的印记：社会就其现实性而言也留下了它的手迹，作为社
会活动的结果与产品。时间拥有不只一种书写体系，由时间所创生
的空间，从来都是现实性的与共时性的，且它从来都将自己呈现为
某个瞬间；它的各个组成部分，通过由时间所生产出来的空间内部
的纽带与关系，而结为一体。

让我们思考一下空间从自然走向抽象的历史过程中的一个原
始并且也许是最简单的方面。让我们想象有过这样一个时代，人们
借用自己身体的某个部分，如拇指宽度、腕尺、脚长、手掌宽度等，
作为测量工具来测算空间尺度的大小。一个群体的空间，就像他们
对持久时间的测量一样，对所有其他群体来说肯定是神秘莫测的。
于是就出现了空间的自然特征与一个特定人群的特殊属性之间的
相互介入现象。但当我们想到人类竟然如此神奇地用身体的尺度
来衡量空间时，会觉得这真是一件妙不可言的事情。身体与空间的
关系，一个在后来的时代存在颇多误解的、重要的社会关系，在人
类的早期仍然以质朴的形式保留下来，但后来却逐渐退化、丢失了：E111
空间，及其被测量与表达的方式，仍然为社会的所有成员提供了一
种想象的、对他们身体的生动反映。

接受其他人群的神，从来就表现为对他们的空间与测量体系的接受。于是，万神殿矗立在罗马，不仅指向一种对被征服的神的理解，也指向一种对已经臣服的空间的理解，就像它曾经臣服于帝国和世界一样。

F132　　　空间的状况及对其测量的方式变化缓慢；实际上这个过程还远未完成。即使是在公制的摇篮法国，即便到了公制时期，一些古怪的传统测量习惯仍然存在，例如用于裁衣或量鞋子的尺码。当随便一个法国学童都知道发生了一场革命，十进制的抽象运算方法早已经强制使用的时候，我们仍然在沿用十二进制来测算时间、周期、图表、圆周、球体，等等。人们所采用的测量制度以及空间的表象等这些方面的波动，与一般的历史相平行且提示了历史发展的方向——证明了它迈向计量化、同质化而取消身体（它只能在艺术中寻求庇护了）的趋势。

第 八 节 ①

现在让我们抽空来考察一下民族与民族主义观念，以此作为一条更具体地接近空间历史的途径。如何给民族下定义？有些人——事实上很多人——把它定义为某种实体（substance），兴起于自然（或者起源于更为特殊的具有"天然"边界的疆域）而在历史性时间中成长并成熟。于是，民族被赋予了某种持续不断的"现实性"，这一点或许比明确的定义更明确。这一论点既然为资产阶级的民族

---

① 此节篇幅很长，作者集中研究了空间的人类学起源与空间的历史问题。——中译者注

国家及其基本思想作辩护，它将爱国主义，甚至是极端民族主义作为"天然的"从而是永恒的真理来宣扬，肯定是符合这一阶级的目的的。在斯大林主义的影响下，马克思主义思想也已经获得了同样的或极类似的地位（其中增添了一整套历史主义作为好的方法）。不过还有另外一些理论家，他们坚持认为民族与民族主义仅仅是意识形态的建构物。民族远不是一个"实体性的现实"或者社会群体。这种观点认为，它不过是资产阶级对他们的历史条件、起源的一种 E112 虚假的幻觉，最早的时候是以想象的方式夸大这些方面，后来则成了掩盖阶级矛盾的手段，将工人阶级归入一个虚幻的民族群体之中。根据这样一种假设，就很容易把民族与区域问题简化为语言与文化问题——也就是说，变成次要问题。我们因此就被带向了一种 F133 抽象的国际主义。

　　这两种考察民族问题的途径，即源自"自然"的观点和源自"意识形态"的观点，都将空间排除在视野之外。两种情况下所使用的概念都是在一种精神空间中发展起来的，它们最终被认为等同于现实的空间，等同于社会的和政治实践的空间，尽管后者不过是前者的表象，不过是它隶属于某个历史时期特殊表象的一种表象。

　　一旦我们能够结合空间来思考，民族（国家）便可以在两种要素或条件下获得理解：首先，民族这一状态表示存在一个**市场**，它是在一个长度变化不定的历史时间中逐渐确立起来的。这样的市场是一个复杂的商业联系与交通网络的聚合体。它将地方市场或区域市场隶属于民族（国家），于是就必然存在一个不同层次的等级。那些在早期就是城镇支配国家的地方，相比那些其城镇是在早先的农民、农村与封建制基础上发展起来的地方，其民族（国家）市场的社会、经济与政治发展特点有些不同；而结果在各处大同小异，即有一个集中体现等级制的核心空间（大多数情况下是商业中心，此外还有宗教中心、文化中心，等等），以及一个主要的中心，即国家的首都。

其次，民族的存在意味着暴力的使用——国家的军事暴力，不管它是封建主义的、资产阶级的、帝国主义的或其他一些变种。换言之，它意味着政治权力对市场资源或生产力增长的控制和剥削，以便于进一步地维持自己的统治。

我们还有待于确认经济"自发地"增长一方与暴力一方之间有着怎样具体的关系，以及双方之间具体的相互影响。我们的假设事实上是要证实这两种"要素"与强制力（暴力）结合而**生产出一个空间**：民族国家的空间。这种国家不能按照一种实体性的"法人"、一种纯粹的意识形态虚构，或一种"特殊中心"这样的方式来定义。

F134 仍然有待于评价的，是这种民族国家空间与世界市场、帝国主义及其战略，以及跨国公司操纵地区之间的关系。

E113 现在让我们转向我们论题中一个非常普通的观点。生产任一物品（产品或作品）都永远会涉及对原料的加工改造，这是通过运用适当的知识、技术程序，以及持续不断的努力和不断重复的姿势（劳动）才能实现的。原料不管是直接地还是间接地，都来源于自然界：木材、羊毛、棉花、丝绸、岩石、钢铁等。经历了许多世纪，越来越复杂——因此自然属性越来越少——的原料，取代了直接取材于自然的原料。技术科学干预的重要性不断提高。我们只要想一下混凝土、人造纤维或塑料便一目了然了。但不管怎样，许多早期的原料诸如棉花、羊毛、砖头与石头，的确仍然是不可或缺的。

被生产出来的物品通常还保留着其原料的痕迹与它进入生产过程的时间的烙印，这提醒我们原料是被加工改造过的。这使得重构这些生产性操作成为可能。然而事实确是，生产性操作严重地倾向于隐藏它们的轨迹：磨光、染色、覆盖、装饰等甚至就是某些生产的主要目的。当建筑完工，脚手架就被拆卸下来。原创者图纸的命运与之类似，最终被撕碎而弃之一旁——尽管对于绘图者来说，研究它和绘制它之间的区别很明显。正是由于这些原因，产品，甚至是作品，被它们脱离生产劳动的倾向赋予了更多别的特性。事实上，由于人们对生产劳动如此健忘，以至于它有时被全然遗忘了，也正是这种"遗忘"——或哲学家们所说的神秘化——才使得商品拜物教成为可能：商品体现了一定的社会关系这一事实，既被确证也被误解了。

从物品（产品或作品）返回生产或创造它们的活动中去，从来不是一件轻而易举的事情。但是，如果你想阐明这件物品的属性或者它与自然的关系，重构它的起源及其意义发展的过程，这是唯一的途径。所有其他的方式只能成功地构造出来一个抽象物——一个模型。无论如何，仅仅呈现物品的结构并理解这个结构是远远不够的：我们需要在其整体中生成这件物品——借助于思想并且在思想 F135 中再生产出物品的形式、结构与功能。

人们（这里的"人们"表示任何"主体"）是怎样感知一幅画、一道风景或一座纪念碑性建筑的呢？感知理所当然地是因"主体"而定的：一个农夫不会用城里人那种信马由缰的方式来感知"他的"风景。以一个有文化修养的艺术爱好者欣赏一幅画为例，他的目光 E114 既不是专业的，也不是未经训练的外行的。他会对画中描绘的一个接一个对象产生思考，努力理解这些对象之间的关系，体验画家本人的意图或意义。由此他获得了某种愉悦感——假如这幅画是为了给眼睛或精神带来愉悦的。但即使作为业余爱好者也能意识到：这幅画是被限定的，颜色与形式之间的内在关系是由艺术作品的整体所决定的。于是他便从思考画中的对象，转向把整幅画作为一个对象来思考；从他在这个绘画空间中所感知的，转向他对这个空间的理解。他因而能够感悟或理解种种的"效果"，包括这幅画的作者所没有赋予的某些效果。他解开了这幅画的秘密并发现了其中让人惊奇的东西，但一直被画的形式的框架所限制，也受这个框架所支配的比例或平衡的限制。他的发现发生在（绘画）**空间**这一层面。在此意义上，此时在他的美学探索中，"主体"提出了一些问题：他试图解决一个特殊问题，即那些通过技术手段而得到的意义效果，以及独立于艺术家意图之外的意义效果（其中的某些意义取决于"观察者"），它们之间的关系如何？通过这种方式，他开始从自己所体验的效果回溯到赋予它们意义的意义生产活动之中；他的目的是重新发现这个活动并试图与其取得一致（也许是幻觉上的）。因此，他的"审美"感知，正如人们期望的那样，在多重层次上发挥作用。

　　不难看出，这种范式与哲学史上的一种思潮并行，这一思潮是由马克思及马克思主义思想所倡导与发展起来的。后苏格拉底的希腊哲学家们把对知识进行分析作为一种社会实践；对认识本身的状况进行反思，对理解已知**客体**的方式进行总结。这种理论的制高点是亚里士多德对话语（逻各斯）的教导，以及对范畴——亚里士多德最初将它作为**话语**（逻各斯）的要素和理解（或区分）客体的一种手段——的教导。许多世纪之后，在欧洲哲学史上，笛卡尔哲学提炼与修正了"逻各斯"的内涵。现在的哲学家们认为应该质疑逻各斯——把它置于问题之中：探寻其资质，其谱系、起源、身份的证明。自笛卡尔开始，哲学家们不断地改变着问题与回答二者的位置，问题的焦点从"被思想之思想"（*pensée-pensée*/thought thought）变为"思想着的思想"（*pensée-pensante*/thinking thought），从思想的对象变为思想活动本身，从对已知的讨论变为对认识的操作。其结果　E115
是产生了一个新的"问题框架"，以及新的困难。

　　马克思重新评价了这场笛卡尔革命，在此过程中也完善与扩展了它。他不仅关注知识造就的作品，而且关注工业实践中的**事物**①。继黑格尔与英国经济学家之后，马克思致力于从生产活动的结果返回生产活动本身。马克思总结指出，任何在空间中呈现的现实都可以根据其在时间中的起源而得到阐述与解释②。虽然任何在时间中（历史性地）发展着的活动都会导致（即生产出）某个空间，但这些活动只有在空间中才能成其为实践性的"现实"或具体的存在。这种事物观（view of matter）只是不明确地出现在马克思的思想中，事实上他继承了黑格尔的形式。这种事物观被用于各种风景、各种

---

　　①　马克思的原话是："笛卡尔和培根一样，认为生产形式的改变和人对自然的实际统治，是思维方法改变过程的结果。……笛卡尔的方法在政治经济学上的应用，开始使政治经济学在货币、商业等方面摆脱了古代神话和迷信观念。"而实际上"工艺学会揭示出人对自然的能动关系，人的生活的直接生产过程，以及人的社会生活条件和由此产生的精神观念的直接生产过程。"（参看《马克思恩格斯文集》第5卷，人民出版社2009年版，第448页注［111］及第429页注［89］。）——中译者注

　　②　比如，马克思说过："劳动是活的、造形的火；是物的易逝性，物的暂时性，这种易逝性和暂时性表现为这些物通过活的时间而被赋予形式。"（《马克思恩格斯全集》第30卷，人民出版社1995年版，第329页。）——中译者注

纪念碑性建筑、各种空间聚合体(只要它的本质不是"给定的")。它也被用于任何图画、作品或产品。一旦谜底大白,风景或纪念碑性建筑便把我们拉回到某种创造的能力以及赋意的过程。这种创生大体上可以显示出日期,因为它是一个历史事实。然而这并不是说任何一个事件都可确定日期:我们不是指某个纪念碑性建筑揭幕的具体日期,或者说它被显贵允许建立起来的日期。从词语的构成的意义上说,它也不是一个日期问题——某一特定社会组织出台一项紧急**需要**的时刻,它会选择在一个庄严的建筑内举行,例如在法院大楼进行司法宣判,或在大教堂中进行礼拜。可以说,这个被追问的创造的能力,永远都是某个社会或集体、群体、活动中的某个阶级的一部分,以及某个代理人(即那个从事活动的人)的能力。尽管"命令"(commande)与"需要"(demande)或许属于不同集团的功能,但没有一个人或一个实体会被认为对生产本身负最终的责任:这种责任也许只能归之于社会现实,这种社会现实有能力投资一个空间且生产这个空间,在给定资源(生产力、技术、知识、劳动资料,等等)的条件下。显然,只要某个乡村——以及公社(村庄),不管是在自治地区还是在服从于一种更高(政治)权力的地区——存在,就肯定会有农民赋予其形式。与之类似,某个纪念碑性建筑的存在也意味着它由某个都市群体所建构,这个群体要么是自由的要么隶属于某个政治权威。我们当然需要对事物的状态进行描述,但这还不够。如果把对空间的理解当作对乡村景观、工业景观、都市空间的依次描述,是完全不够的,因为如此一来,就将所有的变化抛在了画面之外。鉴于对生产能力或创造性过程的追问在许多情况下把我们引向政治权力,权力是如何运作的这类问题就呈现出来。政治权力仅仅是一道命令，抑或是某种"需要"？权力与那些服从于它的社会群体——这些群体本身是"需要者"，有时也是"命令者"，并且是永远的"参与者"——之间的关系的本质是什么？这是一个历史性的问题——所有城市、所有纪念碑性建筑、所有景观的历史性问题。所有的空间分析都迫使我们直面需要与命令之间的辩证关系，以及由此派生的问题："谁的？""为了谁？""通过谁？""为何与如何？"如果且当这种辩证（因而是冲突的）关系不再存在——需要活得比命令更长久，或相反——那么空间的历史必然走向其终点。这一点无疑也适用于创造的能力。这时，空间的生产或许还在继续，但只是在遵照权力的命令行事罢了：无创造性可言的生产，仅仅是再生产而已。我们真的能够预见某种需要的终点吗？道出这一点就够了，沉默和寂灭并非一回事儿。

因此，我们所要关注的是漫长的**空间的历史**，尽管空间既非一 F138
个"主体"也非一个"客体"，而毋宁说是一种社会现实，也就是说，是一套关系与形式。这个历史既有别于**在**空间**中**的各种事物（或近来所谓的物质文化或文化）的历史，也不同于**关于**空间的观念与话语。它必须既要说明表征性空间也说明空间表象，但当务之急是研究它们之间的相互关系及其与社会实践的关系。空间的历史于是在人类学与政治经济学之间获得了自己的位置。对物的命名、描述与分类，当然是传统历史学所做出的一个贡献，特别是当历史学家关注日常生活的普通物品时，包括食物的种类、厨房的炊具与肉类的准备与加工、衣服的种类、房屋建筑的类型、原料以及模具，等等。但日常生活也显身于表征性空间，说得更准确一些，是它构成了这些空间。至于空间的（及时间的）表象，它是意识形态的历史的一部分，如果意识形态的概念不是只局限于哲学家们与统治阶级的意识形态，或换言之，只局限于哲学、宗教与伦理学的"高尚"观念之中的话。但它却常常就是局限在这些方面。空间的历史将解释现实的发展及其时间状况，这些现实有些被地理学家们称为"网络"，

E117　有些隶属于某些政治框架。

空间的历史不是要在"过程"与"结构"、变化与永恒、事件与制度之间做出非此即彼的抉择。它的时段化不同于被广泛接受的那种模式。自然，空间的历史无论以何种方式都不应远离时间的历史（明显区别于所有哲学关于时间的一般理论）。这种空间历史的起点不能在对自然空间的地理性描述中发现；而毋宁说，它存在于对自然节奏的研究中，通过人类活动，尤其是与工作相关的人类活

F139　动，这些自然节奏及其在空间中的印迹被修改。因此，空间的历史，它始于被社会实践所改变的自然的空间-时间节奏。

首先应当考虑的决定性因素是人类学的，这当然与人从自然中取用（appropriation）的最基本方式密切相关：数（上声）数（去声）、对立与对称、对世界的想象、神话①。我们在处理这些复杂的形式时，

---

　　① 在浩若烟海的文献中，有这样一些代表性例证，参看 Viviana Pâques, *L'arbre cosmique dans la pensee populaire et dans la vie quotidienne du Nord-Ouest africain*（Paris: Institutd'Ethnologie du Museum National d'Histoire Naturelle, 1964）; Leo Frobénius, *Mythologie de l'Atlantide*, Tr. from the German（Paris: Payot, 1949）; Georges Balandict, *La vie quotidienne au royaume de Kongo du XVIIIesiecle*（Paris: Hachette, 1965）; Luc de Heusch, 'Structure et praxis sociales chez les Lele du Kasai', *L'homme:revue francaise d'anthropologie*, 4, no. 3（Sep. -Dec. 1964）, pp. 87-109。另外参看 A. P. Logopoulos et al., 'Semeiological Analysis of the Traditional African Settlement', *Ekistics*, Feb. 1972。——原注

一个经常遇到的难题是如何让知识区别于象征手法（symbolism），让实践区别于理论，或者隐含的意义（connotalif/connotation）（在修辞的意义上）区别于原本的意义（dénotatif/denotation）；与此类似，让空间安排（分割与间隔）区别于空间的解释（interprétation）（空间的表象），以及让部分群体的活动（家庭，部落，等等）区别于社会总体的活动。在最原始的层次上，在那些精心安排的形式之后或之下，是猎人、牧人和流浪者们最早用于划分界限与确定方向的标志物，这些东西最终被记住、被指派、被以象征的手法记录下来。

因此，精神活动与社会活动把自己的网络强加于自然空间，强加于赫拉克里特之流（Heraclitean flux）这种自发现象，强加于身体未形成以前的混沌状态；它们建立起一种秩序，我们将看到，这种秩序仅仅**在某种程度上**与语言的秩序相一致。

在今天这个道路纵横密如蜘蛛网的时代，自然空间发生了变化：你可以说，这是实践活动在自然这本大书上挥写，尽管是被潦草地书写着，但这种书写隐含了某种特殊的空间表象。地方被标记、注释与命名，在它们中间，在"网络的破洞"里，是空白的或边缘的空间。除了**林间大道**（*Holzwege*）或普通道路之外，还有穿越田野与牧场的小径。小径比它所承担的交通更重要，因为它是野生的与饲养的动物以及人（居住在乡下或小镇的屋舍及其周边的人，同住在城镇周边的人一样）成年累月、密集错综地穿行而留下的。那些有着与众不同、清晰可辨的痕迹的特殊路径具有"价值"：它们提示着危险、安全、等待、许诺。这些生动的方面——对于最早的"活动者"来说这一点还不明显，但借助于现代的制图法，它变得非常清晰了——与一个蜘蛛网而不是一个图像或平面图更为相似。它

E118

F140

可以被称作一个文本（texte）或一段信息吗？有可能，但这种类比并不服务于任何一种特殊的使用目的。在这个关联中，我们称它肌理（texture）而不是文本，更容易理解。与之类似，一个非常有益的做法是，把建筑作为"元-肌理"（archi-textures）来理解，即把每一个纪念碑性的建筑或普通建筑置于其周围和背景中来观察，置于它所在的居住区和它被放置其中的相关网络中来观察——作为一个特殊的空间生产的一部分。这种方法能否有助于澄清空间的实践？是一个我们应当返回的问题。

在一个如此设想的肌理之中，时间与空间是不可分离的：空间隐含着时间，反之亦然。这些网络不是封闭的而是向一切开放，向陌生者与异质者开放，向凶险与吉祥开放，向朋友与敌人开放。的确，开放与封闭的抽象划分在这里并不适用。

这些小径，在它们还没有被实践踩踏成路的时候，以及在它们开始成为表征性空间的时候，它们是以怎样的模式存在的呢？它们给人的感觉是横在自然之内还是在自然之外？答案是两者都不是。因为在那样的岁月里，人们是借助神秘的"在场"，借助善的或恶的神灵——它们被设想为实存的——来赋予这些小径、网络与旅途以生命的。毫无疑问，所有这样的神秘物或象征物皆与神秘的空间或象征的空间——它**也是**由实践所决定的——密不可分。

况且，这些人类学上的决定性因素，在被某个特殊群体经历许多世纪的传承之后，在被放弃从而为了重新接受、在被替换和转变之后，不是没有可能保存到了今天。另外，在对结构的不变性或模式的重复以及再生产做出任何结论之前，需要进行细致的调研。

让我们留意一下佛罗伦萨的例子 ①。1172 年，佛罗伦萨为适应 F141
E119
城镇面积、交通与管辖范围的扩大，对都市空间进行了重新安排。
这是一项全面的任务，决不是像把一些建筑项目按照它们对城市的
作用进行划分那样简单。它包括都市广场、码头与街道等。历史学
家可以从这个实例中轻易地找到"命令"与"需要"相互影响的痕迹。
"需要者"是这样一些人，他们希望从这个城市所赐予他们的保护
和优势——其中包括加高城墙——中得到好处。"命令者"一方来
自某个野心勃勃的权威，他们拥有雄厚的实力来实现其野心。罗马
时代的城墙也被废弃了，四座曾经存在过的城门被位于阿隆河右岸
的六座大门和四座次要城门所取代，还有三座在奥特拉诺 ②，现在已
经与城市合为一体。因此，都市空间形成了一个象征性的花朵的形
状，即十字花（*rose des vents*）或罗盘形状。它的形态是按照一种**世
界的形象**（*imago mundi*）布置的，但空间的历史学家不应当给这种
表征性空间赋予同等程度的重要性，因为它是来自遥远的、不同的
地方，当它在都市卷起风暴，它也同时改变了康塔多或托斯卡纳的
乡村，以及它们与中心即佛罗伦萨的关系，引起一个新的空间表象
化的过程。事实是，曾经在古代作为人类学意义上的核心的东西，
在历史的进程中有可能变得无关紧要。人类学的要素是作为**原材
料**进入历史的，在不同的环境、场合、可取用的原料和模具的条件

---

① 参看 J. Renouard, *Les villes d'Italie*（课堂笔记复制件），fascicle 8, pp.
20ff.。——原注
② 奥特拉诺（Oltrarno）是意大利佛罗伦萨的一个区，意为"阿诺河上"，它位于
阿诺河以南，属于佛罗伦萨历史中心区的一部分，拥有许多著名的地点，例如佛罗伦萨
圣神大殿、碧提宫、观景城堡和米开朗琪罗广场。——中译者注

F142
下，① 易于被不同地对待。历史变迁的过程，包含着各种变化、替代与转型，不仅使原料也使模具服从于它的变革要求。在托斯卡纳，我们看到了一个转型阶段，从表征性空间（一种对世界的想象）到空间的表象（即远景）。这要求我们在我们思考的历史中确定一个重要事件的日期。

E120
　　空间的历史开始于这些人类学要素失去其霸权地位并随着空间生产——它在自然中显然是工业化的——的来临而告终之处。在这一空间中，社会关系的可再生产性、重复和再生产被有意识地放置在优先于作品、自然的再生产、自然本身以及自然时间的地位。这一研究领域与其他研究没有重叠。这个空间的历史显然是有限的，因为它有开端与结尾——一个"前（pre）-历史"与一个"后（post）-历史"。在前-历史（史前史）中，自然统治着社会空间；在后-历史中，地方化的自然衰退了。对空间的历史做这样的划分是不可缺少的。如果按照传统的编年史方法编纂事件，则无论是空间历史的开端还是结尾都不能确定一个日期。仅仅在开端时期就出现了贯穿于整个周期的各种痕迹，这些痕迹在我们时代的屋舍、村庄和城镇中还保存着。在这个过程中——它们可以被适当地称作历史上的——特定的抽象关系建立起来了：交换价值变得普遍了，这

————

　　① 参看同上文 pp. 77ff.，我已经对托斯卡纳的空间及其对意大利 15 世纪的艺术与科学的影响作过了评述。稍后我们还将回到这些问题上（参看下文，英译本 257 页及以下内容）与之相关的还有 Erwin Panofsky 的 *Gothic Architecture and Scholasticism* 以及 Pierre Francastel 的 *Art et technique au XIXe et XXe siecles*。只要焦点是在建筑方面，最好的讨论仍然是 E. E. Viollet-le-Duc, *Entretiens sur l'architecture*, 4 vols（Paris: A. Morel, 1863-72）。——原注；英译本由 Benjamin Bucknally 译出: *Lectrues on Architecture*, 2vols（Boston, Mass: Ticknor, 1889）。——英译者注

首先归功于银与金（它们的功能）的使用，其次归功于资本。这些抽象物——它们是隐含了形式的社会关系——以两种方式变得具体了。首先是交换价值的工具与等价物，即货币，它以货币的碎片即钱币的形式存在。其次是商业联系。货币的使用以商业联系为前提并且导致了商业联系，这些商业联系，只有当它们以关系的网络（即流通与市场）以及按等级组织起来的中心（即城镇）的形式投射到这个地区的时候，才能获得社会存在。必须假设每一个时期在中心（即每个中心的功能）与总体之间建立起了某种平衡。你或许会对此非常合理地提出各种"体系"（城市的、商业的，等等），但这些真的只是一个较小的方面，只是空间生产这项基本活动的一种含义和结果而已。

　　随着 20 世纪的到来，我们普遍被认为已经进入了现代时期。尽管（也因为）我们对诸如"世纪""现代""现代性"这些粗糙的术语非常通晓，但它们是用来掩盖不止一种悖论的；事实上，我们 F143 迫切需要对这些术语加以分析与提炼。就空间而言，在一个关键时刻，决定性的变化发生了，但它却被各种不变的、残余的或停滞的因素搅得模糊不清，尤其是被那些表征性空间层面的因素所影响。让我们思考一下（筑居意义上的）屋舍（Maison/house）和栖居（Demeure/dwelling）。在城市中——在那些正是由于城市退化从而围绕城市蔓延的"都市纤维"（*tissu urbain*）中，情况更是如此——屋舍只具有史诗（historico-poétique）一样的现实，那些根源于民间传说，或者（友好地说）根源于民族文化的历史—诗歌。然而，这种**记忆**具有某些让人沉迷的品质：它保存在艺术、诗歌、戏剧与哲学之中。除此之外，这种历史记忆贯穿于 20 世纪所造就的可怕的都 E121

市现实中，为现实涂上了一层怀旧的气氛，同时也在那些批评它的作品中弥漫着。因此，海德格尔与巴什拉尔 [1] 的著作——其重要性和影响已经超出了我们问题的范围——都以一种富于情感的、动人的方式来表达这种思想。栖居把任何一个地方当作特殊的、安宁神圣的、准宗教的空间，事实上几乎就是绝对空间。巴什拉尔凭借他的"空间之诗"和"恋地情结"（topophilie），将他梦中穿越的表征性空间（与空间的表象不同，后者由科学来阐发），与那个亲切的、绝对的空间联系在一起 [2]。在巴什拉尔那里，屋舍的内涵几乎具有某种存在论的尊贵地位：抽屉、箱子、橱柜，它们还没有被带离它们的自然类似物（它们的原型）——鸟巢、角落、贝壳、圆形物，等等——太远：这一点被哲学家-诗人们所感知。可以说，自然——母性的，如果不是子宫般的——就矗立在这个背景中。屋舍既是天宇也是人间。从屋基到屋顶，从地窖到阁楼，梦想与理性、厚重与轻灵，浓淡相宜地融为一体。与此同时，"家"与"我"之间的认同也连在了一起。一只贝壳，一个神秘的、碰巧体验到的空间，对于巴什拉尔来说，浓缩了人类"空间"的德性。

至于海德格尔的存在论——他的"筑造"（Bâtir/building）观念近乎一种思想；他构想的栖居（demeure/dwelling），尽管是与四处漂泊的存在相对立的，却似乎注定有一天要与后者结为一体，迎

---

① 加斯东·巴什拉尔（Gaston Bachelard, 1884—1962），法国科学史家与哲学家。代表作有《空间的诗学》、《火的精神分析》等。——中译者注

② 参看 Gaston Bachelard, *La poetique de l'espace*（Paris: Presses Universitaitres de France, 1957），p. 19. 英译本由 Maris Jolas 译出：*The Poetics of Space*（Boston, Mass: Beacon Press, 1969），p. xxxiv. xx——英译者注（中译本参看［法］加斯东·巴什拉：《空间的诗学》，张逸婧译，上海译文出版社 2009 年版，第 23 页。——中译者注）

接存在的到来——这种存在论指向物（choses/thing）与非物（non-choses/non-thing），这些现在也已远离我们的存在，确切地说是因为它与自然的切近性：水壶[①]，黑森林中的农舍[②]，希腊神庙[③]。然而空间——这树林、这路径，无非是"就在那里"（être-là/being there），无非是存在者（etant/beings），无非是**此在**（*Dasein*）。尽管海德格尔对其起源提出质疑，尽管他就此摆出"历史性的"问题，但毫无疑问，他的思想在这里主要信靠的是：时间比空间更为重要；存在有其历史，而历史无非是存在的历史。这使得他走向一种被限定的和局限性的生产概念，他将生产构想为一种因缘–显现（faire-apparaître/causing to appear），一个兴起的过程，它将一物作为物产生出来，置于其他早已显现出来的物之中。这种准同义反复的假设并不能给海德格尔那绝妙的（尽管也是谜一般的）构思增添什么，根据他的构思，"栖居乃是终有一死者所依据的存在的基本特征"[④]。而语言，对于海德格尔来说，同时也就只是存在的栖居。

E122

　　这种对绝对空间的迷恋，对于我们所讨论的历史（空间的历史/历史的空间；空间的表象/表征性空间）的各个方面形成了阻碍。它把我们推回到了一个纯描述性的理解，因为它与任何分析性的方法相对立，更是十分抵触对于任何形成过程的整体性阐述（这是我

---

　　① 参看海德格尔：《物》一文。——原注（中译文参看［德］海德格尔：《演讲与论文集》，孙周兴译，三联书店 2005 年版，第 173 页及以下内容。——中译者注）

　　② 参看海德格尔的《筑·居·思》一文。——原注（中译文参看［德］海德格尔：《演讲与论文集》，孙周兴译，三联书店 2005 年版，第 169 页。——中译者注）

　　③ 参看海德格尔在《林中路》一书的相关讨论。——原注

　　④ 参看海德格尔的《筑·居·思》一文。——原注（中译文参看［德］海德格尔：《演讲与论文集》，孙周兴译，三联书店 2005 年版，第 169 页。——译者注）

们感兴趣的方法）。有不止一种专业的与部门的学科试图捍卫这种立场，特别是人类学（它的目标或许可以从那些通常指派给它的资质——诸如文化的、结构的，等等——中去判断）。人类学由此出发来理解从乡村生活（通常是博罗罗①[Bororo]或多贡[Dogon]②乡村，偶尔也有普罗旺斯③[Provencal]或阿尔萨斯④[Alsatian]乡村）研究中得来的，或者从对传统栖居的思考中得来的概念，并且通过置换（transposant/transposing）和／或外推（extrapolant/extraplating）它们，从而把这些概念运用到现代世界。

　　这些概念怎么能以此种方式被置换而其意义却得以保全呢？原因有很多，根本的一条是思乡病。想想那些人，特别是年轻人，他们逃离现代世界，逃离都市生活的艰辛，而想在乡村，在传统民俗中、在艺术与工艺中，或者在古旧的小农场中找到庇护。或者那些游客，他们逃到不发达国家，包括地中海边缘地区，去过一种精英的（或者自诩为精英的）生活。大批旅居人群涌入乡下或都市地区，他们的到来只有助于毁灭那里（威尼斯和佛罗伦萨，祸事来矣！）。这是现代性主要空间矛盾的活生生的体现，在这里，我们看到空间正以经济学的意义以及这一语词的字面意义被消费着。

　　现代世界对历史和过去的清算正以一种非常不平衡的方式粗暴地进行着。在一些情况下，整个国家——例如某些伊斯兰国家——都试图去放慢工业化的速度，以便保持它们的传统家园、传

F145

---

　　①　巴西印第安人聚居区，结构主义人类学家列奥–施特劳斯曾于 20 世纪 30 年代作过考察与研究。——中译者注
　　②　多贡是位于非洲马里共和国沙漠深处的一个原始部落区。——中译者注
　　③　普罗旺斯系法国南部的一个地区。——中译者注
　　④　阿尔萨斯系法国东北部的一个地区。——中译者注

统习俗与表征性空间，使它们免于遭受工业化空间与空间的工业化 E123
表象的冲击。还有一些非常现代的国家，也试图保持它们的生活安
排、空间，以及与之紧密相伴的风俗习惯和表象不被改变。例如日
本，这是一个高度工业化与都市化的国家，传统的生活区、日常生
活和表征性空间仍然完好无缺地保留下来——决不仅仅具有民俗学
意义，不仅仅是一种遗存，不是为了吸引旅游而安排的舞台布景，
也不是对文化上的过去的一种消费；而是一种实实在在的、直接实
践着的"现实"。这些激发起旅行者的好奇心，也使得日本的现代
化鼓吹者与技术专家感到沮丧而人文主义者欢欣鼓舞。这是一种
回响，对西方式乡村和农场生活怀旧之情的回响，尽管是遥远的
回响。

这样一种（对传统）的保留是阿摩斯·拉普卜特①的关于"家的
人类学"（*l'anthropologie de la Maison*）②引人入胜之处。佩里戈
尔③的传统农舍的确值得人类学家们研究，正像她们研究爱斯基摩
人的雪屋以及肯尼亚的棚屋那**最经典的章节**（*locus classicus*）一
样。不过，在这里人类学家的局限性还是表现出来了，当该书的 F146
作者（即拉普卜特——译注）试图基于二元对立——即栖居是巩
固了还是削弱了家庭生活？——建立一个普遍有效的还原论模式
时，人类学家们却跳过这一页，并且扯得太远，甚至断言法国人民

①　阿摩斯·拉普卜特（Amos Rapoport, 1929—　），波兰裔美国建筑学家。——
中译者注
②　参看 *Pour une anthropologie de la Maison* 一书对日本等国的论述（Dunod,
1971, Cf. p. 101, p. 113 等处）——原注。House *Form and Culture*（Englewood Cliffs, N.
J.: Prentice-Hall, 1969）。——英译者注
③　佩里戈尔（Perigord），位于法国西南部的一个地区。——中译者注

从来（！）都愿意在咖啡馆而不是在家里招待客人[1]。

尽管他们或许喜欢如此，但人类学家不能掩盖一个事实，即现代性的空间与趋势（即现代资本主义）既不可能在肯尼亚，也不可能在法国或任何其他国家的农民那里被发现。像上述研究那样对乡愁这一方面赋予特别巨大的重要性，就是回避现实，破坏对知识的探索，背离空间实际的"问题框架"。如果我们想要把握这些问题框架，我们就不能回到某种民族学、人种学或人类学，而是必须把我们的注意力投向"现代"世界本身，以及它的二重的方面，即资本主义和现代性，它们使得问题很难分辨清楚。

空间生产的原材料与特定的物不同，它不是一种特殊的材料，它就是自然本身，自然被转变成为产品，被野蛮地操控着，它的存在现在受到了严重的威胁，也许会被毁灭，当然——最为悖谬的是——也**被定位化**（*localisee/localized*）了。

在这个关键时刻，也许我们该问，是否有办法可以确定一个日期，在那一天我们关于空间及其生产的意识觉醒了：何时与何地、为何与如何，这样一种被忽视了的知识和被误解了的现实开始得到人们的承认？其发生的时刻实际上是可以确定的：我们可以从鲍豪斯运动的历史影响中发现它。我们将在几个点位对这场运动进行批判性的分析。因为鲍豪斯运动不仅把空间放置在了它的真实的背景中，或者为空间提供了一个新的视野，它还提供了一个全新的、整体的空间概念。那是在 1920 年前后，正值第一次世界大战刚刚

E124

---

[1] *House Form and Culture*（Englewood Cliffs, N. J.: Prentice-Hall, 1969），p. 69.——原注

结束，人们发现在发达国家（法国、德国、俄国、美国）之间存在一条连接的纽带，这条纽带在实践的层面上已经被涉及，但尚未被合理地表述过：这就是工业化与都市化、工厂与居住地之间的连接。这种连接一旦被纳入理论思考，便会转变成为一个推想，甚至是一个项目。奇怪的是，这个项目的立场被视为既是合理的又是革命性的，虽然实际上它是为国家——不管是国家资本主义还是国家社会主义及其变种——量身定做的。当然，后来这一点变得很明显了，这是不言而喻的。对于格罗皮乌斯及勒·柯布西耶来说，这项工程归结起来就是**空间的生产**。正如保尔·克利 ① 所说的，艺术家——画家，雕塑家或建筑师——不是展现空间，他们创造空间。鲍豪斯的规划成员们都理解，空间中的物，无论是可移动的家具还是固定不动的建筑，都不可能彼此孤立地被创造出来，更不用说它们的相互关系及其与整体的关系。我们不可能仅仅把它们当作大杂烩而堆集在一起。在生产力的意义上，即在现代世界的技术手段与特定问题的语境下，物与客体，连同它们的关系本身，现在都可以在它们的关系中被生产出来。从前，艺术的各组成部分——纪念碑性建筑、城镇与家具陈设——被艺术家们按照主体的准则而创造出来，这包括王公贵族的品位、富有的赞助人的智慧以及艺术家本人的天分。因此，建筑师们会根据贵族的生活方式来设计和建造宫殿，以便容纳那些奢华的家具。宫殿的旁边，是供众人集会的广场，以及服务于各项社会事业的纪念碑性建筑。这个结果作为整体便构成了一种具有特殊风格的空间，甚至经常是壮丽辉煌的空间。但它仍

F147

---

① 　保罗·克利（Paul Klee, 1879—1940），瑞士艺术家。——中译者注

然是一种从未被合理定义的空间，它的成与毁都没有清晰的理由。
当格罗皮乌斯^①抚今思昔，他意识到此后的社会实践注定还会变革。
空间总体的生产，严格地说，是与生产力水平相一致因此与某种特
殊的合理性相一致的。因此，问题就不再是孤立地引进形式、功能

E125 与结构，而是通过将形式、功能与结构按照某种**一体化概念**而融为
一体，从而掌控整个空间。这种洞察勉强证实了马克思的一个想

F148 法，即认为工业有力量在我们眼前打开一本大书，展现出人（即社
会存在）的创造性能力^②。

鲍豪斯集团，作为致力于推动总体艺术事业向前发展的艺术家
联合体，和克利^③一道，发现一个观察者可以在社会空间——包括
住房、公共建筑与宫殿等——中围绕任何一个对象移动，而这样做
就超越了仅从某一个特定方面审视或研究事物。空间向着感知、向
着概念化敞开，就像它向着实践行动敞开一样。艺术家们从空间中
的物转向了空间本身的概念。同一时期的先锋派画家们也得出了
类似的结论：我们可以同时关注某个对象的所有方面，这种同时性
保存与概括了一个时间的序列。这导致了以下几点结论：

　1. 一种**新的空间意识**出现了，根据这种新的意识对空间（处于
　　　周围环境之中的某个对象）进行探索，则空间有时被精心地

---

　　① 瓦尔特·格罗皮乌斯（Walter Gropius，1883—1969），德国现代建筑师和建筑教
育家，现代主义建筑学派的倡导人之一，鲍豪斯的创办人。——中译者注
　　② 马克思的原话见于他的《1844 年经济学哲学手稿》：工业"是一本打开了的关于
人的本质力量的书，是感性地摆在我们面前的人的心理学"。（《马克思恩格斯全集》
第 42 卷，人民出版社 1979 年第 1 版，127 页。）——中译者注
　　③ 在 1920 年，克利因此而指出："艺术并不反映有形物，而提供有形物"。——
原注

还原成了它最初的轮廓、规划，或者一幅涂在帆布上的平面图；有时则相反，这些平面被打乱并使之旋转起来，以便在画面上重构空间的深度。这产生了一种非常独特的辩证法。

2. **正面（facade）**——正对观察者的立面，或者艺术品及纪念碑性建筑的最重要的立面——**消失了**。（不过直到 1920 年代，法西斯主义仍在不断地强调正面的重要性，因此选择一种总体的"壮丽景观化"）

3. **整体空间，在被抽象化的同时，也将自身建构成为**一片有待于填补的空白、一个有待于被殖民的媒介。这一切接下来如何去做，是一个只能等待资本主义社会实践才能解决的问题——然而最终，这个空间将被商业化形象、符号与产品所充满。这种发展反过来将导致一种伪环境概念的出现（它回避了这样的问题：谁的环境与何种环境？）

关注现代性的空间历史学家会非常坚决地肯定鲍豪斯的历史作用。到 1920 年代，庞大的哲学体系已经被人们弃之一旁，除了 E126 进行数学和物理的研究之外，所有关于空间与时间的思想都与社会 F149 实践，或者更确切地说，与工业实践，以及与建筑和都市研究紧密地联系在一起。这种从哲学的抽象到进行社会实践分析的转变，是值得强调的。随着这种趋势的发展，作为对其负有责任者，鲍豪斯集团及其他团体相信，它们不只是创新者，它们事实上是革命者。五十年后再回首，我们可以清楚地发现，在那个年代，除了达达主义者（Dadaïstes）（保留点说，还有极少数超现实主义者）之外，这个称号其他人谁都不合适。

确立鲍豪斯运动的历史作用非常容易，但对其作用的宽度与局限进行评价却非易事。它究竟是导致或确认了一种美学视野的变化，抑或它仅仅是社会实践变化的某个征候？更有可能是后者，符合绝大多数艺术史家与建筑师们的看法。当有人问及鲍豪斯运动的胆大妄为长期来看导致了什么结果的时候，有一个后果必须要提到：世界范围的同质化的、单调的国家建筑，且无论是资本主义国家还是社会主义国家。

这一切是如何和为何发生的呢？如果真有空间的历史这回事，如果空间真如所说，是被历史阶段、生产方式与生产关系所具体规定的，那么，就会有资本主义空间的特征——即由资产阶级操作与支配的社会的特征——这回事了。鲍豪斯运动的著述和作品，还有其他派别中的密斯·凡德罗[1]，是否勾勒、构建和帮助了那种特殊空间的实现，这当然是可以论辩的——尽管事实是，鲍豪斯努力使自己成为并自我声称是革命性的。稍后我们会有机会以一定的篇幅来讨论"历史"这个反语[2]。

第一个研究空间历史发展的人[3]是希格弗莱德·吉迪恩[4]。吉

---

[1] 密斯·凡德罗（Ludwig Mies Van der Rohe, 1886—1969），德国现代主义建筑大师，鲍豪斯的第三任校长。——中译者注

[2] 参看 Michel Ragon, *Histoire mondiale de l'architecture et de l'urbanisme modernes*, 3 vols（Tournai: Casterman, 1971-8），esp. vol. II, pp. 147ff.——原注

[3] Siegfried Giedion, *Space, Time and Architecture*（Cambridge, Mass: Harvard University Press, 1941）.——原注

[4] 或译西格弗莱德·吉迪翁（Siegfried Giedeon, 1888—1968），是一位波西米亚裔瑞士历史学家及建筑评论家。其作品《空间·时间·建筑》（Space, Time and Architecture）及《机械化的决定作用》（Mechanization Takes Command）对于在20世纪60年代在伦敦当代艺术中心（Institute of Contemporary Arts）成立的"独立团体"（Independent Group）的成员具有深远影响。——中译者注

迪恩与实践保持距离，但他却能从任何这类历史中比较详细地获得一些理论对象；在他看来，是空间，而不是那些具有创造力的天才、不是"时代精神"，甚至也不是技术进步，才是他所构想的历史的中心。在吉迪恩看来，存在三个连续的时段。在第一个时段（古埃及和希腊时期），建筑的体量是被放置在它们的社会关系的语境中——因而来自**外部**——构想与实现的。罗马时期的万神殿体现了第二种概念，根据这种概念，纪念碑性建筑的**内部**空间变得至关重要了。而到了我们的时代，相比之前，据说人们正努力通过理解空间内外两个方面的相互作用与统一，试图超越内部-外部的二元划分。其实吉迪恩只是成功地**颠倒**了社会空间的现实。事实上，万神殿作为世界或者宇宙的形象，是向着光敞开的；这一宇宙的意向，这内部的半球或穹顶，却象征着外部。至于希腊神庙，它围拢了一个神圣的与被神圣化的空间，那里是地方化的神明与神圣的地方空间，是这个城市的中心①。我们可以从吉迪恩那里找到这种混淆的起源，这种错误贯穿于他的全部著作的始终：他预设了某个先验的空间（欧几里得空间），在其中，所有人类的情感与期望都持续不断地赋予自己力量，使自己得以实现。在吉迪恩的后期著作《永恒的在场》（*The Eternal Present*）②中，一种唯心论的空间哲学清晰可见。实际上吉迪恩从未能够从几何学与唯心论的简单摇摆状态脱离出来。更进一步的问题是，他无法把他自己所阐发的历史从艺术与建筑的历史中区分出来，

F150

E127

---

① 参看海德格尔在《林中路》一书中对希腊神庙的讨论。——原注

② Siegfreid Giedeon, *The Eternal Present*, 2 vols（New York: Bollingen Foundation/Pantheon, 1962-4）2.——原注

尽管这两者之间当然是泾渭分明的。

认为空间在本质上是空洞的,有待于有形的信息来占用,这种看法也限制了布鲁诺·赛维[①]的思想[②]。赛维坚持认为,几何学空间是被那些栖居其中的人们的姿势与行为赋予了活力。赛维也总是非常及时地提醒我们这样一个基本事实,即任何一个建筑物均有内部(空间)与外部(空间)。这意味着存在一种由内部和外部的关系所定义的建筑空间,这是一种被建筑师用作社会活动的工具的空间。这里引人注目的是,在鲍豪斯运动几十年之后,并且据说是在建筑学的诞生地意大利,二重性重新回归是必然的。我们不得不得出这样的结论,即以上所提到的对(建筑物)正面的批判性分析,从来都没有轻易地巩固下来,空间仍然是严格地**视觉意义的,**完全服从于"视觉逻辑"。赛维认为,空间的视觉性概念依赖于某种身体性(姿势的)元素,那是训练有素的专业观察者的眼睛必须加以考虑的。多亏身体属性具备"现身"的能力,使得赛维的著作能够将空间经验的这种"亲身的"一面带入知识领域,从而也带入认识领域,却不必费心去思考:光学(几何的-视觉的)空间的身体性元素,有可能使得意识优先性本身成为一个问题。赛维对他自己的发现的理解并没有超越教学的范围,超越建筑师培训和专家教育的范围,他当然没有在理论的层面去探寻这些问题。在熟练掌握空间知识的观察者缺席的情

F151

E128

---

① 布鲁诺·赛维(Bruno Zevi, 1918—2000),意大利建筑学家,历史学家。——中译者注

② 参看 Bruno Zevi, *Architecture as Space: How to Look at Architectue*(New York 1974)。——英译者注(中译本参看[意]布鲁诺·赛维:《建筑空间论——如何品评建筑》,张似赞译,中国建筑工业出版社 2006 年版。——中译者注)

况下，我们如何判断空间的"美"或"丑"？赛维问道，这种审美标准又如何可能实现其初始的价值？换个问法，一个被建构的空间，除了通过**使用**①之外，它还能通过什么去进行征服与驱逐？吉迪恩和赛维所做出的贡献无疑使得他们在空间历史的发展方面占有一席之地，但他们也只是预言了这个历史，却没有帮助去建设它。他们还是指出了问题，开辟了道路，但他们没有很好地解决空间历史这一任务中的棘手问题：揭示抽象方面与视觉方面正在成长着的首要性，以及二者之间的相互关系；揭开"视觉逻辑"的起源与含义，也就是说，通过一个事实——任何这类特殊的"逻辑"，从来都不过是某个战略的遮人耳目的名称而已——揭开隐含在这个"逻辑"中的"战略"。

第 九 节

从这样构想的历史②出发，历史唯物主义将得到极大的扩展与证实，它将经受一场严肃的转变。它的客观性将得到深化，因为它将不再只是依赖于产品和作品的生产，也依赖于生产的（双重的）历史，这种生产的历史将延伸至对空间与时间的理解，并将自然作为"原料"来使用。它将扩展生产的概念，以便将空间的生产作为

---

①　参看 Bruno Zevi, *Architecture as Space: How to Look at Architectue*（New York 1974），pp. 23ff.。 ——英译者注（中译本参看［意］布鲁诺·赛维［Bruno Zevi］：《建筑空间论——如何品评建筑》，张似赞译，中国建筑工业出版社 2006 年版，第 36 页等处。——中译者注）；还可参看 Philippe Boudon 在其 *L'espace architectural*（pp. 27ff.）（Paris: Dunod, 1971）一书中的相关评述。——原注

②　即上述第八节所说的"空间的历史"。——中译者注

F152 一个过程纳入其中，其产物——空间——本身既体现为物（商品、客体），也体现为作品。

E129 历史的梗概，它的"纲要"（compendium）与"索引"（index），不仅可以在哲学中被发现，也超出哲学，体现在既是具体的又是抽象的**生产**之中，并将二者历史化，而不是把它们遗留在纯粹哲学的王国里。同样地，历史也因此将被彻底地相对化，而不是成为某种替代性的形而上学或"转化生成的本体论"（une ontologie du devenir/ontology of becoming）。这就使得对前历史、历史与后历史进行区分有了真正的意义。因此，空间的历史的相应历史阶段，便与资本积累的历史相对应——以资本积累的初始阶段为开始，以被抽象概念所统治的世界市场的终结为终点。

至于辩证唯物主义，它也被扩展、证实——以及转变。新的辩证法表现在：作品与产品的对立、重复与差异的对立，等等。当我们根据对生产活动（既包括整体劳动即社会劳动，也包括被分割的或分包出去的劳动）与一种特殊的产品——其独特之处在于其本身也是一种工具，即空间——之间关系的解释来思考时，则内在于劳动分工的辩证运动就变得更为复杂了。空间作为自然物的所谓"现实性"与作为透明物的所谓"非现实性"，在我们思想的展开中将同时进行探寻。就其作为积累、增长、商业、货币与资本的场景这一点而言，空间表现为一种"现实性"；而一旦空间的发展——即它的生产——被追溯，这种"现实性"便失去了实在性与自主的一面。

还有一个从未被人提及，因而在过去一直是悬而未决的问题：各种社会关系的存在方式究竟是怎样的？它们是实在的？自然的？抑或在形式上是抽象的？对空间的研究为此提供了一个答案。

根据这种看法，生产的社会关系具有一种社会存在，以至于也拥有了一种空间存在；即生产的社会关系把自身投射到某个空间上，当它们在生产这个空间的同时，也把自身铭刻于其中。否则，社会关系就将永远处于"纯粹的"抽象领域之中，这就是说，处于表象的、因而是意识形态的领域：一个咬文嚼字的、夸夸其谈的与空话连篇的领域。 F153

　　空间本身，既是资本主义生产方式的**产物**，也是资产阶级的经济政治**工具**，现在它将被视为体现了它自身的矛盾。于是辩证法从时间中浮现出来，并使其自身得以实现，它正以一种意料不到的方式在空间中发挥作用。空间的矛盾，并没有消除从历史时间产生出来的矛盾，而是把历史留在身后，并把那些旧矛盾在全世界的范围内同时提升到一个更高的水平。当这个矛盾的整体呈现出一种新的意义，指向"一些其他东西"——另外一种生产方式——的时候，其中的一些矛盾就被削弱了，另外一些则加剧了。

第 十 节

　　我们没有、也远未做到对于那些铭刻在空间上的时间——即那 E130
些引起并生产出空间维度的时间过程——进行详尽无遗、面面俱到的讨论，无论我们所关注的空间维度是身体的、社会的，还是宇宙与世界的。

　　关于这个问题哲学留给我们的提示极其贫乏。世界被描述为在昏暗中发生的一连串欠明朗的事件。有序的宇宙等同于一种光明的同时性（simultanéité lumineuse/luminous simultaneity）。赫拉克里特（Heraclitus）及其追随者认为，有一种常新的宇宙之流，它携带着"存在物"（êtres/beings），在那里所有的稳定都只是一种表面现象。而对于爱利亚学派（Eleatics）来说，则正好相反，只有稳定才构成了"真实的"世界并赋予其智慧，所谓**变化**仅仅是表面现象。于是，忽儿是差异性（始终地和绵延不绝地——且是悲剧性地——更新）、忽儿是重复性（始终是、到处是，同一个事物一次又一次喜剧性地重复），具有了绝对的优先性。因此，对于他们中的有些人来说，空间意味着衰退，意味着毁灭——当时间从永恒的存在中淡出的时候，空间也淡出时间；作为一种对事物的聚集，空间划分、割裂与瓦解着统一性，包裹起有限物并掩盖其有限性。对于另外一些人来说，情况则相反，空间是摇篮，是诞生地，是自然与社会交往和交易的媒介，因此它总是丰饶的——充满着悖谬与/或和谐。

　　这的确是一种很少被研究过的时间观与空间观，即认为时间在空间中的自我实现发展自某一个中心（一个相对的而不是绝对的起源），这个实现的过程易于陷入困难，常常不得不短暂停留以恢复力量，甚至走到这样的时刻，即它转向自身，将自身内在的独一性既作为依靠也作为资源，一次又一次地重新开始与继续，直到彻底耗尽自身。"反馈"，就其在这种事物观中所发挥的作用而言，它将不会开启一个适合于那一时刻的体系；相反，它将与那永远也不会从生动的"存在"中消失的历时性的统一体，建立起一种共时性。至于上述时间的内在资源及其可获性，它们是从真实的起源生发出来的。

第 十 一 节 ①

我如同探险般地提出了一些关于语言和空间之间关系的论述。非词语的符号体系并不当然地像词语体系那样，对应于相同的概念与范畴，甚至可以说它们还不是真正的体系，因为其要素与片段（moments）之间还只是以一种随机的与类同的方式而联系起来，还不具备一致的系统性。然而，这个问题仍然处于开放状态。有一点是确定无疑的，即空间的各部分，就像话语的各部分一样，是以相互包含与相互排斥的方式结合在一起的。在语言中如同在空间中，有一个"以前"还有一个"以后"，而"现在"支配着过去与未来。

因此，下面是一些相当合理的问题：

1. 由实践—社会活动所构成的空间，不管是风景也好，纪念碑性建筑也好，或者是普通建筑也好，它有意义吗？

2. 被某个社会群体或若干这样的群体所占用的空间，可以作为某种信息（message）看待吗？

3. 我们应当把建筑或都市这些作品看作某种大众传媒吗，尽管是非同寻常的一种？

4. 社会空间确实可以依靠一种决定性的实践（阅读/书写），而被构想为某种语言或话语吗？

对于第一个问题，答案显然是肯定的。对第二个问题的回答则

E131

---

① 以上第八、九、十等几节列斐伏尔重点讨论了空间的历史问题，这一节开始进入对空间与语言等关系的研究。——中译者注

有些模糊。既"是"又"不是"：空间包含着信息但空间能够被还原

F155 为信息吗？可以试着这样回答，即它们包含了更多的东西，它们也
体现了功能、形式与结构这些与语言无关的内容。这是一个需要认
真检视的问题。至于第三个与第四个问题，我们的回答将不得不包
括最严肃的保留意见，稍后我们再回到这些问题上来。

　　我们确信，无论如何，理解语言以及词语性、非词语性符号体
系，对于任何想要理解空间的尝试都是大有用场的。曾经有这样
一种倾向，即孤立地研究空间的各个瞬间与要素，试图将它与其独
特的过去联系起来——可以说这是一种词源学意义上的展开趋势。
今天的倾向则是，更偏爱的研究对象是集体（ensembles）、构型
（configurations）或肌理（textures），其结果是一种极端的形式主义，
一种对知识的一致性和实践的连贯性的顶礼膜拜，简言之，对**语词**
的狂热崇拜。

　　这种倾向甚至导致了如下主张，即认为话语与思想除了自身
之外什么也不表达，它并不为我们留下什么真理而仅仅是包含一点
"意义"；它给"文本性"工作留下了余地，但也仅仅为这种工作留

E132 下了余地。不过，空间理论还是有所贡献的。每一种语言都定居于
一定的空间，每一种话语都诉说着与空间（地方或一系列地方）相
关的事情。我们必须把**在空间中**的话语（*le discourse dans l'espace*/
discourse *in* space）、**关于空间**的话语（*le discourse sur l'espace*/
discourse *about* space）与**空间的**话语（*le discours de l'espace*/the
discourse *of* space）区分开来。关于空间与语言之间的关系，它在
或大或小的程度上被人们所误解与忽略。毫无疑问，并不存在像古
典哲学一度设想的那种"真理空间"（espace vrai/true space）之类的

事情——实际上，这种推测还存在于古典哲学的后继者们，即认识论，以及它所推动的"科学标准"那里。但是，当然有"空间的真理"（vérité de l'espace/truth of space）这回事儿，它体现在这场非还原性的批判理论运动之中。人类（êtres humains/Human being）——为什么我们一直坚持说"人"（l'homme）？——是在空间中的，他们无法使自己从中缺席，也无法把自己排除在外。

　　如果不是对空间的某种"再-标记"（remarque），话语就无非是一种致命的空无——空空如也。空间的理论（以及它的生产）与语言的理论（以及它的生产的）之间的类比只能到此为止。空间的理论描述与分析的是肌理。正如我们所看到的，直线、曲线、方格图案或跳棋盘格式，以及同心放射状（radio-concentrique）（中心与边缘相对），都是形式和结构而非肌理。空间的生产理解这些结构，F156
并让它们融入极为多样的肌理中去。一种肌理体现一种意义——但它是一种为谁的意义？为了某些读者？不，还不如说是为了某些生活与行动在我们所思维着的空间中的人。一个拥有身体的"主体"，或者有时是一个"**集体主体**"（subjet collectif/collective subject），从这个"主体"的观点来看，形式与结构的布局对应着总体的功能。因此，空白（即在场与缺席之间的对照）与边缘，还有网络与网节，就有了一种活生生的意义而必须被完好地上升到**概念的**高度。

　　现在让我们试着去探索一下这场讨论有可能导致怎样的逻辑结论。目前在法国及其他地方存在两种哲学或语言理论。这两种理论倾向超越了不同的思想流派，虽然它们也有相互重叠之处，但区别还是基本的。

　　1. 根据第一种观点，没有任何一种符号可能孤立地存在。符号与它们的关系的链条具有最为重要的意义。因为只有通过这种相互关系，符号才具有了意义，才能表意。符号于是成为知识体系，甚至是一般的(语义学与符号学的)理论知识体系的焦点所在。语言作为理解的媒介，引起一种对其自身的理解，将自身理解为一种绝对知识。语言的(未知的或被误解的)主体，只有通过理解语言本身从而变成知识的主体，只有在此意义上，才能实现一种自我确证。

于是，对能指链条的方法研究被放到了知识研究的前沿地带。这种研究据认为以语言符号为开端，然后扩张至任何易于承载意谓或意义的事物：诸如形象、声音，等等。通过这种方式，**绝对知识**能为自身建构起一个精神空间，也即在符号、语词、事物和基本上并无区别的概念之间的关系。语言学因此将建立起一个具有确定性的领域，逐渐将它的霸权扩展到许多其他区域。语言科学体现了知识的本质(essence)、绝对知识的原则，并决定着知识所要求的秩序。它为我们的理解提供了一个稳定的基础，在此基础之上，可以增加一系列的扩展——例如认识论，它实际上用来处理已经获得的知识与这种知识的语言；再如符号学，它关心的是非词语的符号体系，等等。从这个角度来看，一切事物，音乐、绘画、建筑，皆是语言。空间本身，被还原为符号和符号系列，成为被如此规定的知识的一部分。一点一点地，扩及空间中所有的对象。

符号理论与集合理论相关，因此与逻辑，即"纯粹"关系——如交换性、传递性以及分配性(还有它们的逻辑对立项)关系等——相关。因而任何一种精神的与社会的关系似乎都可以还原为这样一种类型的形式关系：A 与 B 的关系，如同 B 与 C 的关系。纯粹的形式就成了把知识、话语、哲学与科学，以及可感知的与可理解的、时间的与空间的、"理论实践的"与社会实践的等,加以总体化的(尽管是空洞的)集线器(hub)。

我们几乎没有必要再去回顾这种趋势最近在法国所享有的巨大成功(在说英语的国家,它被普遍认为将代替逻辑经验论)。但成功的原因是什么? 其中之一当然是这种趋势有助于将知识、从而是大学,安放在一个核心位置,据认为,在那里它可以在整体上主导社会空间。另外一个原因是,在最近的分析中,这种事物观试图去挽救一种笛卡尔式的、西方与欧洲中心的逻各斯,这种逻辑正从里到外,从各个方面承受妥协、动摇与攻击。这个观念就是——相信现在我们每个人对它都很熟悉了——语言学以及它的一些辅助性学 E134 科,可以作为一门"科学中的科学"而建立起来,这种"科学中的科学"能够纠正各种可能发生的缺点,不管它出现在政治经济学、历史学还是社会学中。具有讽刺意味的是,这种试图给知识提供一个坚固内核的语言学,仅仅成功地建立了一个空洞的、教条地设定的真空,包围着它的不是沉默,就是大量的元语言垃圾、空洞无物的语词和一些有关话语的闲聊。警告——科学的警告——禁止任何在已知与未知地带之间弥补(认识论)鸿沟的冒失尝试。亲历体验的禁果在一种还原论的冲击下逃跑或消失了;沉寂环绕在知识森林的 F158 周围。

2. 第二种观点。"我不能把言词估计得这样高"! [①](*Ich kann das Wort so hoch unmöglich schätzen*)歌德(J. W. von Goethe)曾在《浮士德》第一部中如是说。确实,我们不可能赋予语言、言谈与语

---

① 歌德的《浮士德》第一部,第三场,第1226行。——原注(中译本参看歌德《浮士德》[上],钱春绮译,上海译文出版社1982年版,第74页。——中译者注)

词这样高的价值。语言从来没有、将来也不可能挽救这个世界。

　　关于前面提到的第二种语言观，对符号的详细考察揭示了一个可怕的现实。无论是字母、语词、图像还是声音，符号都是僵硬、冷漠的，并以一种危险的方式抽象出来。甚至可以说，它们是死亡的预兆或信使。它们的重要性很大程度上在于它们阐明了语词与死亡之间、人类意识与垂死行动之间的一种密切的关系：分裂，杀害，自杀。从这个视角来看，一切符号都是坏符号，是威胁，是武器。这说明了它们隐秘的本质，解释了它们为什么总被藏匿在洞穴深处或由巫师所掌握（乔治·巴塔耶正是在这一点上求助于拉斯考克斯[①]）。不可见的符号与图像威胁着这个可见的世界。当它们与武器结合，或者发现了合用的武器，它们就可以帮助意志变为力量。书写，它们服务于权威。它们是什么？它们是双倍的事物。当它们设定事物的属性，当它们被误当作事物本身的时候，它们就有力量在情感上触动我们，导致我们心灰意冷，甚至患上神经焦虑症。由于复制品能够拆解它们所复制的"存在物"，它们便有可能分裂与毁灭这些存在物，从而又以不同的形式将其重构出来。于是符号的力量，既可以通过知识对自然的霸权，也可以通过符号自身对人类的霸权，而得到延伸。符号的这种行动能力体现了黑格尔所说的"可怕的否定性权力（力量）"。与所指物——无论它们是某物还是某"存在者"，也无论它们是实存的还是可能的——相比，任何一个符号都有其重复性的一面，即它增加了一种相关的表象，于是在所

E135

　　　① 这里指的是拉斯考克斯（Lascaux）洞穴壁画，它位于法国西南部多尔多涅省一处被称为拉斯考克斯的岩洞内，是旧石器时代岩画代表之一，距今1.5万到1.7万年前。——中译者注

指物与符号之间，有了一种使人迷惑的差异，一种骗人的间距：从一方向另一方的转换看上去简单明了，人们很容易感觉拥有这些词语就拥有了这些词语所指代的事物。而实际上，它们确实在一个被提高了的水平点上———一个可怕的高度———拥有这些事物。作为一个空洞的但也是有效的标记，符号具有破坏性的力量，因为它具有抽象的能力———因而也具有了构造一个有别于原初自然的新世界的能力。这里隐藏着作为一切权力与一切权威的基础———从而也 F159 是欧洲的知识与技术、工业与帝国主义增长的基础———的逻各斯的秘密。

空间也令人感觉具有了这样一种致命的特征：作为通过符号中介进行交流之地，作为分割之地与作为禁忌的场景，空间性被内在于生命的死亡本能赋予了特性。这种特性当它陷入与自身的冲突并试图自我毁灭时，只会剧增。

这种对符号的悲观主义的观点有着悠久的谱系。我们能从黑格尔的否定性概念那里发现它，随后又将会被知识的积极性（或肯定性）所抵消①。在尼采式的语义学家－诗人以及哲学家（或元哲学家[métaphilosophe]）②那里，它以一种更加显著和强烈的形式出现。对于尼采而言，语言的前指替代性（anaphorique/anaphorical）特征甚至超过了其隐喻性（métaphorique）特征，它总是超越现在性或在

---

① 参看列斐伏尔《语言与社会》一书第 84 页以下内容（*Le language et la societe*, Paris: Gallimard, 1966）。——原注

② 参看 Friedrich Nietsche, *Das Philosophen buch/Le Livre du philosophe*（Paris: Aubier-Flammarion, 1969）, pp. 170ff。——原注（中译文参看尼采：《哲学与真理——尼采 1872—1876 年笔记选》，田立年译，上海社会科学出版社 1993 年版，第 90 页及以下。——中译者注）

场性而指向别处，首先指向一种超视觉化，这种超视觉化最终将摧毁它。先于知识并超越知识的，是身体与身体的行动：承受、欲望和欢愉。对于尼采这位诗人来说，诗歌存在于符号的变形之中。在克服劳动与游戏之间对抗的斗争过程中，诗人从死神的口中抢夺词语。在能指的链条中，他用生取代死，并在此基础上进行"解码"。这场斗争就像在一片高低起伏的土地上艰难前行，到处是潜藏的陷阱。对于诗人来说，幸运的是，他并不是孤军奋战的：音乐家、舞蹈家、演员——大家走在同一条道路上；尽管行走的过程有太多烦恼，却也报之以无法比拟的愉悦。

E136
F160
　　在此语境下，我们很容易——实在太轻而易举了——把高扬生命的诗歌（歌德《浮士德》或尼采的《查拉图斯特拉》）与死亡之诗（里尔克[①]、马拉美[②]）区分开来。语言哲学或语言理论中的这两种倾向很少相互独立地表现出来——也就是说，以它们的"纯粹的"形式表现出来。法国作家中的大多数试图探索若干种形式之间的一种妥协，虽然乔治·巴塔耶和安托尼·阿尔托（Antonin Artaud）[③]是其中的例外。这种广为盛行的折衷主义也被精神分析学所推动，从"作为知识的话语"到"话语的科学"的转变就这样令人怀疑地毫无痛苦地完成了，就好像它们之间不存在任何鸿沟。"话语的科学"接着很轻易地被编造为包含了可说的、不可说的与被禁止的，这些被

---

① 里尔克（Rainer Maria Rilke, 1875—1926），德国现代诗人。——中译者注

② 斯特芳·马拉美（Stephane Mallarme, 1842—1898），法国象征主义诗人和散文家。——中译者注

③ 安托尼·阿尔托（1896—1948），法国超现实主义文学作家，戏剧家。——中译者

构想为亲历经验的本质与意义。由此，"话语的科学"正在把社会话语作为一个总体纳入它的统帅之下。死亡的本能、禁忌（尤其是反对乱伦）、阉割与阳具的客体化、书写作为声音的投射物——这些恰恰是这条扩张之路上的许多必经站点。我们被告知，符号学是关注生与死的本能的，尽管确切地说，象征的与语义学的领域是属于符号的地界的①。至于空间，据说它与语言形影相随且它就在语言之中，它的形成无法脱离语言。作为话语的一个充满符号与意义的、模糊不清的交会点，以及作为一个与无论何种容纳之物都相应的容器，空间被构想为只是功能体、链条与连接器而已——就这点而言，它与话语非常类似。符号当然是必需的，但它们也是自给自足的，因为词语性的符号体系（从书写语言衍生而来）已经表现出链条中必不可少的连接，也包括空间性的连接。很遗憾的是，这种预先的妥协，通过把空间拱手让给语言哲学而牺牲了空间，是很不切实际之举。事实是，表意的过程（表意的实践）发生在这样一个空间之中，它既不能被还原为日常话语，也不能还原为某种文本的文学语言。如果符号作为一种致命的工具的确可以通过诗歌而超越自我，

① 参看朱莉娅·克里斯蒂娃（Julia Kristeva）的博士论文 *Langage, sens, poésis*（1973）（中译本参看朱莉娅：《诗性语言的革命》，张颖等译，四川大学出版社2016年版。——中译者注），该文非常强调符号学的领域（包括本能）和象征的领域（包括作为传播系统的语言）之间的区别。事实上，克里斯蒂娃甚至比拉康在他的《文集》（*Écrits*）（Paris: Seuil, 1966）（中译本参看雅克·拉康：《拉康选集》，褚孝泉译，华东师范大学出版社2019年版。——中译者注）中所指出方向更向前进了一步。在这种气氛中，把以上二位的接力棒继续传下去的最为内行的作者是罗兰·巴特，这可以他的全部著述为证。Hermann Hess 在他的 *Das Glasperlenspiel*（1943），Tr. by Mervyn Savill as *Magister Ludi*（London: Aldus, 1949 and New York: Henry Holt, 1949）and by Richard and Clara Winston as *The Glass Bead Game*（New York: Holt, Rinehart and Winston, 1969）一书（参看该书 p. 24, note 30）中把问题强有力地摆出来了，但他并没有提供答案。——原注

就像尼采所主张与努力实践的那样，它们必然会在空间中实现这种永恒的自我超越。因此，没必要再通过折衷主义方式去调和这两种有关符号的观点，这种折衷主义某种程度上既尊重"纯粹的"知识也尊重"非纯粹的"诗学。我们所面临的任务不是进行模糊的思考，而是阐明这种矛盾的存在以便解决它，或者更好一些，以便彰显出能解决矛盾的空间。空间中生命体能量的分布，永远都超越生与死的本能而使双方变得和谐。痛苦与欢乐，尽管就其本质而言是难解难分的，但在社会空间中却（幸运地）变得清楚可辨。产品，以及更为不容置疑的作品，注定是要被用来欣赏的（劳动，曾经是痛苦的努力与创造的欢愉的混合物，已经被完成）。虽然空间的存在表达了难以逾越的离去——就这一点而言，坟墓是一个例证——但也有些空间专门给人带来奇遇和欢喜。如果说诗人们在反抗语词的冷漠，拒绝落入符号的陷阱，那么建筑师们更应该掀起一场类似的战役，因为他们可以自由支配相当于符号的原料（砖头、木头、钢铁、水泥）、相当于可以把符号联为一体的"操作"的模具，通过模具操作，可以把原料连接在一起并赋予其意义（拱门、拱顶、墩、圆柱；开与关；建构技术；以及这些要素的结合与分离）。因此，那些建筑天才能够将空间现实化为用来满足感觉享受的空间（如爱尔汉布拉宫 ①）、用于冥思和修炼智慧的空间（如修道院），服务于权力的空间（如城堡和庄园），或者提升感知的空间（如日本的园林）。天才们生产出这些充满意义的空间，这些空间首要也最为重要的是从死亡

① 爱尔汉布拉宫（The Alhambra of Granada），中古时代西班牙城市格拉纳达附近摩尔族诸王之宫殿。——中译者注

中逃离：它经久不衰，光芒四射，然而也定居于某种特殊的地方性时间之中。建筑生产出有生命的身体，每一个身体都带有鲜明的特质。让这个身体及其呈现变得有血有肉、生机勃勃的原则，既非有形可见也非明白易懂，它也不是任何话语的对象，因为它就在那些使用着这些空间的人们那里，就在人们的亲历经验中再生产着它自身。至于那些旅行者的经验，那些消极的旁观者的经验，它们只能抓住一些苍白的影子。

　　一旦回到某种（空间性的与表意的）**社会实践的**关节点上，空间的概念便充满了意义。空间于是重返物质生产：即商品的生产、物的生产、交换对象的生产——衣服、家具、房屋或居处——这些由必需所支配的生产。它也重新返回在更高水平上被加以思考的 F162 生产过程，作为所积累知识的结果；在此层次上，劳动被一种物质性地创造的实验科学所渗透。最后，它还重返一种最自由的创造过程——这就是表意的过程，这个过程自身就包含了"自由王国"的种子，它在原则上注定要将其可能性分布在这个王国之中——一旦被盲目与直接需要所支配的劳动过程走向了终点，换言之，一旦创 E138 造真正作品的、充满意义与欢愉的过程开始了 ① 。（应当注意到，这种创新过程是非常多样的：例如，沉思可能包括感官愉悦，感官愉悦尽管包括性满足，但又不局限于此）。

　　现在让我们来考察一下尼采的一篇关于语言问题的文本，这篇

---

　　① 列斐伏尔这段文字明显是对马克思《资本论》第三卷中一段非常著名的文字的巧妙改写："事实上，自由王国只是在必要性和外在目的规定要做的劳动终止的地方才开始；因而按照事物的本性来说，它存在于真正物质生产领域的彼岸……"（《马克思恩格斯文集》第 7 卷，人民出版社 2009 年第 1 版，第 928 页。）——中译者注

具有重要意义的文字写于 1873 年。尼采在这里更多地表现为一个语义学家而不是哲学家，和一个语言的热爱者，因为他是作为一个诗人来接近它们的。尼采在这里提出了两个概念，两个已经是古典的、但从此被庸俗化了的概念：隐喻（métaphore /metaphor）与转喻（métonymie /metonym）[①]。对于现代语言学派来说，他们受索绪尔（Ferdinand de Saussure）的启迪，这两种修辞手法已经超出了原初语言的范围；换言之，它们已经超出了话语的第一个层次。这与希腊语的前缀词 meta-（元-，也译"事后的"——中译者注）的意义相一致：隐喻与转喻是元语言的一部分，它们属于第二层次的语言。

在尼采的思想中（从今天的角度来看，它必定非常不同于它刚刚出现时的那个世纪之交）[②]，"**元-**"是以一种非常极端的方式来理解的。隐喻与转喻在这里表现为一种最朴实简单层次的语言：对于尼采-考夫曼[③]来说，语言总是已经是隐喻的与转喻的，尽管如此，考夫曼还是似乎认为这些手法只适用于概念[④]。语言本身超越了直接性，超越了可感知性——这就是说，超越了感觉印象与感性刺激的混沌状态。当这种混沌状态被一种想象、一种听得见的表象、一

---

① 隐喻是在彼类事物的暗示之下感知、体验、想象、理解、谈论此类事物的心理行为、语言行为和文化行为。隐喻又称暗喻。表达方法：A 是 B。转喻指的是甲事物与乙事物两者实质上并不相似，但在社会生活之中有往往有联系，利用这种关系用甲事物的名称代替乙事物。其内在的思维关系不是相似关系而是联想关系。——中译者注

② 即 19 世纪与 20 世纪之交。——中译者注

③ 萨拉·考夫曼（Sarah Kofman, 1934—1994），法国著名女哲学家，曾师从德里达。主要著作有《尼采与隐喻》（1972）等。——中译者注

④ 参看 S. Kofmann, *La métaphore nietzschéenne* (Paris: Payot, 1972)。——原注并参看该书英译本 Sarah Kofman, *Nietzsche and Metaphor*, Translated by Duncan Large, Stanfod University Press, Stanford, 1993。——中译者注

种语词和一个概念所取代时，它便经受了一次变形。口头语言的词
语直接就是对事物的隐喻①。概念是在对本来并不同一的事物进行　F163
同一化的过程中产生出来的——即它是一种转义或转喻。我们把语
言看作是一种精准的工具和积聚真理的结构，事实上，在尼采看来，
它是"一群活动着的隐喻、转喻和万物拟人法，也就是一大堆已经
被诗意地和修辞地强化、转移和修饰的人类关系，它们在长时间使
用后，对一个民族来说俨然已经成为固定的、教条化的和有约束力
的"②。用更现代的措辞来说，行动的语言要比一般性的语言或一般
性的话语更为重要；言谈要比语言体系更具有创造性——**更不用说**
比书写语言或阅读语言更具有创造性了。行动的语言与口头语是　E139
有创造性的，它们让那些像磨光了压花的旧币一般的符号与概念重
新焕发出生命力。但到底什么是"修辞法"？是隐喻、转喻和拟人
（anthropomorphismes）的发明、呼告（call forth）、转译（translate）
或流露（betray）吗？现实可以立足于想象力吗？世界可以由作为一
位诗人或作为一位舞者的上帝所创造吗？答案——至少就社会范围
而论——当然是否定的。事实是，一种"金字塔式"的秩序，从而是
阶层和阶级的世界、法律与特权的世界、等级与强制的世界，对峙
了一个初看上去给人以"更稳定、普适、广为人所知和人性化，据

---

　　①　Nietzsche, *Philosophenbuch*, p. 179. ——原注（中译文参看尼采:《哲学与真
理——尼采 1872—1876 年笔记选》，田立年译，上海社会科学出版社 1993 年版，第
100 页。——中译者注）

　　②　弗里德里希·尼采:《真理与谎言之非道德论》（1873），载瓦尔特·考夫曼编
译: The Potable Nietzsche（New York: Viking, 1954），pp. 46-7。——原注（中译文参看
尼采:《哲学与真理——尼采 1872—1876 年笔记选》，田立年译，上海社会科学出版社
1993 年版，第 106 页。——中译者注）

此实施管理与统治的[①]"世界的印象。一个社会就是一个空间，一个概念、形式和法则的建筑结构，它的抽象的事实被强加于感觉的、身体的、希望的和欲望的现实之上。

尼采在他的哲学（或元哲学的）以及诗学的著作中的几个地方强调，在隐喻与转喻构建抽象思想的过程中，可视性方面起着主导作用：观念、视野、清晰、启蒙与暗淡、面纱、透视、心灵之眼、精神的监视、"智慧的阳光"，等等。这就是尼采的伟大发现之一（使用另外一种可视性隐喻）。他指出了视觉如何在经过历史过程之后不断地从先前的思想要素中与活动中获得其他意义（例如，聆听的官能与听的行为；或者手与"抓"、"掌握"等的意志行为）。迄今为止，这种趋势已经发展到如此地步，嗅觉、味觉，还有触觉等几乎已经完全被视觉所吞并和吸收。这种情形同样在性欲以及欲望中出现（因为它们以渴望［*Sehnsucht*］这种被扭曲了的形式而存活了下来）。在这里，我们看到了语言的前指替代方面的出现，它既包含着隐喻也包含换喻。

因此，我们可以得出以下几点结论。

第一，隐喻与转喻本不是修辞法，至少在起初并非如此。它们是**变成**修辞法的。实质上它们是行动。这些行动完成了什么？确切地说，它们进行了解码，它们是从深层中产生出来的，不是已有的东西（what is there），而是可说的东西（what is sayable）、易感的形象（what is susceptible of figuration）——简言之，是语言。这就

---

① Nietzsche, *Philosophenbuch*, p. 185. ——原注（中译文参看尼采：《哲学与真理——尼采1872—1876年笔记选》，田立年译，上海社会科学出版社1993年版，第107页。——中译者注）

是言谈活动、行动中的语言以及话语这些活动的来源，说得更恰当一些，这些活动可以被称作"隐喻化"与"转喻化"。这些过程的出发点是什么？是身体的被变形。空间表象与表征性空间，利用这样 E140
一些"修辞法"使得空间领域已经达到"中立化"的地步了吗？不，或者说不仅仅如此，因为它们也倾向于使空间消散，从而溶化于一片光亮与透明（视觉与几何意义上的）的境界之中。

　　第二，这些程序还包括置换（déplacent/displacement），从而还有转型（transposent/transposition）与转换。超出身体之外，超乎印象与情感、生命与感觉、快乐与痛苦这些之外，存在着独特的、链接为一体的领域，也即符号与语词的领域，简言之，即抽象化的领域。隐喻化与转喻化是符号的明确的特征。这是一种"超越"，但是超越得不太远，创造出关于"巨大的遥远"的幻象。虽然"修辞"手法表达得很充分，但它们忽视了、搁置了的东西更多。

　　第三，主张存在一种隐喻的和转喻的逻辑，这也许是一种合法的说法，因为这些"修辞法"带来了连贯的与链接式的话语形式，这一点与逻辑形式相类似，但首先是因为它们在自发的生活上搭起了一种精神的与社会的建筑。在话语中，如同在社会与空间的感知中，存在着一个在构成要素之间，以及在部分与整体之间的连续不 F165
断、来回往复的运动。

　　第四，这场巨大的运动具有无数的联结：一方面与理性化、逻各斯、假以类比和演绎的推理手法有关；另一方面与社会结构相关，而社会结构与政治结构即权力紧密联系在一起。因此出现了不断增长的视觉的与可读的（即被书写的与书写的）霸权。所有这些要素——这些形式、功能与结构——之间存在着复杂的空间相互关联，它们于是能够得到分析与解释。

　　因此，即使存在某种**拜物教**（对可视的、可理解的与抽象的空间的拜物教），并且即使存在某种**迷恋症**（如对已经消失空间和／或被重新发现的自然空间的迷恋，对绝对的政治空间或宗教空间的迷恋，或对那些已经沉湎于感官享乐或死亡的空间的迷恋），理论也很有能力追踪它们的起源，也就是说，追踪它们的生产。

第 十 二 节

　　是什么模糊了**生产**这个有关空间的概念呢？我们已经充分注意到了绝对知识论的支持者与新教条主义者们，这里没有必要再进一步考察他们有关认识论领域或其基础，以及知识型空间等问题的言论。前面已经看到他们是如何把社会的还原为精神的，以及如何将实践的还原为知识的；与此同时，又如何把私有财产法扩张到知识论的名义下的。我还没有着手处理这样一个事实，即有些观点把空间的概念与我们所关注的从符号学中衍生出的概念混为一谈，特别是有些观点认为社会空间无非是**标志化**（marquage/marking）自然空间的产物，是留在自然空间的一道痕迹。尽管符号学家们使用了像标志、标记与踪迹这样一些概念，但这些概念并非真的起源于他们。在其他使用这些概念的群体中，人类学家使用得更早些。符号的使用更强调的是意义：符号应该是表意的，是整个体系的一部分，更易于编码与解码。空间可以被身体性地加以标记，正如动物使用气味或人类群体使用视觉的或听觉的提示加以标记；或者（作为另外一种选择），空间可以利用话语、符号抽象地加以标记。空

E141

间于是便获得了符号化的价值。从这一点来看，符号一直隐含了某种情感投资，某种情感的蓄能（惧怕与吸引，等等），就好像它被存放在某个特殊的地方，后来成为别处每个人的利益的"表象"。事实上，早期的农业社会与游牧社会并不懂得在实际与象征之间进行区分，直到很久以后，这种区分才被分析性的思维觉察到。如果把这两个领域分开，就使得"物质的"（physique/physical）象征变得不可理解；情况与此类似的是实践，它因此被描绘为一个缺乏抽象力的社会实践。然而我们有理由要问，既然标记和象征成了与空间联系的唯一方式，人们是否还可以恰当地谈论空间的生产呢？他们对这个问题的回答不得不是：迄今为止还不行，虽然机动、活跃的生命体据说已经不仅可以扩展其感知，也可以扩展其空间了，就像一只蜘蛛结网那样。如果（空间的）生产真的发生了，它也将在相当长的时间内被限定在标志、符号和象征上，这将使它们不能对它们赖以确立的物质现实产生重要的影响。尽管地球被作为大地母亲、生命的摇篮、象征着性活动的耕耘地或者一座坟墓，但它仍然还是土地（Terre/the earth）。

　　应当注意到，通过制作标记或点燃烟火来识别特定地点和指引路线等，这种类型的活动只是非常早期的社会组织的特征。在那些原始的阶段里，猎人、渔民以及牧民、畜群，他们的行走路线是被标记出来的；只要那些地方（*topoi*，逐渐变成了**约定俗成的地方**[*lieux-dits*]，或者"被叫出来的地方"，等等）附近没有树林或灌木丛这些天然标志，人们就会用岩石或圆锥形石堆等作标志物将它标示出来。这是自然空间仅仅被人们偶尔**横穿**的时期，社会劳动很少能真正影响到它们。后来，标记与象征成为个人化的或游戏的步骤，就像儿童会在某个角落做上标记，因为他们很享受曾经到此一游带来的乐趣一样。

　　符号学家的错误观点引生了直接对立却互补的一种观念，即认为"人造的"空间无非是对某些对象物即本真的"自然"空间进行"祛自然"或"祛自然化"的结果。什么力量对此负责？几种明显的力量是：科学与技术，从而就是抽象。与这种观点相关的一个问题是，它有意地忽视了社会空间及其历史起源的多样性，而将所有这些空间还原为抽象的共性（当然，它是包括知识在内的所有可能的活动的固有特征）。

　　符号学也是这种主张的来源之一，即以为空间是一个易于"阅读"的对象，因而是一种合法的实践（阅读／书写）对象。城市空间据说体现了一种话语、一种语言①。

　　"'阅读'空间。"这句话合理吗？既合理又不合理。说"合理"，是因为我们可以想象有一位进行解译或解码的"读者"（lecteur/reader），和一位通过把自己的思想转译成一种话语而实现自我表达的"言说者"（locuteur/speaker）。说"不合理"，是因为社会空间无论如何不能比作一页已经被人涂画上某些特定信息（被谁？）的白纸。自然的与城市的空间，如果说被涂画过，已经是被"过度涂画了"：那里的每一件事都像是一幅潦草的图绘，杂乱无章、自相矛盾。我们在这里邂逅的与其说是符号，不如说是指向牌：五花八门、

---

　　① 参看罗兰·巴特（Roland Barthes）发表在《当今的建筑》第 132 和 153 期上的文章（*Architecture d'aujourd'hui*, nos 132 and 153）。——原注（中译文可参看巴特："符号学与城市规划"等，载罗兰·巴特：《符号学历险》，李幼蒸译，中国人民大学出版社 2008 年版，第 199 页及以下内容。——中译者注）

交错重叠的引导。如果说这里确实存在有待发现的文本、刻绘或书写，那也是在各种习俗、意图与秩序（从社会秩序对比社会无序的意义上说）的语境之下。这种表意的空间是无可否认的，但它所表达的意义是**应该**或**不应该**做某事——这就把我们带回到权力问题。权力信息从来都是十分含混的——这是有意为之。掩饰是任何来自权力的信息的一个必要组成部分。因此，空间实际上是"言说"了，但它又确实什么也没有告诉。首先，它禁止某些东西；它存在的方式、它实践着的"现实"（包括其形式），根本地不同于那些被书写出来的，比如一本书中的现实（或此在）。空间既是结果也是原因，既是产品也是生产者；它也是一个**赌注**，作为特定战略的一部分而部署下来的计划与行动的策源地，从而也是有关未来的**赌博**——赌言已经完整表达，如果说赌博将永无终结——的目标。 E143

至于是否有某种空间符码，事实是，有不多几种。这并没有让符号学家感到气馁，他们轻率地提议对解释的等级层次进行限定，然后发现了一些能够让解释过程继续下去的残余因素。很不错，但这是把"限制"错误地当作了一般的符号。空间中的行动受该空间的限制，空间"决定"着什么行动可以发生，但甚至这种"决定"也有某种限制被置于其上。空间立法是因为它隐含着某种确定的秩序——因此也具有某种确定的无序（正如可以看的东西界定了不可以看的东西）。解译随后到来，几乎就是一种事后聪明。空间支配 F168着身体，命令或宣布那些必须掩盖的姿势、路线和距离。在它被生产时总怀有这样的目的，这是它的**存在理由**。因此，对空间的"阅读"仅仅是第二位的、实际上无关紧要的一些结论而已，是对那些盲目、自发与直接服从的个人所给予的一种丰厚的奖赏。

　　因此,虽然这种"空间的阅读"(我们一直假定有这么一回事儿)首先来自知识的立场,它最终当然也来自空间自身的起源。例如,没有哪一种对罗马式教堂及其周围环境的"空间的阅读"能够帮助我们推断出所谓哥特式教堂的空间,或帮助理解它们的先决条件与必要前提:城镇的增长、公社的变革、行会的活动,等等。空间在**被阅读之前**就**被生产**出来了;它被生产出来不是为了供人阅读与掌握,而是为了供人的身体**生活**居住于他们自己特有的城市环境中。简言之,"阅读"在任何情况下都是在生产之后的,除了那些专门为阅读而特别生产出来的空间之外。这就提出了可阅读性的用途究竟是什么的问题。通过仔细考察,证明被生产出来用于阅读的空间是可以想象到的最具欺骗性与修饰性的空间。对可读性的直接印象,即它是一种掩盖了预先计划的意图与行为的镜头效应。例如,纪念碑性建筑总是体现与强调一种清晰易读的寓意。它表达了它想表达的,但掩盖的东西更多:政治上的、军事上的,甚至根本就是法西斯主义的东西。纪念碑性建筑将它们朝向权力和强权的意愿藏匿在符号与表面之下,而声称表达了集体的意愿与思想。在此过程中,这些符号与表面也试图用它们的魔法驱逐可能性与时间。

E144　　从维特鲁威[①]以及近代的拉布鲁斯特(逝世于 1875 年)[②]开始,我们已经知道建筑的形式必须表达功能。经过数个世纪之后,包含

---

　　① 维特鲁威(Marcus Vitruvius Pollio,生于公元前 80—前 70 年间,死于公元 15 年之后),古罗马时期作家、建筑学家、工程师,其所著《建筑十书》系西方建筑学上的经典名著。参看中译本《建筑十书》,高履泰译,知识产权出版社 2002 年版。——中译者注

　　② 拉布鲁斯特(Pierre François Henri Labrouste,1801—1875),法国建筑学家。——中译者注

在"表达"（convenance/express）一词中的含意变得越来越狭窄和精确了。近来，"富于表达的"一词最终仅指"可读的"（lisibilité/readable，又译作"易懂的"——中译者注）了①。据说建筑师建构了 F169 一个表意的空间，其中形式之于功能，就如同能指之于所指；换言之，形式被认为必须清楚地表明或显示功能。按照这一大多数"设计师"支持的原则，环境可以由符号来装备并赋予生命，以便取用空间，以便空间对于整个社会变得（似乎真的）可读易解。功能内在化于形式，或者说是可读性原则的运用，导致了阅读、行为和姿势的快捷性——从而，与之相伴的单调性要求一种形式—功能上的透明性。这样，我们就既被夺去了内在的距离也被夺去了外在的距离：在一个"无有环绕者的环境"中，已经没有什么可以用来编码与解码了。何况，设计出来专门用以表意的空间符码与设计出来用以阅读的空间符码，其意义的反差是司空见惯与简单明显的。这些意义的反差最终被呈现为水平线与垂直线之间的对比——除此之外，这种对比也掩盖了垂直线的傲慢意味。这种对比的许多版本以视觉的方式呈现出来，据说以高效的反差表现出来。但对于那些超然事外的观察者，即那些理想的"城市漫游者"来说，它不过是一种表面的高效。再重复一遍，可理解—可阅读印象所掩盖的远远超过了它所揭示的东西。准确地说，它掩盖了可见性—可读性"是"什么，以及它们所掌控的圈套；它掩盖了垂直性"是"什么——自负、对权力的向往、对军人和警察般的男子汉气概的炫耀，以及对阳具和男性粗犷气质的空间类似物的借用。在空间中，没有什么可以被

---

① 参看 Charles Jencks, *Architecture 2000:Predictions and Methods*（New York: Praeger, 1971），pp. 114-16。——原注

视为理所当然的，因为卷入其中的是现实的或可能的行为，而不是心理状态或多多少少是动听的故事。在已经被生产出来的空间中，行动再生产着"意义"，虽然没有"一个人"将它们说出来。压制的空间滥施压迫与恐怖，尽管它在表面上播撒着与之相反的（令人满足、欢愉或者兴奋）假托的符号。

　　这种倾向走得如此之远，以至于一些建筑师开始呼吁回归混沌，即意义模糊、无法即时解读的状态；或者呼唤空间的多样化——一种与自由和多元的社会相符合的状态①。而罗伯特·文丘里②（Robert Venturi），作为一名建筑师和建筑理论家，想要创造空间的辩证法。他并不把空间视为一个被了无生机的物体所占据的空洞而中立的环境，而是把它看作一个充满紧张与扭曲的力场。这种方法是否有助于找到一条走出功能主义与形式主义的道路，超越（1972 年）简单的形式调适，还有待于观察 。在建筑物上创作壁画当然看起来似乎是恢复"古典"建筑学之丰富性的弱小的方式，但当人们在此生产出只比涂鸦强一点的东西时，他们真能够利用这面墙描绘社会矛盾吗？如果（正如我一直认为的）那些以"形式-功能"的方式投射到事物上的观念——"设计"的观念、作为实践的阅读-书写的观念，以及能指-所指关系的观念——全都有意无意地指向

E145
F170

---

　　① 参看 Robert Venturi, *Complexity and Contradiction in Architecture*（New York: Museum of Modern Art/Doubleday, 1966）。——原注（中译本参看［美］罗伯特·文丘里：《建筑的复杂性与矛盾性》，周卜颐译，江苏凤凰科学技术出版社 2017 年版。——中译者注）

　　② 罗伯特·文丘里（Robert Venturi, 1925—　 ），美国建筑学家，代表作是 1966 年出版的后现代主义建筑理论的里程碑著作《建筑的复杂性和矛盾性》（*Complexity and Contradiction in Architecture*）一书。——中译者注

一个方向，即把冲突消解为一种普遍透明的状态、一种单向度的在场，一种"纯粹的"表面，那的确就有些自相矛盾了。

我敢说许多人对上述思考会做出如下回应。

你的主张太偏激了。你想重新强调所指以对抗能指，强调内容以对抗形式。但是真正的创新者都是依靠形式起家的；他们通过在能指领域的工作才发明了新的形式。如果他们是书写者，就能表明他们是如何生产出某种话语的。同样的情况也适用于其他类型的创造性活动。至于那些主要关心内容的建筑师、"用户"以及居住活动本身，——所有这一切只是再生产出过时的形式。他们在任何意义上都不是创新力量。

对此我会做出类似如下的回应：

能指领域和语言生产方面的工作是创造性的，对此我并无歧见；这是一个无须争辩的事实。但我要问的是，这是否就是故事的全部，即它是否能够囊括所有的范围与领域？形式主义早晚会有耗尽能量的时候，到那时只有在形式中注入新的内容才能摧毁它，从而打开一条创新之路。例如，作曲家发明了一种伟大的音乐形式，然而即使像拉莫 ① 这样的自然哲学家和音乐理论家，他关于和声形式的发现，仍然没有把可能性的探索与开发推进多远，直到某位莫扎特或贝多芬降临之时，进步才显现出来。至于建筑学，宫殿的建筑师们使用和依靠的是能指（权力的能指），他们停留在某个纪念碑性建筑形式的边界之内，而不愿越雷池一步。另外，他们的工作不

E146

F171

---

　　① 让·菲利普·拉莫(Jean-Philippe Rameau，1683—1764)，法国作曲家，音乐理论家。——中译者注

是立足于文本(texts)而是依托于(空间的)肌理(textures)。如果没有实践中的变革，换言之，没有指意(signifying)与所指要素之间的辩证互动——这时一些能指已经触及了它们的形式消耗的极限；而某些所指要素，正凭借其特殊的暴力渗入能指领域——一种新形式的发明是不可能出现的。一系列要素组合的体系(对于我们的目标而言是一系列符号，从而是一系列能指)，其寿命比它所包含的单个组合体的寿命更短。这是因为，首先，一旦被知晓和辨认出它是什么，这种符号组合体系便丧失了利益与情感力量；一种饱和状态到来了，即使对体系中的组合进行吸收和铲除式的变革也已无济于事。其次，只有当其中所包含的劳动不显露的情况下，能指和话语生产工作才能促进信息的传播。如果劳动的"对象物"露出劳动的痕迹，读者的注意力就会转移到写作(劳动)本身，转移到写作者那里去，读者因此会分享到生产者的辛劳，很快就变得兴趣索然了。

　　从一开始就要强调：如果受可阅读性、可见性以及视觉领域绝对优先性的支配，就会具有破坏性(因其还原性)的影响。这是很重要的，因为这种影响继而意味着阅读与书写的优先性。对于视觉空间的强调也伴随着在建筑中对于无重力印象的追求。一些所谓建筑革命的理论家断言柯布西埃是这方面的探索者，但事实上是布鲁内莱斯基[1]，以及更近的巴塔尔[2]和稍后的埃菲尔[3]，是他们开辟了

---

① 布鲁内莱斯基(Brunelleschi, 1377—1446)，意大利文艺复兴时期的建筑大师，其中佛罗伦萨大教堂是其最早的作品。——中译者注

② 维克多·巴塔尔(Victor Baltard, 1805—1874)，法国建筑设计师。——中译者注

③ 古斯塔夫·埃菲尔(Gustave Eiffel, 1832—1923)法国土木工程师，因设计巴黎的埃菲尔铁塔而著名。——中译者注

道路。一旦建筑师曾经依赖的重量或厚重的效果被放弃，那么，按照建筑学新造型主义（néoplasticisme）的命令任意肢解与重装建筑物便成为可能。现代性明确地把表达的（符号与象征的）所谓"肖像学的"（iconologique）形式还原为一种表面效果，体积或者重量则被剥夺了任何一种物理的一致性。建筑师们认为对大楼、办公室 E147 或民居的社会功能（用途）进行规定是他们的责任，然而内墙不再 F172 具有任何空间性的或承重的作用，一般来说内部结构也同时失去了它所有的特征与内容。甚至外墙也不再具有任何物质实性：它们仅仅成了使内部与外部的区分固定下来的表层膜。但这并不妨碍"用户们"把内部或私人的与危险的外部的关系，投射到一个他们自己发明的绝对空间之中；当没有其他选择的时候，他们就使用那种意义有二的符号，特别是依赖那些已表明了属性的符号。而对于一个深受透明模式束缚的建筑思想来说，这时，内部与外部的所有分隔都已经瓦解，空间已经破碎成了肖像学意义上的轮廓与含义，每一块碎片只有通过特殊的色调或特殊的材质（如砖、马赛克等），才被赋予个性和价值。因此，被划定的空间，其意义跟着大众的印象走。里面和外面被融化为透明无间，成为无区别或可以转换之物了。使这种趋势甚至更加悖谬的一个事实是，它是以结构的名义、以意义差异化的名义、以内部-外部关系与能指-所指关系的旗号而大行其道的。

我们已经看到，透明的与可读的视觉空间有一个内容——一个设计出来用以掩藏的内容，即（据说）刚强有力的阳具般的空间；与此同时，它也是一个压迫的空间：其中的任何事物都无法逃脱权力的监视。所有不透明的东西、各种隔断，甚至简单到只剩一层窗帘的墙，都注定会消失。对于物的这种布置与现实中的真实要求是相对立的。私人生活的领域应当是一个封闭的空间，从而具有有限和不对外的方面；公共空间则相反，应当是向外开放的。然而我们所看到的却正相反。

第 十 三 节 ①

像任何现实一样，社会空间在方法论和理论上也与三个一般概念——形式（forme/form）、结构（structure）和功能（fonction/function）——相关联。换言之，任何社会空间都应当服从于形式的、结构的或功能的分析。其中的每一种方法都提供一种符号或工具，用以译解那些初看起来似乎无法理解的东西。

F173

E148

这三种术语尽管看起来足够清楚，但事实上由于它们无法避免一词多义，因而摆脱不了模棱两可的麻烦。

"形式"一词或许可以从几种含义来理解：审美的、造型的、抽象的（逻辑-数学的），等等方面。一般来说，它让人想起对轮廓、边界、外部限制、面积和体积等的描述。空间分析接受对"形式"这个术语的一般用法，尽管这样做并不能消除所有的问题。例如，一种形式的（formal）描述也许想要达到的是严谨性，但结果却布满了意识形态要素，尤其是当它包含或明或暗的还原论目的时。这些目的的存在事实上是**形式主义**的典型特征。任何空间都可能被还

---

① 这一节继续着空间与语言的关系问题而专门讨论空间与形式-结构-功能的关系问题。——中译者注

原为形式要素：还原为曲线或直线，还原为内部对外部的关系，或者体积对面积的关系。这些形式要素给建筑、绘画和雕塑带来了真正体系化的东西：例如黄金数体系，多利斯柱式的（Doric）、爱奥尼亚柱式（Ionic）以及科林斯柱式（Corinthian）[①]体系，或者模数值式（moduli）体系（节奏与比例的）。

让我们思考一下审美效果或"意义效果"在这种语境下不存在特殊优先权的情况。从方法论和理论的立场出发所要评价的是如下几个观点：

第一，这三个术语没有一个可以脱离其他两个而单独存在。一般来说，形式、功能与结构都是通过某个物质领域而被给定的，该领域既把它们联为一体，又同时保持了它们各自的区别。比如，当我们想到某个有机体时，我们可以很容易地从整体中辨别出它的形式、功能与结构。然而在这种三重性分析完成之后，剩余物总是依然存在的，似乎要求进行更加深入的分析。这正是古代哲学中存在（être/being）、自然（nature）、实体（substance）与物质（matière/matter）等范畴**存在的理由**。当作为一种被生产出来的"物"时，这种构成性的关系就不同了：当人们将实践活动（技术，劳动）作用于物质以便掌握这种三重性时，容易使得形式、结构、功能之间的区分变得模糊不清，以至于三者甚至可以互相说明其他方。在工业革命之前，这种趋势只是隐含地存在于包括家具、房屋、宫殿以及纪念碑性建筑等在内的艺术作品和事物中；而到了现代性条件下， F174

---

① 多利斯柱式、爱奥尼亚柱式和科林斯柱式，此三者均为古代希腊经典的建筑形式。——中译者注

这种趋势则发展到接近极限。随着"设计"的登场，物质性让位于透明性——以达到完美的"可读"效果。此时形式仅仅成了功能的符号，它们之间的关系变得再清楚不过了——也就是说，更容易生产与再生产——就是产生结构。但不适合于这个阐述的一个并非少见的情况是，你会发现一些地方的"设计师"与厂商常以混淆这个问题为乐，他们会赋予某功能一个完全无关的形式（通常是一个"古典的"形式）。例如，他们把床做成一个橱柜的样子或者把冰厢伪装成一个书柜。大名鼎鼎的能指-所指二分法就特别适用于这样一些对象物，但这种特殊的运用也仅仅如同语义学—符号学的正统们，或者甚至比他们所愿意承认的更加地有限。关于社会"现实"，一些流行的相反趋势是：形式、功能与结构之间的距离被强化了而不是消除了。三种立场（三重性）变得彼此完全背离，它们的关系变得模糊不清，它们变得无法解译（或者不可解码），这是因为"隐蔽性"接替了"可读性"以便迎合"可读性"在物的领域中的首要地位。因此，这种特殊的制度安排是有一套与它的表面形式与宣称的结构相差异的——有时是对立的——功能的。我们只要去想一下"正义的"制度、军事制度或者警察制度，就能明白。换言之，物的空间与制度的空间在现代社会中是严重背离的。举一个极端的例子，在这个社会中，官僚制据说是、渴望自己是、高声地宣称自己是，甚至相信自己会是"易读的"与透明的（制度空间）；尽管事实上它是暧昧的、不可解译与"不易读懂"的缩影。这一点也适用于所有其他的国家机器与政治机器。

　　第二，当我们只是思考非常抽象的形式——例如逻辑形式，它们不依赖于描述且与内容相脱离——时，这些关键概念与术语（形

E149

式、功能与结构)之间的关系就变得更加复杂了。除了逻辑形式之外，肯定还有一些，如统一性、相互性、循环性、重复性(反复性)以及差别性等形式。在亚当·斯密与李嘉图之后，马克思揭示了**交** F175 **换**形式"如何"与"为何"在与特定功能、结构相关的社会实践中取得了主导地位。社会空间的形式——即中心-边缘的关系——直到近来才在我们关于形式领域的思考中占有一席之地。至于城市的形式，即集聚性、偶遇性与同时性，已被表明属于古典形式，与中心性、差异性、循环性、相互性，等等形式相伴随。

那些几乎是"纯粹的"形式(在"纯粹"的极限处，形式消失了;正如纯粹的同一性:A 同一于 A)也不能与其内容相脱离。形式与内容之间的相互影响以及它们之间确定不变的具体关系是我们分析的对象，对此我们可以重复前面所说过的:每一个分析阶段 E150 都要处理前一个阶段遗留下来的剩余物，因为有某种不可消解的因素——事物存在的基质或基础——将永远存在下去。

在接近于纯粹极限点的、快要消失了的形式与其内容之间，存在着媒介。从空间形式的角度来看，例如，弯曲的形式以曲线为媒介，垂直的形式以直线为媒介。所有的空间安排都使用曲的或直的形式;自然地，其中的一方或另一方会占据优势。

当形式化的要素成为某种肌理的一部分时，它们便开始分化，带来重复和差异。这些要素链接成一个整体，既便于从部分向整体运行，同时(又相反地)又便于整体对其构成要素的掌控。例如，罗马式修道院的柱顶虽然各不相同，但它们的这种不同是在同一种模式允许的范围之内的。它们将空间拆分并赋予其一定的节奏。这表明了人们常说的所谓"表意的差异化"(*différentiel signifiant*/

signifying difference）[1]的功能。这种半圆的或者尖拱顶的拱门,有
F176 支撑柱和圆柱,具有不同的空间意义与价值,无论它是被用在拜占
庭式、东方式、哥特式建筑中,还是文艺复兴时期的建筑之中。拱
门在它们帮助确立的某个"风格"的整体中,既有重复性又有差异
性功能。同样的情况也出现在音乐主题及其赋格制作的处理方法
中。这样一种"分音符"（diégèse/diaeretic）效果——符号学家将其
与换喻相比较——也会在所有的空间与时间的处理方法中遇到。

对一个空间的移民和投资（或者占用）,总是会在与可辨析的和
可分析的形式相一致的情况下发生,例如那些分散型的、集中型的,
或者具有某种特殊定向（或者就是指星云状这种情况而言）功能的
形式。相比之下,集聚与集中作为空间形式总是通过几何状而被付
诸实现:一座城镇总会有一个环状的（放射中心）或者四方的形式。

这些形式的内容使它们发生了变形。例如存在于古代的罗马
军营、中世纪的城堡以及西班牙殖民地城镇和现代美国城市中的四
边形。事实上这些城市的差别如此之大,以至于这里所说的抽象的
形式,成为它们之间仅存的共同点。

西班牙-美洲殖民地城镇就是一个与此相关的有趣的例证。在
一个殖民帝国建立一些这样的城镇,是与某个巨大空间的生产,即
E151 拉丁美洲的形成,相伴而行的。在更大的空间生产过程中起到了工
具作用的这些城镇空间,被持续不断地生产出来,尽管经历了帝国

---

① 参看 Julia Kresteva, *Semeiotiké*（Paris: Seuil, 1969）, pp. 298ff.。"表意的差
异化"（*différentiel significant* /signjfying difference）一词有别于奥斯古德（Charles E.
Osgood, 1916—1991, 美国心理学家。——中译者注）的"语义的差异性"（*différentiel
sémantique*/semantic differential）。——原注

主义的沧桑巨变、民族独立与工业化过程。研究文艺复兴时期欧洲人在拉丁美洲建立的殖民地城镇空间，是一件特别值得做的事情，也就是说，赶上了一个对古代世界和历史、制度、建筑及城市规划恢复研究的好时期。

西班牙—美洲城镇是按照规划建立的城镇的典型。这些规划是在一份长期指导——《大发现与移民（定居）指导》（*Orders for Discovery and Settlement*）——的基础上制订的，依照了《指导》一书所确立的名副其实的城市空间符码。《指导》出版于 1573 年，是 F177 1513 年及以后官方下发给城镇创建者的指导性文件汇编。指导的内容分别安排在发现、移民（定居）与治安三个标题之下。城镇建设因此体现了这些规划的精神——由规划决定对一片地域的占用方式，并在城市政治和权力的管理下界定如何对城镇进行重组。指导详尽地规定了应当如何对所选地址进行开发。其结果是造就了一个严格等级化的空间组织，从城镇中心向外逐渐延伸，以内城（ciudad）为开端，最终伸展至周围的山庄（pueblos）。这项规划遵照了几何学的精确性——以一个不可缺少的市政广场为开端，呈网格状不太规则地向各个方向延伸。每一个方形或长方形的地块都被分配了指定的功能；相应地，每一种功能也根据其与中心广场的距离远近而被分配了属于它的地块。能够作为中心广场的地方包括：教堂、行政办公大楼、城门、广场、街道、口岸设施、仓库、市政厅，等等。因此，一种高度的分隔被叠加在了同质化的空间之中①。一些

---

① 参看埃玛·斯考瓦齐（Emma Scovazzi）刊载于《空间与社会》第三期上的文章。——原注

历史学家把这种殖民地城镇描述为一种人造的产品，但是他们忘记了，这种人造的产品也是一种生产工具：它作为一种不同于原初空间的外来上层建筑，充当起引入社会和经济结构的政治手段，以致最终不仅获得了一个立足点，并且切实地在一个特定的地方建立起自己的"基地"。在这种空间框架中，西班牙殖民式建筑随心所欲地（可以这样说）使用各种巴洛克式①（Baroque）的主题，这在外立面装饰方面尤其明显。"微观"（建筑的）层面与"宏观"（空间规划的）层面之间的联系在这里并不存在，也不能被还原为一种逻辑关系，或被放入一种具有形式化意味的表达。因此，我们需要关注的要点是被政治权力（也就是采取暴力服务于经济目标）所支配的社会空间生产。这种社会空间是从一种理性化和理论化的形式——充当了破坏现存空间的工具——中派生出来的。

　　有人或许会问，各种网格模式的城市空间，就其被中心权力所制约而言，是否并没有相似的起源？然而，反思的结果表明，并不能从拉丁美洲独特的城镇空间发展中总结出什么真正合理的借口。例如，让我们思考一下始于1810年前后的纽约市的空间变革。显

---

　　① 巴洛克式艺术运动，是16至17世纪期间出现于意大利和欧洲的一种绘画风格。巴洛克式是一种运用夸张、奢侈、紧张和异常的形式和动作的风格。举例来说，一个文艺复兴的建筑家也许会利用矩形的形式来取得平衡感与美感。但是在巴洛克建筑上，这些方形的区域都被较富于戏剧效果的曲线形区域所取代了。巴洛克建筑以新的方式融合了古典和文艺复兴时期的建筑形式，如柱子、圆拱以及柱头。绵延的曲线形区域取代了有秩序的矩形区域。雕塑和绘画在建筑设计上扮演了极重要的角色，它们构成了一个幻象式的广大空间。建筑物本身与它四周环境的连续性受到普遍的重要的一环。奥地利、西班牙、和南美洲的巴洛克式建筑，装饰极富丽堂皇，但法国的此式建筑相形之下却相当古典和富有秩序感。——中译者注

然，这可以部分地由一个拥有权力的已存的城市核心及其影响来解释，也可以由一个被正当授权的权威的行为来解释；另一方面，纽约的发展与大都市权力机关榨取财富绝对没有任何关系，它与英国的殖民关系已经走向尽头了。拉丁美洲几何形状的城市空间，则与为西欧积累财富效力的敲诈和掠夺的过程密不可分地联系在一起，财富几乎像是从这些城市网格的空隙里被筛掉了。而与之相反，在说英语的北美洲，一种形式上同质化的（城市）网格，仅仅为**当地的**资本的生产与积累服务。因此，相同的抽象形式会有相反的功能从而导致多样的结构。这并不是说形式是与功能和结构毫不相关的：在以上两种情况下，已存在的空间都遭到了彻头彻尾的摧毁；以上两种情况下的目的都是同质化，且两种情况下的目的都已经达到。

在亚洲的城镇与乡村中同样存在的交叉的统治空间是怎样的呢？这里恰好有一份评论摘要，作者是一位有佛学背景的日本哲学家，在他被问及有关空间、语言与表意之间的关系时做了如下这番评论。

毫无疑问，你需要花费很长时间去理解汉字及其形式（并非符号）背后的思想。你应该明白，对于我们来说，可感知性与可理解性二者之间无法截然分清。情况同样适用于能指及其所指。我们很难把图像与概念截然分开。因此汉字的意义，无法脱离它的生动的形象。借用你所使用的区别方式，感性与知性对于我们来说是融为一个层面来理解的。想一想这个最简单的字型：一个方块和两个相交于各边之中间点的笔画。我读"田"这个字，发音是 ta/tian。E153 正如你看到的，它无疑是一个干巴巴的几何图形。当我观察这个象形字时，如果我试图把我看到的和同时理解到的翻译给你听，我会首先说，这是从鸟的眼睛中看到的一片稻田。稻田之间的界线与其说是石墙或者铁丝栅栏，不如说是作为稻田内部一部分的田埂。当我思考这个象形字，这一片稻田时，我就变成了一只小鸟，从稻田中心这一最有利位置的上空俯瞰整块儿稻田。而当我感知时，稻田变成了更多的东西：它成了世界秩序、成了空间的组织原则。这个原则也适用于城市和乡村。事实上，世界万物皆可分成方形，每一个方形又可分为五个部分。中心指派由谁思考与掌管世界秩序，他正是从前的帝王。一条想象的垂直线从中心伸展出来，这条理想的线条伸向高空中的鸟儿，伸向感知的空间。因此，是由思想和知识维度——在这里被视为等同于智慧和智者的权力——来构想与维持自然的秩序。

F179

日语 shin-gyo-sho（日语原文是"真行僧"①——中译者注）一词，进一步阐述了这种事物观。它是作为调整时–空要素秩序的一种基本原则而非一个简单的程序，掌管着庙宇和宫殿的辖区，还有城镇与屋舍的空间；它通晓空间万物的构成，使之适应大千世界的种种

---

① "真行僧"一词是根据《空间的生产》一书日译本《空間の生産》（斋藤日出治译·解说，东京：青木书店，2000）一书（第 233 页）"回译"出的。shin-gyo-sho 这里指一种日本和室的建筑风格。从历史角度来看，日本园林承袭了中国传统园林艺术，但又有很大不同。一般而论，在空间设计布局上，中式园林多为中轴式和中心式并重，日式园林则有从中轴式向中心式发展倾向。中式园林多强调对称，日式园林则重自由。中式园林的划分偏于实隔和园中园形式，而日本古典园林则注重虚隔和无园中园形式。中式园林多以皇家园林浓缩本国自然景观现象，而日式园林则是皇家、武士、佛家园林都有缩景，不仅浓缩本国之景，而且也浓缩中国之景。中式园林多为纵向的景点构图，而日本的则表现为横向的景点构图。中式园林偏韵律，而日式的偏节奏。中式园林具有偏爱华丽、厚重、土石木结合、对称、拱平桥和石桥、楼廊多诸特点，而日式园林则倾向于朴素、轻盈、纯木化、不对称、平桥木桥、茶室多的特点。如此等等。——中译者注

活动,从家庭生活到宗教活动直到政治事件。在它的护佑下,公共领域(社会关系与活动的空间)与私人领域(沉思、独处和退隐的空间)通过"混合"区域(连接各处的交通要道等)联系在一起。*shin-gyo-sho* 一词于是包含了时空的、心理的与社会组织的三个层次,这三个层次通过相互隐含而联为一体。这些关系不仅仅是逻辑的,尽管它们蕴涵的逻辑关系使得它们更为凸显。公共领域即庙宇或宫殿的领域,也有私人领域与混合领域的一面,与此同时,私家屋舍或者住宅也有公共领域(即客厅)和混合领域的一面。作为整体的城镇的情况,可以说也是如此。

因此我们获得了一个完整的空间感知,而不是一些孤立的场所的表象。会面的地方、方格交叉口、十字路——对于我们来说,它们的重要性胜过其他地方。那里发生的社会现象在诸如埃德华·T. 霍尔这样的人类学家来说可能很陌生(霍尔在其《隐藏的维度》一书中指出了这一点)①,但对于我们来说则再正常不过。例如,一个千真万确的事实是,在美洲人去日本之前,虽然日本的十字路口是取名的,但普通道路却没有名字,我们的房屋是按照它们的年龄而不是它们在街道上的位置编号的。我们从来没有像你们那样,沿着一条固定路线从一地点去往另一地点,但这并不意味着我们不知道我们从何处来和往何处去。我们不把空间的秩序与其形式、空间的起源与其现实性、空间的抽象性与其具体性割裂开来,或者把自然与社会割裂开来。在日本,没有哪一座住宅没有花园,不管多

E154
F180

---

① 参看 Edward T. Hall, *The Hidden Dimension* (Garden City, NY: Doubleday, 1966)。——原注

么小——作为修身养性和与自然亲密接触之所。甚至一把卵石对于我们来说也是自然——而不仅仅是从自然中割离出来的一个象征。我们不会即刻想到将一物与另一物分离开来的距离，因为空间从来都不是空无一物的；它总是包含着意义。对间隙的感知本身会把整个身体都调动起来。任何一组地方与物体都有一个中心，因此它对于房屋、城市或者整个世界来说是真实的。我们从任何一边都可以感知到中心的存在，从任何一个角落都可以到达中心。因此占据任何一个有利的位置，就是从那里可以感知与发现所发生的一切。中心就是这样被构想出来的，因此它从来不会变成中立与空洞之所。它不可能是一个无何有之乡，因为总有神祇、智慧和权力入住，它们的自我现身说明任何一种空无的印象均是梦幻泡影。形而上学价值积聚与流注到中心，并不意味着环绕这些中心的周围世界相应地贬值。自然与神灵是第一位的，其次是社会生活与各种关系，最后才是个人与私人生活——人类现实的所有这些方面各有其位置，这一切错综复杂地联系在一个具体的样式中。这种观点并不受如下事实的影响，即强调的重点有可能上移，以表达神灵、智慧或权力的超越性，尽管私人生活及其相伴物依然在一个"水平的"地面上搭窝棚过活，也就是说，还留在最基本的层面。一种单一的秩序囊括了一切。因此，城市空间首先包括一条条通往神庙、宫殿的通衢大道，其次是一些中等尺度的广场和街道，它们是转换与连接的空间；以及第三，即最后，是迷人的鲜花盛开的小巷，它们配得上通往我们的家。

　　在这里，重要的不是重构这样一种观点，即尽管东方城市空间与西方的有很大差异，但它仍然行之有效且很新潮（因此只有广义上的人类学家才给予了间接的关注,甚至民族学还表现得更冷淡一些);而是要理解它的那些交叉而成的网格。有趣的是,那些宗教的或政治的空间数千年来一直保持着它的连贯性,因为它们从一开始就是理性的。如果我们以字母 G(global)来代表具有最广义的外延的系统层面——即公共的层面,如庙宇、宫殿,以及行政管理大楼;如果我们以 P(Private)来表示除此之外的剩余的其他处所——屋舍、寓所,等等;如果我们用字母 M 来表示中层空间——即交通要道、过渡领域、商业场所——于是,我们就得到了如下这么一张表格。

	Gg(公共化的公共领域)
G（公共领域）	Gm(公共化的中间领域)
	Gp(公共化的私人领域)
	Mg(中间层次的公共领域)
M（中间领域）	Mm(中间层次的中间领域)
	Mp(中间层次的私人领域)
	Pg(私人性的公共领域)
P（私人领域）	Pm(私人性的中间领域)
	Pp(私人性的私人领域)

　　在通常的描述方式中,私人领域 P 包括(虽然它们区分得很清楚)入口、门槛、会客区、家庭生活空间,还留有静养与休息之所。而个人的居住区同样也有一个入口、核心区、养心室,等等。M 层次区域则包括大街和广场、中等尺度的干道和通往各家各户的巷道。至于层次 G,它可以被分为面向公共的和面向保密的机构总部

而开放的内部空间，是为社会显达、神父、国王和领导人而敞开方

F182
E156

便之门。类似的考虑也适用于该体系的每一个要素。每个位置，在
每个层次上皆有其特别之处：开放或封闭、低级或高级、对称或非
对称。

　　现在让我们再回到那位日本哲学家的话题，对于西方文明，他
作了一个既有些讽刺又有些控诉意味的结论：

　　你们的那些街道、广场和林荫大道啊，都起了一些和它们、也
和他们周围的人和事没有任何关系的可笑的名字——很多名字都与
将军和战役有关。你们的城市把所有合理的空间观念都碾成了碎
片。你们城市赖以建立的网格，还有你们对它的精心规划的方式，
是西方能够在这个领域实施管理的最好方式了，但它是一个蹩脚的
最佳方案。它只是基于一系列的变革，基于一种结构。你们最伟大
的研究者发现，一种网格或半网格形状的复杂空间，实际上优于那
些设计成分枝或直线形的简单空间。而我已经向你描述过的我们
的体系，则表明了为什么这是真理：它有一个具体的逻辑，一种意
义的逻辑。为什么不把它看作我们赠与你们的一件礼物呢？作品
所根据的话语假设既是理论的也是实践的，是日常的也是超越日常
生活的，这个话语既是心理的也是社会的，既是建筑的也是城市性
的。这有点像你们祖先的话语——我是说古希腊的而不是高卢人的
话语。这样的话语不是意指城市，它就是城市话语本身。的确，它
分享了绝对性。但为什么它不应该呢？它是一种活的话语——而不
似你们对符号那般危险地使用。你说你可以对你们的体系进行解
码，我们可比这做得更好：我们创造自己的。

　　这里有一位"亲西方"者开始反驳了：

　　我的朋友，结论不要下这么快。你说东方从远古以来就掌握
了某种秘诀，而西方对此要么已经丢失要么从来就没拥有过——也
就是说，它掌握了人们在社会实际生活中所做和他们所说之间关系
的秘诀。换句话说，东方据说高超地掌握了如何把宗教、政治与社
会领域和谐地连接在一起的关键方法，而西方则由于使用符号和热
衷分析的癖性而毁掉了这些方面和谐一体的可能性。你指出你们
的经验和思想为一项方案的制定提供了基础，这种方案很贴近于　　E157
爱尔文·潘诺夫斯基（Erwin Panofsky）所说的、关于中世纪的**手法**
（*modus operandi*）——一种值得依赖的指南，它既是特殊生活方式
又是特殊空间和特殊的历史遗产和特殊理念，简而言之，一种特殊　　F183
的文明。你建议要有一种明显的网格或深层的结构，可以用它来解
释地方的本质、人们在其中使用它的方式、居住者赖以行动的路径，
还有甚至这些居民日常的言谈举止。请允许我指出，当我们想去复
原它时，你会发现这个方案会变得极为烦琐复杂。我们举出一个例
子，如空间 Gg（即公共的公共领域——译者注），它封闭、崇高和对
称。必须把它和另外一种空间 Gm（即公共的中间领域）区分开来，
Gm 它开放、高尚和对称，再和另外一个空间 Gp（公共的私人领域）
相比，Gp 它封闭、位于低层、非对称。如此等等，还可以以此类推
很多。这种系统组合非常庞大——难以计数，甚至需要借助于计算
机。进一步而言，你能够确信这方案能够充分说明现实吗？我们真
的能够或者有充分理由说京都的一座神庙起到公共作用，它部分地
是留出来为仪式服务，部分地保留下来为法师和隐士服务吗？我承
认你的方案能够说明某些非常重要的事情——一个重复框架内的
差异性。想一想它的各式各样的背景，例如，日式花园既有相同之

处又不尽相同：它也许是一座帝王的御花园，一方禁入的圣地，一间可以自由出入的寺院的露天耳房，一块公众节日的场地，一个隐士与修炼者的私人庭院，或者仅仅是一条从此处到彼处所经过的通道。这个花园的显著的规定就是它永远是一方小天地，它可以充当各种用途，但又从来不仅仅是充当用途。它有效地化解了你的空间中"自然"与"文化"的矛盾，而这二者的矛盾在西方已经呈现出一种毁灭性的损失：你们花园是自然**取用**（appropriation）的典范，因为它既是纯粹天然的，从而是宇宙世界的象征；又是纯粹文化的，从而是一种生活方式的投射。好，确实很好。但我们也不要太热衷于这样的类比。你会说你掌握了一种合理性。但这种合理性究竟是什么呢？是否包括将空间构想为一种话语，它的居所、房屋（请不要忘了花园）、街道等功能化为话语的内涵与意素？你的空间，它的确既是抽象的又是具体的，但它有一个短处：它从属于权力。它隐含着（也被隐含于）神权与皇权——知识与权力相互结合且合为一体。这就是你建议西方接受的东西吗？好吧，我们发现很难接受空间与时间应当由政治权力生产出来这种观点。这样一种极端的黑格尔主义（用我们的术语来说）非常好，但我们却不能接受。对我们来说，国家不是（或者不再是）也永远不会是与权力天然一体的智慧。有各种理由担心你们的方案会变成一种可怕的压迫武器。你想以西方的方式将这个方案科学地加以正式化。而另一方面，西方人则更加倾向于把它视为某种对时—空总体的独裁主义的规定。

第 十 四 节

　　形式与功能分析并不能取消对尺度、比例、维度与层次进行思考的必要。结构性分析的任务是要关注整体与部分、微观层次与宏观层次之间的关系。就方法论和理论意义而言，结构性分析据说是要弥补与完善其他分析类型的不足，而不是去超越它们。结构性分析有责任对整体（整体层面）进行定义，并且确定这个整体是否包含着某种逻辑——也即某种战略，某种伴随着一定尺度象征体系（从而也是一种想象的构成）的战略。整体与部分之间的关系与那些一般且广为人知的范畴，例如前指替代、换喻、隐喻等范畴密切关联，但结构性分析把其他一些特殊的范畴引入到这场讨论之中了。

　　我们已经遭遇到结构性分析引出特殊范畴的例子：例如，纪念碑性空间生产。古代世界投入了大量人力进行这种工作。古希腊的理论与实践就实现了统一的效果，即运用重力和克服重量的技术，上升的和下降的垂直力得以抵消和平衡从而不破坏对体积的观感。在利用完全相同的原则和巨大体量的基础上，罗马人开发了一种复杂的反作用力装载设置、支撑与支撑物，以达到一种沉重的效果和以重力为基础的无所顾虑的力量效果。有一种稍微收敛 F185
锋芒的结构，一个介于两种对抗力之间的相互作用，最典型的例子是中世纪；平衡与平衡效果是由横向的推力提供保证的；轻快（la légèreté）与活力（élan）是当时的法则。近代已经能看到失重状态的胜利，尽管仍然因袭了中世纪建筑的定位方式。因此，结构性分 E159
析关注各种被清晰规定的力量，以及从这些力量中所获得的物质关系——这些关系导致了同样具有清晰规定性的空间结构：体积、拱顶、原点、柱子，等等。

　　有人也许会说，我们的那些相当于古典术语的分析性概念，不是仍然经常在涉及建筑空间的生产时被使用吗 [①]：就是说这种形式与形式化的分析相当于"总构成"图（composition），功能相当于"建造"图（construction），各部分构成对应于比例、尺度、节奏和各种"秩序"，是这样的吗？从某种意义上来说，答案是肯定的。无论如何，我们把"古典的"文本，从维特鲁威到维奥莱-拉-迪克 [②]，翻译成近代风格，理由是很充分的。但这样的术语学上的比拟与对应也不能够做得太过，因为如此一来，就会忘记了背景、原料与模具——就会忘记"总构成图"是由意识形态所授意的，"建构"图是社会关系和技术的功能，而技术易于改变——从而对节奏与空间秩序具有巨大的影响。

　　至于被人们广泛推崇的观点，即希腊人发现了完全理性化的形式、功能与结构的统一体，这种统一体已经被历史过程所肢解，因而需要重新恢复。这种假设不是一个没有吸引力的说法，但它没有考虑一系列与普通建筑物的建设有关的新问题。要知道，希腊人所称道的这种三统一几乎只适用于纪念碑性建筑，诸如庙宇、体育场或者广场。

　　与空间及其生产相关的核心问题的范围已经超出了古典建筑

---

　　① 这段文字有些费解，其实在西语与汉语中"结构"一词的语源都与建筑有关，后来变得抽象起来了。正如汉语中"理"这个吓人的大词，其原初含义仅仅是上古人"治玉"之术，即一项具体的手工业活动技术，后来被越来越抽象化了。——中译者注

　　② 维奥莱-拉-迪克（Viollet-le-duc，1854—1867），法国建筑学家。——中译者注

的领域，超出了纪念碑性建筑和公共建筑的领域，而介入了"私人"领域、"栖居／府邸"（l'habiter/residence）领域和"筑居／住宅"（l'habitat/housing）领域。事实上，现在私人领域与公共领域之间的关系已经成为一个根本问题：今天，一个整体的图画把这两个方面全包括在内，还有它们之间的关系，以及对局部的分析，无论是 F186 关于形式的、功能的或者结构的，都必须加以考虑。西方的"古典"术语和感知必须加以修正。在这方面，东方会有很多东西教给西方，因为"亚细亚生产方式"从来都是更适合于思考"私人的"居住问题的。无论如何，私人范畴与公共范畴以及纪念碑性建筑与普通建筑之间的比较，必须因此整合到我们的范式之中。

所以，形式的、功能的和结构的分析这一个三分法，不能够完全地当作揭露社会空间秘密**的唯一方法**，因为真正实质性的东西已 E160 经越过了这道"栅栏"。但无论怎样，我们要采纳这种方法，并且尽可能充分地利用它，只是必须保持适当的谨慎。

上文所述意在表明，符号学及其符号学的范畴，诸如信息、符号、阅读的／书写的，只适用于已经被生产出来的空间，因而不能够帮助我们理解空间的实际生产过程。基于符号或符号学的讨论，以及以这种或那种方式指向空间的各种关系，包括：（就符号的指意来说），能指（signifier）与所指（signified）之间的关系，以及象征与意义之间的关系；（就价值来说），即赋予（imparting）价值的要素和被投入了（invested）价值的要素之间的关系，与之相类似的还有贬值的要素与被抽去价值的要素之间的关系；最后是所指与非所指之间的关系。我们可以说，空间总该有"所指"，这个事实毫无疑问。但是所指会永远一成不变地被能指所彻底包含吗？这里，还有别的地方，能指对所指的关系很容易被割裂、歪曲、不牢固，不一致和被替换。让我们想一想证券交易所或者银行正面，或者郊区新城的仿古广场其正面的希腊式廊柱，在这些场合它们意味着什么呢？当然这其中有它们表达或者试图表达之外的意义，特别是资本主义无法生产出一个不同于资本主义的空间，它努力掩盖这个空间的生产，以及追求利润最大化的蛛丝马迹。还有没有无法表达任何意义的空间呢？当然有。有一些空间是中立的或者是空洞的，另外一些空间则因为它们的意义超载而失败了。前者失之于意义短缺，后者则失之于意义过量。这样一些意义过量的空间为各种各样乱七八糟的意义服务，以至于任何解码都成为不可能。资本主义鼓吹者所生F187 产出来的某些特定空间常常充满这样一些符号——安康的、快乐的、格调的、艺术的、财富的、权力的、繁荣的，等等——不仅它们的基本意义（利润率的含义）被擦除，而且所有的意义也随之完全消失。

　　对空间进行破解或者解码，这不仅是可能的而且实际上也是正常的。这就**预先假定**了符码、信息、阅读和读者。相关的符码是什么？我这里有意用复数形式，是因为毫无疑问，这不仅适用于相关的空间，而且也适用于哲学与文学读物中的那些情况。对于上述符码我们还必须要对它们进行命名和编号——否则的话，也即如果做不到这一点，那么"如何"与"为何"这样的问题就需要回答，事务现状的意义就需要解释。

　　按照罗兰·巴特（Roland barthes）的看法，当我们阅读一个E161 文本时，一共有五种可获得的符码①。首先和最重要的是知识的符

---

① 参看 Roland Barthes, *S/Z*(Paris: Seuil, 1970), pp. 25ff.。——原注（中译本参看［法］罗兰·巴特：《S/Z》，屠友祥译，上海人民出版社 2000 年版，第 82 页及以下内容。——中译者注）

码①：当一个人来到圣马克广场时，他的"自我"知晓了一定数量的有关威尼斯的事物：诸如**总督宫**、大钟楼，等等。脑海中记忆的洪流携带着形形色色的事实冲击着他的心灵。很快，又引出了另外一种意义——当开始使用某种大致相当于功能概念、相当于功能分析的方式，来阅读这种物质化了的文本时[这里我使用"大致"一词，当然是因为此时他的理解并没有超出某种**存在理由**或者从前的**存在理由**，关于总督宫的、有铜顶的监狱（Piombi）或者叹息桥（Bridge of Sighs）的，它们的存在理由这些意义的范围]。他也免不了要关心一些象征物：狮子、阳具（大钟楼），对大海的挑战；他应该知道如何为这些象征物附加上年代，他恐怕也会感知到这些象征物体现了某些仍然没有过时的——实际上是永恒的——价值。通过知识解开印象的疑团，使得另外一种符码与解读——象征性的解读——排上了用场了。与此同时，自我肯定还会体会到一种另样的感情：他或许很久之前来过这儿，或者总是梦想到这儿来。他或许看过一本书或者一部电影——《魂断威尼斯》②。这种感情是正在浮现的主体与个体的符码的基础，给解码活动带来赋格曲般的音乐品性：主题（即这个地方——广场、宫殿，等等）以复调的形式动员起好几种声音，而这些声音绝不会显得零散或者混杂。最后，简单的经验证据如铺路石、大理石、咖啡桌，将自我引向一个始料不及的问题：探　F188

---

① 巴特所指的 5 种符码是布局的符码（经验的声音）、意素的符码（个人的声音）、文化的符码（科学的声音）、阐释的符码（真相的声音）以及象征的符码（象征的声音）。——中译者注

② 《魂断威尼斯》（亦译"威尼斯之死"），是德国现代作家托马斯·曼的经典之作。该作品以马勒为原型，描述了中年作曲家阿钦巴在威尼斯爱上了美少年塔奇奥，最后因瘟疫暴发而惨死。后被改为同名电影。——中译者注

询关于真实与幻觉、美化与原旨，或者壮丽景观的意义——它不可能有纯粹而确切的意义，因为它是从人的情感中升起的。

这种符号的、符号学的研究逐渐变得多样化了。起初它的理论推想——基于能指与所指之间经严格解释的区分——假设存在两种符码，并且只有两种：外延性的符码（celui des dénotations/denotative code），在一个首要的层面（也就是字面上的和所指的）运行，已经被所有的语言学家们所接受；而内涵性的符码（celui des connotations/connotative code）则在次要的（即修辞的）层面运行，它被更多地持有科学思维方式的语言学家们所拒绝，被认为概念含混。然而，最近，理论的基本概念（信息、符码、解读）已经变得越来越灵活了；一种多元化的趋势已经取代早期严格坚持的整体统一的方法，而后者所强调的连续性已经让位于更强调的差异性。现在的问题是：这种强调还能贯彻多久，在此语境下差异性该如何界定？

E162

正像我们已经看到的，例如巴特提出了五种具有同等重要意义与旨趣的可用符码，分析性地得出一种**事后设定**（*posteriori*）。为什么是五个而不是四个、六个或者另外一些数目呢？需要凭借什么机制在这个符码与另外一些符码之间做出选择？它们之间的转换如何进行？它们所指代的意义已经是无所不包了吗？它们是否允许对某个特定文本进行彻底的解码，且无论它们是由语言还是由非语言的符号所构成的？如果情况正好相反，依然存在剩余要素，我们是否能够得出结论说无限分析是可能的？或者，我们是否正在暗中被带入一个非码（non-code）的领域？

鉴于这种方法留下了两个尚未被涉及的领域这一事实——可以说，一个领域处于可读性/可见性的较近的一边，另外一个领域处于可读性／可见性的较远的一边。在近的一边，被忽视的是身体。当"自我"抵达一个未知的乡村或者城市时，他首先是通过他的身体的每一个部分——通过他的嗅觉和味觉，还有他的双腿与双足（假如他不仅仅把自己的脚留在汽车内的话）——来体验的。他的听力收集到声响与音质，他的眼睛被各种新印象所捕获。借助身体工具，空间被感知、被体验——因而被生产出来。在可读性-可见性的较远的一边，以及相当于巴特所说的不在场（Au-delà/absence）的视角，看到的是权力。无论它是被建构的，还是通过制度与官僚制被传播的，权力决不可能被解码。因为权力本身没有符码。国家已经控制了所有现存的符码，它不时地发明一些新的符码并强制应用它们，但它本身却不受这些符码的束缚，并且可以随意地从一个地方转换到另外一个地方。国家掌握着符码。权力从来不允许自己受制于一个单一的逻辑。权力只有战略——其复杂性与权力所掌 F189
握的资源成比例关系。与之相类似，就权力来说，能指与所指以暴力的形式达成一致——因此也是死亡的形式。至于这种暴力是否以上帝、国王、父亲、老板或者祖先的名义施行，就是次要的问题了。

　　认为依靠基于空间的命题和诸如信息、符号和可读性之类的普通概念，思想就能够触及、掌握或确定所谓**在**空间**中**的事物，纯粹是一种幻觉。这种幻觉既把物也把空间还原成一种表象，事实上它简直就是一种版本的唯灵论或唯心论——一种必定是把所有政治权力、从而把国家权力置于括号之中（掩盖起来）的司空见惯的伎俩，除了物之外什么也看不见。编目、分类、解码，这些程序无一超出简单的描述的范围。当然，经验主义——无论它是精巧的还是粗暴的变种，也无论它是基于逻辑或者事实本身——预先假定了一种与 E163

经验主义自身的前提相抵触的空间概念，它与有限数目（包括有限的符码的集合）相矛盾，正如它与无限分析的非确定性相矛盾。它对空间的解码有适当的作用：它有助于我们了解从表征性空间到空间表象的转换，向我们展示出空间实践与空间理论之间的一致性、类似性和一定程度的统一性。当然，只要它开始运作，它的解码作用就更有限了，因为到底存在多少个空间，它们中的每一个对各种解码的敏感性，立刻变得很明显了。

从作为物的空间开始，词型的对比开始激增：丰饶的与贫瘠的、友善的与敌对的，等等。也就是在空间的这种原始的层次上，例如农业的和畜牧业的活动织就了最早的网络：原-地方及其天然指示物；篝火或路标有其内在的双重意谓（指示／定向，对称／非对称）。后来，绝对空间——宗教空间——引入了恰当的区分：口头语与书面语、容许的与禁止的、可进入空间与保留空间、充盈的与空洞的之间的区分。于是，一些特定空间便从自然中被开拓出来，其中充斥着存在物与符号。与此同时，其他的空间则从自然中撤出而仅仅保持空场，作为一种象征方式，象征既在场又不在场的超现实。当新的对比开始登场的时候，词型变得更加复杂了：内部与外部、开放与封闭、移动的与固定的。伴随着历史性空间的到来，场所／地方开始变得更加多样化，彼此间的对立也越来越尖锐，因为它们发展出了个性化的特征。城墙作为强行分隔的物质性标志的意义，远远超过了它们所体现的形式上的对立，比如曲线与直线，或者开放与封闭，等等。这种分隔不只具有一种意义——而事实上它包含超出任何表面的意义，因为壁垒森严的城堡对其周围的乡村行使着统治权，它同时既起到了保护作用又起到了剥削作用（这是一个再正

F190

常不过的现象）。

　　场所一旦被多样化，它们之间便有时是对峙的，有时是互补性的，又有时是类似的。它们因此可以被归类或者隶属于某个以"地点"（*topias*）为基础的网格之中（例如同位点［*isotopies*］、异托邦［*hetetopias*］、乌托邦［*utopia*］，或者其他相类似、相对立的地方，以及无地方［*placelessness*］或者不再有地方——绝对、神圣或者可能之方）。更为重要的是，这些场所还可以按照意义重大的差别而区分为**被支配的**空间（*les espaces dominés/dominated spaces*）和**被取用的**空间（*les espaces appropriés/appropriated spaces*）。

E164

第 十 五 节 ①

　　在我们思考支配（domination）与取用（appropriation）两者之间的区别之前，有一句话必须要说，它事关历时性与共时性这两个基本轴线之间的关系。没有空间会消失得无影无踪而不留下任何蛛丝马迹，即使是特洛伊②、苏萨③或者列伯提斯-马格那④这样的城

---

　　①　本章最后一节作者引出了从生产的历史角度来看的人与空间的两种关系形式，平等的取用型关系与不平等的统治型关系。——中译者注

　　②　特洛伊（Troy），位于今土耳其境内的一座古希腊时代的遗址，因战火而彻底毁灭。——中译者注

　　③　苏萨（Susa），位于伊朗的胡齐斯坦省的城市，著名的汉谟拉比法典在此出土，古代埃兰王国、波斯、帕提亚的重要都城，历史上先后遭到亚述国与元朝毁灭性破坏。——中译者注

　　④　列伯提斯-马格那（Leptis Magna），希腊语"巨大都市"之意；大列伯提斯考古遗址，系世界文化遗产，是北非利比亚保存最好的罗马帝国时代的城市遗址，规模宏大而且壮观。——中译者注

市，也仍然珍藏曾经征服过它们的一系列城市留下的叠加空间。不然就不会有空间、节奏或者对立面之间的"互相渗透"。另外一种真实的情况是，每一个新增加的空间都对从前的遗留进行继承和重组。每一个时段或地层都携带着超出它的限度之外的先决条件。这是一种隐喻化的例证吗？是的。但其中包含了某种程度的转喻化，即这些叠加的空间确实构成了一个集合体或者整体。这些概念也许并没有解释我们讨论的"过程"，但它们确实起到了一种真实的解释作用：它们有助于说明，自然的（因而是物质的和心理的）空间如何不可能被完全吸收进宗教的与政治的空间；前者或者持续到历史性空间，或者它们中任一空间进入了实践-感觉的空间（在此，所有的身体与对象、感官与其产物在"客体性"［l'objectalité/objectality］中融为一体了）。以这种方式描述的存在物，是被隐喻、转换和替代了的。于是，自然物——某一特定的土墩、树林或者山峰——不断地被感知为它们的自然背景的一部分，甚至是充斥着物体的周围社会空间的一部分；其后也会被理解为一方面具有自然物所具有的"客体性"，另一方面具有产品所具有的"客体性"。

F191

E165

　　现在就让我们思考一下**被支配的**（以及支配性的）空间，也即一种被技术、实践所改造和调节过的空间。在现代世界，诸如此类的空间不胜枚举，这是一目了然的：我们只消去想一想水泥板路或者公路就会明白。借助于技术，可以说对空间的支配性作用正变得势不可挡。我们正在快速接近其巅峰的这种支配性，在历史上和在历史学领域具有很深的根基，因为它的起源与政治权力本身的起源同时发生。军事建筑、防御工事以及堡垒、水坝，还有浇灌工程体系——所有这些都提供了被支配空间的最好例证。这些空间是"建构之作"（works of construction），而非"作品"这个术语的原意之作，或者狭隘的现代工业意义上的产品；被支配的空间永远都是统治者计划的现实化。它看起来似乎简单，但实际上这个被支配空间的概念需要一些解释。为了支配空间，技术将一种新形式引入预先存在的空间，所以它通常是直线的或者直角的网络或者网格结构。一条公路无情地蹂躏着乡村与大地，像一把匕首刺透空间。被支配的空间通常是封闭的、贫瘠的、被抽干了的。**支配**一词只有当它与**取用**这个相反且不可分离的概念进行比照时才能充分实现其意义。

在马克思那里，**"取用"**（appropriation）一词是与**"所有权"**（propriété/property）一词截然对立的[①]，但并没有给予完全清楚的界定，事实上远远没有做到。一方面，它没有被与人类学与哲学上人的本质（human nature，即人的本真"特质"）概念清楚地界划开来；马克思从未完全放弃对人的本质的探索，但他拒绝所谓笑声、游戏、F192 死亡意识或者剩余物构成人的本质的观点，而是认为人的本质存在于社会劳动之中——并且与语言密不可分。另一方面，马克思也没有对取用和支配进行辨析。在他看来，劳动和技术通过支配物质自然，能够根据社会的人的需要，直接地改造它。自然于是从敌人、从一位平凡的母亲，直接转化为"商品"。

---

① 马克思在《资本论》（第三卷）中曾经说过："从一个较高级的经济的社会形态的角度来看，个别人对土地的私有权，和一个人对另一个人的私有权一样，是十分荒谬的。甚至整个社会，一个民族，以至一切同时存在的社会加在一起，都不是土地的所有者。他们只是土地的占有者，土地的受益者，并且他们应当作为好家长把经过改良的土地传给后代。"（《马克思恩格斯文集》第 7 卷，人民出版社 2009 年版，第 878 页。）——中译者注

　　而事实上，只有通过对空间的批判性研究，"取用"一词才能得到澄清。我们也许可以说，它是一个为了满足取用它的社会群体的需要与可能性，而被加以修改的自然空间。在拥有的意义上，所有权充其量是一个必要的前提条件，它最经常地只是作为一种"取用"活动的附带现象，是一件艺术品的最高表达。一个被取用的空间**非常类似于**一件艺术品，当然，这并不是说它在任何意义上是一件艺术的仿制品。通常，这个空间是一件结构物——一座纪念碑或者建筑物——但也并非总是如此：一片遗址、一个广场，或者一条街道，也可以被合乎情理地描述为一个被取用的空间。被取用的空间例证比比皆是，但搞清楚它们在哪些方面、如何、为谁、被谁所取用，却从来都非易事。

　　农舍与村庄在言说：它们讲述了那些建造它们和居住其中的人们的生活，虽然是以一种含糊和有些混乱的方式。一座圆屋顶的小屋、一间东方式的茅棚或者日式小寮就像诺曼人或者普鲁旺斯人居住[①]的屋舍同样意味深长。聚居空间可能是一个群体（一个家庭，通常是非常大的）或者一个共同体（虽然分为不同等级或阶级，且是很容易瓦解的）的空间。私人空间有别于公共空间，但又总是与后者关系密切。在最好的情况下，共同体的外部空间是被支配的空间，与此同时，家庭生活的内部空间则是被取用的空间[②]。这种情况

E166

F193

---

　　① 参看拉普卜特（Rapoport）*House Form and Culture* 一书。像霍尔一样，拉普卜特扩大了社会—文化要素与"行为者"的意义。——原注

　　② 参看 Bachelard, *Le poétique de l'espace*（版次同上第 121 页第九节）。——原注（中译本参看［法］加斯东·巴什拉：《空间的诗学》，张逸婧译，上海译文出版社 2009 年版第 71 页。——中译者注）

是空间实践的一种经典例证，这种空间实践，尽管直截了当了些，但具体地说却非常接近艺术品。所以这种房舍散发着魅力，经久不衰地令我们着迷。应当注意的是，取用并不是被某一个不变的群体实现的，不管它是一个家庭、一个村庄或者一个城镇。时间在这个进程中发挥着作用，实际上我们无法离开时间与生活的节奏来理解取用。

被支配的空间与**被取用的空间**在原则上应该互相结合，至少在理想的情况下，它们应该联合一体。但历史——也就是说，累积的历史——也是它们相互分离与对抗的历史。这场竞赛的赢家是"支配"。一度也出现过没有支配的取用。例证就是前面提到的茅棚、小寮或者农舍。**支配**过程是与军队、战争、国家和政治权力的作用结伴而生、同步发展的。支配与取用之间的两分并不局限于话语层面或意义的层面，因为它引发了一种矛盾或者说对抗的趋势，这种趋势影响巨大，直至其中的一方（支配）获得了压倒性的胜利，而另外一方（取用）彻底地臣服。这并不是说取用**消失**了，因为它无法消失：理论和实践都在不断地证明它的重要性，呼唤着它的回归。

类似的思考同样适用于身体与性欲。在超强力量——包括一系列粗暴的技术和对视觉的极端强调——的支配下，身体被肢解和放弃自主，换言之，不再取用它自己。身体文化与身体技术自古就已经获得发展，它们真正地取用了身体。然而我们所了解的体育运动和体操，更不必说那些让人的身体在阳光下被动暴晒的把戏，仅仅是对真正体育文化的拙劣模仿或伪装。今天，任何一种革命的事业，无论是乌托邦的还是现实主义的，只要它想免于无望的平庸，就必须重新取用身体、重新取用空间，且把二者纳入无可辩驳的议 E167

程中来。

至于性与性欲，情况更复杂一些。我们或许有理由提问，除了那些在某些特殊的过渡条件下极其有限的人群（例如，我们可以试想安达卢西亚[①]的阿拉伯文明）之外，对性的取用是否发生过？任何一种对性的真正取用都需要把性的再生产功能与性快乐区分开来。这是一种微妙的区别。因为一些至今仍显神秘的原因，尽管避孕领域的科学已经取得了长足进步，也只有在实践中，冒着巨大的困难以及与之相伴的担忧，才能做出这种微妙的区分。我们并不真的知道这个过程是如何与为何发生的，似乎是，将生理意义上的性功能从"人的"性功能剥离开——这很难用适当的功能性术语加以界定——其结果只能是，对前者的消除将危及后者。情况似乎是，"天性"自身是苦乐难辨的，因此，当人类受其分析倾向的驱使，而试图将痛苦与快乐彼此分离时，他们便冒着把二者中立化的危险。另外一个替代性的选择是，借助于某些符码化的手段（药物、色情、读写现成文本等）他们负责任地将自己的感官快乐限制在可预料的状态之内。

真正的极乐空间（L'espace de la jouissance）[②]——它应该是一

---

① 安达卢希亚是来自西班牙语的 Andalusia。来源于阿拉伯语，意思是"汪达尔人的土地"。西班牙最南的具有悠久历史的地理区。也是西班牙南部一富饶的自治区。——中译者注

② 关于极乐空间的详细论文详见本书第六章第十九节（F437）、第二十六节（F450-453）。实际上，列斐伏尔在写作《空间的生产》同时或之前的 1973 年，曾经还专门写过一部他生前未出版的十二章的手稿 'versune architecture de la jouissance'（走向极乐的建筑），关于即未刊稿的内容 Cf. Lukasz Stanek Henri Lefebvre on Space: Architecture, UrbanResearch, and the Production of Theory, University of Minnesota Press, Minneapolis London, 2011, pp. 249-251。此未出版手稿已经有了英译本，参看

方卓越的取用空间——依然阙如。即使过去有很少一些例证让我们觉得这个愿望在原则上是可及的，但是迄今为止的结果却远远低于人类欲望的要求。

我们不要把**取用**与一种实践——这种实践与取用密切相关但还是有所区别——"**异轨/挪用**"①（*le détournement/diversion*）混为一谈。一个现存的空间应该比那决定了它的形式、功能、结构的初始目的和**存在理由**活得时间更长；因而，在某种意义上，这个空间容易被清空，易于被异轨、再取用，改作与初衷完全不同的另外用场。近来一个众所周知的例子是 1969—1971 年对巴黎一家老百货超市，即**中央大厦**②（*Halles Centrales*）的重新改造利用。曾有一个短暂的时期，这座城市的核心一度被设计为便于食品分销的场所，以及被改作聚会和永久性庆典的场所，简言之，成为了一个服务于巴黎年轻人的娱乐中心，而不再是一个工作中心。

对于空间的异轨和再取用具有重要意义，因为它们在新空间的生产方面给我们许多教益。曾有一个与当前阶段同样困难的时段，即资本主义生产方式面临灭绝的威胁而依然为获得新生努力奋斗（通过生产资料的再生产）的时段，这时候异轨的技术甚至比创新（生产）的愿望更加重要。但如果是这样，这种战略的一个结果

E168

F195

Henri Lefebvre, *Toward an Architecture of Enjoyment*, eds. Lukasz Stanek, trans. Robert Bononno, University of Minnesota Press, Minneapolis, London, 2014。——中译者注

①　法语 'detournement' 一词多义，可译作"挪用""改变注意力""异轨"等。显然，列斐伏尔这里是在含蓄地挪用与批判情境主义国际代表人物德波的观点。——中译者注

②　有关这个广场的来历与变迁详情参看列斐伏尔《都市革命》一书的介绍，参看［法］列斐伏尔《都市革命》，刘怀玉、张笑夷、郑劲超译，首都师范大学出版社 2018 年版，第 168 页。——中译者注

会是，群体用来居住的空间，它预先存在的形式是为其他目的而设计的，对于群体现在的可能的社会生活需要来说，可能并不适用。人们会怀疑，这样一种形态学意义上的不良适应（亦即［对环境的］"病态依赖综合症"——中译者注）（inadaption morphologique），在社群主义实验频频失败的情况下，究竟起到了什么作用。

从纯粹理论化的立场来看，异轨与生产在意义上是不能截然分开的。理论思考的目的与意义是生产而不是异轨。异轨就其自身而言仅仅是取用而不是创造，它是一种再取用，只要求支配暂时终止。

第三章　空间建筑术 ①

第　一　节 ②

在通过思辨而武断地赋予极端程度的形式抽象以本体论的地位之后，古典哲学（或者形而上学）思想假设有一种实体性空间，即

---

① 建筑术（*architectonics/architectonique*）一词可见于康德的《纯粹理性批判》，汉译界通译之曰"建筑术"（*Architektonik*），起初本与建筑无关。按照康德的说法，"我所理解的建筑术就是对于各种系统的艺术。因为系统的统一性就是使普通的知识首次成为科学、亦即使知识的一个单纯聚集成一个系统的东西，所以建筑术就是对我们一般知识中的科学性的东西的学说，因而它必然是属于方法论的。"（A832/B860）（参看［德］康德：《纯粹理性批判》，邓晓芒译、杨祖陶校，人民出版社 2004 年版，第 628-629 页。）列氏本章所使用的空间建筑术一词既是指他心目中的那门统一的空间科学，也是对他在第一章结束时所提出的"回溯式的前进"方法的具体运用。日译本把该词译作"空间之构筑技法"（参看空间的生产，斎藤日出治訳・解説，第 257 页，東京：青木书店，2000.）——中译者注

② 第三章共有十七节，可分为以下几个部分：整个前十二节重点讨论空间与身体的关系；其中第一节至第七节主要追寻空间的身体性起源以及空间的心理学的、语言学的与社会性的起源；第八节至十一节讨论身体的空间实践本质与空间的实践感、身体感问题；第十二节研究空间与身体姿势的关系，从中讨论空间是如何以身体姿势为基础而被建筑起来的；第十三节是对空间建筑术的一次小结，指出空间建筑术的三个重要历史环节；最后一个意义单元是第十四节至十七节，讨论空间建筑术视野中的空间与建筑的关系问题，其中前面部分重点讨论纪念碑性建筑空间问题，最后一节讨论普通建筑的空间问题。——中译者注

空间的"物自体"(en soi)。从《伦理学》一书的开头,斯宾诺莎便把这种绝对空间视为绝对存在即上帝(神)的一种属性或样式[①]。这时,被定义为无限的"物自体"的空间,因无内容而无形状。它或许没有被分配形式、方位或者方向。那么,它是不可知之物吗?不是!毋宁说它是莱布尼茨所说的"难以识别"(indiscernable)之物。

　　就莱布尼茨对斯宾诺莎和笛卡尔的批判而言,也如同牛顿和康德对莱布尼茨的批判,我们发现,现代数学家们更倾向于去发现有利于莱布尼茨论点的证据[②]。对于大多数哲学家来说,他们都把绝对空间视为某种既定的存在,同时还把它看作它所可能包含的内容:形状、关系、比例、数字,等等。莱布尼茨反对这一假设,他坚持认为空间"就其本质"而言,既非乌有也非某物,更非事物的全部或事物之和的形式;在莱布尼茨看来,空间事实上是难以识别的。为了辨认存在于其中的某物,我们必须引入坐标轴和原点,以及左坐标和右坐标,也就是关于坐标的方向或方位。然而,这并不意味着莱布尼茨奉行"主观主义"(subjectiviste)的论断,根据这样的论断,观察者及其观察方法共同构成了实在物。与之相反,莱布尼茨的意思是空间理所当然地是**被占用的**(occuper/occupied)。那么,到底

F198

---

　　① 斯宾诺莎:《伦理学》,第一部分;《命题》十四,绎理二;和《命题》十五,附释。——原注(斯宾诺莎的原话是:"广延和东西与思维的东西如果不是神的属性,必定是神的属性的分殊……有广延的实体是神的无限多的属性之一……"看看斯宾诺莎:《伦理学》,贺麟译,商务印书馆1983年第2版,第14—19页。——中译者注)
　　② 参见赫尔曼·韦尔:《对称》(普林斯顿:新泽西:普林斯顿大学出版社,1952年版)一书及下文我对该书的相关讨论。——原注(此书已有中译本,参看[德]赫尔曼·韦尔:《对称》,冯承天、陆继宗译,世纪出版社集团、上海科技教育出版社2005年版。——中译者注)

是什么占用了空间？是某个身体：它既非一般性的身体，也非有形 E170
的身体，而是某个特定的身体；它能够通过姿势来指明方向，能够
通过旋转来确定循环，能够界划和定位空间。因此，对于莱布尼茨
来说，**空间是绝对的相对**。也就是说，空间不但具有相当**抽象**的属
性，这种属性使得数学思维把它当作原初存在（因此易于赋予它超
验的性质），而且它还具有**具体**的特点（因为正是在空间中身体才得
以存在，并且显示了它们的物质存在）。身体是如何"占用"空间的
呢？带有隐喻色彩的"占用"一词是从关于空间的日常生活体验中
借来的，这种空间业已被特定化、业已被"占用"。然而，对"占用"
这一术语来说，作为"可获得"的与作为"被占用"的空间之间的关
系一点都不简单，也不明显。很不幸，隐喻无法代替思维的作用。
我们知道，空间不是一个预先存在的真空，独自具备各种形式属性。
我们之所以批判并拒绝绝对空间的存在，就是要拒绝这样一种特殊
的**表象**，即认为空间是有待于某一内容（例如物质或身体）填充的
容器。按照这样一种对事物的想象，（形式的）内容和（物质的）形
式之间**互不相干**（*indifference*），因此也就让人无法捉摸其中的差
别（difference）。任何事物都可以进入容器内的任何一个"地方"。
容器的任何部分都可以接纳任何事物。由于内容和形式不能以任
何方式相互影响，这使得内容和形式从互不相关变为相互分离。一
个空的容器接受任何可分离的和已经分离了的事物的集合，由此分
离扩大至内容的组成要素。碎片代替了思维，而思维、反思性思维
就变得模糊，最终可能被那些只是单纯地计量事物的经验活动所吞
噬。诸如此类的"分离逻辑"（logic of separation）构造，使得分离
的**战略**既必要又正当。

F199 因此，我们被迫去思考另一个相反的假说。即是否可以这样认为，是那具有行动能力和各种能量的身体创造了空间？当然可以，但这里的"占用"并不是"制造"空间性的意思，确切地说，身体创造了空间指的是在身体与其空间之间，身体在空间中的**分布**与它对空间的占用之间，有着直接的关系。每个有生命的身体，在它们对物质领域（工具和对象）**产生影响**之前，在它们通过从那一领域吸取营养来**生产自己**之前，在它们通过生产其他的身体来**繁殖自身**之前，它就已经既作为空间而存在，同时又拥有它的空间：它在空间里生产自己，同时也生产那一空间。这是一个十分值得注意的关系：有能量可资利用的身体，有生命的身体，创造或者生产出它们自己的空间；反过来，空间的法则，也就是说，空间中的区分法则，

E171 也主宰着这个活的身体及其能量的分布。赫尔曼·韦尔（Hermann Weyl）[1] 在他关于《对称》（*symmétry*）一书中论述得十分清楚[2]，在自然界中，无论是有机体还是无机体，哪里存在着双侧性或者二重性、左和右、"反射"或者旋转（空间里的），哪里就存在着对称性（在一个平面上，或者在对称轴的周围）。然而这些对称并不是外在于身体的属性。虽然可以用"纯粹"数学的术语来加以定义，比如定义为应用、操作、变换或者函数，但它们并不像许多哲学家所设想的那样，是先验思维强加于物质性身体上的。根据空间法则，随着身体姿势的变化，身体——能量的分布—生产空间并且生产它们

---

① 赫尔曼·韦尔（Hermann Weyl, 1885—1955），德国数学家。主要著作有：《空间，时间，物质》《黎曼曲面的思想》《群论与量子力学》《典型群》《对称》等。——中译者注

② 赫尔曼·韦尔：《对称》。——原注

自身。赫尔曼·韦尔认为，这种空间法则适用于我们所关注的任何对象，无论它是细胞还是行星、晶体[①]、电磁场[②]、细胞分裂[③]、外壳，F200抑或是建筑的形式；而赫尔曼·韦尔觉得最后一个形式格外重要。所以，在此我们获得了一条从抽象到具体的路径，该路径很好地表明了它们之间固有的相互作用的属性。这一道路还引导我们从精神空间走向社会空间，该事实赋予了空间生产这个概念以额外的意义。

（空间的生产）这一命题如此有说服力，以至于我们没有理由不把它推广应用到**社会**空间中去（当然需要应有的审慎）。这将给予我们一个特殊的空间概念，即由一种在某个（社会的，和被决定的／决定的）空间实践中分布的力量（即生产力）所生产的空间。这样的一个空间可能包含某些"属性"（对偶性，对称性，等等），这些属性既不能归结于人类的思想，也不能归结于任何超验的精神，而只能归结于对空间的实际"占用"，这一占用需要从发生学的角度——也就是说，依据相关的生产性操作序列——来加以理解。

这对于古代的自然观念来说意味着什么？它意味着这种自然

---

① 赫尔曼·韦尔：《对称》，第28-29页。——原注（参看中译本29-32页。——中译者注）

② 在一段起始于关于莱布尼茨、牛顿、康德（同上，第16页及以下内容）（中译本，21页及以下。——中译者注）的"经典"论题的讨论中，外尔表达了对马赫（Ernst Mach）立场的保留意见。这是否意味着他自己的立场根据被《唯物主义和经验批判主义》中的列宁所吸取？不清楚；外尔很可能感到列宁提出问题是对的，但是目的是错误的，因此没有击中要害。——原注。查阅列宁的《唯物主义与经验批判主义》一书，我们发现很可能是列斐伏尔把赫尔曼·韦尔（Hermann Weyl）与列宁文中提及的马赫主义者鲁道夫·维利（Rudolph Willy, 1855—1920）两个人搞混淆了。——中译者注

③ 同上，第33页及以下内容。——原注（中译本第35页及以下内容。——中译者注）

的观念必定要经历彻底的、实质性的转型。一旦空间及其包含物两者之间固有的相互关系破裂,反思性思维就倾向于将超自然的神秘性质和力量带入画面。任何一个起源于生命—空间性的现实的物——总之,任何一个"自生物态"(automorphique)或者"生命形态"(biomorphique)的物——都通过这种方式被赋予了某种目标—方向性意义:于是,对称似乎是由一个精于计算的上帝所计划,并且通过神圣的意愿或者力量的命令才得以在物质层面上实现的。例如,对于一朵花而言,花朵并不知道自己是花,也不知道自己是美丽的,且对自己所拥有的某一层次的对称性一无所知,那么它是如何出现的呢?答案是:它是由斯宾诺莎式**能动的自然**(*nature naturante*)[①]或者是莱布尼茨数学家式的上帝所**设计**(design)的。

E172

　　许多人,例如笛卡尔及其追随者们,虽然他们发现任何这样的天工神技都是难以令人信服的,但他们也只是把这种始作俑者转变为精神,不管是人类的还是其他什么的精神;然而,他们并没有仔细考虑过这样一个问题,即如果不是通过理念(黑格尔意义上)的天意或者超验的作用,那么这种精神的"设计"又是如何得以实现的呢?这样的自然是怎样并且在何种意义上可以说"是"(be)数

―――――――――――――

　　① 语见斯宾诺莎《伦理学》"命题二十九"的"附释",他的原话是:"'能动的自然'是指在自身内并通过自身而被认识的东西,或者指表示实体的永恒无限的本质的属性。"(参看贺麟译本,商务印书馆 1997 年版第 20—30 页。)而斯宾诺莎的这个概念可上溯自于公元 9 世纪爱尔兰哲学家爱留根纳的《论自然的区分》一书:自然可分为"能创造而不被创造的自然""能创造而又被创造的自然""被创造而不能创造的自然"以及"不能被创造而又不能创造和自然"。而 13 世纪德国哲学家大阿尔伯特将其简化为"产生自然的自然"以及"被自然产生的自然"这两个概念,后被意大利文艺复兴时期哲学家布鲁诺所继承。斯宾诺莎的思想则直接继承自布鲁诺(参看谭鑫田:《知识·心灵·幸福:斯宾诺莎哲学思想研究》,中国人民大学出版社 2008 年版,第 70 页。)——中译者注

学化的呢？这是那些科学家兼意识形态家于一身的哲学家们所不可理解的问题。一个观察者会对他面前的贝壳、村庄或者是教堂的 F201 美丽而感到困惑，虽然他所面对的事物其最主要的特征仅仅是一个生动的"占用"的物质形式——说白了，也就是空间的占用。顺便提一句，人们可能很想知道，弗朗索瓦·雅各布 ① 所提倡的"整合"（intégrons），作为有机统一体的一种解释方式，是否真的并不仅仅是代替神圣天意 ② 的一个哲学的／意识形态的／科学的策略？

　　但是，解决这个问题还有另外一种方法：自然的发展可以被想象成遵守空间的法则，这一空间法则也是自然的法则。空间**就其本身**（即它既被占用也在占用着，并且是一系列的地方）**而言**可以用一种唯物主义的方法来理解。这样来理解的空间包含着许多不同的定义，使得我们能从大量的有关变化成因的难题中解脱出来：我们不必再被迫去追寻差异化的本原或者起源这一难题，也不需要冒着被归入经验批判主义队伍而遭受唯物主义批判的危险。从这个角度来看，贝壳的形式既不是某个"设计"的结果，不是"无意识"思维的结果，也不是某个"高等"计划的结果。贝壳的诗情画意——及其隐喻的作用 ③ ——和那些神秘的创造力无关，而只是与特定情

---

① 弗朗索瓦·雅各布（Francois Jacob, 1920—2013），法国生理学家，1965年诺贝尔生物学奖获得者。——中译者注

② Francois Jacob, *La logique du vivant:une histoire de l'hérédité*（Paris: Gallimard, 1976）, pp. 320ff. ——原注

③ 参看加斯东·巴什拉尔（Gaston Bachelard），《空间的诗学》（*La poétique de l'espace*, Paris, 1958），第125页及以下内容。——原注。英文版由马丽娅·特拉翻译: *The Poetics of Space*（美国马萨诸塞，波士顿：灯塔出版社，1969年版）129页及以下内容。——英译者注（中译本参看［法］加斯东·巴什拉：《空间的诗学》，张逸婧译，上海译文出版社2009年版，第114页及以下内容。——中译者注）

况下（在一个特定的范围、特定的物质环境中，等等）能量分布的方式相对应。在此意义上，自然和空间的关系是**直接的**，即它不依赖

E173　于任何外在力量的调节，无论是自然的还是神圣的。空间的法则栖身于空间本身之中，而不能被分解成某种外观上清晰的**内外对应**的关系。因为这种所谓的关系仅是一种**空间表象**。马克思曾经对是否可以说蜘蛛**在工作**表示怀疑 ①。蜘蛛是盲从于本能，还是它具备（或者更确切的说，它**是**）某种智慧？它是否意识到（从任何一种意义上说）它正在做的事情？它生产、分泌并占用了一个自己力所能及地打造出的一方天地——它的网状的空间，它的策略的空间，它

F202　的需要的空间。我们是否能把蜘蛛的空间视为被一些孤立的物体所占用的抽象的空间，诸如被它的身体、它的分泌腺和双腿，以及蛛网的附着物，如那缕缕织成这面网的丝，还有它的捕获物苍蝇等，所占用？不能，因为这样就把蜘蛛置于分析性思维的空间、话语的空间，在我面前的这张纸的空间之中了。这样做就不可避免地为诸如此类的反驳——即"一点也不，是自然（或者是本能，或者是天意）支配蜘蛛的行动，是自然（或者是本能，或者是天意）才能解释那个令人羡慕的十分奇妙的创造，才能解释蜘蛛网惊人的平衡性、组织结构和适应性"——留下了余地。认为蜘蛛织网是它的身体的延伸是否正确呢？就目前的论述而言，的确如此，但上述构想却存在问

---

① 马克思的原话是："我们要考察的是专属于人的那种形式的劳动。蜘蛛的活动与织工的活动相似，蜜蜂建筑蜂房的本领使人间的许多建筑师感到惭愧。但是，最蹩脚的建筑师从一开始就比最灵巧的蜜蜂高明的地方，是他在用蜂蜡建筑蜂房以前，已经在自己的头脑中把它建成了。劳动过程结束时得到的结果，在这个过程开始时就已经在劳动者的表象中存在着，即已经观念地存在着"。（载《马克思恩格斯文集》第5卷，人民出版社2009年版，第208页。）——中译者注

题。能否从蜘蛛网的对称和非对称的方面以及它所包含的空间结构（停驻点、网络、中心／周围）而判断蜘蛛的认知能够与人类的知识形式相媲美？显然不能。蜘蛛的生产显然需要"思维"，但是它使用的不是和我们相同的"思想"方式。蜘蛛的生产及其相关特性，更多地与贝壳或者由"西里西亚天使"所召唤的花朵有共同之处，而与词语的抽象较少相同之处。这里，以身体的生产作为开始的空间的生产，延伸至作为工具、手段而存在的"住所"等的生产性分泌。这种构造是与那些被经典地描述为"美妙绝伦"的法则相一致的。我们是否可以设想把自然和设计之间、有机体和数学之间、生产的和分泌的之间、内部和外部之间的关系割裂开来？这是一个必须响亮地予以回答的问题，当然是以否定的形式。由此可见，蜘蛛，尽管很"卑微"，已经能够像人类群体那样在角度的基础上划定空间并且确定自己的方位感。它能够创立网络和联系、对称和非对称。蜘蛛就像那些动物们一样，能够投射出超越自己身体的**二重性**（dual），这有助于它的身体在解决自身与其生产和再生产行为之间的关系时，建构自身。它有左和右的感觉、高与低的感觉。它的"此时此地"（在黑格尔的意义上）超越了"物性"（choséité/thingness） E174 的范围，因为包含了关系和运动。

　　因此，我们可以说，对于所有活的身体而言，例如蜘蛛、甲壳类动物等，其最基本的场所和空间指示物，首先是通过身体来**确定**的。"他者"是为了面对"自我"而出场的：一个身体面对着另一个身 F203 体。除非是通过暴力或通过爱而成为能量扩张的对象、成为欺凌或者欲望的对象，否则这个"他者"是不可理解的。这里的外部同时也是内部，因为"他者"是另一个身体、一个易受攻击的肉体、一个易于接近的对称物。只是到了后来，在人类发展的过程中，空间指示物才被量化。左与右、高与低、中心与边缘（不管是否被命名）皆源于活动中的身体。似乎没有那么多的**姿势**能够把身体属性完整地显现出来。我们说空间的属性依赖于身体，就是指空间是由一些有时威胁身体、有时有益于身体的事物所决定的。这种决定性表现在三个方面：姿势（gestes/gestures）、踪迹（traces）和记号（marque/marks）。这里的"姿势"应该是广义上的，因此转身可以被看作一种姿势，这种姿势调整着人的位置和参照点。"姿势"这个词比"行为"更恰如其分，因为一个有姿势的行动是有目标或目的的（当然，这种目的并不意味着是某种内在的目的论）。一只蜘蛛沿着蛛网移动，或者一只甲壳动物从壳里爬出来，在这个意义上就是在做姿势。至于踪迹和记号，对于蜘蛛来说，它们显然不是作为"概念"而存在的，但任何事情的发生，都"恰好就像"它们存有这些概念一样。记号是由活生生的生命以它们易于获得的方式标记出的，尤其值得注意的是使用诸如尿液、唾液之类的排泄物。性的记号应该是相当古老的（它们最早附着于什么或谁之上？），但是只作为爱的指示物的记号，其起源应该是相当晚近的，且仅局限于少数几个物种。意向性（intentionality）是近晚期才发展起来的，伴随着大脑和手的发展；但是踪迹和记号很早就在动物生活中扮演一个重要的角色。地方早已被做上标记了（以及被"再标记"）。在开始的时候，是处所（Topos）。在逻各斯（理性）出现以前——很久以前，在原始的恍兮惚兮的生活里，活生生的经验中就具有了内在的理性；早在生产思**维**的空间和空间的思维开始对身体的投射、爆发、想象和定位进行**再生产**之前很久，活生生的经验就开始产生了。空间早在通过"我"

并为"我"感知之前，当它只作为一个近似的或被延缓的紧张和关联的领域时，就开始显现出断裂和分离。空间早在作为遥远的可能性的中介出现之前，它已经作为潜在的场所而出现。因为早在分析事物和区分事物的智慧出现以前很久，在正式的知识出现以前很久，就存在着身体的领悟性（intelligence）。F204

　　时间可以与空间相区别，但无法与空间相分离。树干剖面的圆 E175 圈揭示了树木的年轮，就像一个有着"美妙无比"的空间具体性的贝壳的螺旋外形，揭示了那个曾经在壳里栖居的主人的年龄——而其所依据的规则，只有那些复杂的数学运算才能将它"翻译"为抽象的语言。时间理所当然的是地方性的；地方之间的关系以及地方与它们各自的时间之间的关系也是如此。分析性思维只把现象和"时间性"联系在一起，如成长、成熟和衰老，但是这些现象实际上是不能脱离"空间性"（空间本身是一个抽象）的。因此，空间和时间呈现和表明了它们是互相区别但又是不可分离的。时间的循环对应于一种对称的环状空间形式。具有重复性和机械性特征的线性时间过程，甚至有可能与空间轴（沿着此轴可以展开重复的操作）的构造保持密切关系。无论如何，空间与时间之间的分离和这一分离在社会中的实现，只能是后来的发展，这是空间表象和表征性空间相互分裂的必然结果。正是以表征性空间作为出发点，艺术旨在保存或者恢复这个已经丧失了的统一体①。

　　所有这一切使我们明白，即怎样并且在何种程度上，二重性是

————————

　　①　参见 Claude Gaignebet 对基督教日历中种种节日时空统一的分析。这一分析因 Bruegel 的《狂欢节与大斋期的争斗》一书而起（"*Le Combat de Carnaval et de Careme*" de P.Bruegel', *Annales: ESC*, 27, no. 2［1972］, pp. 313-45）。——原注

由物质生命统一体所构成的。这样的生命体在其自身之内携带着它的"他者"。它是对称的，因此是二重的——因而是成对的，因为它的对称既是双侧的又是螺旋的。事物的状态反过来必须通过时间和空间的棱镜，通过循环重复和线性重复的棱镜，来观看。

F205　　　围绕生命体，且通过生命体的可以被合法地描述为"生产性的"活动，一种被行为主义者称之为"行为的"（behavioural）场域才得以产生。这一场域是作为一个关系的网络而发挥作用的，通过生命体在其空间环境之内、之上并与其环境相互联系而行动，这一网络的投射和实现同时完成。从而，这些"行为的"场域就打上了由上述的投射所决定的空间性特征：左右对称、高低相应，等等。

　　同时，生命体从起始就作为内部空间来构建自身。很早以前，在种系发生学里，与动植物个体组织的起源一样，在细胞群里出现E176　了一种凹入（锯齿形）的形式。一个洞穴逐渐成型，最初是简单的，然后变得更加复杂，充满流体。这些流体开始时比较简单，但逐渐地呈现出多样化。靠近这个凹穴的细胞形成一个作为界限的屏壁或薄膜，这个界限的可渗透程度是变化的。从此之后，外部空间将对立于内部空间或内部环境：这是生物史上最主要的也是最具决定性的分化。内部环境将发挥越来越重要的作用。如此生产出的空间，发端于一个胚胎学家称之为"原肠胚"（gastrula）形式的最初阶段，最终将呈现最多样的形式、结构和功能。

　　一种封闭开始将内与外分离，由此将生命体成立为"独特的身体"。但这种封闭还是相对的，与逻辑区分或者抽象割裂没有共同之处。一般来说，薄膜保持着可渗透性，可以被毛孔和锐孔穿透。它们前后来回移动，从不停息，不断增加，分化越来越大，其间包含了能量交换（通过营养吸收、呼吸、排泄）和信息交换（通过感官）。生命的整个历史就是以生命体内外部之间不断地分化和强化的相互作用为特征的。

"封闭"一词在得以相对化且从外推和系统化中被解放出来之后，具有了某种可操作的效用：它有助于解释在自然和社会生活两方面中发生的事情。而在社会领域，"封闭"趋向于变得绝对化。（私人）所有物的明确特点，正像一个城镇、民族或者民族国家的空间位置特征一样，是一道封闭的边境线。但是，如果暂不考虑这个 F206 关于界限的例子，我们可以说，任何一个空间的包裹物都隐含着一个内外之"膈"，但这种膈总是相对的，并且从薄膜的例子也可看出它是可以渗透的。

第　二　节 ①

从一种动力学的角度来看，生命有机体可以被界定为这样一套装置，它凭借多种手段，摄取周围鲜活的能量。它吸纳热量，运行呼吸，滋养自己，等等。同时，作为一个"正常"的物，它保留储存多余的能量，以备紧急之需以及作为进攻时的能量补充。这就为生命体采取主动出击留下了回旋的余地（这些措施既不是确定的也不是任意的）。这种过剩或多余的能量把生活和生存（仅仅维持生命 E177 最起码的需要）区别开来，所获取的能量一般不是无限期地储存或者一成不变地保留着，因为如果是这样的话，生命体就会退化。能

---

① 本节继第一节之后，继续分析空间的生物性与身体性起源与实质。——中译者注

量的本质就是扩张，**生产性**的扩张。哪怕这种"生产性"仅仅是一种娱乐或无缘无故的暴力活动。所释放的能量总有其效果，或造成破坏，或带来实际的变化。它调整或者产生了一个新的空间。鲜活的或者旺盛的能量只有在如下情况才能充满生机：过量的、盈余的、过度的，从而是真正的消耗。事实上，能量必须得**滥用**（waste）；但能量的巨大滥用无法与其生产性使用相区分，例如在动物生命平台上演出的一幕幕游戏、战争和性活动便共生一处。而生产、毁灭与再生产也是相互重叠、互相交织在一起的。

能量积累：这是一个显而易见的道理。然而，我们却很难把这一积累机制的画面清晰地描绘出来，而要描绘其后果则更加困难。虽然能量的支出似乎总是"透支"的，甚至"反常"的，但对于一个没有获得这种过剩能量、从而也没有获得这种能量所打开的可能性的生命体来说，它对于周围的环境会有各种截然不同的反应。

换句话说，经常被某种特定的理性主义或粗劣的功能主义所举证的"经济原则"，从生物学和"生物形态学"上来看，是不充分的。这个低水平原则只适用于能量供应不足、要求限制能量支出的情况。换句话说，它只适用于生存的水平。

F207　　与"经济原则"的理性主义以及小气吝啬的生产主义（最低开支，仅为满足"需要"）立场形成鲜明对比，有一些哲学家坚持认为，浪费、娱乐、竞争、艺术、节庆——总之，爱欲本身——是人之所必需，既然非做不可，那就干脆做得淋漓尽致。赞成不节制、奢侈与越轨，这种哲学思想的谱系可上溯至斯宾诺莎，而经由席勒 ①、歌德

---

① 席勒（J.C.F. von Schiller, 1759—1805），德国美学家、诗人。代表作有《论美

与马克思（他憎恶禁欲主义，甚至有时他自己也被"无产阶级"版的爱欲观念所吸引），到尼采那里达到顶峰。需要指出的是，这种理论观点在弗洛伊德（Sigmund Freud）那里没有明确的论述，他的生物能量理论倾向于蜕变为一种机械论。精神分析学区分了爱欲与死欲、快乐原则与现实（或生产性）原则①，生命与死亡本能，但往往丧失了所有辩证的色彩，沦落到和某些伪概念机械地互相影响的地步，沦落成某种能量缺乏这一假设的隐喻。 E178

如果说生命有机体确实获取、消耗并浪费了过剩的能量，它也必须遵循宇宙万物的规则行事。存在物的"酒神"的一面——过度、沉醉与冒险（甚至是致命的风险）有其自身独特的自由与价值。生命有机物以及整个身体内在地包含着娱乐、暴力、节庆与爱这样一些潜能（这并不是说所有的潜能必须要转化为现实，也不是说任何如此行为的动机都需要显现）。

尼采对太阳神与酒神的区分，反映了生命存在物及其与空间（它自身的空间与他者的空间）之间关系的二重性：暴力与稳定、过度与平衡。这种区分可能并不充分，但它肯定是有意义的。

然而，认为生命有机体仅仅是以"经济"的方式获取能量和使用能量，这种说法是不充分的：生命体并不是获取刚刚好的任何能量，也不是以随意的方式消耗能量。它有自己特定的猎物、环境和天敌。总之，它有自己的**空间**。它居住**在**这个空间**里**，它是这个空

书简》《美育书简》及《论素朴诗与感伤诗》。他认为，只有在游戏冲动中，人才是自由的。因为这种冲动才真正把人的感性与理性结合起来，把物质过程与精神过程统一起来。——中译者注

　① 有关弗洛伊德的快乐与现实原则、生命与死亡本能的论述参看本书本节（E180）及第六章第26节（F451）的内容。——中译者注

间的一部分——它是一个动物群或者植物群的一部分，是生态群落的一部分，是一个比较稳定的生态系统的一部分。在它的空间里，生命体吸收信息。起初，在人类社会所能设计的抽象出现之前，正像空间的内容尚没有和它的形式区分开来一样，信息同样没有和物质现实区分开来：单细胞生物是在物质形式中吸收信息的。然而，这类现象的调查者有将它们体系化、哲学化的倾向，即不论是在单细胞层面还是在细胞整体的系统层面，他们的研究都倾向于将生物归结为信息接受型，也就是低能量消耗型[1]。他们漠视或者忽视作为"高额"能源吸收者和保存者的生命体的经济学。虽然他们把研究重点放在生物体自我调节机制上，但他们没有进一步去考察那些生物机制的功能失调、缺漏、错误，或者能量过度支出等问题。显而易见，这种以有机体和催化剂为基础的双重调节机制，从生物学的角度来看，按说是一目了然的事情。但事实上，能量理论，就其职

F208

---

[1] 例如：Jacques Monod, *le hasard et la nécessité, essai sur la philosophie naturlle de la biologie moderne* (paris: Seuil, 1970). Eng. Tr. by Austtyn Wainhouse: Chance and Necessity: An Essay on the Natural philosophy of Modern Niology (NewYork: Knopf, 1971).——原注。中译本参看［法］雅克·莫诺：《偶然性与必然性》，上海外国自然科学哲学著作编译组译，上海人民出版社 1977 年版。该书以现代生物学材料为背景，集中论述了偶然性与必然性的关系，并涉及自然观、认识论与伦理学等多方面的哲学问题。作者认为，生物是赋有目的或计划的客体，这种目的性寓于生物的结构中，通过生物的动作显示出来。生命的特点就在于"目的性""自主形态发生"和"繁殖的不变性"。"目的性"是指有机体的功能结构执行或实现某种具体计划，目的性行为的承担者是蛋白质。"繁殖的不变性"是指遗传信息的稳定性，它在从上代传递到下一代的过程中保持不变，从而维持原来的有序结构。这种不变性只与核酸有关。"自主形态发生"包括个体分子的发生和宏观形态的发生，它们归根结底依赖于蛋白质的立体专一性的识别功能。蛋白质的装配定律是随机的，进化依赖于核酸分子的突变，突变本质上无法预言，突变所造成的蛋白质功能效应是纯粹偶然的。莫诺看到了偶然性在基因突变中占有重要地位，但得出了偶然性支配整个有机界的哲学结论。——中译者注

能而言,并不需要关注信息的、关系的或者情境的领域,而是需要集中于比较粗糙的能量形式,也就是说,那些可以折合成"卡路里" E179 的能量。然而,事实是,生物在与其自身的关系中,以及在与其自身空间的关系中,既耗费小额度的也耗费大额度的能量类型(在任何情况下,二者都是无法相互分离的)。因而,有机体把那些储存了巨大能量用来暴发性地释放的组织(如肌肉组织、性器官、身体部分组织)和旨在回应非常微弱的刺激(即信息)且几乎没有耗费什么能量的器官(感觉器官:大脑和感官组织)结合在一起。① 因此,在这里我们发现,或者毋宁说我们所返回的,是结构的二重性。生命体不仅仅是一个数据处理器,也不仅仅是一个充满欲望、屠杀和生产的机器——它是同时兼而有之。

在活生生的有机体周围,同时存在着两种能量——一种是他们所获得的,另一种是给他们带来威胁的——这二者都是**变动不居**的:它们是"激浪"或者"细流"。与之相反,为了获得所需的能量,生命体必须拥有稳定的自己可以掌握的器官。它必须以防御的行 F209 为来回应侵略,在身体周围设立边界,用于维持和保障。

因此,过剩的能量总是要先积累后释放,这一事实构成了"生

---

① 乔治·巴塔耶(Georges Bataille)对此作过透彻地分析,在他的《被诅咒的部分:普通经济学理论》(*la part maudiie.essai d'économie générale*,Paris: Editions de Minuit, 1949)一书(Eng. Tr. by Robert Hurley: The Accursed Share: An Essay on General Economiy, Vol. I, New York: Zone Books, 1988)(中译本参看《被诅咒的部分》,刘云虹等译,南京大学出版社 2019 年版。——中译者注),巴塔耶详细地论述了一个尼采式的主题。这里如果我们不提一下威廉姆·赖希(Whihelm Reich)对能量(cncrgeoc)理论发展的贡献是不公正的(这发生在他的著作广遭批评的时期)。参见一部南斯拉夫电影对这一事件幽默的评论:Dusan Makavejev'sWR: *Mysteries of the Organism*(1972)。——原注

命体"这一特殊概念的一个决定性方面，也是它与空间的关系——
比如和它自身、它的周边、它的环境、整个世界的关系——的一个
重要方面。能量的生产性浪费，并非一个自相矛盾的说法：只要产
生一些变化，不管多么细小，只要对这个世界产生一些影响，能量
的支出就可被认为是生产性的。生产这个概念就是这样被突显和
复活，而不至于因为含义过于宽泛而丧失了它所固有的意义：我们
知道游戏可以定性为一件作品；或者定性为一件**作品**，在作品一词
的强烈的意义上。与此同时，一个为娱乐活动而设计的空间，可以
理所当然地被看作是一个**产品**，因为这种活动在开展的同时进行着
自我约束（为自己约法三章），而该空间是这种活动的产物。更进
一步而言，生产性的能量包含着生命有机体与它自身的关系，并在
此处表现为**再生性**能量的形式；就此而论，它的特点在于重复，在
细胞的分裂和繁殖中的重复，在活动中的重复，在反射中的重复。
E180 至于性繁殖，它不过是自然尝试过的诸多再生产形式里的一种，这
种形式所拥有的突出地位只能归因于它的血统世代相传。比如在
有性繁殖方面，生产性能量的不连贯的或者爆发性的方面，已明显
地战胜了能量的连续性生产的方面，战胜了能量的萌发和增殖的
方面。

　　过剩的能量作为"正常"的能量，一方面和它自己相关联，如和
储存它的身体相关联；另一方面，和它的"周围"相关联，比如空间。
在每一个存在物（物种、个体和群体）的生命里，都有一些可利用能
量十分丰富的时刻，这些能量会倾向于在瞬间爆炸性地倾泻出来。
这种能量也有可能反过来变成自身的对立面，或者以某种多此一举
的或优雅的方式向外扩散。一般地说，这种摧毁、自我毁灭、无目

的的暴力和自杀的发生率在自然界是很高的, 在人类中则更高。所有种类的过度行为都是能量过剩的结果, 如巴塔耶 ① 依照尼采所理解的那样(虽然他可能在某种程度上把这个规则本身滥用了)。

　　循此思路, 弗洛伊德著名的"死亡本能" ② 应该被看作一种派生 F210 性的现象。自弗洛伊德以来, 心理分析学家所进行的关于病态倾向和动机的症状研究, 已经在这个包括诸如爱欲、死亡冲动、自恋、施虐受虐狂、自残、色情狂、焦虑和神经衰弱与精神病等内容的"领域"里取得了大量的精确数据。但整个这项研究工作只是引起人们对那个甚至更加暧昧的原始趋势的兴趣。在所谓的"死亡本能"或者"原欲"(drive)理论与所谓的"鞭梢效应" ③ 论题之间有着极其强烈的差别, 其中前者是一种寻求毁灭的力量, 也是与那种总是备受挫折的肯定生命的倾向背道而驰的一种力量, 而后者则是充沛能量消耗过程中基本上被证明是滥用无度所导致的一个后果。虽然我们必须要假定在空间中确实有"否定性"能量的存在(也就是说, 在

---

　　① 巴塔耶(Georges Bataille, 1897—1962), 法国评论家、思想家、小说家。——中译者注

　　② 死亡本能(death instinct / death-drive)又被称为毁坏冲动、自我本能(ego-instinct)或侵犯本能; 这是一种要摧毁秩序、回到前生命状态的冲动。"死亡本能"按照弗洛伊德的学说主张, 这种学说认为每个人的身上有一种趋向毁灭和侵略的本能冲动。而这冲动起初是朝着我们自己本身而发的。弗洛伊德认为这个死亡的本能设法要使个人走向死亡, 因为那里才有真正的平静。——中译者注

　　③ 鞭梢效应(whipping effect)是来自生活经验的一个建筑学理论。生活中的经验就是当我们拿着长鞭, 只要稍微动动握柄, 鞭尾部分的震动会很厉害, 导致上部结构的"位移"变大。在建筑学中是指当建筑物受地震作用时, 它顶部的小突出部分由于质量和刚度比较小, 在每一个来回的转折瞬间, 形成较大的速度, 产生较大的位移, 就和鞭子的尖一样, 这种现象称为鞭梢效应。这里, 列斐伏尔借此概念比喻一种效率低下且具有破坏性的高能量消耗现象。——中译者注

这个环境里，能量是被支出、扩散以及浪费的），但这并不意味着死亡和自毁是动因或原因，而不是结果。因此，"死亡本能"仅仅意味着一种非生产性的使用和缪用——也可以说是对基础性能量的一种"不当使用"。这是能量内在的冲突关系辩证发展的结果，这个关系不能仅仅被还原为防御机制或者平衡机制，以及它们的失败。乐观的悲观主义是有一定道理的。

第 三 节

E181　　在上述讨论中，空间被看作**超出部分**（*partes extra partes*）——诚如斯宾诺莎会指出的那样①。毫无疑问，我们在此要处理的是空间的有限性、部分、再细分的部分、组成要素、每个部分的独特性与起源（即其"词源学"）问题。形式的这种特殊的概念——具有一种内在自我的"反映性"或者自我的复制性是其明确特征，换言之，是一种对称的概念，具有结构上的二重性（反射性对称和螺旋式对称，作为被自身对称性所决定了的不对称，等等）——意味着它是

---

①　*partes extra partes* 这个拉丁词汇究竟出于何人之手，说法不一。比如我们从梅洛-庞蒂的《知觉现象学》一书中读到了他使用这个短语定义物体："就是存在着部分之外的部分，因而就是在物体的各部分之间或在它和其它物体之间，只承认外在的和机械的关系。"（《知觉现象学》，姜志辉译，商务印书馆 2001 年版，第 106 页。）而根据《知觉现象学》流行的法文版与最新的英译本的注释，梅洛-庞蒂所使用的这个短语出处于莱布尼茨（Maurice Merleau-Ponty, *Phenomenology of Perception*。Translated by. Donald A. Landes, Routledge, 2012, pp. 513），但根据法国著名的科学史家柯瓦雷的考证，partes extra partes 一词初见于笛卡尔："上帝有部分之外的部分"（参看［法］亚历山大·柯瓦雷：《从封闭世界到无限宇宙》，邬波涛、张华译，北京大学出版社 2003 年版，第 96 页）。——中译者注

一个被限定的空间：一个具有轮廓和边界的躯体。然而，很明显，仅仅唤起空间的局部和能量的支流是不够的：能量激流在**无限的**空间里涌动并且繁殖自身。"**无限**是首要的事实。现在需要说明的只 F211 是**有限**从何而来"。尼采这样写道："在无限的时空中没有终点存在。"在这里，思维被眩惑战胜了。但他补充道："我们就是绞尽脑汁，也设想不出什么样的形而上学世界在那里会是真的。尽管无所凭借，人类也必须在某种程度上站立着：这是需要艺术家解决的艰巨任务。"但是尼采并没有赋予想象力以绝对的、一般的或者总体的优先性。①

　　难道说无限和有限仅仅是幻觉，彼此一般无二，彼此仿佛是对方的幻象吗？它们真的是镜像、反射或者折射（refration）吗，或者在某种程度上，它们真的彼此只是小于或大于对方的一个部分吗？时间**就其本身而言**是荒谬的；同样地，空间**就其本身而言**也如此。相对和绝对只是双方的相互反映而已：每一个总是回指向另一个，时间和空间也是如此。我们正面对着双重的表面，这种双重的外表被单一的规则和单一的现实，即反射／折射，所管制。最大的差异被包含在每一个差异中，甚至是包含在最细小的差异中。"一切**形式**都属于主体。这是通过镜子对**表面**的领悟。"②

---

　　①　Friedrich Nietzshe,*Das Philosophenbuch/Le livre du philosophe*（Paris: Aubier-Flammarion, 1969），fragment 120, p. 118.　——原注（中译本参看尼采:《哲学与真理，尼采 1872—1876 年笔记选》，田立年译，上海社会科学院出版社 1993 年版，第 63—64 页。——中译者注）

　　②　参看同上书,fragment 121, p. 118。——原注（中译本第 64 页。——中译者注）

第　四　节 [①]

E182　　　通过这些而生成表面、影像 [②] 和镜子，反射穿透了表面，渗透到
重复和差异之间关系的深处。复制（对称）意味着重复，但它也产生
了一种空间构成性的差异。不应该将它想象为数字重复（1 和 1 和 1，
F212 等等）或者序列演进的模式。与之相反，重复和对称 / 不对称需要用
因果关系的概念来解释，这些概念不能归结为古典的（连续的、线性
的）思想。当镜子是"真实的"时，正像在实体领域总是出现的情况
一样，镜子里的空间就是想象的——而（参见刘易斯·卡罗尔 [③]）想
象的焦点是"自我"。另一方面，在一个生机勃勃的身体中，反射的
镜子是想象的，而**效果**是真实的——它如此真实，以至于决定了更

---

①　自本节开始分析讨论空间的心理学、语言学起源与实质问题。——中译者注

②　就左右对称的意义而言，对称必须严格符合数学原则，并且绝对是一个精确的
概念，在外尔看来，"一个物体，即一个空间构形，如果在关于给定平面 E 的反射下变
成其自身，我们就说它关于 E 是对称的。取垂直于 E 的任意直线 l 以及 l 是的任意一点
p，那么此时在 l 上（在 E 的另一侧）就存在一点 p'（且只存在一点 p'）与 E 有同样的距离。
仅当 p 在 E 上，点 p' 才与 p 重合。关于 E 的反射是空间到其自身上的映射（mapping）S：
p→p'，这一映射把任意点 p 变为它关于 E 的镜像 p'。"（《对称》，pp. 4-5）——原注（参
看中译本第 2 页。——中译者注）

因此镜子的有趣之处和重要性并不是源于这一事实，即它将"主体的"（或者自我
的）想象回射到"主体"（或者自我）之上，而反倒不如说是源于如下事实，即它将物体
所固有的重复性（或者说对称）扩展到空间中的身体上。于是同一者（自我）和他者彼
此照面，就像可能想象得到的那样，自我与他者差不多是一样的，但又绝对不一样，因
为镜像是没有密度、重量。右和左以颠倒的方式存在于镜子里，自我察觉到它的双重
性。——原注

③　刘易斯·卡罗尔（Lewis Carroll），本名查尔斯·勒特威奇·道奇森（1832—
1898）英国数学家。他兴趣广泛，对小说、诗歌、逻辑都颇有造诣，著有《爱丽丝漫游
仙境》一书。——中译者注

高级动物的结构。[①]总之，这些动物身体的左侧，是其右侧在水平镜面中的反映，其结果就是一种完美的反射式对称；而且，以一种螺旋式对称而告结束：这就是脊椎生物。

从社会的观点来看，空间有一个二重的"性质"和（在任何既有的社会里）二重的普遍"存在"。一方面，一个人（即在相关社会中的每个成员）将自身与空间联系在一起，在空间中安放自己。人面对的既是直观的又是客观的自己。他把自己置于中心，指认自己，衡量自己，并把自身作为一个衡量的尺度。一个人，简言之，是一个"主体"。一种特定的社会地位（总是想到一个稳定的处境，并且在这种稳定中被这种稳定所决定）意味着一种作用与功能：一种个人的和一种公共的身份认同。它也意味着一种定位，一个社会中的 E183 位置，一个立场。另一方面，空间充当着中介的或调节的作用：越过每一个层面，越过每一个不透明的形式，"一个人"试图去理解其他的东西。这种趋势将社会空间变为一种仅仅由光线、由"在场"和影响力所独占的透明的介质。因此，一方面，空间容纳着不透明物、身体与物体、输出活动中心，以及活跃的能量、隐藏的（甚至难以渗透的）地方、黏性领域，以及黑洞。另一方面，它提供了序列、物体的系列、身体的关系，如此等等的众多事物。事实上，任何一物随时可以发现新的另一物永远地从一个不可见的领域滑向一个可见的领域，从不透明的状态转变为透明的状态。[②]这些事物彼此 F213

---

① 参见韦尔《对称》，p. 4。——原注（中译本第 2 页。——中译者注）

② 有关这一发展以及对这一基础的二元论的强化情况，参见莫里斯·梅洛–庞蒂（Maurice Mlerleau-Ponry）最近的著作，尤其是《眼与心》（*L'Œil et l'esprit*，Paris: Gallimard. 1964)（中译本：[法]梅洛·庞蒂：《眼与心》，商务印书馆 2007 年版。——

接触，相互感觉，嗅到和听到对方；然后，它们用眼睛和凝视彼此关注对方。每一物都会有的一个真切的印象是，空间里的任一形状、任一空间平面，均可构成一面镜子，产生一种虚幻的效果；在每一个身体的内部，世界的其余部分均是被反射的、不断回指的，以一种不断更新的、循环往复的互相反射、以一种不断变换的色、光、形之间相互影响的形式进行。以上这一切的确给人留下了深刻印象。仅仅是位置的变化，或者是某一位置周围的变化，就足以使一物加速暴露在光亮之中：隐藏的东西变为明显的，神秘的东西变得清澈透明。身体的转动应该也有类似的目的。此处是两种感觉领域的交汇点。

　　如果不是因为这种二重的方面以及自然的、社会的空间，我们怎么可能理解语言本身呢？"特质"只有通过物体及其形式才能被了解，但是只有当作为整体的背景一目了然，身体从它们自然的混沌状态走向光明，不是以一种任意的方式，而是按照某种特定的程序、秩序和关系的方式，只有在这样的背景之中，理解才能发生。在自然空间存在之处，甚至在社会空间存在之处，始终存在着一个从混沌到光明的运动过程——一个解谜的过程。事实上，这正是空间的存在得以确立的方式的重要组成部分。这种不断解码的活动既是客观的也是主观的——在这个方面，它的确真正超越了旧哲学对客观性和主观性的区分。一旦空间的那些藏匿的部分（事物内在的部分和感知领域之外的事物）和它们自己的象征物，或者它们的

中译者注）。在那本书里，梅洛-庞蒂放弃了对知觉现象学的说明，而支持更深的分析。然而梅洛-庞蒂仍然很依恋那些与社会实践无关的"主体"和"客体"哲学范畴。——原注

相对应的符号、标志物联系到一起——这些象征物往往是禁忌的、神圣的或邪恶的，启示性的或神秘的——它们就变得更加敏锐。正 E184 是在此意义上，空间不能被表述为是主体的或客体的，是有意识的或无意识的活动。而毋宁说它是一种有助于**导致**意识**发生**的活动：信息，凭借空间以及空间中的反射和镜像之间的相互作用，而成为活生生的经验本身的固有部分。

空间——**我的**空间——并不是我构建"文本性"（textuel/textuality）的背景：相反，它首先是**我的身体**，然后是我的身体的对 F214 应物或"他者"，是它的镜像或影子：它是两个方面之间的变幻不定的交叉口，一方面是接触、渗透于我的身体，给它们带来威胁或者益处；另一方面是接触、渗透于其他身体，给它们带来威胁或者益处。因此，我们再一次地关注断裂与紧张、接触与分离。然而，穿过并超越意义的种种影响，空间实际上是**从它的深层**被体验到的，作为摹本、回声与反响、过剩与成倍递增，它们引起——或者被引起——了最奇特的对照：脸面与屁股、眼睛与肉体、内脏与粪便、唇与齿、屁眼与阳具、握紧的拳头与松开的手掌，等等——类似的还有穿衣与裸体、开与关、可恶与亲切，等等之间的对照。① 这些对立的方面及其关联／脱离与逻辑或形式系统没有任何关系。

我们是否因此可以得出这样的结论，即镜子和**镜像效应**②（lès

---

① 参见奥·帕斯（Octavio Paz）的著作，尤其是《联合与断裂》（*Conjunciones y disyunciones*, Mexico City: Joaquin Morriz, 1969）一书；帕斯从诗歌的角度审查了肉体、镜子和多种二元论以及它们之间相互的辩证关系。他还在"身体"的符号和"非身体"的符号之间划界线，强调其对抗性，适用于所有的社会，文化或者文明。（see pp. 51, 58ff; Eng. Tr., pp. 45, 52ff.）——原注

② 镜像效应作为一个自我意识心理学概念，它是指，人们把由于别人对自己的态

effets de mirage/mirro-image effects)确实存在,但是并没有诸如反镜像(*anti-miroir*)效应——即一种空洞混沌的亲历经验——这样的东西存在? 如果我们想一想查拉[①]把镜子描述成"死亡之果"(Miroirs, fruits des angoisses),或者巴塔耶把他自己比作"失辉之镜"(Moi, ce miroir altéré d'éclat),那么答案必然是:的确不存在。但在这里,也还有艾吕雅[②]的看法:"在灵感能够从镜中喷涌而出之前,个性的映像必须先被抹去。"[③]镜子恰是这样一个平面,它既纯

F215

度犹如一面镜子能照出自己的形象,并由此而形成自我概念的印象,这种现象称之为镜像效应。这一效应来源于库利的"镜中我"理论。库利指出,所谓"镜中自我"是指人们通过观察别人对自己行为的反应而形成自我概念。每一个人对于别人来说犹如一面镜子,反映出它面前走过的别人,这正如人们可以在镜子里看到自己的面容,身材和服饰一样。个体在想象他人心目中关于自己的行为、态度、性格等,也会时而高兴时而悲伤。可见,镜中我就是他人对自己所作的评价与判断时所形成的自我概念。这正如库利所说的"人与人之间相互可以作为镜子,都能照出他面前的人的形象。"——中译者注

①　特里斯坦·查拉(Tristan Tzara, 1896—1963),罗马尼亚画家,达达主义的领袖人物。——中译者注

②　保尔·艾吕雅(Paul Eluard, 1895—1952),法国著名左派诗人和社会活动家。——中译者注

③　很奇怪,在巴什拉尔的《空间诗学》中没有谈到,镜子对于超现实主义者有着特殊的吸引力。皮埃尔·马比耶(Pierre Mabill)曾写过一整本书来论述这一主题。在他的诗学和他的电影著作中给予镜子一个十分重要的地位。就此而言,正是他发现了"纯粹的"视觉的迷信;可以再考虑一下镜子在每一个主要传统中扮演的重要角色,不管是流行的还是艺术的领域。参看让·路易·舍费尔(Jean-Louis Schefer), *Scénographie d'un tableau* (Paris: Seuil, 1969)。

心理分析学家在他们推翻哲学的"主题"的努力中过分夸大了"镜像影响"。实际上,他们在这一方向上走得太远了。因为他们只是从它的适当的空间的文本中来考虑镜子的影响,只是作为以精神的"拓扑学和中介"的形式内化于空间的一部分。关于将镜子的影响概括为意识形态的理论,可以阅读路易·阿尔都塞(Louis Althusser)的文章(*La Pensée*, June 1970, p. 35)(即著名的《意识形态和意识形态国家机器》一文,载阿尔都塞:《论再生产》,吴子枫译,西北大学出版社2019年版——中译者注)。这是一个幻想的产物,是残留着教条式马克思主义的模糊愿望的结果。——原注

粹同时又不纯粹，它几乎是现实的而实际上却是虚幻的。它以自身 E185
的物质存在呈现自我（Ego），召唤着自我的对应物，它缺席于——
与此同时也内在于——"他者"（autre/other）的空间；自我的对称
性是投射出来的，尽管自我倾向于在"他者"中辨识出自身（self），
但它实际上与自身不是一回事：因为"他者"只是作为一个颠倒的
形象来表现"自我"的：在其中左边表现为右边；作为一个尚未引
发极端差异的倒影；作为一个重复，将自我的身体变形为一团诱人
的魅影（will-o'the-wisp）。在这里，所谓完全的同一性与此同时也
是彻底的他异性、彻底的差别性，透明性与混沌性等同。

第 五 节

如果可以把我的身体神圣化为一个生成原则的话，那么这个原
则既是抽象的也是具体的，镜面使这个原则了无影踪，又揭穿了它
的谜底。镜子暴露了我与我自身之间的关系、我的身体与我的身体
意识之间的关系——并不是因为反射构建了我的**作为**主体的统一
体（许多精神分析学家们与心理学家们显然相信这一点）；而是因
为它将我之所是变形为我之所是的符号。这个冰样光滑的屏障，其
自身只是一片稳态的亮光，在一个尚未十分真实的想象的领域中，
再生产并展示了我之所是——一句话，对我之所是进行了表意。因
此，这是一个抽象的过程，但却是一个**令人着迷**的抽象。为了认识
我自己，我"把我自身从我自身中分离出来"①。其结果是令人目眩

---

① 在他的《物体系》一书（*Le système des objets*, Paris: Gallimard, 1968）一书（中
译本参看［法］尚·布希亚《物体系》，林志明译，上海人民出版社2001年版。——中

的。如果自我不能通过挑战自己的影像而重新夺回对自身的主导权，它就必然会变得自恋——或成为爱丽丝（Alice）①；"自我"就会处于永远无法重新发现自身的危险之中，空间**作为虚构之物**将把自身吞噬，而冰样的镜面把自身永远囚禁在它的虚空里②，囚禁在一切

可以想象的缺席或连身体温度都不存在的缺席中。镜子因而呈现或者提供了内容和形式之间最统一同时也是最相分离的二者之间的关系：其中形式具有强大的现实性，却依然是虚幻的；它们轻易地排除或者容纳它们的内容物，然而这些内容物仍然是一种不可还原的力量、一种不可还原的混沌，这是**我的**身体（"我的意识"的内容）的真相，同样也是其他身体的真相，是普遍意义上的身体的真相。太多物体具有这样的双重特性：它们是过渡性的，就它们总是趋于朝向其他事物而言；然而它们又凭借自己的力量成为目标或者对象。在所有这类物体中，镜子无疑有着特殊的地位。同理，基于（正如一些过分热心的精神分析学支持者们所主张的）但凡一物被"自我"所占有即成为"自我"本身的这个道理，而认为所有的属性

译者注）中，让·鲍德里亚（Jean Baudrillard）认为，镜子对于中产阶级来说只不过是他的客厅和卧室的一个延伸。这将限制镜子的真正重要性，并且实际上是取消了（精神分析学的）自恋的概念。这些现象的多义性（或者说二重性），连同它们内在的复杂性，在拉康的分析中得到了清晰地呈现。（参见他在 'La Famille' 一文中对镜子阶段的叙述，载 *Encyclopédie française,* Vol. VIII: Henri Wallon, ed., La vie mentale, Paris, 1938），但是拉康在他的阐述方式上没有提供很多借鉴。对他来说，镜子有助于阻止语言把物体撕裂成碎片的倾向，但是镜子却把自我冻结成一个僵硬的形式，而不是使自我在某个既是实际的又是象征的（想象的）空间里获得超越。——原注

　　① 即刘易斯·卡罗尔所著的《爱丽丝漫游仙境》一书的主人公。——中译者注

　　② 鲍德里亚的原话是："镜子其实是空间的终结，它预设墙的存在，并且反射物品到房间的中心；房间里的镜子越多，其内部就越光彩辉煌，但也就更加自我封闭。"（[法]尚·布希亚《物体系》，林志明译，上海人民出版社 2001 年版，第 20 页。）——中译者注

都可以依据一种镜像效应来定义[1]，这一观点通常来说是超出了"文化"给愚蠢所设置的极限的（即愚蠢至极——中译者注）。

的确，对这种特殊物体的效应进行任何系统的一般化并没有什么正当理由，其作用其实只局限在紧邻身体周围的领域。

因此，镜子既是在他者中的一个物体，同时又是与所有他者不同的一个物体，是一个转瞬即逝、令人着迷的物体。在镜子中并且通过镜子，其他事物与它们的空间环境之间关系的特性，被聚集在了一起。镜子是一种在空间中并告知我们有关空间信息的物体，它言说着空间。在某些方面镜子有点像一幅"图画"，镜子也有将其予以具体化的框架，这个框架既可以是空的也可以被充满。镜子向这个最初被自然、后来被社会生活所生产出来的空间，引进了真实的二重空间性：空间就其起源与分离状态来说是想象的，但就其共存性与差异性而言则又是具体的。许多哲学家以及非哲学家，例如列宁，曾经试图根据镜像效应、根据反射来阐述思想[2]。但这样做则混淆了行为与象征的区别。早在镜子在实践中完成现实化和被物质地生产出来之前，它就已经以一种魔幻的或神话的模式存在了：水面象征着意识的表层，也象征着解码的（具体的）物质过程，从而

---

[1]　如鲍德里亚就认为："镜子的角色，是在各处表达一个意义反复、丰饶有余、反映反射的意识形态：此物特具豪华富饶地位，因为一位自尊自重的布尔乔亚，可在其中发现将自我繁衍增殖的特权……镜子属于象征层次，它不只反映个人的特性，它的生成发展也和个人意识的兴起相随。"（[法]尚·布希亚《物体系》，林志明译，上海人民出版社 2001 年版，第 20 页。）——中译者注

[2]　例如，列宁在《唯物主义与经验批判主义》一书中认为："物质是标志客观实在的哲学范畴，这种客观实在是人通过感觉感知的，它不依赖于我们的感觉而存在，为我们的感觉所复写、摄影、反映"。（《列宁选集》第 2 卷，人民出版社 1995 年第三版，第 89 页。）——中译者注

将混沌引向澄明。

为了当前的目的，我们需要考虑与阐述一系列通常被看作是

F217 "心理"的（即与心理有关的）关系。然而，我们将把它们看作是**物质的**，因为它们产生于（物质的）身体或主体与（物质的）镜子或客体之间的关系；同时我们还将它们作为更深层次的与更为一般的关系，即重复性与差异性之间关系的特殊例证来研究，稍后我们会回头继续讨论这个问题。这些关系包括以下几个方面。

E187 　　1. **对称性**（水平面与对称轴）：复制、反射——还有与对称相关联的非对称。

　　2. **镜像**与镜像效应：反射，表层与深层相对，揭露与隐藏相对，阴影与透明相对。

　　3. **语言**作为"反射"，以及一系列熟悉的对立：包含与被包含相对，赋予价值与被赋予价值相对；以及透过话语的折射。

　　4. 自我**意识**与他者**意识**，关于身体的意识与他者的抽象领域的意识，还有成为他者（异化）的意识。

　　5. **时间**，重复性和差异性直接地（直接体验的，因此是盲目的与"无意识的"）联系在一起。

　　6. 最后，**空间**，及其二重决定因素：想象的／真实的，被生产的／生产的，物质的／社会的，直接的／中介的，（固定场景的／过渡的），联系的／分离的，等等。

直到很晚，象征和符号领域才被融入一个更大的阴影王国。作为既是吉祥的同时也不吉的清晰性的传达者，象征和符号最初有隐晦的特征（但这是在物质意义上说的），它们藏匿在岩缝或洞穴里，有时使这些地方被诅咒，有时则使这里成为圣地，如避难所或

庙宇。符号的真理和真理的符号包含在同一个不可思议之谜中：意大利和罗马的尘世（*mundus*）之谜——洞穴，无底的深渊。还有基督教圣骨匣之谜，那些地下教会或教堂被恰如其分地命名为"地穴"（cryptse）。最后一个，是一个不透明的身体——或者不透明的身体群——之谜，由此真理将变得大白于天下：是身体把光带入了黑暗。

在各种性关系中（决不是一个特殊的例子），没有什么可比对的东西来说一说吗？

1．在这里我们也发现了对称（和非对称）：雄和雌。

2．在这里我们也发现了相互置换的幻觉效应（透明的对比昏暗的）。**他者**出现了并被证明居然是**同一物**，虽然是以暧昧的和模糊的方式：同一欲望无法同样地辨认出它自己。分裂接踵而至，由于在认知与误解之间摇摆不定，（追求权力的）意志得以乘虚而入。 F218

3．欲望的碎片化——预示着愉悦的爆炸性的破碎——自然而然地导致了一种分裂，但无论如何不会消除"反射"（从自我和他者关系的意义上来看，每个人在发现他者的希望中寻找自己，而他在 E188 "他者"那里寻找到的，是他自己的投射。）

4．因此，我们所感受到的关于绝对之爱的伟大乡愁，总是把我们拉回一种相对的爱。"纯粹"的爱总是令人失望的、总是与肉欲不可思议地分离的，而肉欲则能彻底扭转原初的趋向且释放出原初的紧张，并代之以一种尽管依然会有所失望但更易于实现的成就感。因此，乡愁包含了异议——和怨恨。镜子的想象出来的表面就在这里：作为两个形象或者双重性的分隔者：在这个空间中感知自己就是将自己的特性与对应物的特性融合在一起。

毫无疑问，没有一种"对子理论"（pensée du Double/theory of

doubles）会止步于此，尽管这样的思路可能已经构建了一种反射与镜像理论的最初的焦点。一方面，"对子理论"必须扩展，以便能容纳剧场空间；在剧场空间里，虚幻的和真实的对应物相互影响，凝视和幻象相互作用，幻象中的演员和观众，角色、文本和作者汇聚一处，却永远不会融为一体。通过这种戏剧性的相互作用，身体能够从一个"真实的"直接**体验**到的空间（乐队池、舞台），进入一个感知的空间——第三空间，它既不是舞台的空间，也不是公众的空间。同时兼具虚构和真实，这种第三空间是经典的剧场空间。

关于这个第三空间究竟是空间表象还是表征性空间，这个问题的答案必定是：二者都不是，但又都是。剧场空间当然包含了某个**空间表象**——舞台空间——它与某一特定的空间**概念**（即古典戏剧的空间，例如伊丽莎白一世时代 [1] 的或者意大利的戏剧空间）相对应。至于**表征性空间**——那个注入作品和瞬间中的、被间接却又直接地体验到的空间——就此而论，它是通过戏剧行为本身而被确立起来的。

第 六 节 [2]

辨识出每一特定社会的空间赖以建立、这一空间的逐步发展得以巩固的基础，仅仅是对一种现实性——它似乎以一眼望穿的清

---

① 伊丽莎白时代（Elizabethan Era, 1533—1603）是英国伊丽莎白一世女王统治英国的一个纪元（1558—1603），历史学家常常将其描绘为英国历史的黄金时代。著名的戏剧家莎士比亚就生活在伊丽莎白时代。——中译者注

② 本节开始从研讨空间的生理心理起源转向讨论空间的社会行为起源与实质。——中译者注

晰为开端——进行任何探寻的开始。因此，各种空间表象，恰恰因 F219
为提供了一幅已经提纯过的图像而将事物混淆了，所以它们必须被 E189
驱除。

　　镜像效应（mirror-image effects），其前提我已在先前的讨论中
尝试建立过（虽然没有详细阐明），可以说是异乎寻常的，更具体地
说，它们能把一个奇妙的元素引入某个普通情境中。它们不能被简
单地还原为在镜子中凝视自我（Ego）时的惊奇，也不能被归结为发
现自身或者陷入自恋。风景（paysage/landscape）的力量并不源于
它将自身呈现为一个奇观这一事实，而是来自另外一个事实，即作
为镜子与镜像，它向易感的任何观众呈现了一个富有创造力的既真
实又虚妄的形象；主体（或者自我）在绝妙的自我欺骗的一瞬间，可
以声称这种创造的能力是自己所拥有的。风景也拥有所有**图画**的
诱人力量，例如威尼斯城的风景，它可以当下强行让自身成为一幅
作品。在那里，经典的游历幻觉是认为自己进入了这样的一部作品
中，或者完全理解了它；虽然游历者仅仅是穿过一片乡村或者乡下，
以十分被动的方式对它的形象留下了印象。而存在于其具体的现
实中的作品，存在于其产品中的作品，以及所有相关的生产性活动，
都将变得含糊不清从而注定被人们忘得一干二净。

　　镜像效应有着广泛而深远的影响。在现代性的条件下，随着绝
对政治空间影响力的扩展，透明感变得越来越强烈，新生活的幻觉
到处被强化。现实的生活看起来真的与我们很接近，我们感觉在日
常生活中对它触手可及，我们似乎与镜子另一边的那个绝妙现实之
间毫无阻隔。镜像效应存在的先决条件一应俱全。那么消失的是什
么？是一种言谈，口头的还是书面的？是一种姿势？是对某些事物

的特定方面的成功抨击还是对一些特殊障碍物的移除？——或者是意识形态，或者是已建立的知识，或者是一些镇压机构，或者是宗教，或者是剧场艺术，或者是教育制度，或者是奇观？例子不胜枚举。

　　新生活的观念既是现实的同时也是虚幻的——因此是既非真也非假的。谓其真，是指为有所不同的生活做准备的前提已经创造出来了，因此这另外一种生活的确很有可能（annonce/on the cards）。谓其假，是指把"有可能发生"和"即将发生"假定为一回事；"即将发生"与"遥远的可能性"甚至是"不可能"之间，当然相差十万八千里。事实上，包含了另一种生活的实现前提的空间，与阻碍这些前提发挥作用的空间，是一回事。这种看似清澈透明的空间其实是一种错觉：它似乎毋庸阐明，但其实亟需阐明。一场总体性的革命——物质的、经济的、社会的、政治的、心理的、文化的与爱欲的，等等——似乎即将发生，仿佛已充满了当前的现实。然而，要想改变生活，我们必须首先改变空间。绝对革命是我们的自我想象和我们的镜像——透过绝对（政治）空间这面镜子看到。

第　七　节 ①

　　社会空间不是**社会化了的**（socialisé/socialized）空间②。那些关于无论何种前社会——自然的、生物学的、生理学的（需要，物质生

---

① 本节开始讨论分析空间的人类学起源与实质问题。——中译者注

② 参看 Georges Matoré, *L'espace humain* (Paris: La Colombe, 1962) 一书，虽然这是一本最出色的关于语义学和空间的隐喻的讨论的著作之一，但由于作者拥护不正确的理论，所以本书的意义就有所局限。——原注

命），等等——的"社会化"的自称的一般理论，事实上恰恰是意识形态的基本教条，它也是一种"被动的"（reactive）镜像效应。例如，坚持认为自然空间——这一被地理学家所描绘的空间——本身是存在的，后来在某些方面被社会化了。这种观点要么导致一种意识形态的怀乡姿态，为一种不再存在的空间而哀叹；要么导致另一种同样是意识形态的观点，认为这种空间不会产生影响了，因为它正在消失。实际上，每当社会经历一场变革，在这个变革过程中所使用的资源，都是历史性地（或发展性地）来自另一个社会，即先前的社会实践。事物的一种纯粹自然的或者原初的状态是无处寻觅的。因此，众所周知，哲学所遭遇的难题就是关于起源的问题。空间这个概念——最初是空空如也，后来被社会生活所填满和更改——也依赖于假想的原初的"纯净"，被辨识为"自然"的，是人类现实的归零点。那种在精神和社会意义上都无效的空空如也的空间（有利于对尚不是社会的领域进行社会化），实际上只是一种**空间表象**。空间在某个社会"主体"的构想中被变革为"活生生的经验"，并且被某个决定性因素所统治，这个决定性因素在性质上要么是实践的（工作、娱乐），要么是生物-社会的（青年、儿童、妇女、活跃分子）。这种表象与空间概念相反对；在空间概念中，那些"利益相关各方"F221（interested parties），那些个人或者群体，据信栖居其间并拥有他们的存在。然而，对于任何一种真正是历史性地生成的社会空间而言，与其说它自身是一种被社会化了的产物，不如说它起到了社会 E191 化者的角色（通过多样性的网络），来得更为确切。

例如，是否可以把工作空间（L'espace du travail/the space of work）（此刻的确有理由讨论这样一个空间）视为一块被称之为工作的实体所占据的真空？显然不能：工作空间产生于整体社会的框架之中，并且与那个社会的构成性生产关系相一致。在资本主义社会，工作空间由各种生产单元组成：企业、农场、办公室。连接这些单位的各种不同的网络，也是工作空间的组成部分。至于管理网络的机构，它们与那些管理工作本身并不完全相同，它们以一种相对一致的方式与那些管理工作相互连结，但也并不能排除冲突和矛盾。因此，工作空间是一种结果，首先是（重复的）姿势和（序列性的）生产性劳动行为的结果，但同时——并且日益是——（技术与社会的）劳动分工的产物；因此也是市场运作（地方的、国家的和全球的）和财产关系（即生产资料的所有权和经营权）的产物。也就是说，只有为了并且通过一种思想的**抽象**，工作的空间才具有轮廓和边界；作为一种置身于他者中的网络，作为一种置身于相互渗透的多种空间中的空间，严格地说，它的存在是相对的。

　　社会空间永远无法逃脱它的基本的二重性，虽然有时三重决定性因素可能会凌驾和进入它的二元或者二重的特性里，因为它呈现自身的方式和它被表征的方式是不同的。社会空间难道不一直既是**行动的场域**（为推想的部署和实践的意图提供**广延度**），又是**行动的基地**（一系列场所，在那里能量被获取、被定向）吗？社会空间难道不同时既是**现实的**（给定的），又是**潜在的**（可能的中心）吗？它难道不同时既是**定量的**（可以通过计量单位测量），又是**定性的**（作为有形的广延——在无法补充的能量即将耗尽的地方，在根据疲劳或者活动所需时间来衡量距离的地方）吗？它难道不同时既是原料的收集（物体、事物），又是模具的汇聚（工具，以及有效地使用工具和一般意义上的物品的必要程序）吗？

F222

空间表面上是一个客观的领域，然而在一种社会意义上它只是为了活动而存在，为了（并且依靠）行走或者骑马或者乘汽车、船只、火车、飞机，或者其他一些方式的旅行，而存在。因此，从一种意义上讲，空间提供了同源的多种路径任你从中选择；但在另一种意义上，它又对特定路径赋予特殊价值。这种情况同样适用于角度和走 E192 向：向左可能是邪恶的，向右则意味着正直的美德。一个自称是一视同仁的空间，它一方面向任何一种合理的、权威的、井然有序的行动开放；但另一方面，它可能又承担着禁止的职责，表现出它的神秘的特性，以及对某些个人及所属群体的优待或者冷遇。岔路的存在可以解答定位化的问题，而辐射、汇入、扩散则为中心点的存在提供了答案。正像以分子或原子这些物质形式存在的能量一样，社会能量既是定向的又是发散的。它在某一特定的地方变得集中，然而继续在外面的领域发挥作用。这意味着社会空间所具有的基础既是物质的也是形式的，包含了同心轴和网格、直线和曲线——所有这些划分和定位的形式。然而，社会空间是不能通过将其还原为基本的二重性来得到恰当说明的；而是说，这种二重性为众多不同方案的实现提供了原料。在自然中，或者在（后来的）"地理的"空间中，路径通过简单的线性标记被刻画出来。大路和小径就像互不冲撞的毛孔一样，逐渐变得越来越宽、越来越长，带动了许多**地方**（集站，为这个或者那个原因设立的专用场所）和其边界的成立。通过这些毛孔——在利用这些孔洞的时候凸显出定位化的特征——人潮更加密集地向这里涌来：只放牧的牧人，季节性流动的人群，大量的移民，等等。

这些活动和时间—空间的决定性因素可以说属于社会现实的

人类学阶段。我们已经把这个阶段确定为划界和定向的阶段。这
些在古老时期和农牧社会占主导地位的活动，后来变得衰退而成为
附属的活动。然而，没有哪一个阶段的"人类"不需要对他们的空
间进行界划、定向、标记，留下既具象征性又有实际意义的踪迹。
在这个空间里，方向的改变和转折总是需要表现出来，这时"他"
要么把自己的身体作为中心，要么通过参照其他的身体（例如天体，
一般而言，它的光线入射的角度有助于提升人类对角度的感知），
来满足他对象征的需要。

　　不能认为"原初的"人类——也就是说那些季节性迁徙的牧
人，已经形成了关于直线和曲线、钝角和锐角，甚至是关于测量的
抽象的表象。他们的指示物仍然保留着纯一的质的特性，就像那些
动物的指示物一样。不同的方位看起来要么是吉祥的，要么是凶险
的。这些指示物本身是被赋予了丰富情感意味的物体——也即后
来所谓的"象征性"物体。地形的一些异乎寻常的面貌可能与记忆
有关，可能与它们便利了某些特殊行动有关。大道小路的网络织就
了一个和身体一样具体的空间，它们其实就是身体的一种延伸。对
于这样的牧人来说，空间和时间的方位就栖居于——不然又能如何
呢？——那些真实的和虚幻的、危险的和吉祥的"创造物"中。因
此，通过比喻、象征和实践，空间也承载了附加于它的神话和故事。
由这样一些网络与边界所构成的具体空间，与蜘蛛网而不是几何空
间有更多相似之处。我们已经注意到，"自然"在生命体及其延伸
物那里所做的工，数学计算不得不以非常复杂的方式才能重构。我
们也知道象征与实践不可分离。

　　通过**边界**（frontière/boundaries）所建立的关系，连同边界与起

F223

E193

了名字的地方之间的关系,在此当然是十分重要的。因此,一个牧羊人的空间最重要的特征可能包括他圈养羊群的地方(通常是封闭式的)、羊群饮水的泉、可进入的草场的边界,以及邻近的不许进入的土地。每一种社会空间,一旦被正式地划界与定位,就意味着在 F224
已命名的地方的网络以及**约定俗成的地点**(*lieuxdits*)的网络上,又叠加了一层特定的关系,导致了各式各样的空间:

1. 用于正常用途的可进入空间:骑行者或牧人行走的道路,通向田野的大道小路,等等。这种对空间的使用遵从惯例——通过既定的规则和实践程序。

2. 边界与禁地:禁止进入的空间,或者是相对的(邻居与朋友),或者是绝对的(邻居与敌人)。

3. 住所,无论是永久的,还是暂时的。

4. 边界交汇处:这里通常是通道或对抗之地;通常,这些地方是禁止进入的,除了举行诸如宣布开战或和平这样的特定仪式。

边界及其交汇处(这里也理所当然地是摩擦点)自然会有不同的风貌——根据社会的类型,根据我们是否考虑了那些相对定居的农民、到处劫掠的武夫,或者须随季节迁徙的真正的游牧部落、牧人。

社会空间的确包含一个从自然中承继的三维的特点,也即—— E194
上有群山、高地以及天上诸存在,下有井窟洞穴,居于二者之间的是海面与平坦的地面,构成了水平面(或地平面),它们既把高度与深度分隔开,又把它们连成一体——这一事实。这就是宇宙表象的基础。同样地,穴窟隐凹之地,为世界的表象和大地母亲的神话提供了起点。然而,正如我们的牧羊人所感知的,东西之间、南北之间、高低之间、前后之间这些对立,与抽象观念毫无关联,倒不如说,这些对立既是联系同时也是特质。因此,空间是依据时间、依据含糊的测量手段(步伐,疲劳程度),或者依据身体的一些部分(肘、身高、脚、手掌,等等),得以具体说明的。随着从中心向外部置换,思考的身体和行动的主体被一些社会性的客体所替代,例如一间首领的小屋、一根旗杆,后来可能是一座庙宇或教堂,等等。这种"原初的"场景,或者作为集体之一员对于空间的谈论,其本身占据了一个与时间息息相关的、经过调节的空间。当他在空间中想象自己,不会把自己想象成在抽象背景下位于他者中间的一个点——这是一种相当晚近时期的感知方式,与"规划详图"和地图的空间处于同一时期。

F225

第 八 节 ①

身体既是出发点又是目的地。在目前的讨论中,我们已经与这个身体——我们的身体多次相遇了。但确切地说,我们正在谈论的是怎样的身体呢?

身体在彼此之间有相似性,但是它们的差异性远比相似性来得更为触目。一位终日牵牛扶犁、被束缚于土地上的农民的身体,与一位战马雄风或驰骋赛场的骑士的身体,有什么共同点呢?这二者身体的差别,就好比我们在马厩里看到的一头阉牛和一匹骏马之间身体的差别一样!在其中任何一种情况下,动物都是作为一种**中介**

---

① 自本节开始讨论空间与社会身体之间的关系,以及作为空间实践表现的身体的空间实践本质与空间的实践感、身体感问题。——中译者注

（手段、工具或中间物）介入人与空间之间的，"中介"之间的差别则暗示了上述两种空间之间类似的区别，简单地说，麦场是一个远远不同于战场的世界。

　　然而，作为我们选择和再次选择、发现和重新发现的，作为我们讨论的出发点的，是怎样的身体概念？是柏拉图的还是阿奎纳的？是体现**智慧**之身还是印证**风俗**之体？是荣耀之躯还是卑鄙之体？是笛卡尔的作为客体的身体，还是现象学与存在主义的作为主体的身体？抑或是一具破碎不堪的身体，被图像、话语乃至商业贩卖所表征？我们非要从某种关于身体的**话语**出发不可吗？如果确实如此，我们又该如何避免话语走向抽象这条死路？如果我们必须从某种抽象作为起点，我们又该怎样限制它的影响，或者超越它的局限？　E195

　　莫非我们更应当从"社会身体"出发？——这个身体深受毁灭性的实践，即劳动分工，以及社会需求这一重负的打击和摧残。如果我们一开始就接受一个已经被嵌入"社会"空间的，并且业已被它破坏的身体，我们又怎能奢望去定义一个批判性的空间呢？另一方面，我们拥有什么依据——它到底意味着什么——来定义这个身体自身，而不掺杂任何意识形态呢？

　　在我们前面的分析中出场的身体，既不是作为哲学意义上的主体或者客体，也不是作为与外部环境相对立的一种内部环境，不是作为一种中立的空间，不是作为一种部分地、碎片化地占用空间的机制；相反，它表现为一种"空间性的身体"。如是被构想的身体，作为空间的产物并且作为空间的生产，直接隶属于此空间的主导因素：对称性、互动与互补行为，轴与平面，中心与边缘，以及具　F226

体的（时空的）对立。这种身体的物质性既不能归功于空间的各个部分凝固成为了一个装置，也不能归功于某一个未受空间影响的自然——即在某种程度上还能通过空间分布自己并因而能够占用空间的自然。相反，空间化的身体的物质特性是从空间获取的，从那些在空间中分布和运用的能量那里获取的。

　　作为一种"机器"，空间化的身体具有两面性：一方面，被巨大的能量供给（来自食物的与新陈代谢的能源）所驱动；另一方面，由精细而微小的能量（感性材料）所规定。由此引发这样的质疑，即这种两面性的机器从根本上也就是一个机器而已。要想处理这样一个机器本身，至少必须将辩证的因素——从而使之具体化——引入笛卡尔关于"机器"的概念中。笛卡尔的"机器"概念不仅高度抽象，而且也镶嵌于一个相当抽象地构想起来的空间表象中。这样一种具有两面性的机器的概念，自然意味着在它的双向结构内部存在交互作用。它包含了一些不可预知的结果的可能性，并且拒斥所有严格的机制、所有必须遵守的单方面的规定。这种机器的用于发散和接收精微能量的装置位于感觉器官，位于负责传入和输出的神经线路，以及大脑。使用巨大能量的器官是指肌肉，首先是指性器官，那里是能量爆发性积聚的极点。身体的有机构成本身与身体的空间构成（或者组织化）是直接联系在一起的。这个有机整体的固有倾向——一方面是获取、抑留和积攒能量的倾向，另一方面是突然释放能量的倾向——怎么能处理好这种具有冲突的关系呢？这一点同样适用于探索空间与入侵空间这两种共存的倾向。内在于这个身体——它既非物质，也非实体，也非机器，也非流或者封闭的系统——的时-空现实中的冲突，在人类的知识和行动、头脑和生

E196

殖器以及欲望和需要的对抗中，达到了顶点。至于这些冲突中哪个 _{F227}
可能是最重要的，哪个可能是最不重要的，这是一个基于价值的问
题，除非有人假设存在某种等级，否则它毫无意义。这样做是无意
义的，然而，或者更确切地说，这样做是使事物丧失意义的一种方
式。因为等级观念只能将我们引向西方逻各斯的领域，引向犹太-
基督教传统。虽然如此，上述冲突不能仅仅归咎于语言，归咎于断
裂的语词、断裂的想象或断裂的场所。这些冲突也源自——实际上
主要源自——作为一个辩证的总体的生命有机体，它的相反相成的
构造：事实上，在这个有机体中，精微能量的极点（脑、神经、感觉
器官）不一定与巨大能量的极点（性器官）相一致，实际上更可能是
相反的。生命有机体一旦脱离了它的范围，脱离了它所伸及和生产
的空间（用一个时髦的词来说，即它的"环境"［milieu］，也即倾向
于把活动降低到仅仅被动地切入自然物质领域的水平），那么它们
就既没有意义也不能存活。每一个这样的有机体，当它们在其"环
境"或"场景"（换句话说，**在其场所**）中造成巨大变动的时候，它
们也被"反射"和"折射"。

　　有时，我们仍有待探索的身体会被隐藏起来，脱离我们的视线；
但接着，它又重新出现——就好像苏醒过来一样。这是否表明身体
的历史和空间的历史存在某种关联？

　　身体的瑕疵清晰可见，它的力量和辉煌也同样地醒目；我们在
此所构想的身体，并非是易于受一种简单（实际上是拙劣的、意识
形态化的）区分——在正常和不正常、健康和病态之间——所影响
的。在习惯上被称为"自然"的东西那里（在那里，最重要的法则是
受精／传宗接代），痛苦与欢乐之间是否进行区分？当然没有以任

何显而易见的方式区分。你肯定很想说，这种区分实际上是人类的工作——甚至可以说是伟大的工作。尽管这种工作经常被分散和误导，却促进了知识和艺术的贡献。然而，达到这个目标需要付出沉重的代价，因为一旦发生，那么这种分裂将使不能和不应分离的事物横遭支离破碎之苦。

不过，还是让我们回到身体感知功能的那份清单上来吧。在嗅觉的世界里，有形的空间拥有一个基础或根基、背景或场景（虽然这些词在此处并不理想）。如果纵欲者及其对象生存在随便某一个地方；如果有这么一个世界，如哲学家会说的，在那里"主体"和"对象"之间发生了亲昵关系，那一定是一个充满气味的世界，也即是他们的栖居之所。

接下来，他们陷入了矮桦树的腐败物和树桩里，那根仅存的树桩，张着口，经年累月地迎接着积雪和阳光，里面还有宝石般的鸟粪粒、久已死去的枝条所留下的泪珠般的树脂，以及歇斯底里地歌唱的昆虫的尸体。木头腐烂了，只剩下原本的大体形状，化成一堆粉末和朽物，潮湿发霉、恶臭难闻的气息充塞天地之间。是呀，D. J.（似是一个人名缩写——译者注）能从木头的断裂处及坏死处闻出带电的腐物的气味，比烂肉、狗屎还有你们那已经变质的身体中的血液更为清洁的气息。尽管如此，对于那些确定坏死的木头而言，在其坏死处周围，各种气味杂乱无章地混合一处。纷乱中，再没有什么比半死不活的生命所散发的气味更糟糕的了，这种生物（你们）已没了生命，还不自知——谢谢你，哲学家先生……！ ①

---

① Norman Mailer : *Why Are We in Vietnam*, 1967; New York: Hoilt, Revean and Winston, 1982, p. 139.——原注

这种令人窒息的、恶臭的气味实际上被它们的对应物所弥补，被各种芬芳的气息，如各种鲜花和果肉的神奇、醉人的气味，所弥补。也许有人要问，在（当前）的空间里还有那些天然气味的容身之地吗？不管怎么说，在当前的卫生学和无菌化浪潮冲击下，这个空间正在消失。霍尔 [①] 声称这些完全是"人类学"的或者由"文化"所决定的现象，他或许是对的？一些无疑被"现代"人所感觉到的对自然气味的厌恶，应该作为清洁产业的原因或者作为其结果，而消除吗？寻找这些问题的答案的任务最好留给文化人类学者。就我们的目的而言，相关的事实是，在现代社会的各个地方，气味都在被消除。这场大规模的除味运动——利用一切可籍利用的手段，对付好的或坏的各种自然气味——表明，把一切事物都变成典型风格，典型的形象、景观、口语、写作和阅读等，仅仅是一个更庞大的事业的一方面。那些习惯于（小孩子反倒很容易被纳入这个范畴）通过它们的气味来辨识地方、人物、事物的人，就不那么容易受到花言巧语的影响。欲望在试图逃避主体和试图伸向"他者"时曾经依赖过过渡性的客体，主要是基于嗅觉器官的作用；一般而言，这也适用于追逐性欲对象的情况。

气味是无法解码的。我们也无法列出一个气味的清单，因为这个清单是无始无终的。它们只是"告知"我们最基本的现实，告知生与死，也许除了作为生命起点与生命终点之外，它们只是无意

E198

F229

---

① 爱德华·霍尔（Edward Twitchell Hall Jr., 1914—2009），美国人类学家，被称为系统地研究跨文化传播活动的第一人，其主要著作有《隐藏的维度》(*The Hidden Dimension*)、《无声的语言》(*The Silent Language*)、《超越文化》(*Beyond Culture*)等。——中译者注

义的两个极端之间的一部分。从它的接收中心至其疆界的边缘，除了一条直道以外再无其他小路可行，除了鼻子和嗅觉本身之外别无所有。在介于信息和动物性反应直接刺激之间的某个地方，当动物性仍然主导着"文化"、理性和教育时——在这些因素与彻底的清洁空间相结合，导致嗅觉彻底萎缩之前——嗅觉也还过着它的辉煌岁月。尽管人们会忍不住觉得，随身携带这样一件已经萎缩了的器官，虽然名正言顺，但到底有些病态。

西里西乌斯①笔下的玫瑰（它不知道它自己是一朵花，也不知道它是美丽的）也忽略了这样一个事实，即它散发出迷人的芬芳。虽然，结果之后芬芳必将零落殆尽，但它还是毫不犹豫地绽放夺目的光彩。然而，与这种自我展示的行为相对应的是一种"无意识"的天性——努力向上与专心致志于生与死的相搏相亲。气味，诉说着暴虐和慷慨，但并非是有所意指的；它们是什么，它们就以直观的方式展现什么：那种强烈的特性占据着一个特定的空间，并从这个空间向外扩散到周围的空间。自然的气味，无论是污秽的还是芬芳的，皆富有表现力。工业生产，时常散发出糟糕的气味，同时也能制造出"香味"；其目的在于它们成为"能指"，与那些最终的语言（广告的副本）"所指"——女人、清新、纯真、魅力，等等——相关联。然而，香水也能诱致一种色情氛围，它并没有带来一套相关的话语，它既可能使一个地方充满魅力，也可能对它完全不起作用。

味道既很难与气味相区别，也很难与来自唇和舌的触觉相区别。然而，它们的确和气味不同，因为它们容易形成各种成对的、

---

① 西里西乌斯（Angelus Silesius, 1624—1677），德国诗人。——中译者注

相反的味道：甜和苦、咸和酸，等等。因而它们更易于被编码，而且 E199
可以依据特殊的代码被生产出来；一本菜谱可以为烹饪美味制定相
关的实用规则，就是明证。与此同时，味道无法构成信息，它们依 F230
附于代码，这就增加了一种确定性，即它们无法在自身中拥有自己。
甜味并不包含苦味的参照，尽管又苦又甜有着难以捉摸的魅力。甜
味既与酸味相对，又和苦味相对，尽管酸味和苦味并不是一回事儿。
是社会实践把这些在自然中结合在一起的特性分离开来；这种实践
是想要制造愉悦。相反的味道只有在与其他属性——如冷和热、脆
和软、光滑和粗糙，这些属性皆与触觉有关——相结合时，才能体
现出自身。因此，从"烹饪"这种众所周知的社会实践中，从加热、
制冷、煮沸、贮藏和烧烤的技艺里，显现出一个现实，它被赋予了
一种意义，一种被体面地称之为"人文"的意义——虽然人文主义
很少提及它。传统的人文主义，正像它的现代的反对者那样，不那
么重视愉悦，两者均止步于**语词**层面的满足。同时，在身体的中心，
还存在一个向这种消解它的企图发起抵抗的核心，一个并非真的有
所区分，但又既非毫不相关又非完全没有差别的一个"某物"：正
是在这个原初的空间里，嗅觉和味觉之间保持着密切的关系。

　　哲学家或许会富有表现力地谈到在身体这一中介的帮助下，共
延地（coextensive）存在的空间与自我之间的这种关系。但实际上，
这里还涉及更多东西——的确，是某些非常不同的东西。对于空间
性身体而言，成为社会的并不意味着被楔入一些先在的"世界"，即
由这个身体生产和再生产的世界，而是说同时，身体也感知着它所
再生产和生产的世界。它的空间特性和决定性因素就包含于它自
身内部。那么，在何种意义上身体能感知到这些特性？在这一实

践—感知领域，对于左和右的感知必然被投射到或者铭刻到事物上。成对的决定性因素——罗盘的中轴**对应**针点，方向**对应**定位，对称**对应**不对称——必然被引入空间，也就是说，在空间中加以生产。空间的单侧化（latéralisation/lateralization）的前提条件与原则就存在于身体之内（即由左脑或右脑加以功能定位——中译者注），然而这必须通过如下方式方能生效，即左右上下方向均被指明和标记，从而为姿势和行为提供选择。

F231
E200

根据托马太斯[①]的观点，听觉在感知空间的单侧化中起到了决定性的作用。实际上，空间被观看也同样被倾听，而且在它被看见之前就被听到了。一只耳朵的感知和另外一只耳朵不大一样。这种区别使孩子处于警觉状态，对于它所接收的信息通过音量和物理密度加以甄别。听觉在空间性的身体和外在于这个身体的定位之间，起到了调节的作用。例如耳朵这一器官的空间，通过**母生子有**的关系而存在，延伸至超越母子关系的其他人的声音。同样地，听力障碍总是伴随着在感知外部空间和内部空间时单侧性受到干扰而产生（诵读困难等）。

严格地说，一个同质的和绝对地同时的空间是无法感知的，它缺乏对称和不对称之间相互对立的冲突性元素（总是被解决，但又总是至少被提出）。同样值得注意的是，在这个关键时刻，现代性的建筑空间和城市空间恰好正朝着同质化状态发展，朝着几何学与

---

① 阿尔弗雷德·安居·托马太斯（Alfred Ange Tomatis, 1920—2001）是听力研究的著名的权威人士，是机械的（电子的）耳朵的发明者，是诸多矫正听力的著作的作者。——中译者注

视觉之间的混乱和融合的状态发展——这会引起身体的不适。到处都是一个样儿！地方化以及单侧化不复存在。能指和所指、标志者和标志物都是事后添加——可以说是作为装饰而存在。它们的作用，如果可能有的话，就是强化了荒芜感，增加了不适感。

　　这种现代的空间与哲学空间——更具体地说，笛卡尔的传统——之间，有着相似的类同性。很遗憾它也是白纸、画板、平面图、截面、正面图、成比例的模型、几何投影等，这样一些空间。而以文字的、语义的和符号学的空间取代这种空间的话，只能加重它的缺点。这种狭隘而干瘪的理性忽视了空间的核心和基础，忽视了身体的整体，忽视了头脑、姿势，等等。它忘记了，空间并不是由理智代理人设计而构成的，也不是从可视—可读的领域自己冒出来的，它首先是**被听到**（去倾听）和**被实行**（通过身体的姿势以及动作）的。 F232

　　一种信息理论，把大脑比作一部接受信息的装置，却将这个器官特殊的生理性以及它在这个身体中的特殊作用，放在括号里（搁置不提）。将大脑与身体联系在一起，并从身体内部视角观看，大脑远远胜过一部文件记录机或解码机制（但这并不是说，它仅仅是一个"欲望机器"）。是作为总体的身体构成并生产了这样一个空间，在那里，信息、符码、编码与解码——可以做出太多的选择——也将随之出现。

　　对于物理空间和实践—感觉领域来说，恢复或者重建自身的斗争方式，是反对知识阶层的人在**事后**（*ex post facto*）进行投射，反对认识论中的还原论倾向。这场成功发起的持续的斗争，将推翻绝对真理的王位和彻底透明的王国，恢复隐秘的、单侧的、迷宫般的——甚至是母性或者女性的——现实。总之，这是一场身体的起 E201

义，反对无身体的符号："在西方文化的最后阶段，身体的历史就是
身体反叛的历史。"①

　　的确，肉身（时空性的）已经处于反抗之中。但是，绝不能把
这种反抗理解为返回原初，回到某些古老的或人类学的过去。这
个身体牢牢地扎根于此时此地，这是"我们的"身体——它被各种
形象所鄙视、所吸收，并且打成碎片。比鄙视更糟糕的是忽视。这
不是一场政治叛乱，不是一桩社会革命的换代，也不是一种思想反
抗、个人反抗，或者为了自由的反抗：它是一个基础性的、世界性
的反抗，它并不寻求一个理论基础，而是寻求通过理论手段重新发
现——以及认清——它自己的基础。首先，它要求理论不要阻挡它
朝这个方向前进的道路，不要帮助掩盖它竭力要揭示的基础。它的
探索活动既非指向某些类型的"回归自然"，也不能归到某些想象
的"自发性"的旗帜之下。它的对象是"活生生的经验"，这种经验
的全部内容，已经被一种机制——通过转换机制、缩减/推断、修
辞、类比、同义反复等等——榨干。社会空间无疑是禁地（l'interdit/
prohibition），因为它既充满了禁止，又充满了禁止的对应物——指
令（prescription）。然而，可以很肯定地说这一事实不能成为一个总
体定义（definition）的基础，因为空间不仅是"非（无所是）"的空间，
也是身体的空间，从而是"是"的空间，是生命被确认的空间。因此，
它不只是一个简单的理论批判的问题，还是一个"让颠倒的世界再
颠倒过来"（*renversement du monde à l'envers/turning of the world*

F233

---

　　①　参见帕斯（Octavio Paz）：*Conjunctions y disyunciones*（《连接与断裂》），第
119页，英译本，第115页。——英译者注

upon its head)（马克思语）[①] 的问题，是一种意义的反转，是一次"砸碎法版"（*brise lès tables de la loî*)式（尼采语）[②] 的颠覆。

这种转换——从身体的空间到空间中的身体，从不透明（温暖）到半透明（寒冷），我们很难把握——在某种程度上便利了身体的离去，或形成了身体的盲点。这个魔法是如何成为可能的，并且是如何持续成为可能的？什么才是这个消除了基础的机制的基础？在过去是什么力量能够，并且继续能够，从所发生的事情中获得益处—— E202 "通常"是沿着一条特殊的道路，这条道路引导从自我走向他者，或者更确切地说，通过复制他者而从自我（Ego）走向自我本身（en soi/self）？

为了让自我显现，以便证明它自身就在"我的身体"中，像过去那样，根据左、右定位自身，标示出相对于自身的方向，是否充分？一旦某个特定的自我构想出"我的身体"这个词汇，它是否就可以指明和定位其他的身体和物体了？对这些问题的答案必然是否定的。此外，说出"我的身体"这个词，就预设了自我进入语言，

---

① 此语有些费解，法语原文可译为"把颠倒的世界再颠倒回来"，而英译文将其意译为"把用头立地的世界颠倒过来"。在马克思那里其原义是指：包括宗教在内的唯心主义是一种用头立地的颠倒的世界观，唯物主义则是重新用脚立地的世界观，也就是把被颠倒的世界重新颠倒过来。类似说法在本书中还有，参看第五章第二十一节（F402/E348）。——中译者注

② 尼采所谓的"砸碎法版"之著名格言系指对旧道德（古老的法版）的批判，和对新道德（新的法版）的呼唤，语见其所著《查拉图斯特拉如是说》一书第三部第十二节"古老的法版和新的法版"（中文版参看钱春绮译本，三联书店 2007 年版，第 228—256 页，特别参看 240、242 页等处）。尼采所用的"法版"（原文 Tafel=Gesetzafel=law-tables）又称约版，版上刻有上帝与摩西约定的十诫。其典故语见《旧约·出埃及记》31，18："耶和华在西奈山和摩西说完了话，就把两块法版交给他，是上帝用指头写的石版。"——中译者注

进入对于话语的特定使用，简言之，就预设了整个历史。这样一种历史，这样一种对话语的使用，这样一种对语言的介入，其前提条件是什么？是什么使得自我和一个被改换了的自我的符码，以及它们之间的断裂，成为可能？

为了让自我显现，它必须向其自身显现，它的身体必须向它显现，作为从世界中被**减除**的（subtracted）——从而也是被提取（extracted）和被抽象（abstracted）的。作为世间沧桑的受难者和无尽威胁的潜在牺牲品，自我隐遁了。它（指自我）竖起屏障封闭自身，以阻止外物接近自身。它也对自然设置了一道栅栏，因为它觉得易受伤害。它渴望不受伤害。这是白日做梦吗？确实如此——因为我们这里所关注的实际上就是**魔性**（magic）。但这种魔性是在被命名之前还是在被命名之后彰显神通的呢？

为抵抗外来攻击而建立的想象的和现实的屏障，能够被强化。

F234　诚如威廉·赖希 ① 所表明的，防御性的反应甚至可以发展成硬武装 ②。然而，一些非西方的文化与之相反，却继续依赖于一套微妙复杂的法则；根据这套法则，身体始终被置于其环境中各种变动无法触及之处，避免了空间领域各种冲击的伤害。这是一种东方式的回应，回应那个时空的和实践—感觉的身体的卑微需要（demand），这与西方身体的命令（command）——它推进了语言化和一种坚硬的保护壳的发展——正相反。

---

　　① 威廉·赖希（Wilhelm Reich，1897—1957），奥地利出生的美国心理学家、心理分析家、弗洛伊德主义的马克思主义代表人物。——中译者注

　　② 参看 J. - M. Palmier, Wilhelm Reich, *essai sur la naissance du freudo-marxisme*（Paris: Union Générale d'Editions, 1969）。——原注

　　在某种条件下，分裂发生了，一丝裂缝或一段间隙形成了——这是一个特别的空间，既神奇又真实。说到底，无意识能否不存身于一个充溢着希望和欲求的、混沌的自然之中或者实体之中？也许，（无意识）并非语言的源头，也非语言**本身**？也许，反倒是那个裂缝，即那个"居于两者之间"（"in –between"）本身——以及所有那些占据它的、可进入其中的，以及在其中发生的——才是源头所在？但如果确实有了裂缝，是在什么和什么之间？答案是：在自身 E203 和自身之间（between self and self）、在身体和它的自我之间，或者更确切地说，是在寻求构建自身的自我（Ego-seeking-to-constitute-itself）和它的身体之间。这里的语境当然是指一个漫长的学习过程，是未成熟的和早熟的人类的童年在走向成家立业和成熟地立足社会的道路上必然经历的形成和扭曲的过程。那么到底是什么滑入了上述的裂缝中？答案是：语言、符号、抽象——所有这些既是必需的又是致命的，既是不可或缺的又是危险的。这是一个致命的地区，布满了枯燥而腐朽的语词。那滑入裂缝的，正是那让意义从活生生的经验怀抱中分离出来的，也即把自己从血肉之身中分离的。语词和符号促进了（实际上是激发、振作了——至少在西方，通过命令）隐喻化的发展，作为外在于自身的物质性身体的传输工具。这种魔性和理性在其中密不可分的运作，在（词语的）**无身体性**和（经验的）**再具身化**（réincarnation/re-embodiment）之间、在斩草除根与拢土培苗之间、在抽象王国的空间化与确定世界的地方化之间，建立起一种奇特的互动。这是一个"混杂"的空间——天然的属性犹存，但已是**被生产之物**——首先是生活，随后是诗歌和艺术的空间。总之，这是表征的空间。

第 九 节

F235　　身体不会陷入分析性思维的掌控，不会把自身的循环性与直线性割裂开来。让反射如此煞费苦心地去解码的统一性，在隐藏的混沌——这是身体最大的秘密——中找到了避难所。因为身体事实上是循环性与直线性的统一体，它把循环性的时间、需要和欲望，同直线性的姿势、漫步、对物的理解和操作（对既是物质的又是抽象的工具的掌握）这两个方面结合在了一起。身体恰好就在这两个方面交互运动的水平面上维持生存；两方面之间的区别——它是活生生的，而非思想的——在于它们的栖居地不同。事实上，不正是这个身体在重复中保留了差异，因此它也要对重复性中出现的新颖性负责吗？相比之下，分析性思维因为将差异清除了，就无法领会在重复中是如何分泌出创新来的。这样的思维、这样的概念化知识（*connaissance*）不会承认，是它确保（reconnaît/underwrite）了身体的审判和磨难。然而，一旦它将自己置身活生生的经验和既定的知识（*savoir*）之间的缝隙，那么在那里它所能做的就只是服务于死亡。一个空洞的身体，一个被构想为筛子的身体，与一束物品相类似的

E204　一束器官的身体，一个被"肢解的"或者被认为其部分之间互无联系的身体，一个没有器官的身体——所有这些据说是病理的症候，实际上来源于表象与话语的被破坏，它是一种在现代社会才会加剧的现象，由于现代社会的意识形态性和矛盾性（包括空间中的放任和压抑之间的矛盾）。

　　我们可否能把身体打个七零八碎，然后把它的碎片（或者好一

些，自我和它的身体之间糟糕的关系）往语言的门前一搁，就算万事大吉了？身体真的可以分解为定位化的功能吗？身体作为一个总体（不管是主体还是客体）的终止真的可能发生吗——作为一系列指令的结果，即从很早的幼年时期，就给身体的各个部分指派了互不相干的名字，以至于像阴茎、眼睛等成为表征性空间（这个表征性空间随后会以一种病态的方式被体验到）中的很多互不相关的要素？

以上命题的问题在于，它剔除了基督教（或者说犹太—基督教）传统的影响，而基督教传统上误解并轻视身体，把身体打入停尸房——如果说不是交给魔鬼的话。同时，它也剔除了资本主义的影响，资本主义将劳动分工的触角伸入工人甚至非工人的身体内部。泰勒制（le système Taylor，一译"泰罗制"。——中译者注），最早 F236的"科学"生产方法之一，把作为整体的身体还原为服从于经严格控制的线性决定的一系列细小动作。分工是如此极端，从而把专业化延伸至个人的动作姿势上了，这对于把身体肢解为仅仅是一堆由互不相关的部分组成的堆积物，就此而言，无疑起到了与语言学的话语相同的作用。

自我与身体的关系，一点儿一点儿地被理论思想领域所蚕食，变得既复杂又多样。实际上，在自我和它自己的身体之间有许许多多不同的关系——正像有许多形式对身体的取用或失败的取用那样——因为存在着许多社会、"文化"，甚至许多个体。

此外，自我与它的身体的实践关系，决定了它与其他身体、与自然、与空间的关系。反之亦然：自我与空间的关系，是在它与他者、与其他身体以及与其他意识的关系中反映出来的。对于作为总体的身体的分析和自我分析，例如身体自我定位的方式、身体变得碎片化的方式，所有这一切都由实践所决定，这个实践包含话语但不能被还原为话语。将工作从戏剧、礼仪以及性爱领域中脱离出来，这样做只是为了让实际发生的无论何种互动和干预更具有意义。在现代工业和城市生活的现有条件下，抽象掌控着与身体的关系。当自然渐渐淡入背景，在这个物的世界，在这个行动的世界，再也没有什么来恢复一个完整的身体。西方传统，连同它对身体的误解，以日益奇特的方式重新证明了自己；站在话语的门前历数它全部的罪行，不仅是为上述传统辩护，也是为"真实"的抽象空间辩护。

第 十 节

身体的创造性无须证明，因为身体自身展露了它，并在空间中分布着它。各种各样的节奏于其中相互渗透。在身体和其周围，正如在水体的表面，或者在巨量液体的内部，节奏永远来回穿梭，彼此之间相互叠加，总是与空间同在。它们既不排斥原生的倾向，也不排斥任何充满生机的力量，无论这些力量是被注入身体内部的还是在身体的表面，无论它们是"正常的"还是过剩的，无论它们是对外部行为的反应还是内在的和暴发性的。这些节奏不得不与需要——这些需要可以分散为天性，或者提炼为欲望——相关联。如果我们想仔细观察它们，我们会发现一些节奏是容易识别的，如呼吸、心跳、干渴、饥饿、对睡眠的需要，都是典型的例子。然而，另外一些节奏，如性生活、生育、社会生活或者思维，相对来说比较含混。一些节奏可以说在表面运行，而另一些则在隐蔽的深处迸发。

　　这里，我们可以展望一种"节奏分析"（*rythmanalyse/rhythm analyse*）方法，它致力于分析节奏的具体现实，甚至于分析节奏的用途（或取用）。这种方法试图发现那些仅通过中介、通过间接影响或者表现而将其存在展示出来的节奏。节奏分析甚至可能最终取代心理分析，因为它更具体、更有效，也更接近于取用的教学法（*pédagogy*）（取用身体，作为空间的实践）。可以预期，将有一种普遍的节奏学原理和规则，被运用到活生生的身体以及它的内部和外部关系中。这一学科的应用场域**极为优越**，它首选的实验领域将是音乐和舞蹈领域，这是"节奏细胞"及其影响的领域。那种反复和冗长的节奏，它的对称性和非对称性以某些方式——这些方式不能被还原为分析思维中彼此分离而又被捆定在一起的决定性力量—— E206
互相影响。只有当这一点被清楚地领会，多节奏的身体才能够被理解和取用。节奏与节奏不同，包括它们的振幅、它们传送和调动的能量，以及它们的运动频率，各不相同。在节奏的传送和生成中产生和体现出来的差异，转化为期望、压力与行动的强度和力量。所有这些元素在身体内部相互作用，节奏在身体中穿行，正如各种波漫过浩森的"太空"（l'éther）。

　　节奏是以怎样的方式包含循环性和直线性的？这可以用音乐为例来说明。拍子和节拍在本质上是线性的，但乐旨、音调，尤其是和弦，则是循环的（从八度音阶的划分进入十二半音的划分，以及八度音阶内的声音和间隔的重复）。可以说舞蹈也有许多相同之处。姿势系统，它的组织融合了两种代码，一种是舞者的，另一种是观众的（通过鼓掌或者其他身体动作来应和）：因此，当（经典） F238

舞姿再次出现，它们就被融合进在仪式上相互关联的姿势链。

对于节奏我们知道些什么？它们是空间中的序列性关系吗？是客观性的关系吗？**流／流动**（*flux/flow*）这个概念（如能源流、物质流等），只有在政治经济学中才是自足的。它在任何情况下都从属于空间的概念。至于"原欲"（pulsion/drive），这个概念被转型为最基本的精神层面，但与此同时也被分散成为节奏的观念。我们的生活就是节奏——主观体验到的节奏。这至少意味着"生活的"和"构想的"十分接近：自然法则和统治我们身体的法则趋向于彼此重叠——或许与所谓社会现实的法则也是这样一种重叠关系。

器官拥有节奏，而节奏没有器官，也不是一个器官，而更像是一种互动。节奏注入位点，但它本身不是一个位置；节奏不是一个事物，不是事物的集合，也不单纯是流动。节奏体现自己的法则、自己的规律性，它源自空间——源自它自己的空间——并且源自空间和时间的关系。就节奏的物理属性（声波运动）而言，每种节奏都拥有和占据着某种时空现实，我们通过科学和迄今所掌握的手段了解到这一点。但是从生命、有机体、身体和社会实践的角度来看，这是一种误解。然而社会实践是由节奏——每日、每月、每年，等等——构成的。社会节奏变得比自然节奏更为复杂是很有可能的。在这方面，一个强大的不安定因素是，直线型的"实践—社会"主导节奏超越了循环型的重复节奏，也就是说，节奏的一个方面的主导性，超越于另一个方面之上。

E207　　　通过节奏的干预（在"干预"的所有三个方面的意义上：工具、介质和干预者），一个生机勃勃的空间形成了，它是身体空间的延伸。空间及其二重性（对称／非对称，划界／定位）法则是如何恰好地与节奏运动的法则相契合的，这依然是一个我们无法解答的问题。

第 十 一 节

如果不是意识自身，如果不是意识和它所包含且保存于它自身之中的对偶物（double）——也即"自我意识"，那么无意识会是什么？所以，意识是**作为**重迭、重复与镜像而存在的。这是什么意 F239
思？这首先意味着，任何把无意识加以实体化（substantification）或自然化（naturalization）的做法，任何把无意识置于意识之上或之下的做法，或早或迟会受到意识形态的愚弄 ①。意识对自身并无觉察，假如它觉察到了，那么意识又会是谁的意识、怎样的意识？从实质上，根据定义，自我意识是一种摹本，是自我的再生产，它几乎相当于是物体的"倒影"。但它对自身是否知晓？不，它对自己赖以存在的条件以及统治它的法则（假使有的话）都无从知晓。从这个意义上说，我们完全有理由拿它与语言相比较，这不仅仅因为不存在没有语言的意识，也因为那些用它来说话甚至用它来书写的人，即便是当他们以言行事时，也并不了解语言、并不了解他们自己的语言的存在条件和法则。那么语言的"身份"又是什么？在知与无知之间存在着一个中介，语言有时候能够有效地发挥作为中介的调节功能，但有时候也可能成为拦路虎。这种调节是一种**误解**。正像花儿不知道自己是花儿一样，自我意识——在从笛卡尔到黑格尔的

---

① 参看 *L'inconscient*, proceedings of the sixth Colloque de Bonneval, 1960 (Paris: Descltede Brouwer, 1966), pp. 347ff.。——原注

西方思想史上（甚至最近也如此，至少在哲学中）它曾被过分地赞誉——也误解了它自身的前提条件，不管是自然的（物质的），还是实践的、精神的、社会的条件。我们从幼年时期就已经知道"有意识的存在物"（conscience-de-soi/conscious beings）这种意识将自身理解为通过一些手段——即通过某种特定的专有产物，也即工具性的物和言谈——在"对象"中或在他者中形成的事物的反映。意识在它的**生产物**中并且通过它的**生产物**来理解自身：例如，通过玩一种小火柴棒游戏——把它们打乱或者折断——小孩子开始"存在"了。有意识的存在物在暴力、匮乏、欲望、需要，以及可以称之为（或无法称之为）知识的这些东西的大杂烩中，来理解自身。

F240　　　在此意义上（但严格地说，也不是绝对地模仿语言），可以说意识误解了自己。意识——其本身即是认知的中心——因此允许具有误解性质的知识出现：一方面，是完美的、透明的知识的幻象（理念、神圣知识，绝对知识）；另一方面，是神秘的、不可知领域的、无意识的观念。让我们回到最后这个术语上来：无意识，它既非真实的也非虚假的，因此，它同时既是真实的又是虚假的。无意识类似于某种具有**存在理由**的幻象——一种海市蜃楼的效应。人们，尤其是心理学家、精神分析学家和精神病学家，把无意识当作一个筐，什么都往里装，其中包括：意识在中枢神经系统或者大脑中的先决条件；行动和语言；记住什么和遗忘什么；身体及其自身的历史。盲目迷恋无意识的倾向，是无意识自身形象所固有的属性。这就是为什么这个观念打开了存在论、形而上学、死亡本能等如此众多领域的大门。

　　　尽管如此，（无意识）这个术语还是有意义的，因为它指明了每一个人作为"存在"形成的独特过程。这个过程包含了：在空间性身体的另一个层面进行的叠加、对偶、重复的过程；语言的和想象的／真实的空间性；冗余的和意外发现的；在自然的和社会的世界经验中获得的学习；永远妥协的对"现实"的取用，这个现实通过抽象——这个抽象本身，又被最糟糕的抽象，也即权力的抽象，所支配——的手段支配着自然。在此意义上，无意识作为想象的和真实的斗争的核心，作为与被称为**文化**的"光彩熠熠"的实体相对应的混沌，它与作为心理学者和其他专家们的大杂烩式的概念没有任何共同之处。

　　睡眠向哲学提出了一个难思之谜！"我思"（cogito）怎么能沉沉入眠？它的任务是守夜，直到时间的最后一刻——正如帕斯卡尔所理解和反复重申的。睡眠既在子宫中一再孕育生命，也预示死亡的来临；然而睡眠这种休息有它自己的完美性。在睡眠中，身体将自身合拢在一起，通过让它的信息感受器官保持沉默而增加自己的能量储备。它对外关闭了，于瞬间穿越它自身的真实、美丽和价值。这是一个与他者同在的时刻，一个诗意的时刻。此时梦的空间制造 E209
了它的似是而非的外观。这个空间既是想象的同时又是真实的，它不同于语言的空间，虽然它和语言有着相同的秩序，但它还有睡眠的忠实守护，而不需要进行社会学习。那么，这是一个"原欲"的 F241
空间吗？最好把它描述为这样一个空间：在这里，零散和破碎的节奏被重新建立在一起；在这里，诗意地重建满怀希望——这个希望与其说已经实现不如说仅仅是宣称——的境界。那是一个充满快乐的空间，确实，它建立了一方由虚拟的快乐统治的天地，虽然爱欲之梦最终被做梦者的快乐与幻灭的暗礁撞碎。梦的空间是奇特而异质的，然而它同时又似乎是触手可及的。它缺乏彩色，更缺乏音乐的生机，它仍然具有一种感官—感觉的特性。比起寻常的或者诗意的空间，它更是一个剧场的空间：一个为了自身而将自身以形象表达出来的空间。

视觉空间的特殊性包括一个庞大而拥挤的群体，物体、事件、身体都跻身其中。它们因它们的场所以及这些场所的地方特性而不同，也因为它们和主体的关系而不同。到处都有被赋予特权的事物，它们激起特别的期待和兴趣，而其他的事物则被漠视。它们中的一些变得知名，一些默默无闻，另一些则被误解。还有一些被充当备用物：作为在本质上是临时性或过渡性的，它们指向其他事物。镜子，尽管有幸被拣选出来，具有的是这种过渡性的功用。

让我们来打量一个窗口。它仅仅是被视线穿过的空洞吗？不。无论如何，仍然有疑问：是怎样的视线？谁的视线？事实上窗口是一个非物体（non-object），它不能成为一个物体。作为一种过渡，它有两重意义、两个方向：从里向外和从外向里。每一种都以一种特殊方式加以标记，每一种都带有另外一种的标记。因此窗口分别被从外部框定（为了从外向里看）和从内部框定（为了从里向外看）。

再让我们来打量一道门。它只是在墙上挖出的一个开口吗？不。它是一个框（就该词的最宽泛的意义而言）。没有框的门仅满足让人通过这样一个功能。那么它对这项职能一定履行得很拙劣，因为一些东西会丢失。功能呼唤一些其他的东西，呼唤更多、更好的超越功能的东西。门的四周使门成为一个物。当与框联在一起，门获得了一种艺术品的地位，这是一种与图画和镜子不能分离的艺术品。作为一种过渡性的、象征性的、功能性的，以及作为物的"门"，它帮助带来了一个空间，一个"室内"的空间，或者说一条街

F242

道的空间，通向路的尽头。门预示着期待被接纳进入附近的房间， E210
或院落，或内部。一个入口的门槛是另一种过渡性的物，它在传统
上享有近乎礼仪的重要性（跨越门槛类似于开启一把锁或得以"毕
业"）。因此物自然地落入诸如过渡物、功能物之类的等级罗网之
中。然而，这些等级总是暂时性的：一方面，等级本身受变化的影
响；另一方面，物易于从一个等级转变为另一个等级。

这就把我们引到如下两个方面之间的关系上了：一方面是感官
和实践—感知的空间，另一方面是特殊的或实践—社会的空间，各
种各样特殊社会的空间。社会空间能否按照某种意识形态的计划
而被确定为一个中立的空间呢？不能，因为尽管意识形态支配着
特定行为的方位，决定着例如某个地方应该是神圣的，而另外一些
地方则不是；庙宇、宫殿或教堂必须在这里，而不是在那里；但是
意识形态并不生产空间，相反，它们在空间中，属于空间。生产社
会空间的是生产力和生产关系。在这个过程中，全球社会实践得
以形成，包括迄今为止所有的各种活动，涉及任何社会的特征：教
育、行政、政治、军事组织，等等。由此可见，并非所有的定位化
（localization）都归咎于意识形态。社会中的"位置"，上层社会"相
对"于低下层，政治中的"左"与"右"——所有这些明显的定位化
的形式不仅仅来源于意识形态，也来源于空间的象征属性，来源于
空间的实践性占用所固有的属性。

社会空间内部的感觉空间（sensory space）是由什么组成的？
它是由中继点、障碍物、反射物、参照物、镜面和回声在"无意识"
下戏剧性地相互作用中形成的。这种相互作用被某种话语所隐含，
但并没有被它清楚地指出。反射性的和过渡性的物与各种工具——

包括从简易的棍棒到为手和身体设计的最复杂的仪器在内的各种工具——共存。那么，身体是否能够重新恢复被语言打碎的整体，是否能够从那向它压过来的自己的影像重回自身，就像从外面回来？除此之外，最好还要未雨绸缪。首先，一个迎接的空间呼唤自然的空间，呼唤那充满了非碎片化的存在物、充满了动物和植物F243 的自然空间。（去再生产这样一个缺失的空间是建筑学的工作）然后，必须展开有效的实践活动，充分利用一切可利用的基本原料和工具。

E211 分裂不断地重现。它们被引喻和转喻所衔接。语言拥有一个实践的功能，但是它如果不为知识戴上假面具，就不能让知识在其中停泊。空间调皮有趣的一面逃遁了，（确切地说）只有在自娱自乐中、在反讽与幽默中，它才得以展露姿容。物体充当了节奏的标识者、参照物和场所。然而它们的稳固性仅仅是相对的。在这里，距离可以通过观看、言词或姿势而消除，因此，距离也可以同样地被夸大。疏远与聚集、缺席与在场、遮蔽与彰显、真实与表象交替出现——所有这一切都在一个相互隐含与明证的剧场里交叠在一起，只有当睡眠来临时活动方才停止。感知领域中的关系不仅不如实地反映社会关系，反倒掩盖了后者。所谓的社会关系，也即生产关系，在感官-感觉（或者实践-感知）的空间里无法看见。它们被规避了。因此，它们需要被解码，但即使在它们被解码的形式下，也很难把它们从精神领域抽取出来，在社会空间加以定位。感官-感觉空间更倾向于在可视-可读的领域建立自己，这样一来就加深了对一些方面的误解，而实际上那些方面是社会实践的主导方面：如劳动、劳动分工、劳动组织，等等。这个空间没有意识到在自己游戏的潜质（因为它很容易就被游戏所接管）中确实珍藏着社会关系，它们以对抗或对立的关系出现，以互相关联的序列出现。在这些关系中，长期占居主导地位的是左和右、高和低、中心和边缘、界划和定位、远和近、对称和不对称、吉兆和凶兆的关系。此外，我们也不要忘了父性和母性、男性场所和女性场所，以及它们相对应的符号。现在我们讨论的目的确实是要建立一个空间的范式。同样且非常重要的一点是，不要忽略了身体四周近在咫尺的、将身体 F244 延伸至其周围关系网络和道路网络中去的各式各样的物。这其中有日常模具或工具——壶、杯、刀、锤、叉，它们按照一种符合身体节奏的方式延伸着"身体"；至于那些农夫或工匠制作的工具，它们把身体远远地甩在后头，建立起自己的空间领域。社会空间（也）被定义为言谈和书写的处所和中介，它有时揭露有时掩盖，有时表明何谓正确，有时表明何谓谬误（因为谬误是作为真理的接替物、资源和基础）。正是在这方天地中，对快乐（enjoyment）的追求产生了，而这种追求的对象一经确立，就被作乐行为自身所毁坏。在此 E212 意义上，快乐永远无法被抓住。所以镜中的游戏就是：绚丽过后是幻象的破灭。这个游戏永远无法停息，如同自我在自我的另一面中认出了自身，但也误读了自身。误解也孕育着倾听和期盼的态度。于是清晰的视觉之潮冲垮了听觉和触觉。

　　对于生产的空间和空间的生产我们有待于思考。感官—感觉空间不过是一个沉淀物，它注定只能作为社会空间的分层和相互渗透中的一个层面或者元素。

　　我们已经注意到生产的一个总体特征：从产品开始，不管是物品还是空间，生产活动的所有痕迹都尽可能地被擦除了。那么从事生产的工人或者工人们的标志是什么？它没有任何意义或者价值，除非这个工人也是一个使用者和拥有者——正像在工匠和农夫的例子中那样。物品只有"被完工"才算完美。

　　这不是一个新奇的看法，但重申它是应该的，因为它具有重要的意义。事实是，这种擦除为一个程序提供了便利，也即剥夺工人对自己劳动所创造的产品的拥有权。我们很容易得出如下概括并认为，这种对痕迹的擦除使得大量的转换（transfer）和替代（substitution）成为可能，的确，这种掩盖不仅仅是神话、神秘化以及意识形态的基础，而且也是所有的统治和一切权力的基础。然而这样的外推并不合理。在空间中，没有什么会消失——没有一个点或者一个地方会消失。尽管如此，对于产品之中所包含的生产劳动的掩盖，有一个重要的含意：社会空间不会和社会劳动的空间范围相重合（coïncide/coextensive）。这并不是说社会空间是一个非劳动的享乐的空间，而仅仅是指只有当劳动的痕迹被擦除，生产或工作的对象才从劳动的空间传递到具有隐藏力的社会空间。在那里，当然，它们是商品。

F245

第 十 二 节 ①

　　在社会空间的某个层面，或者在它的某个区域，一连串的姿势得以部署。在最宽泛的意义上，"姿势"这个范畴将劳动的姿

---

　　① 本节开始分析探讨作为空间之社会生产实践本质表现之一的身体姿势与空间的关系问题。——中译者注

势——农民、工匠或产业工人的姿势——吸收进来。但在更侠义和
更严格的意义上说，它不包含技术姿势或生产行为；它没有超出"世
俗"生活的姿势与行为，所有特殊的活动与场所（例如那些与战争、 E213
宗教或司法审判有关的）被排除在外，简言之，一切制度的姿势，
或严格地说，被编码与定位的姿势，都被排除了。但无论是在广义
还是在狭义上理解，姿势作为一个整体动员和激发了全部身体的
活力。

　　身体（每一个身体）以及身体与身体之间的空间，可以被描绘
为所拥有的特殊财富：作为生命起点的**原料**（遗传特征、物）；作为
可以获得的**模具**（行为模式、条件——有时候被称为刻板印象）。对
于这些身体而言，它们所面临并且围绕着它们的自然空间和抽象空
间是绝不可以分离的，分离只是来源于某个分析性视角而已。个体
在各自的空间里安置自己的身体和理解身体周围的空间。每个身
体可获得的能量都在那一空间中寻求被运用，而那一能量所遇到的
其他身体，不论是稳定的还是富有活力的，都构成了障碍、危险，或
者合作以及奖赏。每个个体的行为，包括它的多种从属关系和基本
的身体结构，涉及它的两重方面：首先是对称轴和对称面，一般而
言支配着手臂、腿、手和四肢的运动；其次是转动和起落，支配着
躯干和头的所有类型（环形、螺旋形、八字形等）的运动。这种模具
是保证姿势顺利完成的前提，它还进一步意味着从属关系、群体（家
庭、部族、村庄、城邦等）和活动的存在。它也需要特定的原料——
上述活动需要那些实物。这些实物是"现实的"，因此在本质上是 F246
原料，但它们也是象征性的，因此满载着情感。

　　关于人类的手我们又该说些什么？它当然并不比眼睛或者语

言的复杂程度或者"富有"程度低。手可以感触、爱抚、掌控、粗野对待，击打、杀戮。触觉是事物的发现者。多亏了工具的帮助——它与自然分离，并负责服务于自然中任何一种它们影响到的事物，但这些工具也不过是身体及其节奏的延展（例如，锤头的线性而重复的运动，或者陶工手下转盘的旋转和持续运动）——手改变了原料。肌肉运动能够经常调动大量的巨型能量，以便支撑诸如与劳动相关的重复姿势（也包括游戏的需要）。相反，通过皮肤的接触，通过感觉、爱抚来探寻的信息，则依赖于对精微能量的使用。

　　因此，社会姿势所需使用的主要**模具**，是由联结（articulés/arliculated）的运动组成的。人类四肢的联结（articulation）是精准

E214　而复杂的。如果充分考虑手指、手掌、手腕和手臂，所涉及的环节的总数是很大的。

　　不只一个理论家已对不可联结的（l'inarticulé/inarticulate）和可联结的作出区分，并且把它作为区分自然的和文化的一种方式：一方面是不能联结的领域，包括叫喊、哭泣等发出痛苦或者快乐的声音，自发的领域和动物的生活；另一方面是可以联结的领域，包括语词、语言、话语、思想、对自我的清晰认知、事件以及行为。以上叙述遗失了某些东西，那就是身体姿势的调节作用。难道这些将它们自身联结和连接在一起的姿势，不是比原欲更有可能存在于语言的源头（可以这样说）吗？将工作领域内部和外部紧密联系在一起，对于促进大脑中负责联结语言和姿态行为的那一部分的发育，不是作出了很大的贡献吗？有据可证，在儿童时期，孩子的身体里存在一个前语言的姿势能力——那是一种具体地可实践的或具有"操作性"的能力，它构成了儿童作为"主体"与可感知的客体之间最初

关系的基础。这些前语言的姿势可以归入以下几个标题：破坏性姿势（预示着后来的生产性姿势）、替代性姿势、序列性姿势、组群性 F247 姿势（有着封闭系列的群体）。

最精致的姿势系统，例如一些亚洲的舞蹈，充分调动四肢的所有环节，甚至是指尖，并赋予它们象征性的（宇宙性的）意义。但是那些不那么复杂的系统，也完全有资格作为整体被赋予意义，也就是说，作为被编码——和被解码——的实体（entities）。有理由在此谈及"符码"，因为姿势的顺序是事先制定的，含有庆典和礼仪的方面。这些姿势群和语言一样，构成了符号、记号、信号。符号体现它自身的意义；记号涉及能指和所指；信号诱发一个当下的或者延迟的行为，它可能是侵略性的、情感的、爱欲的或者其他什么的。空间被感知为时间间隔，从预示、提示或者意指它的姿势里分离出延迟的行动。姿势在对立（比如快与慢、僵硬与柔软、平和与激荡）和仪式化规则（从而被编码）的基础上联结在一起。可以说它们构成了一种语言，在其中表达（身体的）与含义（他者的——他者的意识，他者的身体）之间的距离，不会比自然与文化、抽象与实践之间的距离更远。例如，一种有尊严的举止要求对称的轴和面控制好处于运动状态的身体，以便即使在来回走动中仍能保持威严的举止：这种体态是笔直的。而姿势是我们认为和谐的那种。谦卑和屈辱 E215 的态度与之相反，则把身体压扁贴向地面：战败者被要求俯下身体，敬拜者要屈膝跪下，犯罪者头低得可以亲吻泥土。在表示赦免或者宽容的行为中，身体的弯曲是与意志的妥协相对应的。

毫无疑问，符码是针对特定的社会而特殊制定的；事实上，它们规定了一种社会的从属关系。属于一个既定社会，就是知晓和使用它的符码来表示高雅、礼貌、情感，进行和谈、商榷、交易，等等；符码也用来宣称敌对（因为与社会联盟相反的符码，不可避免地对应着傲慢、侮辱和公开挑衅）。

F248　　　需要强调的是位置和空间在姿势系统[①]中的重要性。低和高具有重要的意义：前者指地面、足和下肢，后者则是头及任何在头顶之上以及覆盖于头顶的东西——头发、假发、羽毛、头巾、阳伞，等等。右和左同样富有意义：（在西方，左手当然带有负面的，即"险恶的"意味）。在演唱中使用变调则是为了强调这种含义：尖细／低沉，高／低，响亮／轻柔。

　　姿势系统体现了意识形态并且把它与实践结合在一起。通过姿势，意识形态逃离了纯粹的抽象并开始实施行动（例如，行握拳礼或者用手划十字）。姿势系统将空间表象和表征性空间联系起来，或者，至少它们在某种专属的情况下这样做。例如，在一个神圣的空间中，牧师们通过模仿，以礼拜的姿势唤起了神创造宇宙的姿势。姿势也与填满空间的物密切相关——与家具、衣服、模具（厨房用具、劳动工具）、游戏和居室密切相关。所有这些都证明了姿势领域的复杂性。

　　我们是否可以说这个姿势领域包含了本质上不确定的——因此是无法定义的——各种各样的符码吗？如今我们应该能够澄清这个相当棘手的问题了。事实上，符码的多样性中有着能加以分类的决定性因素：日常生活中的姿势有别于庆典上的姿势，友好的仪礼

---

　　① 究竟是"*le gestuel*"（手势）还是"*la gestuelle*"（姿势）？哪个拼写错了呢？既相同又相异，一起使用意思却有一定的差别。——原注

与对抗的权力大相径庭。日常生活的微观姿势领域与群体活动领域的宏观姿势明显不同。此外，是否还有（难道没有吗？）这样的姿势——记号或信号——它允许信息片段从一种符码或者子码传送到另一种，打断这个姿势（的逻辑）就为通往他者铺平了道路？毫无　E216
疑问是有的。

　　就此而言，我们很有理由谈论一下"子码"（subcodes）和一般性的符码。首先，它使得按照种属对符码本身进行分类成为可能，只要你希望进行这种分类。这使得我们可以避免"不必要的物体的多样性"（以及万一如此，符码的多样性）：为什么奥卡姆剃刀^①原　F249
则不能用于诸如编码和解码、密信和解密这样一些相对较新的概念呢？首先，我们必须避免将一种空间的符码构想或者想象为仅仅是一个话语的子码，以至于所建构的空间被看作在某种程度上倚赖于话语，或者依赖于话语的一种模式。姿势研究将使任何这样的事物观变得无效。

　　在上述讨论中，我的目的并不是去为姿态寻找基本原理，而是要阐明姿势系统与空间的关系。为什么一些东方民族贴近地面生活，使用低矮的家具，坐在自己的脚后跟上？与此相反，为什么西方世界使用刚硬的、直角的家具，迫使人们摆出一副拘束的姿态呢？为什么不同的态度或（未系统表述的）符码之间的分界线，竟然正好对应于不同宗教和政治的边界呢？这个领域的多样性和语

---

　　① "奥卡姆剃刀"（Occam's razor），由中世纪经院哲学家奥卡姆提出。它的基本命题是"如无必要，勿增实体"，即可以用少数几个原理或原则来说明事物的时候，却用了许多的原理或原则，那就是浪费。——中译者注

言领域的多样性一样，也是难以理解的。或许社会空间的研究将对这些问题的探讨有所启发。

　　组织化的姿势，也就是仪式化的姿势和符码化的姿势，并非简单地在"物理"空间，在身体空间中运作。身体自身生成空间，这些空间既是由身体的姿势生产出来的也是为了这些姿势。姿势的联结与那些明确规定的空间环节的联结和表达相对应，这些空间环节是重复的，但它们的重复却能引发新意。例如，让我们想一下修道院以及僧侣行走时的庄严步伐。这种以我们所讨论的方式生产出来的空间常常是多功能的（例如集市），尽管一些经严格定义的姿势，例如那些与运动或者战争有关的姿势，在很早的时候就生产出了自己特定的空间——大型露天运动场、检阅场、骑士比武场，等等。许多社会空间被姿势赋予了节奏，而在社会空间中产生的姿势也产生了社会空间（空间因而常常依靠脚步、腕、脚、手掌或者手指来测量）。日常生活中的微观姿势领域生成了自己的空间（例如人行道、走廊、餐饮处），而最正式的宏观姿势领域也是如此（例如基督教堂的回廊或者乐队指挥台）。当一个姿势空间最终与一个拥有自己的象征系统的世界的概念相结合时，一个伟大的作品就形成了。回廊就是一个很好的例子。在这里，令人高兴的是，姿势空间已经成功地入驻精神空间——一个冥思的和神学抽象的空间——相对于尘世的空间，从而姿势空间可以象征性地表达自己，并且成为实践的一部分，这种实践是明确规定的社会中明确规定的群体的实践。于是此处就有了这样一种空间，在其中获得了平衡感的生命——在对自我的有限性和超然的无限性的冥思之间，保持了平衡——从中能体验到平静的欣喜和完全能够接受的一丝成就感的缺乏。作为一个冥想的空间、一个漫步和集会的空间,(修道院的)回廊把一个有限而确定的道场——这个地方被社会特殊化了,但也并不过分拘泥于一种用途,尽管被秩序或规则明确控制——和无限的神学联系在一起了。廊柱、柱顶、雕像,它们有着语义学意义上的差别,从而标示了行走的路线,当僧侣们进行他们的冥想游戏时,沿此路线行走(或者踩踏成了一条路)。

如果说"精神性"交流的姿势——象征和符号(带着它们特有的欢快)的交流——已经生产出了空间,那么物质性交流的姿势也同样是富有成效的。会谈、商榷和贸易总是需要适当的空间。多少年来,商人们已经成为一个充满活力而有富有原创性的群体,按照自己的方式进行生产创造。当今,伴随着资本的扩张,商品王国已经把自己的统治扩展到整个地球,它因此被认为是一个压迫者的角色。商业系统因此承受了大量的诋毁,对所有弊病的指责都冲着它们而来。然而,需要记住的是,几个世纪以来,商人和商业代表了自由与希望,相比于古代社会所强加的限制,他们大大开阔了人们的眼界,不管是在农业社会,还是在更政治化的城市。商业带来了财富,也带来了谷类、香料或者织物这些重要的商品。商业(commerce)等同于沟通(communication),货物的交换与思想和快乐的交流如影随形。今天,东方比西方残存着更多那些事件的痕迹。最早的商业区——门廊、长方形的基督教堂或者市场大厅,记录着商人和他们的姿势创造自己的空间的那个年代——因而并非没有美感。(顺便提一个值得我们自问的问题,为什么专用于愉悦感官的空间,似乎要比权力、知识、智慧、交换的空间少得多?) F251

为了说明各式各样的创造物,而求助于"身距学",无论是有关孩子的还是成人的，是有关夫妻的还是整个家庭的，是有关群体的或者人群的，都是不充足的。霍尔的这个人类学的描述性术语"身距学"一词，涉及邻里的概念，比之于"姿势"[①]一词，是受局限的（和被简化了的）。

E218

第 十 三 节 [②]

决不能让二元对立、各种层面和维度之间的结构性差异，掩盖了伟大的辩证运动，这场运动横贯作为总体的世界，并且有助于界定这个世界。

第一个关键时刻：事物（物体）在空间中。生产活动仍然是尊重自然的，通过选择一部分空间并且对空间中的内容加以利用而得以持续。农业起主导作用，社会生产出宫殿、纪念碑性建筑、农舍以及艺术品。时间与空间不可分离。人类劳动在利用自然的同时也将自然世俗化，又将其中神圣的元素提升至宗教与政治的知识大厦中来。（思想的或行动的）形式与内容不可分离。

第二个关键时刻：特定的社会从这个史前史中浮现出来，并进入历史的层面——即进入积累的层面（包括财富、知识、与技术）——从而进入生产的层面；首先是为了交换，然后是为了货币与资本。最初有着艺术外观的技巧，现在以盛行之势压倒了自然，形式和形

---

① See Edward T. Hall, *The Hidden Dimension* (Garden Ciry, N. Y.: Doubleday, 1966), p. 1. ——原注

② 本节是对空间建筑术之历史的一次小结。——中译者注

式性与内容相脱离；抽象与符号被提升至根本的和终极真理的行列；因此，哲学与科学思维开始构想一种没有事物或物体存在的空间，一种由于某种原因其内容具有更高层次的空间——作为内容得以存在于其中的手段或者中介。一旦与物相分离，空间便被作为如下一种形式来理解，它要么作为一种实体（笛卡尔式的），要么与之相反，作为一种纯粹的"先验"（康德式的）。空间与时间被撕裂，在积累的实践中，空间支配着时间。

第三个关键时刻：如今，相对而言，空间与物又重新统一在了一起。通过思想，空间的内容——首先是时间——又重归如初。事 F252
实上，空间就其本质来说（en soi/in itself）是无从捉摸、不可思议、无法知晓的。时间就其本质来说，即绝对时间，也同样无从认知。但整个的要点在于：时间是在空间中被知晓和实现的，并且借助空 E219
间实践而成为一种社会现实。同样地，空间也只能在时间中并通过时间才为人所知晓。差异性中存在着统一性，你中有我（反之亦然），因此变得具体了。但随着资本主义及其实践的发展，在时间和空间的关系上出现了一个难题。资本主义生产方式始于物的生产，始于在一个地方进行"投资"。紧接着，社会关系的再生产成为难题，因为它在实践中发挥作用，在此过程中它被修改了。最终，自然的再生产也成为必要，通过生产空间而主宰空间——这就是资本主义的政治空间——与此同时，减缩时间从而避免新的社会关系的生产。但是资本主义必然会靠近一个门槛，一旦跨过去再生产将不再能阻止另一种生产，不是物的生产，而是新的社会关系的生产。这些关系存在于何处呢？或许就存于这个统一体中，这个既熟悉又崭新的、时间和空间的统一体，这个长期以来被误解、被分拆、被替代——通过轻率地给与空间以优先于时间的地位——的统一体。

我正在描述的这个运动看起来似乎是抽象的。它的确如此。因为在这里，在当下这个关键时刻，如同在马克思的著作（或者至少在他的部分著作）中，这种对于拟似(virtuel/virtual)世界的反思指导着我们理解现实（或者实际）的世界，同时也回溯性地影响着——并因而阐明——这些现实的过去和其必要的前提条件。在当下这个"关头"，现代性及其矛盾才刚刚登上舞台。当马克思展望"商品世界"和世界市场二者扩张的意义与后果的时候，他采取了与我们目前非常相似的策略（在最近才出版的《资本论》的一章 [①]），在他那个时代，发展无异于嵌入历史（即积累的历史）的拟似世界。

有人认为这种程序或者方法仅仅是一种外推罢了，我们该如何回应这一指责呢？指出将一个观念或者假说外推得足够远的合法性就够了。例如，今天，生产的观念已经超越了生产这样那样的物品或作品，而延伸至空间的生产。而这对于我们理解过去具有回溯性的影响，例如对于生产力和生产方式的理解。因此我们的做法(modus operandi)是一种"催生法"(forcing-house approach，也可译作"温床法"——中译者注)。极端的假说是允许的。例如下面几个假设：商品（或者世界市场）将会占据所有空间；交换价值将对

---

① 按照列斐伏尔在写作《空间的生产》一书时所出版的《资本主义的幸存》(1973)的介绍，这里所谓的"最近出版的"《资本论》一章(Marx, *Un chaptitre inedit du Capital*[Paris, 1970])实际上就是马克思1863—1865年经济学手稿中关于"整个再生产"那一章。参看 Henri Lefebvre, *The Survival of Capitalism, Reproduction of the Relations of Production*, Translated by Frank Bryant, Allison & Busby, and London 1978, pp. 10, 46. 中文版即马克思"第六章. 直接生产过程的结果"，载《马克思恩格斯全集》第38卷，人民出版社2020年第二版，第26-151页。——中译者注

全球价值原则产生影响；在某种程度上，世界历史不过是商品的历
史。把某种假说推到它的极致，将帮助我们弄清什么是它的应用存 E220
在的障碍，以及什么是它可能引起的反对。至于以相同的方式推进
的空间，我们可能会产生疑问，国家是否最终会生产出它自己的空
间，一个绝对的政治空间？或者反之，民族国家是否有一天将会看
到它们的绝对政治空间消失于（且归结于）世界市场？这个最后可
能的结果会通过一种自我毁灭而发生吗？国家是将被超越还是将
会消亡？结局一定是非此即彼的，还是两者兼而有之？

第 十 四 节 [①]

上千年来，**纪念碑性**（*mounmentalité/monunmentality*）呈现在
上述我们确认的**空间性**的各个方面：感知的、构想的和亲历的；空
间表象和表征性空间；适合于每一个感官的空间，从嗅觉到言谈；
姿势和象征。纪念碑性空间给社会的每一个成员都提供了一个作
为成员的想象，一个有关他或者她的社会面貌的想象。因此，它构
建了一个比任何个人镜像更加诚实的集体镜像。这种"承认的效
应"远比精神分析学者的"镜像效应"更加重要。在这个包含了上
述所有方面的社会空间，尽管还是按照各自适当的位置来参与，但
是其中的每个人都充分地参与其中——虽然这自然是在一个被普遍
接受的权力和被普遍接受的知识性的条件下进行的。"纪念碑性"
因此促成了一种"共识"，而在最强烈的共识之下，纪念碑被赋予了

---

① 本节开始进入对纪念碑性建筑空间的分析。——中译者注

实践性和具体性。在它内部，压抑性元素和激扬性元素几乎难分难解，或者更准确地说，压抑性元素可以被转变为激扬性元素。符号
F254　学的编码方法——旨在对表象、印象和再现（evocation）（在知识的符码、个人情感的符码、象征性符码或解释学符码的标题下）进行分类①——实际上是无法涵盖纪念碑性的方方面面的。事实上"纪念碑性"甚至是无法闭合的，因为它是残存的、无法继续还原的，无论如何都不能依照为生产而设计的那种范畴进行区分或编码，它在此一如既往地是最珍贵、最精华的，是沉淀于熔炉底部的宝石。
E221　大教堂这一纪念碑性空间的应用，自然涉及对困扰着每一个跨进这道门槛的人的所有问题提供答案。因为旅行者必定将会意识到自己的脚步声，聆听各种噪声和歌唱；他们必将呼吸芬芳满溢的空气，沉浸于一个独特的世界——一个罪恶与救赎的世界；他们将参与一种意识形态；他们将冥思和破解他们周围的象征；从而，他们将以自己的身体为基础，在一个完整的空间中体验一种完整的存在。难怪自古以来渴望摧毁一个社会的征服者和革命者通常都会通过焚烧或者铲平社会的纪念碑（纪念物）来达到目的。有时候他们确实也会为了自己的利益而努力重新竖立纪念碑，它们在此发挥了比符号交换更广、更深的用途。

最美丽的纪念碑性建筑以其久远性给人们留下难忘的印象。宏伟的城墙能达到纪念碑性建筑之美，因为它似乎是永恒的，逃脱

---

①　参看 Roland Barthes, *S/Z* (Paris: Seuil, 1970), pp. 25ff. Eng. Tr. by Richard Miller: *S/Z* (New York: Hill and Wang, 1974), pp. 18ff.。——原注（参看中译本［法］罗兰·巴特:《S/Z》, 屠友祥译, 上海人民出版社 2000 年版, 第 78 页及以下内容。——中译者注）

了时间的钳制。纪念碑性超越了死亡，从而也超越了有时被称为"死亡本能"的东西。那种既作为外观又作为现实的超越性，将自身深深地嵌入于纪念碑性建筑，作为自己的不可还原的基石；那种无时间性的特征克服了焦虑，甚至——的确，尤其是——在墓碑里。艺术的极致——形式，如此彻底地否定了意义以至于死亡本身也被吞没了。泰姬陵[①]的皇妃沐浴在优美、洁白、花团锦簇的氛围里，每一处都是一首诗或者是一个悲剧；也是一个纪念碑，它将人们对时光流逝的恐惧和对死亡的忧虑，转变为一种宏大壮丽的风格。

　　然而，纪念碑的"恒久性"不可能实现完美的幻觉效果。把它放在一堆被误认为是现代的术语中，它永远达不到一种完全的可信度。它用一种在物的层面实现了的外观取代了冷酷的现实，现实被转化为外观。但是除了那渴望持久的意志之外，到底还有什么是持久的呢？纪念碑的不朽性烙上了权力意志的印记。只有意志，以它最精致的形式——渴望掌控，从意志到意志——才能征服，或者相信它能征服：死亡。在这里知识失败了，面对万丈深渊它退缩了。只有通过纪念碑，通过作为造物主的建筑师的介入，才能使死亡的空间被否定，从而变形为活的空间，它是身体的延伸；这是一种转换，然而是为了服务于宗教、（政治）权力以及知识之间共有的东西。

　　为了恰当地定义纪念碑性空间，[②] 必须要对符号学分类（编码）

F255

---

　　① 　泰姬陵（Taj Mahal），是一座用白色大理石建成的巨大陵墓清真寺，是莫卧尔皇帝沙·贾汗为纪念其妃子于 1631 年至 1653 年在阿格拉而建的。——中译者注

　　② 　我们这里很显然不把建筑空间作为某个社会分工体系之中的特殊职业的保留物来理解看待。——原注

E222　和象征性解释有所限制。但"限制"不应当被理解为拒绝或排斥。我并不是说纪念碑性建筑不是表意实践的结果，也不是说它不是提出意义的特定方式；而只是说，它既不能被还原为语言、话语，也不被还原为为了语言研究而发展起来的范畴和概念。一个空间性作品（纪念碑的或者一般建筑的方案）所达到的复杂性，从根本上区别于一个文本的复杂性，无论它是散文还是诗歌。正如我先前所指出的，在此我们关注的不是文本（text）而是肌理（texture）。我们已经知道，肌理通常是由被网络和细缕所覆盖的比较大的空间所组成。纪念碑性建筑构成了这张网络上强有力的中心点、节点或者锚定点。社会实践活动可以通过话语来表现，但不能通过话语而阐明。确切地说，它们是**被做出来的，而不是被读出来的**。一件纪念碑性作品，像一件音乐作品那样，并没有"所指（物）"（或者"所指［物］群"）；而毋宁说它拥有一个**意义的地平线**：一种独特或不确定的多重含义，一个不断变换的等级——一会儿是这种含义，一会儿是那种含义，瞬间涌现出来，依靠（也是为了）特定的活动。纪念碑性作品的这种社会与政治效用，横跨了各种各样的"系统"和
F256　"子系统"，或符码和子码，这些系统和符码构成和奠定了相关的社会。纪念碑性作品也超越了这些符码和子码，并且暗含了一种"超码"，因为它朝向了包罗万象的总体性存在。尤其是当社会实践中有了暴力和死亡、消极性和进攻性的踪迹时，纪念碑性的作品能擦除它们，而代之以一种安定的力量和坚定的信心，这种力量和信心包裹住了暴力和恐怖。因此致命"时刻"（或瞬间）的标记在纪念碑性空间里暂时被消除了。在空间中的作品中，并且通过这些作品，社会实践超越了其他"表意实践"，从而超越了其他艺术——也包

括以"文学"而闻名的文本——所受到的局限；通过这种方式，一种共识，一种意义深远的共识达成了。古希腊戏剧预先设定了喜剧和悲剧，通过将城市人民和他们的忠诚的存在延伸至他们的英雄和诸神。在剧场的空间里，音乐、合唱、面具、阶梯式座位，所有这些元素与语言和演员的表演融汇在一起。一个空间性活动至少在瞬间克服了冲突，虽然并没有解决这些冲突；它开启了一条从日常烦恼（*souci quotidien*）到集体快乐之路。

　　一旦纪念碑失去了它的威望，或者仅能依靠压迫与抑制等这些不得已而为之的方式才能保留威望，那么骚乱就是不可避免的了。当主体——一座城市或者它的人民——遭受了四散分离之苦，普通建筑及其功能就会开始盛行。基于同样的原因，筑居／普通住房（l'habitat/housing）在城市或其市民当中流行的程度也超过了栖居／府邸式住宅（l'habiter/residence）。普通建筑的根在货仓、营房、场 E223 站和出租房。普通建筑有其功能、形式和结构，但是它们却没有把社会实践的形式的、功能的、结构的"要素"融为一体。同时，由于场所、形式和功能不再被纪念性建筑所集中和取用，城市的结构和肌理（它的街道、它的地下层次、它的边缘地带）便瓦解了，由此所导致的不是和谐而是暴力。的确，空间作为一个总体变得易于发生突如其来的暴力。

　　纪念碑性建筑和普通建筑之间的平衡力已经被改变了。普通建筑之于纪念碑性建筑，正如日常生活之于节日，产品之于作品，F257 鲜活经验之于仅仅是感知，混凝土之于石材，等等。这里，我们见到的是一个崭新的辩证过程，但是这个过程和被它取代的原有过程一样恢宏。普通建筑和纪念碑性建筑之间的矛盾如何才能被克服和超越？如何才能加强那种倾向——那种摧毁了纪念碑性，但通过在更高水平上恢复旧的统一性，而在普通建筑自身范围内，又很好地重建了纪念碑性的倾向？如果不发生这种辩证的超越，我们所能预期的，就只能是许多"元素"粗杂地相互作用和相互混合的停滞景象——简言之，只能是一个持续不断的空间混乱。在这种混乱状态下，普通建筑和住房也被纪念碑性**记号**所装扮：首先是外立面，然后是室内。富有阶层的家曾经历了一个肤浅的"社会化"过程：引进了待客区、吧台、隐蔽处和家具（例如长沙发椅），透露出一种色情格调的生活。简言之，那是对贵族宫廷的或者城内府邸的苍白回声。而与此同时，事实上已经四分五裂的城镇，也被"私人化"了——同样肤浅地——受到城市"装潢""设计"以及伪造环境风气的影响。因而，辩证过程将被三个阶段所代替[①]，这些阶段将解决一个矛盾，并且"创造性"地超越一个冲突性的局面，我们将有一个停滞的对抗阶段——它们在刚开始的极端情况下面对一个又一个"面对面"的对抗，后来则陷入困惑和混乱之中。

第 十 五 节

　　有关纪念碑这个概念还有许多话要说。尤其值得强调的是纪念碑**不是**什么。这将有助于避免许多误解。纪念碑不应当被视为各种象征的集合（虽然每个纪念碑都包含了象征——有时是古老的且难以捉摸的象征），也不要把它当作符号链（虽然纪念碑性作

E224

---

　　① 参看本书法文第四版第 27 页（FXXVII）。——中译者注

为整体是由符号构成的)。纪念碑既不是物体,也不是多种物体的
集合,尽管它的"物性",它作为一个社会性物体的位置,时时刻
刻都可以被记起——或许是因为它那粗重的原料或者巨大的身形;
或者相反,因为它优雅精致的气质。它既不是雕刻,不是塑像,也
不仅仅是材料加工过程的结果。内部与外部之间的那种不可或缺
的对峙——正如门槛、门和框所隐含的对峙——虽然常常被低估 F258
但是当用来定义纪念碑性空间时,还是很不充分的。这种空间是
被可能在那里发生什么,因而也被不可能在那里发生什么(指令
[prescribed]/禁止[proscribed];风景/煞风景)所决定的。貌似
空旷之地结果反倒可能是内涵充盈的,例如圣地、"轮船"或者大
教堂的正厅等,皆是如此。反过来,充盈的空间也可能在原地被颠
倒为一个几乎是异位(hétérotopique)的虚空(如拱顶和穹顶)。泰
姬陵就曾对悬在其戏剧性的空旷之上的膨胀曲线的丰盈感,大做文
章。各种声觉效果、姿势和仪式活动、组合进宏大的礼仪统一体的
元素、通向无限开阔视野的裂缝、意义的链条——所有这些组成了
纪念碑的总体。

　　情感层面——也就是身体层面,必定是对称的和有节奏感
的——被转化为纪念碑性空间的"属性",被转化为通常是某个政
治-宗教统一体固有部分的象征,被转化为互相协调的象征。这个
整体的组成部分是根据严格的秩序安排的,以便于利用空间:有些
是在第一个层面,即情感的层面、身体的层面、亲历经验的层面,
以及口语的层面;有些则处于第二个层面,即感知的层面、社会政
治意义的层面;还有一些处于第三个层面,即构想的层面,在这里,
书面语言和知识的传播把社会成员熔入一种"共识"里,而当这样

做的时候，便赋予了他们"主体"的地位。纪念碑性空间允许一种持续不断的穿梭往返——在平常的私人交谈和公共演说（话语、演讲、布道、号召），以及所有的戏剧性表达之间。

诗人是用诗来歌唱生活（爱、情感、思想、快乐或者痛苦）的，对纪念碑性空间的体验，可以说与步入并徜徉于诗的世界颇有相似之处。当将它与那些为剧场而写作的文本——这些文本由对话构成，而不是像诗歌或其他的文学文本那样，是独白式的——相对照时，这一点就更容易理解了。

E225　　纪念碑的性质不仅仅是可塑的，也不仅仅是通过观看来理解的。纪念碑也易于产生声觉效应，如果没有这种效应，纪念碑性就

F259　大大削弱了。即使是沉默本身，在礼拜的场所，也拥有它自己的乐章。在修道院或者教堂，空间是通过耳膜来测量的：歌唱、说白和音乐回荡起伏，类似于基础音和变调之间的回旋；也类似于阅读声为书面文本注入新的活力时的那种交互影响。建筑物的体量确保了它们所怀有的节奏（步态、礼仪姿势、队形、检阅，等等）与它们的音乐的回响之间的相关性。以这种方式，在这个层面，在**非视觉**的层面，身体互相找到了彼此。如果没有回声提供一种映射或者现场的声觉之镜，那么它将落到某个物上，由这个物在沉闷和活泼之间进行调节：在柔风中叮当作响的铃儿，欢唱的喷泉，潺潺的流水，可能还有小鸟和笼中动物的跳动。

正像某些精神分析学家和语言学家所描述的 [①]，有理由期待有

---

① 这里主要是指弗洛伊德的观点，具体内容参看其所著《梦的解析》一书，高申春译，中华书局 2014 年版，第六章"梦的工作"，特别是第 248 页至 273 页。——中译者注

两个"基本步骤"在纪念碑性空间发挥了作用：

（1）置换（*le déplacement*/displacement），意味着转喻、从部分到整体以及连片的转换。

（2）凝缩（*la condensation*/condensation），涉及替代、暗喻和相似性。

而且，在一定程度上的确如此。社会空间——社会实践的空间、社会生产关系的空间，工作和非工作的社会关系的空间（这些关系或多或少地被编码了）——的确被凝缩进了纪念碑性的空间。俄国建筑师们于20世纪20年代提出的"社会凝缩器"（*condensateur social*）这个概念[①]被更广泛地应用着。空间肌理的多种"属性"聚焦在一个独一的点上，它是避难所、王位、席位、总统宝座，等等。因此，每一个纪念碑性空间就变成了一个社会的隐喻和准形而上学的基础，这依赖于一种替代游戏——宗教和政治领域象征性地（以及在仪式上）交换彼此的属性，即交换权力的属性。通过这种方式，神圣化的权威和权威的神圣性来回转换，在这个过程中彼此都得到了强化。空间中位置的水平链就这样被垂直的叠置所置换，通过一种按照其独有的途径通往权力中心的等

F260

[①]　"社会凝缩器"一词来自于苏联建构主义理论，是一种在建筑实践中得到应用的思想。在1928年苏联OSA——"当代建筑家协会"（Organization of Contemporary Architects）一词英文缩写——小组召开的第一次会议的开幕致辞上，来自白俄罗斯的建筑学家金斯伯格（Моисей Яковлевич Гинзбург，1892—1946）首次提出了这个观点。他认为，建构主义的基本对象就是确定每个时代的社会凝缩器。该概念的核心意思就是假设建筑具有影响社会行为的能力。"社会凝聚器"理论旨在对公共空间的设计产生影响。这就是颠覆传统建筑的等级制政治观念，努力创造可以实现平等的社会空间。其具体方法包括通过社会流通而造成一个重叠与交叉的空间，如共享一个交际的节点而造成不同的选区之间出现一个碰撞区域。这个假设认为，这些冲撞区会营造出这样一种环境，即为处于分散状态的社区之间相互接触创造条件。——中译者注

级制来实现,从而它将决定各个场所的布局。任何物体(一个花瓶、一张椅子,一件衣服)都可以从日常实践中抽取出来,接受一种置换——通过将其转移到纪念碑性空间而使其变形:花瓶变为圣物,椅子象征权位,华服指示礼仪。依照索绪尔的信徒们的说法,那条著名的斜杠(la fameuse barre)——它把能指与所指、把欲望与对象分离开来——实际上可以由着社会的奇思怪想而随心所欲地四E226 处游荡,作为一种把神圣与亵渎分离开来的手段,作为一种压制那些不肯就范于纪念碑性空间约束的姿势的手段,总之,作为一种消除淫秽的手段。

　　但是所有这些问题仍然没有得到充分的解释。因为我们所讨论的都是为了理解"纪念碑性建筑",而没有解决是什么特殊权力在起作用的问题。淫秽(l'obscéne)是社会实践的一个普通类型,而不是表意过程本身:将它从现场中驱逐出去是被空间自身无言地宣判了的。

第 十 六 节

　　社会空间分析——在这里是纪念碑性空间分析——带来了诸多差异:最初看似简单的,现在则充分暴露了复杂性。这些(社会)空间既非栖身于几何学上的正方形的、长方形的、圆形的、弯曲的或者螺旋形等被物化了的空间,也不栖身于具有逻辑内在性和一致性的、动宾格式的精神空间,等等。因为它们也——确实,这是最重要的——包含了感知、表象和空间实践的层面、层阶和沉淀物,这三者之间互为前提、互相给与、互相叠置。进入一座纪念碑,甚至是进入一间普通建筑或简陋小屋的感知,构成了一个行为的链条,它并不比语言行为、言谈、陈述或者一些句段更简单。然而,不论在过程(course)和话语(discourse)之间作怎样合乎情理的类比和关联,这些复杂性不能被认为是相互定义的或者是同构的:的确,它们**并不相同**。

1. 围绕身体向外延伸的**个别性 / 单一性**(*singularities*)层面:也就是,围绕每一个身体,围绕身体与身体之间的连接处,将它们 F261 延伸至受相反的属性影响(例如,受有利的或者不利的,阴柔的或者阳刚的属性影响)的地方。这些属性尽管依赖于地方,但也赋予了这些地方象征性的力量。这一层面被对称和非对称的规则支配着,尽管有时是通过颠倒的方式。深受影响的地方——从而是被影响压制、被官方限定的——并没有通过精神空间而离散,的确,它们没有彼此分裂。将它们绑定在一起的是节奏——符号学意义上的差异性。

2. 在另外一个层面,即在**一般性**(*generality*)的层面,单一性 E227 改头换面重新出现。在政治演说的空间,在命令和指令的空间,单一性带着它的象征性的属性——这些属性常常是宗教性的,但也有时不过是权力和暴行的象征——重新露面。这是一个行动的空间,因此是根据性别、年龄和群体划分的劳动的空间,也是一个共同体(乡村或乡镇)的空间。在这里,节奏、身体和语词皆从属于上述共同生存的原则,而且它们的确常被记录在案。

3. 最后,单一性层面(再次经过修正)又在**特殊性**(*particularities*)中出现,这些特殊性空间归属于不同的群体,尤其是家庭,在那些被界定为许可或者禁止的空间。

第 十 七 节 ①

这个分析将我们引回到普通建筑上来，作为与诗意的纪念碑性建筑对立或并置的散文的世界。在资本主义空间内成绩突出的普通建筑中，资本主义空间均质的环境，把由权力控制的物和商品交换的物成功地结合在了一起。如我后面将会更详细地（在经济和政治方面）说明的，建筑引起了社会关系无情地凝缩。它包含了，与此同时也减少了空间整体的词型：作为支配和取用的空间（在此强调了技术性支配）；作为工作和产品的空间（在此强调了产品）；以及作为直接性和中介性的空间（在此强调了介入和介入者；对于建设项目来说，指从技术模具到财政"支持"的各个方面）。它减少了有意义的对立和价值，其中包括快乐与痛苦、使用，以及劳动。这种社会属性的凝缩很容易在 19 世纪以来的那些带有行政大楼风格的建筑——如学校、车站、大礼堂、警署或政府部门，等等——上面辨认出来。在这里，置换和凝缩在任何一点上都是同样重要的；置换见证了"生活便利设施"的支配地位，这些"便利设施"是一整套用于定位化（localization）和"定点化"（punctualization）活动——包括休闲娱乐、体育和游戏等在内——的机制。这些"设施"因此集中在一些经过专门配备的"空间"里，这些空间就像工作世界中的那些被划定了界限的工厂一样。这些"设施"为那些存在于社会

F262

---

① 本节讨论普通建筑空间问题，提出现代社会空间与古代社会空间的最大区别是把建筑精华从纪念碑中转向市场化的普通建筑物之中，这就为进入下面几章对空间的历史形态研究作了一个过渡与准备。——中译者注

空间自身——即那个在经济上被资本所决定、在社会上被资产阶级所支配、在政治上被国家所统治的空间——中的各种活动，提供了"横向组合的"也即句型的关系。

或许有人会问，空间整体是否是由**建筑术**（关于建筑术的讨论 E228 即将告一段落，我们的讨论将转向其他的分析性视野）决定的？答案必然是否定的。这里有几方面的原因。首先，整体层面依赖于辩证的过程，这个过程不能被还原为二元对立、相互对照和相互补充，或者被还原为镜像效应和摹本，即使这种重复或者对立在这里的确是构成整体性必不可少的组成部分。换言之，它们是必要条件而不是充分条件。整体层面动员起了三位一体的三个方面的冲突和联系。现在，重新呼唤这些联系中最本质的东西是有益无害的：因为资本主义是不能通过诉诸于二元对立得到分析或者解释的，如工人阶级和资产阶级、工资和利润，或者生产性劳动和寄生性劳动之间的对立；相反，它是由三种要素、条件或环节所组成的，即土地、劳动力和资本，换言之，即地租、工资和利润。它们一起构成了剩余价值这个完整的统一体。

此外，整体层面有它自己的存在方式，其影响在性质上不同于局部的影响。像语言那样，整体性空间（正像例如位于纪念碑性建筑和普通建筑之间的街道或广场的空间）生产出效应，此外还有沟通的效应，它们是矛盾的：既是暴力性的又是劝导性的效应，既具有（政治上）合法性的又有非法性的效应。鉴于整体性空间承受了 F263 权力的印记和指令，它的影响也反过来提升了我们讨论的层面——建筑（纪念碑性建筑／普通建筑）的层面和城市的层面。在这些层面上，在整体性空间试图表意的地方。多亏了那里的居住者，同时也是为了他们，表意得以实现，甚至是在"私人"领域。但是整体性空间的表意范围仅能到达居住者接受的地方，或者是将"公共性"强加给他们的地方。

而这又把我们带入另一个领域，另一场讨论。

第四章 从绝对空间到抽象空间

第 一 节 ①

让我们复述一下：社会空间首先是生物形态和人类学意义上的 空间，但它倾向于超越这种质朴性（immédiateté/immediacy）。不 过，（在此过程中）没有什么东西会消失得无影无踪，而那些所谓的 持存物（subsiste/subsist）也不应当仅仅被定义为踪迹、记忆或遗迹 等②。在空间里，先行者持续地支撑着后继者。社会空间的先决条 件自有其特殊的方式在这一空间中持续和保持其自身。因此，第一 自然可以在"第二自然"中持存下来——见证城市的现实，尽管采

F265
E229

---

① 本章是列斐伏尔所说的"空间的历史"之前资本主义篇。本节既是对上一章内 容的回顾与总结，也是对本章内容的提要，中心在于从三元辩证法角度分析讨论空间实 践、空间表意与表征空间的关系，以及空间的绝对性与相对性关系，由此拉开了资本主 义抽象空间形成的史前史序幕。——中译者注

② 详见本书第二章第十五节等处（《空间的生产》法文第四版第 190 页及英译本 第 164 页及以下内容）。本书的结构不是一个线性的（时间）叙述过程，而是穿插而行的 闭合圆环（空间）。比如，这里的第四章就不是第三章的直接继续而是"接着"第二章的 最后话题讲的；第三章就不是第二章的继续，而是直接"接着"第一章最后所强调的"回 溯性"历史研究方法。如果说第一章是全书总纲，第二章则是全书的主干，这两章并立。 第四、五、六三章是本书的"历史篇"，是对第一章所谓"空间的历史"概念的历史性地 展开。第七章则是对第一章的回归和叙述圆环的闭合。——中译者注

取了一种完全是获得的、因而是虚假的方式。**建筑术**的任务就是描述、分析和解释这种持存性，这种持存性通常是在对诸如地层、历史时期、沉积层等的隐喻性速记（short hand）中被唤醒的。因此，这是一种方法，它接纳并努力重新组合那些被民族学、人种学、人文地理学、人类学、史前史（prehistory）和历史学、社会学等专门化和局部化的学科所分散了的元素。

　　如此构想的空间或许可以称之为"有机的"。在群体之间、群体的成员之间，以及"社会"与自然之间关系的质朴状态中，被占用的空间直接——也就是"当场"，可以这么说——体现了社会组织在其上建立起来的关系。抽象在这些关系中没有什么地位，这种关系仍然停留在性别、年龄、血缘，以及在精神上没有经过概念化的形象的层面（也就是**言谈**［parole/speech］的层面）。

F266

　　人类学已经向我们表明，被任何特定的"原初"群体所占用的空间，是如何与这些群体成员的等级分类相对应的，并且这些空间是如何始终现实地和当场地表达那种秩序的。[①]古老社会的成员遵守社会规范，但他们并不了解这些规范。也就是说，他们并没有认出那些规范本身，而是空间性地生活在这些规范中：他们并非忽视了这些规范，也没有误解它们，而是直接体验着它们。法国、意大利或是土耳其的村庄的情况也差不多，如果注意力从那些来自外部的因素——市场、社会抽象物（如货币），或是外部政治权威——所起的作用中抽离出来。近处的当地的秩序，和远处的国家的秩序，

E230

────────────

　　①　例如可参看 M. Fortes 和 E. E. Evans-Pritchard 合著的《非洲政治体制》一书（伦敦：牛津大学出版社，1940 年版）（*African Political Systems*, London: Oxford University Press, 1940）。——原注

当然早就不一致了：它们要么彼此有冲突，要么彼此叠缩在一起 [①]。
正是在这个意义上，"建筑术"的决定因素以及它们所理解的空间，
在社会中保持下来，虽然曾受到根本的修改但从未完全消失。这种
潜在的连续性不只存在于空间现实中，也存在于表征性的层面。先
在（pre-existing）的空间不仅支撑着持久性的空间安排，也支撑着
表征性空间以及与之相伴随的想象的和虚构的叙述——也就是通常
所说的"文化模式"，尽管"文化"这个术语常引起很大的混乱。

　　如果把空间表象当作"生命"研究的基础，知识就会落入一个
陷阱，因为这样做就把活生生的经验简化了。确切地说，知识的**对
象**是（一方面）复杂精致的空间表象与（另一方面）表征性空间（及
其支撑物）二者之间破碎而不确定的联系；并且这一"对象"隐含（并
解释）了一个**主体**——以它为主体，那些活生生的、感知的和构想 _{F267}
的在一个空间实践过程中走到了一起。

　　因此，"我们的"空间，在通过积累和量变而由历史遗留下来
的沉淀物的覆盖之下，仍然保持着质的（和正在质化的）特性。这
里所说的质性是**空间**的质性，而不是（像后来表象所隐含的）**被嵌
入空间**的质性。说这种质性构成了一种"文化"，或"文化模式"，
对我们所理解的话题并无多少帮助。

　　这些质性（其中每一个都拥有自身特殊的起源、特殊的年代）
依托于特定的空间基础（场所、教堂、寺庙、堡垒等），如果没有这
个基础，它们早就消失了。它们终极的基础——即使是在这个基础

---

　　① 　见列斐伏尔《从乡村到城市》（*Du rural à l'urbain*, Paris：Anthropos, 1970）"农村社会学的前景"一章。——原注

E231 甚至被抛弃、被打碎和被局部化的地方——是**自然**；这是一个不可还原的事实，尽管我们很难根据自然所起的这个作用——作为相对之中的绝对，同时也作为相对之根基的绝对——来定义它。

从罗马时代的古罗马人那里开始，基督教传统便被继承下来，并延续至现代世界，这是一个充斥着魔性-宗教性存在、充斥着神性的恶或善、充斥着男男女女的空间，是一个与大地上或地之下（亡灵），以及受习俗和仪式的形式体系束缚的所有一切相关联的空间。古老的空间表象——苍穹、天体、作为大地上可栖居之中心的地中海——已经坍塌。但是其表征性空间——死亡之域、阴森毒疠的力量、深处和高处——却幸存下来了。艺术——绘画、雕刻、建筑——吸取并且继续吸取着这些素材。中世纪的高尚文化（相当于现代世界的通俗文化）拥有它的史诗空间，这是**传奇文学**和圆桌骑士们的空间，它横跨梦想与现实；这还是骑兵队、十字军和马上比武的空间，在这里，战争和庆典之间的区分变得模糊难辨。这个空间——它不停地祈求那些低微的本地神祇的帮助——很难从罗马时代延续下来的组织化和司法化的空间中脱离出来（尽管事实上它是清晰可辨的）。至于有关传奇和神话，有关森林、湖泊和海洋的诗意空间，它在与自17世纪以来便被民族国家赋予了形式的官僚制的、政治的空间一争高下。但是它也完善了后者的空间，赋予它"文化"的

F268 一面。通过浪漫主义运动，这一浪漫的表征性空间从德意志野蛮人手中取得，那些野蛮人曾瓦解了罗马世界，实行了西方世界第一次伟大的农业革命。

一种现存的形式在"历史学"的干预下转回质朴状态所凭借的过程，是对最初的构形过程的反向重复。在表征性空间与它所涉及

的象征系统之间发生冲突并不少见，这种冲突在希腊-罗马（或犹太-基督）传统的想象世界与对自然的浪漫主义的描绘之间，表现得尤为明显。这也是对于通常存在于理性和象征性之间的冲突的一个补充。即使是今天，城市空间仍以两种面貌出现：一方面，它充斥着神圣的或邪恶的场所、遵循着男性或女性原则，富于奇思和幻觉效应；另一方面，它是理性的、国家统治的、官僚制的空间，它的纪念碑性意义被各种形式的沟通，也包括信息沟通，所侵蚀、所遮蔽。因此，你必须从两个不同的角度来领会它：作为**相对**（真实的）之中的**绝对**（外观的）。

　　什么是艺术的奇幻（fantaisie/fantasy）？艺术带我们走出当下，走出封闭，走出空间表象，走进远离我们的东西，走进自然，走进象征，走进表征性空间。高第[①]为建筑所做的正是洛特雷·阿蒙[②]为诗歌所做的：让它经受疯狂的洗礼。高第将巴洛克艺术推向极致，但却不是在广被接受的规则或分类的基础上。作为一个嘲讽了神灵的可笑的崇圣之地，圣家堂[③]使现代空间和古老的自然空间相互败坏（irruption/corrupt）。对已确立的空间符号的无视，加上自然和宇宙生殖力的迸发，创生了一种非凡的、令人目眩的意义的"无限化"。在缺少已被接受的象征体系，却又超乎日常意义之外的地方，一种崇高的力量发生了作用，它既不是国家的力量，也不是教会的力量，

E232

----

　　①　安东尼·高第（Antoni Gaudi，1852—1926），西班牙"加泰隆现代主义"建筑家，是新艺术运动的代表性人物之一。——中译者注

　　②　洛特雷·阿蒙（Lautre Amont，1846—1870），法国诗人。——中译者注

　　③　圣家堂（Sagrada Familia）全名神圣家族赎罪堂，位于西班牙巴塞罗那，从1882 年开始修建。建筑家安东尼·高第 31 岁时接受设计这个教堂，并将一生 43 年的心血都花在设计这个教堂上。——中译者注

还不是艺术家的力量，更不是神学的力量，而是一种可以大胆地视其为等同于神圣超越性的自然性（naturalité/natualness）力量。圣家堂表达了一种被现代化了的异端，它搅乱了空间表象，将其转化为表征性空间。在表征性空间里，欺骗与谎言是神圣的代言。其结果近似一种爱欲化（eroticization）——基于对一种冷酷的、具有性神秘意味的快感崇拜（sacralisation/enshrinement）。这种快感是愉悦的反面，也是它的倒错。所谓的淫秽是现代的"现实"，在这里它是被舞台选定的，而高第就是舞台管理人。

F269

在城市扩张和增殖的过程中，住房是再生产性的保证，不管是生命的、社会的还是政治的再生产。社会——也就是资本主义社会——既不再对它的要素进行总体化，也不再借助纪念碑性建筑努力实现总体的统一。而是竭力将其精华注入普通建筑之中。作为古代世界纪念碑性建筑的替代者，处于国家控制——监督生产和再生产——之下的住房，使我们的关注从宇宙"自然"（空气、水、阳光、"绿色空间"）——它显得既枯燥又虚假——回指向**生殖力**（génitalité/genitality），即家庭、家庭单位和生命的再生产。[①]可替换的（commutable）、可置换的（permutable）以及可互换的（interchangeable）空间，其"参与"自然的程度各不相同（它们也可能会排斥或破坏自然）。通过生殖力而与自然相联系的家庭空间，是意义和社会（空间）实践的保证。在经受了各种分离与分隔的肢解之后，社会统一体为了一般的再生产，并以一般的再生产为手段，而能够在家庭单位的层面上重构自身。生产关系的再生产在社会

---

① 有关论述参看本书英译本第52-53页、227页及376页等处。——中译者注

关系瓦解的过程中（并以这种社会关系的瓦解为基础）继续快速发展；社会关系的纽带瓦解得如此之深，以至于"亲密性"（familiarité）（指家庭生活、日常生活）的象征的空间，这唯一有待"取用"的空间，还继续支配着一切。使其成为可能的，是"家庭"日常生活实践不 E233
断地从**空间表象**（地图和图纸、交通和通信系统、由图像和符号传播的信息）回指向**表征性空间**（自然、生殖力）的方式。从一方指向另一方，再倒转过来，如此形成了一个摆动，这个摆动扮演了意识形态的角色，从而取代了任何一种鲜明的意识形态。在此意义上，空间是个陷阱，尤其表现在它逃避当下的意识。这有助于对空间"用户"们的被动性进行解释。只有少量"精英"分子看到了这个陷阱，并试图回避它。我们也许应该从这个角度去观察那些在抵抗运动和社会批判中存在的精英主义的特征。但同时，对空间的社会控制对所有那些无法抵御日常生活亲密性诱惑的消费者们，也确实造成了很大的压力。

尽管如此，这种亲密性还是趋向于瓦解。绝对和相对自身本 F270
来就易于解体。亲密性要么被误导和／或被盲目迷恋，要么被神圣化或亵渎，它既是权力的代表物也是一种没有权能的表现，并且是一个虚假的满足的核心。亲密性对所有这些矛盾都不具有什么免疫力。

因此，空间的残留物不仅使二重意识形态幻觉（不透明／透明）成为可能，也使复杂得多的指涉（renvois/reference）和替代（substitution）成为可能。正是由于这个原因，社会空间可以——至少是部分地——根据以下方面来描绘和解释：根据有意图的表意过程；根据成系列的或分层的符号；和根据叠瓦状的形式。辩证运动则对重叠的分类和逻辑关系进行了"超分类"（surclassent/super classify）和"超编码"（surcodent/super code）（我们目前涉及的这种运动有直接 / 中介、相对 / 绝对）。

象征和象征主义（symbolism，也可译作"象征体系"——中译者注）是经常被讨论的话题，但在这方面却鲜能听到真知灼见。人们常常忘记了，有些象征符号——如果不是全部象征符号的话——在象征什么之前，有一个物质的、具体的存在。例如，迷宫（labyrinth）原本是一个军事和政治的结构，用于陷敌人于不可逃脱之地。迷宫在象征发源地（womb）（也指"子宫"——中译者注）之前，也表示宫殿、城堡、避难所、掩体。后来迷宫甚至作为在场和缺席之间的调节器，而获得了更进一步的象征意义。另外一个例子是黄道（zodiac），它原本表示牧人们在广阔的草原上设置的地平圈，后来却成为划界和定位的图形。

最初——并且从根本上——绝对空间有一个相对的方面。至于相对空间，它藏匿了绝对（空间）。

第　二　节 [1]

E234　　绝对空间的摇篮，即其起源（如果非要使用这个词的话），是农牧业空间的碎片，是一系列被农民或游牧民族或半游牧民族命名和开发的地方。当通过统治者或征服者的活动，这一空间中的一部分

---

[1]　本节讨论绝对空间的由来与实质问题。相关内容参看本书英文版第48—49页。——中译者注

给指派了新的用途，并从此表现出超越性、神圣性（也就是说，在那里居住着神圣的力量）、神奇性和广袤无垠性的时候，一个关键的 F271 时刻就到来了。但自相矛盾的是，绝对空间继续被感知为自然的一部分。更为严重的是，其神秘和神圣的（或被诅咒的）特征被归结为自然的力量——虽然事实上那是政治权力在操弄；事实上，政治权力已把这一地区与它的自然背景扭断，尽管其新的意义，也完全是以这种政治活动为基础的。

围绕着这个有机结合的核心——它是时间的中心，因为它是空间的中心，多少有些"和谐地"分布着已经稠密的人口。而事实上，只有被"历史"机遇垂青、环境适合的情况下，核心与其周围之间的和谐才会发生。而在几乎所有情况下，政治和宗教中心都深深地带有城镇和乡村、都市空间和农业空间之间冲突的印记。通过禁止和保护的仪式赋予中央空间以宗教和神秘的力量，正是对来自外部的真正威胁的回应。

城镇和它的位置远离周围的乡村，那里艰难的贡品，有的是以农产品的形式，有的是以野外劳动的形式。但是，城镇与乡村存在两方面的关系：首先是城镇作为一个实体从农村社会提取剩余产品，其次是作为一个拥有行政和军事能力的实体为农村社会提供保护。有时前者占主导地位，有时后者占主导地位——通过占有乡村空间，城镇有时呈现出"母性的"一面（它通过储存、囤积或交换一部分剩余产品而获益，然后将或大或小的一部分利益交还给生产者）。有时呈现出"男性气概的"一面（在提供保护的同时也进行剥夺，或在剥夺的同时也给予保护；它掌握权力；它监督、调节，有时也组织农业生产，负责建设堤坝、灌溉、排水等大型工程——正如东方社会那样)。

E235　　　因此，城镇(都市空间)与乡村空间存在着象征性的关系，它在其中居于支配地位(但往往有很大困难)。农民容易缺乏安全感，至于牧人、游牧或半游牧民族，城镇总是发现很难容纳他们，事实上，他们甚至是城镇潜在的征服者。

F272　　　因此，城邦通过确立一个核心，一个享有特权的焦点，而建立起一个固定的中心区，并被带有中心区特征的外围地区所环绕。从这一刻起，广阔的先在的空间似乎就被一种神圣秩序所宰制。与此同时，城镇似乎将其周围的一切都聚拢起来，包括自然的和神圣的、人间恶的和善的力量。作为**世界的形象**，都市空间在其所拥有的、在某种意义上的确是由其所**掌控**的乡村空间，得到了反映。因此，超乎它的经济的、宗教的和政治的内容之上，都市空间和乡村空间的这种关系已经体现了一种象征要素，体现为一种形象-反射(image -and -reflection)：城镇从它的复制、反射和回响中感知出了自身；城镇从它的塔楼的高度、从它的大门及其钟楼审视自身，城镇从由其所塑造的乡村中——也就是说，在它自己的**作品中**——审视自身，而获得了一种自我确认。城镇及其周围于是构成了一种**肌理**。

　　　作为城市统一体的守护者，从而作为全体城市成员(包括乡村居民)之间的纽带，绝对空间凝聚和停靠着(似乎至少是停靠着)所有正在传播的力量。死的力量是否先于生的力量，或者相反？这是一个纯粹的抽象问题，因为生死二者是同步发展的。城市统一体将生与死联结在一起，正如它将生者相互联结，尤其是，例如在那些城市作为财富集中地由一个君主具体地体现出来的地方，这种是经常发生的。绝对空间因此是并且首先是死亡的空间，是一个死对生拥有绝对权力的空间（它们唯一的君主享用的权力）。因此，坟墓和葬礼的纪念室属于绝对空间，这表现为它们在形式上的美观和内容上的恐怖这个二重的方面。这些地方的卓越的形式美导致了陵墓的产生，陵墓是享有威望却空空如也的纪念碑；另一方面，它所具有的恐怖化的政治内容，催生了一些鬼魂出没的地方，在这里死人像拥挤的活人一样发挥着影响。基督教的墓地正是这样的地方，尽管我们也必须得说，这些墓地的确大众化（民主化）了永生。

在任何一个社会，绝对空间都要确定意义，这些意义不是指向理智（intellect），而是指向肉体，这些意义是通过威胁、制裁、对情 F273感的持续考验等方式，而被传达出来的。这个空间是"体验到"而 E236不是构想出来的，与其说它是一个空间表象，不如说它是表征性空间，一旦它被概念化了，它的意义就会衰退和消亡。

绝对空间的确拥有维度，尽管它们与抽象（或欧式几何）空间的维度并不一致。方向在这里具有象征力量：左和右当然是这样的，而更重要的是高和低。之前我已经谈到了三个层面：表面，高度，深度——换言之，被人类文明改造和统治的大地，山峰和天空，以及深渊或洞穴。这些层面各以其特有的方式，为绝对空间所利用。海拔和纵深经常被赋予特殊的意义，有时甚至是一个抽象意义（知识、权威、责任），但这种意义在不同的社会或"文化"中是变动不居的。但大体而言，水平空间象征驯服，垂直空间象征权力，地下空间象征死亡。这些关联为对于意义的需求提供了明确的回应，但它们还需要经受一些模糊概念的打磨：无论在哪里，死亡都无法被构想为"纯粹的"死亡，或是"纯粹的"空无；同样，权力、服从、知识、智慧，等等，也从未被理解为"纯粹的"。因此，绝对空间①恰恰是一个在不断自我纠正的概念。但即使采用了这种缓和的形式，绝对空间仍保持了其基本特征。对于那些邻近物来说，这才是**真理空间**（l'espace vrai/true space），是真理的空间（l'espace de la vérité space of the truth），是真理突然迸发的空间（它摧毁了现象——也就是说，摧毁了其他的时间和空间）。因此，无论是空虚时还是满溢时，绝对空间都是一个高度活跃的空间，成为社会能量和自然力量的贮存器和刺激剂。兼具神秘性和切近性的绝对空间，引生出了时间和循环。从"绝对"的角度来思考绝对空间，可以发现它并不位于什么地方。它没有具体的场所，因为它代表了**所有**的场所，并有一个严格的象征性的存在。正是这一点，使得它与亦真亦幻的语言空间和精神空间似乎有些相似，语言空间和精神空间魔幻般地、（富有想象力地）与空间领域切割开来，而"主体"意识或者说是"自我意识"，就是在这个空间领域取得形式的。绝对空间总是处于神职等级的支配之下，它尊崇神圣，这种尊崇以形而上学的方式认同所有在根本上是神圣空间的那些空间：避难所的空间**是**神圣空间，即使是在最小的寺庙或最简陋的乡村教堂。而坟墓的空间，则只是类似于生的空间、死的空间或湮没的空间——除非它包含一个神或一个君主。绝对空间——既具有宗教的规定性也具有政治的规定性——隐含了宗教制度的存在，这种制度受两种机制的支配：**认同**（*identification*）和**模仿**（*imitation*）。这些注定要成为想象和反思性思维一部分的精神范畴，却首先是以空间的形式出现的。凭借这些

F274

E237

---

①　英译本此处把"绝对空间"（l'espace absolu）误译作"抽象空间"，特此更正。——中译者注

过程，绝对空间的物质性延伸（即宗教机构的出现——中译者注）出现了，为了神职阶层以及他们所行使或服务的政治权力的利益。

"绝对"的独特性——它在礼仪上可以附着于任何地方，因而又可以与任何地方相分离——需要一个同一的标志。它因此创生出形式，而形式要与它相适应。这些形式是一个微缩的宇宙：它有一个广场（曼荼罗）①，一个圆圈或半球，一个三角形，一个被神圣原则、十字架等填满的理性的立体。

在它的古希腊版本中，绝对空间也许是空无一物的。庙宇（如帕台农神庙）被划分为柱殿或**内殿**，圣堂或**前殿**，以及**后殿**，这是神明和思想的秘密居所。它有侧面却无正面。雕像环绕着整个建筑物。游客们可以在其中随处漫步，但这里却不是一个容易把握的"对象"，除非经过一个思考的过程，这种思考将它感知为一个总体，并赋予其意义。曲线看上去——刻意地——似乎是直的：柱子的线条，如檐部的线条，有一个"不易感知"的弧度，是我们的眼睛对它做了调整。因此，对希腊人而言，曲线好像被直线再吸收了。而在这一过程中，直线也不再僵硬，变得柔和，同时继续服从逻各斯的指导。必须记住这些调整需要精密的计算。②

那可以被感知和构想的、可以被太阳之光——正如被理解之　F275

<hr/>

① 曼荼罗是梵文 Mandala 的音译；曼荼罗又译"曼陀罗""慢怛罗""满拏啰"等；曼荼罗意译"坛""坛场""坛城""轮圆具足""聚集"等；藏语 dkyil-vkhor，音译"吉廓"，意译为"中围"。是密教传统的修持能量的中心。——中译者注

② 见维特鲁威《建筑十书》，Morris Hickey Morgan 译（1914；纽约：多佛，1960），第三卷，第三章，第六节以及以下等等（pp. 80ff），附"维特鲁威表格"。——英译者注（中译本参看［古罗马］维特鲁威著《建筑十书》，高履泰译，知识产权出版社2004年版，第79页及以下内容。——中译者注）

光——照亮的立体，是宇宙的缩影。不管那个立体是空的还是被思想充满，这一点都成立。想一下古希腊的广场（Agora）吧。无论是从宗教还是从政治上说，它都是绝对空间的一部分——它凝缩了那个空间。古希腊的广场是空的，而且必须保持空旷，这样国民大会或是自由民的集会才可能在那儿举行。相反，古罗马的广场（The Roman Forum）则包含了国家纪念碑、看台、庙宇、演讲台，后来还有了监狱：这是一个被物体和事物占据和充满的地方，就此而言，它处在与希腊人的空间分庭抗礼的位置上。

　　尽管我们通过另外一条途径得出了这一结论，这里我们仍要再次辨识和确认一个观念，它是希腊"奇迹"的关键——简单质朴的**统一体**（l'unité/unity）观念。"在希腊人中"，维奥莱-勒-杜克（Viollet-le-Duc）①写道，"建筑和艺术是一回事，是等同的；形式和结构是密切相关的……"相反，在罗马人的空间里，存在一种分离，一道裂缝："我们有建筑结构，而且我们有包裹这一结构的形式，它往往是独立于结构本身的。"②罗马人以这种方式组织它的立体，是为了满足某些特殊功能——无论是在天主教堂还是在澡堂；建筑主体的功能与表面或装潢的象征是截然分离的——后者的元素是对沉重的砖块或碎石（水泥，或一种混凝土）这些主体部分的装饰性补充。希腊人（德立克、爱奥尼克和科林斯）发明的"秩序"（order）（"构造法"）**一度**成了结构本身；"秩序"这个概念包含了结构，因

E238

---

　　① 维奥莱-勒-杜克，尤金·伊曼纽尔（Eugène Emmanuel Viollet-le-Duc，1814—1879），法国建筑家、理论家。——中译者注

　　② Eugène Emmanuel Viollet-le-Duc, *Entretiens sur l'architecture, 4vols*（Paris: A. MOREL, 1863—72）, vol. I, p. 102. Eng. Tr. by Benjamin Bucknall: *Lectures on Architecture*, 2vols（Boston, Mass: Ticknor, 1889）, vol. I, p. 101. ——英译者注

此希腊建筑的外观和构成(或结构)互相之间不可分离：其中每一方都包含和显示了另一方。对于维奥莱-勒-杜克——他把一个技术员的观点带入了黑格尔关于希腊艺术和建筑发展的观点中——来说，拆解一座希腊神庙的"秩序"而不毁坏建筑的纪念碑性本身是不可能的。这一秩序不是装饰性的，柱子和柱顶也不是。"希腊的构造法无非就是其结构自身，对这个结构来说，它被赋予了最适合其功能的形式。从希腊人的秩序中，罗马人只看到了可以被去除、忽略、置换或替代的装饰物。"① F276

因此，在西方，绝对空间确立了一种严格的形式：即它的立体须经过仔细测量、放空和密封，而且按照逻各斯和宇宙统一体的理性来构建。它体现了简洁、规范和有条不紊的原则或一致的稳定性，这一原则以政治宗教的名义来实施，且同样地应用于精神和社会生活。这就确立了纪念碑的物质形式：通过一种方式，即依靠材料之间的完美配合——其客观秩序(根据垂直压力和物理质量)在自然和理性之间成功地制造了一种平衡——纪念碑实现了对时间的掌控。

从希腊人的心灵感知空间是为了塑造空间这个意义上来说，或许古希腊人是天生的雕刻家。正如黑格尔所指出的，他们能够使用自然材料——首先是木材，然后是石头——并赋予它们意义，这些意义将社会抽象物具体化和现实化为聚集、庇护和守卫。塑造自然，进而塑造空间(黑格尔仍视其为外在于精神或社会活动之物)以便表达和象征上帝、英雄、王者和领袖，这正是希腊艺术的基本精神。这尤其是雕刻艺术的真谛——无论是在其无机的方面(建筑 E239

---

① 同上，第一卷，第212页；英文译本第一卷，第210页。——英译者注

学方面），还是在有机的方面（雕刻作品）。

　　那么我们在这里是否就领会到了西方文化的基本原则呢？从部分而言的确如此——但也仅仅是部分。希腊式的功能和结构与形式的统一，排除了任何分离。但是罗马人却将那已统一的撕裂，重新将差异、相对和多变的（因此是世俗的）目标引入希腊空间，在这里，一方面是政治和宗教的融合，另一方面是数学理性，它最终能导致一种形而上学的（永恒的）终结。（古希腊）城邦集美、真、善于一体，它以一种注定要衰落的方式，将精神与社会、更高层次的象征与当下的现实、思想与行动，统一了起来。古希腊文明的顶峰预示了它的衰败之路——正如尼采所清醒地认识到的。相反，由外部的强制原则而不是内部的统一性所支配的罗马文化，它的多样性是否包含了进一步发展的种子？这种想法似乎有道理。

　　希腊人不把社会空间和精神空间区分开来的这种**空间习性**（*space habitus*），还能为形式、功能和结构这些关键概念的表述提供充足的基础吗？这一点是无疑的，因为希腊哲学显然曾试图进行这样的清晰表述，也因为希腊哲学家们已着手这些工作。在这方面，亚里士多德比柏拉图更加深入——尽管在柏拉图那里，上述的"三统一"还沐浴在本体论超越性的光芒之下；而到了亚里士多德这里，统一性变成了一种话语的、范畴的、一致的理论。然而只要他们一跨过阐述（formulation）的门槛，这些概念就开始互相分离：构想的与活生生的（亲历的）相分离、**习性**与**直觉**（*intuitus*）相分离，预设的统一体就此崩溃。另一方面，在罗马人的直觉中，统一性在某种意义上享有一定的灵活性，这表现为在每一个事例中——浴室是一个完美的例子——形式、结构和功能都从属于一个既是物质的

（满足一个需要），又是法律的（或世俗的）原则，这个原则支配着社会用途。罗马空间——尽管被物（如罗马广场）所拖累——是生产性的空间；它也是一个更自由的空间，它见证了曲线更大的用处。法律、财产或城邦的统一是活生生的、可以被感知的，而不是构想出来的，它从未被直接粉碎过。在古罗马，"需要"几乎是全部的决定因素：浴室和庄园加在一起，回应了自由民和富人所有的肉体的和精神的需要。

　　毫无疑问，奴隶使城邦的存在成为可能。自称的马克思主义历　E240
史哲学（它假设存在一种基于奴隶制的特殊的"生产方式"）在这一事实基础上所做的论断，只有当它能够表达出城邦——雅典或罗马的、逻各斯的或宇宙论的，以及罗马法的——现实的不可理解性时，才能成功。

　　希腊人所发明的空间与他们在字母、字母书写、制图、算术、几何等方面的发明之间，是否存在一种关联？也许有关联，但它无　F278
论如何只能代表它们的**习性**中的一个次要方面。而且，将希腊人的发明局限在宇宙论空间的这一个发明上，显然是有失公道且似是而非的。绝对空间总是创生出各式各样的形式，可否将其中一些形式归为理性、另一些归为神话（或非理性），对此我们根本说不清楚。比如，对希腊逻各斯—宇宙论的回应之一是迷宫，它的象征手法（在地方层面上）恢复了原始神话、母性原则、被包裹感，以及时间循环论的首要性。①

---

　　①　参看 Charles Le Roy 关于爱琴海宫殿的论述，*Le monde égéen l'Archéologie.* (Paris: Larousse, 1969)；并参看 Gustav Rene Hocke，*Labyrinthe de l'art fantastiaue, trad. collection Médiations* (Paris: Gonthier, 1967)。——原注

　　简言之，绝对空间（宗教的和政治的空间）是由神圣的或可诅咒的地方构成的：庙宇、宫殿、用于纪念的或用于丧葬的纪念碑、这样或那样拥有特权的或凌驾于众人之上的地方。因此，方位被许多禁令所统治。在极端的情况下，这种地方可能仅有比如一块石头；或者一根柱子（柱子的垂直性赋予空间的某一点以崇高的意义）——提供指示、暗示或表意作用；也可能仅有一个洞穴，或者是一个窟窿。但更一般的情况是，这个地方被边界所圈定和界划，被一个指定的、有意义的形式（正方形、曲线、球体、三角等）赋予特征。我们所讨论的这些社会中的一切，都依据这些位置而被定位、感知和解释。因此，绝对空间不能被理解为位置和标志的集合；这样理解是对绝对空间的一种最根本的误解。确切地说，绝对空间的确是一个空间，既是精神的又是社会的，两者密不可分，它**包括**相关群体（就我们目前的对象而言，就是城邦）的整个存在，只能这样理解它。这样的空间没有"环境"，确切地说，甚至没有可与整个结构相区分的任何"地方"。能指和所指在这里是否有所区别？如果你所说的区别其含义是由某位哲人（*intellectus*）演绎出来的**差异**，那答案当然是否定的。秘密空间、神圣空间或殿堂空间，完全是由它所支配的空间秩序展现出来的。在本质上是政治的所指物，栖身于宗教的
E241　能指之中。两者之间的区别是否有什么根据？没有——因为在我们关注这些问题的时候，象征（symbolism）和符号（signs）尚未分
F279　离。通过与空间相关的时间对空间进行"解码"，仍然是经由活动、典礼——特别是希腊式的游行和"理论"（théories）[①]——而引起的。

---

　　①　théories 一词除了字面上的"理论"或"体系"之义外，其原初意思是古希腊时派往奥林匹亚、特尔斐等地参加竞技会或祈求神谕的城市代表团。——中译者注

解码是仪式的、姿势的、无意识的，但也是真实的，是这种空间及其形象的用途的一部分。必须避免将一个游客在其情感、知识、宗教和民族背景的影响下"阅读"或"解码"他眼前的景观时所持的态度，误认作是一个登上帕台农神庙的古希腊人的感受。在这里，在西方文明的破晓时分，时间包含了空间性符码，反之亦然。那时还没有可能将所谓情感植入、对道德的"直接体验"，以及强加到作品上的任何解码，移置到审美之中。那时作品还在被以一种未经操控的方式体验和感知着。这里使用**直觉**和**习性**的概念，是为了避免后来对一些范畴——这些范畴由后来的**哲人**发明——的错误运用，从而避免误解和误会。[①] 只要时间和空间仍然是不可分离的，它们中任何一个的意义就能在另一个当中被发现，而且是**直接地**（也就是说，没有经过知识的中介）发现。

家庭的和个人的私人空间不受绝对空间的支配。但这并不意味着私人空间拥有充分的自由。绝对空间并不区分公共的和私人的，它只是在可以拥有自己的宗教和政治身份这种程度上，容纳所谓的私人领域（家庭、家族）。私人空间的自由是微弱的——它拥有宅居或聚居的自由——怀着不同程度的谦卑，围绕那些被赋予了或高或低意义的地方。

也正是从这个方面而言，罗马的空间组织为多样性留下了更多空间。但是，付出了什么代价？

---

① 　关于这些哲学起源的概念，见 F. Gaboriau 的 *Nourvelle initiation philosophique*, vol. II（巴黎：Casterman，1963），pp. 65ff.；当然，还可参考阿奎纳的《神学大全》。——原注

第 三 节 ①

　　诗人们在其名篇中②从来没有忽略过(地表的)裂缝和(地下的)
深渊，顺理成章地，也不会忽略顶点和高峰。在(现代)西方文化的
破晓时刻，但丁(Dante)以一种无与伦比的有力的方式处理了深度
(地狱)和高度(天堂)的主题——尽管在处理这一问题时，他对表
面、对缺乏深度流露出某种程度的轻视，这一偏见后来才被尼采所
纠正。这种在影和光、邪恶与神圣之间进行两分的再次出现，一直
延续到雨果的崇高修辞(sublime rhétorique)。空间和语言之间的
这种关系，的确经历了至今鲜为人知的兴衰变迁过程。

　　首先这样做的是哲学家们，海德格尔在《存在与时间》中对尘
世(mundus)③进行了审视，将其视为形象、象征、神话，以及作为地
方。他在探寻"世界"时，更多地是从一位哲学家的角度，而不是
历史学家、人类学家、社会分析家的角度。

　　这个"尘世"：它是意大利南部城镇的某个神圣的或被诅咒的
地方。最开始，它是一眼坑、一口布满灰尘的洞、一座公共垃圾堆。
里面堆满被人们丢弃的垃圾和各种污秽物，以及那些被处死刑的人
和没有父亲"抚养"的新生儿(也就是说，这个婴儿没有被其父亲从

F280
E242

---

　　①　根据本书第一章对"空间的历史"之含蓄提示，历史上的空间形态依次是绝对
空间、神圣空间、历史空间、抽象空间、矛盾空间与差异性空间等。本章前两节重点研
究绝对空间，自这一节开始进入对神圣空间的剖析。——中译者注
　　②　这里可能暗指但丁的《神曲》。——中译者注
　　③　Mundus 是拉丁语，词义为"世界"，法语的 monde、西班牙语的 mundo、意大
利语的 mondo 等皆由此词派生出来的。——中译者注

地上抱起，举过头顶，以获得第二次新生——社会意义上的，也是生物意义上的新生）。因此，一眼坑之"深"首先就"深"在它的意义上。它将城市、地之上的空间、作为泥土的土地和作为领土的大地，与那隐藏的、秘密的、地之下的空间——这些空间是繁荣与死亡、开始与结束、诞生与埋葬的空间——联系在一起（以后，在基督教时代，公墓有了差不多的功能）。这眼坑也是一个通道，借助它，死者的灵魂得以回到大地的怀抱，然后再次出现，重获新生。作为时间的中心、出生和坟墓的中心、养育我们的大地母亲的阴道、从深处浮现的黑暗廊道、向光明开放的洞穴、隐藏力量的港湾和阴影王国的入口，这个尘世既让人怕又让人敬。在它的含混中包含了最肮脏的和最纯洁的，包含了生与死、兴盛与毁灭、恐惧与魅力。"尘世是不洁净的（*Mundus est immundus*）"[①]！

　　空间的精神分析学家能否解释这一奇特而有力的在场-缺席？当然可以，但是我们与其忙着对它进行一种**后验式的**合理化，不如 F281
去展望一个缓慢的"历史"分泌（secretion）过程更有意义[②]：各种解释在一层层地堆积和叠置，与之相伴的还有仪式和神话——当南部意大利人（Italiots）[③]将他们的恐惧安放和聚焦于这片深不可测的王国时，以上这些就发生了。应当把虚空放到中心，是的，应当放到"世界"这个概念的中心，这是一个如此奇怪的事实，以至于仅仅凭借心理现实无法对它进行解释，尤其是当我们想到未来的时候——　E243

---

　　①　也可译作"干净就是不干净的"。——中译者注
　　②　有关空间实践如何分泌出社会空间的问题，还可参看本书英译本第38页等处。——中译者注
　　③　这里特指意大利南部古希腊移民城邦的居民。——中译者注

因为未来的种子就包含在这个表征性空间之中。

罗马本身就是阴间冥暗力量的驱逐者，它通过以一种可以把控的方式表征这些力量，而挑战了这些力量。永恒之城因此通过一个比喻的过程将自然融入其自身（军事的、司法的和政治的）的秩序之中。公民-士兵、首领和父亲的观念并未把妇女的角色从城市的空间中排除出去——无论是在表象中或现实中。如果说"尘世"在罗马人思维的构成过程中扮演了一定的角色，那它一定是相反的和武断的角色：父亲的形象。父亲支配一切，他复其本然：首领、政治卫士，并因此是法律或正义（法律和正义被根据战胜者的秩序而强加给被征服者，包括分割战利品，以及重新划分势力范围——主要是土地）。父-王（Peter-Rex）在与世界的关系中不是处于被动的一方；相反，他凭借其实力和权利、财产和门第、使用和滥用的权利（*jus utendi et abutendi*）①——其权力的限度并不是由别人的"存在"所设定的，而是由人群中那些与他分享同一权力的人的权力所设定的——重新组织世界。这个父-王，后来的帝王，既是行政元首又是牧师，因此围绕自身重构了空间，作为**权力的空间**。

这样，空间的（社会的）和精神的秩序由此诞生，而它又将引起西方社会（及其意识形态）——也即（罗马）法、法律的观念，以及世袭的观念、司法的观念和道德父权的观念——的产生。

父权将它的司法（法律）强加于母权之上，促进了抽象物进入思想的律法的行列。通过父亲对土地、财产、孩子、仆人、奴隶以

---

① 马克思曾经将这个权利作为私有制的代名词来使用。参看《马克思恩格斯选集》第1卷，人民出版社1995年第二版，第133页。——中译者注

及妇女所实行的统治，抽象物被引入和设定。分配给女性那一半世
界的是直接体验、生命的再生产（它不可避免地始于与农业生产的
紧密联系）、欢乐和痛苦、大地和地之下的深渊。与家长制强权不 F282
可避免地相伴随的，是强制推行符号法律，通过书写、碑文，也即
通过铭刻在石头上，而加之于自然中。从母系原则（这些原则在亲
属关系中仍然很重要）向父权统治的转变，意味着一个特殊的精神
和社会空间的建立。伴随着土地私人所有的兴起，出现了依据抽象
原则对土地进行划分的需要——这些抽象原则支配着财产的边界，
也决定了财产拥有者的地位。

　　罗马：给本城（*urbs* 即罗马——译者注）及世界（*orbis*）降福。
古代的城市被理解和感知为一个世界的形象，聚集、整合了附近那
些一直是离散状态的元素。城市楔入自然，占据着自己的地盘，它 E244
那界定清晰的形态与周围地区截然不同，并产生了一种特殊的空间
表象。在市民们"思考"他们的城市时，不是把它看作位于其他空
间中的一个空间，而是看作更宽广的东西：城市构建起了他们的空
间表象——作为世界上、大地中的一个整体。另一方面，**在城市中**，
表征性空间将得到发展：妇女、仆人、奴隶、孩子们都有他们自己
的时间、自己的空间。自由民，或者说政治的守护者，展望着世界
的秩序在他们的城市中得以空间化地具体表达。军营，作为一个工
具性空间，用来应对不同的秩序（这是一个矩形的、严格对称的空
间，沿着南—北方向［*cardo*］和东—西方向［*decumanus*］的两个轴
线组织起来）。

　　至少根据传统的解释，罗马的建立受到了一种明确的礼仪风格
的影响。罗马的创立者瑞摩斯（Remus）用他的犁在地上画了一个

圈，于是就从自然中抽取出了一个空间，并赋予其政治意义。这个罗马创立故事中的每一个段落——故事的细节对我们的目的而言并不重要——都既是象征性的又是实际的；现实和意义、当下的和抽象的乃是一回事。

一切都表明，罗马人的空间是根据一种**直觉**来理解和建造的。本城和世界：总是环状的、非几何的形式。由此而导致的理性，无论是空间的还是司法的，在出自罗马人心灵的最根本和最具体的创造物中，随处可见——穹隆、拱门、环形物（圆形竞技场[circus]、圆圈[circulus]），甚至是罗马议员的长袍，这些长袍至少在某些时期只是在一块圆形的布料上开一个洞以便伸出头。这里的直觉——与**习性**相对——并不定指一种作为基本知性的理论直觉，而是指一种实践，一种空间实践，一种被（同样是空间的）表象所动员的实践。

一位对罗马的空间起源怀着好奇的游客，不但要深入思考大理石造就的罗马，还要思考砖块造就的罗马；不但要凭吊包含着丰富意义的大竞技场和城镇广场，也要认真关注万神殿，当然，不是仅仅流连于其大理石外观。是内部再生产出了世界本身——当它出现在并且穿过这个城市时，它向天国的神威敞开了胸怀，欢迎所有的神灵，拥抱所有的地方。游客在大部分时间应当丢下旅游手册，专心分析这一空间的构造，以及它那令人称奇的缠绕的曲线和交错的拱形（无论负重与否）。罗马所提供的是一个创生（或生产）空间的形象。什么空间？具体地说，是权力的空间。政治空间不仅仅是由行为建立起来的（通过物质暴力生成一个地方、一种法律秩序、一种立法）：这种空间的起源也预设了某种实践，形象、象征，以及建筑的、城镇的和地方化的社会关系的构成。

　　但一个悖谬的事实是，这种有着既精致又单调的形式的**直觉**，注定将变为**习性**。一种空间表象——如具体地体现在石头、城镇、父权制法律和帝国中的——将被转化为表征性空间，没入重新发现的、退化的尘世中，那时是一个地下的、地狱般的深渊。这一表征性空间将转而变成基督教的"根基"及其基本资源。这一切是在帝国和城市长期的衰败过程中发生的。正如奥古斯丁这个天才的野蛮人所说，"尘世是不洁净的"。

　　总之，通过一种分析方法，我们可以辨识出罗马的方方面面和罗马精神：

1. 具有二重性的**空间实践**：罗马的道路，无论是民用的还是军用的，都将**城市**与其所统治的乡村连接起来。道路让这个既作为人民也作为立法者的城市，可以宣称其政治中心处于全世界（*orbis terrarum*）的核心地位。帝国大道从**本城**通向世界所穿越的大门，将神圣的城郭与臣服于它的领土区分开来，并允许进出。在相反的一极——合法地建立在"政治"社会中心的"私人"生活的一极，以及根据相同原则的私人财产——我们发现罗马的房屋清楚地对应于明确的需要①。

2. 具有二重性的**空间表象**：一方面是环状的本城和世界，拥有其外延和内涵（拱门、穹隆）；另一方面则是军营，有着严密的网格和两个垂直轴线——南北走向的和东西走向的，这是一个封闭的空间，是被隔开的和设防的。

---

　　①　详细描述见维特鲁威《建筑十书》，第六书，第七到八章（pp. 185ff.）。——原注（中译本参看维特鲁威《建筑十书》，高履泰译，知识产权出版社 2001 年版，第 175 页及以下内容。——中译者注）

F284

3. 具有二重性的**表征性空间**：男性的、军事的、威权的、法律的
　　原则，而且是支配性的；女性原则——尽管没有被否认——
　　则融于、植入大地的深处，作为种子的播撒地和死者的倒卧
　　处，作为"世界"。

E246　　　以上具有决定性的三个层面，在一个完整的统一体内，与被感
知的、被构想的和被直接经历的（"活生生的"）相对应①。在空间实
践中且通过空间实践，经过历史过程的淬炼，**直觉**转变为**习性**——
先是经历了一个强化的过程，然后是退化的过程。也是在这一过程
之中及之后，**理智**（intellectus）出现在维特鲁威②关于概念化的话
语中，也出现在其他一些作者那里［如西塞罗③、赛涅卡④］。感知
的、构想的和活生生的这个三位一体，以及这三个概念所指代和隐
含的一切，通过互动而构成了空间生产的一部分；互动将原始的**直
觉**变形为一个准系统（穹顶及其魔力、拱门或导水渠）。就罗马而
言，组织、思想和空间生产总是出现在一起，事实上几乎是携手并
进的。并且它们不是出现在逻各斯的标志下，而是出现在法律的标
志之下。

---

① 有关原理的详细论述参看本书第一章第十七节。——中译者注
② 马尔库斯·维特鲁威（Marcus Vitruvivs，公元前 80 年或前 70 年—约前 25
年）古罗马作家、建筑师和工程师。他的著作《建筑十书》是西方古代唯一一部建筑著
作。——中译者注
③ 西塞罗（Marcus Tullius Cicero，公元前 106 年—前 43 年）罗马共和国著名演
说家和政治家，被誉为"拉丁语雄辩家"，也是一位散文家，被认为是三权分立学说的古
代先驱。——中译者注
④ 赛涅卡（Lucius Annaeus Seneca，约公元前 4 年—65 年）古罗马时期著名的斯
多亚学派哲学家。——中译者注

第 四 节

基督教以一句双关语 ① 而兴盛起来："尘世是不洁净的"。(它 F285
同另外一句同样著名而深奥的对逻各斯和语词的操弄，紧密地联系
到了一起)。至于稍后的哲学——基督教社会的哲学，它兴盛于奥
古斯丁对时间和空间(或者主体和客体)的两分，并贬低后者。②

到了更接近于现代性的时期，拜马克思影响之所赐，一个高估
经济领域的趋势出现了，它要么把经济等同于历史(所谓的历史唯
物主义)，要么将其与历史对立起来(普通的经济主义)。在以上任
何一种情况下，经济领域作为历史的前提和基础都被误解了③。那么
希腊人的逻各斯和逻辑呢？罗马法和法规呢？它们的地位仍是模
糊的，有人对它们盲目崇拜，有人对它们表示不信任。至今，它们
仍继续发挥着实际影响，因为它们不仅仅是意识形态。逻辑是知识
的一个完整的部分，正如法律是实践的一个完整的部分。把这些范
畴限制在人类学，或是纯粹而简单地将其限制在历史性之中，很难
说是令人满意的解决之道。但如果把空间纳入到反思性思维之中，
就会降低这些范畴的模棱两可性。但当提到"空间"时，我想说的
"真实的"空间，不是一个抽象的、净化的、清空的空间，而是具有

---

① 所谓"一语双关"，从字面是说，mundus 一词既有"尘世"之意，也有"洁净"
之意，*Mundus est immundus* 直译出来就是 "洁净的是不洁净的"。——中译者注

② 见圣奥古斯丁《忏悔录》，第十卷。(中译本参看[古罗马]奥古斯丁：《懊悔录》，
周士良译，商务印书馆 1987 年版，第 185 页以下内容。——中译者注)

③ 英译本将此句译作 "history as the precondition and underpinning of the economi
realm was misapprehended"，根据上下文来看，显然误译，特正正。——中译者注

具体形态的空间。逻辑和法律难道不是空间组织的原初形式吗？
E247 这些形式难道不是预设并具体体现了空间表象和表征性空间吗？

的确，让人感到奇怪的是，在不止一个方面，"我们"西方人——作为一种枯竭的传统的继承人，作为一个我们也几乎不知道该如何表述其特征(是资本主义？犹太基督教？还是两者兼而有之？是一种"无身体的文化"？一个同时具有纵容和压抑两种矛盾特性的社会？一个官僚化治理的消费体系？)的社会、文化和文明的成员——却认为相比较罗马世界，我们更应该接近希腊人的理性和宇宙。而事实上，我们是深受罗马世界影响的。

古希腊城邦，连同其卫城和广场，是通过一个山顶上的居地
F286 统一体(synoecisme)①，即村庄的统一体而形成的。它伴随着白天灿烂的阳光而降生。大海总是在村庄的不远处提供着丰富的资源。而那些未知的、遥远的、危险的却并非不可接近的东西，同时又是与好奇心、想象力和思想不可分割的刺激物。

此处和别处一样，本来是一次偶然的遭遇和实践所引发的事情，却被后来的修辞学赋予了神秘而不可思议的性质。希腊城邦无法驱除阴间的冥暗力量；相反，它超越了这些力量，并克服了它们。偶尔，它也会捕捉它们，如厄琉息斯②。对市民和城市居住者来

---

① 该词乃古希腊语 συνοικισμός 一词的音译，也有译作"村镇统一体"或"杂居运动"，等等。它最初的意思是要把希腊各地的村庄与小镇归并到一个更大的政治共同体如某个城市之中。希腊的城邦民主政治也是由此而来的。与中国上古社会相似，早期希腊社会居民也曾被生硬地分为居住在乡村的乡下野人"demos"(δημοι, κωμαι)和居住在卫城中的"国人"("asty"或"polis")(πολις)等多种身份。——中译者注

② 厄琉息斯(Eleusis)，通常指一西方文化名胜地，距雅典西北方向约20公里，是古希腊著名的宗教中心。这里特指厄琉息斯秘仪，它是古希腊时期位于厄琉息斯的一个秘密教派的年度入会仪式，这个教派崇拜得墨忒耳和珀耳塞福涅。厄琉息斯秘仪

说，表征性空间和空间表象虽然并非完全一致，却是互相和谐和适应的。① 在这里，一个统一体实现了——在世界的秩序、城市的秩序和房屋的秩序之间，在由物理空间、政治空间（城市及其统治范围）和城市空间（即城市的合理范围之内）所构成的三个不同层面的部分之间。这个统一体不是简单的或同质的，而是不同成分和部分的统一体，它包含并预设了差异和等级。基于同样的象征性的知识和权力，社会理论和社会实践彼此适应。时间，日常和节日的节奏，与空间的组织——与家庭祭坛、集体活动中心、广场（一个自由而开放的市民的集会地）中的**议会**②（*boulè*）、庙宇，和运动场——相一致。

　　历史上所有的社会都贬低了妇女的重要性，限制了女性原则的 E248
影响力。希腊人将女性的地位降低到等同于被其丈夫所拥有和耕作的土地的繁殖力。女性的活动领域仅限于家庭：围绕着神龛或壁炉；围绕着**翁法洛斯（象征着大地的肚脐）**，那是一个环状的、封闭的和固定的空间；或者是围绕着灶台，那是黑暗深渊的最后遗迹。

被认为是在古代所有的秘密崇拜中最为重要的。这些崇拜和仪式处于严格的保密之中，而全体信徒都参加的入会仪式则是一个信众与神直接沟通的重要渠道，以获得神力的佑护及来世的回报。后来这些神话和仪式也传到了古罗马。——中译者注

　　① 　正如维尔南（Jean-Pierre Vernant）以独特视角——从心理学史的角度——所阐述的那样，参看见其所著 *Mythe et pensée chez les Grecs, études de psychologie historique*（Paris: Franxois Masprro, 1965）一书（中译本参看［法］维尔南：《希腊人的神话和思想:历史心理分析研究》，黄艳红译，中国人民大学出版社，2007 年版。——中译者注）。维尔南对希腊人思维方式的诠释与尼采相比，虽然更为详细，并且有更为坚实的语言学基础，却缺少诗性的宽容与大度。——原注

　　② 　*boulè* 在法语中一词多义，既指古代希腊雅典城邦政治活动的一种形式即广场会议，也是指一种镶金嵌玉的工艺珠宝石，也是指由法国一种面包，等等。列斐伏尔用此词喻之为多种空间的合并。——中译者注

F287　妇女的社会地位正如她们象征的和实际的地位一样受到了限制——的确，只要涉及空间性（空间实践），这两个方面就是不可分割的。

　　因此，地之下的世界并非是消失了。在白天，宙斯和理性战胜了黑暗的或阴间的力量。但是在幽深的阴间世界，尽管他们失败了，泰坦斯巨人依然活跃。在死者的世界，鬼怪们已经喝了忘川水。希腊的天才们能够确定这个地下世界的位置，详述它，命名它，与此同时让它从属于地上世界——从属于牛羊成群的高山，从属于精耕细作的农田，从属于被载满财富的轮船犁过的海洋。与罗马人统治和占有阴间世界的风格不同，希腊人将那个世界与其他世界隔离开，并专门**安放**（正如在特尔斐［那里有阿波罗神殿］，或在巴克斯的狂欢中）。这些形象的意义在文学作品中没有出现过，相反地，宗教仪式和神话叙述（从赫西俄德①到柏拉图）以形象和象征符号的形式将社会空间中发生的事情揭示出来。概念式的理性化的确是希腊人自己提供的，但出现得很晚（与哲学一起），那时已经接近其文明的尽头了。

第　五　节

　　如果大多数社会经历了相同的发展路线，我们又当如何解释它们的差异？不同的社会是如何赋予男性原则及其统治形式以不同角色的，这种统治形式本身，从一个社会到另一个社会，又是如何以不同的方式被制定出来的？例如，以雅典为模板的希腊和以罗马

---

　　①　赫西俄德（Hesiod，可能活在公元前 8 世纪）古希腊诗人，被公认的长诗有《工作和时日》。——中译者注

为模板的意大利就具有根本的差异，以致其中一个产生和传播理性
（逻辑和知识），另一个产生和传播法律。

从表面判断，我们原指望精神分析能轻易地解决这类问题，但
事实上，俄狄浦斯情结三角模型 ① 仅能支持一个非常机械的、同质
的、偶然的解释。"俄狄浦斯三角"被认为无处不在，是一个很有解
释力的结构，但如果它是一个不变的结构，怎么可能生产出多样化　E249
的结果？

无论如何，我们目前解决这个问题的方法是大不相同的，因为
我们的目的是把社会实践视为身体的延伸，延伸的发生是作为空间　F288
在时间上发展的一部分，因此也作为历史性（被构想为**生产物**）本
身的一部分。

如 何 对 介 于 坚 毅（virilité/manliness）和 阳 刚（masculinité/
masculinity）之间的这个历史做一个区分，肯定还存在着争论。在
罗马，阳刚的道德和价值观，也即军人和统治者的道德和价值观，
占据领导地位。相反地，坚毅（manliness）是一种希腊人的品性，它
指引希腊人对敌人永不放弃挑战，对朋友永不停止竞争；它培养能
力，不管是以粗糙的形式还是以精致的形式呈现，作为其存在的根
本理由与目标；最重要的是，它渴望取胜。但这种渴望常常不屑于
日常生活俗务、变化无常，且当需要进行长期决策时会犯糊涂。人
们对于坚毅的理解被提升到了宇宙的高度，提升到神的高度。坚毅
保存了处于竞争中的小群体的特性。

---

① 俄狄浦斯三角：精神分析的一个核心概念，这个三角是由个体本身（儿童）、所
爱的客体对象（母亲）以及执法者（禁忌的制度）三方之间既爱又恨的矛盾关系所组成
的。——中译者注

出于对坚毅和竞争的崇拜，希腊人对于辩论（l'éristique/eristic）或竞赛（L'agonistique/agonistic）的好方法和坏方法做了区分。坏方法试图毁灭对手，而好方法在希求战胜对手的同时，也尊敬对手[①]。**强权**（La Diké）还是正义（justice），在挑衅和挑战那里做出了区分，这个区分没有在傲慢（hubris）这一观念中体现出来。尽管在罗马人那里有充足的理由将最初的**直觉**和最终的**习性**加以对照，希腊人却没有对这种区分提出适当的要求。

希腊空间的奠基形象是一个已完全形成的、人口精细分布的空间，这一空间中的每一个中心，无论是房屋的中心还是作为一个整体的城邦的中心，都谨慎地选择位置优良的高地，那里阳光灿烂并靠近充足的水源。希腊城——作为一个空间和社会的等级制度——利用其精心确定的空间，将市区（deme）、贵族家庭、村庄、手工艺者和商人的群体都融入了城邦的统一体。这个空间既是手段又是目的，既是知识又是行动，既是自然的又是政治的，并被人民和纪念碑所占据。其中心——城市广场——发挥着中心的作用，作为人民集会之地。在雅典卫城的制高点，神庙掌管并完成了城市时-空的空间（spatio-temporal space）。神庙没有建立起任何形象，它只

F289
E250

---

① 参看尼采在《查拉图斯特拉如是说》一书中对厄里斯（eris）这个概念的重申，参看该书第一部"朋友篇"，（中译本参看《查拉图斯特拉如是说》，钱春绮译，三联书店 2007 年版，第 58—60 页。——中译者注），第二部"慈悲篇"（中译本同上第 94 页等处），以及"你应当永远做第一句……"这一感受造就了令希腊人焦虑的灵魂（参看该书第一部"一千个目标即一个目标"）（中译本第 61 页）。有关厄里斯（eris）的二重性问题，也可参看维尔南（Vernant）的《神话与思想》一书。（中译本参看·维尔南（Jean-Pierre Vernant）：《希腊人的神话和思想：历史心理分析研究》，黄艳红译，中国人民大学出版社，2007 年版。——中译者注）——原注

是伫立**在那儿**，"伫立在石谷中"。它围绕自身（也围绕它所敬奉的神灵）安排和抽离出一张关系的网络，生与死、逆境与好运、胜利与失败在其中发生着（海德格尔）。这里没有什么是装饰性的，也没有什么是功能性的。空间、石头的切片、几何状的原材料、总体方案——没有一个方面能够单独与其他方面分离开来。横梁和门楣以及它们的支撑物和支柱，决定了空间的布局和体积的分布，因此，也强调了"秩序"及其重要性。这些"秩序"——正如被多利安柱式、爱奥尼亚柱式和科林斯柱式所界定的——既指建筑，又指装潢。宇宙，正如额角之上的一头秀发，只是散发着它的荣耀，而不将善与美相分离。

那么，差异是什么？差异是**被生产出来**的。但不是那样一种生产，不是概念化的，也不是借助于观念的。差异从来——也许除了在很久以后，并且是间接地——都不是一个知识躯体的一部分，不是一个序列命题的一部分，也不是认识论领域的一部分，无论它是否与知识核心相联系。一个概念化的差异必定是已经被**还原**（réduite/reduced）了的，仅仅凭借如下事实：上述两个元素现在被同样的类比所统摄，是同样的思想的一部分，是同样的知识活动的一部分。即使这一活动之后紧跟着还有一个活动，一个让它得以实现的实践活动，差异仍然只是**被诱导出来的**（induite/induced）。

在宇宙和"世界"之间，差异作为某个"历史性"过程的一部分而出现了，这个两分法的每一方都忽视或者误解了另一方。得益于后见之明，我们可以断言，空间的特殊形象或概念，一定是被用低或高——潭渊之幽深，或巅峰之高邈——来形容的，它强调某个方向、某个方位。这很有道理。但在这两个相反的形象中，没有一方

是构建起来专门反对另一方、与之区别的。反倒不如说，差异是自
F290　发地出现的。这就把**被生产出来的差异**与**被诱导出来的**并且通常
是被**还原的**差异，区别开了。

第　六　节

E251　　　绝对空间的存在方式是怎样的？它是想象出来的还是真
实的？

　　以这种方式提出问题将使任何一致的回答成为不可能。面对
这样一个选择题，我们只能在备选项之间无限期地摇摆。是想象的
吗？当然！可是一个"绝对"空间怎么会有具体的存在？但我们又
必须相信它是真实的，因为希腊或罗马的宗教空间怎么可能不拥有
政治的"现实"？

　　因此从某种意义上说，绝对空间的存在是纯粹精神的，因此是
"想象的"。但从另一种意义上说，它也有一个社会存在，因此是一
个具体而有力的"现实"。"精神的"在一连串"社会的"活动中被
实现，因为在庙宇中、在城市中、在纪念碑和宫殿中，想象的被转
变为现实的。以上对这个问题的表述忽略了或未能掌握的是那些
作品的存在。作品的存在当然违背了并在很大的可能性上超越了
后来才出现的诸如"想象的"和"真实的"这些琐碎的范畴。当问
及一个庙宇及其周围的环境是想象的还是真实的时候，现实主义者
自然只会看到石头，形而上学者将看到一个以神的名义被神圣化的
场所。当然，事实远比这要复杂。

　　绝对空间并未消失。也不是仅仅存在于教堂和墓地。每当自

我从它所栖身的逻各斯悬崖上跌落之时，它便在深井（pit）中——这是它的"世界"——寻找庇身之所。它的声音也许就发自某个通常散发着恶臭、但有时却灵泉喷涌的洞穴中。这也许就是言谈（speech）的空间？这个空间既是想象的又是现实的，它总是让自己巧妙地伸入"某个中间"（interstic/in between）——尤其是伸入身体化的空间和空间中的身体（被禁止的）之间的无法指派的空隙。谁在说话？在哪里说？随着它变得越来越为人所知悉，这个问题也越来越多地掩盖了绝对空间的悖谬之处——这是一个精神空间，符号的致命的抽象性将自身插入了其中，以求获得自我超越（通过姿势、声音、舞蹈、音乐等手段）。语词在空间里，但又不在空间里。语词诉说空间，又将它封闭。关于空间的话语隐含了空间的真理，它必然不是来自空间内的某个地方，而是源自一个想象的却是现实的——因此是"超现实的"（surreal），但也是具体的地方。当然，它确实也是概念化的。　　　　　　　　　　　　　　　　　　　F291

　　这个从尚未被赋予所有权性（propriétés/properties）的自然中提取的、就像用木头和石头凿成的雕像一样自然的空间，难道不也是艺术的空间吗？　　　　　　　　　　　　　　　　　　E252

第　七　节

　　作为罗马国家—城市—帝国（这是由它的政治权力、由这个权力在大地上和在土地所有权的基础上，所界定的）持续衰落的一部分，城市逐渐失去了其原先的风貌。庄园主的别墅没有保留神圣性的一丝痕迹。在农牧业交错的空间里，它是法典化的、受法律约束的空间实践，即土地的私人占有的具象化（réalise/concretization）。这别墅因此以一种物质生产的独立单元——这是罗马社会的一般特征（一种基于司法原则的秩序）——的形式，与一种提升了的（尽管不是那么富有创造性）美学品位和对舒适生活的追寻，结合起来。关于这一点的证据早在古典时期的西塞罗、老普林尼（Pliny）[①] 和其他人的一些著作中就可以发现。由此带来的空间多样性和私人领域的法律优先性，意味着希腊秩序的丧失，以及形式、结构和功能统一体的崩溃；它还意味着建筑物自身内部的装饰性元素和功能性元素的分裂，以及对于体积的处理和对于表面的处理的分裂，因此也意味着建筑的建构（construction）和构成（composition）、建筑和城市现实的分裂。结果，罗马别墅（东帝国和衰退时期的）作为一个新空间（这一空间在西欧拥有远大前途）的创造者出现了。这里藏着罗马世界在其衰败后还能幸存的秘密。这不仅是因为罗马别墅造就了我们许多的城镇和村庄；也因为它还引入了一个新的空间概念，这一空间概念的特征在以后的时代里继续彰显着自身，这些特征包括：组成要素离散化，以及由此导致的实践的多样化；服从于统一的但是抽象的财产原则；这同一种原则并入空间，这种原则就其本身来说是不可能存在的，即使是对土地所有者而言，因为它在本质上是司法的，从而是外在的，据说是高于"生活"的。

可以说，这是罗马精神在走向灭亡的过程中所选择的道路（事实上这是一条很长的路，因为直到 20 世纪，这条路还没有走到尽

F292

---

① 老普林尼，全名加伊乌斯·普林尼·塞绅杜斯（Gaius Plinius Secundus, 23—79），古罗马作家、科学家，以《博物志》闻名于世。——中译者注

头）。一旦挣脱束缚，私人财产原则便不再了无生机，相反，它降生
出一个空间。官方的历史描绘了这个国家长达几百年的（对这一问
题的）沉默，而事实上，在大多数历史学家的著作中，它也作为历史
存在中的一段空白，一个完全的断裂而被记录下来。没有什么比这 E253
距离真理更远了。西高卢罗马人保存了大多数有价值的罗马成就：
建筑艺术、灌溉系统和筑坝的工艺、宏伟宽阔的道路，还有农业的
进步（在这一点上，高卢人做出了他们独特的贡献），最后，也是最
重要的，就是（私人）财产权。这一"权利"不应被视为比金钱或商
品更接近万恶之源的东西。它在本质上并非是恶的。财产原则通
过支配空间（从字面的意义上看是屈从于其**支配**），结束了对自然、
对宇宙或世界的单纯的冥思，为我们指出了新的统治道路，那就是
改造，而不仅仅是诠释。可能有人会问，在它（财产原则）所支配的
这个世界里，这一原则是否就不会陷入僵局？既然这一原则是被孤
立地纳入，且被提升到一个绝对的位置，它当然有可能陷入麻烦。
这正是为什么那些野蛮人一出现就带来了有益的影响，因为这些入
侵者在侵犯了财产的神圣性的同时，也使得财产原则得到丰富。当
然，要使这一切发生，入侵者首先要被接受，并有机会确立他们的
地位，能够对别墅加以利用，并让高卢-罗马的居民们通过服从于乡
村共同体的领导者——他们现在成了领主——而重新开始生活。就
空间而言，可以说，正是由于这些野蛮人重新发现了农牧业时代（事
实上最初是畜牧时代）的旧标志，而复兴了空间。

　　可以想见，在罗马帝国后期或中世纪早期那个据说是空白的时
期，一个新的空间建立起来并取代了那个绝对空间，并使得古罗马
的宗教和政治空间世俗化。这些变化对于后来历史空间（一个积累 F293

的空间）的发展，虽然不是充分条件，却是必要条件。"别墅"——现在要么是一个领主的势力范围，要么是一个村庄——已经牢固地将一个**地方**界定为一项与土地紧紧捆绑在一起的建成地。

第 八 节 ①

我们正在讨论的**世界的形象**（*imago mundi*），被奥古斯丁的理论赋予了更多的复杂性，并在罗马帝国和国家的衰落、大领主的崛起，以及他们与野蛮人改革者的戏剧性冲突中幸存下来。从这个视角看过去，公元 1000 年真正是一个孕育变化的时刻。在表面的虚空之下，一个新的时代蓄势待发。同时代的人还完全处在焦虑之中，因为他们只能感知过去。但是空间已经被改造，已经成为那即将到来的时代的降生地和摇篮。

E254　　无论经历了怎样的制度沉浮，基督教总是坟墓的最大崇拜者。它的圣地，那些带有神圣印迹的地方——罗马、耶路撒冷、圣地亚哥—德孔波斯特拉——全都是坟地：圣彼得的、耶稣的、圣詹姆斯的。伟大的朝圣之旅将众人带向神殿、古迹，带向被死者圣化了的地方。"世界"支配着一切。这是一种将死亡"编码"，使其仪式化、庆典化、庄严化的宗教。修道院的僧侣们对死亡进行沉思，并且只能思考死亡：他们不得不死在这个"世界"里，以便这个"世界"或可被成就。宗教本质上是神秘的，它围绕那些地下的墓穴、围绕教

---

① 根据本书第一章的提示，自本节开始作者进入对"历史性空间"的分析，它包括政治国家、希腊城邦、罗马帝国、（中世纪基督教）可透视空间等。——中译者注

堂的地下室展开一切。深存于每个教堂或修道院地下墓室的，总是
一个被神圣化了的人物的骸骨或是遗体的一部分，这个人物有时
是神话中的，有时是历史人物。历史人物一般都是殉道者，他们用
生命见证历史，并将在他们的墓室中继续见证——从"深处"见证
历史，这个"深处"与古代世界的阴影王国，不再有任何共同之处。
圣人在墓室中的存在，被期望能将流散在全"世界"的生与死的力
量集中起来；绝对空间被认同为地下空间。这就是那个阴沉的宗
教，它兴起了，正如古罗马及其城市和国家衰落了。它还与一个具
有中等偏下生产力水平的农业社会平行出现，在这个社会里，农业
本身（除了修道院周围）正在衰退，饥荒威胁着人民，任何一种确实　F294
存在的丰收都归功于超自然的力量。在这种背景下，大地母亲、严
厉的天父和仁慈的调解人（耶稣）这个混合的统一体，才得以应用。
地下墓室和坟墓都留有圣人的踪迹和表象，但几乎都不是雕刻。绘
画，是的，绘画之所以如此非凡，是因为所画的一切人们从未见过，
除非是在圣斋日里，牧师引领人们步入烛光闪闪的墓室。在这样极
端的时刻，画面上的形象复活了，死去的显身了。墓室艺术所表现
的任何一点都不是可见的，对于那些用后来的范畴来思考问题的人
来说，当他们将这些范畴投射到过去，墓室艺术就成为一个难以解
决的问题了。一幅绘画怎么可能始终不被看见，忍受纯粹黑夜般的
存在呢？拉斯考克斯岩洞中的壁画[①]或者圣·萨凡教堂[②]墓室中壁
画，其**存在的理由**是什么？答案是，这些壁画制作出来不是为了被

---

① 参看本书英译本第 134 页相关内容介绍。——中译者注
② 圣·萨凡教堂（St-Savin），位于法国，内有大量罗曼风格的壁画。——中译者注

看见，而仅仅是为了"存在"（be）——以便它们或许可以被知晓它们就"在"那儿。它们是奇妙的形象，凝缩了地下世界的性质、死亡的标志，以及与死亡抗争的痕迹，它们的目的是让死亡的力量与死亡自身对抗。

想一想教会（Église/church）吧。把教会看作一个实体，认为它在罗马拥有重要的"地位"，并通过牧师在各个教会，或村庄、城镇、修道院、女修道院、大教堂等的活动中保持其存在。这样的观点是多么狭隘而错误啊！事实是"世界"——亦真亦幻的阴影空间——被教会所盘踞、所萦绕。这一地下世界突破一切障碍，从这里到那里——在所有教会能拥有一席之地的地方，从最底层的乡村牧师到教皇本人；不管它在哪里刺穿了地球的表面，这个"世界"就出现了。这个带有宗教煽动性、教会容忍精神的、好斗的"世界"，在地面之下安躺和运动着。这个空间，这个基督世界的空间，是一个在12世纪可以被克莱尔沃的伯纳德①的强大人格所占据的空间。事实上，如果没有这既迷人又神秘、亦真亦幻的统一体，就不可能解释这位天才的影响力——他曾制服过两位国王，并对至高无上的罗马祭司说："我比你更像一个教皇。"正如刚刚升起在地平线上的新事物一样，伯纳德重新评估了死亡标志的空间、绝望的冥思的空间，以及禁欲主义的空间。大众聚集在他的身边——而且不仅仅是大众。他这个可怜人儿的床就是他的空间的缩影。

12世纪究竟发生了什么？根据历史学家们公认的说法，在经

---

① 克莱尔沃的伯纳德（Bernard of Clairvaux，1090—1153），法国天主教修道士。——中译者注

历了长期的中断之后，历史突然又重新开始。直到这时，一些将会造就近代历史的特定"因素"才被创生出来，而对这一切的追寻，又引出了许多悬而未决的问题。被历史所展示出的这么长久的压抑，也只有历史学家们内心的压抑堪与比拟，历史学家们在昏暗的黎明时分手忙脚乱地揭开了一些事实面目，但找不到原因。他们在论及12世纪的伟大运动时慎言革命，表现出令人钦佩的谨慎[①]——尤其是，如果他们不如此谨慎，他们就要被迫涉及农民革命（"奴隶的反抗"）——农民革命与城市革命联手，向受奴役的状态发起了挑战，推翻了作为整体的现存的社会制度。谁将从这些变革中获益？当然是君主和其威权，以及国家——它在建立之初就具有封建和军事特征。当然，那些在12世纪首先进入人们视线的变化并没有马上发生。那么，偶然情况与必然因素是怎样恰到好处地结合，才使得克莱尔沃的伯纳德、舒格[②]和阿伯拉尔[③]等这些不同寻常的人物，得以成就其事业？如果我们不能对这些事件的中心和摇篮形成一个清晰的感知，我们便无法回溯性地理解当时究竟发生了什么。城镇 E256 又一次引人注目是毋庸置疑的。对于"城镇做出了什么新贡献？它们生产了什么？"这个问题，我们倾向于回答："一个新的空间。"这

---

① 例如查尔斯·爱德蒙得（Charles-edmond Petit-Dutaillis）的 *Les Communes françaises*（巴黎，Albin Michel，1947）一书，甚至可见乔治·多比（Georges Duby）最近的一些著作。——原注

② 舒格（Suger, 1081—1151），法国最后的修道院政治家之一，也是一位历史学家，是哥特式建筑的重要赞助人。——中译者注

③ 皮埃尔·阿伯拉尔（Pierre Abelard, 1079—1142），法国哲学家、神学家。他因与海洛伊斯的坚贞爱情及其不幸遭遇而著称于世。——中译者注

是否能解决我们在孤立地思考时间——历史的，或假定是历史的时间——时所产生的方法论和理论困难？也许可以吧。我们不得不把中世纪城镇的崛起，连同其意义和后果放在一起来观察。它假设农村的生产出现剩余足以养活都市人口，之所以这么说，既是因为城镇被组织为一个市场，也是因为都市手工艺人使用农业劳动所生产的材料（羊毛、皮革）进行加工制作。这导致了在都市集体中带有社群主义激情的法人团体的建立。尽管这些团体的成员称不上是"无产阶级"，但确实可以说，这些协作组织的出现宣告了一个集体工人（travailleur colleclif/collective worker）时代的来临。这个集体工人能进行"社会性的"生产，也就是说，为社会而生产。在我们所说的这种情况下，是为城镇而生产。

教皇制为了维护自身的统治试图反对这些发展，他们对这些发展进行反击并取得了一定程度的胜利。但是他们的宏伟计划——妄图由罗马教会来取代帝制国家的职责，从而建立一个庞大的教会国家——却注定要失败。民族、民族国家即将出现。教会文化正在日落西山。即将消失的是绝对空间；当它的支柱破碎了，它就已经开始坍塌。那么将要出现的是什么？是世俗生活的空间，它从政治—宗教空间、从死亡标记的空间和无身体的空间中解脱出来。

中世纪的都市景观把它之前的空间，即"世界"的空间来了一个颠倒。这是一道充斥着破碎的纵横线条的景观，一幅从雕像林立的大地向前飞跃的景象。与地下"世界"那个有害的乌托邦相反，它宣告了一个仁慈而光明的乌托邦。在这里，知识可以是独立的，它不必再为一个压迫性的强权效劳，而是致力于增进那些以理性为基础的权威。那些伟大的天主教堂诉说了些什么？相比先前的宗教结构，它们维护了一个颠覆的空间。它们将空间中离散的意义集中在了中世纪的城镇上。意义被"解密"（decrypt）了，在"解密"一词的强有力的（超乎严格的）意义上：它们从地下墓室和墓室的空间中解放出来了。新空间并不只是对旧空间进行"破解"，因为在破解的同时，它也超越了旧空间；通过释放自身，它实现了洞明和提升。毫无疑问，这一领域至今仍然明确地占有着所谓的"白色沟通（communication blanche/white communication，也可译"公开交流"——中译者注）"①。但另一类"黑色沟通"（也可译作"地下沟通"——中译者注）也并未被消灭，只不过它不得不在社会的地下部分寻找庇身之所，远离面对面沟通的世界。　E257　F297

　　三个杰出的人物动员和抵制了这一场伟大运动的兴起：他们是克莱尔沃的伯纳德、舒格和阿伯拉尔，三个人不能被分割开来理解。伯纳德是最好的"守旧派"，他耳听六路，且知道如何攫住大众的注意力。舒格效力于国家——这个国家是皇家的、军事的，并且因为领土缘故也是"民族的"——他帮助构想并实施了一些政治计划。而阿伯拉尔，这个异教徒，则处于可能性的最前沿，他的一部分思想通过质疑一些基本假设而动摇了那个大厦的基础。尽管他看上去失败了，却是三人中最具影响力的一位。阿伯拉尔遭受了一次迫害——没有给他带来屈辱，只是抓住一次浪漫的阴谋作把柄来打击他——但后世仍会将他视为他那个时代"最现代"的人物。

　　在圣萨凡教堂的墓室中，那时供奉着"大地尘土"（la poussière

---

　　①　参看 Georges Bataille, *Le Coupable*（Paris：Gallimard 1961），第 81 页。——原注

terrestre）的象征物以及圣热尔瓦削和圣博罗大削①的肖像，代表了
他们教化的一生和殉道。然而，教堂的地下墓穴主要描绘源自雕像
和《圣经》和新旧约全书的场景，这些寓意于象的画作与从前神秘
的墓室空间截然相反。将地下暗室中的内容暴露在日光下，地下墓
室就"解密"了。圣萨凡教堂中与前对立的形象将我描述的那个兴
起的重要时刻栩栩如生地展现出来。

　　当潘诺夫斯基（Erwin Panofsky）在其著作《哥特式建筑和经
院哲学》一书中试图发现 12 世纪建筑各个侧面之间的联系时，他
不满足于求助黑格尔式的时代精神（Zeitgeist）——一个到处传遍
的，因而也是乏味的时代精神的概念。在建筑和哲学之间做一个类
比，就其本身②来说并不矛盾，也不新奇；但潘诺夫斯基超出了对技
术和象征③之间富有成果的相遇的认同，超出了维奥莱·勒·迪克
（Viollet-le-Duc）的理性主义解释方法（这种解释虽然是对社会和历
史过程的老到的分析，本质上④却仍然是机械的、技术的和功能主
义的）。大教堂既不能通过交错的横梁拱顶来解释，也不能靠扶壁
或飞扶壁来说明——虽然具备这些特征是它的必要条件。这同样
适用于灵魂对天国的向往、新的一代年轻的热情，以及其他类似的
考虑。潘诺夫斯基认为哲学和建筑是同源的（而不仅仅是类似的），

F298
E258

---

　　① 圣热尔瓦削（St Gervase）和圣博罗大削（St Protase），基督教的殉道者，约生
活在 2 世纪的米兰。——中译者注

　　② Cf. Karl Hampe, *Le Haut Moyen Age*（巴黎: Gallimard, 1943）[Tr. Of Das Hochmittelalter
(Berlin: Propylaen-Berlag, 1932）]，这个观点由此阐发（pp. 212–28, 尤其 p. 228 on
Gothic script）。——原注

　　③ Cf. Emile Mâle, *L'art religieux du XIIᵉ au XIIIᵉ siècles*（Paris, 1896）. ——原注

　　④ 参看 Pierre Francastel, *Art et technique aux XIXe et XXc siécles*（1956; Paris :
Denoel, 1964）, pp. 83-4 and 92ff.。——原注

两者中的每一方尽管各自完备，却又共同参与一个统一体，在这个统一体中，它们是一种"显明"（manifestation）——一种阐释，从信仰可以通过理性得以阐明这个意义上来说的。关于两者哪个更具优先性的问题，潘诺夫斯基的回答是哲学。因为优先性是必然存在的。经院哲学造就了一个精神习惯或**习性**，由此产生了源自**存在形态**（*modus essendi*）或是**存在理由**（*raison d'être*）的**惯技**（*modus operandi*）。建筑的**习性**直接承自上天的理性，而在那时天意仍然支配着真理的统一，支配着理性和信仰的统一，其最终的表达是《神学大全》（*Summa theologica*）[1]。哥特式教堂的空间安排对潘诺夫斯基来说，是与那伟大的创业工作相符合的，更确切地说，前者"再生产"了后者，在它调和一些对立的事物时，它体现为一个三方的总体，以及一个系统的有组织的平衡，这个系统的各个组成部分本身是同源的[2]。因此，潘诺夫斯基认为，从一个抽象的表象——一个由同源的部分组成的统一体（其本身与一体三位和三位一体的神性统一体相类似）的表象——中衍生出一个纯思辨性建构（speculative construction）的精神空间，如《神学大全》，是没有问题的。潘诺夫斯基认为，从那一精神空间中更进一步地衍生出一个社会空间，一个教堂的空间，也是没有问题的。但是，这里真正被产生和生产（或是再生产）出来的，是创世本身的神圣行为。你只有成为一个具有

---

[1]　见 Erwin Panofsky, *Gothic Architecture and Scholasticism*（《哥特式建筑和经院哲学》，1951 年，纽约：新美国图书馆，1976 年）pp. 44ff。——原注。中译文参看，潘诺夫斯基："哥特式建筑与经院哲学"，陈平译，载《新美术》2011 年 3-4 期。——中译者注

[2]　Cf. ibd., p. 45, citing *the Summa theologica*. ——原注

很高宗教忠诚的人，才会无视这一论点——它其实是一个滥用概念（最终是指**生产**这一概念）的好例子，盲目地将概念与它的全部内容和语境相分离——的令人反感之处。通过引用自称的科学概念，如

F299　结构性亲和（l'affinité structurale/structural affinity），或引用据说的一种研究，也即"对于作为某个特定社会和时代 ① 的象征性表达的几何位置"的探索，思想与上帝的生产活动的一致性被证明是合

E259　理的。似乎仅仅用"生产"一词来替代"创世"一词，就足以证明这是一次非同寻常的飞跃——与其相混杂的，是各种极端不负责任的、轻率的唯心论和唯灵论。他的论题几乎是没有说服力的。

　　潘诺夫斯基试图为统一性寻找一个原则。为什么他选择**习性**（*habitus*）而不是**直觉**（*intuitus*）？他是否曾经谈论过一种像阿奎纳为说明人性而定义的那种**习性**——作为一种"存在方式"暗含了"使用和享受的权利" ②，因此是指作为一个人（考虑到**习性**[*habitus*]和**栖居**[*habere*]与**筑居**[*habitare*]的关系 ③）的基本属性的质性？这正是"**习性**"区别于"**习惯**"（habit）的地方。一个学说怎样才能既包含某种习性（或精神习惯）又包含某种**惯技**——不包括奇迹——从而形成诸如写作、艺术、音乐等几种不同的框架？这种唯灵论的

---

　　① 　Cf. Pierre Bourdieu's "Postface" to Panofsky's book in French translation: *Architecture gothique et pensée scholastique* (Paris: Editions de Minuit, 1967), p. 135. ——英译者注

　　② 　见 Gaboriau, *Nouvelleinitiation*, vol. II, pp. 62, 97。引入这些哲学的（经院哲学的）概念的本质上没有任何过错，但是对它们的工于心计地使用——除了尊奉托马斯主义本身之外不参考任何其他东西，却由此打开了一些颇让人怀疑的旁门左道。——原注

　　③ 　注意，汉译文从字面上失去了西语中"习性"（*habitus*）、"习惯"（*habit*）、"栖居"（*habere*）与"筑居"（*habitare*）之间的高度相似的词根词源关系。——中译者注

废话确实仍然掩盖了某个特定的统一体、特定的**生产**的具体直觉。潘诺夫斯基所发现的——或者，至少在他的著作中出现过——是一种"视觉逻辑"① 的观点。借此他想表明什么？宗教殿堂建得越来越高，受光也越来越多；它的正厅不再有紧凑和昏暗的所谓罗马式教堂的氛围。它的墙现在也变得不再那么厚重，不必承受所有的重量，那些支撑柱、小圆柱和棱架轻柔而典雅地向拱顶升起；彩色玻璃窗显露出来，它们的风格成为一种艺术。不仅如此，经院哲学的思想接受甚至要求一种双重的澄清——"通过形式来澄清功能"以及"通过语言来澄清思想"②。　　　　　　　　　　　　　　　　　F300

　　然而，潘诺夫斯基并没有让他的思想任意发展下去。他的"视觉逻辑"一词的全部含义是指所有的一切都应该显露出来。所有的吗？是的——所有之前掩盖的和这个世界的秘密；甚至是邪恶的和有害的力量，甚至是自然生物——植物和动物，甚至是活的身体。当在阳光下爆发时，身体得以报仇雪恨；无身体的标记③ 开始服从于身体，也包括活生生的上帝和耶稣的复活的身体。这是"世界"的新的联盟，与逻各斯和宇宙一起，向着阳光打开。鼓励重新　E260
发现古希腊柏拉图和亚里士多德的思想成为一种趋势。肉身的复活，迄今为止都是一件次要的事情，现在却成了核心；这就是**最终**

---

① 见 Panofsky, *Gothic Architecture*, p. 58。——原注

② 同上，pp. 59-60。——原注

③ 帕斯（Octavio Paz）在他的 *Conjunctions y disjunciones*（《连接与断裂》）（墨西哥城：Joaquin Mortiz, 1969）一书（Tr. Helen R. Lane as'*Conjunctions and Disjunctions*'［纽约：Viking, 1974］）中，试图描绘出一幅在中世纪基督教徒和佛教徒艺术之间相对称的——即相似性和差异性——关系图景（见 pp. 51 ff.；和 Eng. Tr.，pp. 45 ff.）。——原注及英译者注

审判的含义（尽管这种工作因为利用了死亡和地下世界，而继续导致恐惧）。一旦地下世界浮上表面，表面的世界也会上升，将自己奉为空间的占有者，雕像就可以没有困难地通往神秘的墓室绘画。财富充足的地方会有建筑立面的雕像。在从过去的重量中解脱出来之后，表面如今使用装饰来赞美身体（虽然罪恶观仍然操控着这里或那里，以便将精神重新带回腐烂的尸体、带回尘世和"世界"）。雕塑再一次地成为首要的、引导性的艺术——正如在古希腊时期一样。绘画仅作为一种光的艺术而保持了一定的尊严（如教堂的彩绘玻璃）。

把这种崭新的创造性力量局限于"建筑构成"——这使得"重新体验沉思（cogitation）的过程"（见《神学大全》）成为可能——等于设立了一个还原论的假想，令人极度惊讶[1]。然而，这有双重的好处，因为它既能使我们振作起来关注经院哲学的**教会改革**（*aggiornamento*，为适应现代社会而进行的改革），同时又能贬低西方中世纪革命中所有的变革、颠覆和典型的例子。那么，谈论一种"视觉逻辑"有意义吗？当然有意义：从黑暗中出现并走入光明。然而，关键在于，它远远超出了哥特式建筑，而把城镇、政治行为、诗歌、音乐和一般的思想包含其中。阿伯拉尔所起的作用，他的思想和人生，只能根据身体的反叛来理解。这当然超出了任何"视觉的逻辑"，事实上超出得如此之远，甚至相当于预期了肉体与受其影响的精神在第三位格（Troisième-Personne/the Third Person），即圣灵的干涉下，取得和解。

F301

---

[1] 见 Panofsky, *Gothic Architecture*, p. 59。——原注

因此，这里就涉及一种**生产**——空间的生产。不仅是一种观念的、理想的空间，也是一种社会的、精神的空间。是一种**浮现**（*emergence*）。是一种对先前空间的破解。思想和哲学露出表面，从深处站立起来，生命却被解译成一种结果，社会连同空间一起，被解译为一个整体。如果有人想按照文本分析[①]的模式，对基因型（genotype）的空间和表现型（phenotype）的空间进行区别，那么"基因型的空间"只能来源于这种"浮现"。

以法兰西岛（Ile-de-France）[②]为起点，一股富有原创性和革命性的力量，以一种异乎寻常的（相对而言的）速度，传遍了整个西方世界，这就是我们所关注的"生产"，它也许可以被正确地描述为一种走向"可视性"的趋势。建筑物正面所承担的重要性证明了这一点——的确，它自身即是对这一事实的充分证据。这些小心翼翼地组织起来的、高大且经过高级处理的建筑表面，是受教堂的指令（法律、信仰、圣经）而严格管治的。活生生的、赤裸的身体有着非常局限的角色：夏娃、亚当，偶然会有其他人，除了那些禁欲者和那些受诅咒的人，几乎找不到女性的身体。正面源自对威望的肯定；正面的目的是向那些正朝门厅涌来的公众鼓吹教会、国王和城市的权威。尽管中世纪的建筑师们努力使建筑的外部能够呈现内部，使内部成为可见的，然而，单单是正面的存在就足以摧毁任何这样协调

E261

---

① 见 Julia Kristeva, *Semiotikè: recherches pour un esémanalyse*（巴黎：Seuil, 1969）。——原注；中译本参看［法］朱莉娅·克里斯蒂娃：《符号学：符义分析探索集》，史忠义译，复旦大学出版社 2015 年版。

② 法兰西岛：历史上曾存在过的一个地区，原来是法国中北部巴黎盆地中的一个省。14 世纪时开始起用此名，但该地区很早就被发现了。公元 987 年，随着巴黎公爵修·卡贝就任法国国王，法兰西岛成为王室土地的核心地带。——中译者注

的格局。

F302　　　　光明空间的生产和这种空间的浮现，在 13 世纪既不能使它变成书写文字的附庸，也不会把它抬高为一种"壮丽景观"①。当然，就其文字的准确性来看，可以说潘诺夫斯基描述了一个危险的开场。这一朝向视觉化的、受到战略支持的趋势，现在终于兴盛起来了——在这个过程中它是一方面与抽象、与几何学和逻辑学串通一气，另一方面又与权威相互勾结的。甚至早在那时，社会空间已经深受那个有着令人不安的成分，且效果惊人的炼金术公式所影响。应当承认的是，这个（松动的）门槛还仍然没有被跨越——一旦从那里跨进去，实现（realization）将变为物化（reification），生命力将变为异己的生命力——但是跨出那一步的前兆肯定已露出端倪。符号的消极而致命的魔法——绘画手段，通过对猎人致命一击的完美模仿，可以让一只展翅飞翔的鸟儿定格不动——胜利了。与之相反，另一种魔法——口头语言，它的象征手法（灵魂的呼吸、预言鸟、创世行为）甚至可以起死回生——只有在遭受视觉化的猛烈冲击时才会退场。至于雕塑，它比三维空间中的绘画更加传神；但雕塑是同时讲出一切，一次性地讲完一切。所以它没有什么诉求。

　　　　大厦的垂直性、它在政治上的狂妄自大，它的封建主义，已经
E262　透露出**自我**和**阳具**之间联合的到来。当然，这是无意识地，反倒更加有效。

---

　　　　①　对于以上所提到的第一个主题即书写文字，马歇尔·麦克卢汉在《古腾堡星汉璀璨》（*The Gutengerg Galaxy*, Toronto: University of Toronto Press, 1962）一书中，对它的发生自 16 世纪以来的历史，进行了系统地描述。第二个主题，即景观问题，乃是居依·德波的《景观社会》一书（*La societe du spectacle*, Paris: Champ Libre, 1973）的主题。——原注

阳具是可见之物。而象征着世界的女性生殖器官，则依然是隐蔽的。显赫的阳具，作为权力和生殖力的象征，以勃起的形象强行进入人们的视野。在以后的空间中，眼睛将占用太多的特权，以致目光下落到阳具上，接受它们或者生产它们。这里所说的眼睛，可能是上帝之眼、圣父之眼，或者领导者之眼。一个空间——在那里，眼睛将牢牢地抓住任何服务于其目的的东西——也将是一个力量的空间、暴力的空间和权力（除了它自己的手段，它不受任何东西的制约）的空间；它将是三位一体的上帝的空间、国王的空间；它不再是神秘符号的空间，而成为书写文字的和历史规则的空间。同时也 F303 是，军事暴力的空间——从而是一个**男性**的空间 ①。

第 九 节

让我们思考一个没落的社会，它把剩余的财富挥霍到节日庆典的奢华形式、纪念碑的建造，以及仅仅是为了炫耀和提高威望而发动的战争上：那些非积累性的和非历史性的东西是在何时以何种方式共同消失的呢？

对马克思所创立的积累理论做进一步的发展，仍然是一件未完成的任务。是什么使得原始积累成为可能的呢？除了投资财富

---

① 我们很难想象，还有什么别的主张会比一些心理分析学家把语言与阴茎联系在一起，更让人不可信服与阴暗的了；试参看一例，C. Stein, *L'enfant imaginaire*（Paris: Denoel, 1971）p. 181。而说到阴茎，据说是它阉割了阴蒂，缩短了阴道，所以阴茎应当随即被"上帝之眼"阉割掉，这一点也似乎很难说是不公正的了。见 S. Viderman, *La construction de l'espace analytique*（Paris : Denoël, 1970）, pp. 126ff.。我不得不说，所有这些卑鄙低级争论根本不把一些本质问题当回事儿。——原注

这样的可能性而不是节省或者浪费之外，除了参与变迁的理性之外（参见马克思·韦伯），原始积累还意味着什么？

　　投资资金和生产性投资的积累，如果没有与之平行的技术与知识的积累，是难以想象的。事实上，它们都是不可分割的积累过程的各个方面。因此，如果说中世纪见证了生产力和生产的发展（首先表现在城镇兴起的前提条件——农业上），那么这要归功于技术的传播和它们在很多地方被接受的事实。这一点有文献材料可以证实。

E263　　　　一直没有得到圆满解答的问题是：

　　在很多社会，特别是古代西方，积累过程所需要的大量先决条件已经出现，包括商品和以货币为基础的经济、科学思想和知识，以及城镇的存在。那么，为什么这个积累的过程没有在那时那地开始，以至于只要我们探寻积累的历史起源，就只能追溯到中世纪的欧洲？在此之前有哪些条件尚未达到？是什么阻碍了其发展？

　　对于这个问题有很多解答——奴隶制、连绵不断的战争、奢侈浪费、统治阶级（甚至包括那些罗马的**庶民**［plebes］们）的寄生F304 性——但是没有一种解释在理论上是令人满意的；这些历史“因素”中的一些或全部，曾经对禁止或消除积累的趋势发挥过作用，但是其中的任何一种因素都无法充分说明这个问题。有一种解释你差不多是有心理准备的：那些精神和政治上的权威人士，以他们深刻的智慧，采取措施阻止了这样的进程——与其说这个假设赋予了上层阶级、牧师、军事首脑或政治领袖们深刻的智慧，不如说是赋予了他们超人的智慧。

　　我提出以下的解释：12世纪在西欧出现的，并逐步在法国、英

国、荷兰和意大利扩展其影响的空间，就是积累的空间，是积累的
诞生地和摇篮。为什么如此？它是如何形成的？因为这个世俗空
间是逻各斯和宇宙复兴的产物，是将"世界"及其隐秘力量置于隶
属地位的原则。连同逻各斯和逻辑一起，法律也被重建，契约关系
（规定性的）取代了习俗和习惯性的榨取。

随着阴影"世界"逐渐淡去，它所制造的恐怖也相应地减少
了。然而，它却并没有消失。确切的说，它被变型为"异托邦的"
（*hétérotopiques*）地带——那些巫术与疯癫之地，既充满魅惑又是
禁忌的魔力占据之地。后来，很久之后，艺术家们将重新发现这个
神圣而又被诅咒的动荡之地。然而，在它支配一切的时候，没有人
能够表征这个"世界"；它就在那里。这样的空间中充斥着各种隐
藏的力量，时常是恶毒而非心怀好意的。每一个这样的地方都有一
个名字，每一个教派也都涉及相应的神秘力量：**神灵之名**（*numen-
nomen*）。一些可以上溯至远古农牧业时代的**约定俗成的地名**（*lieux-* E264
dits）在罗马时代并没有被抹掉。相反，罗马时期的大量与大地有
关的低级迷信，通过乡下人之口流传下来，又与基督教的诅咒语联
系在一起，但也仅能够维持分散在大地表面各处的神圣／邪恶地点
的名称。12 世纪发生了一场变形，一场对能指的置换和颠覆。更确
切地说，先前可以以一种直截了当的方式指向的被指之物，现在却 F305
禁止回到作为能指的它自身。也就是说，剥夺了任何感情与神秘的
指意作用。似乎很少有地方被剥夺了它们的名字。但是，具有代表
性的是，新的名字被叠加在老名字之上，结果创造出一个没有任何
宗教意味的地名之网。这些名字包括例如新城堡（*Chateau-neuf*）、
弗朗什城（*Ville-Franche*）、莱塞萨尔（*Les Essarts*），还有国王森林

(Bois-le-Roi)。回指向这个语词和符号的组群——它们作为能指，已经被剥夺了意义——可以被合理地看作那个伟大的颠覆浪潮的一部分吗？答案是肯定的。事实上，如果否定这一点，你就必然成为那种符号拜物教者，将符号看作知识的永恒的根基和社会不变的依据。除了被解密之外，中世纪的空间也被清空。社会实践——并不知道空间将之向何方——使得空间可以换作他用，使得空间变得空虚（尽管不是空无）了。作为同一个进程的一部分，"欲望"或称利比多（libido）也获得了自由——那个被奥古斯丁的神学所谴责的、建立了世俗世界的三重欲望：**认知的欲望**[①]（*ibido sciendi*），**统治的欲望**（*ibido dominandi*），**感知的欲望**（*ibido sentiendi*），即好奇、野心、感性。获得了解放的欲望，向那在它面前打开的空间发起了进攻。这个不再圣洁的空间，既是精神的又是物质的，既是智性的又是感性的，挤满了身体的符号，将会变成一个容器，首先积累知识，然后积累财富。它的来源，如果准确定位的话，与其说是作为中世纪市民社会的城镇，不如说是城镇的集市和商场（还有它们不可或缺的同伴即钟楼和市政厅）。

就此而言，就集市和商场而言，值得再三强调的是，货币的堕落和商品的邪恶特征只是到后来才表现出来。而在我们所关心的

---

① 语出帕斯卡尔《思想录》第七编第四458节和第460节等处。帕斯卡尔将世间的事物列为三类，即 *libido sentiendi*，*libido sciendi*，*libido dominandi*（感知的欲念、认知的欲念、统治的欲念）。何兆武先生译为"肉体的欲念、眼睛的欲念、骄傲的欲念"，并指出见于《圣经》"约翰第一书"第二章第十六节（参看［法］帕斯卡尔《思想录》，何兆武译，商务印书馆1985年版，第208页）。法文本《圣经》该节作："世间的一切，肉体的欲念、眼睛的欲念、本领的炫耀，都不是来自天父，而是来自这个世界。"——中译者注

这个时期，可交换的"东西"，即生产出来等待销售的物品，仍然是稀缺的——且具有一种自由的功能。这是一种反传统的力量，也是对克莱尔沃的伯纳德等所推动的宗教奉献精神的一种羞辱。克莱尔沃的伯纳德是西多会（Cistercian state）① 的创立者和护教家，他们一方面代表着贫困、苦行和对这个世界的蔑视，另一方面又代表着 E265 教会的绝对支配地位。

仍然处在**萌芽状态的**（*in statu nascendi*）货币和商品，注定不仅会带来一种"文化"，还会带来一种空间。大概由于宗教和政治 F306 结构过于引人注目，集市的独特性容易被人忽略。因此，我们应该提醒自己，在古代，商业和商人被看作是城市的局外人，游离于政治系统之外，因此只能占据城市外围。财富的基础仍然是不动产，即对土地的所有权。中世纪的革命把商业带入了城内，并把它安置到变革后的城市空间的中心地带。集市有别于古罗马的广场和古希腊的广场：它可以自由进入，它从各个方向向周围的区域——城镇所支配和盘剥的区域——敞开，连接到乡村的大道和小路网络中去了。商场（market hall），这个富有创见的发明，就其自身而言，它与柱廊的区别一点也不比它与巴西利卡（古罗马的长方形会堂）的区别小；它的功能是作为商业交易的能够遮风挡雨的处所，并且允许威权的控制。虽然天主教堂并不遥远，但是它的塔顶却不再是知识和权力的象征，现在这个支配着空间的独立式的钟楼（campanile），在不远的将来，很快将转由支配时间的那个钟楼

---

① 西多会，天主教隐修会。又译西都会。1098 年由法国人罗贝尔始建于法国勃艮第地区第戎附近的西多旷野。因会服为白色，又称白衣修士。——中译者注

(clock tower) 所取代。

　　历史学家们虽然不情愿去承认这段时期的颠覆性特征，但是他们还是将相关过程的不平衡弄清楚了。地中海沿岸的城镇，像法国南部的老城市和佛兰德斯的纺织城一样，很容易地赢得了地方自治的自由。另一方面，在法国北部，城镇只能够通过暴力从主教和男爵那里争得让步，来赋予公民权利、制定宪章和地方性宪法。这种不平等的发展——在暴力使用度上的不平等，在胜败与否上的不平等——仅仅可以用来强调新的空间所完成传播与扩展的迅速性。因此，到 14 世纪，这个大家现在都知道和公认，从而可表征的空间，能够产生出纯粹象征性的城镇，这些城镇建立起来是为了在那些只有农牧业而没有商业活动的地方，发展商业。以法国西南部**边防乡村**(bastides) 为例：严格意义上的商业空间，就其本质上讲是平等而抽象的；但是这些镇区，尽管它们以例如格拉纳达（Grenade）、巴塞罗拿（Barcelone）、佛罗伦萨（Florence）、科隆（Cologne）或者布鲁基（Bruges）的名字而荣耀，却从开始时就孤立而无生机。这些地方仅可以被理解为 12 世纪伟大的颠覆运动的衍生物。然而，像蒙托邦（Montauban）①这样的城镇则是完美的商业城镇的化身（*epitomes*），是一种理想类型的表象，被一系列相关的意义与扩展所完善，在其中有世俗化的特征、市民的和市民组织的特征，它们后来吸纳了其他精神，首先是新教，然后是雅客宾主义，等等。

　　这些在中世纪自我建立的空间，不论它是以何种方式建立，也不论它是否暴力，皆可被界定为交换与沟通的空间，因而也是网络

――――――――――――

　　①　法国南部城市。——中译者注

的空间。什么样的网络？首先是陆地通道之网：商人、朝圣者和十字军战士的道路。帝国（罗马）道路的踪迹仍旧可以辨认，并且在很多情况下，完好如初地幸存下来。如我们所能预料到的，新的网络，尤其是水路之网，也可以被描述。港口和沿海城市的角色远远没有消失。"制海权"并不是在每个地方都保持着它的霸权，但是，这一权利向北海和大西洋港口的逐渐移位使得地中海沿岸处于劣势。河道、后来的运河连同公路组成了新的水路网。内陆水运交通的重要性是众所周知的，它连接起已经在运行中的，和仍在发展过程中的当地的、区域的和国家的市场（意大利、法国、弗兰德斯、德国）。这些交通网络简直就是自然的反映——可以说，就是天然的镜子——是对抽象的和契约的网络的反映，这些网络将产品、货币和"交换者"密切联系在一起。

　　但是，仅仅以这些网络来定义新的空间也许是个错误：我们不能倒退到专业科学学科的单向度的决定论上，如地理学和地缘政治学的决定论。社会空间是多面向的：有抽象性和实践性、直接和间接。宗教的空间并没有随着商业空间的到来而消失；它事实上仍将长期存在于言谈和知识的空间中。在宗教空间旁侧甚至在其中，仍然会为其他的空间——交换的空间、权力的空间——留有余地。空 F308 间表象和表征性空间处于分裂状态，但是整体的连贯性却没有被打破。

　　中世纪空间有其不可思议之处。我们没有必要从理论上——纵向地、横向地或是垂直地——对其加以分割，以辨识其秩序、状态、等级和层次。整个社会大厦本身就像一个大教堂，事实上，按理来说它是一个更好的候选项，因为它与《神学大全》可谓同出一源。

E267 　或许有人反驳说,社会金字塔的顶端也不可能抵达天国,因此没有可比性。但关键是存在着同样的**持续不变的幻想**:相信城市之塔的顶端轻轻擦过天堂的拱顶,体现了上天的美德;相信那些位居社会金字塔顶端的人们能与上帝接触和并肩;相信高踞思辨大厦顶点的理性,可以直接触摸到神恩所赐的信仰;最后,相信诗人可以下蹈黄泉、上穷碧落。

　　这样的一个社会,如果不是完全透明的话,当然也具有很大程度的透明性。经济领域从属于互相依赖的关系。暴力自身有至高的清晰度;每个人都明白,死亡为何和如何降临到他们头上,他们为何和如何承受苦难,还有上天为何只赐予他们极少的快乐。社会作为一个整体是一览无余、无可遮掩的。不幸的是,货币——虽然它帮助人们驱散了阴影——只是从可以想象到的、极其不透明和无法穿透的关系中,开创和引领。中世纪的空间高高在上,但它无论如何都不是一个抽象空间。"文化"、印象和表象的很大的(尽管正在缩小)一部分,仍然是**神秘**的,依附于那些也许是神圣的,也许是令人憎恶的,或者鬼魂出没的地方,即洞窟、岩穴、黑暗山谷、坟墓、避难所和地下室等场所。但无论什么东西只要一出现,就会随着时光流逝而大白于天下。这样的"破解"(decrypting),不是用来读或说的,而是用来体验的;就像一个唤起恐怖或是喜悦的过程,依靠的是缓慢的说服力而非暴力。当油画在 15 世纪(欧洲文艺复兴的初期)重申它的优越性时,画家们有责任来声明一个普遍地从"神秘"向"解秘"转变的时代到来了。然而,就其本身而言,油画并非一个视觉的艺术。知识仍然是知识。"解秘"在此意义上与对文本
F309 　的解码了无瓜葛。从混沌中浮现是一种不可逆转的过程,并且所浮

现的并非是一种符号，而是一种"亲自的"东西"。

因此，不是空间从时间中分离出来了；反倒不如说，是时间确定了空间的方向——尽管角色的颠倒早就随着中世纪城镇的兴起而发生了，因为空间倾向于控制刚刚从自然（或者属于自然的空间）的控制之中逃脱出来的节奏。空间和时间之间的结合或者结合点在哪里呢？毫无疑问，它超出一个时代所获得的知识的范围之外，却低于其认识理论所能掌握的水平：它在一种实践中，一种"无意识的"实践中，通过限制表象与对现实的反向扭曲之间的冲突，来协调时间和空间之间的关系。时间不时地被节庆——在空间中庆祝——所打断。这些场合既有想象的（或是神秘的）也有真实的（或是实用的）事物，一切皆会浮现、兴起、衰落、消失和再浮现：太阳、E268 耶稣基督、圣男圣女、圣母玛丽亚。当一个地方呈现出多样性时，它的社会时间也是如此：商业时间（市场的时间）不再和教堂的时间一致，因为它的世俗化的过程是与它所关联的空间并肩前行的。而公共理事会的时间同样地也不再与私人生活的时间相一致。

第 十 节 ①

在 16 世纪的西欧，某些具有决定性重要意义的"事情"发生了。然而它们却不是能够确定具体年代的事件，也不是制度变革，甚至不是可以凭某些经济准绳进行清晰测量的过程——例如某种特殊生产方式的发展，或者某种特殊市场的出现。不过，西方毕竟完全来

---

① 　大致以此节为界限，本章前面内容主要讲从绝对空间到历史空间的复杂过程，而自此节以下则重点转向抽象空间的出现与形成过程。——中译者注

了一个底儿朝天。城镇凭借其经济的和现实的分量以及社会重要性而超过了乡村；土地所有权失去了它原先至高的地位。社会经历了一次全面的变革，但其结果并不平衡，只要我们对其中特定的部分、元素、环节或者制度进行考察，这一点就会显现出来。

我们看不到哪个地方与往昔岁月彻底地一刀两断了。根据某个人观察几十年得出的观点，看起来好像一切都改变了，又好像一切还是从前的继续。

或许仔细思考一下空间，有助于我们解决这里所说的方法论和理论的难题。"到底是什么东西在这个至关紧要的时期转变了呢?"转变意味着存在某些中介。在中世纪(或者封建社会)空间和由积累所导致的资本主义空间之间，有一个历史性的中介，它位于都市空间之中，也就是那些在转变中建立起它们自身的"都市系统"的空间之中。在这一时期，城镇从它长期统治、管辖、剥削、保护的乡村中分离出来。虽然因为冲突而存在着一些分裂，但在这两个空间之间并没有出现绝对的断裂，统一性得以保持。城镇，以寡头政治的形式继续对它的领地进行控制。从他们的塔楼顶处，"城里人"继续凝视着他们的田野、森林和村庄[①]。至于那些"所谓的"农民，城镇的居住者们认为，这些最近才改变信仰的异教徒们，他们不是妄想狂就是抗议者，因此对待他们既尴尬又无礼，似乎他们是从鬼怪传说或恐怖故事里出来的。虽然城里人是以农民为参照给自己定位的，但却采取与农民保持一定距离的方式：因此，这种统一性之中有二重性，其中的距离是可感知到的，统一则是想象的统

---

① 类似的论述参看本书法文第四版第 22—23 页(FXXII—XXXIII)。——中译者注

一。城镇有它自己的理性,计算和交换的理性,也即商人的理性。从封建领主手中接管了统治权之后,城镇抓住对领主曾经垄断的事物的控制权:保护农民并且榨取农民的剩余劳动。都市空间注定要成为衰退的封建制度、商业资产阶级、寡头政治集团和手工业者联合会之间互相妥协的一个剧场。它更进一步地变成了**行动中的抽象**(*l'abstraction en acte/abstraction in action*)——能动的抽象——而与自然的空间相抗衡,作为与特异性相对抗的一般性,作为与新生状况(*in statu nascendi*)相对抗的普遍法则,这种抽象的力量在揭示特殊性的同时也把它们统为一体。都市空间因此是有极大力量的工具,但是它并没有达到破坏自然的程度;它只是遮蔽自然并且征用自然。只是到了后来,在第二波的空间抽象中,国家将接管都市空间:城镇和它的居民不仅将失去对空间的控制权,还有对生产力的支配权,因为生产力在从商业和投资资本向工业资本的过渡过程中,将突破先前的所有限制。剩余价值将不必在它被生产的地方消费;相反,它更容易在远离它的发源地的地方——远远超出它的地方边界,从而远远地将它包围——实现和分配。经济领域注定将从城市背景中爆发出来,在这个过程中,城市背景自身将会被颠覆。城镇会继续作为一个中心而存在,作为各式各样的妥协的焦点 F311而存在。

　　我们正在讨论的欧洲新事物的出现,发生在这样一个有利的时刻。这时,衰退的乡村(例如土地所有制、农业生产)和逐渐崛起的城镇(例如商业、动产、城镇手工业)之间达到了一个相对的平衡。当从河海航运的经验中形成的空间表象被应用到都市的现实中时,就到了对城镇进行概念化的关键时刻。城镇被赋予了书面的

形式——一种图绘式的描述。鸟瞰图和平面图兴盛起来了。一种
语言，一种同时在城镇与乡村（或在农田环绕中的城镇），也同时在
室内与都市中使用的语言，兴起了。这种语言就是**空间的符码**（*le*
E270　*code de l'espace/code of space*）[①]。

　　说实在的，首次对这种统一的符码进行概括要追溯到古代，尤
其是要到维特鲁威的时代。这部古罗马时代的建筑学著作（即文
下所引用的《建筑十书》——中译者注）所阐述的内容，包括一个
精心思考的计划，即在特定空间实践的条件下，由一个在城市工
作的建筑者根据他从内部所了解的情况，在各种社会生活的要素
之间建立逐一的对应关系。维特鲁威的著作以清晰的陈述作为开
端，构成了一种预言性的揭露，对所有那些激起了索绪尔式的能
指-所指区分法并以此构建他们的"科学"基石的人的幼稚，进行
了揭露：

　　"实际上在一切事物中，特别是在建筑学中，也存在着以下两

　　[①]　在他对"户外工作"和"不在场的结构"进行研究的过程中，在没有任何一
个有利的证据支持的情况下，埃柯（Umberto Eco）居然被这样一种错误甚至错觉所蒙
骗，他接受的观念是，由于良好的历史发展和社会的合理性的不断增加，这种艺术、文
化和物质现实的错综复杂整体使得在 20 世纪后半期的人们轻而易举地就接受了译码
和解码。根据埃柯（Eco）的观点，这个优先的合理性表现为交流的形式。这种可交
流性据是可译解的，结果在文化中的所有的一切——每一个因素或者方面——据说
都组成了一个符号学的系统。对埃柯来说，这种进化式的合理性和这个对交流（读/
写）的本质满怀希望的观察，正是他所近乎痴迷的意识形态的朴素性的天真写照。（参
看 Eco, 'La funzione e il segno: semiologia dell' architettura', in La struttura assente
[Milan: Bompiani, 1968]. Eng. Tr.: 'Function and Sign: Semiotics of Architecture',
in M. Gottdiener and Alexandros Ph. Lagopoulos [eds], The City and the Sign: An
Introduction to Urban Semiotics [纽约：哥伦比亚大学出版社，1986]。——英译者
注）——原注

种事物，即被赋予意义的事物和赋予意义的事物。被赋予意义的事 F312
物就是我们对它进行讨论的主体；而赋予意义的事物则是要对科学
的原则进行证明。"①

维特鲁威的书隐含地体现了一个符码的所有要素。

1. 一部囊括各种空间要素的字母表和词典：水、空气、光、沙、
砖、石头、凝聚物和碎石、彩色原料、孔穴和闭合（门、窗）等等；同
时还有一份所用**原料**和**模具**的清单。

2. 语法和句法：描述上面所提到的各种要素构成某个整体的方
法——构成房子、教堂、戏院、庙宇或者浴室的方法；以及对它们的
结合的指导。

3. 风格指南：对于比例、"顺序"和所要达到的效果等的艺术
和审美类别的推荐与建议。

维特鲁威的空间符码丢失了什么？乍看起来，什么都没有流
失。显然，万事万物皆被收录在这部具有使用价值的字典里，但交
换价值并没有参与其中。维特鲁威给我们提供了一个很好的分析 E271
工具——利用它可以理解古希腊和古罗马城市的空间实践，其中包
含了空间（天文学、地学）的精细表象以及奇幻的、宗教的表征性空
间（占星术）②。维特鲁威进行了详尽无遗的研究：包括建筑模块和造

---

① 'Cum in omnibus enim rebus, tum maxime etiam in architectura haec duo
insunt: quod significatur et quod significant. Significatur proposita res de qua dicitur:
hanc autem significant demonstration rationibus doctrinarum explicata'（BookI，ch. 1，
section 3；Eng. Tr.：Ten Books，p. 5）。——英译者注（中译本参看维特鲁威：《建筑十
书》，高履泰译，知识产权出版社 2001 年版，第 4 页。——中译者注）

② 维特鲁威的计划和罗马剧院的讨论表明"诸星宿的谐和"是怎样控制音乐器具
的声音，就像它掌握着十二星座的命运一样（BookV，ch. 6，section 1；Eng. Tr.，p. 146）
（参看中译本维特鲁威：《建筑十书》，高履泰译，知识产权出版社 2001 年版，第 139

型法——更确切地说，即建筑的顺序和配置——它向我们提供了一种对于方法的学习，一种既是对于术语又是对于具体事物（或者"被赋予意义的事物"）的真正的体系化。

　　然而，尽管内容完备，由维特鲁威所自夸的对空间符号学的综合论述所开启的这条研究进路，在后来数世纪的时间里竟然忽视了某些至关重要的事情，那就是对"都市效应"（*l'effet urbain/urban* F313 *effect*）的分析与解释。在维特鲁威的书中，都市无疑是显而易见的，通过它的在场或缺席。但尽管维特鲁威并未言及其他任何东西，他却也从未直接言及城市，就好像城市仅仅是公共纪念碑和私人房屋的集合体（例如那些被地方显贵所拥有的地方）。换言之，城市公民空间的词型（纵向组合）极少呈现，尽管它的横向组合的方面——即城市的各个组成部分之间的结合——得到了详尽的论述。早在维特鲁威所处的时代，对技术和实验的强调已经暗示了可操作性考量是至关重要的。

　　只是在 16 世纪，在中世纪的城镇（基于商业，不再有农业的特征）兴起之后，在意大利、佛兰德斯、英格兰、法国、西班牙的美洲殖民地和其他地区的"都市系统"建立之后，城镇才作为一个统一的实体，并且作为一个**主体**而出现。但在它能主张自身的权利之前，它被国家弱化的迹象已经日益逼近。尽管如此，城镇却成为了对话的基本前提，它让人瞥见了一种对于古代冲突——冲突的一方是自然的、世界的和"农业动物的"（马克思语），另一方是人工的、

页。——中译者注）。同样地，他声称，人类声音的声调正像是对应于竖琴的或者萨穆布刻琴（sambuce，竖琴的一种，其形态呈三角形——中译者注）不同的位置一样，也是由它在呈竖琴形状的天堂中相对应的位置来调控的。（BookⅥ, ch, 1, sections 5-8; Eng. Tr., pp. 171-3.）（参看中译本同上书第 162-163 页。——中译者注）——原注

后天的和"城市动物的"——的和谐超越。在这个独一无二的时刻，城镇似乎建立了一种具有内在意义和目标的历史，即它自身的"终点"，这个终点既是内在的又是超越的，既是在地的（城市要养活它的市民）又是在天的（罗马，这个城中之城，提供了上帝之城的图景）。文艺复兴时期的城镇将自身，连同它的属地，视为一个和谐的整体，一个世间与天堂之间的有机媒介。

　　都市效应与作为构造和风格的统一体的建筑物的效应，是联为一体的。有人说在 16、17 世纪，从伽利略开始，由于希腊式的"行为、时间和空间"①统一体的崩溃，"人"失去了在"世界"和宇宙中的位置。尽管这种说法可能是对的，但事实表明，这种"文艺复兴"了的人，仍然继续在他的城镇之中安置自身。空间实践和作为实践的建筑之间是密切关联的、互相表达的。因此，建筑师是有影响力的，建筑是起重要作用的。文艺复兴时期的城镇不再按照那种"连续叙事的风格"而演化，即一个楼接着另一个楼地添盖，扩展成一个街道；或是在已有的广场之外添建另一个广场。从那时开始，每一栋高楼，每一个添建物，都被政治性地构思；每一项创新都更改了整体；而且每一个"物体"——迄今为止，它一直像是外在的东西——都会影响整体的结构②。后来城市由于受到工业化和官僚

E272

F314

<hr>

　　① 参看 Alexander Koyré, *From the closed World to the Infinite Universe*（Balitmore: John Hopkins University Press, 1957），pp. 2-3。（中译本参看［法］亚历山大·柯瓦雷《从封闭世界到无限宇宙》，邬波涛、张华译，北京大学出版社 2003 年版，第 2 页。——中译者注）——原注

　　② 参看 Manfredo Tafuri, *Thrie e storia dell'architettura*（Rome and Bari: Laterza Figli, 1968），pp. 25-6. Tr. by Giorgio Verrecchia: *Theories and History of Architecture*（New York: Harper and Row, 1980），pp. 15-16。——原注

制的影响而破碎，导致城市中心和外围的分裂，而此时这一切都尚未发生。此时，支配性的对峙发生在建筑效应与都市效应的统一体——即乡村别墅和城镇房屋的统一体——的"内部"和"外部"之间①。这是帕拉第奥②的时代。由于实在论者或自然论者的谬见，文艺复兴时期城镇的空间，偶尔会被描述为"有机的"，似乎它与某个有机体具有高度的相似性；并且被描绘为被一个自然的目的导向以及整体统摄部分的原则，所定义。

　　这样的一个统一体，就算它像曾经认为的那样，作为一个"没有目的的目的性"曾经存在于都市空间之中，用最贴切的说法，它或许只能归属于某个古老的城市。有机的概念表明和意味着一个从生到死的盲目发展过程。是否可以说中世纪的城镇，连同它发展出来的市民阶级，是"有机的"——从而也是盲目的呢？或许是。当然，这是要等到政治势力、寡头势力、君主或者国王可以宣布自己力量的那个时刻，才会出现的事情。到那时，空间的转变已经势在必行了。如果说政治力量控制了"整体"，那是因为它知道对任何细节的改变都将改变整体；有机体现在确实放弃了这一领域，而让位给了政治原则。然而，请注意，直到那时还不需要去产生任何抽象的、中立的有关功能的范畴。

　　对很多"实证主义的"思维来说，没有什么比将社会现实中所

---

　　① 参看 *La Città di Padova: saggio di analisi urbana*（Rome: Offcina, 1970), pp. 218ff.。（这是一个关于帕多瓦市的极其著名的文选）——原注（帕多瓦［Padova］是意大利最古老的城市之一，自城市始建至今，已有三千多年文明，早于古罗马帝国五百多年，公元前4世纪已成为当时威尼托最重要的中心城市。——中译者注）

　　② 帕拉第奥（Andrea Palladio, 1508—1580），意大利文艺复兴时期的建筑理论家、建筑师。——中译者注

谓的"需要"和"功能"构想为自然中的有机体，能更清楚也更容易进行实验证明了。但事实上没什么比这更模糊难辨的了。谁的需要？由谁来阐述这些需要？它们如何得到满意和满足？我们被告知戴克里先①的浴室符合浴室的"需要"和"功能"。但事实恰恰相反，这种浴室具有最大程度的多功能性，它们所满足的"社会需要"远远超过"私人需要"。简言之，它们构成了一个都市**差异性**现实的一部分。 F315

建筑的正面和透视法总是形影不离的。透视法确立了正面的线条，并且组织起那些覆盖在建筑表面的装饰、图案和线脚。它同时利用各个立面的对齐来制造水平线和没影点。

建筑的正面告诉我们很多东西——很多令人惊讶的东西。令人惊奇的是，虽然它有着人造的和计划的性质，建筑物的正面却无疑是"有机"类比的基础。正面的概念意味着右边和左边（对称）；高和低；它也意味着前和后——包括显示出来的和没有显示出来的——从而构成了一个似乎延伸到社会空间中的不对称物，这一点在生命有机体的进化过程中出现得颇为晚近，是作为对于攻击与防卫需要的回应。既然建筑物正面那尊贵的外观是装饰性的且被装饰过，因此它在某种程度上是具有欺骗性的，我们可以不带偏见地看待它吗？当然，它通常被人们看作，例如一张富有表现力的脸或者面庞，不是朝向某个理想型的观众，而是朝向特定的观看者。通过类比为一张脸或者面孔，建筑物的正面变得既富有表情又富有力量。它被要求去创造一种总体效果，变成内部（有结构的）空间

---

① 戴克里先（Diocletian，243—316），罗马皇帝（284—305 年在位），他为了更有效地控制罗马帝国而将其分为东西两个帝国（286 年）。——中译者注

布局及其功能——它所实现的功能和被它藏匿的功能——的主人。从"透视法"来看，**凡事皆可是正面**（*tout est façade/everything was façade*）。如果透视法控制了房屋或其他结构物的组成部件的排列，倒置的情况就同样也是真实的，因为它们借助对齐和分组，同样也可以引起一种透视的效果。由此我们可以说，在不同的艺术（绘画上和建筑学上）形式之间进行类比是再自然不过的。一幅画，作为一个描绘出的表面，突出某一个维度，朝向观看者定位自身。不论是肃穆的还是活泼的主题，都以同样的逻辑进行组合。这是一种外观和一种正面。一幅画跟随走近它的人的方向——确切地说，公众的方向——转动。一幅肖像画，在它被观看之前、观看过程中，以及观看之后，都是**朝外看的**（look out）。一张油布画或者一面被画过的墙，都有一个面孔，似乎在主动邀请人们端详。不论是面孔还是正面都有一些天赋，一些偏好和热情。正面的影响会变成主导的影响吗？毋庸置疑。表达源自外表，因此同样虚伪。美德据说也从它衍生而来，而且它也是许多众所周知的智慧的主体——想一想"爱面子"（*Sauver la face*）这句话吧！不仅仅是建筑，还有举止、风俗以及日常生活的仪式和节庆，它们都可能受到如此产生的威望的支配。

E274

F316

　　教皇制度下的罗马给我们提供了一个相当好的关于空间的范例。在那里，正面是主宰；在那里，所有的事物都可以是外观和正面。借助于一种容易理解的相互关系，正面在这个语境中是原因也是结果：每一座高楼、房屋或者教堂均强化了正面的至高无上的地位；同时，每一座纪念碑又是这至高无上地位的产物。空间的基本构型平等地适用于整体和每个细节。象征主义不是把意义灌输进单个对象，而是灌输进作为一个有机整体而呈现的对象整体。罗马的圣彼得教堂就是教堂的本然：教堂的"整体和全部"——身体和脸庞——"紧紧地抓住她的猎物（受骗者）"。那个声望显赫的圆屋顶象征着教堂的头部；而廊柱是这个巨大身体的臂膀，它们把广场和充满信念的人群紧紧搂在怀中。头思考；臂膀拥抱和包容。就好像一个人可以正当地在那儿言说，而不用过于概括正面与面孔的文化。作为一个比哲学家"主体"更加具体的原则，面孔及其搭档（面具）和补充物（穿着），也许可以理所当然地被说成是生活的决定性因素。

尽管这个假设富有诱惑力，但它易于驱逐生产（production）的基本概念，而迎合某种意识形态化的对于产生（generation）的叙述。当一个制度丧失了它的起源地和原初的空间，在感受到威胁时，它就易把自己描述成是"有机的"。它自然化自己，看重自己，并且把自己作为一个身体而呈现。当城市、国家、自然或者社会自身不再清楚地知道将以何种形象呈现时，它的代理人就会求助于这样一个便捷的解决方式，即起用身体、头、四肢、血管或神经。这个物理性的比附、有机空间的观点，因此受到了正在走下坡路的知识和权力系统的垂青与召唤。这种意识形态对于有机体的诉求，可以拓展至对于某种统一体的诉求，并且超出（或者达不到）那个统一体而延伸到对于**起源**的诉求，这个起源被认为其绝对的确定性可以被知 E275
晓，其可以超越任何可能的质疑而被确认，也即它是一个合法又合理的起源。有机空间的概念意味着起源的神话，对它的引用消除了 F317
一切有关起源的论述、所有对变革的研究，而有利于想象出一种一致的和谨慎演化的画面。

　　建筑物正面和正面效应曾经历过一个大事纷纭的历史。这个历史横贯了巴洛克时代、异国情调时代和各种矫饰主义时代。但只有到了资产阶级和资本主义的兴起，这个原则才被彻底地发展了。但即便如此，它也是以一种矛盾的方式完成的。法西斯主义曾以血缘、种族、民族和绝对的民族国家等观念为依据，企图建立起一个有机社会生活的幻想王国。因此，对建筑正面的使用，对此进行的民主的拙劣模仿，可见之于那些被隔离的郊外房屋——那些房屋有前面也有后面，这是它的脸面，可以这样说；以及它的那些不方便见人的部分。

第 十 一 节

　　在 12 世纪到 19 世纪之间，战争总是围绕着积累进行的。战争耗尽了财富；同时战争也促进了财富的增长，因为战争总是扩大了生产力并使技术更加完备，尽管战争把生产技术强制地用于破坏性活动。战争发生在潜在的投资地区，战争本身成了最大的投资，并且最为有利可图。几个重要的例子是百年战争、意大利战争、宗教战争、三十年战争、路易十四反对荷兰和神圣罗马帝国的战争，以及法国大革命和帝国的战争。资本积累的空间因此逐渐地露出生机，并且开始完备。这个充满活力的过程被作为一段令人羡慕的历史，人们从各种因素中去寻找它的起因：王朝的利益、意识形态、权贵们的野心、民族国家的形成、人口统计学的压力，等等。这条道路通往永无休止的分析、查找、计算日期和事件链条。既然空间就是所有这些历史年表的轨迹，它难道不能构成一个像其他一样的可以接受的解释原则吗？

工业将在这样的空间里安营扎寨：在那里，乡村的共同体传统被扫除一空，都市的制度也被战争所摧毁（虽然城镇间的联系和"都市系统"并没有消失）。这就是空间，高高地堆积着经年累月争抢和掠夺而来的财富的空间，将要变成现代国家的工业空间。

总之：在资本主义到来之前，暴力所扮演的是一个超–经济（extra-economic）的角色；在资本主义和世界市场的主导下，它被认为在积累的过程中扮演了一个经济角色；结果，经济领域占据了主导地位。这并不是说经济关系**等同于**权力关系，而仅仅是说不能再把二者分开考虑。我们面临着这样一个悖谬的事实：长达数个世纪的战争空间，非但未让社会陷入沉沦状态，反而变成孕育了资本主义的富裕的、人口稠密的空间。这是一个值得深思的事实。接下来的是世界市场的建立，以及来自于西班牙、英格兰、尼德兰和法国的欧洲人对海洋和大陆的征服和掠夺。广泛的远征既是为了攫取原材料，也同样是为了达致各种目标和幻想（各种目标并非互相排斥）。这个历史过程集中在哪里？燃烧的焦点在何处？所有这些富有创造性和毁灭性的力量从何处涌出？答案是，那些直到今天都是欧洲最为工业化和最服从于增长需要的地区：英格兰、法国北部、尼德兰和卢瓦尔河和莱茵河之间的地区。所以，一旦我们将它们纳入社会和政治空间语境来"思考"时，否定和否定性的哲学抽象物便呈现出一个清晰而具体的形式。

许多历史学家步马克思的后尘，也试图从经济方面来解释我们所讨论的暴力，但即使他们这样做了，也不过是计划了一个只能运用到帝国主义时期，以及之前早些时期的方案。他们从未试图理解经济领域如何取得了它的优势地位——一种发展，它(连同其他因素：剩余价值、资产阶级及其国家)定义了资本主义本身。事实上，他们在这一点上没能理解马克思，马克思认为，在一个特定的时期，历史及其范畴占据统治地位；但是到了 19 世纪，它们从属于经济领域①。

这是否意味着对历史的"经济学"解释应该让位于"战争学"(polemological)解释？并非如此。然而，战争被不公正地归入与善和创造性力量相对立的破坏性的、邪恶的力量；尽管经济可以声称是积极的、和平的"生产性"力量(至少在经济学家们看来如此)，战争则被历史学家断定只不过是包藏祸心的行为和有害激情(傲慢、野心、放纵)的产物。这个仍然广泛传播的、令人遗憾的思考方式，其问题在于：它忽视了暴力在资本主义积累中所起的作用，以及战争和军队凭其自身的力量作为生产力所扮演的角色。这一点马克思曾经指出过，并简要而确凿地强调过②。战争生产了什么？答案是：它生产出了西欧——西欧的历史的空间、积累的空间、投资的空间，还有帝国主义的基础，通过这些方式，经济领域最终大获成功。

事实上，暴力正是空间这个奇特的身体的命脉。暴力有时是潜

F319

E277

---

① 马克思的原话是："把经济范畴按它们在历史上起决定作用的先后次序来排列是不行的，错误的。它们的次序倒是由它们在现代资产阶级社会中的相互关系决定的，这种关系同表现出来的它们的自然次序或者符合历史发展的次序恰好相反。问题不在于各种经济关系在不同社会形式的相继更替的序列中在历史上占有什么地位，更不在于它们在'观念上'(蒲鲁东)(在关于历史运动的一个模糊的表象中)的顺序。而在于它们在现代资产阶级社会内部的结构"。(《马克思恩格斯选集》第 2 卷，人民出版社 1995 年第二版，第 25 页。)——中译者注

② 马克思的原话是："战争比和平发达得早；某些经济关系，如雇佣劳动、机器等等，怎样在战争和军队等等中比在资产阶级社会内部发展得早。生产力和交往关系的关系在军队中也特别显著"。(《马克思恩格斯选集》第 2 卷，人民出版社 1995 年第二版，第 27 页。)——中译者注

在的，或者准备爆发的；有时则呈爆发状态，这回对准了自己，也对准了世界。暴力无处不在，它们在凯旋门（根源在罗马）、大门、广场和各种期望之中被光大。

　　正是在这个陆地和水域的空间中，在这个不断生产和持续的空间中，西欧的战争，动员起它的自相矛盾的——即既具有毁灭性也具有创造性的——力量。莱茵河、北海或者弗朗德斯的运河，与阿尔卑斯山、比利牛斯山脉，或者平原和山脉，有着同样重大的战略上的重要性。我们可以从17世纪法国一些人的行为中辨识出一个独立的理性：蒂雷纳[①]、沃邦[②]和赫格[③]——他们分别是勇士、战略家和工程师。这种理性通常和笛卡尔哲学有所关联，但是它与哲学又有所区别，在它这里，社会实践和意识形态确实是不同的，两者之间的相互关系有些松散与不确定。

　　那些创造历史的人，普通士兵或者陆军元帅、农民或者君主，他们是否有意识地为积累的过程而工作？当然不是。既然那个历史时间正在瓦解，我们现在就有义务对此进行辨析，要比首次分析那个时间时更加精细，在动机、理由、原因、目的和结果之间进行区分。傲骄和野心往往是动机，例如，王朝之间的冲突无疑助长了 F320 战争的爆发。至于结果，它们只有在事实发生之后才变得清晰。我们因此被带回到了一种辩证法原则，它远比教条主义者攻击我们时

---

　　① 德·蒂雷纳（Turenne, vicomte de, 1611—1675），法国17世纪名将。——中译者注

　　② 塞巴斯蒂安·勒普雷斯特雷·德·沃邦（Sébastien Le Prestre de Vauban, 1633—1707），法国元帅，著名的军事工程师。——中译者注

　　③ 皮埃尔-保罗·赫格（Pierre-Paul Riquet，1609—1680），法国17世纪著名建筑工程师，著名的米迪运河设计师。——中译者注

所用的历史准则更容易接受——我指的是马克思的那句著名的断言：人们创造自己的历史，但他们并不知道自己正在创造历史[1]。

　　去把握关于（一个空间的）整体的概念——如果有这样一个特殊的空间——并不意味着我们没有责任去考察细节。我们一直在思考的那个时期目睹了城镇的兴盛与衰落。正如我们所看到的，16世纪的社会处在一个转折点上。空间和时间都都市化了。换言之，商品和商人，连同他们的度量单位、账目、合同和承包商的时间和空间，获得了支配地位。时间——适用于可交换商品的生产，适用于它们的运输、交货和出售，适用于支付和资本配置的时间，现在用来测量空间。但是空间掌控着时间，因为商品、货币、初始资本的运转，需要以生产场地、供运输之用的车船、码头仓库、银行经纪人作为前提条件。直到现在，城镇才认清了自己，找到了自己的形象。它不再需要作为一个**世界的形象**、宇宙的中心和缩影，而赋予自己某个形而上学的特征。相反，它获得了自己的身份，开始以图表的形式呈现自己；正如我们已经注意到的，平面图大放光彩，平面图到那时还没有还原的功能，它在形象化城市的现实时并没有抑制第三个维度，即神性的维度。这些都是真实的场面，是一幅幅鸟瞰图；城镇把自己放在远景之中，像一个战场，并且前进中所遇到的围攻通常的确被描绘出来，因为战争总是围绕城镇进行抢掠，城镇总是被占领、侵犯和掠夺。城镇是财富的聚集地，同时也总是威胁（和受到威胁）的"对象"和积累的"主体"——从而城镇也是

E278

----

　　① 马克思并没有说过这句话，最接近列斐伏尔以上概括的原话可能是："人们自己创造自己的历史，但是他们并不是随心所欲地创造，并不是在他们自己选定的条件下创造，而是在直接碰到的、既定的、从过去承继下来的条件下创造"。（《马克思恩格斯选集》第一卷，人民出版社1995年第二版，第585页。）——中译者注

历史的"主体"。

通过这些冲突——尽管存在这些冲突，也因为这些冲突——城镇获得了一种夺目的光彩。当**产品**（product）开始掌控天下时，**作品**（work）便达到了它成就的顶峰。这些城镇事实上成了艺术作品本身，它包括大量独特的作品：不仅有绘画、雕刻和编织，还有街道、广场、宫殿和纪念碑——简言之，建筑。 F321

第 十 二 节

某些国家理论把国家视为政治天才的作品；而另外一些理论则认为国家是历史的产物。这第二种观点，如果它不是基于专家们凭借特殊的技能（法律、政治经济，或是政治组织本身）所推断出的结论，或者如果它达到了一定高度的普遍性，则又回到了黑格尔哲学。

虽然马克思曾向拉萨尔 ① （1848 年 2 月 22 日的信）和恩格斯（1848 年 4 月 5 日的信）② 许诺说他将提供一个有关国家的理论，但是值得怀疑的是，他是否真的有一个完整的国家理论。当然，他没有留下关于国家的完整解释，正像他没有留下关于辩证思想的完整理论。但是，他的确留下了大量有关这个主题的片段和并非不重要

---

① 　即费迪南德·拉萨尔（Ferdinand Lassalle, 1825—1864），普鲁士著名的政治家、哲学家、法学家、工人运动指导者、社会主义者。德国早期工人运动著名领导人，全德工人联合会的创立者，国际共产主义运动中机会主义路线的重要代表。——中译者注

② 　原文如此。列斐伏尔所列这两封信的日期肯定有误。实际日期应该是：马克思致拉萨尔（1858 年 2 月 22 日）；马克思致恩格斯（1858 年 4 月 2 日），在这两封信中马克思均许诺要写出六册的政治经济学批判著作，其中第四册就是国家。——中译者注

E279　的设想。马克思终其一生都在与黑格尔的理论较劲儿，拆解它，挪用其中的某些碎片，替换其中的某些部分。因此，他提出用社会的和工业的合理性来替换国家和政治的合理性；而黑格尔已将后者提升到一个绝对的地位。马克思把国家看作上层建筑，而不是看作社会的本质和至高的成就；他引入了工人阶级的理念作为变革的基础，这将导致国家的消亡。

　　我认为黑格尔哲学以及黑格尔哲学的批判者同样存在的一个弱点是，它们对空间的作用以及与之相关联的暴力的作用存在误解。对于黑格尔来说，空间把历史时间引向终结，空间的主人是国家。空间同时使理性和现实臻于完美。至于说到暴力，黑格尔把它作为他的思辨范畴的一部分来看待：斗争、能动的否定性、战争，以及矛盾的表达。在马克思和恩格斯那里，不可能存在"纯粹的"、远离阶级斗争而存在的绝对暴力，"不表现"经济上占统治地位的阶级的要求——因为如果不动员物质资源，国家便不可能建立起来；

F322　如果没有一个影响生产力和生产关系的目的，国家同样也不可能建立起来。暴力确实是助产婆，但它也仅仅是助产婆而已，没有它的帮助仍然还会孕育后代。不光马克思、恩格斯，还有黑格尔，他们都没有清晰地察觉到暴力在积累过程中的核心地位（尽管马克思的确考虑到了海盗和海盗船，16 世纪的黄金交易，等等），以及它在政治经济的空间生产过程中的作用。这个空间当然是现代国家的出生地和摇篮。在这里，即在积累的空间中，国家的"极权使命"（vocation totalitaire/totalitarian vocation）塑造成形，它倾向于把政治生活及其存在看作优越于其他所谓的"社会"和"文化"实践形式，同时把所有那些政治存在物集中于它自身，并且在此基础上宣称主权原则，也就是它自己拥有主权的原则。在这里，国家作为一个既虚幻又真实、既抽象又具体的"存在"而建立起来——它被认为是没有任何限制的，除了那些从基于强迫的关系中所获得的限制之外（包括它与它自己内在组成部分的关系，以及它与同类的关系——即不变的对手和实质上的敌人的关系）。主权的概念，正如我们已经看到的，可以使君主政体的国家冠冕堂皇地反抗教会、罗马教皇和封建领主的统治；它把国家和它的追随者看作"政治社会"，支配和凌驾于市民社会、组织和阶级之上。虽然像马克思等一些人，为　E280
了满足自己的想法而试图证明国家及其体制并非独立于生产关系、阶级和它们的矛盾关系，但事实依然表明，国家和它的主权是高居于这些因素之上的，并且具有用暴力解决这些矛盾的权力。国家使得求助于武力的做法合法化，并且主张垄断暴力。

　　主权意味着"空间"，它更意味着一种指向暴力——不管暴力是潜在的还是明显的——的空间，也即通过暴力所确立和组成的空间。从 16 世纪开始，积累的过程打破了小型地中海共同体、城镇和城市、封地和公国的网络。只有通过暴力，技术的、人口统计学的、经济的和社会的潜力才可能被实现。君主力量的扩张是以军事统治为基础的，通常以抢劫为先声。国家及时地变成了帝国——查　F323
尔斯五世帝国、哈布斯堡王朝、沙皇帝国，之后的拿破仑帝国和以俾斯麦为其战略家的帝国。这些帝国早于帝国主义，注定了迟早会崩溃，臣服于某个目前已经逃脱它们控制的空间。民族国家，凭借着勘定已毕的疆土，不仅战胜了城邦（尽管它们的存在一直延续至 19 世纪，威尼斯和佛罗伦萨可作证），并且击败了帝制国家——帝国的军事能力最终被击溃。中心-外围式的关系，尽管以一种远未世界化的尺度而存在，但是中央集权国家的局限性和"君权"中心的脆弱性已经显现出来。

没有什么力量能改变这样一个事实：每一个国家都出生于暴力，并且国家权力的延续只能依靠直指空间的暴力。这种暴力滥觞于自然界，它所调动的资源与它下的赌注——也就是财富和土地——一样多。与此同时，它向整个自然发起进攻，向自然强行立法，按照一种迥异于土地和其居民的原始特性的准则，以行政手段分割自然。又与此同时，暴力推崇一种特殊的合理性，一种积累的合理性、官僚等级制的以及军事的合理性——一种整体的、逻辑的、操作性的和定量的合理性，它可以使经济增长成为可能，并且从那种增长中汲取力量，用以扩张，直至占有整个地球。以暴力起家，并通过暴力手段不断地创造（用俾斯麦的话说，通过火与血），这些就是国家的标志。但是我们一定不能孤立地看待国家的暴力：它不 E281 可能和资本积累相分离，也不可能与**统一**（unité/unification）的理性和政治原则相分离，这些原则和理性服从于并且总体化了社会实践的各个方面——立法、文化、知识和教育——在一个确定的空间之中，即在一个对它的人民和它所妄称的国家意识施行阶级霸权的空间之中。每个国家都声称要生产出这样一个空间，在那里，很多事情都已实现，甚至都已尽善尽美：这是一个一体化的、因而是同 F324 质的社会。事实上，在实践中，国家和政治活动通过各种可能的方式所建立和巩固的，是一种在阶级与阶级的各部分之间，以及在它们所占据的空间之间的**力量平衡**。那么什么是国家呢？根据"政治学家们"的说法，国家是一种权力的构架，它以一种保证某些少数者的利益、保证某些阶级或者阶级中的一部分的利益能强加于社会之上的方式，做出决策。事实上，这些强加的利益如此有效，以至于无法将之与普遍的利益区别开来。很有道理，但是一定不要忘记，上述的这种构架是一种空间的构架。如果不对这一空间的构架及其所具有的力量做出说明，我们所说的国家就只是一个合理的共同体——换言之，我们就重新回到了黑格尔主义。没有空间和空间生产的概念，权力的构架（无论是作为事实还是概念）不可能轻而易举地实现具体化。我们正在谈论的是这样一个空间，在其中，集中的权力将自己置于其他权力之上并且消解其他权力；在其中，自我标榜的"主权"民族排挤任何其他的民族性，并在这个过程中摧毁那些民族性；在其中，国家宗教禁止其他一切宗教；在其中，拥有权力的阶级声称已经平定了所有的阶级差异。各种机构之间的关系，而不是与国家自身（例如，大学、税务当局和司法部）的关系，以及这些机构的效力，并不需要空间概念这个中介，来实现自我表征，因为它们行使职责的空间是由**属于**国家政治空间的法令（和强制执行的规则）来支配的。相比之下，如果不联系到所使用的**工具性**空间（*instrumental* space），国家构架和作为构架的国家就是不可想象的。事实上，每一个国家的新形式，每一种政治力量的新形式，都引进了分割空间的特殊方式，引进了它对关于空间的话语、关于空间中的事和人的话语的特殊的管理分类。可以说每一个这样的形式都要求空间满足它的目的；空间应该成为可以**分类管理的**这一事实，就使得一种特定的非批判性思想模式——仅仅对作为结果的"现实"进行登记，并且按照其表面上的价值接受它——成为可能。

　　对空间的有效考察，即对于政治性的空间和空间的政治的考察——应该使我们能够化解有关国家的"自由论"与"权威论"之间 E282

F325 的对立。"自由论"将国家定义为公民的"共同的善"和对公民冲突的公平仲裁二者的体现；而"权威论"则援引"普遍意志"（volonté générale/genenral will）和统一的合理性（rationalité unificatrice/unifying rationality）作为论证中央集权、官僚政治体制，以及**奢靡生活**存在和必要的合法性根据。

　　除了上述所罗列的抽象空间生产的方方面面之外，也许还要加上一个一般性的**隐喻**（metaphorization），这个隐喻适用于历史和积累领域，它把这些领域转变成为一个暴力在合理性中被掩盖，统一的合理性被用来证明暴力的正当性的空间。结果，这种走向同质化的趋势，而非表现出来的其本身，只有通过"舆论"、议会民主、霸权或者国家理性（raison d'État）这样的隐喻，才能被察觉到。它或者甚至被作为"企业精神"。在一种非常特殊的"反馈"中，知识和权力之间的交易、空间和权力话语之间的交易，变得花样翻新，并且被合法化。

　　通过这种方式，资本主义的"三位一体"就在空间中建立起来。土地—资本—劳动力这个三位一体不再可能只是抽象之物，并且只能在一个等边三面体的制度空间中被组合起来：首先，这是一个**完整的**（global）空间，并且像主权空间那样持续存在；这个空间贯彻强制规则，因此是一个盲目崇拜的空间，消除了差异性的空间。其次，它是一个**碎片化**（fragmented）的、分裂的、互相脱离的空间；这个空间对独特性、地方性和场所性都予以定位化，以便控制它们，以便使它们可以转让。最后，这是一个**官僚等级制**（hiérarchisé/hierarchical）的空间，从最低贱的位置直到最高贵的位置，从禁忌的直到至尊的，依次排列。

谈得有点远了，必须回到我们的阐述到达的地方。

第 十 三 节

拉伯雷（Rabelais）的作品揭示了一种在可读性（lisible/readable）和不可读性之间、在表现出来的和依然隐藏的之间令人惊讶的关系。被说（dit/said）出来的事物是以（快速）表现出来的和（慢慢）浮现出来的事物的模式被理解的。"被看见"的（seen）（与表现出来的相对立）既不是指未卜先知的，也不是指显而易见的，而更像是那在黑夜中不可见，却能暴露于阳光之下的。文字一旦写出来，就宣布了每一件事物的诞生，并对它们负有责任。"而一旦你打开了那个匣盖，你就会在里面发现高贵的无价神药；……"[①] 匣子里装的到底是什么——什么将出现在阳光之下？整个过去！当然，已经被记忆和遗忘所掩埋，但有血有肉的现实也在这里实现着。活生生的身体就在现场，作为深层和表层之间相互转换的场所；作为隐藏和发现之间的门槛。与此同时，作者——"在（他的）老花镜不离手的帮助之下，运用辨认古体字的方法，阅读那些年深日久、已无法显现的笔迹"[②]——用他神奇的文字从狄俄尼索斯的阴郁领域找

F326
E283

---

　　① 弗朗哥·拉伯雷：《巨人传》（*Gargantua and Pantagrue*）I, Tr. J. M. Cohen,（Harmondaworth, Middx: Penguin, 1955）, I, 'Author's Prologue', p. 38.——英译者注（中译本参看拉伯雷：《巨人传》，鲍文蔚译，人民文学出版社 1983 年版，第 5 页。——中译者注）

　　② 弗朗哥·拉伯雷：《巨人传》（*Gargantua and Pantagrue*）I, 1, p. 42.——原注（中译本参看同上书第 11 页。——中译者注）

出秘密，并进入阿波罗的领域，从身体的地穴和深处进入梦和理性的透明世界。最直接的经验和"身体的"考验，均被当作知识的最高形式的教益。在逻各斯完成它的具体的实现的同时，世界也因此快速地、持续不断地浮现出来。文本既不指向其他文本，也不指向它们的语境；相反的，它们指向非-文本。事情就是那么真实，以至于拉伯雷（尽管他本人是驾驭文字的大师）结束了对那些搞"名称转换"（*transporteurs de noms*）（或者"拿名词耍把戏"）的人的攻击，那些人用文字游戏或基于色彩的属性[①]来取代思想。拉伯雷被挫败得如此之深，以至于他为古埃及人使用那种"没有人理解是因为没有人听到过"[②]的象形文字（古代埃及文字其实是拼音文字——中译者注）的智慧而喝彩，这称得上是一支号角，召集听力和由听获得的理解向视觉发起进攻。

对于笛卡尔和笛卡尔的信徒们来说，上帝从不休息。创造是永无休止的。笛卡尔的这个观点是什么意思？要知道这是一个被斯宾诺莎和莱布尼茨都曾采纳的观点，在它还没有被马勒伯朗士（Malebranche）引向荒谬的程度之前。

1. 物质世界，即空间，它持续存在仅仅因为它被神圣的思想所支撑，并被那个思想所包含：它被神圣思想所**生产**，并被那个思想不断地、真正地掩盖——作为无限性的一面有机的镜子。

F327 　2. 空间的法则，即数学的法则，由上帝制定并由他维持；没有什么可以逃出这些法则，精确的计算统治着自然，因为这样的计算

---

① 比如，在拉伯雷的笔下，"蓝色，毫无疑问，应当象征天和地上的事物；根据同样道理，白色应当象征欢悦与快乐。"等等。（参看中译本第42页。——中译者注）

② 同上，I. 9, p. 58。——原注（中译本参看同上书第37页。——中译者注）

是与上帝所生产的空间共存的。

3. 在自然中，新奇的事物层出不穷，虽然自然（**复数的自然**）的要素非常简单——事实上它是如此简单，以至于其实只有一个，叫几何空间。神的行为，像人类的行为一样，其（创造世界的）过程恰 E284
似花边女工的工作，使用单根线编织出各种极其复杂的图案。这个隐喻是笛卡尔郑重其事地提出来的（在《沉思录》中）。事实上，当笛卡尔说自然万物无非形体和运动时，这些措词不应当被看作隐喻，而应当照字面意思直接理解。笛卡尔的上帝会生产、工作，并像有限的存在那样努力创造，尽管结果他不会变得筋疲力尽。

在空间的语境下，生产性劳动因此被整合到神的本质中。对于笛卡尔的信徒来说，上帝体现了一种劳动和自然的至高的统一。人类的活动模仿神的创造性行为：一方面，这里有工匠的作品，因为他们使自己成为自然的主人；另一方面，这里有认识（*connaissance*）——被一种富有创造性（生产性）的过程所感召的认识，它不再是古代或是中世纪的冥思，而是笛卡尔式的理论思考，注定要被黑格尔和马克思所发展和改造①。知识的时代支配着一种根据同质化的逻辑法则所构建的空间秩序，在上帝之眼的凝视之下，在思想"主体"的目光之前。

不经过一番奋斗，视觉（或者更加精确地说，几何学—视觉—空间）的霸业是无法达到的。

在 18 世纪，音乐品高位尊，是艺术的领航员。音乐在物理和数学发现的基础上，从赋格曲向奏鸣曲发展，并且从那时起开始走

---

①　相关观点参看本书法文第四版 135-136 页及英译本第 114-115 页。——中译者注

向大型歌剧和交响乐。同时，产生了一种与永无止境的回声有关的观念，即和声学的观念。关于音乐的辩论吸引了大众的舆论；它们从而具有了哲学的，因此也是普遍的意义。启蒙哲学家们开始关心音乐，聆听音乐，并且谱写乐曲。

F328　　　18世纪的空间，已经被政治化，已经具有了视觉-几何的特征，并被绘画和纪念碑性建筑（凡尔赛宫）所支持。因此遭到了音乐的攻击。这场攻击同时也代表了身体和身体符号对非身体及其符号的报复——这是一场以"18世纪的唯物主义"而著称的战役。视觉凌驾于其他感觉和感觉器官之上的优越地位受到了狄德罗的严肃挑战，狄德罗指出，一个盲人如果像明眼人一样有许多想法，并且

E285 生活得"正常"，他就会与明眼人知道的一样多。这使得哲学家们可以追问：视觉服务于何种目的？视觉显然只是奢侈的、令人惬意的，却并非真正的必要。这一哲学批判的意义无法被人们正确地理解，除非将之放在18世纪那场伟大辩论的背景之下，那是一场围绕音乐和随之而来的有关宇宙和世界统一的强势概念（即和谐的概念）所进行的论争。

第 十 四 节

　　我们已经了解了关于抽象空间的若干事情。作为暴力和战争的产物，它是政治性的；它是被国家创制的，因而它又是制度性的。乍看上去，它似乎是同质化的；而事实上它服务于这样的势力：这些势力把任何挡在它们前进路上的阻碍，把任何威胁，简言之，把任何差异性，都清扫得**一干二净**（tabula rasa）。空间发挥了飞机、

推土机和坦克的职能，在其帮助之下，这些力量似乎将挡在它们面前的所有事物都碾压、粉碎了。无论如何，空间的工具性同质化（homogénéité instrumentale/instrumental homogeneity）这个概念只是一个幻象——尽管对空间的经验性描述可以增强这种幻觉——因为它不加批判地把这种工具性视为给定的条件。

与之相反，通过批判性地分析，我们可以很快就从这里区分出三个方面或三种要素。也许可以借用一个音乐术语——"共振峰"（formants）[①]——来描述这些方面。这些共振峰在下列方面又都与众不同（尽管不是独一无二的）：它们既彼此隐含又彼此掩盖。（说它们是二部对比并不正确；其中对立的条件，通过在一种简单的镜子效应下相互反射、相互辉映，每一方都变成了一种能指，而不再处于模糊的或被掩盖的状态）那么，这三种要素是什么？　F329

1. **几何学的**（**共振峰**）（*Le geometrique formant /The geometric formant*）。哲学思想把欧几里得的空间看作是"绝对"的，因此长期以来，它被用作一个**参照**空间（或者空间表象）。欧几里得的空间被定义为"均质"的（isotopy）（或者各向同性的），这是一个能保证社会和政治功用的属性。要把空间还原为同质化的欧几里得的空间——首先把自然空间，然后是把各种社会空间——就已经赋予了它令人敬畏的力量。尤其是，最初的还原很容易导致另一种还原，即把三维的现实还原为二维空间（例如，一个"平面图"、一张白纸、在纸上画的东西、一幅地图，以及任何图绘表象或投射）。

[①]　在人声和大多数乐器的很宽的频谱分布中都存在一些固定的频率峰值（Formant Synthesis），这种频率峰值在声音频谱中就叫做共振峰（Formants）。——中译者注

2. **光学（视觉）的（共振峰）**（*L'optique*［*visuel*］*formant /The* E286 *optical*［*or*］*virsual formant*）。被埃尔文·潘诺夫斯基（Erwin, Panofsky）确认为一种战略的"视觉化逻辑"，体现在哥特式大教堂上，表明了社会现实的整体性。依靠书写的文字（马歇尔·麦克卢汉［Marshall McLuhan］语[1]）和景观化（spectacularization）的过程（居伊·德博［Guy Debord］语[2]），这一逻辑的此两种功能分别与各自的两个环节（moments）或者两个方面相一致：第一个方面是隐喻性的（书写的行为和写下的文字，迄今为止都是辅助性的，现在则变成根本性的了，成为实践的模式和焦点）；第二个方面是转喻性的（眼睛、凝视、被看见的，不再仅仅是细节或者部件，而是变成了总体）。在这个过程中，视觉借此获得了超越其他感觉的优势；而一切来源于味觉、嗅觉甚至听觉的印象，第一次失去了清楚感，然后一起慢慢消失，将地盘留给了线条、颜色和光。物体的一部分及其所提供的内涵便以这种方式，成为了全部。这种失常成为正常——或者至少是正常化的——在书写文字的社会重要性中找到了它的合法性。最后，通过同化，或者可能通过模拟，所有的社会生活都变成了只能通过眼睛来解读的信息，变成了仅仅是对文本的阅读。任何非视觉的印象——例如触觉，或者说一种肌肉的（有节奏的）感受——都仅仅成了视觉的一种象征形式，或者趋向视觉的一个过渡步骤。一个被手感觉到和测试到的物，仅仅作为被视觉观察到的这 F330 一物的"类似物"（analogon）。和声，虽然是诞生于听觉并为听觉

---

① 马歇尔·麦克卢汉（Marshall McLuhan, 1911—1980），加拿大人，20世纪原创媒介理论家、思想家。代表作是《理解媒介》。——中译者注

② 居伊·德波（Guy Debord, 1931—1994），法国马克思主义理论家，作家，电影艺术家。代表作有《景观社会》等。——中译者注

服务的，现在也被移植到了视觉领域；见证着形象艺术（电影、绘画）几乎荣膺了所有的优先权。

然而眼睛倾向于把物交托给距离，这使得它们成为被动的。那些仅仅**被看见的**（seen），被还原为图像——还原为冷冰冰的东西。镜子效应因此变得越来越普遍。因为看的行为和所看见的无法分辨清楚，所以两者都变成无效的了。在这个过程完结之前，空间没有独立于强烈的、侵略性的和压迫性的视觉化之外的社会存在。它因此成为一个纯粹视觉的空间，不是象征性地，而是事实上成为。视觉领域的崛起包含着一系列的替换（substitution）和置换（displacement），通过这些方式，视觉压制了整个身体，并盗用了它的角色。那些仅仅被看见的（以及仅仅是可视的），很难见到；但是它们却被说得越来越动听、被写得越来越丰满。

3. 阳具崇拜的（共振峰）（*Le phallique formant* /*The phallic formant*）。这个空间既不能被完全消除，也不可能完全被图像或转型中的事物充满。它需要一个真实完整的客体——一个客体化的"绝对"之物。至少，它的贡献还是很多的。从隐喻的角度说，它象征着力量、男性的生殖力、男权的暴力。这里再一次地将部分当作了整体；阳具的野蛮性不再是抽象的，因为它是政治力量和强制手段——警察、军队和官僚机构——的那种野蛮性。阳具勃起的形象赋予了垂直向上的形状以一种特殊重要的地位，它以一种既是隐喻又是转喻的方式称颂男权制度，认为它代表着空间的方向与过程的目标——这搅扰了空间实践的一个方面。

抽象空间**并非**是同质化的；它只是**把**同质化当作目标、定位和"镜头"。的确，是抽象空间造成了同质化。但是它本身是多种形式的。它的几何学的和视觉的共振峰在相互对立中又相互补充。它们是达到同样结果的不同方式：一方面，将"现实的"还原为一张"平面图"，这张"图纸"空洞无物，没有其他任何属性；另一个方面，"现实的"被还原为一面光滑平整的镜子、一幅图像，和一种处于绝对冷静的凝视之下的纯粹的奇观（spectacle）。至于阳具崇拜，它完成了一项额外的功能，即保证一种"事物"占据这个空间。这个"事物"是一种能指，但它并不表达空虚，而是为大量破坏性的力量——一种幻觉，所以似乎很完满——表意，以及为一个背负着大量神话的"客体"所占据的空间表意。这种空间的使用价值是政治性的——这是唯一的价值。如果我们把它作为一个有着如此这般的目的和行动手段的"主体"来讨论，这是因为这儿的确有一个主体，一个政治主体——即真正的权力，真正的国家。

F331

因此，把抽象空间看作是同质化的，就等于拥抱了一种表象，这种表象把结果当作原因、把目标当作追求这个目标的理由。这种表象，当它仅仅是一个图像、一面镜子和一种镜像的时候，它将自己假装成一个**概念**。这种表象，它不去挑战什么、不去拒绝什么，而只是去**反映**（reflect）。那么，这样一种镜子式的表象反映了什么？它反映了那个寻找的结果。"在幕后看不到任何东西"！黑格尔曾在某处反讽地说[①]。当然，除非"我们"自己走到帷幕之后——因为有些人不得不在那里看，因为那里有可以看的东西。在空间中，或者在空间后面，并没有什么未知的东西，也没有神秘之物。

[①] 语出黑格尔《精神现象学》，原文是"在这个据说遮蔽着内在世界的所谓帷幕之后，什么东西也看不见，除非我们自己走进它的后面，同样也要有某种的确可以看得见的东西在它后面，我们才可以看得见。"（《精神现象学》，贺麟等译，商务印书馆1979年版，上卷，第114页。）——中译者注

然而透明是欺骗性的，所有的事物都是被掩盖的：空间是虚幻的，而虚幻的秘密就在于透明性本身。而一旦我们"拉开帷幕"，权力与知识的道具便显露出来，不再有什么烟幕和镜子了。

从表面上看，抽象空间是同质化的（外观就是它的力量），但 E288 这决不意味着它是简单的。首先，这里有它的具有构成性的二重性。因为它既是结果又是一个容器，既是被生产出来的又具有生产性——一方面是空间表象（几何学的同质性），另一方面又是表征性空间（阳具崇拜）。然而，这个具有二重性的共振峰的所谓的和谐，其实掩饰了它的**欺骗性**。因为，当抽象空间还是现实行动的斗争舞台时，它也是包括图像、标记和符号在内的整个剧团。它是没有限制的，因为它是空的；但同时它又充斥着并置性、邻近性（"身距学的"）和情绪上的距离和限制。因此，它既是活生生的，又是表象的；既是实践的表达又是实践的基础；既刺激又压抑，等等。所有那些"方面"中的每一方，都依赖于（但并不互相一致）它的对立一方。然而清晰显现出来的，仍然是感知的、构想的和活生生的这三个因 F332 素（它们在双重变现中的实践与表象）。

个体对抽象空间的定位是社会性地完成的。对于个体来说，例如，劳动工具被安放的位置和劳动得以展开的场所（很自然地，还有到达那里的方式），都不能与使用代表功能等级的符号和符码形成的表象相分离，相反地，其中的一方包含另一方。一种生活方式的基础体现并塑造了该种生活方式。与生产（或者工作）相关的位置（或者场所），既**包含**生产世界（劳动分工）的位置和功能，也包含功能和工作的等级。**同是一个**抽象空间，它既要带来收益，又要根据等级进行安排，在不同的位置分配不同的地位；制定规则对其中一些人进行排斥,对另外一些人加以团结。战略可以有多重"目的",例如:设想一个特定的目的,推动特定的投资运转,调动特定的资源。**工作的空间**有两个相互补充的方面:生产性活动和在生产方式中的地位。任何与空间中的事物的关系,都包含着与空间本身的关系(空间中的事物掩盖了空间本身的属性;任何一个充满了符号价值的空间,也是一个被还原了的、同质化的空间)。

空间实践因此可以同时被定义为:(1)场所(places)——局部和全局的关系;(2)这种关系的表象;(3)行为和符号;(4)日常生活的琐碎空间;(5)以及与上一条相反,空间被象征性的手段变得特殊化,它成了称心的或不称心的、善的或者恶的、被特定组织所赞许的或禁止的。在这里我们不关心精神的或者文学的"场所",也不关心传统哲学的**老生常谈的场域**(topoi)而是关心纯粹政治和社会类型的场所。

E289

最终的结果是,一定的整体(global)现象就将影响作为一个总体(whole)的空间(交换、通信、都市化、空间的"发展"),还会造成大量的区隔化、分裂、还原和封锁等现象。(**社会**)**秩序的空间,隐藏在空间的秩序之中**。操作程序取决于权力的行为,事实上权力在一个看起来是由简单空间逻辑所导致的空间中,有它自己的位置。这里有空间的受益者,也有从空间中被排除出局的,还有那些"夺取了空间者";这些事实被归结为空间的"属性"(properties),归结为它的"规范"(norms);尽管在实际上,有非常不同的事物在起作用。

F333

这怎么可能?这些能力、后果和"现实"怎么能被藏匿在抽象之中?对于这个紧迫的问题,这儿有一个其真理尚未被证明的答案：**存在着一种内在于抽象之中、内在于抽象的现实（社会）用途之中的暴力。**

与物体和事物的具体的"在场"不同，抽象通常被看作是"不在场"的。再没有什么比这更虚假的了。因为抽象的**惯用伎俩**是摧毁和破坏（虽然有时这样的破坏也意味着创造）。符号拥有致命性——不是通过什么"潜在的"或所谓的无意识的力量，相反地，是通过把抽象强制地引入自然。与此有关的暴力并不包括那些发端于理性之侧、理性之外，或超越理性的力量。相反，暴力是在任何一种行动把理性引入现实之中那一刻起，才开始显身的；暴力借助打击、切割和砍削等手段把理性引入现实，这个过程直到它们的侵略目标实现为止。因为空间也是工具化的，的确，它是最普遍的工具。乡村的空间，正像那些追寻自然的行吟诗人所体悟到的那样，是最早一批对自然施暴的产物。抽象的暴力与我们所称的"历史"是并肩展开的——这个"历史"我在前面的讨论中评论过[1]，当时试图强调事物的一些通常被忽略的方面。

我简要勾勒的这个转变过程，是否真有一个确切的开端？什么时候才恰好是阳具崇拜的-视觉的-几何学的空间战胜更早期的感知和感知形式的时刻呢？

即使有人固守革命前的立场，他也很难把大革命所造成的一切后果都看作是"美好的"。例如法国大革命，它（充满矛盾地）诞生下国家、政府、法律（现代法，例如被修订和"挪用"的罗马法）、理 F334
性、强制兵役制、义务兵和持久的战争。也许应该在这个清单中再 E290

---

① 参看本章第十一节。——中译者注

加上一条，那就是：自古以来就享有的、各种形式的共同体对政治权威的控制，现在消失了。更不必说资产阶级、资本主义了，总之，普遍暴力的时代到来了。

在革命的诸多后果之中（包括直接的和间接的后果），其中一个是抽象空间——以及它的阳具崇拜的—视觉的—几何学的共振峰——的最终确立。毫无疑问，这个后果看起来并没有那么明显：它并没有被明确无误地颁布在拿破仑法典的条款中。然而正像黑格尔所说的，最具有创造力的历史时期是（且正是）那些最艰难的时期。在生产出来之后，一个全面清点目录和（借用一种印刷行业的类比来说）拼版（imposition）备印的时期就到来了。有时也会有愉快的时期，但它只被记录在历史的"空白页"上。抽象空间的出现和"拼版"的过程不会被载入史册 ①：我们并不在任何清晰定义的意义上关注事件或制度，虽然在 20 世纪后期之前，这个结果是一清二楚的。不超越"无意识"和"有意识"之类熟悉的范畴，这个形成的过程就无法得到把握。没有什么比隐喻的使用更加是"有意识"的了，因为隐喻是话语的最本质的一部分，因此是有意识的。但是也没有什么比隐喻更加是"无意识"了，如果我们在使用（文字，或者是概念）的过程中去思考随后显现的**内容**的话。文本批评在这里扮演了一个重要的角色，从认真地和缓慢地收集一系列批判性知识的意义上来说。难道我们不可以说浪漫主义已经从那个变迁的转型时刻活下来了吗？——虽然被误解了。那个转型时刻将抽象的空间性从更加无中介（unmediated）的感知中分离出来。事实上，浪漫

---

①　此句多一语双关词，也可译作"抽象空间的出版与合版是不会有准确日期的"。——中译者注

主义运动难道不正是被这种特殊的敌意所击穿，从而又被它所驱使吗？虽然为了那更加引人注目的运动，浪漫主义被忽略一旁。以下简单列举一些富有启发的问题。

1. 难道没有一种特殊的诗意正好处于这个开端上吗？

2. 这种诗意难道不正是跨过开端的道路，或者说至少是这个宏伟开端的城门装饰物吗？

3. 维克多·雨果的诗意，难道不是预言了一个视觉的、阳具崇拜的，和如今被奉为神圣的几何学领域的胜利吗？

雨果，这位"预言家"，唤醒了深渊和"黑暗之口"。他为（文字）F335 发出呐喊，让光明来驱逐阴暗。他展望着逻各斯的胜利。所有可能 E291 的视觉隐喻皆被一再调动起来，发出最大的光芒。上帝（永恒的父）之眼停留在墓中。横笛的声音在空中萦绕。流血的猪从他正躺着的那片痛苦的泥沼中站立起来了，突然被发现正面对面地和上帝站在一起，平衡了那个永恒的天平："流血的猪与神对目而视"。眼睛是旷野的主人。这是愚蠢还是智慧？这是一个虚假的问题。它的基调其实是史诗性的：视觉（veu/sight）和视野（vision）、真理和天堂都大获全胜。至于敌人，它在进击之前就销声匿迹了。所有那些模模糊糊的人群，那些夜游者、妖怪、祖先或者恶魔，都随着白昼的来临而被驱散了。这个白昼会是怎样的？它们曾消失在怎样的阴影之中？从而它们曾被怎样的科学所追求？——在上帝这永恒的夏日的收割者面前。

难道这不是一个开端吗？难道它没有被跨越吗？

第五章 矛盾空间

第 一 节 ①

F337
E292
　　（世上）没有一门空间的**科学**（如几何学、拓扑学等）会容忍空间在本质上存在着矛盾。如果社会空间本身的确是由二重性所构成的，那也不表明空间就其本质来说是矛盾的，因为二重性不是指对抗性。如果空间的确是一个具有一致性的场所或场所的集合，并且如果可以说它拥有某种**精神的**现实，那么空间就不可能包含矛盾。从赫拉克里特到黑格尔再到马克思，辩证法的思想始终是与时间密切相关的：矛盾道出了或表现出了各种力量的存在，以及那些在某个历史（和整个历史）之中发生碰撞的各种力量之间关系的存在。

---

　　① 本章集中分析抽象空间问题，强调其本质上是一个矛盾的空间，即具有同质化—碎片化—等级制的三位一体的特点。以第十七节为大致分界，在此之前部分列斐伏尔重点分析抽象空间的矛盾特征；其中第一节到第四节从逻辑的角度展现出抽象的空间逻辑与具体的空间辩证法两种理论方法上的对立，第五节开始列斐伏尔从建筑、艺术、城市等多个角度历史地现实地展示了空间矛盾的产生与发展过程。第十七节及之后列斐伏尔则立足于马克思的政治经济学批判方法试图揭示出空间矛盾产生的经济社会基础。——中译者注

空间是透明的、纯粹的、中立的这种幻觉，现在正在被极其缓慢地消除。尽管这种幻觉在根源上是哲学的，但它已经渗透了西方文化。我们已经从历史学、物理学、生理学以及语言学等多种视角，发现了它的复杂性。社会空间包含一些附属于空间的"纯粹"精神形式的、清晰而独特的"性质"，然而（这些性质）却无法作为社会空间外在特别附加的内容而获得某种独立的存在。上述分析告诉我们，赋予空间一个具体的（现实的）存在，而不是把它禁锢在某种（精神的）抽象的状态中，究竟意味着什么。

第 二 节

我们是否应当满足于只是引进一些如"多元的"（pluriel）、"多 F338 维透视的"（polyscopique）或者"多价的"（polyvalent）空间观念呢？答案是否定的，我们的分析需要比这些更进一步。首先，我们 E293 应该（以精心设计的方式）提出如下问题：

1. 存在一种空间的逻辑吗？如果有，如何定义它？它的范围是什么？

2. 它（指空间的逻辑）有限制吗？如果有，限制是什么？如果没有，那么这种不可化约（或曰还原）成逻辑形式的空间逻辑，它的准确的起点在哪里？

3. 以"纯粹的"形式作为起点的思想，会在哪里遭遇它的第一个阻碍？这个阻碍是什么？是不透明性与致密性吗？是复杂性吗？是感性的内容与某个不可化约的实践吗？是抵制任何分析性尝试的剩余物（résiduel/residue）^①吗？

　　对笛卡尔的空间概念的批判与它向现代哲学的扩展有关，**事实上这种批判并不涉及对空间逻辑的批判**。笛卡尔哲学的空间其实是向**直观**敞开的。笛卡尔哲学的主体，尽管被完美地定义、生来即具有成熟的自我意识，并因此有些脱离"现实"和世界；却似乎在神明的保护之下，奇妙地抓住了一个"客体"，即空间。这个客体（即空间）既非知识建构的结果也非感官经营的产物，相反，它被赋予了一种作为超感官的纯粹性和作为无限的**全体性**（en bloc）。与笛卡尔哲学的直观相比较，逻辑仅仅规定了由"客体"所构成的关系的网络。

　　当代思想殚精竭虑地尝试将现实的所有部分都置于逻辑法则之下；或者采取另一种方式，把一些独特的领域看作是按照一种逻辑命题——一种关于一致（coherence）与内聚（cohesiveness）、平衡与

---

①　所谓"不可约化的剩余物"（irreducible residue）这个取自巴塔耶的术语，乃是列斐伏尔"元哲学"的一个关键词，是他赖以抵制抽象空间的法器。在他看来，任何一种体制的、逻辑的或者权力话语的同质性即抽象性简化与还原，都不可能完全实现对物的占有，总有"剩余物"的存在。比如：宗教的剩余物是大自然的精气神，哲学的剩余物是非哲学的日常生活的插科打诨，政治的剩余物是私人的生活，国家的剩余物是单个人的或偶体性的自由，集中化的剩余物是去中心化（伦理的、国家的、区域性的和地方性的），数学的剩余物是戏剧，结构的剩余物是时间、历史与辩证运动。技术与专家体制的剩余物是想象力与超常性，人工智能的剩余物是欲望与主体性，艺术的剩余物是创造性风格，官僚体制的剩余物是个人，语言的剩余物是言说与不可说和无法说，模仿的剩余物是诗创性才华，意义的剩余物是难以言喻，核威胁的剩余物是国家的幸存……详见列斐伏尔所著《元哲学》一书（1965/2001）（*Metaphilosophie*, pp. 18-19, Paris: Editions Syllepse, 1965; pp. 31-32, Paris: Editions Syllepse, 2001），并参看 Henri Lefebvre: *Metaphilosophy*, trans. Stuart Elden and David Fernbach, Verso, 2016, pp. 11-12。——中译者注

调节的逻辑命题——来确定和定义的。因此对于生活逻辑、社会逻辑、市场逻辑、权力逻辑，等等，进行了大量的讨论；但却没有对**逻辑本身**及其边界做出任何基本的定义。回避辩证思想的观点，就存在于对单个逻辑的追寻之中；结果反倒成了对逻辑本身的威胁。

第 三 节

逻辑关系是有关包含（inclusion）与排斥（exclusion）、连接／合取（conjunction）与脱节／析取（disjunction）、隐含（implication）与解释（explication）、迭代（iteration）与重叠（reiteration）、循环（recurrence）和重复（repetition），等等之间的关系的关系。因此，命题、判断、概念或概念链条，可能是彼此包含并产生于这种包含之中的，也可能是彼此排斥、彼此孤立的。这样的逻辑关系意味着既没有一个先于存在的"现实"，也没有一个先于存在的"真理"。可以用几何图形来表达它们，大圈中套着小圈的圆环，或许有助于用来象征概念。这种表象仅仅阐明了那些对表象没有基本需要的关系，因为它们自身就是一种有严格形式的自然。逻辑关系包含了数学关系的（必要的和充分的）合理性，即图形之间的、集合或群组之间的关系（联合性、可替代性，等等）。

　　毋庸置疑，包含与排斥、隐含与解释之间的关系，存在于实践的空间中，正像它们存在于空间的实践中一样。"人类"并非站在社会空间之前或之间，他们与社会空间的关系，并非是像他们与一幅画或一面镜子的关系那样。他们知道他们**拥有**一个空间，并且他们就**在那个空间之中**。他们并不仅仅享受一种视野、一种沉思、一

F339

E294

种景观，因为他们是作为活跃的参与者而在空间中行动和定位自己的。他们因此处于一系列封闭的水平线里，其中的每一条线包含了其他线的情况，它们构成的秩序可以解释社会实践。就人类学而言，当它考察所谓落后社会或农业社会时，那里存在身体（"身距学"意义上的）、带有几个房间的居所，以及近邻或社区（聚落或村庄），还有与它相连的土地（耕地、草地、树林和森林、禁猎区，等等）。这些地区以外就是陌生的、外人的、敌对的地方。除此之外，就是身体和感觉的器官。儿童，（据说）像原始人那样——无疑，因为他们没有生产能力并居于从属地位——被误认为是一种简单的存在物，必须完成从他们身体的空间到空间中的身体的转变。一旦转变完成，他们就一定会进入空间的感知与概念化的过程。根据我们现在的分析，这些连续的成长开始于也结束于一些实体的"属性"（proprietes）——也就是那些以物质形态出现的对称与复制，它们被附加上了多层的包含／排斥关系。由于这样的包含关系也包括排斥关系，因此就存在着由于各种原因而被禁止的地方（神圣的或被诅咒的异托邦），以及其他一些开放和准入的，或者鼓励人们进入的地方。通过这种方式，空间的各个部分或子空间，都被根据善恶——二者均与中性空间迥然不同——之间的对抗，而戏剧性地定义了。

可以用长方形或正方形的形式对这种关系进行生动的表示：其中一些方形被另一些所包含，而同时它也包含另外一些，或被另一些所排斥。圆形也可以起到类似的表象作用。这些图形有助于我们理解网格状和所谓放射状的重要性，也因此有助于我们理解复杂性更高的圆柱形和立方体的重要性。然而，理解了它们的重要性就是限制了这种重要性，的确，在前文中我们就是这么做的，在我们揭示形式是如何被它的那些方面——那些在所谓的历史进程中被理解的方面——所改变的时候。

我们在许多研究领域会碰到有关**迭代**或**重复**的主题及其后果（要素的结合，从整体中推导出差异）。问题是，在此我们是否会面对这样一个逻辑结构，这个结构可以用两条从不同角度出发而相交的线来表述和理解：一条路径从**被隐含之物**（en partant de l'impliqué / what is implied）出发，另一条路径则从**隐含**（en partant de l'impliquant / what does the implying）本身出发。第一种方法是从可以分辨的最小单位作为起点；第二种方法则是从最广大、无所不包的总体作为起点。如果能做到，我们或许就可以期望达到一种一览无余的智慧状态。第一种方法是列举出空间的各个部分，以及空间中的物（不仅包括日常生活用、家用和工作用的工具，而且包括那些工具的容器——小屋、茅舍、住宅、建筑、街道、广场，等等，所有这些都根据现实生活的需要而适当地标示出来）；这些构成部分可以用一种具体的方法来清点。相比之下，第二种方法则把空间描述为一个整体，各种关系在整体的层面构成了社会。一旦在两种理解方法之间，即在隐含（implication）与解释（explication）之间，获得某种确切的一致性，我们就既可以把握由空间中的活跃因素所带来的转变，也可以理解作为一个整体的空间的起源——这个空间既是 F341 社会的又是精神的，既是抽象的又是具体的。

人类学似乎已经确认，以上这种假设的适用范围超出了"纯粹的"抽象领域。我们关于特定的乡村社会的知识（无论是关于多页

[Dogon]①、波洛洛[Bororo]② 或巴斯克[Basque]③ 的；还是关于特定的城镇，无论是古代希腊的和还是现代希腊的），确实包括被相互隐含关系连接起来的表面与立体；表面与立体二者还具有互相交叠（overlap），以及可以用图像表达、具有或多或少是几何形的特征。在这里，我们确实发现了物品和家具，以及"屋舍"、避难所及住宅；我们也发现了众多的场所，被命名为或被指派为（通过共同的或适当的名称）"托邦"（topoi）④。所有这一切都体现出一种二重性，即将我们引回逻辑数学实体的一般属性；而与此同时，实际上，这也使得多种轨道——由外而内，由内而外，等等——成为可能。

E296　　　　现今的人类学有一个值得注意的趋势，即在一种被想象为独立于其内容——也即独立于事物本身——的操作的基础上，把空间视为划分等级的手段、命名事物的方法，以及一种分类法。这种趋势与使用相同步骤的做法加在一起，就隐含地给与家庭⑤、交换与沟通，

---

① 多贡（Dogon）系 20 世纪 30—40 年代法国人类学者在非洲马里共和国西部与世隔绝的荒漠地带考察时发现的一个土著部落。——中译者注

② 波洛洛是法国人类学家列维-施特劳斯所发现的位于巴西热带雨林中的一个原始部落。——中译者注

③ 西南欧民族。自称欧斯卡尔杜纳克人（Euskaldunak）。主要分布在西班牙比利牛斯山脉西段和比斯开湾南岸，其余分布在法国及拉丁美洲各国。——中译者注

④ Topoi 作为 topos 的复数形式，在此一语双关，既有"地方"、"地点"之意，也有"老生常谈的话题"、"话头"之意。——中译者注

⑤ 这个方法的原型来自列维-施特劳斯的《亲属关系的基本结构》一书（Les Structures élémentaires de la parenté, Paris: Presses Universitaires de France, 1949）（Eng. Tr. by J. H. Bell, J. R. von Sturmer and Needham[ed.]: The Elementary Structures of Kinship, rev. edn[Boston, Mass: Beacon Press. 1969]）。该书试图不通过性和性欲的角度来研究家庭和社会关系问题。相关成果可看看乔治·巴塔耶的《色情》一书（L'erotisme, 1957; Paris: 10/18, 1965）pp. 229-30; Eng. Tr. by Mary Dalwond: Eroticism（1962; London and New York: Marsion Boyars, 1987）, pp. 210ff.（该书目前

以及工具和物品本身，一种精神的和社会的身份证明。因此，一种
"纯粹的"自足的知识，就被指派了一套决定性（determinations），据
说这套决定性是由隐含在其客体中的范畴化所构成的。因此，我们
所面对的这个假设，它不仅把自己呈现为一个能够对给定的模糊信
息（在这里指的是社会空间）进行破译的符码，而且把自己呈现为一
种彻底的逃离，逃离出它的"客体"。

第 四 节

对于任何一种把内容还原为其（形式）容器的做法，都必须坚
决反对。事实上，这种方法从一开始就取消了差异性。而描述性方 F342
法尽管在一种离散状态中保持了差异性，但接着就陷入了对于特殊
性汪洋大海的糟糕的描述之中。

就其最极端的形式而言，还原论需要把时间还原为空间，把使
用价值还原为交换价值，把物还原为符号，以及把"现实的"领域
还原为符号的领域；这也意味着把辩证的运动还原为一种逻辑，把
社会空间还原为纯粹的形式化的精神空间。

把一种空洞的、欧几里得几何学意义上的空间（不会被填入其
中的任何东西所影响），与一种具有易于分辨的光学特性的视觉空
间联系在一起；此外，把这两种空间看作与实践的空间—— 即行
动得以开展、物得到安置的，有着形态上的首要性和等级秩序的场
所——没有区别。这种看法有什么可能的正当理由呢？认为空间

仍然无中译本，但有关该书的草稿已经有中译本，参看乔治·巴塔耶：《色情史》，刘晖
译，商务印书馆 2003 年版）。——中译者注

E297 是一种稳态的中介，在其中，人与物、行动与处境仅仅是各就各位，这个命题其实与笛卡尔的模型（在事物具有广延性的意义上，将事物看作思想的"客体"）是一致的。并且随着时光流逝，这些看法已经成为了"常识"和"文化"的一部分。由哲学家和认识论家们发展起来的精神空间的图景，因此就成为了一个透明的区域，一种逻辑中介。后来，反思性思维认为社会空间与此相接近。而实际上，空间是实践的支座，实践不仅包括概念的运用，还包括误解、盲目和亲历经验的见证，等等。

　　真的有空间逻辑这回事儿吗？既有，也没有。在某种程度上，数学作为一个整体构成了空间逻辑。然而，正如莱布尼茨所清楚地阐明的那样，在"纯粹"意义上所构想的空间，既没有组成部分，也没有形式。它的组成部分是无法识别的，从这一方面来说它与"纯粹"本身很接近——它自身空空如也，由于它的"纯粹"形式的特征。在做出任何最终的决定之前，必须要考虑内容所发挥的作用。这些内容是一种识别组成部分的行动，在那些被识别出的部分之中，存在着某种秩序，从而是某种时间。否则，差异性是无法**被**

F343 **思考的**，仅仅是**被想到**。关于符号逻辑，是否存在如果不求助于前后、左右或者对称与不对称，就无法被表达这一问题？一些人如刘易斯·卡罗尔，给出了"无法表达"这一回答。[①] 作为一个天才的逻辑学家，卡罗尔清楚地指出了从纯粹的形式到具有多层级内容的多样性之间的所有步骤。在这个过程中，对于后者，他一个一个地

---

　　① 参看 Lewis Carroll, *Symbolic Logic and The Game of Logic* (New York: Dover, 1955), 'The Bilitera! Diagram' (p. 22), 'The Triliteral Diagrami' (pp. 39ff), and the accompanying table of the classes and of the interpretation of spatial classes (pp. 54-5)。——原注

将它们呈现出来，并且充分意识到其中每一个的重要性及其存在的理由。他通过语词、符号、双关或征兆以及游戏（爱丽丝、镜中世界［looking-glass］，等等）所发挥的中介作用，而把精神的和社会的联系在一起。这些中介作用膨胀得十分庞大，很难简化但可以设想（可以表征）。逻辑非但不高屋建瓴地对秩序、维度和层级的混乱进行裁判，事实上，逻辑仅仅是在区分它们的过程中才实现了具体化。通过指出和标明隐喻的工作，逻辑有效地阻碍了隐喻的运作。隐喻最大的恶在于它将精神空间与一张空白的纸——在其上，心理学和社会学意义上的决定性因素据说"书写"或者镌刻下它们的变体和变量——相类比。这是一种为众多作者所使用的隐喻，作者中的许多人① 很有威望，他们常常将一般意义上的哲学的权威性赋予隐喻，或者将特定哲学家的权威性赋予隐喻。② 阅读这些作者的文字我们可以清楚地看到，技术化、心理学化以及现象学化导向的方法，正在通过直截了当地使用一种几何学的（即中立、空洞、空白的）精神空间，来代替对于社会空间的分析。例如，想一下空间理论家诺伯格·舒尔茨③ 是怎样定义一个中心的，是用铅笔在白纸上画一个点。从这个视角来看，对空间的标划，除了是对地方/场所的（主观）认知做出**备忘**之外，没有任何其他目的和意义。诺伯格·舒尔茨假定了一个与人类学家霍尔的**身距学**（*proxémics*）概念非常接近的**本己空间**

E298

F344

---

① 在这些哲学家中有海德格尔、梅洛-庞蒂、巴歇拉尔以及皮亚杰。——原注

② 例如克里斯托弗·亚历山大《关于形式的综合的笔记》一书（Christopher, Alexander, *Notes on the Synthesis of Forms*, Cambridge, Mass: Harvard University Press, 1964）；另外可参看诺伯格·舒尔茨（Christian Norberg-Schulz）的《存在·空间·建筑》一书（*Existence, Space and Architecture*, New York: Praeger, 1971）。——原注

③ 克里斯蒂安·诺伯格·舒尔茨（1926—2000）出生于挪威的当代著名建筑学家，代表作有《西方建筑的意义》（1975）等。——中译者注

(*Eigenraum*)。① 于是乎，客观性空间和空间的主观化形象——精神的和社会的——就被很简单地统一了。

　　这种表述的最终结果，要么是每一样东西都变得难以分辨了，要么是在构想的、感知的和活生生的之间，即在空间表象和表征性空间之间，出现分裂。然而，真正的理论问题是要将这些领域彼此联系起来，以便揭开它们之间存在的中介。

　　因此，重点最终放在了**虚幻的空间**（*l'illusion spatiale/illusory space*）上，这个空间既不是来自于几何学空间本身，也不是来自于视觉空间本身（图像的与照片的空间，就像图画和平面图那样的）；同样不是来自于实践的和直接经验的社会空间；而毋宁说，它是来自于所有这些层面的叠置，来自于在它们之间的摆动，或者来自于它们之中所发生的替换。通过这种方式，视觉领域就与几何领域混淆在一起了，视觉的易于分辨的透明性（或易懂性）被误认为是逻辑数学的可理解性。反之亦然。

　　因此，我们在最后的分析中不得不谴责这样一种错误，它既是对抽象空间的一种错误认识，也是空间自身存在的一种客观性错误。存在一个"常识"，对它来说，将物体还原为镜中物（specular）和壮丽的（spectacular）抽象物的视觉秩序，绝不可能与科学的抽象及其分析（因而是还原）的步骤有所不同。一种外推（extrapolation）的逻辑，被用在了（教学的）黑板上，根据它被用在画板上；被用在白纸上，根据它被用在各种提纲中；被用于写作中，根据它被用于

E299

---

　　① 参见爱德华·T. 霍尔（Edward T. Hall），*The Hidden Dimension*（Garden City, NY: Doubleday, 1966）；另外参看诺伯格·舒尔茨（Norberg-Schulz）的《存在，空间与建筑》（*Existence, Space and Architecture*），pp. 18, 114（中译本参看诺伯格·舒尔茨：《存在·空间·建筑》，尹培桐译，中国建筑工业出版社 1990 年版。——中译者注）。——原注

没有内容的抽象物上。鉴于数学家的空间正像任何抽象物一样，是行动和控制事物的强大工具，从而是一种破坏性的力量，因此，使用这种**方法**的后果甚至更为严重。视觉领域依靠其自身，所为不过是对身体和自然能量的一种升华和消解；然而，它却依靠技术能动性和科学抽象的力量，获得了一种令人不安的能力，可以弥补纯粹的观看（looking）所存在的不足。

我们目前的分析无法获得其全部的意义，直到我们能够把政治 F345
经济学恢复为理解生产性活动的方法。但是新的政治经济学不能再像它之前的陈旧科学一样，只关心空间中的事物；相反，它必须成为一门空间的（以及空间生产的）政治经济学。

出于目前所讨论的问题的要求，我们或许要先放下诸如加速发展的技术、不受约束的人口膨胀，以及生态危机（所有这一切反而都为这样的空间前景提供了额外的合法性）这些问题。在这里，我们的方法是对一种不可能性做出回应，即如果不马上提出空间问题，以及与之相伴的问题，我们便没有可能设想一个生机勃勃的人类的未来（或现在，在世界的某些地方）。需要顺便强调的是，我们的这个方法与某种哲学，或者某种哲学态度是明确有别的，因为这个方法建立在一种实践之上；这种实践既不局限于建筑学，也不局限于所谓的城市规划，而是宽广到足以包含所有的社会实践，只要反思性思维最终理解了经济领域和政治领域。

我们的研究到了这个阶段，已经建立起来的是些什么？当然是一些命题。为了使精神的与社会的能够重新结合起来，它们首先要在彼此之间做出明确的区分，它们之间的中介也必须重新建立。**空间的概念不在空间之中**，正如时间的概念也不在时间之中。哲学家们早已察觉到这一点。空间概念的内容不是绝对空间或者空间的本质（l'espace en soi/space-in-itself）；也没有空间的本质的意涵。"狗"这个概念并不吠叫。而毋宁说，空间概念解释并隐含了所有可能的空间，不管是抽象的还是"现实的"、精神的还是社会的。特别是它包括了两个方面：表征性空间和空间表象。

　　然而，因为一个事实，混乱已经产生了。这个事实是，哲学家们，就其能力而言是认识论专家，他们已经按照数学家的模式设想了空间：正像笛卡尔的空间那样，是用来进行知识分类的。因此，他们就这样进行下去，似乎空间的概念产生或生产了（精神的）空间。其结果是，思想被留在了一个尴尬的位置上，它要么扩大了精神与社会之间的裂缝，要么造成两者胡乱地结合。第一种选择意味着接受逻辑的、数学的和认识论领域的这一方，与实践领域这另一方之间形成断裂；第二种选择意味着要执拗地强加一个系统的、绝对地囊括一切的社会逻辑，一种关于社会（和空间）的物（res），以及商品、资本、资产阶级、资本主义生产方式，等等的逻辑。

F346
E300

　　"真理空间"因此就取代了"空间的真理"，并被运用于官僚制与权力、租金与利润等实际问题之中，由此产生出一个较少混乱的现实的幻象；社会空间渐渐地变得与规划者、政治家和统治者们的空间难以区分了。**建筑的空间**（*l'espace architectural/architectural space*），及其被建构的社会特征，也与**建筑师的**（精神的）**空间**（*l'espace de l'architecte/space of architects*），变得难以分辨了。①

---

　　① Cf. Philoppe Boudon, *l'espace architectural, essai d'épistémologie*（Paris: Deoel, 1972）.——原注

第 五 节①

　　1910 年前后，学院派画家仍然以一种"富于表现性的"方式描绘"美丽的"形体：脸是生动的，因为它表达情感，画家的情感。美好的裸体画回应了观众和画家相似的渴望。而与此同时，绘画艺术先锋派（l'avant-garde picturale）则忙于把表现与意义分开。尽管如此，他们并没有清楚地意识到这一点，因为他们并不是概念的大玩家。但是经过他们的实验性活动，这些画家敏感地见证了现代世界"主体性危机"的开始②。在插画实践中，他们清楚地领悟到一个新的事实，一个与一切参照物（les référentiels/reference）的消失③密

---

　　① 本节列斐伏尔展开对艺术世界中的矛盾空间之分析。——中译者注

　　② 与此处相关内容可参看本书法文第四版第 14 页（F14），即英译本第 8 页（E8）以及法文第四版第 34 页（F34），即英译本第 25 页（E25）等处。——中译者注

　　③ "参照物（指涉物）的消失"（Chute des referentiels）一词是列斐伏尔受法国作家、诺贝尔文学奖获得者克劳德·西蒙的小说《弗兰德公路》一书的影响而提出的（详见他所著的《现代世界的日常生活》[1968]一书）。它大体上可与韦伯式的"世界的脱魔化（祛魅化）"过程、海德格尔式的"弃神"现象相对应。在列斐伏尔眼里，作为马克思的社会关系异化逻辑（商品拜物教）的替代物，当代社会"语言异化"（符号拜物教）现象，其表现之一就是由于世界终极意义基础的消失与价值标准、真理标准的消失，也就是世界意义的普遍虚无化，语言取代神性、理性与人性，成为新的"普照之光"。韦伯曾经从人的基本行为类型与结构角度将现代化过程本质地界定为一个世界的"脱魔化"即工具理性化过程，而列斐伏尔则从语言学角度将其界定为语言的"现实指涉物"过程。列斐伏尔试图借助于古老而美好的 La Belle epoque（黄金时代）的想象与传说来证实他所说的"参考系的衰微"现象——绝对的意义的核心瓦解了。牛顿的绝对时间与空间以及绘画中的透视线都消失了，马克思的生产关系隐遁起来了，观念理想"非实体化"了。从此，语言便不断地从"实践的-可感知参考系"中脱离出来，而导致沟通趋于一种无意义的与荒谬的方向。这个过程起初萌发于文艺复兴时期，是与商品经济相伴而生的。伴随着一种商品经济的主导，"能指链"便失去了与"所指"的关系，而屈从于某种奇怪

切相关的事实，即只有**表意**的要素才是可传递的，因为只有它们是独立于"主体"的，独立于作家、艺术家，甚至独立于作为个体存在的观众。这就意味着（先锋派）绘画的对象，即画作，既非来源于对客观现实的模仿（其中所有的参照点——传统的空间和时间、常识，还有对于"现实"［这个"现实"是通过类比自然来定义的］的感知——都正在消失），也非来源于与主体情绪和感情密切相关的"表现力"。在他们的画作中，这些画家让"对象"遭遇最糟糕的——几乎是终极的——暴行。他们开始故意打碎和扭曲事物。"主体"与"对象"之间的裂缝一旦被打开，就不再有任何限制。实际上，这个裂缝变得如此之宽，以至于**另外一些东西**能够显现出来。

　　如果我们相信权威评论家的话，那么转折点是在 1907 年。[①]那时候，毕加索发现了一种新的绘画方法：画布的整个表面都被利用了，但是没有水平线，也没有背景，整个画布表面在所描绘的形象

的社会无意识形态。在这样一种语境中，事物便获得了一种自足性的存在。在前现代社会，语言是文化整体的一个组成部分，是相对稳定的内在统一的但具有多重角度与意义的符号体系。然而，伴随着文化的支离破碎以及交换价值对使用价值的支配，语言与符号逐渐脱离它们所指涉对象。由于发生了能指即指称符号与所指即被指称的对象之间的根本分裂，这就加速了意义的普遍危机。世界只剩下了一张飘浮不定的、毫无意义的"能指"这样的"股票"而与真实的对象或劳动与交往活动没有任何关系。自由漂浮的符码，脱离开其生存的社会氛围，似乎获得了一种让现实变形的自动力量。于是，语言反过来成了现实的最高本质，一种能够自我复制语言的元语言；语言学成了一种新形而上学，一种新柏拉图主义。——中译者注

　　[①]　Cf. Wilhelm Boeck and Jaime Sabatés, *Picasso* (New York and Amsterdam: Harry N. Abrams, 1955), p. 142: "与 1906 年的多人物的油画不一样，《亚威农少女》并没有在人物四周留有空白"。 ——原注（中译者补言：《亚威农少女》创作于 1907 年，是第一幅被认为有立体主义倾向的作品。这幅画在以后的十几年中使法国的立体主义绘画得到空前的发展，甚至波及到其他领域。不仅在美术上，而且在芭蕾舞、舞台设计、文学、音乐上，都引起了共鸣。）

的空间与环绕着形象的空间之间，简单地两分了 ①。同一时期，马蒂斯（Henri Matisse）② 对于绘画表面所进行的节奏化处理正趋于完美。与之相反，毕加索则雄心勃勃地致力于他的结构化方法。实际上，毕加索已经超越了结构化（使用了后来兴起的术语）；并且他通过高度发达的线与面的对立，而不是通过颜色、节奏和背景的对立，赋予这种结构以"辩证"的色彩。他不仅拆解了画的表面，也拆解了它的对象，从而一个自相矛盾的进程准备就绪了；据此，在将第三个维度（厚度）**还原**为绘画表面的同时，又通过同时性地描绘事物的多重表面（即分析的立体主义）而**复原**了厚度。因此，我们同时一下子得到了：各种参照物（欧几里得空间的、透视的、水平线的，等等）对象化的终结；既是**同质的**又是**破碎的**空间；通过结构施展**魅力**的空间；一个基于对立（范式）而开始的**辩证**过程，但这种对立不会走到使画面的整体性被破坏的地步；以及一种事物的**绝对视觉化**（*visualisation absolue*），它替代了早期的辩证框架。

　　表现与意义的脱节，以及能指的"解放"（liberation），产生了非常巨大的影响。尤其是，这些发展并不局限于绘画领域。这里，F348
我们将最显赫的位置赋予绘画，因为绘画与我们眼下正在思考的空间有着特殊的关系。首先，正在讨论的"解放"已经走到了影响意

---

　　① "他们所占据的空间和空余下来的空间作为正反面互为补充（同上）"。——原注（中译者补言：过去的画家都是从一个角度去看待人或事物，所画的只是立体的一面。立体主义则是以全新的方式展现事物，他们从几个角度去观察，从正面不可能看到的几个角度去观察，把正面不可能看到的几个侧面都用并列或重叠的方式表现出来。在《亚威农少女》中，五个裸女的色调以蓝色背景来映衬，背景也作了任意分割，没有远近的感觉，人物是由几何形体组合而成的。）
　　② 马蒂斯（Henri Matisse, 1869—1954），20世纪法国最著名的画家之一，野兽派的创始人和主要代表人物。——中译者注

义本身的地步，因为符号（能指）变得与被指物（所指）分裂了。符号不再是一个"客体"（object），而成为画布上的一样东西，从而是客体领域（同时且一举）经受的一种处理方式——当客体领域被打碎、被肢解、被变得具有"同时性"之时。至于"所指"，它仍然在场，只是被掩盖了。因此它（首先）也是不安的，既不能唤起愉悦、欢乐，也不能带来平静，只有知识的兴趣，最可能的是焦虑。面对什么的焦虑？面对四分五裂的世界中那被粉碎的形象的焦虑；面对一个分离的空间的焦虑；面对那个不能与其自身的抽象、与其自身的分析相分离——因为它已经"是"一个抽象物，已经是分析的结果——的冷酷"现实"的焦虑。至于是什么取代了主体性，是什么取代了"表现性"这个问题，答案是：暴力——它在现代世界爆发出来，且令在世之物变成废墟。

　　再回到毕加索的例子上来。这并非一件简单的事情，我们应该实实在在地把它当作一个"案例"，而不是加入盲目崇拜者毫无意义的合唱。认为毕加索是一位革命的（其实正因为是"共产主义的，"所以才是"革命的"）艺术家，他（尽管其实是他的"共产主义思想"）征服了资产阶级社会，并且得到了世界性的荣耀。这种观点如果只是建立在"共产主义世界"事实上从未接受他这一基础之上，就是一种令人震惊的幼稚。毕加索并没有征服世界，他也没有被指派这个任务。他原创性地提供了一种现存世界所暗含与期待的"视野"——正当危机爆发，所有的参考点都已消失，暴力被释放出来之际。毕加索进行这些探索是与帝国主义、与第一次世界大战平行展开的，这场大战是统一的世界市场即将走向最终确立的第一个标志，也是这个"世界"的最早的形象。毕加索的艺术也与鲍豪斯艺

E302

术，或者换句话说，与抽象空间，平行且同时进行着。再强调一次，毕加索不是那个空间的原因；尽管如此，他的确**意指**（*signify*）了它。

毕加索的空间**预告**了现代性空间的来临。它并不遵从一物**生产**另一物的套路。我们在毕加索那里所发现的，是一个毫无保留的视觉空间，一种眼睛的和阳物的独裁；这是一种侵略性的活力，雄性的、地中海男人的（*Mediterranean male*）、男子汉气概的（毫无疑问是天生的种马），甚至达到一种自我嘲讽的、有时是自我批判的地步。毕加索用上千种手法表现残暴，肆意夸张，毫无怜悯。他的这种指向身体，特别是女性身体的残暴，被处于支配形式的空间，被眼睛和阳具，一句话，被暴力，所独裁。然而，这个空间如果不甘愿自我谴责的话，就不能指向自身，即不能承认或接受自己的特性。毕加索，这个让艺术燃烧成了熊熊烈焰的天才而伟大的艺术家，不可避免地瞥见了那即将来临的空间的辩证转变，并为它奠定了基础。通过发现并揭示一个破碎的空间的矛盾——这些矛盾存在于他和他的所有作品中，无论是否赋予了形式——画家见证了另一种空间的浮现，一个没有被碎片化但就其本质而言是差异化的空间。

第 六 节①

同一时期，法兰克·洛伊·赖特（Frank Lloyd Wright）开始拆除那道把里和外、内部和外部分裂开的围墙。墙被还原为一个表面，并依次被还原为一层透明的薄膜。阳光流入室内，你可以从它

F349

E303

---

① 自本节开始列斐伏尔讨论建筑空间中的矛盾问题。——中译者注

的每一个"房间"凝视自然。自此以后，厚重的墙的物质性，丧失了它在建筑学上的主导地位。物质现在仅仅是空间的一个封皮，将它的霸权转让给了填满空间的光线。伴随着哲学、艺术和文学，以及作为整体的社会走向抽象化、视觉化和形式上的空间关系这样一个大趋势，"建筑正在向非物质化努力"（*L'architecture tend à l'immatérialité/architecture strove for imnateriality*）。[①]

　　然而，不久之后，一种起初并没有出现的分离（dislocation/disjunction）自己呈现出来。墙失去了它的重要性（无论是作为围墙还是作为门帘），内部空间被解放了。建筑的正面消失了（尽管它将在法西斯时代重现，它的浮华和野蛮变得更明显，它的纪念碑性较前更具压制力），这导致了街道的分裂。我们或许能在勒·柯布西耶（Le Corbusier）那里，在他的建筑作品和文字作品中，清楚地观察到外部空间（正面、建筑外部）的脱离（disarticulation）。勒·柯布西耶声称他关注"自由"（Liberté/freedom）：与内部规划相关的正面的自由，与外部相关的支撑结构的自由，与结构框架相关的对各楼层和房间处理的自由。实际上，这里所涉及的是一个空间的断裂：一种建筑总体（它被构想为"用于居住的机器"，也被构想为用于人这种机器的合适居所）的同质性，对应于一种要素的失序状态（这些要素互相撕扯，以至于城市肌理本身，也即街道和市区，也被撕裂了）。勒·柯布西耶在使之合理化的同时，也使之意识形态化了——除非情况是反过来的。一种关于自然、阳光、绿色的意识

F350

────────────

① 参看米歇尔·莱冈（Miehel Ragon）：《现代世界建筑与城市规划史》（Michel Ragon, *Histoire mondiale de l'architecture et de l'urbanisme modernes*）（三卷本）（Tournai：Casterman, 1971-8）卷二，p. 147。——原注

形态话语，成功地欺骗了那个时期的每一个人（特别是勒·柯布西耶），掩盖了这种建筑项目的真实内容和意义。自然实际上已经退去，它的形象从而变得高大了。 E304

第　七　节

认为艺术家、雕塑家在某种意义上是空间的原因（causes）或理由（raisons）（无论是建筑的、城市的还是全球的），这种看法是艺术史家过于天真的产物。他们把社会领域和社会实践悬置起来，把**作品**看作是孤立的实体。强调这一点很有价值，因为这里我们所思考的是**一种转向**（inflexion/a change of course），不仅是艺术史上的转向，而且是现代社会和它的空间的历史转向。画家为鲍豪斯的建筑空间铺平了道路，这个事实是毋庸置疑的。但是，画家是怎样做到这一点的？正如同一时期的毕加索那样，伟大的艺术家，如克利和康丁斯基[①]，不仅创造了一种绘画的新方法，而且创造了一种新的"空间性"。在这个方向上，他们可能比毕加索走得更远，特别是克利。（画在画布上的）客体，现在被放到与周围事物的，以及与整个画面空间的可感知的从而也是可读的和可视的关系中来理解。在克利的作品中，如同在毕加索的作品中一样，空间既与"主体"相分离，也与情感和表达相分离；它将自身呈现为意义。尽管如此，毕加索的做法是，在经过眼睛和画刷的分析之后，把对象物的许多方

---

① 康丁斯基（Kandinsky, Wassily, 1866—1944），出生于俄国的现代西方抽象艺术家，第一个真正尝试将音乐展现在画布上的艺术家。——中译者注

面同时投射到画布上。而对于克利的思想来说，在眼睛的引导之下
F351　将空间自身投射到绘画的表面，实际上是围绕着对象物在盘旋，以
便为它设定一个位置；因此，对象物周围的环境变得明晰可见。**在
空间中的对象物与空间自身的表象紧密联系在了一起。**

　　揭示空间的社会性和政治性转变的责任，落在了画家们的肩
上。至于这个时期的建筑界，事实证明它服务于国家，因此在世界
范围内形成了一种顺从与改良的力量；尽管事实上在它刚登场时曾
被赞颂为一种革命力量，甚至被视为建筑领域的一种反资产阶级的
革命力量。鲍豪斯，像勒·柯布西耶一样，表达了（阐述和满足了）
国家资本主义的建筑要求；事实上，它们与同一时期俄国建构主义
者所认同的国家社会主义要求，几乎没有区别。这些建构主义者比
他们的西方同行展现出更大的想象力（以乌托邦的方式）；尽管他
们在自己的国家被刻画为反动分子。而他们的鲍豪斯同时代者，则
E305　被称作颠覆者。这种混乱持续了半个世纪，还远未得到澄清：意识
形态与乌托邦主义都无可逃避地与知识和意志纠缠在一起，且都活
力十足。在重新发现的自然领域，连同它的太阳与光，在生活的旗
帜之下，金属和玻璃依然在向上长得更高，超越于街道，超越于城
市的现实之上。除此之外，还有对垂直性的崇拜，从直角和直线的
意义而言。权力的秩序、男性的秩序，一句话，道德秩序，由此被
自然化了。

　　然而，在我们所讨论的第一次世界大战前后一段时间的创造
力活跃期，与一战后第二个阶段的贫乏期之间，形成了一种奇怪的
反差。

第 八 节 ①

在"先进"国家，即工业化国家，两次世界大战之间这段岁月见证了有关空间的思想分裂的开端，这种有关空间的思想产生于古典哲学之外（或超越了古典哲学），也产生于正统的美学之外；所以，这种有关空间的思想寻求与"现实"取得某些联系。一些关于"文化空间"的粗显轮廓的观点②，至少看起来，在某种程度上受到了行为空间观点的质疑。文化人类学不是被19世纪所留下的自由人文 F352 主义所反对，而是被行为主义心理学所反对。但这两种学说在美国融为一体了。

民族学家和人类学家们［我们应该再次举出他们中的一些例子，如莫斯③、埃文斯-普里查德④及拉普卜特（Rapoport）］，倾向于将他们通常对于社会的复杂分析，投射到现在与未来；他们的这种分析距离历史、城市和工业技术，要多隔阂有多隔阂，要多遥远有多遥远。到目前为止，这个学派并不是把对于农村或部落居住地的描绘降低到传说的领域，而是努力从那里获取灵感。这个方法所享有的成功，必须归因于如下事实，即它逃离了现代性（就其资本主

---

① 以下这一节是插入部分，补充解释第七节。——中译者注

② 即文化人类学的空间理论。——中译者注

③ 马塞尔·莫斯（Marcel Mauss, 1872—1950），法国著名的人类学家与社会学家，代表作有《礼物》等。——中译者注

④ 埃文斯-普里查德（Sir Evans-Pritchard, 1902—1973），英国人类学家。——中译者注

义的形式而言）而促进了模拟——从通过类比进行推理和通过模仿
手段进行再生产这一习性的意义上而言。因此，文化空间理论就转
变成了空间的文化模型。

这个静态的概念受到了另一个同样是静态的概念[①]的反对。反
对的理由是：作为直接经验的空间，与一组条件要素很难区分，可
以通过反身性术语来界定。这个理论至少没有将枯燥的抽象概念，
即文化，置于最显著的位置；它甚至将文化领域归入"表征性空间"
的范畴，从而间接地提出了意识形态与形而上学之间关系的问题。
E306　另一方面，这个理论承受了资本主义的行为主义和它的"社会主义"
对手——巴甫洛夫学说——共有的一切缺点。这种其核心是还原论
的态度，拒绝一切创造力，施展魔法驱除对于新空间的需要；而这
个新空间，创造出来是作为新生活的先决条件的（仅仅发明出一个
空间还不是新生活的**充分**条件）。

第 九 节 [②]

从上述思考或许可以得出一个与笛卡尔公理相反的结论：抽象
空间是不能在抽象之中构想出来的。抽象空间确实有其"内容"，
但是抽象只有通过实践，只有在与这个内容相互打交道的过程中，
才能"掌握"它。事实上抽象空间包含着矛盾，抽象的形式似乎要

---

　　① 　即行为主义的空间理论。——中译者注
　　② 　自本节开始列斐伏尔重点讨论抽象空间作为同质性—碎片化—等级制这三位
一体的矛盾特征。——中译者注

去解决这些矛盾，但是它们却被分析清楚地揭示出来了。这如何可能？一个空间如何可能既是同质的又是分裂的，既是统一的又是破碎的呢？答案——这与任何所谓内在于空间中的能指—所指关系，都毫无关联——首先在于这样一个事实，即"空间的逻辑"以及其表面的意义和一致性，其实掩盖了内在于抽象之中的暴力。正如暴力是内在于一般的工具（因为工具切割、攻击、残忍对待自然原料）以及内在于一般的符号之中的一样，暴力也必然地内在于工具性的空间，无论这个空间看上去显得多么合理和坦诚。在这一点上，我们的分析需要更上一层楼。 F353

今天，我们更容易理解这些概念了，因为它们进入了"文化"，诸如交换价值、商品、货币和资本这些概念，它们是具体的抽象物、具体的形式，拥有一种社会存在（就像语言，它引起了许多墨水的流动；又像空间），但是它们还需要一个内容，以便可以社会性地存在。资本必然被再分化和分散为各种独立的"资本"，但是这不意味着它失去了它的统一性或者不复是一个整体，这是资本运行（作为资本市场）的必需条件。资本的各个部分——商业资本、工业资本、投资资本、金融资本——之间彼此冲突，但是资本形式的统一仍然存在。**形式**持续存在着，包括了所有这样的各个"部分"。的确，形式所自我呈现的社会性的"真实"外观，是一个整体，是资本**本身**。而它的真实的异质性，它的矛盾和冲突，不会显现出自身。财产的情况也是如此，可被划分为固定资产、流动资产、地产和现 E307
金。至于市场，我们非常熟悉它的碎片，那是它的概念整体的一部分：有商品市场（马克思主义对它进行的片面解释，使它超乎其他市场之上）、资本市场、劳动市场、土地市场（建筑、住房——从而是空间），以及艺术作品市场、符号和象征物市场、知识市场，等等。

F354   有一种思想对**抽象**空间进行**抽象的**把握。这种思想准备把逻辑从辩证法中**分离**出来，把矛盾**还原**为一个虚假的统一体，并把这种还原的残余物（例如逻辑和社会实践）**混为一团**。被视为一种工具——而不仅仅是社会外观——的抽象空间，首先是自然的核心（locus），是意图统治自然从而也展望了自然的（最终）毁灭的工具。这同一个空间也与（社会）实践的扩大相一致，社会实践正在地球表面（也在地球的表面之下或之上）生产出越来越宽广也越来越密集的网络。这个空间进而也与**抽象劳动**——马克思对一般劳动的命名，对于生产了一般交换价值的平均社会劳动的命名——相一致，因此也与商品的一般形式相一致。抽象劳动绝不是一种精神抽象物，也不是一种科学抽象物——从认识论的意义（即把概念从实践中分离出来，以便它能够被编录和结合进绝对知识）来讲；相反，它拥有一个**社会的**存在，正如交换价值和价值的形式自身也拥有社会存在那样。如果你试图列举抽象空间的"特性"，你就不得不首先将它看作一个倾向于把**用途（使用价值）**加以吸收的**交换**（必然隐含着可交换性的内涵）的中介；但这决不意味着它要排除它的**政治**用途，情况恰好相反。国家支配的和（军事）暴力的空间，也是战略付诸实施的空间；但是它的合理性（一种有限的合理性）与工厂的合理性有一些相似之处，尽管你不能在技术的与社会的劳动分工之间进行精确的类比。正是在这个空间，商品世界以及它所涉及的一切——积累与成长，估算，计划，项目设计——得以分布。也就是说，抽象空间是这样一种空间，在那里，同质化的趋势以一种任由它支配的方式实施着压制与压迫：一个语义上的空白彻底破坏了先前的意义（尽管如此，并没有阻碍世界正在增长的复杂性，及其信息、符号和操作的多样性）。伴随历史进程而产生的庞大的隐喻化、由于积累过程而发生的转喻化，以及以一种自相矛盾的异化方式将身体移出其自身之外的转喻化，它们都平等地导向了同一个抽象空间。 F355 E308
这个巨大的过程从物理真理（身体的在场）出发，对书写文字、"平面图"、视觉领域，甚至是对其自身领域的平面化趋势，强加上一种首要性。因此，抽象空间同时包容了：过度发展的分析性思想；国家和官僚制的**存在理由**；"纯粹"知识；权力话语。这个空间隐含了错误地表征了它并且掩盖了它的矛盾的一种"逻辑"，这个空间就是官僚制的空间，体现了壮丽景观和暴力（它不同于"纯粹的"景观）的成功联合。最后，我们发现，做如此理解的抽象空间，很难与那种从笛卡尔到黑格尔以来的哲学家们所设定的空间区别开来，在这些设定的空间，智识上可理解的（广延物）与政治的相互融合，也即知识与权力相互融合。其结果是一种威权主义的、冷酷的空间实践，无论是奥斯曼的版本①，还是后来鲍豪斯，或者勒·柯布西耶编排的版本，都如此。上述所有案例都涉及对于分析精神的有效运用，运用于并贯穿于分散、分割与隔离之中。

因此，这个同质化的空间却是一点儿也不同质的②。按照它的模

① 乔治-欧根·奥斯曼（Georges-Eugène Haussmann，1809—1891），路易·波拿巴第二帝国时期巴黎重建计划的最重要设计者。——中译者注
② 此句经典概括含义很丰富，根据上下文及列斐伏尔相关著作，我们会发现他实际上指出说了所谓的抽象空间具有三位一体之矛盾空间特征，即"同质化—碎片化—等级化"（homogeneity-fragmentation-hierarchization）。曰其"同质性"是指，这种抽象的空间作为第二自然界，将一切异质性自然物一网打尽，变成千物一面的同质物。曰其"碎片化"是指，抽象空间因其受功能支配而被打破变成相互隔绝的、以邻为壑状态。曰

式，也即多维透视和多元化的模式，它强行把分散的碎片或要素统合成一个整体。尽管抽象空间以平面图——在其上，贵族阶级与资产阶级之间（也就是土地所有权和财富所有权之间）实现了社会政治上的妥协——的形式在历史上呈现；抽象空间仍然维持了它对这个冲突纷呈的时代的支配权，在这个时代，存在着金融资本（这是最高的抽象物）与以无产阶级的名义所开展的行动之间的冲突。

第 十 节

　　被那些先锋派艺术家、被那些记录了旧参照物的崩溃的艺术家所发展起来的空间，将其自身作为一种**合法的意识形态**引入这个结构和组织，这种意识形态擅长合法性辩护和动员。艺术家们在占支配地位的社会实践的空间之内呈现出对象物。与此同时，建筑师和城市规划者提供了——作为**一个行动的意识形态**——一个空白的空间，一个原始的空间，一个准备容纳破碎内容的容器，一个可以把那些分离的物、人、居所等引入其中的**中性**的介质。换言之：一种一致性（coherence）旗帜下的不一致；一种分裂、脱节基础上的聚集；一种波动和短时伪装的稳定；一种镶嵌在富有逻辑和有效运行二者结合的外观之下的矛盾关系。

其"等级制"是指，同质化必然导致碎裂化，而碎裂化必然导致空间的中心化与边缘化、高贵化与粗俗化的分裂与峙。特别参看列斐伏尔在本书第四章第十二节的相关论述（F325/E282）和他于1985年为本书第三版所写的前言（FXXIV），以及他1980年出版的《思想生成世界：我们非得抛弃马克思吗？》一书（*Une pensee devenue monde: Faut-il abandonner Marx?*Paris: Fayard, 1980, pp. 148-161）。——中译者注

　　抽象空间还有许多其他特征。在这里，欲望与需要是分离的，然后被冷漠地拼凑在一起。在这里，中产阶级定居下来，并且得以扩大——这一点是中性的或者似乎是中性的，因为中产阶级的社会和政治地位处于资产阶级和工人阶级的中间位置。不能说这个空间在某种意义上"表达"了他们；这个空间只是宏大计划分派给他们的空间：这些阶级从中找到了他们所追求的东西，可以说，那是他们"现实"的一面镜子，是具有安抚作用的思想，以及一种社会世界的形象（在那个社会世界里，他们拥有自己专门的标签化的、有保障的位置）。然而，事实上，空间操控了他们，以及他们的那些不清晰的欲望和太过清晰的需要。

　　作为一个各种战略得以实施的空间，抽象空间也是模仿中所发生的各种煽动和争论的中心，也就是时尚、体育、艺术、广告，和转变成意识形态的性欲，等等的中心。

第 十 一 节

　　在抽象空间，一种回指（anaphorisation，也译"前指替代"。——中译者注）发生了，它通过将身体移出其自身之外，并进入一个理想的视觉领域，而改变了身体①。在抽象空间中，我们也遭遇了一种关于性的奇怪的替换。在最初，作为自然形式的性关系，包含了一种确定的互惠关系。而在后来的某个时期，通过将性关系转变为社

---

　　①　以下相关内容参看本书法文四版第117–119页（F117–119），英译本第98–99页（E98–99）等处。——中译者注

会现实（常常被错误地描述为"文化的"），性结合或许被抽象地合理化或合法化了。身体的互惠被法律化为一种契约性的互惠，被法律化为一种由权威见证和担保的"许诺"。然而，在这个过程中，原初的结合经历了一场危险的更改。

这个空间——这个替换（substitution）发生的空间，这个自然被冰冷的抽象和愉悦缺失所替换的空间——是一个被阉割的精神空间（既是想象的又是真实的，既是象征的又是具体的）：这是一个隐喻化的空间，在这里，女性的形象取代了女性本身，她本身精疲力竭，欲望粉碎，生命被撕成万千碎片。而与此同时，阳具的孤独和欲望的自我毁灭，笼罩在抽象空间之上。性的表象取代了性本身；同时，"性欲"这个令人羞愧的术语，被用来掩盖这个劣化了的机制。

F357

性的自然地位丧失了，性对身体的"文明"的诉求也被忽略；性本身，连同它自己的特殊位置和器官——"性感区域"（由性学专家所指派的）、再生产"器官"，以及诸如此类的东西——仅仅变成了另外一种位置化、特殊化或专门化的东西。现在，性欲既非自然的也非文化的，而是明显地被操控成为一套编码和解码的系统，这一套系统被指派了在现实与想象、欲望与焦虑、需要与挫折之间进行调节的任务。受制于破碎成特殊局部的空间抽象的影响，身体因而也被粉碎了。被广告中的形象（在那里，腿代表长袜，乳房代表内衣，脸代表化妆品，等等）所表征的身体，使欲望化成了碎片，并注定使其自身成为令人焦虑的挫折、无法满足的局部需要。在抽象空间，以及任何其影响可以被感知的地方，身体的死亡具有双重属性，因为它既是象征性的，又是具体的：它是具体的，作为身体容易遭受侵犯的结果；它是象征性的，由于身体的活生生的统一被

E310

粉碎。女性的身体尤其如此，因为女性的身体被转化为交换价值，转化为商品的标志，并且实际上转化为商品**本身**。

一般来说，对于性和性欲、快乐和肉体满足的认同，与"休闲"一道，发生在被特殊地指认为用于此种目的的地方——度假胜地或村庄，滑雪场或阳光普照的沙滩。那种休闲的空间也变得色情化了，正如城市邻里被夜生活所占领，沉溺于节庆的虚幻中那样。与游戏一样，性爱既是消费者又是被消费之物。它是通过符号来完成的吗？是的。是通过壮丽景观完成的吗？当然。抽象空间正进行双重阉割：它把阳具孤立起来，并将它投射到身体之外的领域，然后将它固定在空间中（呈垂直状态），置于眼睛的监视之下。视 F358 觉和话语在这个符号世界得到了支持（或者被语境化了）。这是因为舍尔斯基①所说的"商业恐怖主义的铁律"（férule du terrorisme commercial）吗？毫无疑问！但这也是（尤其是）因为局部化的过程，因为空间在一个形式之内碎片化和特殊化了，尽管这个空间的形式总体上仍然是同质的。身体抽象化的最终阶段，是它（在功能上）的碎片化和局部化。

因此，这个空间的吊诡之处在于，它既是同质的又是被分隔的，同时它也既是透明的又是具有隐瞒性的；简言之，它是不诚实的。可以说它是虚假的真理（或称虚假的"真诚"）；它不是虚假意识的客体，相反，它是虚假意识得以产生（或生产）的核心和中介。**取用**，在任何情况下，即使它是具体的和有效的，也应该是可以被象征化的；也就是说，它应该生成那些**呈现**它的象征符号，使它自己能够

---

① 舍尔斯基（Helmut Schelsky, 1912—1984），德国社会学家。——中译者注

呈现出来。取用，它发现自己在这个空间中**被意指**（signified），从而就被赋予了虚幻性。一旦这种悖谬性得到承认，它所隐含的意义和影响将几乎是取之不尽的。抽象空间**包含**（contain）了很多东西，但它同时也掩盖（或否认）了它所包含的东西，而不是将它们显现出来。抽象空间包含了特定的想象成分：各种奇幻的形象；似乎从"其他东西"上长出来的象征符号。它包含了那些派生自现有秩序的表象：地位与规范、地方化的等级制与按照等级制安排的位置，以及与特殊位置相关的角色和价值。这些"表象"在那个支撑着它们，并使它们有效的空间中，找到了自己的权威和法定的力量。在这个空间中，物、行为和处境永远都被"表象"（由于这种"表象"在本质上是意识形态的，因此没有功利原则）所取代。"符号世界"不仅仅是被空间和图像所占据（通过实体变符号，和符号变实体）的空间，"符号世界"也是这样一种空间，在其中，自我，不再与自身的性质相关联，不再与物质世界相关联，甚至不再与物（商品）的"物性"相关联；而仅仅与那些跟它们的符号绑定在一起且实际上被它们的符号所驱逐和取代的事物相关联。承载了符号的"我"，不再涉及任何东西，而仅仅关注符号的其他承载者。

这个同质化的和断裂的空间，按照一种极其复杂的样式，而被分裂成若干部分的模型。这些模型被呈现为客观分析的产物，被描绘为"系统的"，它们还在所谓经验的基础上，被确认出子系统的体系和局部的"逻辑"，等等。我们可以随意举出一些例子：运输系统；城市网络；第三产业；学校系统；以及劳动世界——它包括（劳动力）市场、组织和机构，以及包括银行系统在内的金融市场，等等。于是，一步一步地，社会在整体上被还原为一个系统与其子系统的无尽的序列，任何社会体（social object）都可以被当作一个一致的实体（entity）。这些假设被当作既成的事实，并且在这些假设的基础上，那些制造出它们的人（那些意识形态盲从者们，虽然不论他们是技术人员还是专家，都确信自己不受意识形态的影响）继续分离出这样或那样的参数，构建起一组又一组的变量。一个特定系统的逻辑自洽性和实践一致性被断言不会有任何优先的评估，但即使是粗略的分析，也将不可避免地破坏这个假设（例如，"城市网络"是被某个特定城市例证的吗？或者，它是一般意义上的城市的表象吗？）。据说，特殊机制将以这种方式被辨识出来，也即使用一种办法参与到现实的某个"真实"方面中来，在这里，这个机制一旦与"现实"的某些特定层面相分离，它就能够得到清楚的确认。而实际上，我们这里所看到的一切，都是伪装成科学的同义反复（tautology）和伪装成专业学科的意识形态。所有这些"模型构建"、"模拟"和 E312 "系统"分析的成功，都建立在一个未经明言的假定上——一个空间的假定，这个空间潜藏于那些孤立的变量和系统的构造之下。这个空间使得上述模型生效，也恰恰是因为这些模型而使得这个空间能够发挥功效。这在**某种程度上**的确发挥了作用，但正是在这个程度上，混乱随后发生。

第 十 二 节

　　以上我所试图展示的视觉-空间领域——不应将其与几何空间，或者光学空间，或者天然质朴的空间混为一谈——实际上在它任意地处置一切时，拥有一种巨大的**还原**力量。尽管继承自历史和历史暴力，这个视觉-空间领域也要对早期空间的还原、对自然和历史空间的还原，负很大的责任。因为这种还原意味着"自然"和城市景观的毁灭。谈论这些，是为了让我们回想起那些特殊的事件、特殊的毁灭性的决策，无疑还有比事件和决策更加隐秘的置换（déplacement/displacement）和替换（substitution）；也因此，每一个理由都更加有意义。当一个与交通隔开的、专门用作集会场所的城市广场（例如孚日广场），变成了一个交叉路口（例如协和广场），或者被放弃原先的用途，而成为人们随意会面的地方（例如法国皇家花园）的时候，城市生活就发生了微妙而深远的变化，成为抽象空间——在那里，汽车像无数原子微尘一样往来穿梭——的牺牲品。奥斯曼为了强行建设一个战略空间，也就是说，根据战略观点进行规划和界划的空间，而粉碎了巴黎的历史空间。这一点已被一再指出。这个受到奥斯曼致命伤害的空间，其特点是由街道和人行道**双重**网络组成，在品质上堪称高度复杂且稀有；然而，对于它的质量，批评家们或许没有给予过充分的关注。一方面是完全的视觉化（将"视觉逻辑"发挥到极致），另一方面是一种国家官僚制战略意义上的"社会逻辑"，你可以想象二者之间完全的呼应吗？这样的一致性似乎很难想象，甚至会因为太过有序而显得不大真实。然而，奥斯卡·尼迈耶尔[1]所设计的巴西利亚就完全符合要求。这一事实不会没人注意到[2]。技术和国家官僚社会被如此忠实地投射到巴西利亚的

F360

---

① 奥斯卡·尼迈耶尔（Oscar Niemeyer, 1907—2012），巴西著名建筑学家。——中译者注

② 参见查尔斯·詹克斯：《2000年的建筑：预言和方法》（Charles Jencks, *Architecture 2000: Predictions and Methods,* New York: Praeger, 1971）。——原注

空间，以至于这个过程带着一丝几乎是刻意而为的滑稽的一面。

我们所关心的还原，指向了被还原的欧几里得式空间的维度；正如我们已经看到的，空间在事实上被碾平了，被限定在一个表层、一个单独的平面上。这个碾压过程的步骤，既是整合的又是分裂的，值得我们回顾。那些去看而只知道怎样看的人，那些去画却只知道怎样把笔画落在白纸上的人，那些驾驶却只知道怎样驾驶一辆车的人，都以他们的方式加剧了空间被肢解的进程，这个空间处处都被切成了碎片。它们全部是互补的关系：司机只关心到达他的目的地，他看，只是为了到达他的目的地而看；因此，他只能感受到他的那条路，而它已经被物质化、机械化和技术化了，并且他也只从一个角度看它，从它的功能性的角度，例如速度、易辨识性和便利性。然而，只知道怎样看的人，结果并不能看得好。去阅读一种按照可读性制造出来的空间，等于一种不必要的赘述、一种对"纯粹"和虚幻的透明物的赘述。丝毫不令人惊讶的是，人们似乎不久之后便会思考具有一致性的活动的结果了。但更为重要的是，要去思考那种仅仅因为具有一致性从而就具有了说服力的话语出现的点位。当然，这种无疑会令逻辑爱好者们感到惬意的透明效果，事实上是一个完美的陷阱。不管怎样，这就是我一直尝试展现的。空间就是在这种语境中按照一个**抽象主体**的感知来定义的，例如机动车驾驶员，他们拥有共同的常识，即具有阅读高速公路交通符号的能力，以及一个器官：眼睛。以便在视域内进行活动。因此，空间看起来仅仅是一种被还原了的形式。**立体**让位于**平面**，全景视野让位于按照"规划图"制定的固定轨迹而运行的被间隔出来的视觉信号。一种惊人的——的确是无法想象的，不可能的——混淆，在空

E313

F361

间和表面之间慢慢地出现了。空间的抽象物是由后者(即表面)决定的,它被赋予了半是想象的、半是真实的物质存在。这个抽象空间最终变成了一个完整空间(这个空间从前在自然中与历史上都是完整的)的模拟物。旅行,也即步行与闲逛,实际上变成了一种对真实经验和姿态的模仿,对过去偶遇的城市活动,以及对具体生存中的变化的模仿。

E314　　那么,有什么东西能从这个空间——这个空间即将被碾碎成图像、碾碎成符号、碾碎成朝向注定要变成抽象物的“主体”本身的、既连续又分离的数据——中逃脱出去吗?因为空间像一面镜子那样将自己呈献给了思想的“主体”,但是,却按照刘易斯·卡罗尔(《爱丽丝镜中奇遇记》)的模式进行:“主体”穿越镜子成为了活生生的抽象物。

第 十 三 节

F362　　这同一个抽象空间,当它被构成的时候,一种替换也在发挥作用,其重要性并不逊于前面所提到的方面:这就是(贵族栖居的)府邸(*l'habiter/residence*)正在被(中产阶级住居的)公寓(*l'habitat/housing*)所替换,后者以功能的抽象为特征。当抽象空间形成的时候,占统治地位的阶级攫取了对它的控制权(他们的政治行为导致了抽象空间的建立,但两者的意义并不相同);于是他们把这个抽象空间用作权力的工具,但也没有忘记它的其他用场:服务于生产组织与生产资料,总之,服务于利润的产生。

关于**栖居**的思想有一个诗意的共鸣，荷尔德林 [①] 曾说过："人诗意地栖居"。但这也无法掩盖一个事实：多个世纪以来，这种思想只在贵族阶层才有意义。它仅仅服务于贵族与教士这些"大人物"，这些建筑师们建造了宗教大厦、宫殿或者城堡。私人府邸或**风情酒店**（*hotel particulier*）——它们由已经衰落的贵族阶级兴建起，并很快被资产阶级（当然是"高度"多样化地）所模仿——需要有奢华装饰的正式房间，同时要避开有着街道、广场或林荫路的公共大道。这些房间都朝向一个主庭院。贵族既不在乎看见什么，也不在乎被看见，除非是庆典的场合。他就"是"其本质。因此，这些宫殿或大厦的本质就在于它内部的布置，奢华中也保留着一些有机的、自然的东西，这正是它的魅力所在。在这里，建筑物的正面绝对是次要和派生的；通常，它缺乏一种总体性，这个角色常常被宏伟的门廊或者通向庭院的很正式的四轮马车入口所侵占。在其中，家庭的一切运行着：领主被他的家眷们——妻子、孩子和远近的亲属——围绕着；反过来，家眷们又被仆人所围绕。这里没有隐私，言语没有（隐含的）意义。只有当资产阶级和贵族资产阶级化的时代来临时，隐私和建筑正面的时代才会到来。但贵族府邸的"公共"场地、马厩或厨房，依然与主人占据的空间泾渭分明地区别开来，有专门设计出来的地方可供主人随意地显露骄傲与傲慢，需要与欲望。

　　资产阶级的公寓无疑是贵族府邸的拙劣模仿品，然而，跳过模

---

① 荷尔德林（Friedrich Holderlin，1770—1843），德国诗人，古典浪漫派诗歌的先驱。——中译者注

E315　仿这一层面不论，我们还可以辨识出它在占据空间的方式上与后者的很大不同。资产阶级的正式的房间——客厅、餐厅、吸烟室、撞

F363　球室——在面积、装饰和家具配备上是奢侈的；然而，它的布置与贵族的栖居之所大为不同，它的门窗、阳台都面朝大街，视野与视角都可把控自如。正面被设计成既能被看见，又给主人提供了一个向外瞭望的有利位置，雕塑、栏杆和各种纹饰环绕阳台被组织起来。与此同时，街道沿着排列成直线的房屋的正面，连绵延续着。尽管街道的功能现在已经减少到只是为了通行，但是它依然具有重要的意义。在设计正面及其装饰时，设计师努力使街道显得富有生气，并对城市空间的创生作出了贡献。一种透视主义的理性仍然支配着街道、林荫路、广场和公园的排列方式。尽管没有太多有机的东西被留下，空间仍然保持了一定程度的统一性。资产阶级的公寓建筑还没有变成一个小小的盒子。至于吃喝、睡觉、做爱这些身体的"功能"，它们被逐出了视域之外，按照一种刻板而粗暴的规定，它们被驱逐到房子的尾部：厨房、浴室、盥洗间和卧室，往往沿着或建在黑咕隆咚的走廊的尽头，或狭小阴暗的庭院的上面。简言之，在外部-内部的关系中，外部处于支配地位。以一种自相矛盾的方式，性爱消失在客厅和卧室的双重内部之中。空间的精神分析学表明，资产阶级的空间暗含了对性爱的过滤和对**色情**的压制（**色情**同时受到阻止与责难）。仆人和管家，按照他们的身份，住在屋檐下某处。在居住空间，道德教化式的庄重是日常的秩序（一些贵族阶层所不曾听闻过的事情），而家庭气氛和夫妻生活（有关生殖的）统统被优雅地称作一种**亲密**关系。如果说外部支配了内-外关系，那是因为外部是唯一真正重要的：向外看和被看到的地方。然而，欲

爱消亡的内部，也被赋予了价值，虽然是以一种迷惑人的和被迷惑的方式。厚重的窗帘将外部与内部分隔开来，将阳台与起居室分隔开来，从而"亲密性"被保留和显现出来。偶尔，窗帘会被拉开，灯光映满了正面：这就宣告了节庆时刻的到来。在室内的另一个领域 F364（或者说得好听一点：为了让这里更有光彩），眼前这幅画面是被一些附加的、称为**艺术品**的东西完成的，这些东西有时候是一些裸体绘画或雕塑，为画面增添了一丝天然或自由不羁的气息，而这恰恰是为了与这样的思想保持一定的距离。

　　有关空间的亲历经验与理论不是相互分离的。但显然，强调日 E316常生活中的亲历经验只是为了让它立刻上升到理论高度是很陈腐的。仅靠描述电梯的出现所带来的有害影响（这允许富人既垄断较高的楼层，同时又可避免碰到陌生人；而在过去使用楼梯和平台上下楼的时代，他们就无法避免这些）不能使我们走得多远。然而，理论也不是为了提升它的概念而必须把亲历经验搁置起来。与之相反，亲历经验本来就参与进理论领域，这意味着对概念化和生活的分隔（尽管并不需要去划出界限或实施鉴别）是人为制造的。对资产阶级化了的空间的分析，让抽象空间理论获得认可。进而言之，由于这种理论将亲历的与概念化的相统一，它也就揭露了抽象的内容，同时使感觉领域和理论领域重新统一在了一起。如果感官自身变成理论家，那么理论必能真实地揭示感觉领域的意义 ①。

　　对于工人阶级来说，众所周知的一点是，资本主义"上升"阶

_____

　　①　此处列斐伏尔应当是引用了马克思在《1844 年经济学哲学手稿》中的这样一句话："**感觉**在自己的实践中直接成为**理论家**。"（《马克思恩格斯全集》第 3 卷，人民出版社 2002 年第二版，第 304 页。——中译者注）

段——指资本主义的**黄金时期**，由于它的竞争力、巨大的利润率和盲目而迅速的积累——的首要成果就是产生了城市边缘的贫民窟。这个趋势迅速破坏了传统的居住空间；在那些传统居住空间里，中产阶级往往居住在较低的楼层，工人、佣人则住在上面的阁楼里。那种典型的只有一个房间的贫民住房，通常位于黑暗走廊的尽头、后院，甚至是地下室；现在则被驱逐到了城市周边的邻里社区或郊外。如果说那是一个**黄金时代**，那么它只属于资产阶级。

正是在这一刻，有关**住房**的观念开始被定义和形成各种推论：最低水平的居住空间，是根据模拟的单元和可通达的速度来规定的；最低水平的设施配备和环境规划也以同样的道理实行。在这里，通过不断地近似计算所确定的，实际上是最低的可能**忍受限度**。

F365　后来，在本世纪，贫民区开始消失。然而在郊区空间，独栋住房与"住宅小区"之间形成了对照，就像早期的豪华套房和穷人住的阁楼一样对比鲜明。"最低限度"的观点绝不缺少证据，郊区住宅和"新镇"接近**社交性**的最低点，超过这个限度生存将是不可能的，因为所有的社会生活都将消失。内部的无形的界限开始分隔一个空间，一个仍然被整体战略和单一权力所束缚的空间。这些界限不仅把空间分隔成不同的层次——地方的、区域的、民族国家的和世界

E317　范围的，也把空间分隔成不同的区域：据说，在那里，人们可以被还原为"最简单的表达式"和"最小的公分母"；人们可以自由地蔓延，充分地享受那些必要的奢侈品、时间和空间。事实上，"界限"在这里是一个太弱的词语，它模糊了关键之处；它应该更准确地说出那些揭示了真理的裂缝，那些无形而又高度不规则的裂缝，它们是潜藏在同质化表面之下的"真实的"社会空间的轮廓。

　　这一现实，被一种广为推崇的各种层次的官僚等级制的形象，也即对于各种变量与维度的整齐的秩序化，所掩盖。因此，一种逻辑的隐含、一种纯粹形式的联接（conjunction）/脱离（disjunction），替代了同质与分裂之间具体的关系。据说空间似乎能够或多或少地以一种有些和谐的方式，去"组织"它自己的各个组成部分：模块单元和设计；房屋占用的构成和密度；形态的（或形式的）要素 **vs** 功能的要素；城市的特色和建筑的特色，等等。关于空间的支配性话语——它带着某种远比近视和散光更严重的先天性缺陷，来描绘眼睛所见之物——通过让意义穿上意识形态的外衣，而抢夺了意义的真实性。这件外衣看上去并不如其所是，而是给人以非意识形态的（或者是"超意识形态"的）印象。更确切地说，这件盛装是美学的和唯美主义的，理性的和理性主义的。

　　从而，一种古典的（笛卡尔式的）理性似乎固化了各种空间的分化与分歧。例如，分区规划（le *zoning/zone*）——确切地说，它要　F366　为处于官僚制所颁布的统一性这一保护伞之下的碎片化、断裂和分隔负责任——就与做出理性区分的能力混为一谈了。功能的分配和功能实际上被分配所依据的方式，与各种区分差异的分析性活动，变得难以区分了。这里被掩盖的是：一种道德和政治的秩序——将这些条件与它的特定的社会经济忠诚组织在一起的特定的权力——**似乎**直接从逻各斯中，也即从对于理性之物的"共同的"信仰中，流淌出来。古典理性似乎经历了一场令人窒息的倒退，倒退为科技理性和技术专家理性；这是它转变为自己对立面的时刻，转变为一种被粉碎了的现实的荒谬性。它也基于这样一种理由，即国家官僚秩序本身，就是对国家资本主义（除非是国家社会主义）的一种掩盖，

它同时达到了自我实现和自我掩盖，在功能和结构可理解性的透明
E318 氛围中，模糊了它的形象。理性（或**存在理由**）统一体的外衣，因此
被有效地披在并置的和分层的臃肿的行政部门上，每一个部门都对
应一种特定的"职能"。试举几例作为提示：ZAD（从缓发展区），
ZAC（商定发展区），以及 ZUP（住房优先建造区）①。

　　因此，抽象空间就其本质和**突出特点**而言，是压迫性的。但幸
亏它又是无所不能的，它的压迫性竟以一种特别巧妙的方式表现出
来：它固有的压抑性或者通过还原，或者通过（功能的）方位化，或
者通过实行等级制度和隔离，再或者通过艺术，而表现出来。从远
处观看，**凝视**那已被撕碎的东西，安排好观看的"视点"和"视角"
等这些事实，（在最理想的情况下）能够把一个战略的结果变成审
美的对象。这样的艺术对象，尽管通常是抽象的，也可以说是非造
型的，却起到了有形的作用，它们无疑是令人赞赏的对"环境"空
间的表象化，却有效地杀死了环境。所有这些都是对模型设计与总
体规划的都市主义所做的天衣无缝的配合，也是对排污系统和公用
设施规划的完美补充：它作为设计者随心所欲地勾勒重点和容量，
F367 但这是一种伪装的清晰，既误解了"用户们"的社会实践，也误解
了它自己所崇尚的意识形态。没有什么能在哪怕最低的程度上阻
止它对景观的支配，也无法阻止它把统一体锻造成一个用规划好的
碎片组装在一起的东西，无论付出怎样的代价。

---

　　① 此句英译本漏译，据法文原版特补译。其中 Z·A·D 系法语原文 «zone
à amenagement différé» 一词的缩写，Z·A·C 系法语原文 «zone d'aménagement
concerté» 一词的缩写，Z·U·P 系法语原文 «zone â urbaniser en priorité» 的缩写。——
中译者注

第 十 四 节

当空间中两个互相分离的内容，分别从自己的角度朝向某个单一的形式（组织）时，空间的分裂就引起了冲突。以一个**公司**及其空间为例。一个公司往往被一种服务于它且也是由它所派生出来的聚集区所环绕，例如采矿村或公司镇。这种情况之下，整个社区都受到公司的绝对支配，也即受公司（资本主义的）所有者的支配。雇员们渐渐失去了作为自由工人（或者马克思意义上的"无产阶级"）的地位，但他们仍然保留着对于以劳动时间的形式卖给资本家的那些时间之外的时间的支配权，资本家购买的是劳动力，而不是作为肉体存在的工人和人类个体。从资本主义企业创造了让工人完全处于依赖和从属地位的飞地这个方面来说，这样的飞地仅仅保留在个体资本和（工商业）资本自身的"自由"占统治地位的空间里。但是，当这些飞地趋于连片发展的时候，它们就构建起一种非常适合极权（totalirarian）资本主义（建立在经济和政治融合的基础上）出现的结构①。

　　大都市空间与公司镇空间毫无类同性，这就是一个城市不能按照这样一种（公司镇）模式运行的原因，无论你所设想的公司有多**大**。城市中的工人，是作为法律形式上的"自由"工人而存在的（当

E319

---

①　马克思曾经说过，"资本主义的管理就其形式来说就是专制的。""资产阶级平时十分喜欢分权制，特别是喜欢代议制，但资本在工厂法典中却通过私人立法独断地确立了对工人的专制。"分别参看《马克思恩格斯文集》第 5 卷，人民出版社 2009 年版，第 385 页及 488 页。——中译者注

然，这是相比较而言的，人们脑海中始终会保留抽象的哲学意义上的"自由"［freedom］）。这使得城市工人有可能同其他社会阶层肩并肩地在一起。劳动的社会分工支配着它的技术分工。否则，城市既无法容许劳动力的再生产或生产关系的再生产，也无法容许所有这些进入各类市场（首先且最重要的，是消费品市场）。这些是城市的基本功能之一。

換言之，解放（liberty）所导致的矛盾，也是空间性的矛盾。尽管商业趋向于极权形式的社会组织、威权化，易于产生法西斯主义；但城市的氛围，不管是憎恶暴力还是依靠暴力，都倾向于至少支持一种民主措施。

第 十 五 节

抽象空间所传递的意义通常是禁止性的，而非恳请或激励性的（除非它转向消费）。禁止（可以说它是社会秩序的否定性的基础）在这里起着支配作用。这种构成性的压迫的符号，是一个奉献给凝视的对象，拒绝任何可能的用途，无论是在博物馆还是在商店的橱窗中。数不清有多少次，人们不得不在教堂、办公室或"公共"建筑的门前或入口处，或通往"外国"的入口处，很不愉快地停留一会儿，尽管是被动地却常常是"无意识地"接受某种禁止。大部分禁止是无形的，门与围栏、壕沟与其他实物界线，只是这种隔离的最极端的例子。更多的抽象符号和能指保护着精英空间——富裕社区或"选定"的地点——免遭侵入。禁止是拥有的反面和外壳，也是私人所有权统治下对空间的消极取用。

空间被分隔为指定的（所指的、特殊化的）区域和（对某些群体来说是）禁止的区域。还可以再细分为工作空间和休闲空间，以及 E320
白天的空间和夜晚的空间。身体、性和快感，不管是精神的还是社会的，经常是不允许存在的；直到天黑以后，当白天和"正常"活动中存在的禁止被解除时，它们才会出现。到了晚上，那些次要的、衍生的存在，才被赐给城市的某些部分（从前在巴黎，是毕卡勒和蒙马特周围地区，近来更多的是蒙巴拿斯和香榭丽舍大道周围的专区），这些区域专注于某些功能，但出于同样的原因，除了盛装娱乐 F369
这种形式尤为复杂的开发作为基础设施之外，别无所有。在这些街区，到了这个时点，性似乎被授予了任何一种权利，但事实上，它唯一的权利就是进行各种布置以换取金钱。与城市空间的分隔相对应，当夜晚降临，一些街区华灯初上，沉浸在一派"欢庆"的气氛中；而另一些"商业"街区，则街道空荡，一片死寂，二者形成了强烈的反差。所以，在流光溢彩的夜晚，白天的禁止让位于有利可图的伪装和逾越。

第 十 六 节

被我们描述为同时是同质的和破碎的这个空间，既然它的这两种特质在形式上是水火不相容的，它又是如何维持其自身的呢？这两种从逻辑的视角来看是"矛盾的"特性，是怎样彼此联合形成一个"整体"的呢（这个整体不但没有破裂，反而甚至有助于战略的部署）？

我们已经提出过这个问题，虽然是以一种稍微不同的形式，并且也提供了一个答案。尽管如此，我们还必须回到这个问题。在这样的空间——空间作为一种物或者一些物，作为事实或者一系列事实，作为"中介"或者"环境"——中是找不到解决方法的；要追寻任何一条这样的研究路径，就势必会重返一种空间论题，即认为空间是中立的，是优先于和外在于社会实践的，因此是建立在精神的或拜物教的（物化的）基础上的。只有**行动**能够把这些碎片团结在一个同质化的总体中；只有行动能够阻止弥散，就像攥紧沙子的拳头。

　　政治权力及其管理机构的政治活动，不能被想象为要么是"物质"，要么是"纯粹的形式"。但这种权力和其行为确实**利用了**现实与形式。分析到最后，空间的虚假的透明性就是权力的虚假的透明性，它或许会在它所统治的现实中隐约闪现，但同时又把这种现实作为一种遮掩物。政治权力的行为就是如此，它造成碎片化以便控制它——确实，它造成碎片化就是**为了**控制它。但是成为碎片的现实（弥散、割裂、分离、局部化）有时会摧毁政治权力。政治权力为了持续存在，也要不断强化力量。无论它在什么地方发挥作用，这一邪恶的循环甚至会造成政治威权更为邪恶的特性，因为它引起了一连串的强制—压迫—镇压。在这种形式之下，国家-政治权力变得无所不在：它遍及一切，但它存在的强度各处不同；在一些地方它是分散的，但在另一些地方它又是集中的。在这个方面，它与宗教和神学中的神圣力量相似。空间使得经济被整合进政治成为可能。作为"核心的"地区对各个方向都施展着影响，这些影响或许是"文化的"、意识形态的，也或许是其他方面的。虽然不是政治权力**本身**生产了空间，但它的确再生产了空间，因为它是社会关系——对于它所负责的关系——进行再生产的核心和背景。

第 十 七 节 ①

现在该是我们运用马克思和他的思想，也依据作为科学的政治经济学，和对作为意识形态的政治经济学的批判，来澄清目前讨论的目标的时候了。

透视马克思思想的最好方法是重构它，恢复它的整体性，不是将它视为一个终点或结论，而是视为一个新的起点。换言之，马克思主义应当被看作理论发展中的一个"环节"，而不能被教条地看作一个最终的理论。事实是（我们没有理由不在这里重申），我们在这方面必须要避免两个错误或幻觉。第一个错误是把马克思的思想看作一个体系，极力把它整合到已经建立的知识体系中，从而试图把认识论标准运用于其中。相比之下，第二个错误则以激进批判的名义，以批判主义需要对批判的工具进行批判的名义，而试图摧毁马克思主义思想。持第一种观点的人被绝对知识的思想所诱惑，并接受了它，它在历史上是黑格尔哲学的一个论点，认为存在这样 F371 一种知识，它可以被运用于已经建立起来的"现实"。第二种观点的支持者同时落入了毁灭和"自我毁灭"的魔咒中，坚信通过瓦解 E322

---

①　从本节开始，列斐伏尔以马克思主义政治经济学批判范畴与方法建构其矛盾空间理论或空间的政治经济学。根据本节最后的总结性提示（《空间的生产》法文版第404页，英译本第350页），其矛盾空间理论是以政治经济学如下三个基本理论为基础的：匮乏理论、（资本）集中化理论与固定资本的流通理论；而作为资本实现形式的三位一体（资本—利息—地租）理论则是其辩证法的中轴。同时考虑到本节也许是本书最长的章节之一，故译者作了分段提示，以便于阅读。——中译者注

知识的根基就能瓦解"现实"。的确，今天我们应该像以相对论的观点看待牛顿物理学一样，把马克思主义思想看作思想进步中的一个环节。这不仅是从思想的历史起源阶段的意义上说，出于教学目的而重新回顾；而且是把它看作一个必经的环节，因为它仍然是内在的、本质的，并且的确仍然在发展。因此，（黑格尔的）国家理论和（马克思的）激进批判的国家理论之间的**政治性**断裂或裂缝的问题①，仍然处于敞开状态。

今天，重新构建跌宕起伏的政治经济学的轨迹，也包括它在马克思的工作中达到的高度，已经成为可能。这个短暂而富戏剧性的历史，不应与来自生产力提高（资本的原始积累）的所谓经济的"现实"割裂开来。经济思想的衰落始于发展所遭遇的困难，以及为发展赋予合法性和起推波助澜作用的意识形态所遭遇的困难；也始于在解决与发展密切相关的问题时，采用了政治经验主义和实用主义的方案。

在仔细研究这段历史之前，我们最好先重温一些概念，例如"**社会劳动**"（travail social/social labour）的概念，它们首先是由伟大的英国经济学家所提出，后来被其他学者，如著名的黑格尔和马克思所丰富和发展。社会劳动有一个充满事件的历程。它不管是作为现实还是作为概念都伴随着现代工业的诞生而出现；尽管存在一些对抗的力量和偶发事件，它们成功地把自己强推上了这样的位置：

---

① 为此，列斐伏尔在写作本书的同时和之后的几年又写出洋洋洒洒一千六百多页的四卷本《论国家》，中译本参看列斐伏尔《论国家》第二卷："从黑格尔到斯大林与毛泽东"，李青宜等译，重庆出版社 1988 年版，第 118-119 页。——中译者注

不管是在理论上和在实践中，也不管是对科学还是社会，都至关重
要。生产性（工业的）劳动，不管是作为现实、作为概念，还是作为
意识形态，都会产生道德和艺术"价值"。因此，生产和生产力变
得不仅是社会的引擎，而且也是联结着历史哲学和处于上升中的政
治经济科学的世界这一概念的理性基础。但是不久这些便过时了。F372
派生自劳动的价值和概念开始凋零。作为增长理论和作为模型创
建者的政治经济学，分崩离析了。

　　类似的事情在 19 世纪中期发生了。但是那时候，马克思以一
种令当时的经济学家始料未及且无法理解的方式，给政治经济学带
来了一次重获新生的机会。简言之，马克思将自我批判引入政治经
济学，作为一种整体性方法（对于时间、历史和社会实践来说的）的
一部分。今天这个图式已经众所周知——甚至是太出名了，因为它
的创造性能力（有些人称之为"生产性"能力——为什么不呢？）而 E323
在后来一直受到偏爱。这样的创造性能力在两个时期之间证明了
自身：一个时期是当一种概念开始扰乱主流倾向的时候；另一个时
期是当它开始促进这些倾向的时候，换言之，即当它被包含进已经
确立的知识，包含进公共领域、文化和教育时。马克思和马克思主
义当然没有逃出这样的过程，但是马克思主义的图式保存了更大的
力量。根据这个图式，没有对知识的批判就没有知识——除了批判
的知识之外别无知识。作为一种科学的政治经济学不是也不可能
是"肯定的"和只是"肯定的"；政治经济学也是政治经济学批判，
即它是对经济的批判、对政治的批判，以及对所谓的它们的统一体
和综合体的批判。对于生产的理解包含了对它的批判性分析，这就
将生产关系的概念带出混沌。这些关系一旦被明确辨认，就会对于

它们由之而出的混乱的总体，即对于生产性的社会劳动概念和生产概念，施加追溯性的影响。这时，一个新的概念被建构起来，它可以被归入生产关系，但与生产关系并不完全一致，它就是"**生产方式**"（mode of production）的概念。在生产关系和生产方式之间，是马克思从未彻底揭示也从未充分研究的一种关系。马克思思想中的这一空白，正在被他的继任者们努力填补，他们是否成功，则是另一回事了。

在此语境之下，**土地**作为概念和作为现实扮演了什么角色？[①]
F373 一开始，对重农主义者来说，土地是决定性因素；但是到了后来，土地似乎命中注定会很快丧失其全部重要性。面对工业劳动，农业和农业劳动被预计无论是在数量上（生产出的财富）还是在质量上（土地产出所满足的需要）都黯然失色。连农业自身也觉得将会并且也应该会被工业化。更何况，土地属于资产阶级似乎要么想将之彻底废除要么想使其变得毫无意义的一个阶级，即贵族、地主或封建领主阶级。最后，城镇确实将要支配农村，这将是整个对抗的丧钟（或者超越）。

政治经济学家们在土地、劳动和农产品、所有权和土地租赁、自然等问题上有很多摇摆，他们的这种犹豫不决很容易追踪。当然了，这其中也包括马尔萨斯、李嘉图和马克思的犹豫。

马克思在《资本论》中的原本意图，是依据一个反对资本压榨劳动、反对资产阶级压迫无产阶级，以及也隐含着反对利润挤压工

---

① 由此开始，列斐伏尔系统阐述马克思《资本论》第三卷著名的"劳动—资本—地租"三位一体理论的方法论意义。——中译者注

资的二重的（或辩证的）模型，来分析和揭露资本主义生产方式和 E324
资产阶级社会。应该说，这种两极化的方法有可能把矛盾性的运
动纳入某个刻板的形式（formal manner），从而才有可能清晰地描
述这种运动；但是这种对立预先假定了**第三类**要素群——土地、地
主阶级、土地租赁和农业自身——从整个画面中的消失。更一般而
言，这预先就带给二元对立以一种冲突的（辩证的）特征，意味着历
史在现实中和在概念领域中都是经济的附庸，从而被从历史中传承
下来的以及从资本主义之前的自然本身中继承下来的、各种形式的
（尤其是城镇的）经济领域，所消解或吞并吸收。在这个图式的语境
中，社会实践的空间是无法感知的；时间仅扮演着一个微不足道的
角色；而这个图式本身就位于一个抽象的精神空间之中。时间被还
原为社会劳动的度量单位。

　　但马克思很快就意识到——他注定会这么做——需要抵制这种 F374
还原论的图式（尽管许多类型的"马克思主义"，以及所有的、无一
例外的教条主义的马克思主义者，坚决维护这个图式，并在事实上
加剧了而不是改正了它的问题）。① 这样的抵制来自很多方面，首
先来自我们正在思考的现实，即土地。在世界范围内，既没有迹象
显示出土地所有权的消失，也没有迹象显示出地主政治重要性的消
失，又没有迹象显示出农业生产独特性的消失；结果是，没有迹象
表明地租突然抛弃了土地而奔向利润和工资。进一步而言，整个地

---

　　① 到现在有谁还能意识不到？马克思主义的命运意味着所有涉及理论的重要区
域的争论、讨论和对话都被阻止了。例如，数十年来任何恢复土地租赁概念的适当地位
的尝试，无论是在法国、欧洲还是世界大部分地区，都以马克思主义的名义被彻底镇压，
马克思主义已经仅仅是一种意识形态——仅仅是苏俄共产党官员掌握的政治工具。——
原注

球空间的地上和地下资源的问题，其重要性正在持续上升。

　　这一思考无疑说明了一个极难重建的"计划"，即《资本论》的独特意义。在马克思这一著作的结尾，土地及其所有权问题再次出现，并且是以一种强有力的方式——以对作为地下资源、矿山、矿物、水和森林的所有权的思考，以及对家畜饲养、建筑业及建筑用地所有权的思考，作为结束。最后并且最重要的是，马克思此时提出了一个"三位一体的公式"（trinity formula），根据这个公式，资本主义生产方式和资产阶级社会存在三个（而非两个）要素，这三个方面或"要素"是：土地太太、资本先生，以及劳动（工人）。换言之，即地租、利润和工资；这三个要素的相互关系仍然有待于辨析和清楚地阐明。① 再重复一遍，是三个而非两个要素：早先的二元对立（工资与资本、资产阶级与工人阶级的对立）已经被抛弃。说到土地，马克思不是简单地就指农业，地下资源也是这个画面中的一部分。还有被限定在特定疆域内的民族国家，也是如此。最后，在最绝对的意义上，政治和政治战略，也是如此。

　　未完成的《资本论》到此打住了。我们现在开始明白马克思为什么不能为他的著作得出一个结论，他糟糕的健康状况或许只是部分原因。

　　今天，我们有什么理由不重回这部未完成的经典——不是要以某种方式将它神圣化，而是向它提问？这一点尤为重要，特别是在

E325

F375

---

① 另参见列斐伏尔所著《空间与政治》（Le droit à la ville, 2）（Paris: Anthropos, 1973）pp. 42ff.。（中译本参看［法］亨利·勒菲弗：《空间与政治》［第二版］，李春译，上海人民出版社 2008 年版，第 35—36 页。——中译者注）马克思在《资本论》中的讨论参见第三卷第 48 章。——原注（中译本参看《马克思恩格斯文集》第 7 卷，人民出版社 2009 年版第 921 页及以下内容。——中译者注）

这样一个时代，资本主义（更一般地说，即发展）已经证明了它们的生存依赖于它们将势力延伸到整个空间的能力：延伸到**土地**（在这一过程之中吞没了城镇和农村，这是一个早在19世纪就已预见的后果。但难以预见的是，创生了全新的部门领域，特别是休闲领域）；延伸到藏在大地深处和海床上的**地下**资源，如能源、原材料，等等；最后延伸到被称作**地上**区域的部分，即延伸到了根据它们的高度来估量的体积和结构，延伸到了山脉，甚至是其他星球的空间。土地意义上的空间，地表的空间，并没有消失，也没有被兼并到工业生产；相反，一旦被整合进资本主义，它就只能作为资本主义扩张中的一个特殊要素或功能而获得力量。这种扩张很活跃，是生产力的一种跃迁，是生产的新模式，但是它的产生并没有打破资本主义生产方式和生产关系；作为一个结果，这种生产和生产力的扩张继续伴随着**生产关系的再生产**，这种再生产无法不在它占据的所有先在 E326
的空间中留下痕迹，也无法不在新空间的生产上留下痕迹。资本主义不仅控制了先在的空间，控制了大地，而且倾向于生产它自己的空间。这如何可能？答案是：在世界市场的压力下，通过并依靠都市化过程来实现；遵从再生产和重复的法则，通过彻底消除时间的和空间的差别，通过破坏自然和自然时间。被奉为世界市场的经济领域连同它所决定的空间，以及被绝对化了的政治领域，有可能摧 F376
毁它们自身的根基，即土地、空间、城镇和乡村，并因此而自我毁灭。这个危险难道不存在吗？

　　一些由于资本主义向空间扩张而导致的新矛盾，已经快速地引发了各种流行的**表象**（popularized representation）。这些表象转移和逃避了相关的问题（例如，空间的问题），事实上掩盖了带来这些问题的矛盾。污染是一个重要的问题。污染始终存在,在人类群居的地方,不管是乡村还是城镇,人们总是把废弃物扔到周围的自然环境中。自然与社会的共生关系(在能量和物质交换的意义上)近来承受着一些变更,无疑已经接近于关系破裂的程度。像"污染"这一类词语,既承认又通过隐喻掩盖了诸如生活垃圾和烟囱这类日常事物。至于"环境",我们面对的是一种典型的转喻策略,因为这个词把我们从部分——一种完全被物体与符号、功能与结构占据的或多或少地是空间的碎片——带向一个空洞的,且被界定为中性的和被动的"中介"的整体之中。如果我们要问这是"**谁的**环境?"或者"这环境围绕着什么?",那是不会有现成答案的。

　　尽管这些观点是在早先形成的,但是重申它们似乎非常重要。原因是,真正神奇的起源和权力继续被归之于意识形态。例如,如果说资产阶级意识形态仅仅是反映现实的镜子,那么它究竟是如何再生产出这个现实和它的生产关系的呢?通过掩盖矛盾吗?它当然这样做了,但也使得国家和国家主义得以形成,这很难说是**镜像**作用。然而,没有再现历史(民族国家的起源)的必要:对这种伪理论声称要解释的任何东西进行周密检查,都将足以显示它的荒谬。相反,在马克思三位一体的图式中,意识形态和政治实践之间没有裂缝:权力把土地、劳动和资本统合在一起,并且把它们分别再生产出来(无论是通过联合还是分离的方式)。

　　在马克思的思想中,政治经济学批判有一个被近代生产主义方法所完全忽略,但有着重要价值和意义的方面[①],这就是马克思已经

E327

F377

---

　　① 由此开始列斐伏尔运用马克思的资本积累与匮乏理论研究空间的生产问题。——中译者注

看到的作为一种知识形式的政治经济学的现实概念。他揭示了：通过推动和实践一种声称理解生产和生产力的科学，经济学家们既迷惑了读者也迷惑了自己。这些经济学家所描述的是稀缺的状况以及对稀缺状况的缓解。他们直接或间接地挖苦或伪善地宣扬禁欲主义。16世纪之前，或许在中世纪末期，也或许更早，在古罗马衰落时期和犹太基督教（Judaeo-Christianity）早期，西方社会选择了积累（accumuler/accumulate）而非生活，从而打开了一道裂缝，在享受和节俭之间制造了一种矛盾，这个矛盾后来戏剧性地将社会牢牢地控制住。若干个世纪之后，这个基本选择在经历了漫长的年代后又被带回了，政治经济学作为它的基本原理产生了。作为一种科学的政治经济学的诞生，是与经济学在社会实践领域的胜利同时发生的。这个胜利，换言之，是事关积累的胜利，通过并为了追求利润。这种积累，也是永远处于扩张状态的积累。

那么，在马克思的眼中，那些经济学家是谁？他们是（相对）需求的声音，想要从古代的稀缺向现在的可以想象的丰裕转变。他们研究（相对）稀缺，并且对"商品"的不公平分配有所推助。他们的本来面目是意识形态性质的伪科学，却体现为并遮蔽了一种实践。这些经济学家们熟悉稀缺**本身**；他们并没有太多地将稀缺表述为对于生产不充足的一种具体意识（尽管很不发达）。这就是政治经济学对于马克思而言的意义，更准确地说，正是在这个意义上，（政治）经济学才是政治的。这使得国家机构和政治权力能够组织起必需品的分配。因此，具体的生产关系能够产生分配和消费。这里所谈论的"分配"，是在自由和平等的面具之下，甚至是在博爱和正义的旗帜之下进行的。法律的职能是使规则法典化。但"最完善的法律是最不合法的"①(*Summum jus, summa injuria*)。

法律和正义管辖着非正义，平等的名号被用到了不平等上，其结果并没有使不平等之恶变得有所收敛，虽然的确变得更加难以对付。

无论是有心还是无意，经济学家们对价值规律的各种结果（以盲目、自发的方式产生的结果）进行了最后的修饰，因为它们影响着（国家）空间架构内的分配——根据工业各部门的需要和一个给定社会（例如英国或法国）可能的生产力和生产能力的需要。这里所说的给定社会，分为处于资本主义生产形式支配之下的社会和处于控制生产的国家支配之下的社会。为了这个目的，经济学家们构建了一个或一些抽象空间，用以安置和推进他们所谓"和谐发展"的模型。在马克思的时代，巴斯夏②的方法论并不比这粗糙多少。经济学家们从未成功地摆脱精神空间、摆脱他们的模型的空间，而进入社会空间。长期以来，他们做出了很大贡献的社会管理，继续沿着发展（积累的扩张）的道路推进，但它处于资产阶级的控制之下；资产阶级的生产关系留在了它的本质里；最重要的是，这种状况的消极方面被打扮得看上去是积极的和富有建设性的。

在经济学家们居于主导地位的时期，"自然的红利"或者"自然要素"（水、空气、光线、空间）根本不会被提到，除非完全是为

---

① 古罗马思想家西塞罗语，亦可译作"最大的正义即最大的不义"、"至公正即至不公正"等。帕斯卡的《思想录》（第十四编，参看何兆武译本，商务印书馆1985年版第439页）与黑格尔的《小逻辑》（第81节，参看贺麟译本，商务印书馆1980年版，第180页）均引过此格言。——中译者注

② 克洛德·弗雷德里克·巴斯夏（Claude Frederic Bastiat, 1801—1850），法国经济学家，著有《和谐经济学论》（1850）等著作。——中译者注

了把它们排除在政治经济学之外：这是因为它们既丰富又没有交换价值，它们的"用处"不体现价值，它们是非社会劳动的产物，没有人生产它们。

关于这一点，在更晚近的时代发生了什么？今天的情况又如何？一度稀缺的某些商品变得（相对）充裕了，反之亦然。作为一个结果，长久以来被交换价值所掩盖的使用价值，被重新定位并且可以说被再次赋予了价值。在欧洲，面包已经失去了从前的象征力量，它曾经代表了通常意义上的食物、珍贵的东西，甚至是劳动本身（"我们日用的饮食，今日赐给我们"[①]；"你必汗流满面才得糊口"[②]）。在农业已经被工业化了的发达国家，持续的生产过剩（无论是公开的还是隐秘的）已成为日常的秩序，还包括对剩余粮食的储存和禁运——通常拿剥削工业生产性土地所得进行补贴。不能说这种情况对不发达国家人民所遭受的苦难没有一点影响。数以百万计，事实上是上亿的所谓不发达国家的人口，即使不是在遭受彻底的饥荒，也会苦于营养不良。在主要的工业化国家，大量的日用物品可以说存在同样的情况。今天，没有人会意识不到这样一个事实，即：产品的过时是被计划好的；废品也有一种经济功能；时尚扮演着重要的角色，正如在一种被精心安排的、功能化了的消费中，"文化"所起的作用那样。这些发展成为政治经济学的厄运，因为它的位置已经被市场调研、销售技巧、广告和需求操纵以及咨询公司等所指导的投资规划所取代。这样的操纵，作为一种与政治

F379

E329

---

① 语见《马太福音》第6章第11节。——中译者注
② 语见《创世记》3章第19节。——中译者注

宣传过分一致的实践，对"科学"的需要并不比对意识形态的需要多。比起知识来说，它更需要信息。

但这是一个辩证的过程，在今天所谓的消费者社会，与工业产品的（相对）丰裕相伴随的，是一种相反的现象：新型稀缺。这个辩证法本身成为一个几乎不被任何分析或解释纳入的主题，因为它被那些关于污染、"环境"威胁、生态系统、自然破坏，以及资源过度消费等等的持续的讨论所掩盖。这些问题仅仅是意识形态的盾牌。与此同时，持续恶化的"新型稀缺"易于招致一种（或多种）无例可循的危机。这些物品过去很充裕，因为它们是"自然"产生的；它们也没有价值，因为它们不是产品。现在它们变得稀有了，从而获得了价值。现在，它们不得不被生产出来，结果不仅拥有了使用价值还拥有了交换价值。这些物品是"自然的"，尤其是这意味着它们事实上是"自然元素"。在大多数现代都市规划中，使用的都是高度完善的技术设施，**一切**都是生产出来的：空气、光、水，甚至土地本身。一切都是人为的和"精密的"，自然已经完全消失，只留下一些符号和象征；甚至在这些符号中，自然也仅仅是"再生产"出来的。城市空间与自然空间分离了，但是它在生产能力的基础上再造了自己的空间。尤其是在特定的社会经济情况下，自然空间变成了稀缺的商品。相反，稀缺变成空间性的，也即地方性的了。因此，被稀缺影响的一切都与土地发生了密切的关系：土地资源、地下资源（石油）、地上资源（空气、光线、空间的体积，等等），以及依赖这些资源的如蔬菜、动物制品和各种能源。

"自然元素"失去了它们的自然决定性，包括它们的位置和处境，因为它们被纳入了**空间套封**（espaces envelopes）之中，这些

F380

空间套封则很快变成了空间的社会构造砌块（the social building-blocks of space）。它们也承担了价值，包括使用价值和交换价值，因为不再可能从永无止境的来源，即从自然中获取它们。当今的发展所制造的需求，确实像工业原料（例如矿物）的潜在枯竭——尽管这个苗头刚刚露出遥远的地平线——一样，非常重要。在传统的工业生产进程中，与空间的关系长期以来是由一些分散的点——如采矿地或原材料产地、生产地（工厂），以及销售地——所组成的，只有这个体系的分销网络有着更宽广的空间范围。而如今，"元素"本身是被生产和再生产出来的，生产性活动与空间的关系也被更改了。现在它是以另一种方式与空间发生关系。这种改变不管是早期阶段（例如对水和水资源的管理），后期阶段（在城市空间中），还是所有的中间阶段，都是一样的。 E330

　　自然和土地的有限性因此有力量向盲目的（意识形态的）崇信——认为那些抽象物、人类思想和技术、政治权力极其所制造和裁定的空间，具有无限的权能——发起挑战。

　　一旦"元素"开始在生产、分配或分发的体系中循环，它们必然会变成一般性的财富的一部分，并落入政治经济学管辖的范围。但这个政治经济学还是古典的政治经济学吗？这种新型的短缺不能与早先的稀缺相提并论，最显著的原因就是与空间的关系已经发生了改变。这些元素越来越稳固地位于作为一个整体的空间之中，位于老工业生产及其分散的地点被嵌入其中的空间之中，后来这个空间也被不断扩张的资本主义和生产关系的再生产所占据。因此，在这个空间中，一个新的需求产生了：对于生产和再生产"天然"资源（原材料、能源）的需求。结果将如何？这个新需求会对资本 F381

主义产生激励和整合作用吗？或者它在更长或更短的时期内，会成为使之瓦解的力量吗？

在谈到空间时，我们可以理所当然地讨论稀缺了吗？答案是否定的，因为有无数可利用的或者空白的空间等待着我们去发现。虽然空间的相对稀缺或许已经在一些社会（特别是亚洲）出现迹象；但是在其他一些地方，例如在北美，情况则相反，社会给不断增长的人口和快速发展的科学技术提供了广阔的空间。的确，自然的空间在每个方面都依然是敞开的。得益于科学技术，我们能够按照自己的意愿在任何地方"建造"任何东西：在海底、沙漠或者山顶，如果有必要甚至可以在星际空间。

E331　　事实上，空间的短缺显然是一种社会经济现象，这种现象只能在非常特殊的区域，也即位于或靠近城市**中心**的地方，才会发生和被看到。这些地方或者是历史上已经建立的中心，或者是从老城市发展而来，也或者是由新城镇逐步演化而成。

一般的中心性（centralité/centrality）和特殊的城市中心性[①]，并不是一个很简单的问题，它充斥于空间问题的各个方面。中心性与精神空间和社会空间同样关系密切，并将二者连接在一起，以一种超越旧哲学在主体与客体、思想与物质（或理智与情感）之间制造

F382　区别、断裂和分离的方式。但这并不是说由此就不会再产生新的区分和差别。中心性这一概念有一个数学性的起源，证明了它被运用于对抽象空间进行分析。任何一个给定的"点"都是聚集中的一个点：围绕着它的是无数其他的点。否则，我们就对空间的连续性无

　　[①]　本节以上内容讨论稀缺理论，自此开始讨论中心性理论问题。——中译者注

法把握。与此同时，围绕着每个（孤立的）点，一个平面——更确切地说，一个正方形——才能够得以描述和分析；正如任何一个随着其与中心的距离的变化而发生极微小改变的变量那样。因此，每一个中心都可以以两种方式来构想：它是充满的或空白的，有限的或无限的。

为了正确地架构中心性问题并尝试解决它，一种辩证的方法准备妥当了。然而这一适宜的方法不再是黑格尔的或马克思的方法，他俩的方法是基于对历史时间、对时间性的分析。如果我们发现自己不得不接受一个辩证的中心性或者中心性的辩证法思想，那是因为在空间与辩证法之间存在着某种关联。换言之，存在着空间的矛盾，它隐含和解释了历史时间中的矛盾，尽管没有被还原为这些矛盾。相反，如果矛盾（关于现实冲突的）的观念没有被限定在时间性和历史性中，如果它事实上延伸到了空间领域，这就意味着存在一种中心性的辩证法。这个辩证过程发展了中心（目前仅被理解为**点**）的逻辑特征。

这个中心性的辩证运动是由什么构成的？首先，中心性，无论是精神的还是社会的，都是通过聚集以及给定空间中各种共存者的会面来定义的。何者以这种方式共存？所有能叫出名、列出数的东西。因此，中心性是一种**形式**，它自身是空的却需要内容，需要客体、自然的和人造的存在者、物、产品和作品、符号和象征、人、活动、情境、实践关系。这意味着中心性非常类似于一种**逻辑**形式，因此存在一种中心性的逻辑。作为一种形式的中心性隐含了同时性，它由此导致一个结果："每一件事情"的同时性。在思想活动或社会活动中，这"每一件事情"都是易于集中，从而易于集聚的，在某 E332

F383

个点位或围绕着那个点位。中心性的一般概念将对于时点的严格性与对于空间的整体性联结在一起。根据首先被尼采所采纳，继而为许多思想家（其中包括乔治·巴塔耶）所接受的现代思想的定位，中心和焦点乃是祭祀之地，那里聚集了能量，渴望释放，最终必将爆发。每一个时期，每一种生产方式，每一个特定的社会都产生（或生产）了它自己的中心性：宗教的、政治的、商业的、文化的、工业的，等等。精神的和社会的中心性之间的关系，必须根据所处的各种条件进行界定。界定一种既定的中心性走向终结的条件，也如此——无论是因为分裂、危机爆发，还是被撕成碎片。

中心性是可以移动的，这一点我们早就知晓。近期的著作，尤其是让-皮埃尔·韦尔南①的工作，确认了这一事实并进行了详尽的阐述。如希腊城邦的中心就一直在移动：从首领与勇士们商讨远征和瓜分战利品的半环状区域到城邦寺庙，再从城邦寺庙到市民广场——政治集会的地方（后因增加了拱门和走廊，变成了商业场所）。这意味着，在古代希腊，城市空间与城市生活的时间性（节奏）之间存在着复杂的关系。现代城市同样如此，例如，不难列出在 19 世纪和 20 世纪巴黎的中心性所发生的频繁变化：林荫大道、蒙马特、蒙巴纳斯、香榭丽舍，等等。

是什么使得今天的社会在这方面有所不同？简单地说：今天的中心性渴求成为**总体的**。因此，它或明或暗的要求一种更高的政治理性（国家或“城市”理性）。它沦为技术结构的代理人即规划者，为这个要求提供合法性。为了做到这些，他们自然拒绝辩证法；事

---

① 　让-皮埃尔·韦尔南（Jean-Pierre, Vernant January , 1914—2007），法国马克思主义者，古希腊史学家，结构主义人类学家，深受列维-施特劳斯的影响。——中译者注

实上，这个秩序的中心性使用空间自身内在的暴力排除了所有外围的元素。这个中心性——或者更确切地说，这种中心化——在除了一种意识到或意识不到的战略之外没有任何哲学支撑的情况下，竭力实现它的"总体化"任务。尽管存在着对抗的力量，一些是颠覆 F384
性的、一些是可容忍的——根据各种理由（自由化、弹性化，等等）而被容忍——中心仍然在有效地聚集财富、行为方式、知识、信息和"文化"。简言之，在聚集一切。这些能力和权力通过最高权力、 E333
通过将所有的权力集中到决策权的能力，而获得圆满。这个决策制定体系使得那些（非法的）要求成为合理的。

在漫长的历史中，中心性最终总是会消失，一些被替代，一些被瓦解，一些被颠覆。它们有时是因为自身的过度——由于"饱和"（saturées/saturations）——而毁灭；有时则由于一些短处，其中主要的是排除异己的倾向所导致的强烈抵抗。这些因素并不是互相排斥的，以古罗马为证，它同时承受了内部过度饱和与外围势力的袭击。

因此，中心与外围之间的相互作用是高度复杂的。它同时动员了逻辑与辩证法，因此是被双重决定的。如果人们将逻辑——无论是形式的还是应用的——作为它的参考框架，辩证法就会被搁置一旁；然而矛盾却永远不会被消除。另一方面，如果人们应用了辩证法这一关于矛盾的理论，结果又会对逻辑、一致性和内聚性漠不关心。事实上，没有一种方法是不重要的。中心性有可能诞生出一种应用逻辑（一种战略）；它也可能爆碎成片，完全失去自身的同一性。

主要是因为与空间稀缺相关联，中心性问题才会出现。建立"决策制定的中心"——它在有限的区域内将那些建立了社会从而对于权力实现自身的目的而言是有用的要素聚集在一起——的趋势，促进了这里所说的地区（也就是围绕着一个中心点的地区）存在的空间稀缺。与其他类型的短缺相比，不论是古代的还是现代的，空间的短缺有着原初的和新的特征。就它产生于历史过程而言，它是自发地发生的。然而，它又是持续的，经常被作为焦点来制定决策。它一方面，在过去和可能的未来的丰裕之间引致一种矛盾；另一方面，它又在实际上支配着稀缺。这一矛盾对于包含在作为整体的空间中的生产关系并非毫无关联，对于那些关系的再生产更不会没有关联，这是决策中心一直保持的特殊目的。与此同时，它是空间**自身**的矛盾——而不只是在空间中，仿照由历史和历史时间所产生的古典矛盾。必须强调的是，不能认为这意味着（源于时间的）空间中的矛盾和冲突已经消失。它们仍然存在，连同它们所隐含的东西，连同它们的战略和战术，特别是，连同从它们中产生的阶级冲突。尽管如此，空间的矛盾掩盖了历史矛盾，预设了历史矛盾，将自身强压在历史矛盾之上，将历史矛盾带往更高的层次，并在再生产这些矛盾的过程中扩大了这些历史矛盾。一旦这种置换（displacement）被实行，新的矛盾就会吸引所有的注意力，并将兴趣转向自身，排斥或者吸收原有的冲突。然而这种印象是虚假的。因为只有通过辩证的分析，空间**内部的**矛盾与空间**的**矛盾之间的确切关系，才能被解开，关于谁正在减弱、谁正在突出这个问题才能被确定。同理，面对空间**的**生产，空间**中**的物的生产也没有消失，它所造成的问题（生产资料所有权、生产的管理和控制）也没有消失。但是空间的生产，也包括上述讨论的"要素"的生产，的确包含并拓宽了由物的生产所带来问题的范围。因此，可以说，集聚的过程和中心化的趋向也会影响先前存在的矛盾；在这个过程中，

F385

E334

先前的矛盾被适时地集中、加剧，或缓和。

空间被大规模地界划、勘察、发现和再发现。它将被彻底地占据、充满、移民和转变的潜力，正在不断增加：简言之，它的前景是一种被生产出来的空间，它的自然则仅仅是一些遭受生产技术不断破坏的原材料。更何况，我们现在有办法将所有的知识、信息——无论距离它的来源地有多近或有多远——都收集到一个对其进行加工的地点。数据收集和计算机科学消除了距离，它们能够充满信心地忽视分散在空间（或时间）中的物质性。中心性理论隐含了一种 F386 全新的"集中"的能力，这种能力以前只有大脑才拥有，事实上只有天才的大脑所拥有。精神中心性和社会中心性通过中介而联结在一起，这项任务毫无疑问是中介的主要功能。这个中介乃是信息。在这种语境下，不将思想和社会有效地联系在一起，信息就不能成为知识的一部分。然而，悖谬的是，中介恰恰是伴随着空间的破裂这一事件的出现而来临的。在靠近中心的地方人为地制造一种空间稀缺的状态，以便抬高它的"价值"，无论是批发还是零售，实际上都是批量或一块块地将之毁坏或出清。空间在实践中就是以这种方式成为分离的中介，成为社会组成要素的中介，这些组成要素正在往外围地带推进。这个空间现在被科学切割成了碎片；而科学 E335 本身通过专门化也被切割成了互不相关的学科，每一门学科——首先是以现在的形式存在的政治经济学——都建构起它自己的独特的空间，精神的和抽象的，即将艰难地面对社会实践。更何况，这个切割的过程凭借自身的力量成为了一门"学科"：知识的工具当然就是知识本身。在这里，对于某种统一性的追求只局限在一些跨学科的或多学科的拼贴中，而那种拼贴从来不努力将这些碎片复原成一个整体。这种分析方法只擅长于操作那些分割工具，而团结则是这些局部科学鞭长莫及的事了。只有通过改变它们的方法论、认识论，改变它们的议程和意识形态，这些科学才能重新找到重点。

这就是一个"经济"过程展开的脉络，它不再回答古典的政治经济学问题，并且公然反抗经济学家的计算方法。"房地产"（连同"筑造"［contruction］）不再是流通（circulation）的次要形式，不再像从前那样是工业和金融资本主义的从属部门和落后的分支。相反，它发挥了引领作用，尽管是以一种"不平衡"的方式，因为它的重要性易于随着国家、时间或环境的变化而变化。增长和发展的不平衡规律远远没有过时，而是正在被全球所应用；或者，更精确地说，它正在主宰着世界市场的全球化。

F387　　　在资本主义历史上，房地产只是一个次要的角色。这首先是因为从前的统治阶级的残余不仅长期拥有农业用地，而且拥有适于建筑的土地。其次，生产的相关部门被商业和手工业所支配。这些分支部门的状况，以及正在讨论中的整个经济部门的状况，现在几乎在每一地方都发生了变化，尽管大部分还是在主要工业化国家。资本主义已经占有了土地，并将之**动员**（mobilize）到这样的程度，以致这个部门正在快速成为**中心**。这是为什么？因为它是一个新的部门，从而较少地被那些拖老工业发展后腿的各种障碍、供给过量和混杂的问题所困扰。资本因此已经闯入了这个优于古典形式的生产，也即优于生产资料（机器）的生产和消费品的生产的这个空间的生产。每当"古典"部门显露出些许衰退的迹象时，这个过程就会加速。资本逃向这个受偏爱的部门有可能威胁到资本主义制度脆弱的自我调节机制。在这种情况下，国家或许不得不进行干预。但是这不意味着作为一个部门的空间生产的消失，而是这个部门预设了其他循环形式的存在，它仍然试图取代公司资本主义的核心活动。因为它是空间，唯一的空间，这使得这一类资本主义的（有限但却真实的）组织能力的部署成为可能。 _{E336}

有时会发生这样的事情："房地产"部门被相当粗率地要求遵守秩序。这个部门作为生产和投机的混合物，常常很难与"发展"分离开来；这个部门在作为一个附属角色，如推进器、调速轮或者后援者（也即调控者）这一角色，与作为一个主导角色这两者之间摇摆不定。因此，它是发展的**普遍的不平衡**的一部分，是作为全球现实的经济**切块**（segmentation）的一部分。与此同时，它还保留自己的基本功能，即对抗利润率的下降。除了最特殊的情况之外，建筑行业，无论是私人的还是公共的，总体来说会产生高于平均值的利润，除了极个别的例外。投资于"房地产"，也即投资于空间的生产，继续包含着与不变资本相比更高比例的变数。在这一领域，资 _{F388} 本的有机构成是虚弱的，尽管要求高水平的投资，尽管工业技术的进程很迅速。中小企业仍然普遍存在，尽管挖掘与筑造需要很多人力（经常是移民劳动力）。因此产生了大量剩余价值，其中多数增加了总的（价值）规模（la masse generale / the general mass），但是相当大的部分返回了建筑公司、赞助商和投机商。至于有些区域由于发展趋缓从而阻碍了资本的流通这些问题的出现，有各种手段可以解决它们。空间的动员变得狂热起来，产生出一种朝向新旧空间的自我毁灭的推动力。投资与投机无法停歇，甚至不能稍微减缓，恶性循环由此产生。

事实上，即使我们将军事和政治计划从画面中抹去，基于空间的战略也仍然需要被想象为非常危险的。因为它为了眼下的利益而牺牲了未来；同时，它又以计划中的、其实完全不确定的未来的名义，而摧毁了现在。

为了空间生产的目的而进行的空间动员提出了苛刻的要求。如我们所见，这个过程从土地开始，土地首先必须从传统形式的财产中，从世袭遗产的稳固性中挣脱出来。这并不容易做到，不然就不用对地主（收取地租）做出让步了。这种动员接下来延伸到了空间，包括地下空间、地面及其上的立体。全部空间必须被赋予**交换价值**。交换包含了交换的能力：一个物品的可交易性使得那个物品变成商品。正如大批量的糖或者煤要想成为可交换物，必须能够与其他物品相比较，确切地说，是与所有同类物品相比较。"商品世界"及其特征，从前仅仅围绕着在空间中生产的商品和物品、围绕着它们的循环和流动，现在则支配着作为一个整体的空间，从而获得了物的或货币的自主的（或看似自主的）现实。

交换价值——正如马克思仿照"古典经济学家"对产品所做的说明——是用货币来表示的。在过去，人们购买或者租赁土地；而今天，人们购买的（以及较不经常地，租赁的）是空间的容积：房间、楼层、公寓、单元住宅、阳台、各种设施（游泳池、网球场、停车库，等等）。每一处可以交换的地方都纳入到商业交易的链条，涉及供给、需求和价格。而且，价格与"生产成本"——也即生产所需的平均社会劳动时间——之间的关系正变得越来越有弹性了。这个关系也像其他关系一样，被各种因素，尤其是投机因素所干扰，变得更加复杂了。"价格的真理"正失去它的有效性：价格越来越脱离价值和生产成本，而经济规律——价值规律和供求规律，或者说（如

E337

F389

果更喜欢用非马克思主义的术语）期望值和边际收益之间的相互关系——的运行则是折衷的。欺骗（fraud）本身在今天也成为一种规律、一种游戏规则、一种可以被接受的战术。

通过生产几乎完全一样的"单元"（cells），对于可比性的需要得到了满足。这是一个众所周知的事实，没人再会对此惊讶。这看上去似乎是"天经地义的"，虽然很少人对它进行解释，或者解释得很不充分。然而它表面上的天经地义本身迫切需要解释。这是同质性的胜利。从"用户"的角度来看，从一个"单元"走向另外一个单元可能意味着"回家"。"模块"（'modules'）理论及其实际运用，使得再生产这些单元并作为"模块"无限地进行下去，成为可能。空间因此作为可再生产之物被生产和再生产。垂直性，以及与原初的土地及其特质有关的体积的独立性，被精确地生产出来：勒·柯布西耶将建筑体强行抽象，他以让它们暴露在空气和阳光之下为借口，通过桩子和支柱把它们与大地分开。同时，立体事实上被当作表面看待，当作一堆"平面图"，压根儿就没有考虑时间因素。并非是在抽象的情况下，完全消失的时间制造了垂直性和可见性。事实 E338
是，我们频频听闻的"需要"，被强行束缚在空间的羁绊之下（或者 F390
被空间过滤过）。事实上真相是：这些需要是结果而非原因，它们是空间的子产品。可交换性和约束性（作为标准而存在）不仅适用于表面和立体，而且适用于出入于它们的道路。所有这一切都可以通过身体和姿势的"形象组合"而被合理化在平面规划图和效果图中，据说在建筑方案中是可以实现的。① 包含在其中的、为设计师所熟

---

① 参见 A. de Villanova，in *Espaces et Société* no. 3, p. 238。——原注

知的图汇要素（包括绘图、截面图、立面图、带有轮廓或阴影的视觉造型，等等），充当了他们声称可以表征的现实（reality）的**还原者**（**reducer**）。无论如何，这个现实不过是一种以特殊类型的住房（郊外别墅、高层建筑，等等）来表示的、可以接受的（即被赋予的）"生活方式"的模型。一种"正常的"生活方式是指一种"被正常化了的"生活方式。与此同时，至于人体（即"模度"［modulor］①）、数字和促销用语，它们用来"自然化"这个生产出来的空间，极尽矫揉造作之能事。

尽管所有的建筑方案都有一种表面的客观性，尽管所有的空间生产者都可能偶然拥有世界上最棒的想法，但事实上必然会以这样一种方式来处理容积问题，即把所讨论中的空间拉回土地，拉回到仍然是私人拥有的（并且是稀缺的）土地。建成空间因此只**在表面上脱离了土地的束缚**；而同时，它被当作一种空洞的抽象，在性质上既是几何学又是视觉的。这种关系——隐藏在表面的分离之下，而形成了真正的戈德斯结②式的真实联系——既是一种实践的也是一种意识形态的。这种意识形态的实践者没有意识到他们的

---

① "模度"，又称模数理论。建筑学家柯布西耶从人体尺度出发，选定下垂手臂、脐、头顶、上伸手臂四个部位为控制点，与地面距离分别为 86、113、183、226cm。这些数值之间存在着两种关系：一是黄金比率关系；另一个是上伸手臂高恰为脐高的两倍，即 226cm 和 113cm。利用这两个数值为基准，插入其他相应数值，形成两套级数，前者称"红尺"，后者称"蓝尺"。将红、蓝尺重合，作为横纵向坐标，其相交形成的许多大小不同的正方形和长方形称为模度。但有人认为柯布西耶的模度不能为工业化所利用，因为其数值系列不能用有理数来表达。——中译者注

② 戈德斯结（Gordian knot）：弗里吉亚王国的戈德斯国王打的一个非常复杂的结，有个预言说谁能打开这个结，谁就是亚洲的下一个国王，亚历山大听到了这个预言后用剑把这个结砍开了。——中译者注

活动本质上是一种意识形态活动,尽管他们的每一个姿态都在使这个事实具体化。规划者所设想的方案把可交换性这一约束强加在日常生活之上,让它们以自然的(或正常的)需求和技术需求[常常也作为道德需求(公共道德的需求)]呈现出来。和以前一样,在这里,被马克思公开指责为禁欲主义组织的经济领域,与道德秩序联合起来了①。"私有"财产伴随着私人生活,因此也伴随着稀缺(privation)。这反而暗示了社会实践中有一种压制的意识形态,反 F391
之亦然,所以导致彼此掩盖。空间的相互交换性不可避免地导致一种强烈的定量化的倾向,这个倾向自然而然地向外延伸,直至房屋自身的周围,直至被表述为环境、过渡空间、入口通道和设施区等的各式各样的区域。所谓的自然特色被同质化所吞没——不仅包括 E339
物理场所,还包括身体,特别是居住者的身体。这种语境下的量化表面上是技术的,事实上是经济的,本质上是道德的。

使用价值有望消失吗?这种遍布于空间碎片的同质化,连同它们的商品可交换性,是否导致交换和交换价值处于首要地位?是否有这种可能,即交换价值开始被一种声望或者"地位"——也即内在于系统并受其特定位置与中心的关系所调节的差异性——的符号所界定,其结果是,符号的交换吞没了使用价值,并替代了基于生

---

① 比如马克思曾经这样说过:"资产者对待自己制度的规章就像犹太人对待律法一样:他们在每一个场合只要有可能就会违反这些规章,但他们却要所有其他的人遵守它们。……但是,婚姻、财产、家庭在理论上仍然是神圣不可侵犯的,因为它们构成资产阶级赖以建立自己的统治的实际基础,因为它们(它们是具有资产阶级形式的)是使资产者成其为资产者的条件……资产阶级道德就是资产者对其存在条件的这种关系的普遍形式之一。"(《德意志意识形态》,载《马克思恩格斯全集》第3卷,人民出版社1960年第一版,第195-196页。)——中译者注

产和生产成本的实际考虑？

　　对这些问题的回答必然是否定性的，因为空间的获得者仍然在购买某种使用价值。怎样的使用价值？首先，他正在购买一个可居住的空间。这个空间与其他的这类空间是相当的，同时又被促销话语和具有一定程度"区别"的符号打上了符号学意义上的印迹。然而这还不是全部：所购买的也是一种特定的**距离**——从购买者的居所到其他地方，到商业中心、工作地、休闲地、文化和决策地的距离。在这里，时间又一次发挥了作用，尽管那既是被规划的又是破碎的空间倾向于消除它本身。不得不承认，建筑师、促销商，甚至是房屋的住户，都能够通过引入符号来弥补给定区位的短处，例如地位符号、幸福符号、"生活方式"符号，等等。这些符号被买卖，尽管它们本质上是抽象的，尽管它们是具体化的**无意义**，也尽管它们被赋予了"**过度的意义**"（*sursignifiance/over-significance*）（因为它们宣称它们的意义，即补偿）。这些符号的价格被简单地附加在真正的交换价值上。事实仍然是，住房的购买者购买了一个日常时间表，这构成了已获得空间使用价值的一部分。任何时间表都有利

F392　有弊，包含时间的流逝和时间的节省，因此它是某种符号之外的东西，也就是一种**实践**。空间的消费非常具有特点。当然，它不同于空间中的物的消费，但这个区别远不只涉及符号和意义。空间是时间的套封。当空间被分裂，时间也会远离——但它抵制还原。在空间之内并且通过空间，某种社会时间被生产与再生产；但是真正的社会时间，连同它自身的特征和决定因素——反复、节奏、循环、活动——永远都会再度出现。构想一个与时间相脱离的空间的企图，

E340　涉及了更深一层的矛盾，表现为试图通过强制将时间引入空间，通

过空间来控制时间。在这一过程中，时间被局限在指定的用途中，并且服从于各种禁止。

第 十 八 节 [①]

如果我们要澄清与空间的生产相关的范畴和概念，我们就需要回到马克思——不仅仅是回到那些有关社会劳动和生产的概念。商品是什么？一种具体的抽象。当然是一种抽象，但不是一种不顾及其物的身份的抽象；相反，这种抽象，正是**由于**它作为一种社会"事物"的身份之故，它自身的存在与其物质性、与其所被赋予的用途、与生产活动、与它所满足的需要，相互分离了。但具体则凭借它的实际力量而一定存在。商品是一个社会的"此在"（être-là / 'being-there'），一个不能被归结为哲学上客体（object）概念的物（the Object）。商品藏身于商店中、仓库中，总之是在清单上。与自然的神秘相比，它没有神秘性。商品之谜完全是社会性的[②]。它是货币与财产之谜，它是特定需要和需求–货币–满足的循环之谜。没有什么比**现身**（apparaître / appear）更符合商品的要求。它确实现身了，既能看到又能理解，在商店橱窗里和展示柜上。自我展现是它

---

① 以下两节是列斐伏尔插入对抽象空间的"具体抽象性"特征的讨论。——中译者注

② 马克思的原话是："商品形式的奥秘不过在于：商品形式在人们面前把人们本身劳动的社会性质反映成劳动产品本身的物的性质，反映成这些物的天然的社会属性，从而把生产者同总劳动的社会关系反映成存在于生产者之外的物与物之间的社会关系。由于这种转换，劳动产品成了商品，成了可感觉而又超感觉的物或社会的物。"（《马克思恩格斯文集》第5卷，人民出版社2009年版，第89页。）——中译者注

的特长，一旦它变得显而易见，就没有了解码它的需要；没有了仿照自然的和想象的"存在者"去解译它的需要。然而，一旦它现身了，它的神秘性却只会加深。是谁生产了商品？谁将会购买它？谁将从商品的销售中获得利润？它将服务于谁或者什么目的？货币将往何处去？商品没有回答这些问题：它只是在**那里**，暴露在过路人的凝视中，在一个或多或少有些诱惑性、或多或少有些表现欲的环境里，不管是普通的小商店或者熠熠生辉的大商场。

　　商品的链条与交换的环路和网络相平行。有一种商品的语言和世界。因此，也有一种商品的逻辑和战略。这个商品的世界、话语和逻辑，其起源与发展曾经被马克思描绘过。商品早在史前历史时期便承担了社会的角色，但它发挥的作用是有限的，在当时与物物交换和馈赠并存。然而它的地位在古代世界的城市中，尤其是在中世纪的城市中获得提高。后来是它导致了商业资本主义，导致了对海洋和遥远大陆的征服，并因此导致了世界市场轮廓初现。在这一历史基础上，产业资本主义建立起来了。对于商品而言，这是一次巨大的飞跃，也将商品带上了征服世界的路途——即对空间的征服。自此以后，世界市场除了扩张之外什么也没做（可以这么说）。世界范围（mondialité/worldwide dimension）作为一个具体的抽象物，开始实现。从"每一件事物"到"全体"，都在被买卖。马克思用"神学的怪诞"（*Subtilité théologique*）① 一词恰如其分地描绘商品

---

① 马克思的原话是："商品好像是一种简单而平凡的东西。对商品的分析表明，它却是一种很古怪的东西，充满着形而上学的微妙和神学的怪诞。"（《马克思恩格斯文集》第 5 卷，人民出版社 2009 年版，第 88 页。）——中译者注

及其特性。称其"怪诞"可谓十分精当，因为这个抽象物取得了惊人的复杂性。使用"神学"这个词也很正确，因为作为具体的抽象物的商品，承担了终极"存在者"（人类群体，阶级的部分[fractions of classes]）的权能。商品是一个**物**：它在**空间中**，并占据一个位置。商品链条（交换网络）在全世界范围内被建构和连接起来：运输网络、购销网络（货币循环，资本流转）。在将几乎是无穷无尽的商品连接在一起的时候，商品世界也以其特定的作派影响着空间，以其特定的行为作用于空间，甚至带来了特定的空间观念。事实上所有的商品链条，不管是循环系统还是网络，都是通过高高在上的黄金这个交换之神才联为一体的，它们也确实有一种明显的同质性。正如我们所见，可交换性（exchangeability）包含了可替换性（interchangeability）。然而商品链条中的每一个位置、每一处环节，皆被某一**物**所占据，一旦它在那个位置上固定下来，则保持固定的时间越长，该物特殊的性质就越明显。另外，该物是由那些易于毁坏或玷污的事物所组成；该物有重量，且其所依赖者恰好就是对其构成威胁者；当该物的拥有者（商人）不再保护它时，它便会退化。因此，商品的空间或许可以被定义为由各种特异性构成的同质性。对我们目前的讨论来说，这是一个新的悖论：我们不再关注空间表象或者表征性空间，相反地，我们关注实践。通过循环系统和网络进行的交换或许会占据全世界的空间，但是消费仅仅发生在这个或那个具体的地方。一位具体的个人，有着具体的日常时间表，去寻求一种具体的满足。使用价值构成了唯一真实的财富，这一事实有助于使用价值恢复它那被误解了的重要性。在交换价值与使用价值之间，以及在全球网络与生产和消费的具体位置之间，典型的（或

F394

"重要的")对抗在这里转型为一个辩证的矛盾，并在这一过程中成为空间化的了。被如此理解的空间，就其本性而言，既是**抽象的**又是**具体的**：谓其"抽象"，是因为若不依赖它所有组成部分的可交换性，它就无法存在；谓其"具体"，是因为它在社会意义上是真实的，并被真实地定位。因此，它是这样一个空间：既是**同质的，同时又裂成碎片**。

E342

绝对不能允许作为社会事物的商品以及商品世界混淆那甚至比社会存在更具体的真理。我们知道，在不同的层次上（本地的、区域性、国家的、世界的）存在着许多不同的市场：（物质）商品的市场，劳动市场，资本市场，租赁市场（无论是农业用地还是建筑用地的租赁），工作、符号和象征的市场，等等。这些不同的市场构成了一个联合体，即人们所说的最广义的世界市场。它们全部联结在一起，同时又都保留了自己的特性。它们彼此叠加，却没有彼此混淆。它们是根据上述规则 ① ——由非战略空间所构成的规则，类似于叠加的和由微小运动所构成的物理规则——而彼此渗透的空间。有两个市场，它们的获胜代表了商品和货币的最终胜利，那就是**土地**市场（前资本主义形式的财富）和**作品**市场（作为"非产品"，长期保持着超资本主义的［extra-capitalist］特性）。

F395

商品，连同它所隐含的交换、流通和货币的网络，可以被看作社会（实践）存在的一个组成部分，一种空间的共振峰（formant）。然而，如果孤立地看，商品"自身"尚不具备社会性地（现实地）生存的能力，甚至是在世界范围内也是如此。在这个意义上，它依然

---

① 详见本书第二章第三节关于"社会空间的相互渗透与重叠"原理的论述，参看法文第四版第105-106页（F105-106）、英译本第87-88页（E87-88）。——中译者注

是一种**抽象物**；虽然作为"物"，这个抽象物被赋予了一种可怕的、几乎是致命的力量。"商品世界"不能自为地存在，为了它能存在，必须要有**劳动**。它是生产性活动的结果，每一种商品都是一个产品（劳动分工的产品、技术手段的产品、能量消耗的产品，简言之，是生产力的产品）。在这种情况下，一个概念要想成为具体的，就必须被空间化。商品也需要它的空间。

第 十 九 节

马克思主义、马克思主义思想，以及被称作马克思主义的范畴、概念和理论，预先就被安排了一种非同寻常的命运。马克思逝世的消息刚一宣布，马克思主义便经历了一种复活。经过一再审核，所发现的经典文本远比预想的更加丰富：它们经常是混杂的，甚至有些矛盾的地方，形成了新的含义。其中有一些，例如不久前才发现 E343 的《大纲》，以及 1930 年左右出版的《1844 年手稿》，就成功地复兴了一条几近枯竭的思想线索。

现代社会发展的每一时期，甚至是每一个世纪，都曾经有过它"自己的"马克思主义。与此同时，"主流"马克思主义也曾做出过许多错误的转向，以各种方式偏离到了唯哲主义、历史决定论或者经济决定论之中。相比之下，一些概念——它们最初的"理论地位"经历了许多争议，例如异化概念——最终却作为真正具有重大启发的观念，而享受着辉煌的生涯。

随着现代世界科学技术的变迁，如今不可避免地出现了对马克思主义思想的再思考。现将这些思考的主要论点总结如下：（首先），马克思主义的每一个概念都可以重新讨论，并发展到更高的水平；而作为一个整体理论的任何一个重要环节，都不应该丢失。

F396 另一方面，如果把它们放到马克思本人解释的背景中来思考，则这些概念和它们的理论表达便不再会有一个对象（object）。对马克思的概念的复兴，最好充分考虑到空间的影响。

第 二 十 节 ①

对马克思来说，**自然**属于生产力的一种。今天，我们需要做出一种马克思没有描绘过的区分，即把对自然的**支配**（domination）和**取用**（appropriation）二者区分开来②。由技术所实行的支配，倾向于非取用，也即倾向于破坏。这并非是说破坏是不可避免的，而仅仅是指在支配与取用两者之间存在某种冲突。这种冲突就发生在空间中。既存在支配的空间，也存在取用的空间。

然而，这并非事情的全部。今天，自然是作为一种来源和资源而出现的：作为能量来源——巨大，不可缺少，但并非是无限的。它比马克思的时代更加清晰地作为**使用价值**的一种来源而出现。对自然造成破坏的趋势并非只来源于野蛮的技术，把可交换性这一特征和标准强加于地方的经济愿望，也助长了这个趋势。结果是地方的特性遭到褫夺，甚至被彻底消除。在一个更一般的水平上，可以想到劳动产品是在交换的过程中变成商品的。这就意味着它们

---

① 本节开始以固定资本的流通理论为基础讨论空间矛盾问题。——中译者注

② 参看本书第二章第十五节。——中译者注

的物质特性，连同它们对应的需要，都被悬置了。只有当交换循环 E344
完成之时，在开始消费之前的那一时刻，我们才观察到商品的物质
性和它所回应的需要的再次出现。换句话说，无论何种**自然的**（物
质的、质朴的）方面的再次出现，仍然是附属于工业产品和社会劳
动产品的。作为来源与资源，自然**空间化**了与它相关联的概念。其
中就有马克思曾大量使用，但现在已经被抛弃了的生产性消费的概
念。生产性消费总是抹去一种物质的或自然的现实——一种能量，
大量的劳动力，或者一个装置。它被耗尽了：它是一种用途和使用 F397
价值。它也是**生产** ①（produces）。

　　让我们花一分钟来思考一下**机器**。马克思（以及查尔斯·拜比
吉［Charles Babbage］，马克思使用了他的研究成果）是最早揭示机
器重要性的人之一。机器不同于简单工具，也不同于车间里——在
那里，工人和工具服从于劳动分工——被放置在一起的大套工具。
机器从自然资源（最早是水，然后是蒸汽，再后来是电）中获取能量，
并利用它完成一系列生产任务。现在，工人不再操作工具，而是服
务于机器。结果造成了生产过程的一种根本的但又是矛盾的转变：
尽管劳动越发地被分化和隔离，机器却被整合成一种更加庞大、更
加团结、更加统一，并且更具生产效益的整体。

---

　　①　马克思在其 1857 年《政治经济学批判导言》中曾有经典论述："生产生产着消
费：（1）是由于生产为消费创造材料；（2）是由于生产决定消费的方式；（3）是由于生产
通过它起初当作对象生产出来的产品在消费者身上引起需要。因而，它生产出消费的
对象，消费的方式，消费的动力。同样，消费生产出生产者的素质，因为它在生产者身
上引起追求一定目的的需要。"（《马克思恩格斯选集》第 2 卷，人民出版社 1995 年第
二版，第 10 页。）——中译者注

机器起源于农村而不是城镇。风车和织布机——机器的原型——是乡村的发明。最早的机器是根据它们所利用的能量的类型（例如水力）来提高和完善的，也与它们所加工的材料的种类（木头、棉花，等等）有关。然而，从一开始，机器就拥有了制造全新东西的潜力，也即生产过程自动化的潜力；因此，也就拥有了一种新的合理性，以及最终的，劳动自身的终结。

随着工业的兴起、市场的扩张，以及商品世界的来临，简言之，随着经济领域和资本主义呈现出崭新的重要性，旧城市发现它们受到来自四面八方的进攻，不得不为其他东西腾出地方。它们所有的区隔化（clôture/compartmentalization）措施，那些实体的围墙、行会、地方寡头政治、受限的市场和被控制的领土，都不得不拆除。与此同时，机器生产与资本投资双轮齐动，一起高速发展。然而，被普遍接受的对于城镇衰落的阶段化设想（原始技术的、新技术的、前现代的和科学技术的），并没有让我们精确和完整地了解实际发生的事情。可以这么说，如果前资本主义时期的城镇在本质上是前机器的，它就应该像它的各种区隔化措施一样，完全消失；而实际上，城镇非但没有消失，反而维持下来，并且扩大了——尽管已经被转型。事实是，城镇自身已经是一个巨大的机器，一个自动设备，攫取了自然能量并且消耗在生产中。经过数个世纪，城镇的内部和外部安排——它的功能、形式和生产性消费的结构——都已经发生了质的改变。历史，就该语词的很简单的含义来说，已经推动了这些空间安排的扩展和周密化，也推动了诸如下水道、水供给、照明、运输、能量传送（或者与流动）、信息通路，等等联接的引进。得益于所需要素的邻近和要素之间的相互联结，城市生产持续不断地增长：就此而言，城镇已经随着时光流逝变得更像一个工厂而不是车间，尽管它从未与工厂完全一样。显然，城镇在早期阶段显示了机器或自动设备的某些特征，甚至可以说它在这方面是个先锋。城镇确实是一台机器，但它也是别的东西，并且是更好的东西：它是适合于特定用途，即适合于社会群体的机器。作为一种"第二自然"，作为一个被生产出来的空间，城镇，甚至在它发生危机的时候，仍然保留了某些自然特征，最为重要的是它的用途（使用价值）。

在资本主义扩张的情境下，有必要对不变（固定）资本的概念进行再思考，因为这个概念的含义不能再局限于某个给定企业的设备、场所以及原材料。根据马克思的说法，**固定资本是衡量社会财富的尺度**。很明显，这个范畴必须涵盖空间中的投资，例如高速公路或机场，以及所有的基础设施的建设。用于引导航空线路的雷达网络怎么可能不算是固定资本呢？这是一些新型的辅助设施，早期的道路、运河和铁路对这些只能做一些非常模糊的预想。运输网络是典型的生产性消费，首先，因为它们为通过交换循环而运送人和物做出了贡献；其次，因为它们在社会现实中构建了一种世界范围的知识投资。

既然不变资本的概念可以扩展，同理，我们也可以对可变资本的概念进行扩展。这就带来了惊人的结果。因为与许多预先的想像相反，知识和技术在生产中的结合极大地调动了劳动队伍，其中包括大量工人，他们没有很高的技能，但挖掘、建筑和维护这类任务需要他们。这一发展确实为正在遭受现实困扰的资本主义减轻了压力，因为现实是，最发达产业的高资本有机构成正倾向于减少必要劳动时间，从而威胁到了最低水平的必需可用人力（因为工人

F399

E346

阶级会再生产作为劳动力的它自身）。这种情况也进一步解放了大量的社会时间（由休闲、"文化"以及其他寄生形式体现出其重要性），并导致了大量的生产过剩、过量的（流动）资本，等等。空间的生产不仅对资本主义的幸存负有责任，并且它无论如何都与资本主义向先前存在的空间扩张脱不了干系。毋宁说，空间生产是一个总体的形势——空间实践在整体上——使资本主义免于灭亡。

在描述资本主义的**有机构成**（organic composition）时，马克思把另一种社会经济平均值添加到他已经就其功能和结构进行过分析的那些平均值之中：平均社会劳动和平均利润率。一旦把资本的平均有机构成纳入思考，理论就重新与社会空间结合在了一起，也即它不再是在抽象空间中运行。这个平均值只有在与一个特定的空间相联系时，例如，它被一种工业，或者更好些，被一个巨大尺度的经济体——一个国家或一个大陆——所占据，才是有意义的。它在单个工厂的层面完全没有效用，除非允许它的资本有机构成与社会一般平均值进行比较。只有当它在世界范围内得到应用时，这个概念的价值才能真正显示出来，因为存在一个全球的资本有机构成，它包括从特定国家或民族取得的平均值。这个观念通过成为空间的，从而成为具体的（反之亦然：当它实现了具体性，它才被空间化）。这里，我们发现自己一方面处在马克思所定义的政治经济学与其批判的结合处；另一方面，处在一种空间的政治经济学（也包括它的批判，也即对国家和主宰着国家疆域的国家权力的批判）之中。基于有机构成思想的理论，使得我们能够理解不平等的实体之间的关系，并且认清这些不平等的后果。因为这些后果导致了价值

F400

和剩余价值从而是资本的转移，并导致了资本市场的矛盾，而这些矛盾引发了金融问题。[1] 在所谓的欠发达国家，抢劫、剥削、各种形式的（经济的、社会的、政治的、文化的、科学的）"保护"，以及增长和发展道路上的各种阻碍，变得越来越令人沮丧。与此同时，发达国家越来越多地把不发达地区作为劳动力来源和使用价值（能量、原材料、适合休闲活动的更优质的空间）的资源；今天的西班牙就是一个完美的例证。

　　空间整体上进入了现代化的资本主义生产方式，用于剩余价值的产生。土地、地下资源、地上的空气和阳光，全部是生产力的一部分，也是这些生产力的产物的一部分。城市结构，以及它的多重交通和交换的网络，同样也是生产资料的一部分。城市和它的各式各样的机构（邮局、火车站，以及仓库、运输系统和各种服务）都是固定资本。劳动分工影响着整个空间，而不仅仅是"工作的空间"，不仅仅是工厂的生产地。而空间整体，正像工厂厂房和场地、机器、原材料，以及劳动力本身一样，都成为了生产性消费的对象。

　　与这些发展并行的是，剩余价值的实现已不再仅仅发生于接近生产场所的区域，也不再局限于地方性银行系统。与之相反，这个实现过程是通过世界范围的银行网络——作为金融机构和金融制度之间抽象关系（对书面文字的操纵）的一部分——而发生的。也就是说，剩余价值的实现已经"去领土化"（*déterritorialise*/deterritorialized）了。尽管在这一过程中，城市空间失去了它先前

---

　　① 参看列斐伏尔著《超越结构主义》一书（Henri Lefebvre, *Au-delà du structuralisme*）（Paris: Anthropos, 1971），pp. 400ff.。——原注

所起的作用，但它却能保证各种相关的**流动**（flows）之间维持适当的关系，包括能量和劳动的流动、商品和资本的流动。就实际情况而言，经济或许可以被定义为各种流动与网络之间的连接，这是一种由制度通过或多或少是理性的方式所保证的连接，此种连接被安排在这些制度发挥实际影响的空间框架内运作。当然，每一种流动都是由它的起点、终点和路径来界定的。尽管每一种流动或许都是分别界定的，但每一种流动，只有当它进入与其他流动的关系之中时，才是有效的。例如，对一种能量流的使用，如果没有相应的原材料的流动，它就毫无意义。这些流动的协调，发生在一个空间之内。至于剩余价值的分配，它也是在空间中即区域上实现的，作为正在行使中的力量（国家、经济部门）的一种功能，作为战略和经营者们专门技术的一种功能。

第 二 十 一 节

E348　　　根据马克思的说法（他的观点并非没有说服力），工具、机器、生产场所、原材料，也即固定资本——或者用流行的（从而是资本主义的）说法：投资——相当于死劳动（dead labour）。过去的活动通过这种方式而具体化了，并成为新活动的先决条件。现在的工作，也包括脑力工作，占据了过去的成果并使它们得以再生。然而，在资本主义之下，死去的控制着活着的。换言之，生产资料属于资本家个人，属于作为一个阶级的资产阶级，并被他们用于维持对工人阶级的控制，迫使工人阶级去工作。在这种背景下，正如在其他任何情况下一样，一个新的社会只能被定义为把颠倒的世界再颠倒过来①。然而活着的怎样控制死去的呢？答案是：通过空间的生产。
这样，活劳动就能够生产出不只是一个物，不只是一套工具，也不
只是一件商品的东西来。在空间中，需要和欲望能够再现其本身，　F402
这既影响着生产行为也影响着其产品。仍然存在着——将来也可能
会存在——游戏的空间、享受的空间，以及充满智慧或令人愉悦的
建筑。在空间中并且以空间的方式，作品或许能照彻产品，使用价
值也能高居于交换价值之上：取用（appropriation），以及对颠倒的
世界进行再颠倒，或许将实现对支配的支配；就像想象和乌托邦与
现实融为了一体（或者说融入现实）。我们所说的"第二自然"，或
许会替代"第一自然"（取而代之，或者把它自己叠加在第一自然之
上），而不造成完全的毁灭。然而，只要死去的仍然保持着对活着
的控制，毁灭和自我毁灭就永远是迫近的威胁。同样地依赖着这个
整体（它在知识领域被称为"还原"），资本主义和资产阶级除了抽
象物——货币和商品，资本自身，从而还有抽象空间（即位置和抽
象物的来源）中的抽象劳动（一般劳动，一般交换价值的生产）——
之外，一无所得。

第 二 十 二 节 ②

　　作为总结，让我们对这些范畴进行逐个的分析，同时记住它们
之间的理论关联。这样，我们或许可以说，社会空间也同时：　　　E349

---

　　①　此语来自马克思，可参看本书第三章（F233/E301）。——中译者注
　　②　以下两节既是对全章也是对全书的空间生产理论的又一次系统总结，也是对
经典历史唯物主义原理的空间化阐释。——中译者注

1.在**生产力**中扮演一个角色。最初,这个角色由自然来扮演;现在则被(社会)替换和取代。

2.表现为具有单一特征的产品。因为它有时仅作为大宗商品而被消费(以旅行、观光或休闲活动的方式);有时它在大都市地区作为大规模的生产性设施而被**生产性地消费**(例如,正像机器那样)。

3.显示出它自己将在**政治上发挥重要作用**。因为它为社会控制提供了方便。同时,从它被开发的方式来看,它也是一种**生产资料**(已经成为城镇与大都市的地区不再仅仅是作品和产品,同时也是生产资料,提供了住房并维持着劳动力的生存,等等)。

F403   4.巩固了生产关系和财产关系(即土地和空间的所有权,位置的等级秩序,作为资本主义的功能之一的网络组织,阶级结构,实践的要求)的再生产。

5.在实际上,相当于一整套制度的和意识形态的上层建筑。这种上层建筑并不呈现它原本的面貌(并且,在这个职能上,社会空间全部带有符号系统与意义系统——有时是意义的超载);作为另外一种选择,社会空间呈现出一个中立的、无意义的、在符号学意义上很贫乏的、空洞的(或缺席的)外观。

6.包含了作品的和再取用(reappropriation)的潜力。这种潜力最初存在于艺术领域,但是它首先满足身体的需要;这个身体在空间中"被移出"自身之外,这个身体通过进行抵抗,开创了一个差异性空间的方案(它要么是一个逆文化的空间,要么是一个反空间,在最初的乌托邦的意义上——这与现实存在的"真实的"空间不同)。

第 二 十 三 节

空间已经被重新组织为探寻日益稀缺的资源（能源、水、光照、动植物性原材料）的一种功能。这至少潜在地有助于恢复那个与交换价值相对立的使用价值的重要性，尽管要付出大量的斗争。与空间生产相伴随的，是对于作为使用价值（事物的物质性）来源的"自然"的重新强调。长期以来，空间生产作为（社会剩余生产中的）交换系统中一部分剩余的消费者，已经上升到了非常显赫的地位，这与使用价值的恢复（这是一种在广大范围内发生，并且彻底地影响了政治的恢复——尽管没有把它自己变成政治战略）同时发生。对马克思来说，自然是**唯一真正的财富** ①，他小心翼翼地将这种财富与那些用交换价值来衡量、用金钱或者货币来测算的财富，区别开来。如果第二空间（被生产出来的空间）没有总是被人们武断地从那个作为原材料和生产母体的自然（第一空间）中分离出来，仿佛它体现了某些特殊意义似的；那么，（马克思的）这个观点就仍然是正确的，并且具有深远的意义。最高的善乃是时间—空间；这是生物（being）生存的保证，是生物所包含并可以支配的能量。

资本主义不仅通过加强其对土地的控制，也不仅依靠将历史上前资本主义的形态并入其中来巩固自身。它也利用所有可能的抽

E350

F404

---

①　马克思的这个观点是："劳动不是一切财富的**源泉**。**自然界**同劳动一样也是使用价值（而物质财富就是由使用价值构成的！）的源泉，劳动本身不过是一种自然力即人的劳动力的表现。"（《哥达纲领批判》，载《马克思恩格斯选集》第三卷，人民出版社1995 年第二版，第 298 页。）——中译者注

象物、所有可能的形式，甚至通过对那些显然无法被私人占有（私有财产）的物——自然、大地、生命能量、欲望和需要——的物权，进行司法和法律的虚构。把空间作为多用途工具的空间规划，已经显示出它是极其有效的。这种对空间的工具性使用确实包含在"保守的现代化"的过程中，并且被引入许多国家，取得了不同程度的成功。

　　上述对于稀缺、中心性、"不动产的流动性"的评述，至多提供了空间政治经济学最基本的轮廓。至于这里为什么不对这种政治经济学作出更加详尽的阐释，原因在于它是一个更加有力的理论——空间生产的理论——的支流。我们目前的研究，尽管主要集中在空间和与之相关的一系列问题上，但它是否能指向一种知识形式，一种有可能取代"古典政治经济学"及其抽象的发展模型的知识形式呢？毫无疑问，我们能够。但是我们必须从一开始就要明白，我们这个理论的"肯定的"和"否定的"（即批判的）方面终将交汇在一起。不能将作为抽象物的"商品世界"构想为处于世界市场——通过地域（根据流动和网络）和政治（根据中心和边缘关系）来界定——之外。流／流动（flows）的观念，一个被哲学家错误地泛化的严格的经济学观念，仍然没有得到清晰的理解。流动，连同它们的空间互相关系，也由于它们的复杂性，仍然超出了计算机分析和编程的能力之外。一种抽象的经济学拜物教，正在转变为一种抽象的经济空间拜物教。空间变成商品就将空间中商品的特性发展到了极致。

E351

　　为了将这个空间的经验提升到理论知识的水平，有必要引入新的范畴，同时对一些旧的和熟悉的主题进行提炼。对于**空间套封**的分析有望将市场(本地的、国家的,从而也是世界的)作为它的起点;并在最后与网络和流动理论联系在一起。自马克思以来就被严重 F405 地混淆和误解的**使用价值**理论将得以恢复,它的复杂性将被完成,并回归它从前的地位。

世界市场的出现,隐含了全球层面上某种程度的一体化。但世界市场的出现为何且如何导致了空间的碎片化——包括民族国家激增、区域差异化和自决,以及多民族国家和跨国公司的出现;尽管它们阻止这种走向分裂的反常趋势,却又利用这种趋势增强自身的自主权? 这样的互相交织的矛盾将把我们引向怎样的空间和时间呢?

在某种程度上,我们确切地知道在目前的条件下剩余价值形成于何处;然而,对于它们在何处实现、怎样被分割这些问题,我们却知之甚少,因为银行和金融网络将它们分散在远离那些创造剩余价值的地方(工厂、国家)。最后,空间也在被重铸:以此回应航空运输增长的需要,特别是在它的地缘政治范围之内;以此回应各种新兴工业(计算机、休闲、石油和其他能源的提炼)的需要;以此回应跨国公司不断扩展的角色的需要。

我们希望在一篇分析与批判的研究(像我们在这里所设想的那样)的结论中,时间与空间之间的关系将不再是这两个互相区别而又紧密相连的概念之间的一种抽象的分离,也不再是与抽象的分离相关联的、一种同样是抽象的混淆。

第六章　从空间矛盾到差异空间

第　一　节 [1]

現在，讓我們通過對抽象空間中的矛盾進行逐個的思考，來重新審視關於矛盾空間的理論 [2]。正如白色的光，儘管看起來是均勻的，卻可以被分解成一套光譜；當把空間納入分析時，它同樣也可以被分解。不過，就空間而言，從對它的分析中所獲得的認識將拓展到對它的內在衝突的承認；儘管這個空間表面看起來是同質的和一致的，並把自己呈現與表現得似乎真的就如此。

---

① 本章大致以第十三節為界，之前重點分析資本主義抽象空間所無法克服的矛盾，其後則探討由於空間矛盾所導致的可能突破抽象空間統治的異質性空間問題。對於列斐伏爾而言，"從抽象而矛盾空間到差異空間"意味著人類從"空間中的歷史"向"空間的歷史"轉變。——中譯者注

② 列斐伏爾在本書第五章所使用的"矛盾（的）空間"（*l'espace contradictoire/contradictory space*）與本章所使用的"空間的矛盾"（*des contradictions de l'espace/contradiction of space*）不是詞序顛倒的文字遊戲。矛盾空間概念側重研究資本主義的抽象空間本質上何以是一個"矛盾的空間"，即一個同質性、碎片化與等級制並存的空間。這第六章所說"空間的矛盾"則是資本主義社會矛盾的空間化體現，主要包括：質與量的矛盾、使用價值與交換價值的矛盾、當代全球化資本主義與地方性意義的對立。空間的矛盾之積極意義就在於它預示或包含著異質性的差異性的空間，即另外的社會空間。——中譯者注

排在我们的清单上的第一对矛盾是**质**（quality）与**量**（quantity）的矛盾。抽象空间是可以测量的，不仅能像几何空间那样进行计量，并且作为社会空间，它也受到定量操作的支配：统计、规划、推算，等等，都是具有操作性效力的。因此，主导性的趋势是朝向质的消亡，朝向质的被同化吸收——作为对其粗暴对待或诱导的结果。

但最终，质毕竟还是成功地抵挡住了量的吸收——正如用途抵挡住了价值的吞噬一样。质在空间中再现了。当一般人离开了**消费的空间**（*l'espace de la consommation/space of consumption*）——这个消费的空间与资本积累的历史方向相一致，也与生产的空间和被生产的空间相一致——一个时刻就来临了；这是市场的空间，各种流（flows）通过这个空间能够循着它们的路径而动，这也是一个国家控制的空间，因此，它也是一个被严格量化的空间。当人们离开这个消费的空间，他们就转向了**对空间的消费**（*consommation* F408 *de l'espace/consumption of space*）（一种非生产性形式的消费）。这 E353 是一个出发的时刻，是人们的假日，从前只偶尔有之，现在则是必不可少的时刻。当这个时刻来临，人们要求一个有特质的空间。人们追寻的质有各式各样的名字：太阳、白雪、海洋，无论它们是自然的还是模拟出来的，都无关紧要。令人满意的既非是壮丽的景观，也不仅仅是符号，人们所需要的是在它们（明显的或真实的）的**质朴**状态下被重新发现的、它们自身的物质性和天然性。古老的名字，以及永恒的（或据称是天然的）质。从而，空间的质和它的用途重新挽回了优势——但也只是在一定程度上。从经验的方面来说，这意味着新资本主义和新帝国主义分享了对于分裂成两种区域的附属空间的霸权：一种区域是以（消费品的）生产为目的并依靠（消费品的）生产而发展的地区；另一种区域是以**空间的消费**为目的并依靠**空间的消费**而发展的地区。旅行和休闲成为投资和获利的主要领域，并把它们的影响延伸到建筑行业、地产投机、广泛的城市化（更不用说农业、食品生产等被纳入资本主义体系）方面。一旦地中海沿岸变成面向工业化的欧洲、可以提供休闲活动的区域①，工业也就来到了这里。人们可以将对小城镇的怀旧之情倾注于休闲。乡愁仍然在阳光下蔓延，继续萦绕在超工业化地区的城里人的心头。于是矛盾变得更加尖锐，城里人为了一定程度的"空间特质"而继续争吵。

在那些留作休闲之用的区域，身体重获一些使用（use）的权利，这种权利半是想象半是真实，没有超出"身体的文化"这种幻觉，即对自然生活的一种模仿。然而，即使是这实际上仍未实现的身体权利的恢复，也要求相应的欲望与愉悦的回归。事实是，消费满足了需要、休闲满足了欲望，虽然它们仅仅在一种空间的表象中（在其中，日常生活被搁置起来，暂时被一种别样的、更加富裕、简单和更加一般化的生活所取代）才被整合在一起；但是它们确实被连接起来了，从而需要与欲望变得相互对立。特定的需要有特定的对象；但另一方面，欲望却没有什么特定的对象，除了一个它可以恣意妄为的空间——海滩，一个庆典的场所，一个梦想的空间。

需要和欲望之间的辩证连接（即统一之中的矛盾）因此就产生了新的矛盾，尤其是自由与压抑之间的矛盾。虽然这些辩证的过程的确只有中产阶级可作为它们唯一的基础和载体，并且这些中产阶级向所谓的下层阶级提供了（可以模仿的）消费模式，然而在上述

F409

E354

---

① 相关内容参加本书第一章第十九节（F71/E58）。——中译者注

这些矛盾的压力之下，这样的模仿或许就是一个有力的刺激。火热的斗争发生在艺术中，发生在艺术家自身中，而主角们没有认识到它们的基本性质（它实际上是阶级斗争！），即身体和非身体之间的斗争，身体的符号和非身体的符号之间的斗争。

精神空间——这被还原的空间、被强迫和压制的空间、被操控和吸纳（récupération/co-optation）的空间，这自然的和身体的破坏者，没有能力完全消灭兵临城下的敌人。恰恰相反，事实上，精神空间还鼓舞了敌人的斗志，帮助敌人复活过来。这就将我们带向了一个比老生常谈的唯美主义和理性主义之间的矛盾更加遥远的地方。

第　二　节

上述质与量的矛盾并非基于（二元）对立，而是基于三方相互作用，在一个经由休闲并在休闲空间中，从消费的空间走向空间的消费的运动中。换言之，通过节日（无论是虚构的，是模仿的还是"真实的"），从日常走向非日常；或者，通过将辛苦劳作悬置起来或对其提出质疑（以一种半是幻想、半是真实的方式），而从劳动走向非劳动的运动中。

另外一种（二元）对立则似乎是非常相宜的，尽管它是用来冻结这个辩证过程的。这就是生产和消费之间的对立，虽然它被意识形态转变为一种结构，但并不能彻底掩盖由"生产性消费"这一术语所暗含的辩证冲突。我们这里刚刚认识到的这个运动，发生在通常意义上的消费，使物的再生产成为必须的消费，以及被各种流（flows）所穿越、使用和消费的**生产的空间**，这三者之间的运动。这

F410 　　种运动，也是位于生产的空间和再生产的空间之间的运动；这两种空间被国家权力所控制，并被空间中的物——从空间自身算起，为了促进这个能力，空间已被打碎——的可再生产性所巩固。在新资本主义和公司资本主义条件下，制度性空间与重复和可再生产性的原则——这些原则被创造性的外表有效地掩盖起来了——是相适应的。然而，这个官僚制空间却与它自己的决定要素和所有物相互冲突：尽管被这些要素和所有物所占据和控制，并被它们导向可再生

E355 　　产，它却发现自己其实被非再生产性因素——被自然和特定区位，被地方、区域、国家，甚至被全世界——所包围。

第 三 节

　　那么，首要矛盾将在哪里被发现？在如下两个方面之间：一方面，是在全球（或全世界）尺度上构想和处理空间的能力；另一方面，是空间被各式各样的程序或过程所导致的碎片化，即所有的空间都成为碎片。从可能的最宽泛的视角来看，我们发现了数学、逻辑和战略，它们使得利用空间的同质性——或者说得好听点，同质化的特性——来表征工具性空间成为可能。这个被认识论提升到精神空间层次的拜物教化的空间，隐含并体现了一种意识形态，即抽象统一的首要性。但这并没有影响碎片化继续发挥"作用"；碎片化反而被行政管理的细化、科学和技术的专门化，以及其实是最重要的，被空间的零售（一块一块地），所强化。

　　如果有人想要确认这一矛盾的存在，对如下两个方面进行思考就足矣。一方面是碎片化的空间走向瓦解的倾向；另一方面是

计算机科学，它可以以如此的模式来支配空间，以至于只需要一台电脑——如有需要，联上网就可以成为其他图像和文件再生产的设备——就能够搜集与既定的物理空间和社会空间相关的大量的不确定信息，并且在某个单一的位置上，事实上是在某个单一的点上，对它们进行加工。

将空间的同质的和破碎的特性呈现为一种二重的关系（作为一种简单的对照或对抗）是对空间的真正的二重性的背叛。过分地强调空间这两个方面的相互内在性或者相互矛盾性都是不可能的。在同质化的形势下，空间消除了个性和差异，其中就包括空间内部 F411 和外部之间的差异，空间将被还原为可见-易读的领域中没有差别的状态。与此同时，这同一个空间又根据劳动分工和需要、功能的分工而被打碎和折断，直至达到甚至超过容忍的界限（以容纳量不够、连接缺失等为由）。空间被切割的这种方式因此使人联想到身体在形象上被切割成碎片的方式（特别是女性的身体，不仅被切碎，还被认为是"无器官"的空壳！）。

所以，它不是像这一端是整体的（或者构想的）空间，那一端 E356 是破碎的（或者直接经验的）空间；而是像你在这边有一面完整的镜子，而在那边则有一面破碎的镜子一样。这种空间随时和同时都既"是"完整的又"是"打碎的；既"是"整体又"是"碎片。正如它既是被构想的，又是被感知的，还是被直接经验到的活生生的一样。

整体的与细分的之间的矛盾，隐含了中心与边缘的矛盾；后者限定了前者的内部**运动**。有效的全球主义隐含了一个已经建立的中心。存在于空间中的"所有事物"的集中，使得所有空间要素和片段都臣服于这个中心的控制力量。紧凑和高密度是中心的"属性";从中心向外辐射,每一个空间、每一个空间的间隔,都是各种约束的载体,都是各种规范与"价值"的承载者。

第 四 节

交换价值与使用价值之间的对立,尽管最初只是作为一种对抗或作为一种非辩证的对立,最终却呈现出一种辩证的特征。试图表明交换价值吞并了使用价值,其实只是一种用动态的对抗取代静态的对抗的不完备的方法而已。事实是使用(use)的再现与空间中的交换强烈地不一致,因为使用不是指"所有权"(propriété / property)意义上的拥有而是指"取用"(appropriation)①。取用本身就暗含了时间(或多种时间)、节奏(或多种节奏)、符号和实践。空间越是被功能化,也即它越彻底地受那些"机构"的支配,从而在机构的操纵下变得功能单一化,空间对取用就越不敏感。为什么?因为通过那些方式,空间脱离了生活中的时间,也脱离了空间"使用者"的时间,而这些时间其实是多样而复杂的。与此完全相同,当购买者购买空间时,他得到的是什么?答案是时间。

因此,如果不理解使用和交换(使用价值和交换价值)之间的矛盾,就无法理解日常生活。然而,对于恢复空间的使用价值贡献最大的,是空间的政治性用途;政治性用途依靠资源、空间形态和战略来达到其目的。

F412

---

① 有关这两个概念之间的区别的阐述,也可参看本书法文第四版 190 页或英译本第 164 页。——中译者注

从以上思考中有可能派生出一个有关空间用途的知识体系即科学吗？或许会的——但是其中必须包括对节奏的分析，以及对表象化的和规范性的空间的有力批判。可以给这样的知识一个适当的名称，例如"空间的分析"（spatio-analyse）① 这样的名称吗？这是理所当然的，但是确实没有人希望把一个新专业加到本来已经很长 E357 的学科名单上。

第　五　节 ②

以上我们所确认的主要矛盾，与马克思在对资本主义进行分析时一开始就揭示的生产力和生产的（以及所有权的）社会关系之间的矛盾，是相一致的。当前，尽管在（空间中的）物的生产层面这一矛盾显得不那么鲜明了，但是在更高的层面，在空间生产的层面，这个矛盾正变得更加尖锐。技术的、科学的，以及许多从前做梦都想不到的可能性，已经打开。毫无疑问，一个不同于我们社会的社会将在这个基础上发明、创造或"生产"出空间的新形式。然而，现存的所有权和生产关系却在抹杀这些前景；换言之，它们要消除那些正在梦中、在想象中、在乌托邦里，或者在科幻小说中形成的空间的概念。而实际上，这些可能性总是会被系统地还原为那些早已有之的平凡之物，一如郊区的独栋住房或高层建筑（也就是被涂

---

① 本书的结尾处作者再一次提出了这个设想，认为空间生产最核心的问题之一。参看法文第四版第 465 页（F465）及英译本第 405 页（E405）。——中译者注

② 从本节至第九节，作者用空间矛盾这样一个理论视角来分析与解释现代社会生活、特别是城市生活中的各种社会关系矛盾、阶级矛盾现象。——中译者注

抹上几许幻想的独栋格子间与层层叠叠的几百套格子间二者之间的区别而已）。

　　这些都是非常根本的要点，但是它们的根本性这一事实却没有被经常地重申，因为马克思的思想正在被各种政治态度所弱化和偏离。其中一派想要在那些只想沿着增长和积累的道路——也即在空间中生产物的道路——继续前进的工业化国家，实现社会主义。另外一派则抱着极端革命的"行动主义"或"极左思想"，想要砸烂现存生产方式的每一个独立环节。前者的诉求是"客观主义的"（objectivistes），后者的诉求是"唯意志论"的（主观主义的，[subjectivistes]）。

　　通过推动生产力的进一步发展，资产阶级扮演了一个革命的角色。马克思的观点——忽视了这一点就误解了他的整个思想——是，与科学技术进步相伴随的大规模工业的到来，动摇了这个世界的基础。生产力由此产生了另一次巨大的飞跃，从空间中物的生产，跃升为空间的生产。除了其他方面之外，革命活动也应该跟随这一**质的飞跃**——它也构成了一次**向着质的飞跃**——而实现最终的结果，这意味着要对纯粹量的增长提出质疑，这样做与其说是要遏制它，不如说是为了确认它的潜力。**有意识的**空间生产"几乎"就要实现了；但是只要新的生产方式被一块一块地出售空间的行为和对于新空间的拙劣模仿占了先机，这道门槛儿就无法真正跨越过去。

第 六 节

　　空间所固有的暴力与同样是空间所固有的知识发生了冲突。

权力——也就是暴力——分化，进而将它所分化的东西维持在一种分离的状态；反过来，权力重组，却将它想重组在一起的任何东西保持在一种混淆的状态。因此，知识位于权力的影响之下，并将权力视为"真实的"（réel / real）；换言之，知识为权力背书。就知识与权力、理解与暴力之间的对抗而言，没有哪里的对抗比与完整空间与破裂空间有关的对抗更直接。在被支配的领域，强制与暴力到处可以遇见：它们无所不在。至于权力，它也遍及各处。

　　被支配的空间这个领域实现了军事化和政治（战略）的"模型化"。然而，还不仅仅如此，在权力运作的支持下，实践的空间成了规范和强制的执行者。它不仅仅表达权力，而且它还以权力的名义（有时甚至不以任何名义）继续进行压制。当有大量的约束、规范 F414和准则必须遵守时，社会空间便获得了一种规范性的、压制性的效力——工具性地与它的对象相连接。相比之下，单纯的意识形态和表象的效力就显得苍白无力了。它在本质上是一个欺骗性的空间，极容易被诸如城市和平、共识或非暴力统治这些虚假的东西所占据。但这并不是说，这个既支配又被支配的空间没有被法律、神权或生殖力的代理们所占领。逻辑学和计算科学隐藏了它那潜在的暴力，以至于它甚至不用亮相，就能发挥效力。

　　空间的实践管控生活，而不是创造生活。空间"本身"既没有权力，也不能决定空间的矛盾。这些是社会的矛盾——也即社会中的一个事物与另一个事物之间的矛盾，例如生产力与生产关系的矛盾——它们只是出现在空间中，在空间的层面上，从而导致了空间的矛盾。

第　七　节

E359　　我们在前面讨论中所确认的这些矛盾，以一种概念的和理论的面目出现，似乎它们是与简单的事实和经验领域没有关联的抽象物。然而，这是完全错误的。这些理论构想其实回应了事实，它们其实是从无数经验中萃取的精华。我们所讨论的矛盾极易证实：即使是最狂热的实证主义者也能够用肉眼发现它们。但恰恰是经验主义拒绝称其为"矛盾"，而更乐意称之为不一致或者"机能失调"；经验主义者讨厌对他们观察的事物给出理论化的形式，而局限于把数据整理为一系列具有逻辑关联的事实。

　　私家车业主们拥有一个可以由自己控制的空间，却几乎不用付出什么个人代价；尽管社会为了维护这种空间，共同付出了高昂的代价。这种安排引起了汽车（和汽车拥有者）的大量增加，刚好迎合了汽车制造商们的胃口，并促使他们采取有力的措施，不断努F415力扩大这个空间。空间的生产性消费，首先是剩余价值的生产，从政府那里得到了许多资助和大量的贷款。这是阻挡一切从一种残酷的螺旋上升——乐观主义者更喜欢把这个螺旋上升称为"调节体系"（regulatory system）——中逃离的另一种方法。这些"体系"无疑为社会充当了"自我调节"的角色，如果社会准备接受它的副作用的话。对此不必赘言。至于"绿色区域"——树木，不单是十字路口的广场，城市公园——它们都明显地给作为一个整体的社区带来了欢乐，但是谁为这份欢乐买单？费用来自何处且是如何征收的？因为这种空间并不服务于特定的人（尽管它们确实为普通人带来了欢乐），所以它们存在消亡的趋势。非生产性消费无法吸引投资，因为它生产的仅仅是欢乐。而与此同时，庞大的资金被投入到你可以想象的离生产性最远的消费中，也即包括火箭和导弹在内的各种武器消费中。

城市空间正趋于被这个矛盾的过程通过两种方式切碎、削弱并最终摧毁：高速公路的增加和停车场、车库的增加；以及它们带来的必然结果，即林荫路、绿色空间和公园、花园的减少。矛盾在于两种消费之间的碰撞，即生产剩余价值的空间的消费与只生产快乐的——从而是"非生产性的"——空间的消费之间的冲突。换言之，这是资本的"利用者"与社区"用户"之间的冲突。[这个描述很大 E360 程度上要归功于阿尔弗雷得·索维，[1] 他是那些似乎没有从中看到矛盾的人群中的一员。[2]）

第　八　节

大量事例表明，针对某个特定过程的经验研究方法，总是拒绝将其描述提升到概念的高度，尽管在那个高度有可能出现辩证的（冲突的）活力。例如，某些处于高速发展的剧痛中的国家，很轻易地就破坏了它的历史空间——房屋、宫殿、军事或市政建筑。如果能够从中得到好处和利润，古旧的东西立刻就被清除一空。然而，

---

①　阿尔弗雷得·索维（Alfred Sauvy, 1898—1990），法国人口统计学家、人类学家、法国经济史学家。——中译者注

②　阿尔弗雷得·索维：《零成长》（*Croissance Zéro*）（Paris: Calmann-Lévy, 1973）。——原注

F416 后来，或许到了高速发展时期的最后阶段，同样是这些国家，却希望找回这些空间，并将它们纳入对文化消费的服务中、对"文化本身"的服务中，以及对那些几乎是前景无限的旅游休闲产业的服务中。到了这个时候，他们在**美好年代**曾经轻易拆除的每样东西，都以巨大的代价再重新建设。在破坏不彻底的地方，"修复"变成日常的秩序，或者是模仿，或者是复制，出现了新这个或新那个。无论如何，在早先的狂热发展中被毁坏的东西，现在则变成受崇拜的东西。早先日用的东西，现在被当成稀有珍贵的艺术品。

让我们花点时间思考一下建筑空间和建筑师的空间，但也不要对所谈论的这个空间附加过多的重要性。很容易想象，摆在建筑师面前的，是一块或一片从更大的整体上切割下来的空间，他把这部分空间当作一个"给定物"，并按照自己的品位、技能、想法和偏爱来加工它。简言之，他接受了一份任务，并完全自由地处理它。

然而，这不是实际发生的情况。分配给建筑师的那一部分空间——或许是由"开发商"分配的，或许是由政府机构分配的——是受算计的影响的；关于这一点他可能知道一些内情，但是肯定无法了解得非常详细。这个空间自身一点儿也不清白：它满足了特定的战略、战术的要求；很清楚，它是占支配地位的生产方式的空间，因此是资本主义的空间，受资产阶级的管治。它由"地块"（lots）所组成，并以一种压制性的方式被组织起来，作为一个具有重要特征的地方功能。

E361 至于建筑师的眼睛，它们并不比建筑师用来在其上进行筑造的地块或者他画第一张草稿的白纸更加清白。他的"主观"空间充满着太过客观的含义。这是一个视觉的空间，被还原为蓝图、还原为纯粹形象的空间——那个作为想象力的敌人的"形象的世界"。这种还原被线性透视的法则所强调和合理化。这种贫瘠化（stérilisantes/sterilizing）的倾向很早就被格罗莫尔[1]所鄙视，他揭示了人们是如何服务于拜物教化建筑物的正面（facade）——由平面组成的体积，并通过装饰性的花纹造成拟似的厚度。[2] 这种还原的趋势——还原成块、成图像，还原成用于看或被看的正面（从而强化"纯粹的"视觉空间）——是一种贬低空间价值的趋势。正面（用于看和被看）从来都是衡量社会地位和声望的一个尺度。带有正面的监狱，也是家庭的监狱，成为了资产阶级化的空间形式的典范和模型。

F417

因此，或许可以这样说，建筑话语太过经常地模仿或夸张地模仿着权力话语；同时，建筑话语也受到一种错觉的伤害，即认为有关"现实"的"客观"知识可以通过图绘表达的方式而取得。这种话语不再有任何参照的框架和边界。它太容易成为——正如勒·柯布西耶的例子——一种有关直线、直角以及一般性垂直的道德话语，将对自然（水、空气、阳光）的装饰性需求与最糟糕的抽象物（平面几何、模块，等等）融为一体。

在现代社会的空间实践中，建筑师藏匿在自己的空间里。他拥**有这个空间的一种表象**，这个表象受到制图要素——诸如纸张、图表、立视图、纵断面、正面的透视点、模块，等等——的约束。对于那些使用这张图的人来说，这个**被构想**的空间是**真实的**，尽管事实

---

① 格罗莫尔（Georges Gromort），法国园林史学家。——中译者注

② 参见 Georges Gromort, *Architecture et sculpture en France*, a volume in his *Histoire générale de l'art, francaise de la Révolution à nosjours* (Paris: Librairie France, 1923-5)。——原注

上——也许正因为这个事实——这个空间是几何学的：因为它是物的中介，它自身也是物，是设计的物化的轨迹。它最早的起源是在文艺复兴时期就发展起来的线性透视：一位固定位置上的观察者，一块不流动的感知领域，一个静态的视觉世界。建筑规划的首要准则（这个原则是在"无意之中"被感知领域所确定的）是：它是否可以实现。规划最终被投射到建筑思想领域；在那里，它要么被接受，要么被拒绝。大量的表象（其中一些可以称之为"意识形态"表象，但是现在何必要费心使用一个被滥用所贬低的术语呢？）采纳这种准则，任何值得考虑的设计必须是可以计量的、有利可图的、可以传达的，且是"能够实现的"。从一开始就被搁置一旁或不被重视的设计，都存在着与太近或太远、与周围或"环境"，以及与私人和公共之间的关系有关的问题。另一方面，土地的精细区分（划块）和专门化（功能定位化）对于这个在实践中被定义的领域来说，是相当可以接受的。不仅如此，事实上：尽管上述领域对于这种操作似乎是被动接受的；但正是对于它们的被动接受，确保了运作的成效。对于劳动的分工、对于人的需要和物品的分类，所有这一切都被定位化了，都被推向了最大限度的功能分化。人和物，在这个空间领域中似乎都很惬意，尽管这个空间看起来是中立和物化的，尽管它显然就是一个知识的仓库，却全然无所畏惧（*sans peur et sans reproche*）。

　　现在让我们把注意力转向另外一些人的空间，这些人被既笨拙又贬损地标签化为"用户"和"居住者"。我们还未找到定义准确、内涵清晰的术语来指称这些群体。他们被空间实践边缘化这一情况甚至延伸到了语言中。例如，"用户"（*usager*）这个词就有些含

E362

F418

糊，含糊得令人生疑。你可能想问："用什么？"衣服和车子被使用
（也会被用坏），这一点与房子相同。但是当把交换和它的必然结论
搁置一旁时，使用价值是什么呢？至于"居住者"（habitants），这个
词可以指称每一个人，却又不指称任何人。事实是，"用户"（让人
联想到"社会下层的"）和"居住者"（让人想到"边缘的"）要想**表
达他们最基本的需要，都非常困难；尽管表达这种状况的符号**在不
断地增强着，并且经常是显而易见的。

　　用户的空间是**活生生的**，而不是表象化的（或被构想的）空间。
与专家们（建筑师、城市规划者、设计师）的抽象空间相比，用户的
日常活动空间是具体的，也就是说，是主体的（subjective）。作为一
个"主体"的空间而非算计的空间，作为一个表征性的空间，它有着
一个来源，来源于孩提阶段的艰辛、成长与匮乏。活生生的空间带
有冲突的烙印：一个不可避免的、有可能是漫长且艰难的成熟过程，
与无法成熟——留下了独特的、完好如初的本原资源——之间的冲
突。正是在这一空间中，"私人"领域——尽管或多或少是斗志昂
扬的，却总是以一种冲突的方式——捍卫自身，反对"公共"领域。

　　尽管如此，很有可能仅仅靠一种折中的或过渡的方法，就能形 E363
成一幅关于具体空间——例如半公共、半私人的空间，会面的场所， F419
小路和走廊——首要性的精神画面。这将意味着空间的多样化，尽
管附加在功能性区分上的（相对的）重要性将会弱化。被取用的地
方将会是**固定的、半固定的、可移动的或空的**。我们不应该忘记，
在这些矛盾中，有一个介于短暂和稳定之间的矛盾（或者用海德格
尔的哲学术语来说，介于居住和流浪之间的矛盾）却发挥着并非不
重要的作用。尽管工作——也包括一部分家务性的生产（食物的准

备，等等）——要求一个固定的场所，但是睡眠或游戏并不需要它；在这方面，西方或许最好向东方学习一下，包括它的宽大的开放空间，以及低矮、便于搬动的家具。

在西方，正面对空间的主宰确实还没有完结。几乎和建筑物一样沉重的家具继续拥有正面；穿衣柜、碗橱和箱子仍旧面对着私人生活的领域，从而协助支配这个领域。而"私人"生活的任何动员都伴随着身体的回归，空间的矛盾势必会被公开。既然这样的空间将被**主体**所居有，将其称作"情境式的"或"关系性的"就似乎是合乎情理的——但是那些定义或行列式却更偏向于社会学内容而非空间本身所固有的属性。

向身体的回归首先意味着说话、发音、嗅觉和听觉的感觉器官的恢复。简言之，非视觉感官的恢复。而对任何性欲的恢复，显然并非指称在孤立意义上所思考的性，而毋宁说是性能量意义上的性，指向那些按照特定的节奏释放和流动的性的能量。

但这些不过是一些建议或提示而已。

第 九 节

抽象空间最令人瞠目的悖谬之一是这样一个事实，即它可以同时**是**：各种矛盾在那里产生的全部场所；这些矛盾在其中进行演化和撕扯的中介；最后，这些矛盾被表面的一致性所压制和替代的方式。从实践的角度而言（也即在空间的实践中），这就赋予了空间一种功能，这个功能从前被意识形态所充满，现在在一定程度上仍然觉得需要一种意识形态。

E364
F420

早在 1961 年,简·雅各布斯(Jane Jacobs)[①]就考察了美国"城市规划与重建"的失败。她特别展示了对街道和邻里关系的破坏是如何导致了许多城市生活的已获得的特征的消失,或者更准确地说,是那些据说已经获得的永久特性——安全、社会联络、抚养孩子的设施、关系多元化,等等——的消失。[②]雅各布斯没有断然地控诉新资本主义,或者把那些内在于资本主义所生产的空间(抽象空间)的矛盾孤立出来,她没有走到这个地步。但是她确实非常有力地证明了这类空间会有多么大的破坏性;具体地说,城市空间正是使用了那种看上去是要创造或再创造自身的方法,反而实施着自我毁灭。

面对城市的复杂性和难解性(究竟是真的如此还是仅仅表面上如此,在这里无关紧要),在美国,有些人受到鼓励去采纳创新型专家的实践和理论举措,这些富有创造性的专家负责拆析问题的网络,并解释问题,尽管没有必要提出解决问题的方案。这就是所谓的"倡导性规划"(advocacy planning)的第一步,以此来抵制权威的"城市规划"。其要点是,通过以上倡导性方式,"用户"和"居住者"作为一个群体,将能得到那些有能力、擅长交流和沟通的人们,也即倡导者(advocate)所提供的服务,他们将会为了用户和居民的利益而同政治实体或金融实体进行磋商。

[①]　简·雅各布斯(Jane Jacobs,1916—2006),出生于美国的加拿大作家和激进主义建筑学家。——中译者注

[②]　Jane Jacobs, *The Death and Life of the Great American Cities*(New York: Random House, 1961).(中译本参看[加拿大]简·雅格布斯《美国大都市的死与生》,金衡山译,译林出版社 2005 年版。——中译者注)——原注

这种实践方式尽管受到挫折，正如罗伯特·古德曼所证实的，意义却是丰厚的。[①] 当利益相关方，也即"用户"，无法大胆地说话时，又有谁能以他们的名义、在他们的位置上说话呢？当然不是某些专业人士，或某些空间的专家或代言人，不存在这样的专业化，因为没有人有权利为这里直接相关者说话。这样做的权利、这样做的概念和这样做的语言，都是完全缺乏的。那些专业人士的话语怎么可能与建筑师、"开发商"或政治家的"话语"有所区别呢？事实是，如果接受这样一个角色或一种功能，就是支持沟通拜物教，也就是用交换价值取代使用价值。"用户们"的沉默的确是一个问题——且是**全部的**问题[②]。专业人士要么是为自己的利益工作，要么是为官僚体制、金融势力或政治力量而效力。即使其中有人真的以利益相关方的名义而与种种势力对抗，那么他的命运也是注定了的。

空间所固有的最深层的冲突之一是，作为实际"体验的"空间却禁止对冲突的表达。对于那些有待说出的冲突来说，它们首先一定是被感知到的，而没有必要得到那些一般性地构想出来的空间表象的认可。因此，**理论**需要一方面能够超越表征性空间，另一方面能够超越空间表象。这种理论要能够适当而清晰地表述矛盾（首先

---

① Robert Goodman, *After the Planners*, (Harmondsworth, Middlesex: Penguin, 1972), pp. 57 ff. 顺便提一句，古德曼对罗伯特·文丘里的论点的批评值得关注，根据《建筑的复杂性与矛盾性》(*Complexity and Contradication in Architecture*, New York : Museum of Modern Art/Doubleday, 1966；中译本参看 [美] 罗伯特·文丘里：《建筑的复杂性与矛盾性》，周卜颐译，江苏凤凰科学技术出版社 2017 年版。) 一书中所指出的：正如古德曼有力地证明 (pp. 164ff.) 的那样，文丘里的建筑空间的伪辩证法把真实的空间矛盾与最温和的正式的比较混为一谈了。——原注

② 关于在抽象空间统治之下，"用户"们何以不得不"沉默"的问题，还可以参看本书第一章第十八节、十九节等处作者的描述与解释 (F63/E51, F69/E56)。——中译者注

是表征性空间与空间表象两个方面之间的矛盾)。社会政治矛盾是空间化地实现的。空间的矛盾因此使得社会关系的矛盾得以运转。换言之,空间的矛盾"表达"了社会政治利益方与各种力量之间的冲突。只有**在**空间**中**,这些冲突才能有效地发挥作用;在这个过程中,这些冲突成为了空间**的**矛盾。

第 十 节 ①

上述**整体性的**(在一个宽广的尺度,甚至是世界的尺度上构想和处理空间的能力,例如在计算机科学和航空运输的地缘政治学中)与**碎片化的**(以买卖为目的的对空间的一再细分)之间的矛盾,在战略层次上增强了②。在战略空间中,资源始终是地方化的。无论生产单位(公司)还是消费单位(家庭),估算都是根据单位做出的。相反,目的和"目标"却总是倾向于全球化的,对于主要国家和主要跨国公司而言,实际影响已经变成世界性的了。分散与细分——经常达到完全隔离的程度——受到战略目标的控制和支配,受到最 F422 高等级的权力意志(根据所使用的方法的量,以及所追求的目标的质)的控制与支配。然而,所有弥散的、破碎的东西,在权力空间的同质性中,仍然保留着其统一性。这个空间当然会考虑到它所保留的那些要素之间的联系与连接,但悖谬的是,这些要素彼此既是统 E366 一的又是分离的,既是连接的又是脱节的,既是被撕裂的又是被挤

---

① 以下几节是列斐伏尔根据空间的矛盾分析而提出所谓的空间认识论的设想。——中译者注

② 有关空间战略问题参看本书法文第四版第65—79页及英译版第53—65页。——中译者注

压在一起的。

　　就此而论，想要描绘一幅在两极之间延伸的等级体系——其中一极是政治权力的统一意志，另外一极是相互分化的要素之间实际上的弥散状态——可能是一个错误。因为一切（"整体"）都会沉重地压在一个更低层级的或"微观的"层面上，压在地方和可地方化上，简言之，压在日常生活的领域上。与此同时，一切（"整体"）也都**依靠**这个层面：剥削和支配，保护和（不能分割的）压制。"整体"的根本和基础是脱离和分隔，依靠前述权力意志来维持；这种脱离和分隔是无法避免的，因为它们是历史的结果，是积累的历史的结果。但是一旦脱离和分隔依靠权力意志的方法来维持，它们就十分危险了，因为它们使社会实践的环节和要素彼此相互分离。空间的实践摧毁了社会实践；社会实践凭借空间的实践而摧毁了它自己。

　　在战略层面上，各种竞争的力量占据了空间，并生产出压制、行动和事件。小规模运动的相互渗透的规律在本层面上并不通用[1]。

　　但这并不意味着"微观"层面的意义更少一些。尽管微观层面或许不能提供冲突的剧场，也不能为各种角逐的力量提供部署的场域，但是它确实包含了需要的资源和争抢的赌注。任何战略目标都会一如既往地以各种政治和战争的方式来占据空间。

　　可以发展起各种概念的网格，以帮助破解复杂的空间[2]。涵盖范围最广的网格，将空间的各种对立（oppositions）与空间中的各种竞争/对比（compte/contrasts）和差别区分开了：**同托邦**（*isotopias*），

---

　　① 有关空间渗透规律理论参看本书法文第四版第104页（F104）及第394页（F394）等处。——中译者注

　　② 参看本书法文第四版第190页（F190）等处。——中译者注

或类似的空间；**异托邦**（*hétérotopies*），或互相排斥的空间；以及**乌** F423
托邦（*utopies*），或被符号与想象——被理想的东西，如自然、绝对
知识，或绝对权力——所占据的空间。尽管这种分类还相当粗浅，
但它确实引出了一个悖论，一个迄今为止未被注意的矛盾，也即一个
事实：被最有效地取用的空间，是那些被象征符号所占据的空间。象
征着纯粹自然的花园和公园就是一个例子；或者是宗教建筑，它象征
着力量和智慧，从而象征着绝对神（the Absolute）的纯一和简洁。

　　一种更加灵活和具体的网格，根据属性对场所进行分类：私人
的、公共的或起中介作用的（小径或走廊）。换言之，根据它们的用
途和使用者进行分类。

　　第三种类型的网格在战略的层面起作用，它揭示出存在于混乱
的空间外表之下的秩序化的程度，包括：在空间中的市场和市场的 E367
空间之间的连接；在空间规划和发展与占据空间的生产力之间的连
接；以及在政治计划与计划实施中所遇到的障碍——也就是那些与
既定战略相对抗的力量，以及那些偶尔在特定空间中成功地建立起
一个“反空间”（‘*contre-espace/counter-space*’）的力量——之间
的连接。

　　那么，为什么我们不应该沿着这条研究思路更进一步，以期找
到一种完全令人满意的网格呢？在回答这个问题的过程中，有两个
要点值得提出。其一，没有充分的理由对可能出现的网格数量加以
限制，或者认为一种网格绝对比另一种更适宜。其二，网格的概念，
正像模型与符号的概念一样，其自身也并非是无可指摘的。作为正
式知识的工具，所有此类概念皆有一个精确的目标，那就是消除矛
盾、证明一致性、将辩证的还原成逻辑的。这种意图是那些追求“纯

粹"知识和"绝对"知识者所固有的；尽管它对其自身的**存在理由**，也即为了权力的需要而还原现实，却依然很无知。

第 十 一 节

我们有可能在一门特殊知识——即空间生产的知识——的基础上，接受社会空间（一种包括城市和乡村，但主要是乡村的空间）科学这一观念。

F424　　在这里用什么术语最合适呢？是**认识**（*connaissance*）？"科学"（*science*）？还是"知识"（*savoir*）？ ① 前面章节中我曾经在非正面的意义上使用了**知识**一词。然而，这并不是说这个术语是指一种对于现在来说已经陈腐不堪、需要扫进历史垃圾桶的知识——就像躺在书架上废旧书稿旁堆积的灰尘那样。但无论如何，这个术语的使用有一点可疑，因为它有一点武断的成分：毕竟任何人都有权决定将哪些东西归结为过时的知识或者可以接受的智慧。

我觉得我们有正当理由给**知识**（*savoir*）这个词附加一种负面的内涵，即：这种知识在一定程度上与权力相互勾结；并与政治实践——不管是粗糙的还是精致的——息息相关，从而与各种表象和意识形态的花言巧语密切关联。

E368　　至于**认识**（*connaissance*），这种意义上的知识在任何时候都包含会使认识自身相对化的自我批判，也包括对现存物的批判；而当政治冒险（或处于风险中的政治）和战略被审视时，这种批判自然

① 关于知识和认识的区别，参见 p. 10, note 16。——英译者注

会变得更加尖锐。**认识**致力于把握整体。在这方面它与哲学有关，是哲学的延伸物，尽管它通过依附于专门的重要概念——生产的概念——而与社会实践联合起来。实际上，我们此时已经在给**元哲学**（*métaphilosophie/metaphilosophy*）下定义了，即它以哲学为基础，但为哲学打开了通往"现实"与可能性的大门。

当批判时刻到来时，**认识**就产生了**具体的普遍性**（*l'universel-concret/concrete universal*）。这些必要的概念（**生产**的概念也位列其中）对它们自身来说并不充分：它们退回到它们迟迟未观察的实践。当被运用于这些概念时，一些问题失去了它们的有效性：这些问题要么与一个具体的**主体**（谁在思考？谁在说话？说话者来自哪里？）有关，要么与一个可识别的客体（它占据了什么空间？它坐落于什么位置？）有关。不仅仅由于这些概念的内容，也因为同样重要的、刚才描述的理论**形式**，也即与直接经验、与实践、与彻底批判的关联，使得这些概念避免了那些问题的出现。

"科学"一词继续隐含了在有限的专业范围内得出结论和构建观点的详细过程这些意义，并要求严格遵照某种预先确定的方法。其结果是一种针对所有专家教条的怀疑论，特别是对特定的专业化所使用的方法，即具有操作性的（或据称具有操作性的）概念和方法。F425

因此，空间的科学应该被视为**使用的科学**（*science de l'usage/science of use*），尽管那些以社会科学之名而为人所知的专业化的科学（包括，例如政治经济学、社会学、符号学和计算机科学）探究交换，并渴望成为**交换的科学**（*science de l'échange/science of exchange*），即沟通和可沟通的科学。在这方面空间的科学本质上关注的是物质、感官和自然领域；尽管它所关注的"自然"重点放在我们所说的"第二自然"上：城市、城市生活和社会能量——这些思考被那些简单化地以自然为中心的方法（那些方法使用模棱两可的概念，如"环境"）所忽视。另一方面，这种空间科学的发展趋势将会与支配的（正在支配着的）趋势背道而驰：空间科学将赋予**取用**某种特殊的实践和理论地位。为了取用，为了使用；并因此反对交换和支配。

E369　　前文提到的异轨/吸纳（détournement/co-optation）[①]一词，应该被视为介于支配和取用、交换和使用之间的一种实践的中介。把它与生产对立起来或者将其排除在生产之外，都误解了它的性质。正确的理解是，异轨能够导致空间的生产。这里有一些著名的先例。例如基督教对罗马教堂（Roman basilica）[②]的异轨，最初是出于非宗教的、市民的和社会功用的目的——作为一个碰面和"经商"的场所，在"商业"一词最宽泛的意义上说。这个建筑被赋予了一种宗教的和政治的作用；它的转型与它被神圣化、与它服从于教堂地下室的约束和要求，是步调一致的。教堂地下室和坟墓毗邻地区缓慢地但确实地给予了它以十字架的形式。根据圣言（复活的逻各斯），

---

　　① 关于空间的异轨论述，参看本书法文第四版第 194 页（F194）、384 页（F384）、409 页（F409）、442 页（F442）。——中译者注

　　② 该词也可译作"罗马长方形会堂"，因其教堂式样是长方形大厅故而得名。在历史上，罗马式教堂是基督教成为罗马帝国的国教以后，一些大教堂普遍采用的建筑式样。建筑史上称这种新形制为"罗曼内斯克"即罗马式。罗马式教堂建筑采用典型的罗马式拱券结构。它是从古罗马时代的巴西利卡式（basilica）演变而来。巴西利卡这个词来源于希腊语，原意是"王者之厅"，本来是大都市里作为法庭或者大商场的豪华建筑。巴西利卡式是古罗马的一种公共建筑形式，其特点是平面呈长方形，外侧有一圈柱廊，主入口在长边，短边有耳室，采用条形拱作屋顶。罗马式教堂的雏形是具有山形墙和石头的坡屋顶并使用圆拱。它的外形像封建领主的城堡，以坚固、沉重、敦厚、牢不可破的形象显示教会的权威。——中译者注

当这种形式诞生下中世纪腾飞的巨浪时，那个日子就要到来了。至于结构本身，它经历了改动，但这些改动与功能和形式所遭受的改动没有任何逻辑的关联。众所周知，交叉的穹肋（intersecting ribs）的发明便是一个转折点①。

　　形式大致与沟通的环节相对应，从而与**被感知的**领域相对应。功能被实施，不管有效或无效，并与一个表征性空间中的**直接经验**相对应。结构是**被构想的**，隐含了一个空间的表象。**整体**被定位于空间的实践中②。仅仅按照功能主义的说法，根据功能来定义事物的用途是不准确的、是还原论式的。形式——可沟通性、沟通——也是用途的一个方面；结构也一样，它始终是**我们要利用的**、并要将其**耗尽**的对象物的结构。每当这些范畴中的一个被从其他范畴中单独拿出来使用，从而被还原时，它就起到了服务于某种同质化战略的作用。形式主义将所有重点都放在形式上，从而放在可沟通性和交换上。功能主义同样强调特殊点位上的功能，因为每一个功能都在被支配的空间中给指派了一个特殊的位置；多功能的可能性被

F426

---

　　①　中世纪哥特式大教堂，因其轻盈灵巧、高耸挺拔之造型，而与厚重敦实的罗马式教堂，形成了鲜明对照。在这里，建筑各部分的造型都表现出一种垂直上升的运动感，仿佛要摆脱地心引力，飞向天国。哥特式大教堂以交叉肋拱、高扶壁、飞扶壁、尖拱结构和新装饰体系的广泛应用为特征。交叉肋拱是两个在顶端成对角线相交的肋拱，它作为整个拱穹的骨架，把拱穹的压力集中传导到拱穹的四角。高扶壁是拱穹的主要支撑体，它作为墙壁的一部分，从墙面突出来。飞扶壁被用于有侧廊的建筑中，这是一种连接在高扶壁上的拱桥结构，它跨越侧廊，将中殿拱穹的侧压力导至高扶壁。交叉拱、高扶壁和飞扶壁结构的发明，提供了支撑拱穹重量的新方法，减轻了它对墙壁的侧压力，使墙壁的厚度可大大减少。——中译者注

　　②　有关"空间的形式—结构—功能三位一体"理论，参看本书法文第四版第173页及以下内容，英译本第147页及以下内容；有关"空间的被感知性—被构思性—被体验性三位一体"和"空间实践—空间表象—表征性空间三位一体"之间对应关系问题，参看法文第四版第49页及英译本第39页等处。——中译者注

铲除了。结构主义只考虑结构，将它们视为对象物，其性质归根结底是技术性的。然而事实上，（事物的）**用途**恰恰与教条主义竭力要分离的那些要素之间的统一与联合相一致。

　　毋庸讳言，难以想象会有什么规划能够在空间的这些不同的环节或者"共振峰"之间维持一个完美的平衡。一个既定的计划必须要么强调功能，要么强调形式，要么强调结构。但是让这几个环节或共振峰中的一个开始发挥作用，并不意味着另外两个寿终正寝。相反，我们要考虑到这样的情况：首先出现的环节后来可能会变得徒有其表，未来另外两个环节有可能变得相对更为"真实"。这里，就好像某种古典意义上的艺术一样——一种艺术尽管其本身已经过时，但是它也需要被延续和扩展，就像思想需要让哲学延续和扩展一样。

　　对一个音乐作品的初步分析有三个要素或方面：节奏（rhythm）、旋律（melody）、和声（harmony）①。这个三面性（tridimensionality）确保了无尽的创造的可能性；尽管每一种要素或每一对二元对立被孤立考虑的可能性都是有限的。仅仅以这些要素之一为核心（例如，只围绕着旋律或演奏）而制作出来的作品，更容易传播，但同时它们也是单调乏味、缺乏吸引力的。伟大的古典音乐在这三个方面维持了和谐统一：当每一个演奏者或作品集中于或强调其中的一个方面时，他只是或迟或早要把其他两者突显出来。这种变化的效果

E370

F427

---

　　① "节奏"是音乐中交替出现的有规律的强弱、长短的现象。"旋律"亦称曲调，是音乐的基本要素。经过艺术构思而形成的若干乐音的有组织、有节奏的和谐运动。它建立在一定的调式和节拍的基础上，按一定的音高、时值和音量构成的、具有逻辑因素的单声部进行的。"和声"是由两个以上不同的音按一定的法则同时发声而构成的音响组合。它包含：(1)和弦，是和声的基本素材，由 3 个或 3 个以上不同的音，根据三度叠置或其他方法同时结合构成，这是和声的纵向结构。(2)和声进行，指各和弦的先后连接，这是和声的横向运动。——中译者注

也能在一支单独的作品、一支单独的奏鸣曲和交响乐中发现。这里
所强调的作用，远远不是要成为一个均质化的东西，也远远不是为
了压倒作品中所有其他可能的方面，而是要指明质性并强调差异。
结果是流动取代了停滞，因为一个环节总是指向下一个环节，指向
它为之做了准备并点明了的下一个环节。并且，**模具**（*matériel*）（钢
琴、弦乐器、铜管乐器，等等）和**材料**（*materials*）（音阶、调式、音调）
的同时存在，打开了可能性、扩大了差异性，因此也颠覆了还原论
的倾向，还原论倾向本身是与交换和沟通的意识形态密切相关的。

第 十 二 节

作为支配工具的抽象空间，窒息了在其内部被构想出来从而也
力求显现出来的所有东西。尽管这不是抽象空间的决定性特征，但
是这种癖性绝非是次要的或者偶然的。这是一个致命的空间，为了
强加一种抽象的同质性，它摧毁了使它产生的历史条件、它自身的
（内在的）差异性，以及任何显示出发展痕迹的差异性。这种被黑
格尔哲学仅仅归结为历史时间性的否定性，事实上是抽象空间的特
性；在双重的意义上，或者毋宁说在双倍力量的作用下：它反对一
切差异性，无论是真实的还是潜在的。为什么会释放出这种致命的
力量？它与核威胁有关吗？与放任自流的技术有关吗？与不受限 E371
制的人口增长有关吗？与不为大众所欢迎却被权力所觊觎的那种
发展有关吗？与生态学问题有关吗？或者更隐晦地，与深不可测的
力量的运作，以及人类中和地球上自我毁灭的倾向的运作有关吗？
与死亡本能的运作有关吗？

　　但是，这里发现的原因或理由到底有多重要？不错，给出一个答案能够满足哲学家们由来已久的推断的本能；最终维持下来的人类成员也能够将他们的注意力和兴趣聚焦在一个在本体论上被特许的、具有启发性的领域，并且构想一个至高的原因或理由——不再为了存在（*de l'être*/being），而是为了非存在（*non-être*/non-being）。

F428　　然而，不用费力发现这个世界——也即犹太基督教、希腊-罗马世界，以及被资本主义"过度决定"的世界——所流传下来的死刑本身的形而上学**根源**，而是去检查（判处这个世界死刑）所使用的**工具**，不是更有意义吗？因为不管是原子弹，还是资源浪费，再或者是人口的、经济的或者基于生产的增长，实际上，这些威胁中没有任何一个单独的方面能够定义它的工具，因为这个工具是空间。上述所有的原因或理由都在空间中汇聚。空间庇护它们、容纳它们，并把它们变成有效的（可用的）动因。空间，且只有空间（工具性的空间）及其特殊的效力和战略目的——在用彻底根除**差异物**的方式，将所有的障碍移出。

　　从这个层面上来看，异化（alienation）理论是何等地必要，同时又是何等地不完善，就是一目了然的了。异化概念的局限性在于：它是如此地真实，以致毫无争议。我们对于事件状态所作的描述和分析将异化理论的效力发挥到了极致，但也使它完全变得平庸。然而，想一想悬在我们头上的威胁的份量和恐怖的水平，无论是嘲讽一般的异化理论，还是去嘲笑某一特定的异化理论，都是毫无意义的。这个概念的"地位"问题，或者自由主义（人文主义）意识形态的"地位"问题，都不是一个真正的问题。

第 十 三 节 ①

至于差异（difference）这个困难重重的且依旧不完备的理论，除了几个要点之外，我们没有必要过于深究。

差异理论覆盖了整个知识（**认识**）领域和关于知识的思考。其范围从**构想的**领域一直延伸到**直接经验的**领域，即从没有生活的概念到没有概念的生活。差异理论把逻辑与辩证法两者联结起来，并将自身置于二者的接合点上。一方面，它与一致性（coherence）理论，从而与同一性（identity）（最终是重言式同一性）理论相交合；另一方面，它与矛盾（最终是对抗性矛盾）理论相重叠。 E372

这里，我们必须去区分两种密不可分的差异：也即**最小**（minimal）**差异**与**最大**（maximal）**差异**之间的区别；以及**被诱导出来的**（induced）**差异**与**被生产出来的**（produced）**差异**之间的区别。第一类差异属于逻辑，第二类差异属于辩证运动理论。在逻辑数学的数集（ensembles/sets）中，一个数集与另一个数集（即第一个数集与第二个数集）两者的差异**微乎其微**：后一个仅仅依靠使其产生的迭代（iteration）而与前一个不同。相比之下，有限的基数和序数之间的差异与无限的基数和序数之间的差异是**最大的差异**。**被诱导出来的**差异仍然位于按照某一特定法则而产生的序列或体系的内 F429

---

①　以此节为界限，之前的内容主要分析抽象空间所导致的诸多空间矛盾，此节以下则重点探讨与抽象空间相抗衡的"差异性空间"。差异性空间从类型上说包括所谓的最大与最小的差异、被诱导的差异以及被生产的差异，特别是"反制空间"。——中译者注

部，它事实上构成了这个序列或者体系。例如在数集中，由迭代和循环而派生的连续的要素之间的差异性。与之类似的是：在建满了别墅的郊区那些别墅之间的差异；或者不同的"公共设施"之间的差异；再或者是由某一特定时尚衣着自身所规定的这一时尚内部的差异。相反，**被生产出来的**差异预设了整个体系的破碎：它产生于爆炸，当一个封闭的宇宙发生裂变时，它从开裂的口子中出现。在一个广大的范围内，差异性的生产这个理论是以最大差异为基础的：一个给定的序列超出自身范围，派生出另一个完全不同的序列。因此，整个数列首先派生出小数序列，然后是"无公约数"的序列和"超越数"序列，最后派生出超穷数（无穷大）的序列。一旦逻辑数学范畴付诸使用，这些意义上的生产与诱导就会发生作用。重复产生差异，但并非所有的差异都是相等的。质产生于量，反之亦然。

在历史时间的主宰之下，在某个既有的生产方式之内，被诱导出来的差异首先与那些促进了这个生产方式走向灭亡的、被生产出来的差异共存[1]。后一种差异不仅仅是被生产出来的——它也是生产性的。因此，那些在中世纪社会中预示了一种新的生产方式的差异，在一般的积累过程中积累着自身；最终它们促成一个剧烈的转型，彻底粉碎了既存的社会及其生产方式。辩证发展的经典理论将这一环节描述为经过长期准备和逐步变化（量变）而达到的质的飞跃。[2]

E373

---

[1] 列斐伏尔这里是对马克思《政治经济学批判序言》基本观点的深刻改造与挪用："在资产阶级社会的胎胞里发展的生产力，同时又创造着解决这种对抗的物质条件。"（《马克思恩格斯选集》第2卷，人民出版社1995年第二版，第33页。）——中译者注

[2] 关于差异理论，参见拙著 *Logique formelle, logique dialectique*，2nd edn（Paris: Anthropos, 1970）特别是《序言》。关于"诱导的"和"生产的"差异，参见拙著 *Manifeste différentialiste*（Paris: Gallimard, 1971）。——原注

（不过，这一传统观点被证明存在许多缺点和罅漏，如果要复兴这一 F430
观点，就必须同时赋予它更深刻的含义）

　　还有一点：**特殊性**（particularities）是原始自然的功能之一，也
是历史遗址（sites）、原始资源的功能之一。基于一些不为人知或不
被理解的差异，这些特殊性彼此遭遇、互相冲突。在这些斗争中也
包含和牵连着阶级斗争以及人民与国家之间的冲突，其中出现了完
全可以称之为差异的东西。在特殊性和差异性之间做出清晰的区
分，使得我们有可能避免诸如具体性、本真性等混乱而危险的隐喻。

　　关于差异的形式的理论，将自身向未知和误解敞开：向节奏、
能量的循环、肉体的生命（在那里，重复和差异互相派生，和谐与不
和谐轮番出现）敞开着。

第 十 四 节

　　差异在同质化领域的边缘地带维持或发生，要么以对抗的形
式，要么以外在（横向的、异序的、异逻辑的）事物的形式。差异始
于**被排斥**：城市边缘、贫民窟、被禁止的游戏空间、打游击的空间、
战争的空间。但是，或早或迟，现存的中心和同质化力量必然会努
力吸收掉所有的差异，且一定会成功——假如这些差异仅保持一种
防御的姿态而不去反击的话。在后一种情况下（即反击的情况下），
中心性和常态性的权力将受到最大限度的考验，以便融合、挽回或
捣毁那些越轨的差异性力量。

　　拉丁美洲大面积的贫民窟地区（**巴西的贫民区、拉丁美洲的一
些村镇、牧场小屋**等）（*favellas, barrios, ranchos*）呈现出一种远

比城市资产阶级地区更为紧张的社会生活。这种社会生活已经颠倒到了城市形态的层面，但是它仍然存活下来，因为它为了自卫而

F431
E374

斗争，并且以其现代的形式继续在阶级斗争的过程中进行反击。虽然他们贫穷，但这些地区有时却非常有效地安排他们的空间——房屋、墙壁、公共空间——以至于引起了一种令人不安的羡慕。我们将在此发现一种高层次的**取用**。率性的建筑和规划（在一种据说是非常优雅的术语学看来，是"野性的"形式）证明大大地优于由专家所做的空间安排——这些专家们不管有没有来自经济或政治权威的直接命令，都很有效地将社会秩序转换为区域性的现实。结果在那里（"sur le terrain"）就出现了一种非同寻常的**空间二重性**（dualité d'espaces/spatial duality）①。空间中的二重性自身构建了一种强烈的印象，即那里存在着一种政治权力的二重性：平衡受到如此大的威胁，以致剧变将是不可避免的，并将很快发生。然而，这个印象却是错误的——确切地说，这是对支配性空间的压制能力和同化能力的一种测量。这种二重性当然将继续存在；这种状况如果得不到任何逆转，被支配的空间只能受到削弱。"二重性"意味着矛盾和冲突；这种冲突最终要么导致出乎意料的差异的出现，要么导致冲突的自我吸收，在后一种情况下，只有被诱导的差异（也即内在于空间的支配形式中的差异）才会产生。一种冲突的二重性——是一种反抗（被诱导的差异）与矛盾／超越（被生产的差异）之间的过渡状态——不可能持久存在；但是，它可以围绕着一种被特定意识形态

---

① 关于空间是"行走在大地上的现实"（黑格尔语）之思想论述，可参看本书作者在法文版第三版导言中的论述（FXXI）XI。——中译者注

认定为最优的"平衡"来维持自身。

第 十 五 节

在辩证运动缺失的情况下，一种既定的逻辑（或者又是一个既定的战略）可以通过产生一个螺旋式的或恶性的循环（也被意识形态认为是"最优的"），来生成一个空间。一个恰当的例子是被古德曼所诟病的循环性。[①]美国联邦政府征收一定比例的汽油销售税，为城市和城市间的高速公路建设带来大量资金。高速公路建造对 F432
石油公司和汽车制造商都有利。高速公路每增加一英里，就会相应地增加汽车的销售，这反过来增加了汽油的消耗，也因此增加了税收，等等。古德曼将之称为"沥青的神奇循环"。机动车和机动车道路几乎占据了整个空间。

这就是一种"逻辑"的运行，也就是战略。这一系列的运作包含了一种生产性消费——空间的消费，这种消费具有双重的生产性，因为它既生产剩余价值又生产另一个空间。空间生产的进行受 E375
到了国家的干预，国家自然地按照资本的目标行事；然而，空间的生产却**似乎**只去满足社会各部分之间沟通的理性需求，而这个理性需求符合与所有"用户"的利益相一致的增长的需求。但实际上发生的却是，一个恶性的循环开始运转了，尽管它具有循环性，却是一种为占支配地位的经济利益服务的侵略性力量。

---

① Goodman, *After the Planner*, part II pp. 133ff. ——原注

第 十 六 节

每一种空间战略都有若干目标：就像抽象空间——被操纵的和具有操纵性的空间——所具有的"属性"一样多。战略空间同时使得另外一些情况成为可能，例如：迫使那些令人不安的群体，尤其是工人群体，向边缘地带退却；使得靠近中心的可利用空间变得更加稀缺，从而提升其价值；将中心组织为决策、财富、权力和信息的中心；为霸权阶级在中等阶层和"精英阶层"中寻找同盟；从空间的视角去规划生产和资金流动，等等。

这个社会实践的空间变成了一个**分类**的空间——进行分门别类以服务于一个阶级的空间。分类的策略将各个不同的社会阶层和阶级（除了行使霸权的阶级之外）在可能的疆域内进行分布，使它们彼此隔离、禁止所有的接触，并代之以象征性的或（想象的）接触。F433 在这方面我们需要做出两点重要的评议。第一点涉及某种"知识"（savoir/knowledge），它通过将分类策略视作科学的对象从而使之合法化。这里我所指的是结构主义，它出于对我们所说的各种安排和分类的兴趣，而援引那些高级的知性理由；它在此感知到的是可理解性——也即（思想的）主体对（被建构的）客体之间有着优越的关系。在这一方面（也不仅仅限于这个方面），结构主义的意识形态披着知识的外衣，而为权力效劳。第二点是安排或分类的"操作性"观念，它支配着整个空间；并且应用于私人空间的像应用于公共空间的一样多，应用于室内陈设的像应用于整个空间规划的一样多。这些观念通过促进全面的同质化趋势，而明显地为权力效劳。毕

竟，是国家——公共的，从而是政治的权威——在进行这种安排和
分类。这种操作手法（opératoire/operationalism）实际上把"公共"
空间与霸权阶级——或者，总之是保留和维持了土地和其他生产资
料的私人所有的阶级，它们中的一小部分——的"私人"空间，合并
在一起了。因此，从表面上看起来，"私人"领域只是根据"公共"　E376
领域的指令而组织的一个领域。此一颠倒的情况（颠倒的世界——
有待于被颠倒回来）实际上是普遍存在的。整个空间越来越模仿私
有企业、私人所有权和家庭，也即模仿与生命的再生产和生殖活动
相类似的生产关系的再生产①。

第 十 七 节

在这种**空间**的支配中，拟态（la Mimèsis/mimesis）②——即模

---

① 关于生命的生产是一种社会关系的生产的论述还可以参看本书英译本第32
页、第52页及第232页等处。——中译者注

② 拟态（mimèsis）是列斐伏尔"元哲学"的一个关键词，他认为拟态不是模仿的
同义词，拟态包括但不是一种心理学现象，而是一种社会学现象，它可以被界定为实践
层次的一个方面，但尚待建立，它介于重复与翻天覆地之革命的中道位置上，拟态可以
表现为逻辑性、合法性、纪念性与姿态性或礼仪性等。但它不可以被归结为一种重复性
的摹仿，其本质上是老师与学生、师傅与徒弟、家长与孩子间的教育关系，也内在着某
种类似于法官与公民、国王与其臣民间或者神与其崇拜者之间的关系。仿效只是拟态
很小的一部分内容，拟态实际上表现为对"远古的世界形象"样态之拟仿，某些局部的
意义/符号体系的影响，物的、情境的、活动的再生产的一般形式，"人类现实"的样态，
还有对作为思维与生活方法的模仿与拟像，等等。参看列斐伏尔《元哲学》（1965）一
书（1965/2001）（*Metaphilosophie*, pp. 7-19, Paris: Editions Syllepse, 1965; pp. 23-32,
Paris: Editions Syllepse, 2001），转译自 Henri Lefebvre : *Key Writings* / Edited by Stuart
Elden, Elizabeth Lebas, and Eleonore Kofman , pp. 28-29, New York : Continuum,
2003。——中译者注

仿及其种种结果；类比，以及由类比所传递的不同程度的印象；相似和相异；隐喻（用一个词指称另一个词）和转喻（以部分指称整体）——各有其作用和功能。但是，拟态的这个角色是矛盾的：通过把一个占据空间的模型指派给迄今含义混淆的欲望（desire），模仿保证了暴力（或者是反暴力）将会冲击欲望，在欲望与空间及其占有者的关系中。拟态及其构成要素和变体，使得建立一种抽象的"空间性"作为一个连贯的体系——一种半是人为的、半是真实的体系——成为可能。例如，自然被模仿，但也只是**表面上**被再生产：

F434 真正被生产的，只是自然或自然领域的**符号**，例如一棵树、一丛灌木，或者仅仅是树的形象，甚至是树的照片。通过这种方法，自然被势力强大的、具有毁灭性的抽象物有力地取代了，这种抽象物不需要任何"第二自然"的生产，不需要任何对自然的取用。自然可以说被丢弃了，丢弃在无人的旷野。一种实现了的"第二自然"——它远远地脱离了那本质上是取用的和具体的自然——将摆脱人工的束缚，但同时也没有了一点"自然的"痕迹。另一方面，拟态又在人工的世界，也即视觉的世界，安营扎寨。在那里，能被看见具有绝对的优先性；在那里模拟原初的自然、质朴性和身体的现实。

正如我们前面所看到的，社会（空间的）实践一开始就直观地——也即在最初的**直观**、直接中，去接近自然的质朴性——理解自然的已被分割的那一部分（从而也是身体的带有构成性的［constitutive］二重性的那一部分）：它们要么是洞穴、深窟，要么是丘陵、秀丽的山冈；要么是在地的"尘世"，要么是在天的"宙宇"；要么是曲线、圆圈、环形，要么是上升或下降的直线。正是

我以上所追踪的这些机巧的花招 [1]，使得如下一切成为可能：它始
于古代世界的城市，既包含女性的特质（femaleness）并降低了这
种特质的地位；又通过给它分配少许有限的空间而确立了对它的
统治；还把它还原为一种附属于雄性特质（maleness）、男子气概 /
阳刚（masculinity）或男性气质 / 坚毅（manliness）法则的"女性
气质"（femininity）。这个实践据此首先生产出多样性空间的**直
觉**（intuitus），并将其转变成一种**习性**（habitus），然后转变成**智性**
（intellectus）。这些转变发生在质朴的、已经有了一个精神维度（**直
观性**）的感官印象的基础上，它在某种程度上从已经脱离了"纯粹"
和"自然"的感觉，已经被放大、扩展和复杂化，并因此而发生了质
变。因此，社会空间在顽固地追求"理智化"（intellectualization）
的过程的推助下，从大地上出现，并不断地进化，直至抽象空间被
建构起来。这个空间是一个几何学的、视觉的、阳物崇拜的空间，
它通过变成同质化和病原性政治"中介"——这个中介既是反常
的，又没逾越规范；既是强制的，又是理性化的——的生产，而超
越了空间性，因为这个中介是国家的、权力的及其战略的"中介"。
这个绝对的政治"中介"，这个绝对政治的空间，其命运是什么？
目前看来，在隐喻化和转喻化之间，我们正在接近一种同义反复
（tautology）：我们只生产可以再生产的（可复制的），因而我们只通
过再生产或模仿过去的生产来实施生产。这是一个终极性的矛盾：
因为可以生产空间的能力只生产复制品（再生产的产品），所以除了
重复的东西，它不生产其他任何东西；除了生成重复，它不生成任

E377

F435

---

① 参看本书法文第四版第 286 页（F286）等处。——中译者注

何东西。空间的生产因此转变成了它自身的对立面：在空间中的物的再生产。而拟态（模拟、模仿）仅仅变成了基于已有知识、技术和权力的一种可再生产性／可复制性，因为可再生产性正是那保证了现存社会关系得以更新（或再生产）的能力。

第 十 八 节 ①

通常被称作"政治问题"的东西需要被打破，因为正像空间本身一样，它会引起许多子问题，许多不同的论题或问题：其中有一般意义上的关于**政治领域**及其在社会实践中的功能的问题；也有关于**政治**及其在资本主义生产方式中所扮演角色的问题；还有关于**政治家**——政客或国家的忠实追随者——以及他们的任职资格和选举（可以这样说）的问题。

E378　　　这些问题一方面涉及国家，另一方面涉及不可避免地保持着抽象性的政治领域（或特殊的政策）；对于这些问题的回答也一样，只要我们不是根据国家与空间的关系来表达它们。

这种曾经一直真实地存在的关系，现在正变得愈发紧密：国家的空间性作用，无论过去的还是现在的，都变得更加明显。行政的和政治的国家机器不再仅仅满足于（可以这么说吧）以一种抽象的姿势介入资本的投资（严格说来是经济领域）。只要经济生产和社会活动的单元仍然处于一盘散沙的状态，那就只有国家有能力把它们结合在一个空间的统一体中，也即结合在国家空间中。在西欧中

---

① 从此节列斐伏尔开始描述他心目中的差异性的政治空间。——中译者

世纪的末尾，城镇和城市体系用世俗化的空间取代了过去数个世纪的绝对（宗教的）空间。正是在这个虽然由散在的元素构成，但已经有了同一特征的政治空间里，出现了王权的空间，也即正在形成中的民族国家的空间。这种国家与空间的历史关系在我们先前的 F436
讨论中已经想到了。

今天，国家及其官僚制的和政治的机器仍在持续地干预空间，并利用空间的工具性特征介入经济领域的所有层面和所有动因。（全球）社会实践和政治实践趋向于在空间的实践中齐心协力，从而实现了一定程度的内聚性——如果还不能说是一种逻辑的一致性。在法国，当局（地方行政长官）已经将特定地方的活动与被所谓的规划指南和国家规划所指导的总体活动，连接在了一起。国境之内发生的任何事情都不可能逃脱国家及其"服务"的范围之外。整个空间都被覆盖了。

只有那些站在国家高度思考和运作的人，才会熟悉所有区域的和地方的安排，以及所有的流动和网络（例如把"人力储备"与生产性地消耗劳动力的地方联系在一起的网络）。

然而，事实仍然是，通过把千差万别的地方直接联接在一起，通过结束它们的相互分离状态——但不破坏由于分离所导致的特殊性和差异性——这些链接和网络的激增，使得国家显得有些多余。从那里，一种呼声——有时候调子很高却没什么实质内容，有时候则出于很深的城府——出现了，它来自四面八方，来自那些要求放松权力桎梏的人们，来自要求去中心化的人们，来自草根民间要求管理与自治管理的人们；要么是从生产（工厂）的层面，要么是从区域（城镇或城市）的层面。国家想凭借所有权力工具确立一些决策

E379　中心，并使之附属于一个主要中心——即首都，但遭到了强烈的抵抗。地方权力（市政厅、行政省、行政区域）并不希望自己被吸收掉。此外，国家既不可能什么事情都做、什么事情都了解，也不可能安排所有的事情。的确，它最大的影响力就在于摧毁所有试图逃脱它的掌控的东西：黑格尔意义上的绝对国家不能在空间中生产其自身，因为在它完成这个任务之前，它必然已经毁灭了自身。

F437　　　　因此，一定程度的"多元主义"依然存在，但是只要公开的冲突没有从各种竞争的力量——也就是在各集团、阶级，阶级的各部分中，采取自卫或进攻性姿态的力量——之中爆发出来，那么这种"多元主义"便没有多大意义。这就是为什么地方权力和中央权力之间的冲突，无论发生在世界的何处，都是最有可能令人感兴趣的。这样的冲突偶尔会允许**其他**东西突破**禁止**的边界。并不是说一定要按照美国式的自由主义而把希望寄托在多元主义**本身**；但是把希望放在类似多元主义本身（comme tel/lets by）的事情上，没有什么不合理的。

第 十 九 节

　　无数群体，有些是昙花一现的，有些持久一些，都致力于发明一种"新生活"，这种生活通常是公社式的（communautaire / communal）。这种公社试验，连同它的尝试与错误、成功与失败，已经有了许多的诋毁者和胜利者，我们可以据此得到一幅关于他们的极为清晰的画面。在他们所遭遇的挫折和失败的原因中，我们必须要举出"被取用的"空间的缺失这一点，也即没有能力发明新的形式。较早时

期的社会，不管是禁欲的还是其他的类型，都把沉思而不是享乐作
为他们的存在理由和目标。毫无疑问，没有比修道院更加"美丽"
的地方。但是我们需要记住，这些建筑不是为了美丽或艺术的目的
而建造，它们的意义和目的是从尘世引退、苦行和沉思。这是一个
奇特而自相矛盾的事实：尽管奉献给感官享乐的空间一直存在，但
它们稀少且遥远——除了阿尔罕布拉宫（Alhambra）①及其花园，以
及卢瓦尔河（Loire）②流域的一些特定城堡，或者帕拉弟奥式③的少
许别墅之外，还真难找到与文学中和想象中相同的实例，例如德兼
美修道院④、《一千零一夜》中的宫殿，或者傅立叶⑤魂牵梦萦之所在。
一种既令人愉悦和充满乐趣，又能让公社很好地利用大地赠与的礼
物的建筑，还没发明出来⑥。当有人问我们是什么动力预告了社会的 E380
需要和指令时，回答很有可能是商业和交换，或者权力、生产劳动，
以及克制与死亡；而不是享乐和休闲（即不工作的意思）。

　　让我们聆听一下（尽管不必是全心全意地）瓦莱丽·索拉纳⑦在 F438

----

　　①　阿尔罕布拉宫系中古时代西班牙城市格拉纳达附近摩尔族诸王之宫殿。——
中译者注
　　②　卢瓦尔河：法国最长的河流，发源于塞文山脉，流程约1,014公里（630英里），
先向北、西北，后向西注入比斯开湾。——中译者注
　　③　帕拉弟奥（Andrea Palladio, 1508—1580），意大利著名建筑师。——中译者注
　　④　德兼美修道院（Abbey of Theleme），系文艺复兴时期法国作家拉伯雷在《巨人
传》一书所描绘的理想社会，它位于传说中的东方契丹附近。——中译者注
　　⑤　夏尔·傅立叶（Charles Fourier, 1772—1837），法国著名哲学家、经济学家与
空想社会主义者。——中译者注
　　⑥　参看本书法文第四版第194页（F194）。——中译者注
　　⑦　瓦莱丽·索拉纳（Valerie Solanas）(1936—1988)，美国著名的激进女性主义
作家，著有《SCUM宣言》（*Society for Cutting Up Man Manifesto*），提出要建立一个女
性社会。——中译者注

她的《SCUM 宣言》(*Society for Cutting Up Man Manifesto*)中所作的复仇性的发言，这个发言因为深刻的愤怒而被很好地赋予了力量，我们很难拒绝这样一个结论：是时候将那个建立在暴力和苦难之上的男人的不毛之地，让位给女性的空间了。现在轮到女性来取用了，她们将会成功地履行这个责任。这与男性设计的无能，也即除了毫无乐趣的统治、克己和死亡之外一无所有，形成了鲜明的对照。

大部分（如果说不是全部的话）公社生活的现代实践，都将现存的空间转轨为它们自己的目的，从而其非取用的空间形态——中产阶级的公寓、半毁的城堡、被郊区别墅抛弃的村庄，等等——使得这些空间失去了它们的勃勃生机。

最后，一种娱乐空间的发明，必然意味着要经历**精英主义**这一阶段。今天的精英们选择回避或拒绝消费的量化模式和同质化倾向。同时，尽管他们培养了差异的外表，但是这些精英事实上彼此没有区别。而与此同时，大众——在他们中存在着真正的差异性，他们在最深的无意识的层面上追寻着差异——则继续推崇数量化和同质化。其中最明显的原因在于，大众必须在能够**生活**之前先要**生存**。

因此，精英起到一种作用，第一个作用，也是最重要的作用，是向大众指明了遵照量化的严格限制的标准来生活是多么艰难！的确，简直就不可能。当然，大众已经在他们的工作生活中体验到了这种不可能性；但是这种认识还有待于扩展到"工作以外"的整个生活。

但是，无论精英们为公社追寻什么样的结果，无论精英与劳动大众的关系结果如何，一个与生产力的能力（技术和知识）相称的新的空间的生产，从来不是由任何特定的社会群体所带来的；它是全世界范围内各群体之间关系——阶级之间的关系，或阶级内部各部分之间的关系——的必然结果。

因此，当与空间相关的问题激发了合作（也因此经常受到党派政客们的指责），各种不同的人们之间的合作，其中有"反动" F439 （réaclifs/react）者（即传统政治术语中的"反动派"），有"自由主义者" E381 （libérau/liberals）或"激进分子"（radicaux/radicals），有"进步主义者"（progressistes/prograssives）或"开明"民主主义者（démocrátes avancés/advanced democrats），甚至有革命者——没有理由对此表示惊讶。这个联盟围绕着某种特定的反（contre-/counter）-规划或者反-项目，促成了一个反-空间，旨在反对那个包含在权力战略中的空间。这种合作在世界各地发生，在英国或日本城市发生的可能性，与在波士顿、纽约或多伦多一样多。第一种典型的群体是"反动派"，他们为了保护自己的特权空间——他们的花园和公园、他们的自然、他们的绿地，有时是他们的舒适的老房子，或者有时仅仅是一些他们熟悉的小棚屋——而反对一些特定的项目。第二种群体是"自由主义者"或"激进分子"，他们也反对同一个规划项目，因为这种规划代表着对空间的夺取；而一般意义上的资本主义、某些特定的经济利益方，或者某个特定的开发商，也对这个空间充满觊觎。这种概念的模棱两可性（正如生态学的概念一样，是科学和意识形态的大杂烩），促成了最不可能的同盟的形成。

只有政党可以把准则强加给它所召集的成员，从而实现意识形态的统一。而恰恰正是刚才提到的这个同盟其成员的多样性，解释了传统政党对空间问题的怀疑态度。

第 二 十 节

　　有一种空间——在其中，所有在这个新的基础上重构起来的个体的以及／或者集体的"主体"，都将变得擅长使用和娱乐——尚处于幼年阶段。诸如"另类社会"的或"反传统"的时兴的概念，绝非已经摆脱了混乱。"反传统"是怎样的？想一想围绕着"文化"这个概念自身有多少不确定性吧，就像"无意识"这个概念一样芜杂，因为"文化"被变成了百宝箱。就像文化能装下意识形态一样，它也能轻易地装下历史的结果、生活方式的结果，或者身体的被误解的需要的结果。然而"另类社会"是怎样的？——既然定义"社会"

F440　是困难的，并且既然所有的相关词汇如果既不指称"资本主义"也不指称"社会主义"或"共产主义"（现在这些术语自身已经变得模棱两可），那就会失去所有清晰的含义。

　　与基于交换的社会背道而驰的是**使用**的首要性。而与量相反对的是质。我们知道反规划或反空间的主要部分是什么，因为实践

E382　证明了它。当一个公社反对城市机动车道或住宅项目的建设时，当它要求修改规划或腾出空间修建娱乐和比赛设施时，我们可以看到一个反空间——反对目光和凝视，反对量化和同质化，反对权力和权力的自负，反对"私人"和个体利益的无限扩张；以及反对空间的专门化和功能的狭隘的当地化——是怎样把自己嵌入社会现实中的。自然地，**被诱导出来的**差异——这些差异内在于整体之中并通过整体显现出来，这些差异是整体想要建立起自身然后加以封闭的一些体制（例如，近郊"别墅的世界"）——很难与那些逃离了体制

管制的**被生产出来的**差异相区分，也很难与那些被强制和暴力拉回体制中的**被还原的**差异区分开来。同样自然地，反空间和反规划也会冒充现存的空间，是对现存空间的拙劣模仿并证明了现存空间的有限性，虽然没有逃离它的控制。

通过引入（或再引入）多元化的措施来改变中心化国家的运转，其仅有的可能性就在于，"地方权力"以市政厅和区域力量（它们与所说的领土具有直接关联）的身份，向中心权力发起挑战。这种抵抗或者反对活动不可避免地将加强或导致地域实体的独立性，使它们能够在一定程度上实行自治。同样不可避免的是，中心国家会召集它自己的力量，利用孤立和削弱来降低地方的自治性。从而，一个非常具体的辩证过程就准备好了：一方面，国家在强化之后，接踵而至的将会是被削弱，甚至可能被分裂和衰退。另一方面，地方权力则可能始而坚强不屈，后而惊慌失措，节节败退。如此等等——根据某种周期，根据迟早必须要得到解决的矛盾而定。那么，会采取怎样的形式来解决问题？最终取代国家机器的，或许是 F441 由底层所提供和管理的数据处理器。把空间问题翻译成经典力学术语，即社会政治力量的相对强度，将使我们有效地摆脱许多荒诞的两难处境：城市要么不存在，要么是一个体系；空间要么是一个了无生气的衬底，要么是一个完全自足的生态学现实的"媒介"；城市区域要么占据一个小利基（niche），要么它是一个主体，等等。正像来自底层的经济压力——仅仅是这种压力，通过工会的形式，就制造了需求、罢工，等等——能够改变剩余价值的**生产**一样，仅仅是基于空间实践的压力，就能够改进剩余价值的分配，也即属于社 E383 会集体"利益"和所谓的社会服务的社会剩余生产份额的分配。这种来自草根阶层的压力，如果说它有效，就不能只将它局限于抨击作为"普遍利益"保护者的国家。这个产生于一个阶级的霸权的国家，已经把组织空间的功能、调节流动的功能，以及控制网络的功能作为它的最重要的功能之一，且是越来越重要的功能。它将全部剩余价值的重要份额，以及分派给社会治理的剩余生产的相当一部分，奉献给了这些目的。来自下层的压力因此也必须面对作为空间组织者的国家，作为控制城市化的权力的国家，作为房屋建设者和一般意义上的空间规划者的国家。国家一方面保护阶级利益，与此同时，又将自身作为一个总体置于社会之上，它在空间中干预的能力可以且必然引起对它的反抗，这就是草根阶级的反抗，以反规划和反项目的对抗形式，试图挫败上层强加给他们的战略、规划与项目。

第 二 十 一 节

　　"反-空间"的诉求压垮了"改革"与"革命"之间据说是牢不可破的区别。沿着这条路线，任何建议，甚至是那些看似最无意义的建议，都能动摇现存空间的根基和它的战略和目标：也即在它的权力所及和其所建立的秩序的范围内，到处施加同质化和透明性。前面我们所提及的"用户"的沉默[1] 或可作如下解释：消费者意识到，F442　他们的最轻微的变动都可能带来无穷的后果；而压在他们身上的整个秩序（或者说生产方式），也会因为他们的任何一点轻微的变动，

---

　　[1]　关于在抽象空间统治之下，"用户"们何以不得不"沉默"的问题，还可以参看本书第一章第十八节、十九节（F63/E51, F69/E56）及本章第九节（F421/E365）等处作者的描述与解释。——中译者注

而受到严重的影响。

　　这个状况的后果初看起来似乎是自相矛盾的。某些异轨或转向的空间，尽管最初是次要的，但已经显现出具有真实的生产能力的确切证据。这其中就有致力于休闲活动的空间。这种空间在最初的观察中似乎已经逃脱了业已建立的秩序的控制，因此，凭着它们是娱乐空间，就构成了一个广大的"反空间"。这种看法完全是一个幻觉。这个针对休闲的例子太过简单闭合。一个不容更改的判断是：休闲像劳动一样，既是被异化的也进行异化；休闲也像它自身一样，既是被吸收进来的，也可以作为代理去吸受；休闲既是"体制"（生产方式）的一个同化者，又是被同化的部分。一旦对工人阶级的征服表现为带薪假期、节日、周末等形式，休闲便被转化 E384 为一种产业，转变为新资本主义的胜利和资产阶级霸权向整个空间的扩展。

　　作为一种被支配空间的延伸，休闲空间在功能和等级方面同时被做了安排。它们为生产关系的再生产服务。因此，（休闲）空间是以明确具体的方式进行控制和强制管理的，强制推行它自己的礼仪与举止（例如晒黑身体）、话语形式（该说什么和不该说什么），甚至是空间中的模型和模拟（旅馆、农舍——重点在于私人生活，在于家庭的生殖秩序）。因此这个空间也是由"用以居住的盒子"所构成，由层层叠叠、挤挤挨挨的同一的"平面图"所构成的。然而，**与此同时**，身体也进行报复，或者至少要求报复。它努力作**为可生殖的**而为人所知，即获得认可（生殖什么？生殖出实践、用途，因此生殖出空间——并且经过扩展，生殖出人类的族群）。有一种积极性被它自己的结果否定了，后来又被恢复。海滩是人类唯一在自然中发现的娱乐场所。借助于感觉器官，从嗅觉、性欲到视觉（但没有特别强调视觉领域），身体倾向于表现得像一个**差异化的领域**。换言之，它表现得像一个**完整的身体**，而冲破了时空的外壳。这层外壳是在对劳动、劳动分工、工作的地方化和地方的专门化的响应中，发展起来的。在身体的偏好中，身体更多地（且最好）将自己作为"主体"（subject）和"客体"（object）；而不是作为"主体性"（subjectivité/subjectivity，古典哲学意义上）和"客体性"（objectivité/objectivity，在各方面都是碎片化的、被视觉和形象所扭曲）。

在休闲空间中，并且通过休闲空间，一种空间和时间的教学法开始形成。不可否认，迄今为止，它还仅仅是一个潜在的世界，遭到否认和拒绝；但它仍然暗示了一种趋势（或者毋宁说是一种反趋势）的到来。与此同时，时间恢复了它的使用价值。同时，对劳动空间的批判，无论是含蓄的还是直率的，反过来导致了对破碎的（专业化的）姿势的批判，对沉默、不安和萎靡的批判。

撇开其过时的方面不论，向质朴性的回归，向有机性（因此是向自然）的回归，产生了令人惊讶的差异性。通过音乐——犹豫不决地、笨拙但有力地——节奏要求归还它们的权力。它们不能再被遗忘，即使模仿和拟态已经取代了对存在的与自然的空间的任何真正的**取用**；即使向身体的求助总是易于转向它的对立面——在沙滩上彻底地松懈下来，仅仅注视着红日和大海的壮丽景观。

休闲空间倾向于——但它也不过是一种倾向，一种张力，一种"用户"寻找前行道路时的逾矩——超越各种分离，如社会的和精神的之间的分离，感觉的和理智的之间的分离，以及日常的与不寻常的（节日的）之间的分离。

这个空间进一步揭示了薄弱地带和潜在的突破点之所在：日常生活、城市领域、身体，以及在身体内部从重复中（从姿势、节奏或循环中）显现出的差异性。在传统空间与它们的纪念碑性之间、与它们的基于工作和需要而形成的地方化之间，与潜在的享乐空间之间，休闲空间架起了连通的桥梁。结果，这个空间正好是矛盾空间的缩影。这就是为什么说现存的生产方式既生产最坏的东西也生产最好的东西——一方面，它是寄生的痈瘤；另一方面，它是生机勃勃的新枝条——的原因，它充满了丑恶，也充满了可能性（尽管 F444 无法保证）。

第 二 十 二 节 ①

一个城市能够在多大程度上抵抗侵掠，那些想要毁灭一座城的人会遭遇怎样的困难？以巴黎为例可以很好地说明这些。在任何城市空间中，总有一些东西一直延续下来，但并非所有延续下来的东西都朝向同一个方向。当新资本主义和中心化的国家按照他们的利益重组城市的所谓历史片段时，不远处的邻近地区正处于越来越具有工人阶级性质的进程中：例如在美丽城（Belleville）周围，那里仍然是一个很有活力的地区，移民工人和从南非遣返的**侨民**（colons）摩肩接踵，当然，也不是没有一定程度的摩擦。同时，精英分子正在马莱区（Marais）聚集，但这些精英是由知识分子和（旧

---

①　以上几节分析了抽象空间的使用与交换的矛盾，本节开始讨论抽象空间内在的支配与取用之间的矛盾。——中译者注

式或新式)自由职业者构成的，他们不会轻视普通民众。在这个方面，他们不同于那些仍然固守在巴黎市内"住宅"区和郊区的旧式资产阶级。可以想象马莱区与它的邻近地区将长期保持与生产有关——与手工业和中小规模的制造业有关——的某种关系，以及与无产阶级甚至是亚无产阶级居民的关系。

E386　　　　早先，巴黎并没有完全失去把它作为一个庆典之城的兴奋。正像 1968 年所表现的那样，它仍然是一个熔炉，一个中心。这里有一个尖锐的矛盾：熄灭这炉火焰不符合政府和霸权阶级的利益，因为这样做将会破坏巴黎的世界声誉——但确切地说，这个声誉正是基于它揭露可能性与不可能性的勇气和意愿、它的所谓的文化发展，以及它的众多的行动和行动者(工人阶级、知识分子、学生、艺术家、作家，及其他人)。然而，与此同时，控制着经济的政权和资产阶级害怕所有这种骚动，想方设法地将它压制在令人窒息的中央决策机制之下。

　　　　在巴黎，像任何一座名不虚传的城市一样，中央集权性和纪念
F445　碑性的联合影响还没有走到尽头。这些趋势中的每一种，都建立在由特定的空间因素所推动的、既包含又排斥的基础之上。中心可以聚集事物的极限是：它开始把事物外推，并使它们分散开来。纪念碑发挥吸引力的极限是：它不再能制造一定程度的距离感。因此，旧的特殊性的减少，以及旧的族群、"文化"或民族性的减少，不可避免地应该生产新的差异。让城市现实完全停止是不可能的，这样做会杀死城市——至少会遭遇强大的抵抗。尽管被支配和被损坏，城市还是能成功地重建自身。只有在最极端的情况下，城市的现实才会被削减到萎靡不振、瘫倒在地(可以这样说)、彻底散开和死气

沉沉的状态。进而言之，这种难以发生的极端状态，很有可能将自身置入危险的境地。人民（"居住者"或"用户"）中的顺从性与行动性之间的矛盾，从来不会在迎合顺从性的情况下得到彻底解决。

再也没有什么比"都市性"（urbanité/urbanness）更加充满矛盾的了。一方面，它有可能使得阶级斗争在一定程度上偏离方向。城市和都市的现实有助于驱散危险"因素"，同时也便于设置相对不讨人嫌的"事物"，例如改进交通工具或其他"便利设施"。另一方面，城市及其周边地区倾向于成为各种活动的舞台，而不再局限于作为传统的工厂或办公区的所在地。城市和都市区域因此成了斗争的场景，但也是斗争的赌注（stakes）。怎么可能觊觎权力而不去触碰权力所驻扎的地方，不打算占据这个空间并创造新的政治形态 E387 呢？这个新的政治形态隐含了对旧形态的批判行动，从而也是对政治领域本身（即特定的政治方向）的状况的批判。值得顺便指出的是，乡村和城市非理性的混合无论如何都逃脱不了空间的支配；似乎有人，特别是那些居住在这个空间中的人，相信这一点。相比之下，混合得很糟糕的形式，则降低了城市和农村空间两方面的品质。城市和乡村之间的冲突非但没有被超越，反而二者都被推入了一片混乱；如果不是国家空间强加给它们一种"结构"，可以说它们就彻底没有了什么形式。

对于在政治上被支配的空间的取用，提出了一个重大的政治问题①，只要没有对政治领域，没有对具体的政治和国家的批判——事

---

① 这段文字是列斐伏尔对马克思如下一个著名观点的很隐蔽地改写："无产阶级不能像统治阶级及其互相倾轧的各党各派在历次胜利的时刻所做的那样，简单地掌握现存的国家机体并运用这个现成的工具来达到自己的目的。掌握政权的第一个条件是

实上，只要国家没有消亡，无论通过什么方式，凭借什么过程——
F446 这个问题就必然无法解决。在这层意义上，取用和支配之间的对抗变成了一种辩证的矛盾，因为对空间的取用、城市区域的发展、日常生活的转型，以及对城市和乡村间冲突与分裂的超越，所有这些都与国家和政治迎头相碰。

如此来看，支配的或被支配的空间，尽管是国家强加在它的"主体"之上的，无论那些主体是否忠于它；都不过是空间而已，似乎缺乏暴力，缺乏一种**国家神像**（*pax estatica*）（在西方国家，是**资本主义神像**［*pax capitalistica*］），联想一下罗马的神像。虽然抽象空间看似可以免遭任何暴力的侵扰，但事实上，抽象空间天生就是暴力的。这一点同样适用于所有承诺了类似安全的空间：近郊住宅区、度假村、人造乡村和仿造的自然。当我们把马克思主义关于国家消亡的理论 [①] 置于如下中心洞察（idée centrale/central insight）的语境中时，它将会焕发出新的生命；根据这个中心洞察，国家对空间的管理包含了一个稳定性（fixité/stability）逻辑，但这个逻辑既是毁灭性的，又是自我毁灭的。

改造传统的国家工作机器，把它作为阶级统治的工具加以摧毁……工人阶级不能简单地掌握现成的国家机器，并运用它来达到自己的目的。奴役他们的政治工具不能当成解放他们的政治工具来使用"。（《马克思恩格斯选集》第3卷，人民出版社1995年第二版，第117页。）——中译者注

　　[①]　早在1964年列斐伏尔便专门写过一篇马克思列宁主义关于国家消亡理论的著作，"Les sources de la theorieMarxiste-Leniniste de l'Etat"，*Les cahiers du centred'etudessocialistes* 42/43（1964）：31–48；其英译文 "The Withering Away of the State: The Sources of Marxist-Leninist State Theory"，载 Henri Lefebvre，*State, Space, World: Selected Essays*，pp. 69–94，Edited by Neil Brenner and Stuart Elden，Translated by Gerald Moore，Neil Brenner，and Stuart Elden，University of Minnesota Press，Minneapolis · London，2009。——中译者注

第 二 十 三 节

就此而言，我们值得重新思考一下前面提及的①三个层次网格（grille/grid）的问题。根据那个观点，存在三个互相影响、彼此交织的空间层次——公共的或整体的空间层次、私人的空间层次，以及混合的（中介的或中间的）空间层次。事实上，网格以一种与政治思维相当不同的方式解释和分配了社会空间。按照政治的观点，空间的任何部分都不可能或不被允许脱离支配，除了一些表面上脱离的情况之外。权力渴望从整体上控制空间，所以它将空间维持在一个 E388 "支离破碎的统一体"中，它既是碎片化的又是同质化的，权力对空间分而治之。网格则展现了一种不同的视野，仅仅是因为它没有使空间要素在一个抽象空间中彼此分离。它（网格）重新提出了固有的差异性，展望着既"简洁"又复杂的空间、偶遇和过渡的场所（廊道），以及适合冥思和隐居的场所。它与另外一种对空间层次的分析相类似，这种分析不是分离了而是分辨了"微观"层面（建筑，居住与住宅，邻里）、"中间"层面（城市，城镇规划，城乡分离），以及 F447 "宏观"层面（空间战略，城乡规划，以及国家、全球或世界视野下的土地）。然而，我们应该记住，这种"网格"仍然局限在对于空间碎片的分类中。而真正的空间知识，必须要解决空间的生产问题。

---

① 即参看本书第二章第十三节，法文第四版第 181 页或英文版第 155-158 页及以下内容。——中译者注

第 二 十 四 节

政治权力本身包含了一个内在矛盾。它既要控制流动的东西，又要掌握凝固的东西。社会空间共振峰和基本部件的流动性在持续提升，尤其是在正常的"经济"领域：能源的流动、原材料的流动、劳动力的流动，等等。但是这种控制要想发挥作用，需要建立固定的制度，作为决策和行动（无论暴力与否）的固定的中心。此外，还有一些确定的重要活动，有些是教育性的，有些甚至与娱乐有关，也需要经久耐用的设施（请注意，流动物和凝固物的可动性几乎与自然的节奏和循环无关）。因此，一种新的、具体的矛盾在易变性和耐久性之间出现了。空间形式的多样性和实践的灵活性只能变得更加显著，与之相伴的还有功能的多样性和多功能性，事实上，同时还有功能的失调性。如此说来，为自己的无罪性申辩的身体，能利用这个裂缝作为它的回归之路吗？它要回归怎样的第一自然，和"第二"自然？

第 二 十 五 节

E389　　符号与图像——符号与图像的世界——往往会填充上述的裂缝。幸福和满足的符号。自然的符号和图像。爱欲的符号和图像。历史性、本真性和风尚的符号和图像。他者世界的符号，另一个（不同的）世界的符号。各种冠之以"新"（Neo-）的事物、被消费的新奇物，以及那些老旧物、受尊崇之物、精妙之物的符号。未来的图像和符号。都市和"都市性"的符号与图像。

这个图像与符号的世界，这个"世界"（"尘世是不洁净的"）的墓碑，就位于如下现存物的边缘——在光与影之间，在被构想之物（抽象）与被感知之物（可读的/可见的）之间，在真实的与不真实的之间。这个图像与符号的世界，总是处在裂缝中，在裂痕中。在直接的亲历经验与思想之间，也在一个我们熟悉的悖论，即生与死之间。这个图像与符号的世界将自身呈现为透明的（从而是纯粹的）世界，呈现为令人心安的世界，因为它确保了精神与社会、空间与时间、内部与外部，欲望与需要之间的一致。也因为它是一体化的：它重申了一个（被再发现的）话语的统一体、系统语言的统一体、逻辑思维的统一体。这个符号的世界假装是一个真实的世界，或许它毕竟有权利这样做，这将涉及（绝对）真理的进一步妥协。于是，这个世界的法则是建立在透明的基础上的。但是它导致了不透明性和符号化自然性（不是"自然"本身，而是自然的符号）。这是一个欺骗的世界，确切地说，是所有世界中最具欺骗性的一个，也即是一个虚假的世界。而那个被虚假世界所**压制**的世界，被藏匿在角落里，或者潜伏在边线上。当谈论艺术和文化时，真正的主题其实是金钱、市场、交换和权力。谈及沟通（communication）时，实际上指的是孤独。谈论美，其实指的是商标的图像。而关于城市规划的讨论，则一无所指。

图像和符号的世界起到了一种致幻的作用，回避或掩盖了各种问题，把注意力从"现实"即可能性上移开。当占用空间时，它也同时赋予空间意义，以精神的从而是抽象的空间，取代了空间的实践；而没有进行任何现实的努力去统合那些空间，那些在符号和图

F448

像的抽象中似乎已经结合在一起的空间。差异被差异性的符号所取代;因此,被生产出来的差异,事先就已经被那些被诱导[①]出来的并且被还原为符号的差异性所取代。

E390　　但是,这个转瞬即逝的图像与符号的空间却无法取得连续性。这是一个飞速离去的世界,一个带有永恒的恢复需要的世界,令人目眩。有时候,这个世界甚至似乎要将全部家当泯灭在一个洞穴之内,泯灭在一个其宽度刚好能够将它们吞下的裂缝中。遗憾的是,以为合适的言辞或举止就能够把所有东西踩踏进垃圾槽,相当于一

F449　个存在论的(或存在主义的)幻想。任何对这种幻想抱着跃跃欲试态度的人,都需要接受一个提醒:在这些图像幻觉的充满陷阱的空间里,就是处身陷阱中。要想驱除这些亦幻亦真的符号和图像的世界,就不能单靠一副灵丹妙药或一套仪式性的举止,也不能凭借某个哲学家的三言两语或一个预言家挥挥胳膊就可大功告成。

　　因素或原因或许可以从"现实"之中分辨出来;然而,只有对那个让人迷乱的、含糊不清的图像世界的平稳运行实施长期干预,这个结果才有望实现。我们可以观察到,随着劳动分工的发展,与生产相关的产品与操作也日趋多元化了,尽管不能将二者的情况简单等同起来。随着体力劳动和在车间现场进行的劳动的意义相应下降,与保障生产正常运转相关的活动变得越来越重要了。一些人

---

①　induced 通常被译为归纳法,但在此处译为诱导法更为恰当。本章根据上下文可采用不同的措辞。induced 一般指诱导法。所谓诱导法,是指推销人员在推销洽谈时,为了引起顾客的兴趣,激发顾客的购买欲望,从谈论顾客的需要与欲望出发,并巧妙地把顾客的需要与欲望同推销品紧密地结合起来,诱导顾客明确自己对推销产品需求,最终说服其购买的方法。这种方法在推销谈判中最能引起顾客的兴趣,有利于营造一种融洽的气氛,有利于最终说服顾客。——中译者注

甚至将此称为工业的"服务业化"（tertiarization）。产品的概念与此有很大的关联，既然它现在必须将"需要"纳入考虑——无论这些需要是被设定存在的还是被蓄意制造的，是真实呈现的还是被直接操纵的——因此必须处理大量的信息。结果，生产劳动的组织变得越来越复杂了，因为观念上的考虑和利益的考虑不得不被重新调和，也因为产品自身的循环变得越来越多样了。此外还有商业服务的扩散，以及更广泛的辅助工作的分包。另一个结果是，都市中心（即从前所说的城市）倾向于接管生产过程中所有知识化的方面（从前称为科学在生产中的作用——或者作为生产力的知识）。这导致相关的科学和商业团体转而为了影响力、权力和声誉而斗争。

　　我们有充足的理由相信，**在空间中生产物**（各式各样的消费品）的过程，倾向于消除而不是强化同质性。许多形态各异的特性因此被允许显现出来，它们并不完全局限在一个特定的场所或者特定的状态，也不局限于地理上确定的空间。所谓的经济过程倾向于产生出多样化①——这是一个事实，它支持这样一个假说，即今天的同质化是政治的功能而不是经济因素本身的功能；抽象空间是权力的工具。一般的空间实践和特定的城市化进程（旧城区的扩展、城市建筑的延伸和中心的形成）不能单纯按照从量化结果或技术特点的视角所看到的工业增长来界定。"城市"既不能被构想为一个生产性的企业和单位、一座巨大的工厂，也不能构想为一种从属于生产的消费单元。

F450

E391

---

　　①　这些观点来自于拉德温·里什塔（Radovan Richta）《处在十字路口的文明》一书（*La civilization au Carrefour*）（Paris: Seuil, 1974），译自捷克原文 *Cicilizácia na rázcestí*（Bratislava: Vydavatel'stvo literatury, 1966）。——英译者注

从上述分析可以很清楚地看出，社会空间（空间的实践）至今已经潜在地实现了一定程度的自由，一定程度上摆脱了量化活动的抽象空间，因此也在一定程度上摆脱了由纯粹和简单的再生产所设定的日程。

第二十六节①

我们对空间审视得越认真，不仅使用眼睛和智力，而且动用一切感官和整个身体，我们便越能清楚地察觉到在其中起作用的冲突，这些冲突既促进了抽象空间的剧增，也促成了**另类 / 他者**（autre/other）空间的生产。

空间的实践既不由某个现存的体系——无论是城市体系还是生态体系——所决定，也不迎合这个体系，且无论它是经济体系还是政治体系。相反，在各种群体——这些群体能够把同质化的空间转向服务于它们自己的目的——的潜在能量的帮助下，一种剧场化的、戏剧化的空间极易生成。空间易于被情欲化、被恢复到混沌的状态，成为需要和欲望的共同发源地——通过音乐的方式，通过差异化的系统的方式，通过稳定物价的措施。这些方式战胜了需要和欲望在空间中——这里所说的空间要么是生理的（性欲的），要么是社会的（据说是专门用作愉悦的场所）——被严格地定位化的趋势。

F451 一种不平等的斗争，有时激烈有时低调，发生在逻各斯与反逻各斯（Anti-Logos）之间，这些术语在可能的最广泛的意义上，也即在尼

---

① 以下几节是列斐伏尔专门讨论差异性的心理学问题。——中译者注

采使用它们的意义上，被使用。

逻各斯造就了清点、分类和整理的能力：它培育了知识并迫使 E392
它为权力服务。相反，尼采式的伟大欲念（Grand Desire）则试图克
服分化——工作与产品的分化，重复与差异的分化，或者需要与欲
望的分化。逻各斯的一侧是理性，它正在不断被提炼，不断以形式
的组织化、产业各个方面的结构化、系统和将所有事物系统化，等
等形式，来坚持自己。在逻各斯这一侧的是各种意欲支配和控制空
间的力量：这些力量包括商业和国家、机构、家庭、"已有的派别"、
已确立的秩序、各种法人的和非法人的实体。而在相反阵营里的，
则是那些试图去**取用**空间的力量：包括各种形式的自治或者由工人
所掌控的区域的和企业的存在体，公社与市镇，还有那些致力于改
变生活、超越政治制度和党派的精英群体。

精神分析学对享乐原则和现实原则之间的冲突所做的说明[①]，
对这场伟大的斗争仅仅给出了一个抽象且牵强的看法。关于革命
的成熟的概念不得不与各种变体互相竞争，其中包括经济主义的和
生产主义的解释，以及各种基于工作伦理的描述。而最高的版本直

[①]　精神分析学所说的享乐（pleasure）并不是一般人所谓"有限的个人享受"的意
思。它认为该词泛指任何一种解脱的快感。潜意识心理的愿望和需求像婴儿一样，对
法律、伦理合禁忌也一无所知，生活世界里的"可以"与"不可以"对它没有任何意义；
它只知道自己需要什么，若不设法得到就绝不善罢甘休的。在潜意识心理，某些享乐
原则刺激而产生的欲望常遭到另一个相反的力量的监察。弗洛伊德称后者为"现实原
则"。我们每个人都具有这个力量，用来统治我们的潜意识里那些无法无天的要求，并
设法改造它们，使之适合周围的现实世界——那个充满法律和责任的世界。"现实原则"
的经典例子即是法律、命令以及一些外在的需求。它与享乐原则的关系就像坚决的双
亲和任性的孩子之间的关系一样。——中译者注

接源于马克思及其全面革命的推想，其中包括国家、民族、家庭、政治和历史等的终结，此外还要加上这样一个核心观点，即生产过程的更大程度的自动化，以及与之相关的差异化空间的生产的思想。

内在于伟大的逻各斯—厄洛斯（即爱欲）辩证法之中，以及"支配"与"取用"的冲突之中的，是两方面的矛盾：一方面是技术（technique/technology）与技术性（technicité/technicity）的矛盾；另一方面则是诗歌与音乐的矛盾。一个确实不需要回溯的辩证的矛盾，预先假定既是统一的又是对抗的。因此，不存在纯粹或绝对状态下的、不带有任何取用踪迹的技术或者技术性。尽管如此，事实仍然是，技术与技术性倾向于获得一种清晰的自治性；相比于取用，它们更加强调支配，相比于定性，它们更加注重定量。与之类似，尽管所有的音乐或诗歌或戏剧都有一个技巧的甚至技术的方面，而通过取用的方式，它们易于被包含在定性的领域。

F452

在空间中造成的结果是出现了形形色色的扭曲和错乱，但我们不可把这种后果误认作是**差异**。可能性被冻结，流动性衰退为固定性，难道空间也隐藏了一种虚假意识吗？是一种还是多种意识形态？这个被认为与在其中运作的力量——这些力量有些支持这个抽象空间，有些则要改变它——联结在一起的抽象空间，我们或许可以准确无误地说，它将虚假意识和意识形态现象纳入了它的影响之下。作为一个被拜物教化了的空间，它减低了各种可能性，并以一种虚幻的统一与透明性掩盖了冲突和差异，它很明显地是在发挥一种意识形态的功能。然而，抽象空间不是意识形态或虚假意识的结果，而是实践的结果。它的扭曲是自生的。确切地说，冲突是在知识的层面上，特别是在**空间**与**时间**之间的层面上，展现其自身的。

E393

抽象空间的压抑性与压制性力量，在它与时间的联系中被清晰地揭示出来了：这个空间把时间降低为它自己的抽象物——用于生产物品和剩余价值的劳动时间除外。因此，时间或许能够被迅速还原为置于空间活动之上的约束：成为距离、路径、行程，或者运输方式。尽管如此，事实上时间抵制了所有的这种还原，反而作为财富的最高形式，作为用途的核心和中介，从而也作为娱乐的核心和中介，而再现出来。在将时间带入外在性领域，带入符号和形象的领域，带入分散领域方面，抽象空间最终失败了。时间重回作为私密性、内在生命和主体性的它自身。同时，时间也作为一种与自然和功能（如睡眠、饥饿，等等）紧密相连的循环。在时间中，情感、能量、创造力的投入与符号和能指的消极忧虑的态度正好相反，这种投入，F453
这种要"做些"什么从而"创造些"什么的渴望，只能在空间中出现，通过空间的生产。但这种对空间的"真正的"取用——这种取用与那种"目的在于掩盖支配的对抽象**符号**的使用"，二者是不能兼容的——的确有些特定的必需条件。

第 二 十 七 节

"需要"（besoin/need）和"欲望"（désir/desire）之间的辩证关系与我们目前的理论研究和探讨只有部分关联。这个关系其本身已经很模糊，生态学家的观点使它变得更加费解。这个关系值得我们根据它自身的条件加以阐明。"需要"这个概念隐含或者假定了某些特定的影响因素。存在着多元的、各不相同的需要；尽管"需要的体系"的概念早就由黑格尔提出 ①,但是这个体系只能被构想为某个短暂的现实,在总体中并根据总体的需要(文化、意识形态、道德体系、劳动分工,等等)而形成。每一个需要都在它的对象中、在消费对象的过程中寻求满足,然而这种满足仅仅是暂时地消除了这个需要,因为需要自身是重复出现的,在获得满足后将会一而再,再而三地出现,并且更加强烈、更加紧迫,直到最终达到一个饱和点或者被熄灭。

E394

　　至于欲望,这个概念从来没有褪去它的模棱两可性,尽管修辞倾向于将其呈现为完备的。因为欲望在需要出现之前就施于现实,所以"欲望"与提供给生物的能量有关,这种能量倾向于爆发式地释放,没有明确的对象,且以暴力、毁灭或自我毁灭的方式进行。神学和形而上学的教条曾经且始终否认欲望最初缺少差异性。对于始终如一的神学家而言,欲望从一开始就是对欲望和永恒的欲望。对于精神分析学家来说,欲望"是"一种性的渴望——对母亲和父亲的欲望。然而,这里的问题在于,欲望尽管在起初是**没有差异性**的,也即它是无对象的,但它寻找对象并找到它——一般是在周围空间中作为刺激的结果。但它也是由可利用的(爆发性的)能量来决定的。这种能量在需要的领域中、在"生产劳动—缺乏—满足"的复杂关系的语境中,被界定,也即被对象化。要**超越**这个与

F454

---

① 在黑格尔那里,"需要的体系"是他心目中的"市民社会"的三个历史逻辑环节之第一个环节:"通过个人的劳动以及通过其他一切人的劳动与需要的满足,使需要得到中介,个人得到满足——即需要的体系。"(黑格尔《法哲学原理》,范扬、张企泰译,商务印书馆1982年版,第238页。)——中译者注

物（产品）相关的被界定的"需要"的领域，"欲望"意味着为了一个特定目的或目标而将可利用的众多能量聚集起来。于是毁灭和自我毁灭这种瞬间性的间歇发作（paroxystic）就被取代了，欲望现在的目标被创造出来：爱、存在，或工作。根据这种事物观（它的尼采主义前身应该并且意欲显现），伟大欲念（厄洛斯）的大门因此对欲望敞开。

从这个被诗意地从而是定性地而非概念化地明确定义的观点出发，**空间中**的物和产品是对特定需要的回应，即使不是对所有需要的回应：每一个需要都在这里寻找满足，找到并生产它的对象。特定的场所为定义那聚集在一起的特定需要和特定物品而服务，这些场所又反过来被这些聚集所定义。因此，空间里挤满了成群的可见的物品和成群的不可见的需要。

勒内·基拉尔（René Girard）[①]所说的"客体"与"主体"同样可以很好地适用于大多数空间：它们被暴力神圣化，从牺牲和谋杀、战争和恐怖中获得了声誉。[②]

需要（所有需要，它们彼此分离）易于重复，因此也需要它们的对象反复出现（不管这些对象是人造的还是现实的——很难描绘它们的区别）；但是同时，需要在数量上也在增长；它们死于重复，死于饱和现象。先于需要并超越需要的欲望是一个酵母，让这个生面团发酵；其所导致的运动阻止了停滞，且不由自主地生产出了差异。

E395

---

① 勒内·基拉尔（René Girard, 1923—2015），法国历史学家、文学批评家、社会科学家和哲学家。——中译者注

② 参见 René Girard, *La violence et le sacré* (Paris: Grasset , 1972)。——原注

第 二 十 八 节 ①

在数学和精密科学中，重复（**迭代**［iteration］、**复现**［récurrence/reiteration］）产生了差异。不管是被诱导的（induced）还是被还原的（reduced），这种差异在形式上趋向一致，剩下的那些则马上被评估，并被置于一种新的、更彻底的分析。这一系列操作按照严格的逻辑尽可能相似地运行。从第一个数字直到无穷数，这就是数值级数（numerical series）产生的过程。在实验科学中，只要有一个恒定的设置和被精确重复的条件，就使得研究变异数和变量（即余数）成为可能。

相反，在音乐或诗歌中，差异引起了重复的方面，这些重复使差异变得有效了。一般艺术和艺术感受力依赖于最大的差异性，最初只是隐约的、感觉的、预期的，最后则被生产出来。艺术信赖差异：这就是所谓的"灵感"或者"推想"；这是一个新作品出现的动因，它使得这个作品成为**新**的东西；直到后来，诗人、音乐家或画家才找到了方法、步骤和技巧，也即有了通过重复来实现推想的必要工具。但太常发生的是，推想被证明乌有，灵感结果是徒劳：假定的和预计的差异最终却是一个错觉，一个不可能出现的显现，换言之，一个不可能通过使用适宜的手段（材料［*materials*］和模具［*matériel*］）而客观地自我生产出来的泡影。推想的无限性——它极易被（主观地）误认为是意义的无限性——失败了。素描的独创

---

① 从本节开始列斐伏尔进入有关差异性的艺术乌托邦问题之探讨。——中译者注

性则又多余，它的新颖性只是一个印象或幻想。

身体之谜，这既平常又深奥的秘密，在于它的能力，即它那超越"主体"与"客体"（并超越两者间的哲学区别），而从重复与姿势（线性的）、节奏（循环的）之中"无意识地"生产出差异的能力。在这个被误解的身体空间中，在这个既亲近又疏远的空间里，重复和差异的悖谬性结合——这是一个最基本的"生产"形式——无始无终地发生着。身体的秘密是富有戏剧性的，它应时而作，虽然在从 E396 不成熟到成熟的发展过程中它是新事物的载体，但也带来了一种可怕的、悲剧性的重复，事实上是终极性的重复：年老与死亡。这是最高程度的差异。

抽象空间（或者以抽象空间为工具者）使得重复与差异之间的 F456 关系变得更具有对抗性。正如我们所见，这个空间依赖于重复——依赖于交换和互换的能力、可再生产性和同质性。它将差异还原为被诱导的差异，也即可以被一套"体系"内在地接受的差异；这个"体系"本身是被计划好的、被预先设定的，且完全是冗余的。为了达到这种还原的目的，真可谓无所不用其极——贿赂、恐怖主义、压制和暴力（在那里也充满了反暴力、反恐怖的巨大诱因，作为一种在使用中和通过使用而恢复差异性的方法）。曾经是偶然的毁灭和自我毁灭，已经变成了生活的法则。

正像生物的血肉之躯一样，社会的空间身体和需要的社会身体也不同于"抽象的器官"或符号的"身体"（语义学的和符号学的，即"文本的"），表现在以下几个方面：如果不生殖、不生产，也不创造**差异**，它们便无法生存。如果否认了它们，就是杀死了它们。

在"生存"的底限之上不远处，将会发现那些挣扎着的生产者，其中包括建筑师、"城市设计者"和规划者。但是还有另外一些人,他们在被支配的空间中游刃有余,娴熟地操弄着可交换与可相互交换之物、量化物与符号——包括货币总量、"房地产"、住宅公寓、建筑技术和建筑行业。

建筑师处于一个非常不自在的位置。作为科学家和技术人员,他们不得不在一个特定的框架内进行生产,所以他必须依靠重复。但是,作为一个寻求灵感的艺术家,作为一个对使用和"用户"敏感的人,他与差异性之间有着利害关系。他被不由分说地放置在这个令人痛苦的矛盾中,在两个极端之间没完没了地来回摆动。他的难处在于要弥合产品与作品之间的裂缝。当他竭尽全力试图弥补知识和创造力之间的鸿沟时,他注定活在由此产生的冲突之中。

差异的权利(*droit à la différence/the right to difference*)[1] 是一个正式的称号,称呼那些可以通过实践活动、通过有效的斗争,也即具体的差异,而实现的那些事物。差异的权利不包括那些无须经过激烈的斗争而取得的授权。差异的"权利"唯一的正当性在于它的内容;因此它与所有权完全相反,所有权作为资本主义生产方式下的基本关系法则,是根据其在逻辑上和法律上的形式而被赋予合法性的。

F457

E397

第 二 十 九 节

一些艺术和建筑理论家(例如安伯托·埃柯[2])极力并始终强调

---

① 有关这个问题还可参看本书第一章第二十节(F77-78, E64)。——中译者注。
② 安伯托·埃柯(Umberto Eco, 1932—   ),意大利的中世纪文化研究专家、符号学家、哲学家、文学评论家和小说家。——中译者注

符号学要素的差异化作用，包括曲线和直线、方形和圆形（或"辐射状的同心圆"〔radial-concentric〕）。这种强调有一定的合理性，一个语义学和符号学上的"差别"概念不是没有其作用。尽管如此，一旦最微小的（被诱导的）差异和最大的（被生产的）差异之间的区别被摆到显著的位置，事物的外观就会发生一些变化。通过把少许曲线添加到一些普通的有形的交角上，以便建造螺旋形的单元公寓，并不是一种完全无关紧要的成就，但其意义也不是特别重要。而从安塔露西亚（Andalusia）①那里获取灵感，去展示对于各种曲率、螺旋、阿拉伯图案、内弯曲等的感性运用，从而成就一些真正能带来感觉享受的空间，则是另一种完全不同的情况。迄今为止，不管是植物世界还是无机物世界，都没有完全展示它们所掌握的有关空间和空间教育法（pedagogy）的所有教益。在特定的类或属的植物中，"自然"**诱导了**（induces）差异；两棵树，甚至一棵树的两片叶子都不会完全一样——这个事实由莱布尼茨在关于统一和重复以及相异性（dissemblable/dissimilarity）和差异性（différentiel/differentation）这两个方面之间的悖谬性关系的研究中指出来了②。然而在另一个层面上，自然也**生产出了**差异：不同的种、不同的蔬菜和动物的形式；不同纹理、不同姿态的树，或不同类型的树叶。所有这些差异都**在**树这个形式的范围**之内**被生产出来；当然，这个范围受到其自身有限条件的限制。

　　为什么凭借人类的聪明才智所创造出来的那些作为作品或产

---

　　①　安塔露西亚（Andalusia），系西班牙南部的一个地区。——中译者注

　　②　"世界上没有两片完全相同的树叶"，这句著名的格言是莱布尼茨在与他的崇拜者、公爵夫人苏菲的一次谈话中说出来的。——中译者注

F458 品的空间，反倒不如自然之物更为丰富多样，不像风景或生物那样
多姿多彩呢？

第 三 十 节 ①

现在我们开始能够观察差异的全部含义了，它最终导致了**真理空间**（*l'espace vrai*/true space）与**空间的真理**（*vérité de l'espace*/truth of space）之间的矛盾。

E398 真理的空间，即哲学及其认识论分支的空间——除了一种被包裹在科学外衣之下的抽象感觉之外，它简直可以说是完美无缺的——在它被投射到社会的甚至是物理的"现实"之前，首先在思想家的脑海里被勾勒出形式并被构想出来。然后，人们竭尽努力通过诉诸知识以及知识在形式上的中心，使之获得合法性。借助于这个真理的空间，我们见证了"理论人"（l'homme théorique/theoretical man）的产生——即被还原为知识领域的人域（l'humain réduit/human realm）的诞生，冒充直接经验的概念化（conceptualization）的诞生。知识的中心因此要求必要和充分的地位；这个中心渴望成为明确的和具有决定性的，因此也是绝对的。无论这种要求是否被政治经济学、历史学或语言学所支持，也无论生态学是否被要求来填补这个图景中的裂缝，都没有多大的影响。因为这个战略方法在任何情况下都是同一的。被寻求的目标也是如此。结果导致了一种有时并不附带有任何明确教条的超级教条

① 本节是第六章的总结，作者提出所谓走向差异性的"空间的真理"概念。——中译者注

主义，以及一种傲慢自大的态度，这种态度把哲学家的旧体系建构推向了一个新的极端。很快就到了毁灭和自我毁灭的阶段。真理的空间是一个精神空间，它的双重作用是把"现实的"空间还原为抽象空间，并诱导出最低限度的差异。这种教条主义助长了政治和经济权力的最邪恶的野心。一般的科学和每一种科学的专业在支配性生产方式的框架内，都是行政管理和生产的直接奴仆。官方的解释坦率地[①]道出了这样的事实：当社会的管理者发现他们面临"一个越发复杂的环境"，并希望在其中建立一种"新关系"时，他们感到需要科学的支持。这一由哲学和科学所承担、现在被任命和构建为官方知识的"公共服务"角色，其合法性的获得是通过将精神空间和政治空间合并在一起，从而建立起一个"体系"，这个体系的久远和坚实的原型就是黑格尔主义。结果，不仅是关于"真理"的概　F459
念，也包括意义、亲历经验和"活生生"的概念，都严重地妥协了。表征性的空间消失在空间表象之中——后者吞并了前者；空间实践连同整个社会实践，一起被束之高阁，在现在自奉为最高统治者的思想面前，它只能作为无思想的一面而默默忍受煎熬。

　　与这个支配性的、官方的倾向相反，**空间的真理**一方面把空间与社会实践紧密联系在一起，另一方面又把空间与一些概念紧密联系在一起，这些概念尽管是由哲学炮制出来并与之保持着理论联　E399
系，事实上却凭借它们与实践的联系而超越了哲学本身。社会空间呼唤一种生产的理论，而这个理论也将证明社会空间的真理性。

---

　　① "make no bones"，在现代英语中有两层意思，一是没有任何反对意见，二是毫不犹豫、毫不隐讳的直言。——中译者注

空间的真理揭示了精神空间和社会空间的共同之处，其结果也揭露了两者间的差异性。两者之间没有裂缝，但是存在距离。两者不能混为一谈，但确实有一个共同的要素或成分。从而，知识、意识和社会实践这一切或许被发现共享一个**中心**。没有能量的集中、没有焦点或中心，也就没有"现实"，从而也就没有辩证法：即中心—外围、增生—消散、凝聚—辐射、溶合—饱和、浓缩—爆发、收敛—扩张。"主体"是谁？是一个暂时的中心。"客体"呢？亦然。身体呢？一种活跃的（生产性）能量的集中。城市呢？都市区呢？皆复如是。

作为一种形式的**中心性**是空的，它需要有内容，并吸引、集中特殊的客体。通过成为活动和一系列运作的中心，这个形式获得了**一种功能性的**现实。围绕着这个中心，一种（精神的与／或者社会的）空间结构现在被组织起来，这个总是暂时性的结构，连同其形式和功能一起，促进了实践。

中心性（*centralité/centrality*）观念取代了**总体性**（*totalité/totality*）观念，因此要对它重新定位，使它相对化，并赋予它辩证的特性。任何中心性一旦被确立，就注定会经受从饱和、聚集中分散、爆发、解体，以及外部侵略等命运。这意味着"现实"绝不可能是完全固定不变的，它时常处于流动之中。这也意味着一个一般化的**轮廓**（中心的和"去中心"的轮廓）正在形成，它既为重复也为差异留下了空间，既为时间也为并置留下了余地。

因此，我们所正在思考的问题，乃是继传统哲学与马克思主义思想分裂之后的一种拓展，这个拓展在容纳对哲学的激烈批判的同时，也没有舍弃黑格尔的具体普遍性的要义或忽视此概念的重要

F460

性。换言之，我们关注的是体系建构之外的理论。

　　空间的真理因此带回了（并因此强化了）一种强有力的尼采式的情感："可是你们有追求真理的意志，这种意志或许意味着：能让一切变成人能想到者、人能看到者、人能摸到者！你们应当思考你们所感觉到的，一直贯彻到底！"（*Eure eignen Sinne sollt ihr zu Ende denken*）" [①] 至于马克思，他在《1844 年手稿》中号召：要有依靠自己的能力成为理论家的意识 [②]。人类的革命道路与超人的英雄之路在空间的十字路口相会了。它们能否相结合，则是另外一个故事了 [③]。 E400

---

　　① 尼采："在幸福的岛屿上"，见《查拉图斯特拉如是说》一书（Tr. R. J. Hollingdale. Harmondsworth, Middx: Oenguin, 1961），p. 110。——英译者注。中译本参看［德］尼采：《查拉图斯特拉如是说》（译注本），钱春绮译，三联书店 2007 年版，第 91 页。——中译者注

　　② 马克思在《1844 年经济学哲学手稿》中的原话应当是："**感觉**在自己的实践中直接成为**理论家**。"（《马克思恩格斯全集》第 3 卷，人民出版社 2002 年第二版，第 304 页。——中译者注）

　　③ 相关观点参看本书第一章第十节，特别是 F30/E22–F33/E24 页等处。事实上，列斐伏尔在完成此书之后马上就出版了一部有关黑格尔、马克思与尼采关系的著作：《黑格尔、马克思、尼采或者阴影的王国》（1975）（*Hegel, Marx, Nietzcheou le royaume des ombres*, Paris: Castermann, 1975；此书英译本参看 Henri Lefebvre, *Hegel, Marx, Nietzsche Or the Realm of Shadows*–Translated by David Fernbach, London・New York, Verso, February, 2020。）——中译者注

第七章　开头与结尾

第　一　节 [①]

F461
E401　　以上分析与解释隐含着这样一个问题："社会关系是以怎样的方式存在的？" [②]

　　社会科学一旦将自身建立起来，便失去了对哲学传承下来的各种"实体"（substances）——诸如"主体"与"客体"、社会"自在之物"，抑或是孤立地加以考虑的个体或群体，等等——进行描述的兴趣。取而代之地，像其他科学一样，社会科学把关系（des relations）视为它们的研究对象。不过，问题在于，当一种关系尚未在具有高度规定性的状态下被实现时，它寄居于何处？它如何等待它的时机？它存在于何种状态之中，直到某种行动使其开始发挥作用？将其（即社会关系）含糊其辞地指向总体实践，显而易见是对

---

　　① 本章是全书的总结，第一节重申空间是任何社会关系得以存在的具体方式与基础；第二至三节重新探讨空间批判理论如何可能的问题；第四至六节则从空间的历史角度又一次回顾与展望人类从空间中的生产到空间的生产巨型转折过程；第七节开始直到本书的结束，作者则着力探讨现实的与未来的空间政治问题。——中译者注

　　② 列斐伏尔在本书第二章第九节对这个观点作过集中而著名的论述，参看法文第四版第 152-153 页（F152-153）、英译本第 129 页（E129）。——中译者注

这些问题的不充分的回应。在对这些社会关系进行分析时，仅仅将其称为某种**形式**是不可能的，因为形式本质上是空的，它需要有内容以便存在。它也不可能被视为某种**功能**，因为功能得有对象才能进行操作。它甚至也不能被视为某个**结构**，因为结构的任务是把各种基本单元组织在一个整体之中，这就既需要整体又需要各种要素单元。所以，分析的思想发现，借助于其自身的活力，它正在向它最初丢弃的那个实体（entities）与"实体性"（substantialities）回归：回归到主体与客体、无意识、总体实践，等等那里去。

因此，就算是**社会关系如果没有一个基础便不可能存在**，我 F462
们还是得追问这种基础是如何"起作用的"。容易被历史学家和社会学家们在人口或日用之物中看到的"物质基础"（le substrat materiel/material substrate），并没有提供一种答案。我们还可以继续问的是，这个"基础"与其所支撑与承受的关系之间是一种什么关系？可以说，通过从元-水平上重述这个问题而使其复杂化尽管 E402
不能使我们更加接近问题的答案，却着实能显现出其中的困难。逻各斯和语言的理论家们（黑格尔与马克思他们自己）对此类问题看得很清楚：如果没有语言，便没有思想，也没有反思；而如果没有物质基础——没有感觉、没有嘴巴、没有耳朵、没有足够的空气的干扰，没有声音与清晰的信号的发送——便没有语言[①]。这里有两种

---

① 语见马克思恩格斯的《德意志意识形态》一书第一章，原话是："'精神'从一开始就很倒霉，受到物质的'纠缠'，物质在这里表现为振动着的空气层、声音，简言之，即语言。语言和意识具有同样长久的历史；语言**是**一种实践的、既为别人存在因而也为我自己而存在的、现实的意识。"《马克思恩格斯文集》第1卷，人民出版社2009年版，第533页。——中译者注

无神论的解释方式。对于一些人而言，比如对于黑格尔、特别是马克思而言，这些"前提"是现实的，因为它们"表达了"某种先在的理性。与之相反，对于另外一些人来说，意义与符号什么都不"表达"——它们是任意的，仅仅是在一系列约定俗成的、被诱导出来的差异的要求下，连接在了一起。迄今为止，那种认为符号具有任意性的观点已经走到了认为语言本身是有问题的地步，因此，有必要引入一些新的基本要素，诸如身体、原欲，等等。

如果结论是以某种先在的逻各斯（它既是实体性的又是永恒的）为基础进行的调和，就不能说这个问题得到了有效的解决，因为问题还会在另外一个层面上再现出来。因此，黑格尔和马克思都被他们的分析引向了对"物／非物"（亦可译作"非物之物"——中译者注）（chose -non-chose）或具体抽象物的辨认：在黑格尔看来，是概念；而在马克思那里，则是商品。**物**——马克思视其为社会劳动的产物，它注定要用来交换，并为了双重意义上的价值，即使用价值与交换价值，才被投资制造出来——既体现了也掩盖了社会关系。物似乎因此成了所有关系的基础。但按照马克思主义的分析，**以商品面目出现**的物，很显然已经不再是物；就它们依然是物这一点而言，它们变成了承担过多意义的"意识形态客体"。**作为商品的物**可以被分解为关系；它们的存在因而纯粹是抽象的——实际上是如此抽象，以至于如果让它们脱离开符号以及符号的符号（货币），我们恐怕就什么也看不到了。因此，关于基础的这个问题是不可能通过永恒的物质世界的假设而得到完整解答的。在我们目前讨论的语境下，这个问题的出现首先是就社会空间来说的。这种空间被定

F463

性为某种"物／非物"（或"非物之物"），因为它既非实体性的实在，也非精神性的实在，它也无法被分解为抽象物，且它既非空间中的物的集合，也非某些被占据的地方的聚集。这种空间既不是作为符号的空间，也不是作为与空间相关的符号的集体，除了它所包含的这些抽象符号和实在的物之外，它还有着更多的现实性。社会空间建立的原初根基是自然——自然的或物理的空间。建立在这个基础 E403 之上的，是通过变革、替换，甚至是扬言要毁灭的方式叠加起来的，连续不断、层层叠叠地纠缠在一起的网络，（这些网络）尽管在形式上是物质的，却获得了一种超越其物质性的存在：小径、道路、铁路、电话网，等等。理论已经证明，没有空间会完全消失或者在社会发展的过程中被彻底铲除，甚至连这个过程开始的自然场所也不会完全消失。总"有些东西"会生存或延续下来，这里的"某些东西"指的不是某个物。每一种这样的物质基础都有形式、功能、结构——这样一些规定它的、必要的而非充分的属性。事实上，每一种基础都构建了它自己的独特的空间，离了这个空间便无任何意义和目的可言。每一种网络或链条——从而也是每一种空间——都以独特的方式服务于交换与用途。它们中的每一种均是**被生产出来**的，从而服务于某个目的；每一种都要被耗尽或被消费，有时是非生产性的消费，有时是生产性的消费。有一种言谈的空间（*espace de la parole*/space of speech），正如我们所见，它的前提条件是：嘴唇、耳朵、发声能力、充足的空气，以及声音，等等。然而，对于这个空间而言，这些物质前提还不是一个充分的规定性，充分的规定性包括：行动的空间与互动的空间；呼唤的（d'appels/call）空间与传唤的^①(d'interpellation/call back and forth)空间；表达出来的空间与权力的空间；以及（已经处于这个层面的）潜在的暴力的空间与反抗的空间；还有话语的空间，它和任何一个有关空间的讨论或空间中的话语都不相同。这个言谈的空间藏匿了身体的空间，并通过踪迹、书写、描述和铭刻等方式获得发展。

F464 　　至于一般的商品，若干千克的食糖、若干袋的咖啡豆，或者若干米的纺织品，它们显然不能作为其自身存在的物质基础。贮藏这些东西的商店、仓库，将要装载它们的轮船、火车、卡车等运输工具，行驶的道路，也必须纳入考虑。进一步而言，在把这些物都一一考虑过之后，我们仍然不能对商品世界的物质基础有一个适当的理解。衍生自信息理论的如"渠道"（channel）概念，或"索引"（*repertoire*）概念，也不能够帮助我们对这些物的全体做出规定。这一点同样适用于流／流动（flow）的观念。必须牢记，物是在空间之中构成相对确定的交换的网络或链条的。如果缺少这样的停泊点或插入点，或者如果它们并没有作为一种集合体（ensemble）的存在，商品世界便无"现实性"可言。这一点同样适用于银行或交易网络，它们要面对金融市场、金融交换，从而也要面对竞争、利润平衡与剩余价值分配等情况。

　　最后，所有这些过程都进入了作为一个总体而存在的地球空间E404 以及地球空间的各种"层次"、各种网络以及链条：世界市场和被它

---

　　① interpellation 一词来于阿尔都塞著名的"意识形态和意识形态国家机器"一文，在此文中阿尔都塞提出一个基本观点"意识形态把个人传唤为主体"。参看《哲学与政治：阿尔都塞读本》，陈越编，吉林人民出版社 2003 年版第 361 页及以下内容。interpellation 也可译作"互应的"。——中译者注

纳入其中并发展起来的劳动分工、计算机科学的空间、战略透视的空间，等等。而处在这些层次中的、这个地球空间庇护之下的，是建筑空间、都市生活的空间以及空间性规划。

"世界市场"在任何意义上都不是一个统治实体，也不必将其视为被帝国主义完全而绝对地操控的某种工具性现实。它在一些方面是坚固的，在另外一些方面是脆弱的。它具有二重性特征，一方面作为商品市场，另一方面作为金融市场。由于这种二重性，它不可能无条件地合乎逻辑或达成一致。我们知道，**劳动的技术分工**引进了**互补性**（*complémentarités/complementarities*）（理性化地联合作业）——尽管它的**社会分工**以一种据说是"非理性"的方式引起了分裂、分化与冲突。社会关系在"全世界"的框架内没有消失；刚好相反，它们在这个层面上被再生产出来了。通过各种互动关系，世界市场在地球表面，在被冲突与矛盾所主宰的空间中，创造了各种形态，雕刻着变化的空间。

F465

社会关系作为具体的抽象物，除了在空间之中并通过空间之外，没有任何真实的存在。**它们的基础是空间性的**。在每一种特殊情况下，这个基础与它所支撑的（社会）关系之间的关系，都需要加以分析。这样的分析必须隐含和解释一种起源，并构建一种批判——对建立（institutions）、替换（substitutions）、互换（transpositions）、隐喻、换喻等这些改变了我们所思考的空间的东西进行批判。

第 二 节

我们以上的命题本身就隐含并解释了一个推想（projet/

project）——即对一种既是描述性的、分析性的，又是整体性的知识的诉求。如果有人愿意给这项工作贴上某个标签，它可以叫做"空间分析"（*spatio-analysis*）或"空间学"（*spatiology*）。这些术语应当与我们业已使用的术语，例如"符号学分析"或"社会分析"（更不用说"精神分析"）的，并行存在——在某种意义上，也是对已存在的术语的一种回应。使用其中的某个术语有一定的好处，但是缺点也很多。首先，基本思想有可能变得含混不清，因为这里所追求的知识并不直接指向空间本身，也不构建空间的模型、拓扑学或原型学；相反，它提供了一种对**空间生产**的阐释。空间的科学或"空间分析"强调**对**空间的**用途**，强调空间的质的特征，因为所需要的是这样一种知识（认识）（*connaissance*）：对它来说，批判性环节——即对既定知识（*savoir*）的批判——才是最根本的事情。做如此理解的空间的知识，隐含了对空间的批判。

E405　　　　　最后，"空间分析"方法有可能混淆、从而违背**节奏分析**（rythmanalyse/rhythm analyse）的思想——这个思想原本被指望作为空间生产的阐述的收尾之用[①]。

　　　　　整个（社会）空间都始于身体，尽管空间让身体变形得如此面目全非，以致被彻底忘记——尽管空间如此极端地把身体分离出

[①]　类似观点参看本书第二章第八节（F139/E117）及第六章第四节（F412/E356，F426/E370）等处。事实上，列斐伏尔生前所完成并出版的最后一本著作就是有关节奏分析的。详见他与其第四任妻子凯瑟琳·列斐伏尔（Catherine Lefebvre）合作的著作 *Elements de rythmanalyse: Introduction a la connaissance de rythmes*, Paris: Editions Syllepse, 1992; 该书英译本参看 Henri Lefebvre: *Rhythmanalysis Space, Time and Everyday Life*, Translated by Stuadt Elden and Gerald Moore, With an Introduction by Stuart Elden, Continuum, London·New York, 2004。——中译者注

去，以致杀死了身体。某种遥远的秩序的根源只能根据离我们最近切的秩序，也即身体的秩序，来解释。[①]从空间化的角度考虑，在身体自身内部，由感觉（从嗅觉到视觉，在一个差异化的领域中被分别对待）所构成的一系列层面，预示着社会空间的各种层次和它们 F466 的相互关系。消极的身体（感觉）与积极的身体（劳动）在空间中相遇了。对节奏的分析必须有助于向整个身体的必然的、不可避免的回归。这使得"节奏分析"成为一件非常重要的事情。这就说明了为何这种方法所需要的绝不仅仅是一种方法论或一连串的理论概念，也不仅仅是各种条件都得到了满足的体系。

第 三 节

从传统哲学角度来看，我们这里所从事的研究与理论活动的类型可以被称作**元哲学**[②]（*metaphilosophie/metaphilosophy*）。元哲学的任务在于揭示哲学曾经的特征，它的语言和它的目标，阐明它们

---

① 我国古代五经之首《周易》对此早有形象概括："古者庖牺氏之王天下也，仰则观象于天，俯则观法于地，观鸟兽之文与地之宜，近取诸身，远取诸物，于是始作八卦，以通神明之德，以类万物之情"（系辞下传）。——中译者注

② 类似观点还可参看本书第六章第十一节（F424/E368）等处。实际上，列斐伏尔至少有两部著作是专门讨论这个尼采式的"元哲学"问题的。参看他所著《元哲学》（1965/2001）（*Metaphilosophie*, Paris: Editions Syllepse, 1965, 2001）；《日常生活批判》第三卷"从现代性到现代主义（论日常生活的元哲学）"（*Critique de la vie quotidienne III: De la modernite au modernisme*［*Pour une metaphilosophie du quotidienne*］, Paris: L'Arche, 1981. 中译本参看《日常生活批判》第三卷，叶齐茂、倪晓晖译，社会科学文献出版社 2018 年版。）——中译者注

的局限并超越这些局限①。在此过程之中，我们并不消除旧哲学的任何东西——既不消除它的范畴，也不消除它的基本主题，不消除它为自己所关注的一系列问题。然而，事实是，当哲学面对它所提出却无法解决的矛盾时，便轻易地裹足不前了。于是，空间对于哲学家们来说，便被分为两个方面：一方面是可理解的空间（精神绝对的本质和透明性）；另一方面则是不可理解的空间（精神的堕落，外在于精神王国的绝对天然性）。结果，它们时而选择这一方面，时而选择那一方面——时而选择作为形式的空间，时而选择作为实体的空间；有时选择光明的宇宙空间，有时选择充满阴影的尘世空间。

E406

哲学**本身**不能克服这些分离与断裂，它们（这些分离与断裂）是哲学态度的重要部分。哲学态度被界定为思辨（speculative）、沉思（contemplative）和体系化（systematizing）——从而与社会实践和能动的政治批判活动相割裂。元哲学不但不追寻传统哲学的隐喻，还要拒绝它们。而一旦沉思（meditation）开始应对时间与空间问题而不再受它们的束缚，那些"坠入字网"（pris dans les filets du langage）的哲学家便被抛在后头。

对作为意识形态的哲学展开批判面临一些困难，因为必须要

---

① 列斐伏尔曾把自己的"元哲学"与"传统哲学"体系的关系比喻作为马克思所说的能动的"家庭"与被动的"亲属制度"之间的关系：他引用马克思关于摩尔根的《古代社会》一书笔记的观点说："家庭是一个能动的要素，它从来不是静止不动的，而是由较低级的形式进到较高级的形式。反之，亲属制度却是被动的；它把家庭经过一个长久时期所发生的进步记录下来，并且只有当家庭已经根本变化了的时候，它才发生根本的变化。［同样，政治的、宗教的、法律的、哲学的体系，一般都是如此。］"（载《马克思恩格斯全集》第45卷，人民出版社1985年第一版，第353-354页。）参看其所著《元哲学》，参看 Henri Lefebvre：*Metaphilosophy*, trans. Stuart Elden and David Fernbach, Verso, 2016, p. 1-2。——中译者注

把真理的概念（le concept de vérité）和概念的真理（le vérité du concept）从堕落与毁灭的趋势中拯救出来，但正在走下坡路的哲学体系老想拖它们的后腿。在此处这是一项注定完不成的任务，但它在别处会得到解决，特别是在对它的最强有力的"综合"——黑格尔式的综合——以及对它的彻底批判这两者对峙的语境下，问题会得到解决。这种批判一方面立足于社会实践（马克思），另一方面扎根于艺术、诗学、音乐与戏剧（尼采）——两方面均以（物质的）身体为基础。 F467

正如以上所提到的，哲学一旦开始直面"主体"和"客体"及其相互关系时，便不再死去。

至于"主体"——它在由思维之"我"（I，无论是经验的还是超验的版本）的**我思**所塑造而成的西方传统中享有哲学的特权地位——它仅仅是消解了，既是在理论上也是在实践上消解了。然而，哲学所提出的"主体"的问题仍然是一个基本问题。怎样的"主体"？这个问题与另外一个问题遥相呼应——怎样的"客体"？与"客体"的关系同样也需要一个真实的（real）解释。客体正像主体一样，很容易承当某种意识形态（即符号与意义）的负担者。哲学通过构想某种无客体的主体（纯粹的思想之我或"**我思**"），或者某种无主体的客体（即作为机器的身体或**广延性**），而在它试图加以规定的地方制造了一条无法取消的裂缝。在笛卡尔之后，西方逻各斯徒劳地努力将这些碎片重新粘贴在一起而形成某种蒙太奇。但在诸如"人"（l'homme/man）或"意识"（la conscience/consciousness）等概念中所形成的主客体的统一，只能是一种狗尾续貂，即无非给已经是一长串的诸如此类的实体再增加另外一种哲学的虚构而已。黑格尔接近于一种答案，但在他之后，**构想物**与**直接经验物**之间的分界线又回到了逻各斯的外部边界和哲学本身的界限。有关符号的武断的理论，一度作为一种知识的精华而标榜自己是完美无缺的科学证书，却反而加剧了表达与意义、能指与所指、思想与现实等之间的分裂。

E407

　　西方哲学已经**背弃**了身体，它积极地参与了那**抛弃**身体的、规模巨大的隐喻化过程，从而已经**弃绝**了身体。既是"主体"又是"客体"的活生生的身体，无法忍受这样的概念性分裂，以及由此导致的哲学概念陷入"无–身体的符号"（signes du non-corps/signs of non-body）的范畴。在理性之王（King Logos）的统御下，在真理的空间的统御下，精神的和社会的空间已经被分裂，分裂为构想物与直接体验物，以及主体与客体。新的尝试始终没有停止，想凭借某种别出心裁的拓扑学或其技术，将外部还原为内部，或将社会的还原为精神的。最终结果呢？徒劳无益！抽象的空间性与实践的空间性在远处互相注视着对方，被视觉领域所左右。与之形成对照的是，处在**国家大义**（raison d'etat）——在黑格尔哲学中被捧到九霄云天之上——管辖之下的知识与权力，则联结成一个牢固的合法同盟。不管是主观主义（subjectivisim）的欲望和观念还是客观主义（objectivism）的思想，都尊重这种同盟；同时，对于逻各斯，遵从一种不接触（ne touchèrent/hands-off）的政策。

F468

　　今天，身体已经牢固地确立起它自己的根底与基础，**超越了哲学**，超越了话语，也超越了话语的理论。一种包含着对主体与客体进行反思的理论思想，超越了旧概念，已经在重新拥抱身体——与空间在一起、在空间中，并且作为空间的始作俑者（或制造者）。

说这种理论思想"超越了话语"，就是指它出于身体教学法之目的，而考虑到了那些镶嵌在诗学、音乐、舞蹈与戏剧之中的大量的非正式知识。这种非正式知识的积累，构成了潜在的真正的认识（*connaissance*）。所谓"超越哲学"就是指：超越替代与分离的核心（逻辑），超越形而上学与回指（anaphoric）的手段①。"超越哲学"的领域在否定回指——推动哲学家加剧了身体变形（metamorphosis）为抽象物、变形为无身体的符号——的过程中，确实发现了它的关键的声音。至于"元哲学"，这个词既指向保存哲学概念的外延，又指向改变它们的内涵；同时，用新的"客体"取代旧的"客体"。因此，我们这里所说的，是要废除西方的形而上学，废除发端于笛卡尔、经过黑格尔直到今天的西方思想传统，这个传统已经成功地融入了一个以**国家大义**为基础的社会之中，融入了一个特定的空间概念和 E408 特定的空间现实之中。

理性（逻各斯）之王，一方面由眼睛——也即目神、圣父、主人或老板——所守护，这与视觉领域及其形象与图形维度的首要性相呼应；另一方面由阳具崇拜（军事的与英雄的）原则所护卫，其主要特征之一即它归属于抽象空间。

时间，在它与这个空间的关系中，其地位是成问题的，有待于 F469 被清楚地规定。当宗教与哲学在时空的庇护之下得以持续不断时，时间实际上宣告了一种精神现实。但是空间实践——一种压迫性的与抑制性的空间实践——倾向于将时间限定为生产劳动的时间；与此同时，空间实践倾向于按照被分工的劳动（divided labour）的理

① 类似观点还可参看本书第二章第十一节（F159/E135，F164/E139）及第五章第十一节（F356/E309）等处。——中译者注

性化的、地方化的姿势，来对时空进行定义，从而贬抑了活生生的
节奏。

　　显而易见，时间不可能一下子或**整个地**获得解放。然而，不那
么显而易见的是，对时间的解放必然需要形态学的创新或空间的生
产。唯一可以确定的一点是，如果它可能显现的话，这样一种取用
（*appropriate*/appropriation）①不可能靠着现存空间或空间形态的异
轨就能实现。

第　四　节

　　被许多人视为某个明确界定的时代的结束，也就是这个或那个
（例如资本主义、贫困、历史、艺术，等等）的终结，或者说是某个新

---

　　①　有关"取用"（appropriation）一词的含义与汉译译名问题，参看本书法文第
四版第 190 页（F190）及以下列斐伏尔的解释和译者的注释。这里需要补充一点的是，
列斐伏尔在《空间的生产》之前的一本书《历史的终结》（*La Fin de l'histoire*［Paris:
Editions de Minuit, 1970; Anthropos, 2001］）中曾对这个关键词作过详细地解释，他承
认这个概念既是对马克思关于"劳动并非对自然的征服占有而不过是对自然物质形态
的改变"这个观点的借鉴，也是对海德格尔后期的"存在历史观"关于"后历史"的"居
有"或者"本有"（Ereignis）（据海德格尔翻译专家讲，*Ereignis* 一词的英译对应词有
诸如 'enowing' 'event' 'appropritation' 'befitting' 等多种，Cf. Martin Heidegger,
Contributions to Philosophy［*From Enowing*］, pp. xx, Translated by Parvis Emad and
Kenneth Maly, Indiana University Press Bloomington & Indianapolis, 1999. ）思想的挪
用。但他认为，对自然的取用/居有，也即空间本身的生产，只能在城市社会中才能得
到理解，我们正在进入这样一种状态，其符号与症状是："城市游击战，还有'非暴力
式'的青年大聚会，渴望着接触、奇遇、恋爱、爱欲、性享受、狂欢以及坐忘等。"（参看
Henri Lefebvre, *La Fin de l'histoire*［Paris, 2001］pp. 186; 并参看 Henri Lefebvre : *Key
Writings* / Edited by Stuart Elden, Elizabeth Lebas, and Eleonore Kofman, pp. 182, New
York : Continuum, 2003。）——中译者注

的和最终的东西（如某种平衡，或某种体制，等等）的确立，其实只
能算是进入某种**过渡 / 转型**（*transition*）。当然，这不是在严格的马
克思意义上的。事实上我们也可以在马克思那里找到长时段过渡
的理论，对他而言，作为整个的历史——他在谈论这个话题时，有
时称其为"史前史"——就是指从原始社会向成熟的共产主义的过
渡①。这是一个建立在黑格尔辩证法与否定概念基础上的论点。我
们目前的方法也是立足于对总体过程及其否定方面的分析，立足于
与实践紧密联系的分析。我们这里所考虑的**过渡**，其首要的特征是
矛盾：（经济）增长与（社会）发展之间的矛盾、社会与政治之间的矛
盾、权力与知识（认识）之间的矛盾，以及抽象空间与差异化空间之
间的矛盾。这个简短的名单只是包括了人们所关注的某些矛盾，并
未打算对它们作任何意义上的排序，目的也只是拿出一些带毒的思
想花朵来装点当前的时代。要更恰当地界定当前这个时代，我们还 E409
F470
必须阐明它是从何处来并归于何处，即它的**起点**（terminus a quo）
与**终点**（terminus ad quem）在哪里。

　　它（当前时代）的起源离我们非常遥远，始于一种原初的非劳
动，始于不假力量而创世的自然——自然馈赠而非销售，在那里，
残酷与慷慨难分难解，快乐与痛苦没有明显的界限。从这个意义上
的确可以说，无论"艺术摹仿自然"这句格言现在被用得多么破烂

---

①　参看马克思《政治经济学批判序言》，载《马克思恩格斯文集》第2卷，人民出
版社2009年版，第592页。而马克思在《哥达纲领批判》一书中论述了最为著名的关
于从阶级社会向无阶级社会过渡的思想："在资本主义社会和共产主义社会之间，有一
个从前者变为后者的革命转变时期。同这个时期相适应的也有一个政治上的过渡时期，
这个时期的国家只能是无产阶级的革命专政"。（《马克思恩格斯文集》第3卷，人民出
版社2009年版，第445页。）——中译者注

不堪和多么有局限性，有一个事实除外，即艺术试图将感官的快乐与痛苦分别开来，并在实际上站在快乐一边。

这个现代性披荆斩棘开辟道路的时代，正迈向另外一种非劳动——这种非劳动是劳动的目标，也是生产资料（技术、知识、机器）积累的最终意义。然而，这个目标和意义对于我们仍然非常遥远，且如果我们不经历巨大的困难，或者说不经历一番苦乐参半的、对过去一切曾经有价值的、曾经大获成功的东西的告别，目标和意义就永远不可能实现。对有限性的痛苦分析——它被后黑格尔哲学所突显出来，并被自瓦莱里（Paul Valéry）①以来的众多现代派搞得时髦起来——永远重复着的同样的信息：世界是有限的，时间正在耗尽，我们处在有限性的主宰之下。

同样的辩证过程引导原初的第一自然走向"第二自然"，从自然空间走向将艺术与科学融于自身的、既是产品的又是作品的空间。第二自然走向成熟的这个过程是缓慢而充满艰辛的：其动力是自动化，不断地向着巨大的必然王国推进——这个王国也就是在空间中进行物的生产的领地。这个过程不会完成，直到那个似乎没完没了的阶段，那个被（无限分工的）劳动所占领、被（财富、原料与模具的）积累所占领、被衰退（即现有的知识与权力所造成的发展障碍）所占领的阶段，走向终结。这是一个巨大的平衡过程，被各式各样的风险和危机所困扰，在大门向着新的可能性敞开的时刻，很容易面临夭折的危险。

因此，这场巨大的转型，我们是用一些意指大断裂的术语来形

①　保尔·瓦莱里（Paul Valéry, 1871—1945），法国象征主义诗人。——中译者注

容其特征的，但是还可以用一些不同但交汇（convergent）的方式对
它加以界定。空间携带了这一过程的各种清晰的印迹——实际上
不仅仅是印迹：它那特有的形式，以及它的暴烈和好战，都是从男
性原则的支配下生发出来的；这个原则反过来又被许多所谓男人
的德行所强化，而这一切被内在于支配性的和被支配的空间的规范　F471
所推动。由此才导致对直线、直角以及垂直（直线）透视法的使用　E410
和过度使用。正如我们也都很清醒地意识到的，通过某一空间制造
支配性的男子汉美德，只能导致剥夺状态的普遍化：从"私人"财
产所有权到神圣的阉割（la grande Castration），都是其结果。在此
情形下，女性的反抗不可避免地就会发生，女性法则就应该寻求报
复。如果这样的运动采用女性的"种群主义"的形式，也即只是男
性版本的一个颠倒，那可真是一个遗憾。是否需要一场最后的变
形，它将颠覆所有从前的变化，摧毁阳具化空间而代之以"子宫化"
（'*uterine*'）的空间？在某种程度上，我们可以确信，这种所谓最后
的变形就其本身而言，将无法保证能发明出一种真正取用的空间，
或者发明出一种愉悦与享受的建筑。矛盾**或许**会因此以这种方式
得到解决，分裂的鸿沟得以填平。但并非必然如此。

　　因此，我们可以合乎理据地说，在空间中的物的生产方式与空
间的生产方式之间存在着一个**过渡**阶段。物的生产由资本主义所
推动，并由资产阶级及其政治创造物即国家所控制。空间的生产则
将另外的事物纳入了安排，在其中，空间的私人所有权将衰落，与
此同时，支配空间的政治国家也将衰落。这体现了从支配到取用
的转变，以及使用价值对交换价值的优先性地位（即交换价值的衰
退）。如果这样的事件不发生，那么最坏的可能性必将是一系列让

人"无法接受"的未来——正如那些未来学家们所描绘的那样。与此同时，借助于这样一个充满冲突的转型的概念，即从物的生产方式（即物的生产）到另一种生产方式（即空间的生产），才有可能在保留马克思主义关于生产力根本作用这一观点的同时，将这一观点从生产主义意识形态和数量增长的教条中解放出来。

第 五 节

空间正变成目标导向的行动和斗争的首要利害（enjeu/stake）。当然，它从来就是能源的贮藏室，也是战略在其中得以实施的中介；但现在，它已经变得不仅仅是一个剧场、无关紧要的行动的舞台或场景。空间并不消除在社会-政治舞台发挥作用的其他原料或能源，无论它们是原材料抑或是接近完成的产品，也无论它们是生意还是"文化"。而毋宁说，它把它们整合在一起，因而在某种意义上，空间是通过封存它们而用自身分别替代了它们中的每一个要素。其结果是一场浩大的运动，从运动的角度看，空间将不再被仰视为某种"本质"（essence），不再被作为某种区别于"主体"的（或相比较而言的）客体，也不再作为对其自身逻辑的回应。空间也不能被作为一种后果或后果物，不能被作为一种可以在经验上核实的过去的，或历史的、社会的效应。空间真的是一种媒介？一种环境（milieu）？一种居中调节？毫无疑问，它是以上所有这些方面；但其作用越来越少地是中立的，越来越多地是能动的，既作为工具也作为目标，既是途径也是终点。因而，仅仅把空间狭隘地限定在诸如"中介"之类的范畴中，显而易见是严重地不充分的。

F472

E411

对差异性的分析不断地强调社会空间**构成性**的**二重性**（constitutive dualities），而这种二重性又建立在更为复杂的——并且，最重要的是，三重的——定义域基础上。这些初始性的二重性（对称性／非对称性，直线／曲线，等等）重复地出现，镶嵌在社会空间连续不断的每一次重组之中，并在此过程中获得新的意义，也一成不变地服从于总体的运动。作为支撑生产与再生产的基础，抽象空间导致了幻觉，从而导致了一种朝向虚假意识的倾向，也即既是想象的也是真实的空间的意识。然而这个空间本身以及与之相适应的实践，凭借一种批判的环节，创造了一种更加清晰的意识。迄今为止，尚未有科学对这一发生的过程提供过解释，它在生态学上和在历史学上一样真实。差异性分析提供了变异、多元化与多重性，这将它们自身引入遗传上更高层次的二重性之中，以及由此出现的分裂、脱节、失衡，冲突与矛盾等等之中。由于所涉及过程的多样性，上述解释或许给人留下了如此的印象，即抽象空间还没有一个清晰界定的身份。但也并非绝对如此：事实上理论已经明确地 F473 道出了这种抽象空间的真理——即在朝向同质化的支配性趋势（即旨在建立一个受支配的空间的趋势）的框架内，这个空间存在着矛盾性这一特征。

那么，在此语境下，我们应当在哪里寻找**逻辑**？它位于哪个层面？是在某种空间的实践学（praxeology）层面上？还是在某些特定的系统层面——例如空间的系统、与规划相关的系统，或者都市系统？抑或在经验领域，作为工具来征用空间的一部分？上述所有答案都不是。而毋宁说，逻辑标志着对力量的双重强制：首先，是为了保持某种内在的一致性；其次是采用还原论的方式，也就是同质化策略，并且对各种通过还原（或在还原中）所导致的内聚性进行拜物教化的策略。逻辑掌管着一种能力，这种能力——它与暴力密不可分——让迄今为止结合在一起的事物相互分离，让所有的统一体四分五裂。这个最初的有关逻辑与辩证法之间关系的假设，已经得到了一系列论辩与证据的成功验证和支持。

E412

第 六 节

实际上，有一个结局不可避免，那就是空间在所谓"现代"社会中发挥的作用越来越重要，如果说目前它还没有占据主导地位，那么这一天也将很快到来。空间的霸权并不仅仅在"微观"层面上起作用，例如，影响某个超级市场外观的装饰，或者影响单元楼房的"邻里关系"；它的霸权地位也不仅仅适用于"宏观"层面，仿佛它只为民族国家或大洲内的"流动"秩序负责任。恰恰相反，它的影响可以在所有的层面以及它们之间所有的相互关系中加以观察。有了这种认识，主要包括对于把空间的重要性限制在某个单一学科——诸如人类学、政治经济学或社会学——这样的理论错误，就将得到解决。不过，我们还需要从这些观察中得出一定的理论性结论。

从前的历史所造就的每一个社会（在特定生产方式的框架内，并打上了这种生产方式固有特征的标记），都塑造了自己的空间。我们已经看到它们是通过何种手段才做到的：依靠暴力（战争与革命）；依靠政治与外交的诡计；最后，通过劳动的手段。任何一个这样的社会空间都可以合理地描述为"作品"。作品一词就其普通含义而言，是指出自某位艺术家之手的某个对象物；但也可以将其推而广之，用来泛指整个社会层面上的某个实践的产物。至于一个 F474 村落，或者一个特殊的乡村——它怎么可能**不落入**这个范畴的俗套呢？很清楚，也是在这个层面上，产品与作品是半斤八两一回事儿。

今天，我们必须从全世界的尺度上来关注空间（事实上已经超出地球的表面，而站在了星际空间的层次上了），以及所有可能的层次上的、从属的空间。没有一个空间会无影无踪地彻底消失，所有的空间都毫无例外地经历过变形。是什么机构在全球塑造了空间吗？没有——没有这样的力量或权力，因为力量与权力是在空间中相互竞争的；因此，从战略上讲，历史、历史性以及与这些时间性概念相关的决定论，都丧失了它的意义。

众多的原因和理由从历史——连同新的形势——的混沌中自发 E413 地显现出来了，这种新形势是"现代性"越来越重要的方面。事实上它们已充分地将自身表明出来，因为反思性思维已经了解了它们之间相互关系多样化的情况。这其中就包括世界市场（商品，资本，人力等等）、技术与科学，以及人口压力——每一种都力争获得一种自主的地位。一个我们已经提及并强调过的悖论是这样一个事实，即统治"人"的政治权力，尽管它支配着由它的"主体"所占据的空间，却并没有控制那贯穿于空间的原因与理由，每个原因与理由各自为政、各行其是。

这些或多或少是独立的原因和理由，在由它们的影响、后果与结果所构建的空间中共存着。正如专家所罗列的那样，它们包括各种各样的污染、能源的潜在耗尽，以及对自然的破坏，等等。很多学科——生态学或人口学，地理学或社会学——描述了这些后果，却没有回到作为分系统（partial system）的这些原因和理由。我们这里努力探讨的，是将这些原因与结果、后果与根源结合在一起，以便超越科学领域与专业化之间的分化，并倡导一种统一体的理F475　论。这里的"统一体"一定不要被看作：理由或后果，或者原因与结果，鉴于它们在空间上的共时性或者它们之间或多或少是和平共存的，就把它们混为一谈或搅到一处。事实恰恰相反，我们努力得出的理论概念，决不期望获得一种完备的总体性地位，甚至也不退而求其次地追求某种体系或综合。它只是表明要对成分、元素与环节进行辨析。为了重申一个基本的理论的和方法论的原则，这种努力的目标是将那些被分离的要素重新联结在一起，是用清晰的差别取代混淆。为了重新接合那被割裂的，并重新分析那被混杂一处的。

　　必须在空间的问题框架与空间的实践之间进行一种区分。前者只能在某种理论层面进行构想，后者则可以进行经验观察。不过，对于一种误解了相关方法与概念的、孤陋寡闻的路径而言，把二者混为一谈是轻而易举的。空间的"问题框架"——这是从哲学家那里借来的术语——是由关于精神空间与社会空间的问题、关于它们的相互关系的问题、关于它们一方面与自然连接另一方面与纯粹的形式连接的问题，所构成的。至于空间的实践，它在广泛的层E414　面上被观察、描述和分析：如在建筑、城市规划或城市生活方式（一个借自官方声明的词汇）之中，在实际的路线设计与区位设计之中（城镇与乡村的规划），在日常生活的组织中，理所当然地，也在城市的现实之中。

　　知识已经在（完整的）图式（schémas/schemata）的基础上被建立起来了。这种图式曾经是**无时间性的**，正像在古典形而上学中那样。虽然自黑格尔之后，它们已经变得具有了时间性特征，也就是说，它们宣称历史生成性（devenir historique/historical becoming）、思想绵延性或者社会-经济时间优先于空间性。这种理论态度迫切需要被颠倒过来。确实进行了一些尝试，尽管是在不合理的基础上；这些尝试急切地声称地理学的、人口统计学的或者生态的空间对历史时间的优先性。事实上，所有这些科学已经变成了一个位于时间性与空间性之间的巨大的对抗战场。这种对抗并不能使知识迅速陷入危机，也不能迫使人们去重新思考知识与政治权力之间的关系；政治权力对于人民很有效，然而它对于那些包括技术学与人口统计学等在内的决定因素，却无能为力。这些决定因素为抽象空间打上了烙印，从而生产出那个空间本身，并再生产出其中的社会关系。 F476

语言，每一种特殊的语言和一般性的语言、所有的语言体系，也包括已被建立起来的知识，都是在一个精神的时空中被说出与写下的；知识倾向于给这样的精神时空安排一个优越的形而上学地位。语言以一种笨拙的方式表达出社会时间和空间实践。不管是从语法的角度还是从语句构造的角度来看，考虑到普通语言的农民出身，你怎么可能对它们有更高的要求呢？——尽管那些甚至更高级、精致的语言体系有着神学-哲学的前身！至于工业及其技术，还有"现代科学"，它们才刚刚开始影响词汇与语法。城市现实很难（对语言）有什么影响，我们缺少语言来表达它这一事实就是一个证据：例如，我们把"**用户**"（*usager*/user）一词拿过来用于当前的讨论，它在法语中的含义本就微乎其微，而在英语的语境下还没有正规的含义。事实上，语言和语言体系亟待拆除与重构。这项任务将由（空间的）社会实践并通过这一实践来落实。

对知识（认识）（connaissance）的拯救完全依靠对已经建立起来的形式［知识（savoir）］进行一种方法论的再考察，这就以认识论的方式将知识冻结了，并试图建构一种所谓的绝对知识，这种绝对知识实际上无非是对神圣智慧的一种苍白模仿。唯一可以踏上的E415　重新考察之路，是将批判的知识与知识的批判统一起来。理解的批判性维度必须被彰显出来。必须对"知识"与"权力"之间的同谋关系进行强有力的揭露，就像揭露官僚制强迫知识专业化服从于自己的目的一样。当制度性的（即学院的）知识把自己凌驾于活生生的经验之上，正像国家把自己凌驾于日常生活之上，那个时候，灾难就要降临了。事实上我们已经是大祸临头。

在重建缺席的情况下，知识必然会不可避免地在非知识的冲撞和反知识（或者反理论）的攻击之下陷入崩溃，简言之，它必然会向尼采相信他已经超克的欧洲虚无主义倒退。

固守一种非自我批判的知识只能加剧知识的衰落。请想一想F477　有关空间的问题，例如：由于脱离了实践背景，并将（空间知识）归结到一种"纯粹"知识的层面，且自以为是"富有成效的"（实际上也果真如此——但只是废话一堆！），这些问题显露出哲学化和退化的迹象。它们退化成仅仅是一种关于智性空间（intellectual space）的，也即关于"书写"（écriture/writing）——作为人的知性空间的"书写"，作为一个时期精神空间的书写，等等——的一般思考。

想要毫无保留地物质化那些从精神空间中得出，且指向那个空间本身的表象和图式，当然是不可能的。即便是——或者说特别是——它们得到了哲学家们的理论阐述或认识论专家们的理性化，还是不能够做到。但另一方面，又有谁可以不从精神空间出发，不经过从抽象到具体的过程，就能掌握"现实"（也即社会实践和空间实践）呢？无人能够做到。

第 七 节

低级（*l'infra*）与高级（*le supra*）、短缺（*l'en-deçà/short of*）与超过（*l'au-delà/beyond*）之间的差别，就如同"微观"层次与"宏观"层次之间的差别一样重要。所以，有许多国家和人民受到剥夺与需要的制约，必须说他们存在于缺少日常领域的状态中，他们只能渴望一种有坚实基础的日常生活。只有当这个门槛被跨过以后，日常生活的批判才有意义。在政治领域中也有大量类似的真实情况。当日常生活领域依旧处于短缺状态的时候，人民、群体或国家的生活与思想就依旧处在通过政治走向革命的半道上——或者是另外一种情况——通过革命而走向政治生活。而与此同时，当生存超越了政治从而也超越了现存的民族国家，政治会就变得更加特别，政治 E416 活动也更加专业化。政治就变成了一种职业，政治机器（国家与政党设置）也被制度化了。这种形势会适时地引发政治批判——也就是说，对于日常生活及其设置本身的激进批判；最终，政治领域将开始走向衰落。而一旦这种紧张达到了某个特定的水平，政治化便自我毁灭了：持续的政治活动最终陷入了与它自身根基的相互矛盾之中。

那么，空间政治的地位是什么？一旦空间显示出政治特征，它 F478 的去政治化便似乎提上了议事日程。一种政治化的空间就毁坏了使它得以发生的政治条件，因为对这一空间的管理和取用，与国家和政党是背道而驰的；国家和政党呼吁其他形式的管理——笼统地说，即"自我管理"——各种领土单元、城镇、城市社区、区域等的自我管理。空间因此加剧了政治领域和国家**自身**所固有的冲突。它极大地推动了反政治向政治的介入，并促进了政治批判的发展，从而也增进了"政治环节"（moment of politique）趋于自我毁灭的倾向。

第 八 节

今天，一切来自历史和历史时间的东西都必须经受考验。民族的、群体的，甚至是个人的"文化"或"意识"，都无法逃脱认同丧失（la perte d'identité/loss of identity）的命运，它现在是又一个令人困扰的恐怖。从过去继承下来的观点与参照系已经瓦解。价值观，无论它们是否已经被组织进或多或少是一致的体系之中，均已经变得四分五裂、相互冲突了。或早或迟地，富有教养的精英会发现，他们正处于与那些由于被征服与殖民化而被剥夺（即被异化）的民族相同的情势之中。精英们会发现他们已经失去了他们的影响。为什么？因为没有人或物能够逃脱**空间的审判**（*l'épreuve de l'espace/trial by space*）——一种严酷的考验，它是现代世界对上帝审判或古典的命运概念的回答。在全世界尺度上，正是在空间中，每一种"价值"观念都是通过与它所遭遇的其他价值和观念相抗衡，才获得或者丧失其独特性的。此外，更加重要的是，群体、阶级或阶级的一部分，并不能将它们自己建构为"主体"或相互承认为"主体"，除非它们产生（或者生产）出一个空间来。那些不能成功地在空间上留下自己的标记、从而产生（或生产）出一种适当的形态学的观念、表象或价值，将失去所有的场所而仅仅变成符号，并将自身分解成抽象的描述，或成为虚幻的空想。一个社会群体是否有望在空间中获得自我承认，仅仅因为空间像一面镜子那样立在了它的面前？当然不能。"取用"这个概念较之（高度思辨的）"镜像意识"（mirror-consciousness）这个命题，其含义更深也更急需。生命久远的形态学（宗教建筑，历史-政治纪念碑）支撑着我们古老的意识形态和表象。新观念（例如社会主义）虽然并非弱不禁风，但要生产它们自身的空间还有很大困难，经常要冒着流产的危险。为了维持自身的存在，它们或许会求诸于一种陈旧的历史性，或者呈现一些民俗学的和古色古香的方面。从这一种有利的位置观察，"符号的世界"便清晰地呈现出来，就像潮汐退去遗留的众多残骸：凡是没有被投入到一个被取用空间中的任何事物，都搁浅了，所有这些遗留物都是无用的符号和意义。空间的投资——空间的生产——其中并无小事，它关乎生死大事。

历史形态（les formations historiques/historical formations）流向全世界的空间，就像河流汇入大海：其中的一些在沼泽满布的三角洲蜿蜒纵横，另外一些则让人联想到宽阔的入海口那骚动的波浪。其中一些（历史形态）以一种民主的方式，凭借惯性的力量保证它们的存续；另外一些（历史形态）则寄希望于权力和暴力（战略类型的，从而是军事与政治的）。

空间的审判总是会抵达一个戏剧性的时刻，在那个时刻，不管人们尝试作什么——哲学或宗教，意识形态或已经确立的知识，资本主义或社会主义，国家或共同体——都会受到彻底的质疑。

充满对抗与冲突的空间审判，是不会以相同的方式在所有的历史形态中展现的，因为事物会受到每一种历史形态根植于自然的程

F479

度的影响，以及每一种形态的自然独特性的影响，除此之外，也受
到它依附于历史领域的相对实力的影响。并且，虽然没有任何人和
物能逃脱刚刚提到的那种戏剧性时刻；但各地发生的事情不可能一
模一样。换句话说，空间的审判根据它涉及的是旧欧洲国家、北美
洲或是拉丁美洲、非洲人民或是亚洲人民，等等，而呈现出各异的
特色。然而，有一个无法逃避的命运同等地重压在了宗教和教会，
以及具有庞大"体系"的哲学的头上——当然，也包括辩证的（和历
史的）唯物主义。如果马克思的构想没有被亦步亦趋地遵从，如果
E418　将那些对他的最直接的影响先放一边，那么，我们就将会从他对古
典理性主义、目的论和暧昧的形而上学的持续思考的足迹中，获得
F480　一些新的极为重要的东西。战略部署在整个地球的表面，一旦我们
对这些战略进行一番分析，一切有关历史变化终极性与不可抗拒性
意义的假设，便都土崩瓦解了。位于这个变化过程终点的，也即位
于这个变化过程起点的，是地球，还有它所给予的资源和目标。从
前，地球象征着母亲；现在，地球显得更像一个中心，围绕着它，各
种（差异化的）空间被组织起来。一旦剥离了它的宗教属性与单纯
的性属性，这个作为星球的世界——作为一个球体的空间——就能
在实践性的思想与活动中恢复其原初的位置。

第 九 节

　　对现存秩序的对抗与挑战通常可以最终归结为"阶级斗争"。然
而，我们不可能再带着战斗的怒火（既是在实践意义上，也是在理论
意义上的）去描绘这些前沿（frontières/frontiers），似乎它们简单地对

应于(过去的)那条分界线——其中一方是统治阶级的地盘,另一方是被剥削和被压迫的阶级。事实是,有争议的前沿贯穿于各个领域,包括科学领域与普遍的知识领域,以及社会的所有部分,有超政治的也有政治的。我已经努力强调,伟大的理论斗争总有其战略目标:把被分裂的东西重新统一起来;对那些被蓄意混淆的事物进行有效的辨别;把量与质分离、把空间归结为一个缺少质的量,这些做法显示了对于质的"性质"的误导和混淆。反之亦然。现在,这个将所有的辩证法维度剥夺一空的哲学,正处于衰退之中,它所起到的充当非法分离的堡垒的作用,不亚于它充当非法混淆的堡垒的作用。

解决分离和分散的答案是团结,正如解决强制同质化问题的答案是对于差异及其在实践中的实现怀有敏锐的洞察力一样。指向这些目标的斗争,不管是含蓄的还是明确的,正奋斗在众多的前方(fronts)——沿着众多的前沿;它们彼此之间不需要有明确的联系;它们的特征或许是暴力的或许是非暴力的;它们其中的一些与分裂的趋势作斗争,另外一些则与混淆的趋势作斗争。这种分裂(通过分割和打散空间)和助长混淆(把民族、区域和空间混同于国家)的政治,持续不断地遭到各种政治途径(political means)的反抗。 F481

E419

第 十 节

本书自始至终都受教于一项**推想**(*projet/project*),尽管只有通过字里行间的阅读你才能偶尔从中辨识出一鳞半爪。我指的是另外一种社会的推想,一种另外的生产方式的推想,在那里,社会实践处于另外的概念规定性(conceptual determinations)的统治之下。

　　毫无疑问，这个推想可以清晰地表述出来；做此项工作包括进一步厘清"推想"（project）、"计划"（plan）与"项目"（programme）之间的差别，或者是"模型"与"前进道路"之间的差别。但是这个方法能否让我们做出预测或者形成所谓的"具体"建议，还远远不能确定。这个推想仍然保留了一份抽象的东西，虽然它与支配空间的抽象相对立，但它并没有超越那个空间。为什么？因为通往"具体"的道路要靠能动的理论与实践的否定来引导，要靠反（counter）-推想或反-计划来引导。所以，它需要通过"相关利益各方"进行积极的、大规模的参与来实现。

　　在讨论的过程中，我们已经察觉到，干预的缺席存在大量的原因与理由，但似乎没有一种理由是靠得住的。除了与伟大的农民（农业的）革命和工业革命相类比之外，我们不知道该怎样想象这场可以称之谓"空间的革命"（它属于"城市革命"之列）的进程：一场突然的暴动，紧接着是一个停顿；然后压制缓慢地形成；最终，在一个更高的意识与行动水平上，一场崭新的革命爆发出来——伴随着这种爆发的，是伟大的发明和创造。

　　我们可以列举一些反-计划所面临的障碍。最大的障碍在于这样一个事实：一方面，也即权力这一方面，它们在广大的尺度上——最大是整个地球的尺度——拥有各种资源和战略；而与这些权力相对抗的，只是在中等尺度和狭小领域内的（例如在法国，诸如欧舒丹［Occitanie］、兰德斯［Landes］、布列塔尼［Brittany］①）有限的知识

----

　　① 以上三个地方分别属于法国西部或南部地区，列斐伏尔在此列出这三个地名，是因为它们是20世纪六七十年代法国所谓无产阶级左派或者毛主义者的主要根据地。——中译者注

和有限的利益。尽管如此，必要的发明只能在计划与反-计划、推
想与反-推想的互动中才能脱颖而出。（我们切不要把这样的互动看　F482
作是对现存政治权力的暴力进行**以牙还牙式**的、拒之门外的回敬）。

　　进行反-推想，与"权威"一起讨论它们，并迫使权威们把它们　E420
纳入考虑，所有这一切可能与否是衡量"真正"民主的标准。至于
那个经常听到的建议，即必须在"还原论"与"整体论"、有限行动
与完全行动之间做出选择，这只是一种虚假问题的完美例证。

第 十 一 节

　　以上这些思想部分地回应了那个首要的、也是最终的问题："空
间理论如何与当今的革命运动相联系？"

　　完整地掌握空间理论及其最重要的关联（articulation），是妥善
解答以上问题的必要前提。因此，我们值得重新回顾一下如下观点：
空间理论拒绝在任何琐碎的或未经审视的意义上采用"空间"这一
术语；拒绝把空间的社会实践同诸如地理学家、经济学家等所理解
的空间混为一谈。要接受任何他们那些人的空间概念，无论是以原
初的形式还是被特定的学科所重新规定的形式，就不可避免地会把
空间视为一种工具或被动的容器，供规划者们所使用，服务于他们
所谓的"和谐发展""平衡发展"以及"最优利用"的目的。

　　只有当矛盾——也包括空间自身的矛盾——得到最大限度的解
决时，空间才能承担调控者的角色。

　　致力于废除现存社会的理论，要从其内部，从其"繁荣的"核心
处揭露那些制造困扰的东西。随着困扰的增加，这个社会（新资本主

义或公司资本主义〔capitalisme d'organisation/corporate capitalism 〕）只能在空间中制造混乱。资产阶级尽管已经从历史中成功地学会如何解决一系列固有矛盾，努力实现对市场（有一些是马克思所没有预见到的）的一定程度的管控，从而取得了生产力相对的快速发展；但资产阶级当然并不能解决空间的矛盾（也即**它的**空间的矛盾）。

F483　　今天的政治组织误解了或者说忽视了空间以及与空间相关的问题。为什么？这个问题具有深刻的意义，因为它明确地指出和定义了政治的本质。政治组织是历史遗赠给我们的；它们用意识形态的方式延长并且维持了历史——通过它们持续的纪念仪式和提示物。但它们却无法迈出更远的一步。

　　但是今天被我们误解的东西，明天就不能得到更好的理解吗？它真的不能成为未来思想与行动的潜在核心吗？

第 十 二 节

E421　　从它们各自对待空间的方式来看，苏联模式与"中国的社会主义道路"① 代表了对于同一个矛盾的相反解决途径。

　　苏联模式从一开始便是资本主义积累过程的修订版本，与之结合的是一种良好的意愿：试图通过加快速度来提升这一过程。这种强化与集约化版本的资本主义模式，试图依靠千方百计地优先发展"强项"，即大规模企业与大城市，而获得高速发展。而所有其他

---

　　① 　此书写于 1973 年前后，列斐伏尔所说的"中国社会主义道路"仍然属于"文化大革命"时期及之前的中国发展模式，与今天的中国特色社会主义现代化道路有很大的差别，他对那个时候中国模式的"理想化"期盼本质上是错误的，但也是可以理解的，甚至也有启发意义。——中译者注

地方相对于中心——相对于生产中心、财富中心和决策中心——来说，则处于被动的边缘化状态。其结果就是创造出一些中心点或漩涡点：强者愈强，弱者愈弱。这样的漩涡点通常被看作具有某种调节作用，因为一旦它被建立起来，便会自动地"发挥功能"。与此同时，那些被抛入停滞和相对落后状态的边缘地区，则受到越来越大的压迫、控制和剥削。

因此，列宁主义的增长与发展的不平衡规律既无法处理也无法抵御它的负面效应。事实正好相反。

"中国式道路"则是对一种真实关切的验证，这种真实关切即让人民与空间完全卷入一个建设差异化社会的过程。可以将这个过程构想为一个多维度的（multi-dimensional）过程，它不仅包括财富生产与经济增长，也包括社会关系的丰富与发展——表现为既**在空间中**生产各种各样的商品，也生产作为一个整体的**空间**，空间生产甚至可以更加有效地取用。在这个过程中，强项与弱项之间的分裂没有立足之地。不平衡发展将会消失，或者至少趋向消失。这种 F484 战略意味着政治行动不会导致凌驾于社会之上的国家、政治机构或者政党的加强。这就是一般赋予"文化革命"的意义。一个更深层的表现是依靠小型的、中型的农村城镇，依靠各种生产单位，既包括农业的也包括工业的，从最小的到最大的生产单位；但一直对较小的单位予以特别的关心，如果确实需要，甚至不惜放慢生产的步伐。这种空间定位与战略是为了确保（以防万一）不会出现城乡二分且其所伴随的冲突能够得到化解——主要借助于两极都得到变 E422 革，而不是成为它们衰落或相互破坏的结果。

当然，我们不是建议一个工业国家应该纯粹地或简单地并且不做任何特殊努力地选择一种优先发展农业的道路。不过，这确实表明了空间理论能够解释世界范围内的革命经验。

　　长期以来，革命要么是通过国家层面的政治变革来定义，要么是通过生产资料本身（例如工厂、设备、工业或农业单位）的集体所有制或国家所有制来定义。在以上任何一种定义中，革命总是被理解为包含了生产的合理化组织，以及对于社会整体的同样的合理化组织。然而，事实上，这里所涉及的理论和推想都已经退化为某种增长的意识形态，即使不说它已经与资产阶级沆瀣一气，其实也差不了多少了。

　　今天，对于革命的这样一些定义已经不够。社会转型预设的空间的集体所有和管理是建立在"相关利益各方"持久参与的基础之上的；相关利益各方有着多元的、多变的，甚至是矛盾的利益。因此，这种社会转型也预设了对抗——的确，这种对抗已经出现在"环境"问题之中（除此之外，还伴随着异轨／吸纳［détournement／co-optation］与偏离［déviation／diversion］的危险）。

　　至于这个其开端可以辨认的**定向**（orientation）过程，我们在前文已试图对它加以描述。它试图超越分离与孤立，特别是试图超越**作品**（它是独一无二的：一个带有其作为创造者或艺术家的"主体"的印迹，也带有一个唯一的不可重复的瞬间的印迹的客体）与**产品**（它是可以重复的：它是重复姿势的结果，从而是可复制的，最终能够引起社会关系的自动再生产）之间的分离与孤立。

　　在地平线上，在可能性的最遥远的边缘，存在着一个生产人类空间——这是人类集体性的（共同的）作品——的问题，以通常所说的"艺术"的形式。的确，它仍然被这样称呼，但如果是在一个通

F485

过个人和为了个人的孤立的"目标"的层面上,艺术将不再有任何意义。

全球空间的创造(或生产)作为日常生活转型的社会基础,向着无限的可能性敞开了——此刻,正如破晓出现在遥远的地平线上。这同一个破晓时分也被那些伟大的乌托邦家们瞥见,即被傅立叶、马克思与恩格斯们瞥见(既然他们已经阐明了真正的可能性,也许再称呼他们为空想家并不恰当):他们的梦想与想象,就像他们的概念一样,正在激荡起理论思潮。 E423

我经过深思熟虑说出一种**方向**(un orientation)。我们所关注的不多不少就是这一点。我们所关注的是一种被称为"感觉"(*un sens/a sense*)的东西:一个感知器官,一种可以构想的方向,和一场奔向地平线的、可以直接经历的运动。但是我们不关注哪怕稍微有点类似于体制(un système/a system)的东西。

索　引

（此索引主要参照本书英译本，所列页码系英译页码，在本书中为边码。）

关键词

U

人名地名

A

皮埃尔·阿伯拉尔（Pierre Abelard）255, 257, 260

（雅典）卫城（acropolis）247, 249-250

爱琴海宫殿（Aegean palaces）240n.

阿伯突斯·马吉纳（AlbertusMagnus）43n., 45-6

克里斯托弗·亚历山大（Alexander, Christopher）298n.

爱尔汉布拉宫（Alhambra of Granada）137, 379

路易斯·阿尔都塞（Althusser, Louis）184-185

安达露西亚（Andalusia）167

西里西乌斯（Angelus Silesius）70, 74n., 173, 198

托马斯·阿奎那（Aquinas, Thomas）

亚里士多德，亚里士多德主义（Aristotle, Aristotelianism）1, 31, 114, 239, 260

安托尼·阿尔托（Artaud, Antonin）136

雅典（Athens）240, 248

圣奥古斯丁（Augustine, St）245, 264n.

考斯塔斯·阿克塞洛斯（Axelos, Kostas）20, 63n.

B

查尔斯·拜比吉（Babbage, Charles）80, 344

巴克斯（酒神）（bacchantes）, 248

加斯东·巴什拉尔（Gaston Bachelard）121, 166n., 172n., 184n., 298n.

巴兰蒂尔（Balandier, Georges）117n.

巴塔尔（Baltard, Victor）146

罗兰·巴特（Barthes, Roland）5, 136n., 142n., 160-2, 220n

巴师夏（Bastiat, Frederic）328

乔治·巴塔耶（Bataille, Georges）19-20, 52, 134, 136, 179n., 180, 184, 257n., 296n., 332

博德莱尔（Baudelaire, Charles）14-15

鲍德里亚（Baudrillard, Jean）72n., 185n.

鲍豪斯（Bauhaus）124-7, 302, 304-5, 308

贝多芬（Beethoven, Ludvig Van）146

美丽城（巴黎）（Belleville[Paris]）385

引用作品

译　后　记

　　历来译事多艰难。吾人均记得，近世译界鸿儒巨擘严几道即向有"一名之立、旬月踟蹰"（《天演论》译例言）之惊世感叹！译此书亦尤为不易。是书初译始于 2002 年秋，屈指算来已整整 11 年！当时，我正忙于一篇关于列斐伏尔日常生活批判哲学研究的博士论文"现代日常生活批判道路的开拓与探索"之写作（因勤勉补拙，承蒙学界先贤厚爱，得幸入选"2006 年度全国百篇优秀博士论文"；并以《现代性的平庸与神奇——列斐伏尔日常生活批判哲学的文本学解读》为题出版）。因为收集整理研究材料之用，我初译出《空间的生产》一书的前两章主要内容。后来因为生了一场病，再加上工作事务繁忙，译事便拖了下来。直到 2007 年前后，南京大学出版社黄继东主任与我签订出版合同，将此书列入"当代学术棱镜译丛"计划，此书翻译又重新提到议事日程上来。但还是因为身体状态不理想和科研任务繁重等诸多原因，翻译工作始终处于极其缓慢与不理想的进行状态之中。直到 2010 年在南京大学出版社一再催促之下，再加上即将赴美国伊利诺伊大学香槟分校访学，时间急迫，不容再拖，就集中几个月时间将此书"突击"翻译出来了。

　　2011 年春节前后我利用去美国访学休假机会，又对原译稿认真作了一次校译；本书原编辑因忙于其他公务，改由芮逸敏女士担任，她的热心、细心与鼓励帮助给我以很大的动力，在此深致感谢。

但似乎《空间的生产》中译本的"生产"命运注定特别困难！主要由于翻译难度太大，此书译稿交给南京大学出版社时其所购买的中译本版权已经接近到期。再由于此书责任编辑工作特别繁重，所以出版时间被一拖再拖。直到 2013 年国庆前夕南京大学出版社才得知《空间的生产》法文第四版版权已经由商务印书馆重新购买走。眼看这个译本要"胎死腹中"了！多亏南京大学出版社与商务印书馆两家出版社领导的精诚合作，此译本得以转交商务印书馆出版。尤其感谢此书新的（也是第三任）责任编辑孟锴女士，她为此书的出版作了大量的工作。

此书由我和几位同学共同翻译出来的。具体情况与过程是这样的，本书的法文第四版序言由在巴黎留学的南京大学哲学系西方哲学专业博士生王士盛同学译出，他的导师王恒教授校改；本书的第三章先由我指导的博士后罗慧林女士初译出，我后来重新认真校译一遍；第四章由我教过的硕士生鲍奕妍女士、杨洋女士初译出，第五、六两章由我指导的硕士生周可可女士初译出，虽然四、五、六这三章初译稿的问题很大，只好割爱弃用，但我还是对她们的辛苦劳动表示深深的感谢！后请我指导的博士生王玉珏女士对这三章进行了彻底校译（等于是重新翻译一遍！），我又认真细改一遍。本书其余章节即法文第三版序言，第一、二、七章则由我译出；其中的第三版序言又由王士盛博士认真校改了一遍。全书最后由我统一审核一遍，并主要根据此书英译版的附录，译制了"术语索引"。

由于译者不谙法文，本书主要是根据以下版本译出：Henri Lefebvre, *The Production of Space*, Translated by Donald Nicholson-

Smith, Blackwell Ltd, 1991；并认真对照此书原版 Henri Lefebvre, *La Production de l'espace*(4e'edn［Paris:Anthropos, 2000］) 一书, 特此说明。当然在个别涉及关键名词翻译之处, 译者也参看了该书的日译本, 空間の生産, 斎藤日出治訳・解説；東京：青木書店, 2000。我主要采用该书英译本进行翻译的另外一个重要原因是, 《空间的生产》在当代西方学界的广泛影响主要就是由这个英译本所产生的(不算是冠冕堂皇的借口!)。此书是西方公认的一个"极可信"的译本 [①]。本书的英译者尼考拉松－史密斯(Donald Nicholson-Smith)是 20 世纪六十年代英国第一批将法国情境主义国际代表人物著作译介给英语世界的学者之一(他生于曼彻斯特, 专门的翻译家并从事社会心理学、社会批判理论研究, 现定居纽约)。他对列斐伏尔的思想与个人都有很深入地了解。他除了是《空间的生产》一书的英译者之外, 还是情境主义国际代表人物 Guy Debord 的《景观社会》(*The Society of the Spectacle*,. Zone, 1994) 以及 Raoul Vaneigem 的《日 常 生 活 革 命》(*The Revolution of Everyday Life*,. Rebel Press, 2003) 等重要著作的英译者。但据内行人士讲, 这个《空间的生产》英译本译得比原法文版"更深了", 即"更难懂了", 我想这主要是英译者出于更深入地理解列氏思想的考虑。

关于此书翻译还有这么几点需要特别说明, 首先, 本书因为涉

---

① 据本书英译者唐纳德·尼克拉松-史密斯本人于 2005 年在给最新一部英语世界的列斐伏尔传记作者 Andy Merrifield 的一封电子邮件里的介绍,《空间的生产》法文原版在本土销路并不好, 2000 年出版的第四版只卖出 4000 册, 而这个英译本销售额则高达 20 多万册。参看 Andy Merrifield, *Henri Lefebvre A Critical Introduction*, pp.100, Routledge Taylor & Francis Group New York London 2006。——中译者注

及的专业知识极其庞杂，引用了大量的历史典故与拉丁语原文，限于译者的外文水平，误译之处定然不少。恳请汉语译界方家批评指正。其次，列斐伏尔写书很少注出处，这在一定程度上也增加了本书的翻译难度。书中有至少有两处黑格尔名言，如："一个概念只有当它所指的东西处于威胁或者接近其终结，并因此而自我改变时，才会出现"（三版序，FXX）；我迄今查不到具体出处。特别是本书第四章最后部分列氏引用了大量雨果的诗歌（F335/E291），我费了九牛二虎之力也查不到出处，至今抱憾！但译者还是尽最大可能注出列氏引文的出处，即尽量使用已经译成汉语的相关著作的译文并列出相关的中译引文出处，这样做也是对汉译学界已有成果的一种尊重吧。第三，本书引文涉及大量西方学者的名字，一一注明其中每一人的生辰及身份，很是费力，也无必要。译者采取的原则是，凡极其著名的学者（如马克思与笛卡尔，等等）皆不注明，一般读者不熟悉的名字则尽可能加以注释。这里确实要感谢"百度"与"谷歌"网上二君子了。正所谓"内事不决问百度，外事不决问谷歌"（此语见朱国华先生译布尔迪厄《海德格尔的政治存在论》一书"译后记"，学林出版社2009年版，第159页）。它们在帮助我确定一些疑难词句汉语释义和查找西方名人简介方面起了难以想象的作用。书中有些句子过于简略，英译本已经作了补充，汉译时经常是出于语句通顺考虑再加上一些补充，有些地方用括号"（ ）"形式标示，而另外一些句子则过于冗长，几欲不堪卒读，中译文随即采取重新分句，加括号或者破折号，以至于用改变句子结构的方式来处理。有时甚至附上法文或英译文原文，以求教于方家。但即使如此，此书译文读起来仍然令人不愉快。这一方面与译者的理解能力与汉语水平有关,另一方面也是出于保留原书这种"风格"之"信译"原则考虑所致。也希望读者方家"宽宥小生则个也"!

　　本书的翻译自始至终是在我的恩师张异宾先生和南京大学高级研究院院长周宪先生这两位"学术棱镜"主编的关心、支持与一再催促鼓励下进行的。本书的翻译也曾得到了台湾大学建筑与城乡研究所夏铸九先生的鼓励与首肯。在此一并深表感谢。此外,本书有关日本文化和中世纪神学术语的翻译问题也分别得到了赵仲明教授、张荣教授的帮助;本书的后期校订与通稿工作也得到了我指导过的博士陈硕、郑劲超二位同学的一贯细心认真地帮助,在此也深表感谢。

　　本书系我所承担的全国百篇优秀博士论文作者后期资助课题"西方马克思主义日常生活批判研究——以列斐伏尔为核心的研究"的阶段性成果,也系南京大学马克思主义社会理论研究中心重大课题"西方马克思主义的人本主义观念方法与实践"的阶段性成果,特此说明。

刘怀玉

2010 年 6 月 26 日初记于南京草场门大街高教新村"忘忧居"

2011 年 2 月 26 日再记于 2040C,South Orchard Downs,Urbana,Illinois

2013 年 10 月 26 日三记于南京栖霞区仙林大道南大和园

附录一 亨利·列斐伏尔生平年表

鲁宝编译，刘怀玉校订

1901 年

6 月 16 日出生于法国比利牛斯山区朗德斯省（Landes）纳瓦朗城（Navarreaux）阿热特莫（Hegetmau）小镇的中产阶级家庭，并在那里长大。他的母亲是一位充满热情的甚至是狂热的天主教徒，他的父亲则是一位文质彬彬的反教权主义者，这种家庭教育使列斐伏尔的思想处于一种矛盾冲突的状态。

1914 年

先是在法国西北部布列塔尼大区阿摩尔滨海省的首府圣布里厄（Saint-Brieuc），然后在巴黎路易斯高级中学（lycée Louis-le-Grand）学习。

1916 年

学习关于尼采与斯宾诺莎的课程。

1918 年

获得哲学学士证（licence de philosophie）。

1919 年

在索邦大学学习，因为一战战争和疾病肆虐的原因而中断，转而去普罗旺斯的艾克斯，师从哲学家布隆代尔（Maurice Blondel,

1861—1949，是一位神学异教徒），受到了天主教神学哲学的教育训练，偶尔写一些关于神学家詹森和帕斯卡的文章，最终获得高等教育文凭（DES de philosophie）。

1921—1922 年

成为左翼学生团体中的一员，该团体的成员还有乔治·波利策（Georges Politzer）、诺伯特·古特曼（Norbert Guterman）、乔治·弗里德曼（Georges Friedmann）和皮尔·莫朗奇（Pierre Morhange）等。其中诺伯特·古特曼是列斐伏尔早期学术研究的重要合作者，他们创办并编辑了《哲学》（*philosophies*）杂志，此杂志的信念就是挑战当时哲学界占主导地位的柏格森流派。列斐伏尔就是在此时发表了他最早的文章，并且开始受到先锋艺术和文化前卫运动的影响。

1924—1927 年

通过诗人保尔·艾吕雅（Pauléluard，1895—1952）而与超现实主义有过密切交往，尤其是和达达主义的代表人物特里斯坦·查拉以及超现实主义的代表人物安德烈·布列东交往甚密。列斐伏尔和古特曼还在《诗学革命宣言》上签了字，不过后来他们果断地与超现实主义团体分道扬镳。超现实主义的影响是列斐伏尔一生理论思考的底蕴，超现实主义引导他从黑格尔走向了马克思主义。

1925 年，以超现实主义诗人与《哲学》小组成员的身份与法共接触，反对法国侵略摩洛哥的 la guerre du maroc 战争。

1926 年 4 月—1927 年 11 月服兵役。儿子诺埃尔（Joël）出生。

1927 年当出租车司机。

1928 年

加入法国共产党。同年创办《马克思主义评论》杂志（*la Revue*

marxiste)，1929 年停刊。儿子罗兰出生。

1929 年

10月。在法国阿尔代什省的省会普里瓦小城（Privas）任中学教师。

1930 年

开始与索邦大学一批左派学者发生固定联系，并围绕青年马克思、列宁与黑格尔思想研究、发表一系列著述。女儿雅尼娜（Janine）出生。

1932 年

在法国卢瓦雷省（Loiret）的蒙塔日（Montargis）当中学教师。

1935 年

在美国纽约旅行，并住在好友诺伯特.古特曼（Norbert Guterman）家中。

1940 年

在法国东南部卢瓦尔省（Loire，42 省）的省会圣艾蒂安（Saint-Étienne，又译圣埃蒂安、圣太田）任中学教师。

1941 年

被法国当局解除法国国民教育岗位资格即教师资格。

1939—1945 年

"二战"期间，参与反抗法西斯主义的政治组织，并且将反抗活动与对比利牛斯山区的农民社区生活与历史的详细研究结合起来。这使得他在战后赢得了社会学家的美誉，相关论文为其后来在1954 年拿到博士学位打下了基础。期间 1941 至 1942 年在图卢兹（Toulouse）担任法国爱克斯／马赛区抵抗德国法西斯民间军事组织

"国内武装部队"（FFI）（Forces françaises de l'intérieur）的队长。
1943 年在比利牛斯山区（Pyrénées）康庞河谷（*Lavallée de Campan*）
流亡。1944 年研究康庞河谷地区文献。

1945 年在法国南部–比利牛斯大区（Midi-Pyrénées）上加龙省
（Haute-Garonne）省会图卢兹（Toulouse）从事文化广播电台播音
工作。

1946 年

儿子奥利弗（Olivier）出生。

1947 年

恢复法国国民教育资格即教师资格，10 月任图卢兹中学教师。
11 月在巴黎索邦大学著名的大阶梯教室参加大型学术研讨会。

1948 年

负责法国巴黎国家社会科学研究中心（CNRS）（Centre national-
al de la recherche scientifique）工作。

1954 年

6 月 19 日获得法国国家博士学位。10 月主政国家社会科学研
究中心。

1957 年

被法共开除出党。

1960 年

10 月担任法国国家社会科学研究中心主任。

1961 年

出任法国斯特拉斯堡大学（Université de Strasbourg）社会学
教授。

1964 年

女儿阿美丽（Amelle）出生。

1965—1971 年

出任巴黎第十大学即楠泰尔大学（Université de Paris 10 Nanterre La Défense）社会学系教授。

1971—1973 年 6 月

供职于巴黎国家高等美术师范学院（l'écolo nationale supérieure dès beaux-arts），1973 年从学校退休并周游世界（至 1988）。

1984—1987 年

参与《M：月刊、马克思主义、运动》（*M: Mensuel, Marxisme, Mouvement*）编辑工作。

1991 年

6 月底（一说 6 月 21 日）病逝于法国南部比利牛斯–大西洋省波区（Arrondissement de Pau）小城奥尔泰兹（Orthez）医院。

附录二 亨利·列斐伏尔
主要著作目录年表

王嘉译，刘怀玉校订

1926年

1.《相同者与他者：引言》：列斐伏尔为谢林《对人类自由的本质及其相关对象的哲学研究》（*Recherches philosophiques sur l'essence de la liberto humaine et sur les probl mes qui s'y rattachent, introduction "le même et autre", Traduction de G. Politzer*）1926年法文本所作引言，G. Politzer 译，Rieder, 1926, pp.7-64。

1934年

1.《马克思著作导读》（与诺伯尔特·古特曼合作），巴黎：NRF出版社（大量重印）。(Henri Lefebvre, en collaboration avec Norbert Guterman, *Introduction aux Morceaux choisis de Karl Marx*, Paris: NRF, 1934.)

1936年

1.《被神秘化的意识》（与诺伯特·古特曼合作），巴黎：伽利玛，一版1936年；二版1979年；三版1999年，Lucien Bonnafe 作序，并附有列斐伏尔所作《论私人意识》一文，Armand Ajzenberg 作导论（Henri Lefebvre, en collaboration avec Norbert Guterman, *La*

Conscience mystifiée, Paris: Gallimard, 1936; 2e édition, Paris: Le Sycomore, 1979; 3e édition, Syllepse, 1999, avec une preface de Lucien Bonnafe, et une autre de Renè Lourau; suivi de *La Conscience privée*, de Henri Lefebvre.introduction d'Armand Ajzenberg.）中文部分译文"神秘化：关于日常生活批判的笔记"（郭小磊译，刘怀玉校），载张一兵主编：《社会批判理论纪事》第一辑，中央编译出版社 2006 年版。英译文部分内容载 Henri Lefebvre: *key writings* / Edited by Stuart Elden, Elizabeth Lebas, and Eleonore Kofman, Bloomsbury, London. Oxford.New York, 2017。

1937 年

1.《反民族的民族主义》（保罗·尼赞前言），巴黎：国际社会版；1988 年重印，M.特雷比什作序，列斐伏尔撰写后记。(*Le Nationalisme contre les nations*, avec une préface de Paul Nizan, Paris: édition sociales intermationales, 244p; 2e édition, Paris: coll.<Analyse institutionnelle>, Méridiens Klincksieck, 1988, avec une préface de Michel Trebitsch et une postface de Henri Lefebvre.)

1938 年

1.《列宁论黑格尔辩证法的笔记》（与诺伯尔·古特曼合作），巴黎：伽利玛（新版 1967 年。列宁 1914—1915 年《哲学笔记》的第一个西欧语言译本）。(*Cahiers de Lénine sur la dailectique de Hegel,* Henri Lefebvre, en collaboration avec Norbert Guterman, , Paris: Gallimard, 1938; nouvelle édition < Idée s >, 1967)

2.《黑格尔选集》（与诺伯尔特·古特曼合作），巴黎：伽利玛（1938—1939 年三次重印；1969 年重印收入"观念"丛书）。

（*Morceaux choisis de G.W.F.Hegel*, Henri Lefebvre, en collaboration avec Norbert Guterman, Paris: Gallimard, 1938; repris en coll<Idées>, 2 tomes, 1969）

3.《当权的希特勒：德国法西斯主义第五个年头总结》，巴黎：编译局。1988 年重印，M. 特雷比什撰写引言，列斐伏尔撰写后记。（*Hitler au pouvoir, bilan de cinq années de fascisme en Allemogne*, Paris: Bureau d'éditions, 88p; avec une introduction de M.Trebitsch, une postface de Henri Lefebvre, Paris: Méridens Klincksieck, 1988）

1939 年

1.《尼采》，巴黎国际社会版，2002 年第二版。（*Nietzsche*, Paris: Éditions sociales internationales.1939 ; 2e édition, Paris: Syllepse, 2002）

2.《辩证唯物主义》，巴黎：Alcan 版（毁于 1940 年；1947 年 PUF 大量重印；1961 年第五版加入新前言；1974 年第七版收入"哲学新百科全书丛书"；1977 年收入"口袋丛书"；1990 年新版）。（*Le matérialisme dialectique*, Paris: Alcan, 1939; nombreuses reeditions Presses universitaires de France à partir de 1947; la 7e en 1974, coll.<Nouvelle encyclopedie philosophique >, puis Presses universitaires de France, nouvelle edition<Quadrige>, 1990）；英译本（1968，2009：*Dialectical Materialism,* Translated by John Sturrock. London: Cape, 1968/1973; preface by Stefan Kipter, Translated by John Sturrock, University of Minnesota Press, Minneapolis.London, 2009）；中文版部分译稿参见《西方学者论"1844 年经济学哲学手稿"》，复旦大学出版社 1983 年版，中译全本将由南京大学出版社

出版；德语版，1964、1988；西班牙语，1948、1969；意大利语，1949/1977；日语，1971；荷兰语，1972；葡萄牙语，1972。

1940 年

1.《科学的方法论》（"以'辩证唯物主义'为指导"系列文集第二卷），巴黎：社会版。（A lumière du *matérialisme dialectique II:* méthodologie des sciences）（没通过法共党内审查而作废，作者保留备份直至 2002 年终于正式出版。présentée par R.HESS, Paris, Anthropos）

1946 年

1.《存在主义》，巴黎：Sagittaire 版；2001 年二版，埃斯作序"争论，一种哲学的技巧"。（*L'Existentialisme,* Paris: Éditions du Sagittaire.1946; 2e éditions Paris: Anthropos, 2001, précédée de <La dispute, un art philosophique>, par R.Hess）英译文部分内容载 Henri Lefebvre: *key writings* / Edited by Stuart Elden, Elizabeth Lebas, and Eleonore Kofman, Bloomsbury, London Oxford.New York, 2017。

1947 年

1.《日常生活批判 1：导言》，巴黎：Grasset 版（1958 年第二版加入新序言）（*Critique de la vie quotidienne, vol. 1: Introduction,* Paris: Grasset, 1947; 2e édition augmentée 1958）。日译本：田中仁彦译《日常生活批判序说》，现代思潮社，1968 年。中文版部分译文可参看列菲伏尔、赫勒：《让日常生活成为艺术品——列菲伏尔、赫勒论日常生活》，云南人民出版社 1998 年版；列斐伏尔《再论异化问题》，载陆梅林、程代熙编选《异化问题》上卷，文化艺术出版社 1986 年内部版；中译全本见亨利·列斐伏尔：《日常生活批判》第一卷，叶齐茂、倪晓晖译，社会科学文献出版社 2018 年版。德语，1974；意大利语，1977。

2.《马克思与自由》，日内瓦：Trois Collines 版。(*Marx et liberté*, Geneva: Edation des Trois Collines)

3.《笛卡尔》，巴黎：昨天与今日版 (*Descartes*, Paris: ÉditionsHier et Aujourd'hui.) 日译本：服部英次郎和青木靖三译《笛卡尔》，岩波书店，1953 年。

4.《形式逻辑与辩证逻辑》（"以'辩证唯物主义'为指导系列文集"第一卷）（写于 1940-1941 年；第二卷遭查禁，见 1940 年巴黎：社会版）。2 版 1969 年；3 版 1982 年。(*Logique formelle, logique dialectique, Vol.*1 of A la lumière du *matérialisme dialectique*, written in 1940–41 (2nd volume censored). Paris: Éditions sociales.1947; 2e édition chez Anthropos en 1969; 3e edition en 1982 Messidor-éditions sociales) 日译本：中村秀吉和荒川几男译《形式论理学与辩证论理学》，合同出版社，1971/1975 年；英译文部分内容载 Henri Lefebvre: *key writings* / Edited by Stuart Elden, Elizabeth Lebas, and Eleonore Kofman, Bloomsbury, , London. Oxford. New York；西班牙语，1970；意大利语，1975；葡萄牙语，1973。

1948 年

1.《马克思主义》，巴黎：PUF 版，收于"我知道什么？"丛书，后多次重版，被多种语种翻译，影响很大。(*Le Marxisme*, Paris: Presses universitaires de France, coll<Que sais-je?>N.300, 128 p., 23e édition, 1990) 日译本：竹内良知译《马克思主义》白水社，1962 年；阿尔巴

尼亚语，1977；德语，1975；阿拉伯语，1973；朝鲜语，1987；
丹麦语，1973；西班牙语，1961；希腊语，1960；印度尼西亚语，
1953；意大利语，1960；荷兰语，1969；葡萄牙语，1958/1975；
塞尔维亚 - 克罗地亚语，1975；瑞典语，1971；土耳其语，1977。

2.《理解卡尔·马克思的思想》，巴黎：Bordas 版（还有一些
目录将其编入某些便于流通的小册子修订版《马克思》；2 版 1956
年，加入了写于 1956 年的前言；3 版加入了前言、索引和参考文
献，并以《卡尔·马克思》为题出版）。(*Pour connaître la pensée
de Karl Marx*, Paris: Bordas. nombreuses réédition, dont 1956, avec
une nouvelle préface ; 3e édition, avec une préface de fevrier 1985,
284p）日译本：吉田静一译《卡尔·马克思：及其思想形成史》，
1960/1970；卡斯蒂里亚语 / 西班牙语，1982；葡萄牙语，1975。

1949 年

1.《狄德罗》，巴黎：团结法国编辑版，收于"昨天与今日丛书"，
1983 年以《狄德罗：或唯物主义的根基性确认》为题再版。(*Dide-
ro*, Les éditeur français réunis, coll<Hier et aujourd'hui >, réédition
1983 sous le titre: *Didero ou lès affirmations fondamentales du
matérialisme,* L'arche, coll<le sens de la marche>, 252p., 1983）中
文版：《狄德罗的思想与著作》，商务印书馆 1985 年版；《勒斐伏尔
文艺论文选》，作家出版社 1965 年版。

2.《帕斯卡尔》（两卷之第一卷），巴黎：Nagel 版。(*Pascal,*
édition Nagel, tome I, 240p）

1953 年

1.《美学概论》，巴黎：社会版，收于"问题丛书"，2001 年再版，

埃斯作序"列斐伏尔与创造性活动"。(*Contribution à l'esthétique.* Paris: Éditions sociales; réédition 2001, préface de <Henri Lefebvre et l'activité créatrice>, par Remi Hess, Paris: Anthropos, COLL.< Anthropos>)有多种外语译本,无法一一列举,其中包括:俄语译本,斯密尔诺娃作序,1954年版;日译本,多田道太郎译《美学入门》,理论社,1955年;中文版参见《勒斐伏尔文艺论文选》,作家出版社1965年版,《美学概论》,朝花美术出版社1957年版。

1954 年

1.《帕斯卡尔》(两卷之第二卷),巴黎:Nagel版。(*Pascal, édition Nagel, tome II, 225p*)

1955 年

1.《拉伯雷》,巴黎:团结法国编辑版,2001再版,埃斯作序,克里斯婷·蒙伯格作前言。(*Rabelais*, Paris: Les éditeurs francais reunis, réédition 2001, préfacé de R.Hess, avant-propos de Christine Delory-Momberger, Paris: Anthropos, coll< Anthropos >)

2.《谬塞》,巴黎:L'arche版,收于《大剧作家》丛书(1970年,修订二版,收于《工作》丛书)。(*Musset*, Paris:, L'Arche, coll, <Les grands dramaturges>, editions revue et corrigé en 1970, coll, <Travaux>, 160p)。部分中译载《勒斐伏尔文艺论文选》,作家出版社1965年版。

1956 年

1.《皮尼翁》,巴黎:Falaise版(扩充二版,口袋博物馆,1970年)。(*Pignon*.Paris: Le musée de poche, 1956)

1957 年

1.《理解列宁思想》,巴黎:Bordas版(*Pour connaître la pensée*

de Lénine, Paris: Bordas, 358p）。日译本：大崎平八郎译《列宁：生涯与思想》，1963/1970；葡萄牙语，1972；瑞典语，1971。

1958 年

1.《马克思主义的当前问题》，巴黎：PUF 版；4 版，1970 年，收于"哲学首创丛书"。(*Problèmes actuels du marxisme*, Paris: Presses universitaires de France; 4th edition, 1970）中文版：《马克思主义的当前问题》，三联书店 1966 年版；日译本：森本和夫译《马克思主义的现实的诸问题》，现代思潮新社，1958/1960/2008；德语，1965；阿拉伯语，1963；西班牙语，1965；希腊语，1980。

2.《德国》，巴黎和苏黎世：Braun 与 Cie-ATLANTIS Verlag 联合出版。(*Allemogne*, Paris-Zurich, editions Braun et Cie-ATLANTIS Verlag, avec des photos de Martin Hurlimann, 222p）

1959 年

1.《总和与剩余》两卷（第一部思想自传），巴黎：La Nef 版。新版单卷本，巴黎：Bélibaste，1973 年；2009 年第四版，埃斯与韦岗德作序，鲁瑙作引言。(*La somme et le reste*.Paris: La Nef de Paris, 1959. 4e édition: anthroposophie, 2009, préface de Remis Hess et GABRIELE Weigand .présentation de Rêne Lourau）日译本：白井健三郎和森本和夫译《哲学的危机》（《总和与剩余》第 1-3 部）、中村雄二郎译《我们思想的步履》上・下（第 4 部）、森本和夫译《异化与人》（第 5 部）、森本和夫译《何谓马克思主义者》，1961/1979；英译文部分内容载 Henri Lefebvre: *key writings* / Edited by Stuart Elden, Elizabeth Lebas, and Eleonore Kofman, Bloomsbury, London. Oxford.New York, 2017。

1962 年

1.《日常生活批判2：一种日常性社会学的基础》，巴黎：L'arche 版。(*Critique de la vie quotidienne, vol. 2: Fondementsd'une sociologie de la quotidienneté*（Paris: L'Arche, 1961）英译本（2002）: *Critique of Everyday Life, vol. 2: Foundations for a Sociology of the Everyday*, Translated by John Moore. London: Verso, 2002；中译本：《日常生活批判》第二卷，叶齐茂、倪晓晖译，社会科学文献出版社2018 年版；日译本：《日常生活批判2》，奥山秀美译，现代思潮社，1970；德语，1975/1987；意大利语，1977。

2.《现代性导论》，巴黎：子夜版，收于"争鸣丛书"。(*Introductionà la modernité: Préludes*. Paris: Éditions de Minuit, 1962, 374p）英译本：*Introduction to Modernity: Twelve Preludes September1959-May 1961*, J. Moore, trans., London: Verso.1995；中文部分译文载包亚明主编《现代性与空间的生产》(《都市与文化》第 2 辑）, 上海教育出版社 2003 年版；日译本：宗左近和吉田幸男译《现代性的序说》上·下，法政大学出版局，1972—1973；德语，1975；意大利语，1977；葡萄牙语，年代不详；朝鲜语，1999。

1963 年

1.《卡尔·马克思选集》第一卷（与诺伯尔·古特曼合作），巴黎，伽利玛，收于"观念丛书"。(*Karl Marx, CEUVERES Choises*, tome I, en collaboration avec Nobert Gutterman, Gallimard）

2.《康庞谷——乡村社会学研究》（国家博士论文），巴黎：PUF，收于"现代社会图书馆丛书"；1991 年作为"当代社会学文丛"再版。(*Lavallée de Campan: Étude de sociologierurale*.Paris:

Presses universitaires de France, 1963; Collection Bibliothéque de sociologie contemporain, 2nd edition, 1991 ）

1964 年

1.《马克思：其人与其书》，巴黎：PUF 版。（*Marx: sa vie, son oeuvre*, Paris: Press universitaires de France）西班牙语，1975 ；葡萄牙语，1974。

2.《卡尔·马克思选集》第二卷（与诺伯尔·古特曼合作），巴黎：伽利玛，观念书丛。（*Karl Marx, Oeuvres Choises*, tome II, en collaboration avec Nobert Gutterman, Collection *Idée s*, Gallimard）

1965 年

1.《元哲学》，巴黎：子夜版，"争鸣丛书"。（*Métaphilosophie*, foreword by Jean Wahl, Paris: Éditions de Minuit, Collection "Arguments"）英译本：Lefebvre, Henri, *Metaphilosophy*.Edited by Stuart Elden Translatedby David Fernbach Published by Verso, 2016。

2.《公社宣言》，巴黎：伽利玛。（*La Proclamation de la Commune*, Paris: Gallimard, Collection "Trente Journées qui ont fait la France", 1965）日译本：河野健二和柴田朝子译《巴黎公社》上·下，岩波书店，1967—1968 年，2011 年重版；英译文部分内容载 Henri Lefebvre: *key writings* / Edited by Stuart Elden, Elizabeth Lebas, and Eleonore Kofman, Bloomsbury, , London. Oxford.New York, 2017。

3.《比利牛斯山脉》，洛桑：Rencontre 版，2000 年 Cairn 社再版，卢瑙作序。（*Pyrénées*. Lausanne, France: Éditions Rencontre; 2e édition, Pau, édition Cairn, avec une préfacé de Rène Lourau, 2000）

1966 年

1.《马克思的社会学》, 巴黎: 伽利玛, "观念丛书"。(*Sociologie de Marx*. Paris: Presses universitaires de France, 1966) 英译本: *Sociology of Marx*, Translated by Norbert Guterman. London: Allen Lane the Penguin Press, 1968; 中文版: 列斐伏尔:《马克思的社会学》, 谢永康, 毛林林译, 北京师范大学出版社 2013 年版; 日译本: 山下淳志郎译《马克思的社会学》, 1971; 德语, 1972; 丹麦语, 1972; 西班牙语, 1969; 希腊语, 1980; 荷兰语, 1973; 葡萄牙语, 1969; 瑞典语, 1970; 朝鲜语, 1988。

2.《语言与社会》, 巴黎: 伽利玛, 观念丛书。(*Le langage et la societé*. Paris: Gallimard, 1966) 日译本: 广田昌义译《言语与社会》, 1971; 德语, 1973; 西班牙语, 1977; 意大利语, 1972; 葡萄牙语, 1958。

1967 年

1.《立场: 反对技术官僚》巴黎: Gonthier 版 (1971 年再版)。(Ppositon: contra les technocrates, Paris: Gonthier) 日译本: 白井健三郎译《一个立场》, 纪伊国屋书店, 1970 年。

1968 年

1.《城市权》, 巴黎: Anthropos (二版, 巴黎: 门槛版)。(*Le Droit à la ville*, Paris: Anthropos, 1968) 英译文载 Henri Lefebvre, *Writings on Cities*, Eleonore Kofman and Elizabeth Lebas, trans. and eds., Oxford: Basil Blackwell.1996; 日译本: 森本和夫译《都市的权力》, 筑摩书店, 1969/2011; 德语, 1972; 西班牙语, 1968/2017; 希腊语, 1975; 意大利语, 1970; 葡萄牙语, 1968。

2.《革命在楠泰尔到达巅峰》，巴黎：Anthropos。(*L'irruption de Nanterre au sommet*, [Paris: Anthropos, 1968])英译本(1969)：*The Explosion: Marxism and the French Revolution*.Translated by Alfred Ehrenfeld. New York: Monthly Review Press, 1969；日译本：森本和夫译《五月革命论》，筑摩书房，1969/2011；德语，1969；西班牙语，1970；意大利语，1975。

3.《现代世界中的日常生活》，巴黎：伽利玛，"观念丛书"。(*La vie quotidienne dans le monde moderne*[Paris: Gallimard, 1968])英译本：*Everyday Life in the Modern World*.Trans. Sacha Rabino-vitch. Hamondwoth, Penguin LTD. Books, 1971; New Brunswick, N.J: Transaction Publishers, 1984；部分中译文载张一兵主编《社会批判理论纪事》第1辑，南京大学出版社2006年版；日译本：森本和夫译《现代世界中的日常生活》，现代思潮社，1970；阿尔巴尼亚语，1980；德语，1972；西班牙语，1972；意大利语，1979；葡萄牙语，1969；朝鲜语，1990/2005。

1970年

1.《都市革命》，巴黎：伽利玛，"观念丛书"。(*La révolution urbaine,* Paris: Gallimard, Collection "Idées", 1970)；英译本：*The Urban Revolution*. Translated by Robert Bononno. Minneapolis: University of Minnesota Press, 2003；中译本：列斐伏尔《都市革命》，刘怀玉、张笑夷、郑劲超译，首都师范大学出版2018年版；日译本：金井成美译《都市革命》，晶文社，1974年；德语，1972；西班牙语，1972；意大利语，1973；葡萄牙语，1988；塞尔维亚-克罗地亚语，1975。

2.《从乡村到都市》(Mario Gaviria 编)，巴黎：anthropos。2001年三版，埃斯作序(其中包括了列斐伏尔1967年的谈话记录《今日都市主义：神话与现实》一文(*Du rural à l'urbain*.Paris: Anthropos, 1970, 3e édition 2001, présentation de Remi.Hess)。英译本部分内容载 Henri Lefebvre: *Key Writings*. Edited by Stuart Elden, Elizabeth Lebas, and Eleonore Kofman. New York: Continuum, 2003；西班牙语，1970；意大利语，1971；葡萄牙语，1977。

3.《历史的终结：尾声(épilégomènes)》，巴黎：子夜版，"争鸣丛书"46，2001年再版，埃斯编辑注释，劳兹作序。(*La fin de l'historie:* épilégomènes, Paris: Éditions deminuit, 1970.234; p; réédition 2001, avec une note de l'éditeur, par R.Hess, et une présentation de Plierre Lantz)英译文部分内容载 Henri Lefebvre: *key writings* / Edited by Stuart Elden, Elizabeth Lebas, and Eleonore Kofman, Bloomsbury, London Oxford.New York, 2017；另有意大利语、西班牙语等译本。

1971 年

1.《差异主义宣言》，巴黎：伽利玛，"观念"丛书，186 页。2020 年巴黎 Grevis 社再版，拉利亚冈 [Renaud Lariagon] 作序，224 页。(*Le manifeste différentialiste*, Paris: Gallimard, Collection "Idées"，1971; préface par Renaud Lariagon, seconde edition realisee par les editions grevis, 2020)西班牙语，1972；意大利语，1980。

2.《超越结构主义》，巴黎：Anthropos。(*Au-delàdu structuralisme*, Paris: Anthropos.1971)(1975 年缩减并题为《结构主义

意识形态》重版：*L'Idéologie Structuraliste*, Paris: Le Seuil, coll.
<oints>）日译本：西川长夫和小西嘉幸译《革命的浪漫主义》福村
出版，1976 年，以及西川长夫和中原新吾译《超越构造主义》福村
出版，1977 年；英译文部分内容载 Henri Lefebvre: *Key Writings* /
Edited by Stuart Elden, Elizabeth Lebas, and Eleonore Kofman,
Bloomsbury, London. Oxford，New York, 2017；葡萄牙语，1972；
西班牙语，1972；塞尔维亚-克罗地亚语，1972。

3.《刍议赛博人，反对技术官僚》，巴黎：Denoél-Gonthier，中
介 丛 书。（*Vers le cybernanthrope: contre les technocrats*.Denoël,
Paris, 1971）（1967 年《立场：反对技术官僚》的修订版）西班牙语，
1974；塞尔维亚-克罗地亚语，1973。

1972 年

1.《剧 场 三 论》，巴 黎：Anthropos。[*Trois textes le théâtre,
Dans le ventre du cheval; L'incendiaire; Je- tu（e）- il（Ou: le chant
du signe*. Paris, Anthropos）]

2.《马克思主义思想与城市》，巴黎－图尔奈：Casterman，"突
变－定向"丛书。（*La pensée marxiste et la ville*, Tournai and Paris:
Casterman.collection <Mutation-oritations>, 158p, 1972）英译本：
1974 年有一个 Mac Millan 公司的译本，最新译本：Henri Lefeb-
vre, *Marxist Thought and the City*, Translatedby Robert Bononno;
Foweuord by Stuart Elden, University of Minnesota Press, Minneap-
olis，London, 2016；德语，1975；丹麦语，1973；西班牙语，1973；
意大利语，1973；葡萄牙语，1973；汉译本将由首都师范大学出版
社出版。

1973 年

1.《资本主义的幸存：生产关系的再生产》，巴黎：Anthropos。此书与作者 1968 年出版的《革命在楠泰尔到达巅峰》一书有部分重复。1973 年同年两次出现，2002 年第三版，雅克·吉古作序，埃斯作后记。(*La survie du capitalisme: La reproduction des rapports de production.*Paris: Anthropos, 1973 ; 2e édition: Anthropos, 1973; 3e édition: Éditeur[s]: Economica, 2002, avec une préface de Jacques Guigou et une postface de R.Hess) 英语出了一个质量不太高的节译本 [1976] : *The Survival of Capitalism: Reproduction of the relations of production*, London: Allison and Busby, 1976 ; 在汉语界，该书的第三、四章被翻译收录在陈永秀主编的《西方马克思主义译文集》，出版源：北京市哲学社会科学规划办公室，1992，并有全中译本即出；德语，1974；西班牙语，1974；意大利语，1975；葡萄牙语，1974；塞尔维亚–克罗地亚语，1975。

2.《空间与政治》，巴黎：Anthropos。此书是《城市权》(1968)的第二卷。(包括从 1970 到 1972 年的会议论文，并抽取了 1970 年 11 月到 1971 年 12 月期间《空间与社会》中的访谈；2 版，巴黎：门槛版，1974 年，并加入了 1968 年的《城市权》的第一卷) 2000 年 Anthropos 社重版，埃斯作序。(*Le droit à la ville, vol. 2: Espace et politique.*Paris: Anthropos, ; 2e édition, avec préface de R.Hess, Anthropos, 2000) 日译本：今井成美译《空间与政治》，晶文社，1975 年；中文版《空间与政治》，李春译，上海人民出版社 2008/2015 年版；另外有西班牙语，1974。

3.《考斯塔斯·阿克塞洛斯的游戏》(与 Pierre Fougeyrolla 合

著）。（*Le jeu de Kostas Axelos: frontispice de molfessis*. Montpellier: Fata Morgana）

1974 年

1.《空间的生产》，巴黎：Anthropos。1 版 1974，2 版 1981 年，3 版 1986 年，列斐伏尔自序，4 版，2000 年，雷米 . 埃斯作序。（*La production de l'espace*, Anthropos.1e édn[Paris: Anthropos, 1974]; 2e édn[Paris: Anthropos, 1981]; 3e édn[Paris: Anthropos, 1986], avec une préface de Henri Lefebvre; 4e édn[Paris: Anthropos, 2000], avec une préface de R.Hess）日译本有 1975 年与 2000 年两个版本；现通行的英译本根据法文第一版译出（*The Production of Space,* Translated by Donald Nicholson-Smith, Blackwell Ltd, 1991），法文第三版作者序言英译文载 Henri Lefebvre: *Key Writings*, Stuart Elden, Elizabeth Lebas, EleonoreKofman, eds. Bloomsbury, , London. Oxford. New York, 2017；意大利语，1975；西班牙语，2013/2020；朝鲜语，2011/2014；中文译本 2021 年商务印书馆即出。

1975 年

1.《黑格尔、马克思与尼采，或阴影王国》，巴黎：Tournai, Casterman。当代综合丛书。（*Hegel, Marx, Nietzsche, ou le royaume des ombres*, Paris: Tournai, Casterman. Collection "Synthèses contemporaines"）英文部分译文参看 *Key Writings*, Stuart Elden, Elizabeth Lebas, Eleonore Kofman, eds. London/New York: Continuum, 2003, 英全译本：*Hegel, Marx, Nietzsche Or the Realm of Shadows*.Translated by David Fernbach, London·New York, Verso, 2020；西班牙语，1976；希腊语，1976；意大利语，1976；日语，

1976；葡萄牙语，1976。

2.《被误解的时代：与克洛德·格莱曼访谈》，第二部自传体著作，巴黎：Stock 版。(*Le temps des méprises: Entretiens avec Claude Glayman*, Paris: Stock.) 西班牙语，1975；意大利语，1979。

3.《结构主义的意识形态》，巴黎：门槛版。此书是作者 1971年出版的《超越结构主义》(*Au-delàdu structuralisme*, Paris: Anthropos.1971) 的缩减版。(*L'Idéologie Structuraliste*, Paris: Le Seuil, coll.<Points>)

4.《傅立叶在今天：阿尔克和瑟南镇的研讨会》(列斐伏尔编)，巴黎：Anthropos。

(*Aactualité de Fourier: Colloque d'Arc-et-Senant*, Paris: Anthropos)

1976 年

1.《现代世界的国家》(《论国家》四卷本的第一卷)，巴黎：UGE版，10/18 丛书。(*De l'ETAT, 1. l'ETAT DANS le MONDE MODERNE*, Paris: union generale e'editions, 1976) 有部分英译文载 Henri Lefebvre, *State, Space, World Selected Essays*, Edited by Neil Brenner and Stuart Elden, Translated by Gerald Moore, Neil Brenner, and Stuart Elden, University of Minnesota Press, Minneapolis。

2.《马克思主义国家理论：从黑格尔到毛泽东》(《论国家》四卷本的第二卷)，巴黎：UGE 版，10/18 丛书。(*De l'ETAT, II, Théorie marxiste de l'état de Hegel à Mao*, Paris: union generale e'editions, 1976) 中文版：勒斐弗尔：《论国家：从黑格尔到斯大林和毛泽东》，李青宜等译，重庆出版社 1988 年。

1977 年

1.《国家生产方式》(《论国家》四卷本的第三卷), 巴黎: UGE 版, 10/18 丛 书。(*De l'ETAT, volume3, le mode production etatique,* Paris: union generale e'editions, 1977)

1978 年

1.《革命不再是原来的样子》(与 Catherine Régulier 合作), 巴黎: Libres-Hallier 版。(*la Révolution n'est plus ce qu'elle était*, en collaboration avec Catherine Régulier, Ed.Libres-Hallier, 1978)德语译本, 1979。

2.《现代国家的矛盾, 国家的辩证法》(四卷本《论国家》的第四卷), 巴黎: UGE 版, 10/18 丛书。(*De l'ETAT, volume4, les contradictions de l'etat moderne. la dialectique de l'état*, Paris: union generale e'editions, 1978)有部分英译文载 HenriLefebvre, *State, Space, World Selected Essays*, Edited by Neil Brenner and Stuart Elden, Translated by GeraldMoore, Neil Brenner, and Stuart Elden, University of Minnesota Press, Minneapolis. London, 2009; 西班牙语, 1979; 意大利语, 1978; 葡萄牙语, 1979; 塞尔维亚-克罗地亚语, 1982。

1980 年

1.《在场与缺席: 再现理论导论》, 巴黎: Casterman。(*La présence et l'absenc; Contribution a la Theorie des Representationse*, Paris: Casterman)有英文节译, 载 Henri Lefebvre: *Key Writings* / Edited by Stuart Elden, Elizabeth Lebas, and Eleonore Kofman, Bloomsbury, London Oxford. New York, 2017; 西班牙语,

1981；希腊语，1982。

2.《一种生成世界的思想：我们必须放弃马克思吗?》，巴黎：Fayard。（*Une Pensée Devenue Monde: Faut-il abandonner Marx?*, Paris: Fayard）有部分英译文载 Henri Lefebvre, *State, Space, World Selected Essays*, Edited by Neil Brenner and Stuart Elden, Translated by Gerald Moore, Neil Brenner, and Stuart Elden, University of Minnesota Press, Minneapolis；意大利语，1983；塞尔维亚-克罗地亚语，1982。

1981 年

1.《日常生活批判 3：从现代性到现代主义——日常生活的一种元哲学》，巴黎：Arche。（*Critiquede la vie quotidienne, vol. 3: Delamodernité au modernisme: Pourunemétaphilosophie du quotidien*, Paris: l'Arche, 1981.）中译本:《日常生活批判》第三卷，叶齐茂、倪晓晖译，社会科学文献出版社 2018 年版；英译本：*Critique of Everyday Life, vol. 3: From Modernity to Modernism: Towards a Metaphilosophy of Daily Life*. Translated by John Moore. London: Verso, 2005。

1985 年

1.《用以思考的是什么东西?》，巴黎：Publisud。（*Qu'est-ce que penser?*, Paris：Publisud）

1986 年

1.《辩证法的回归，现代世界的十二个关键词》，巴黎：Messidor-Editions Socials,"理论"丛书。［*Le Retour de la Dialectique: 12 Mots Cles pour le Monde Moderne*（Messidor/ Paris:

Editions Sociales）英译部分内容载 Henri Lefebvre: *Key Writings* /
Edited by Stuart Elden, Elizabeth Lebas, and Eleonore Kofman,
New York: Continuum, 2003 ］。

2.《卢卡奇，1955年》（与 P. Tort 合作），巴黎：Aubier。［*Lukacs
1955*, Paris: Aubier（dans cet ouvrage figure egalement un texte de
Patrick Tort: *Etre marxiste aujourd'hui* ）］

1991 年

1.《论公民契约》（与 Navarenx-Armand Ajzendberg、Lucien
Bonnafé、Katherine Coit、Yann、Couvidat、Alain Guillerm、
Fernando Lannetti、Guy Lacrois、Luci Martini-Scalzone、Serge
Renaudie、Oreste Scalzone 的 小 组 合 作）：巴 黎：Syllepse/Péri-
scope/ArchipelTranséd，"探索"丛书。Armand Ajzendberg 作 序。
（*Du contrat de citoyenneté*, en collaboration avec le groupe de
Navarenx, Paris: Syllepse/Périscope）英部分内容载 Henri Lefebvre:
Key Writings / Edited by Stuart Elden, Elizabeth Lebas, and Ele-
onore Kofman, New York: Continuum, 2003。

1992 年（逝世后出版物）

1.《节奏分析的要素：节奏知识导论》（与凯瑟琳·雷居利耶-
列斐伏尔合作），雷内·洛罗作序，巴黎：Syllepse 版，"探索与发
现"丛书。（*Éléments de rythmanalyse: Introduction à la connais-
sance des rythmes*, en collaboration avec Catherine Regulier-Lefeb-
vre, avec une préface de René Lorau, Paris: Ed. Syllepse, Collection
"Explorations et découvertes".）第三章编译进列斐伏尔 1996 年的
英文集 *Writings on City*, 全英译本：Henri Lefebvre: *Rhythmanaly-*

sis: Space, time and everyday life, Stuart Elden, Gerald Moore trans. Continuum, New York, 2004；朝鲜语, 2013。

2002 年（逝世后出版物）

1.《科学方法论》，巴黎：Anthropos，225p. 埃斯作序。（*Méthodologie des Sciences*, Paris: Anthropos, 206 p., présentée par R.HESS）

2007 年（逝世后出版物）

1. 凯瑟琳·雷居利耶-列斐伏尔（Catherine Régulier-Lefebvre）编，列斐伏尔著：《宽广的胸怀》（诗集）。（*Le Cœur ouvert, poèmes*, Navarrenx, publication du CHAR, préfacede Catherine Lefebvre Lefebvre éd. Gasecogne）

2014 年（逝世后出版物）

1973 年写作《刍论极乐的建筑》，但是由于该研究项目的组织者——也就是列斐伏尔在斯特拉斯堡大学的学生马里奥·加维利亚（Mario Gaviria）认为该书对项目要求来说过于抽象，便没有将其纳入出版。2008 年，列斐伏尔研究者卢卡斯·斯坦尼克（Lukasz Stanek）在西班牙的萨拉戈萨城（Saragossa）加维利亚的家中找到这部已被埋没的书稿，经人译成英语后，于 2014 年在美国的明尼苏达大学出版社出版。（Henri Lefebvre, *Toward an Architecture of Enjoyment*, Edited by Lukasz Stanek, Translated by Robert Bononno, University of Minnesota Press, Minneapolis. London, 2014）

* 列斐伏尔的写作计划：《发现与秘密》（*Le Découverte et le secret*）（没有一家出版社会公开此书出版的计划，列斐伏尔于去世前三年也即 1988 年制定了这个写作计划）。

编制参考文献：

1.Reme Hess, *Henri Lefebvre et l'aventure du siècle*.Paris: Editions A.M.Metailie, 1988, pp.334-345.

2.*Afterword* by David Harvey, in Henri Lefebvre, *The Production of Space*, Translated by Donald Nicholson-Smith, Blackwell Ltd, 1991, pp.432-434.

3. Henri Lefebvre, *Writings on Cities*, selected, Translated and introduced by Eleonore Kofman and Elizabeth Lebas, Blackwell Publishers Ltd, 1996, pp.53-55.

4.Rob Shields, *Lefebvre, Love and Struggle, Spatial Dialectics*, Routledge, London and New York 1999/2005, pp.190-204.

5. 空間の生産（斎藤日出治訳・解説，東京：青木書店，2000）一書附録第 8-22 頁。

6.Stuart Elden, *Understanding Henri Lefebvre: Theory and the Possible*, Continuum Intl Pub Group, 2004.pp.257-262.

7.Christian Schmid, *Stadt, Raum und Gesellschaft: Henri Lefebvre und die Theorie der Produktion des Raumes*, Franz Steiner Verlad 2005, pp.335-344.

8.Henri Lefebvre, *Du rural à l'urbain*.Paris: Ed.Economica, Anthropos, 3e édition, 2001, pp.287-295.

9.Lukasz Stanek, *Henri Lefebvre on Space: Architecture, Urban Research, and the Production of Theory*, University of Minnesota Press, Minneapolis/London, 2011, pp.306-348.

10.Sandrine Deulceux, Remi Hess, *Henri Lefebvre - Vie, œuvres, concepts*, Paris: ELLIPSES, 2009, pp.119-138.

11. Henri Lefebvre, *le Manifeste Différentialiste,* préface par Renaud Lariagon, editions grevis seconde edition realisee par les editions grevis, 2020.

12. 斯图亚特·埃尔登："列斐伏尔生命的延续"，载［英］莱姆克等著：《马克思与福柯》，陈元等译，华东师范大学出版社 2007 年版。

图书在版编目(CIP)数据

空间的生产/(法)亨利·列斐伏尔著;刘怀玉等译.—
北京:商务印书馆,2022(2024.12重印)
(汉译世界学术名著丛书)
ISBN 978-7-100-20550-4

Ⅰ.①空… Ⅱ.①亨… ②刘… Ⅲ.①空间—研究
Ⅳ.①B016.9

中国版本图书馆 CIP 数据核字(2021)第 258331 号

汉译世界学术名著丛书
空间的生产
〔法〕亨利·列斐伏尔 著
刘怀玉 等译
孟锴 校

商 务 印 书 馆 出 版
(北京王府井大街 36 号 邮政编码 100710)
商 务 印 书 馆 发 行
北京市艺辉印刷有限公司印刷
ISBN 978-7-100-20550-4

2022 年 3 月第 1 版 开本 850×1168 1/32
2024 年 12 月北京第 5 次印刷 印张 23¾
定价:118.00 元